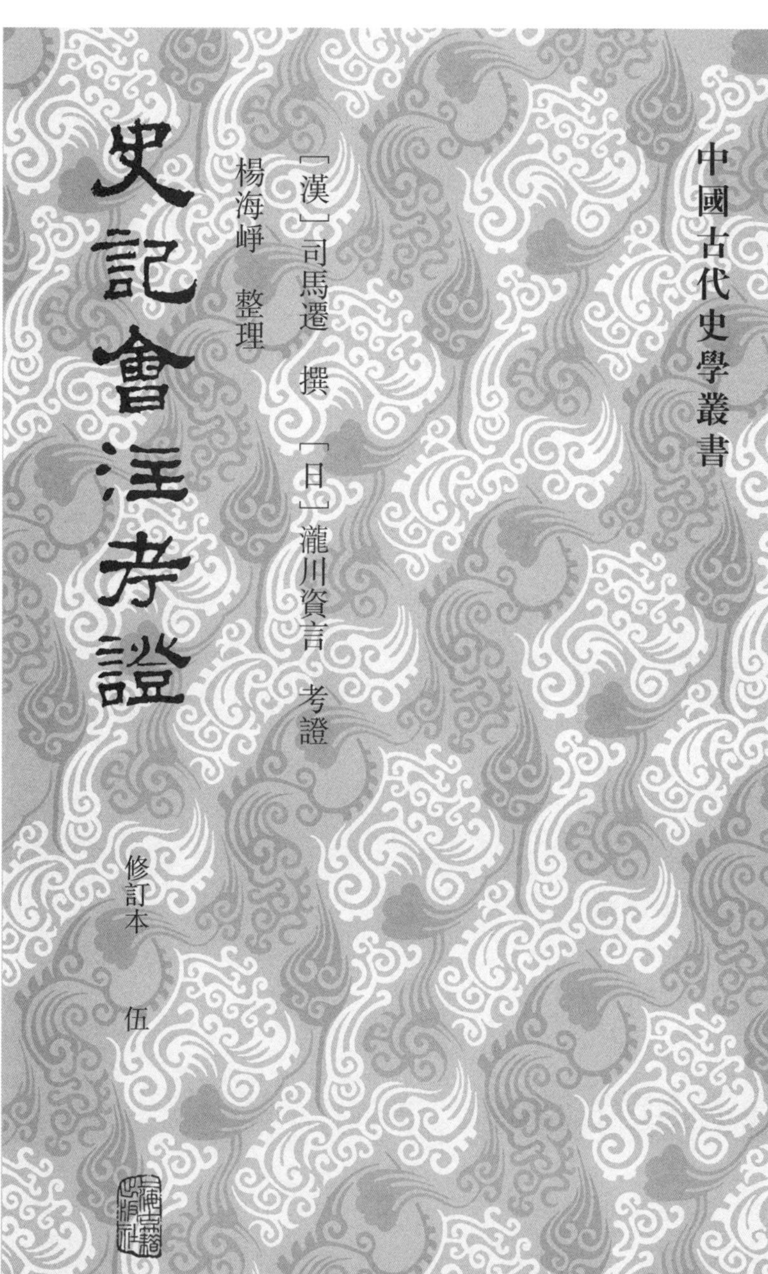

中國古代史學叢書
[漢]司馬遷 撰
[日]瀧川資言 考證
楊海崢 整理
史記會注考證
修訂本
伍

史記會注考證卷四十三

趙世家第十三　　史記四十三

【考證】史公自序云：「維驥騄耳，乃章造父。趙夙事獻，衰續厥緒。佐文尊王，卒爲晉輔。襄子困辱，乃禽智伯。主父生縛，餓死探爵。王遷辟淫，良將是斥。嘉鞅討周亂，作趙世家第十三。」茅坤曰：趙世家次趙衰所由始及所由中絶，與簡子所由興，如畫。而武靈王胡服以招騎，其所北郤林胡、樓煩，并中山以西，通雲中、九泉，於以窺秦，可謂英武矣。惜哉不幸中殂，至于兩立公子分王其地，遂亡沙丘宮，悲夫！凌稚隆曰：約從以攻秦，及廉頗、藺相如、趙奢、李牧并平原君之事，各見本傳，故於世家不及。陳仁錫曰：楚、趙、田齊諸世家多戰國策所遺漏之文，可見今之戰國策非完書。全祖望曰：問：六國世家其紀事莫如趙之誣謬者。不特屠岸賈一事也，如宣孟之夢，簡子鈞天之夢，原過三神之令，主父大陵之夢，孝成王之夢，何其言之龐而怪與？謂非緯侯之先驅，不可矣。答：是盡當芟除者也。其中紀事之失，尚有昔人所未及糾正者。惠文王十五年，即燕昭王之二十八年也。以師與燕伐齊，大捷，燕人遂深入取臨淄，是時齊襄王保莒，田單保即墨，而餘地皆入燕。乃曰：惠文王十六年，秦復與趙數擊齊，齊人患之，蘇厲爲齊遺趙書游説，趙乃不擊齊。夫當時之齊，區區二城耳。秦何所利而擊之？即擊之，又何所畏而必與趙擊之？其謬一也。乃下又曰是年廉頗攻齊昔陽，取之。夫昔陽是鼓地，春秋末已屬晉，至是原屬趙，非齊地。且齊是時所有衹二城，安得有餘邑爲趙所取？其謬二也。乃下又曰，十七年，樂毅將趙師攻魏伯陽。按：樂毅留徇齊地，及二城不下，遂守之，並未嘗歸燕，何從將趙師而攻魏？其謬三也。乃下文云，十九年，趙奢將攻齊麥邱，取之。是時齊亦尚止二城，麥邱屬燕。其謬四也。乃下又曰，二十年廉頗將攻齊。按：是時樂毅尚在齊，次年田單始敗燕軍，復有七十餘城。當前一年，齊無可攻。其謬五也。蓋惠文王此五年中無一事可信，不知史公何所據而志之。愚按：此篇左傳、國策所不載甚多，史公別有所據。論贊云「吾聞馮王孫曰『趙王遷其母倡也』」云云，豈他事亦有得之於馮者乎？

趙氏之先，與秦共祖。至中衍爲帝大戊御。〔一〕其後世蜚廉有子二人，而命其一子曰惡來，事紂，爲周所殺，其後爲秦。惡來弟曰季勝，其後爲趙。

〔一〕【正義】中音仲。

季勝生孟增。孟增幸於周成王，是爲宅皋狼。〔一〕皋狼生衡父，衡父生造父。造父幸於周繆王。造父取驥之乘匹，〔二〕與桃林盜驪、驊騮、緑耳，獻之繆王。〔三〕繆王使造父御，西巡狩，見西王母，樂之忘歸。〔四〕而徐偃王反，〔五〕繆王日馳千里馬，攻徐偃王，大破之。〔六〕乃賜造父以趙城，〔七〕由此爲趙氏。

〔一〕【集解】徐廣曰：「或云皋狼地名，在西河。」【索隱】按：如此說，是名孟增，號宅皋狼。而徐廣云「或曰皋狼地名，在西河」。按地理志，皋狼是西河郡之縣名，蓋孟增幸於周成王，成王居之於皋狼，故云皋狼。【考證】

宅皋狼，孟增號，以其居皋狼稱之也。下文「皋狼」上亦當有「宅」字。秦本紀與此同。

〔二〕【索隱】言造父取八駿，品其色，齊其力，使馴調也。並四曰乘，並兩曰匹。【正義】乘，食證反。並四曰乘，兩曰匹。取八駿品其力，使均馴。

〔三〕【正義】括地志云：「桃林在陝州桃林縣，西至潼關，皆爲桃林塞地。山海經云夸父之山，北有林焉，名曰桃林，廣闊三百里，中多馬，造父於此得驊騮、騄耳之乘，獻周穆王也。」盜騧，騧，淺色。驪，黑色。驊，黃色。騮，□色。穆天子傳云「赤驥、盜驪、白義、渠黃、驊騮、騄耳、踰輪、山子，此八駿也」。【考證】梁玉繩曰：案：樂書云「華山之騄耳」，蓋武王歸馬華山，斯其遺種也。而此以爲桃林，山海中山經亦云「桃林中多馬」，豈華山、桃林壤地相接，得以通稱邪？華山乃陽華山，在陝西西安府雒南縣東北，非太華山也，自來注家皆誤指太華山言，閻氏辨之甚詳，見尚書疏卷六下。愚按：凌本「緑耳」作「騄耳」。

〔四〕【索隱】穆天子傳曰「穆王與西王母觴於瑤池之上，作歌」，是樂而忘歸也。譙周不信此事而云「余常聞之，代俗以東西陰陽所出入，宗其神，謂之王父母。或曰地名，在西域，有何見乎」。【正義】穆天子傳曰「穆王觴西王母于瑤池之上，西征至于崑崙之丘。見西王母。其年王母來見，賓于昭宮」。括地志云「崑崙山在肅州酒泉縣南八十里」。十六國春秋云「酒泉南山，崑崙之丘也。周穆王見西王母，樂而忘歸，即謂此山。有石室王母臺，瑤璣鏤飾，煥若神宮也」。【考證】大戴禮少閒篇「西王母來獻其白琯」，阮元補注云「爾雅云『觚竹、北户、西王母、日下，謂之四荒』。然則西王母，國名也。荀子曰『禹學乎西王國』」。梁玉繩曰：秦紀不稱見西王母。習學記言云「此方士語也，遷載之，蕪妄甚矣」。余因攷西王母實乃西方國名，其名見爾雅釋地。大戴禮少閒篇云「舜時獻白琯」，竹書紀年云「舜時西王母來朝，獻白環玉玦」，賈子修政語上云「堯西見王母」，即穆天子傳敘王母事，與曹奴、巨蒐諸人無異。竹書亦但言王西征見西王母，其年來朝，賓于昭宮而已。自山海經撰爲豹尾虎齒、蓬髮戴勝之説，而世遂以爲神母，故相如傳大人賦謂西王母「皬然白首，長生不死」。淮南覽冥訓謂「西老折勝」，楊雄甘泉賦謂「王母上壽」。至漢武内傳又有「天姿絶世」之語，嗣後神仙家遞相附會，詭設姓名，何足述哉！

〔五〕【正義】括地志云：「大徐城，在泗州徐城縣北三十里，古之徐國也。博物志云：『徐君宮人娠生卵，以爲不祥，棄於水濱。孤獨母有犬名鵠倉，銜所棄卵以歸，覆煖之，遂成小兒，生偃王。故宮人聞之，更收養之。及長，襲爲徐君後。鵠倉臨死生角而九尾，實黄龍也。鵠倉或名后倉也。』」

〔六〕【索隱】譙周曰：「徐偃王與楚文王同時，去周穆王遠矣。且王者行有周衛，豈聞亂而獨長驅，日行千里乎？」並言此事非實也。【正義】按：穆王元年，去楚文王元年三百一十餘年也。【考證】楓山、三條本無「馬」字。馳馬破徐之誕，説見秦紀。

〔七〕【正義】晉州趙城縣即造父邑也。【考證】今山西平陽府趙城縣西南。

自造父已下六世至奄父，曰公仲，周宣王時伐戎爲御。及千畝戰，奄父脱宣王。〔一〕奄父生叔帶。叔帶之時，周幽王無道，去周如晉，事晉文侯，始建趙氏于晉國。

〔一〕【正義】括地志云：「千畝原，在晉州岳陽縣北九十里也。」【考證】國語周語「宣王三十九年，戰於千畝，王師敗績於姜氏之戎」。又見周本紀。楓山、三條本「御」上有「戎」字，蓋以「戎」爲戎車也，非「戎狄」之「戎」。亦通。

自叔帶以下，趙宗益興，五世而生趙夙。〔一〕

〔一〕【考證】王念孫曰：御覽引此「生」作「至」，與上文一例。

趙夙，晉獻公之十六年，伐霍、魏、耿。而趙夙爲將伐霍，〔一〕霍公求犇齊。〔二〕晉大旱，卜之曰「霍太山爲（崇）〔祟〕」。使趙夙召霍君於齊，復之以奉霍太山之祀，晉復穰。晉獻公賜趙夙耿。〔三〕

〔一〕【考證】「晉」上「趙夙」二字衍。下文倣之。閔元年左傳「晉侯作二軍，公將上軍，太子申生將下軍。趙夙御戎，畢萬爲右，以滅耿、滅霍、滅魏」，據此則是役趙夙御戎，非將也。梁玉繩曰：「爲將」乃「爲御」之譌。

〔二〕【集解】徐廣曰：「求，一作『來』。」【考證】梁玉繩曰：霍公名求，未知所據，水經注六作「霍哀公奔齊」，亦不知「哀公」何出。

〔三〕【索隱】杜預曰：「耿，今河東皮氏縣耿鄉是。」【考證】賜耿，閔元年左傳。耿，今山西絳州河津縣東南。

夙生共孟，當魯閔公之元年也。〔一〕共孟生趙衰，字子餘。〔二〕

〔一〕【考證】崔適曰：「夙生共孟」四字，當在「魯湣公元年」句下。湣公元年，上承「賜趙夙耿」而言。以下乃言趙氏之世系。閔，世家、年表作「湣」。

〔二〕【索隱】系本云公明生共孟及趙夙，夙生成季衰，衰生宣孟盾。左傳云衰，趙夙弟。而此系家云共孟生衰。譙周亦以此爲誤耳。【考證】梁玉繩曰：案晉語，趙衰，夙之弟，故左傳文六年稱成季。韋昭曰：衰，公明之少子。杜注左傳亦從晉語云「夙，趙衰兄」。則夙與衰皆共孟子。公明、共孟，音相近，其實一人也。此誤從世本。而索隱引世本，謂公明生共孟及夙，夙生衰，尤誤。

趙衰卜事晉獻公及諸公子，莫吉；卜事公子重耳，吉，即事重耳。重耳以驪姬之亂亡奔翟，趙衰從。翟伐廧咎如，得二女，〔一〕翟以其少女妻重耳，長女妻趙衰而生盾。〔二〕初，重耳在晉時，趙衰妻亦生趙同、趙括、趙嬰齊。〔三〕趙衰從重耳出亡，凡十九年得反國。〔四〕重耳爲晉文公，趙衰爲原大夫，居原任國政。〔五〕文公所以反國及霸，多趙衰計策。語在晉事中。

〔一〕【考證】杜預曰：「廧咎如，赤狄之別種，隗姓也。」

〔二〕【考證】「重耳」以下本僖二十三年左傳。

〔三〕【考證】本僖二十四年左傳。余有丁曰：按盾爲宣孟，是衰在晉時未有子，至翟始生盾也。同、括、嬰齊三子，俱盾弟，是還晉後生者。

〔四〕【考證】本僖二十八年，昭十三年左傳。

〔五〕【索隱】系本云「成季徙原」。宋忠云：「今鴈門原平縣也。」【正義】括地志云：「原平故城，漢原平縣也，在代州崞縣南三十五里。」崞，音郭。按：宋忠說非也。括地志云：「故原城在懷州濟原縣西北二里。」左傳云襄王以原賜晉文公，原不服，文公伐原，以示信，原降，以趙衰爲原大夫，即此也，原本周畿内邑也。【考證】以趙衰爲原大夫，僖廿五年左傳。原在今河南濟源縣西北。

趙衰既反晉，晉之妻固要迎翟妻，而以其子盾爲適嗣，晉妻三子皆下事之。〔一〕晉襄公之六年，而趙衰卒，〔二〕諡爲成季。〔三〕

〔一〕【考證】「晉之妻」以下，僖廿四年左傳。

〔二〕【考證】文五年左傳。

〔三〕【考證】是年晉欒貞子、霍伯、臼季亦皆卒。老成彫落，朝局一變，政遂歸趙氏矣。

趙盾代成季任國政，〔一〕二年而晉襄公卒，太子夷皋年少。盾爲國多難，欲立襄公弟雍。雍時在秦，使使迎之。太子母日夜啼泣，頓首謂趙盾曰：〔二〕「先君何罪，釋其適子而更求君？」趙盾患之，恐其宗與大夫襲誅之，〔三〕迺遂立太子，是爲靈公，發兵距所迎襄公弟於秦者。〔四〕靈公既立，趙盾益專國政。

〔一〕【考證】文六年左傳。

〔二〕【索隱】穆嬴也。

〔三〕【考證】宗，穆嬴之宗族也。

〔四〕【考證】以上文七年左傳。古鈔本「弟」下有「雍」字。

靈公立十四年，益驕。趙盾驟諫，靈公弗聽。及食熊蹯胹不熟，〔一〕殺宰人，持其尸出，趙盾見之。靈公由此懼，欲殺盾。盾素仁愛人，嘗所食桑下餓人，反扞救盾，盾以得亡。未出境，而趙穿弒靈公而立襄公弟黑臀，是爲成公。趙盾復反任國政。君子譏盾爲正卿，亡不出境，反不討賊，〔二〕故太史書曰「趙盾弒其君」。〔三〕晉景公時而趙盾卒，謚爲宣孟，〔四〕子朔嗣。

〔一〕【正義】胹，煮熟也。熊掌難熟，如煮凡肉，熊掌猶不熟也。【考證】胹，音而。說文「爛也」。

〔二〕【正義】君子，謂孔子也。【考證】左傳以爲太史董狐之言。

〔三〕【考證】「十四年」以下，宣二年左傳。

〔四〕【索隱】景公，成公之子，名據。【考證】蘇轍曰：左傳宣公八年，亦晉成公八年。書晉郤克爲政，使趙朔佐下軍，則盾已死矣，非景公之時也。梁玉繩曰：案孟非謚也，當作「宣子」。朔謚莊子，此亦缺。愚按：楓山、三條本「謚」作「是」，當依訂。

趙朔，晉景公之三年，朔爲晉將下軍，救鄭，與楚莊王戰河上。〔一〕朔娶晉成公姊爲夫人。〔二〕

〔一〕【考證】「趙朔」以下，宣十二年左傳。梁玉繩曰：三年，毛本作「二年」。然是史公之誤，故徐廣正之曰「案年表，救鄭及誅滅皆景公三年」。若依各本改作「二年」，則複下文，而徐説贅矣。沈家本曰：此「三年」與春秋合，非誤也。或下文之「三年」，字本不作「三」，故徐廣爲是説而注於其下。愚按：「趙朔」二字疑衍文。

〔二〕【考證】孔穎達曰：趙衰妻是文公之女。若朔妻成公之姊，則亦文公之女。父之從母，不可以爲妻。且文公之卒，距此四十六年。莊姬此時尚少，不得爲成公姊。賈、服先儒，皆以爲成公之女。梁玉繩曰：「姊」是「女」字之誤，或「成公」，「景公」之誤耳。又大夫之妻，春秋時似未稱夫人。

晉景公之三年，大夫屠岸賈欲誅趙氏。〔一〕初，趙盾在時，夢見叔帶持要而哭甚悲，〔二〕已而笑，拊手且歌。盾卜之，兆，絶而後好。〔三〕趙史援占之曰：「此夢甚惡，非君之身，乃君之子，然亦君之咎。至孫，趙將世益衰。」〔四〕屠岸賈者，始有寵於靈公，及至於景公，而賈爲司寇，將作難，乃治靈公之賊，以致趙盾，偏告諸將曰：「盾雖不知，猶爲賊首。以臣弑君，子孫在朝，何以懲辠？請誅之。」韓厥曰：「靈公遇賊，趙盾在外，吾先君以爲無罪，故不誅。今諸君將誅其後，是非先君之意，而今妄誅。妄誅謂之亂。臣有大事，而君不聞，是無君也。」屠岸賈不聽。韓厥告趙朔趣亡。朔不肯，曰：「子必不絶趙祀，朔死不恨。」韓厥許諾，稱疾不出。賈不請而擅與諸將攻趙氏於下宮，〔五〕殺趙朔、趙同、趙括、趙嬰齊，皆滅其族。〔六〕

〔一〕【集解】徐廣曰：「按年表，救鄭及誅滅皆景公三年。」

〔二〕【考證】岡白駒曰：要與腰通。

〔三〕【考證】岡白駒曰：兆，灼龜龜圻也。愚按：絶，家絶也。好，榮也。

〔四〕【考證】「史」上「趙」字疑衍，趙氏不宜別有史官。楓山、三條本「乃」作「及」。

〔五〕【考證】是時晉卿尚彊，不宜聽命於一嬖人。說詳下文。

〔六〕【考證】據左傳，趙嬰齊先是出亡，不當同死。

趙朔妻成公姊，有遺腹，走公宮匿。〔一〕趙朔客曰公孫杵臼，杵臼謂朔友人程嬰曰：「胡不死？」程嬰曰：「朔之婦有遺腹，若幸而男，吾奉之；即女也，吾徐死耳。」居無何，而朔婦免身生男。屠岸賈聞之，索於宮中，夫人置兒絝中，〔二〕祝曰：「趙宗滅乎，若號；即不滅，若無聲。」〔三〕及索兒，竟無聲。已脫，程嬰謂公孫杵臼曰：「今一索不得，後必且復索之，柰何？」公孫杵臼曰：「立孤與死孰難？」程嬰曰：「死易，立孤難耳。」公孫杵臼曰：「趙氏先君遇子厚，子彊爲其難者，吾爲其易者，請先死。」乃二人謀取他人嬰兒負之，衣以文葆，匿山中。〔四〕程嬰出，謬謂諸將軍曰：〔五〕「嬰不肖，不能立趙孤。誰能與我千金，吾告趙氏孤處。」諸將皆喜，許之，發師隨程嬰攻公孫杵臼。杵臼謬曰：「小人哉程嬰！昔下宮之難不能死，與我謀匿趙氏孤兒，今又賣我。縱不能立，而忍賣之乎！」抱兒呼曰：「天乎！天乎！趙氏孤兒何罪？請活之，獨殺杵臼可也。」諸將不許，遂殺杵臼與孤兒。〔六〕諸將以爲趙氏孤兒良已死，皆喜。然趙氏真孤乃反在，程嬰卒與俱匿山中。

〔一〕【考證】成八年左傳云：「晉趙莊姬爲趙嬰之亡，故譖之于晉侯曰：『原、屏將爲亂。』欒、郤爲徵。六月，晉討趙同、趙括。趙武從姬氏畜于公宮，以其田與祁奚。」據此，則殺同、括者莊姬，非屠岸賈也。趙武既生，非趙朔遺腹子也。說詳下文。

〔二〕【考證】新序節士篇「綺」作「袴」。

〔三〕【考證】若，汝也。

〔四〕【集解】徐廣曰：「小兒被曰葆。」

〔五〕【考證】新序「將」下無「軍」字，下文亦無「軍」字。

〔六〕【考證】楓山、三條本「遂」下有「并」字，與新序合。

居十五年，晉景公疾，卜之，大業之後不遂者爲(崇)〔祟〕。〔一〕景公問韓厥，厥知趙孤在，〔二〕乃曰：「大業之後在晉絕祀者，其趙氏乎？夫自中衍者，皆嬴姓也。中衍人面鳥噣，降佐殷帝大戊，〔三〕及周天子，皆有明德。下及幽、厲無道，而叔帶去周，適晉事先君文侯，至于成公，世有立功，未嘗絕祀。今吾君獨滅趙宗，〔四〕國人哀之，故見龜策。唯君圖之。」景公問：「趙尚有後子孫乎？」〔五〕韓厥具以實告。於是景公乃與韓厥謀，立趙孤兒，召而匿之宮中。諸將入問疾，景公因韓厥之衆以脅諸將而見趙孤。趙孤名曰武。諸將不得已，乃曰：「昔下宮之難，屠岸賈爲之，矯以君命，并命羣臣。非然，孰敢作難！〔六〕微君之疾，羣臣固且請立趙後。今君有命，羣臣之願也。」於是召趙武、程嬰徧拜諸將，〔七〕遂反與程嬰、趙武攻屠岸賈，滅其族，復與趙武田邑如故。〔八〕

〔一〕【考證】成十年左傳云「晉侯夢大厲被髮及地，搏膺而踊，曰：『殺我孫不義。余得請於帝矣。』壞大門及寢門而入。公懼入于室。又壞户」。杜預注：「厲，鬼也。趙氏之先祖也。八年，晉侯殺趙同、趙括，故怒也。」與此異。梁玉繩曰：景公病祟而卒，在十九年，晉世家所書是也。此云「居十五年」，韓世家作「十七年」，並誤。

〔二〕【考證】古鈔本「厥」上有「韓」字。

〔三〕【考證】上文云「趙氏之先，與秦共祖，至中衍爲帝大戊御」。新序「中」下衍「行」字。

〔四〕【考證】古鈔本「今」下有「及」字，與新序及説苑復恩篇合。

〔五〕【考證】古鈔本作「趙後有子孫乎」。

〔六〕【考證】非然，猶言「不然」。

〔七〕【考證】楓山、三條本重「諸將」二字。説苑「將」下有「軍將軍」三字。

〔八〕【集解】徐廣曰：「推次晉復與趙武田邑，是景公之十七年也。而乃是春秋成公八年經書『晉殺其大夫趙同、趙括』，左傳於此説立趙武事者，注云『終説之耳，非此年也』。」

及趙武冠爲成人，〔一〕程嬰乃辭諸大夫，謂趙武曰：「昔下宮之難，皆能死。我非不能死，我思立趙氏之後。今趙武既立，爲成人，復故位，我將下報趙宣孟與公孫杵臼。」〔二〕趙武啼泣頓首，固請曰：「武願苦筋骨以報子至死，而子忍去我死乎？」程嬰曰：「不可。彼以我爲能成事，故先我死；〔三〕今我不報，是以我事爲不成。」遂自殺。趙武服齊衰三年，爲之祭邑，春秋祀之，世世勿絶。〔四〕

〔一〕【考證】國語晉語載趙文子冠見欒中行、范郤、韓智諸大夫事。史欲終程嬰事，故不録。

〔二〕【考證】中井積德曰：下報，宜舉趙朔，不當指宣孟。

〔三〕【考證】楓山、三條本「故」作「皆」，新序「故」下有「皆」字。

〔四〕【集解】新序曰：「程嬰、公孫杵臼可謂信友厚士矣。嬰之自殺下報，亦過矣。」【正義】今河南趙氏祠先人，猶別舒一座祭二士矣。【考證】趙翼曰：春秋魯成八年，晉殺其大夫趙同、趙括。左傳謂趙嬰通趙朔之妻莊姬，趙同、趙括放諸齊，莊姬以嬰之亡故，譖同、括於晉景公曰「將爲亂」，公乃殺之。武趙武也，莊姬子。從姬氏畜於公宮，以其田與祁奚。韓厥言於公曰「成季之勳，宣孟之忠，而無後，爲善者懼矣」。乃立武而返其田焉。左傳敍趙氏之事如此而已。國語趙簡子之孫郵無恤進曰「昔先主少罹於難，從姬氏畜於公宮」。智伯諫智襄子亦曰「趙有孟姬之讒」。又韓獻子曰「昔吾畜於趙氏。孟姬之讒，吾能違兵」。是皆謂莊姬之譖殺同、括，並無所謂屠岸賈也。里克殺奚齊、卓子時，曾令屠岸夷告重耳，欲立之。屠岸之姓，始見此。其後亦未有姓屠岸之人仕於晉者。即史記晉世家亦云「景公十七年，誅趙同、趙括，族滅之。韓厥言趙衰、趙盾之功，乃復令趙庶子武爲趙氏後，復與之邑」。是亦尚與左傳、國語相合，無所謂屠岸賈也，乃於趙世家忽云屠岸賈爲景公司寇，將誅趙氏，先告韓厥，厥不肯，而陰使趙朔出奔，朔不肯，曰「子必不絕趙氏」。賈果殺朔及同、括、嬰齊。朔之妻成公姊，有遺腹，走匿公宮，後免身。賈聞之，又索於宮中，朔妻置兒袴內，不啼，乃得免。朔之客程嬰、公孫杵臼恐賈復索，杵臼乃取他兒僞爲趙氏孤匿山中，使嬰出率賈之兵入山殺之，併及杵臼。而嬰實匿趙氏真孤十五年。韓厥言於景公，立之爲趙氏後，即武也。武與嬰乃殺賈，亦滅其族。而嬰亦自殺，以報杵臼於地下。按春秋經文及左、國俱但云晉殺趙同、趙括，未嘗有趙朔也。其時朔已死，故其妻通於嬰，而同、括逐嬰。史記謂朔與同、括同日被殺，已屬互異。武從姬氏畜於公宮，則被難時已有武，並非莊姬入宮後始生。而史記謂是遺腹子，又異。以理推之，晉景公並未失國政。朔妻其姊也，公之姊既在宮生子，賈何人，輒敢向宮中索之，如曹操之收伏后乎？況其時尚有欒武子、知莊子、范文子及韓獻子共主國事。區區一屠岸賈，位非正卿，官非世族，乃能逞威肆一至此乎？且史記之說武爲莊姬所生，則武乃趙氏嫡子也。而晉世家又以爲庶子。晉世家景公十七年殺同、括，仍復趙武邑。晉年表於景十七年，亦言復趙武田邑，而趙世家亦謂十五年後，則其一手所著書已自相矛盾，益可見屠岸賈之事出於無稽，而遷之採摭荒誕不足憑也。史記諸世家，多取左傳、國語以爲文。獨此一事，不用二書，而獨取異說，而不自知其牴牾。信乎好奇之過也！梁玉繩曰：案下宮之事，左成八年疏、史通申左篇並以史爲繆，後儒歷辨其誣。惟劉向取入説苑復恩、新序節士，皇極經世依世家書之前編，分載賈殺趙朔在周定王十年，趙姬譖殺原屏在簡王三年，皆不足據也。匿孤報德，視死如歸，乃戰國俠士刺客所爲，春秋之世無此風俗。則斯事固妄誕不可信。而所謂屠岸賈、程嬰、杵臼，恐亦無其人也。

趙氏復位十一年，而晉厲公殺其大夫三郤。〔一〕欒書畏及，乃遂弒其君厲公，更立襄公曾孫周，是爲悼公。〔二〕晉由此大夫稍彊。

〔一〕**【考證】**殺三郤，成十七年春秋經傳。三郤，郤錡、郤犨、郤至。

〔二〕**【集解】**徐廣曰：「年表云襄公孫也。」**【索隱】**晉系家襄公少子名周。**【考證】**成十八年左傳。古鈔本「及」作「反」，無「乃」字。楓山、三條本無「及乃遂」三字。張照曰：晉世家云「悼公周者，其大父捷襄公少子也」，與此同，與索隱不符。年表亦無「曾」字，與此異。

趙武續趙宗二十七年，晉平公立。〔一〕平公十二年，而趙武爲正卿。〔二〕十三年，吳延陵季子使於晉，曰：「晉國之政，卒歸於趙武子、韓宣子、魏獻子之後矣。」〔三〕趙武死，謚爲文子。

〔一〕**【考證】**平公立，襄十八年左傳。

〔二〕**【考證】**梁玉繩曰：案左襄二十五年，趙文子爲政，是平公十年。此誤。楓山、三條本「公」下有「立」。

〔三〕**【考證】**襄二十九年左傳。梁玉繩曰：季札之聘，在平公十四年，此誤作「十三年」，「武子」乃「文子」之誤。然三子見存，不應稱謚。史詮云「『武子』、『宣子』、『獻子』六字衍」。

文子生景叔。〔一〕景叔之時，齊景公使晏嬰於晉，〔二〕晏嬰與晉叔向語。嬰曰：「齊之政後卒歸田氏。」叔向亦曰：「晉國之政將歸六卿。六卿侈矣，而吾君不能恤也。」〔三〕

〔一〕【索隱】系本云：「景叔名成。」【考證】梁玉繩曰：左傳曰趙成子。

〔二〕【集解】徐廣曰：「平公之十九年。」

〔三〕【考證】「齊景公」以下，昭三年左傳。

趙景叔卒，生趙鞅，是爲簡子。〔一〕

〔一〕【考證】楓山、三條本「爲」下有「趙」字。

趙簡子在位，晉頃公之九年，簡子將合諸侯戍于周。〔一〕其明年，入周敬王于周，辟弟子朝之故也。〔二〕

〔一〕【考證】「簡子將合諸侯」，昭二十五年左傳。楓山、三條本「合」作「令」，與左傳合。

〔二〕【考證】昭二十六年春秋經傳。古鈔本「辟」作「避」。

晉頃公之十二年，六卿以法誅公族祁氏、羊舌氏，分其邑爲十縣，六卿各令其族爲之大夫。〔一〕晉公室由此益弱。

〔一〕【考證】昭二十八年左傳。梁玉繩曰：十大夫不皆六卿之族，説在晉世家。

後十三年，魯賊臣陽虎來奔，趙簡子受賂，厚遇之。〔一〕

〔一〕【考證】定九年左傳云「陽虎自齊奔宋，遂奔晉。適趙氏」，未嘗云趙氏受賂。古鈔本「受」下無「賂」字。

趙簡子疾，五日不知人，大夫皆懼。醫扁鵲視之，出，董安于問。〔一〕扁鵲曰：「血脈治也，而何怪！在昔秦繆公嘗如此，七日而寤。寤之日告公孫支與子輿曰：〔二〕『我之帝所，甚樂。〔三〕吾所以久者，適有學也。帝告我：「晉國將大亂，五世不安；〔四〕其後將霸，未老而死；霸者之子且令，而國男女無別。」』〔五〕公孫支書而藏之，秦讖於是出矣。〔六〕獻公之亂，文公之霸，而襄公敗秦師於殽，而歸縱淫，此子之所聞。今主君之疾與之同，不出三日疾必閒，閒必有言也。」〔七〕

〔一〕【集解】韋昭曰：「安于，簡子家臣。」【考證】古鈔本、三條本「問」下有「扁鵲」二字，與扁鵲傳合。

〔二〕【索隱】二子，秦大夫公孫支、子桑也。【考證】梁玉繩曰：索隱于扁鵲傳云「子輿未詳」，余謂即子車氏也。子車三良，秦紀作「子輿」。孟子字子輿，亦作「子車」。

〔三〕【考證】岡白駒曰：帝，天帝也。

〔四〕【正義】謂受帝教命也。【考證】扁鵲傳「有」下有「所」字。梁玉繩曰：「五世」當是「三世」，蓋晉獻公、惠公、懷公也。此與扁鵲傳同誤。

〔五〕【考證】「令」字句。言霸者之子，將代父令于諸侯也。梁玉繩曰：案下文亦言襄公縱淫。攷左傳，不見晉襄縱淫無別事，蓋與扁鵲傳同妄。

〔六〕【考證】扁鵲傳「讖」作「策」，「矣」作「夫」。秦穆夢游事，又見封禪書。顧炎武曰：趙世家扁鵲言秦穆公寤而述上帝之言，公孫支書而藏之，秦讖於是出矣。秦本紀燕人盧生使入海邊以鬼神事，因奏録圖書曰「亡秦者胡也」。然則讖記之興，實始於秦人，而盛於西京之末也。

〔七〕【考證】閒，愈也。

居二日半，簡子寤。語大夫曰：「我之帝所，甚樂，與百神游於鈞天，廣樂九奏，萬舞，不類三代之樂，〔一〕其聲動人心。有一熊欲來援我，〔二〕帝命我射之，中熊，熊死。又有一羆來，我又射之，中羆，羆死。帝甚喜，賜我二笥，皆有副。吾見兒在帝側，帝屬我一翟犬曰：『及而子之壯也，以賜之。』〔三〕帝告我：『晉國且世衰，七世而亡，〔四〕嬴姓將大敗周人於范魁之西，〔五〕而亦不能有也。今余思虞舜之勳，適余將以其胄女孟姚配而七世之孫。』」〔六〕董安于受言而書藏之，以扁鵲言告簡子，簡子賜扁鵲田四萬畝。〔七〕

〔一〕【正義】淮南子「中央曰鈞天」。【考證】列子周穆王篇「清都、紫微、鈞天、廣樂，帝之所居」。愚按：「廣樂」，樂名。九奏既以數言，則萬舞亦可以數言，與詩「萬舞」異。

〔二〕【考證】扁鵲傳無「人」字。古鈔本無「來」字，與傳及藝文類聚合。

〔三〕【考證】而，汝也。

〔四〕【正義】謂晉定公、出公、哀公、幽公、烈公、孝公、静公爲七世。静公二年，爲三晉所滅。據此及年表，簡子疾，在定公十一年。

〔五〕【索隱】范魁，地名，不知所在，蓋趙地。【正義】嬴，趙姓也。周人，謂衛也。晉亡之後，趙成侯三年，伐衛，取都鄙七十三是也。賈逵云「川阜曰魁」也。【考證】梁玉繩曰：其事無攷，當屬妄言。正義以趙成公伐衛實之，謬矣。

〔六〕【索隱】即娃嬴，吴廣之女。姚姓，孟，字也。七代孫，武靈王也。【考證】扁鵲傳無「今余」至「之孫」二十一字。梁玉繩曰：案：簡子至武靈王十世，此譌「七」字。論衡紀妖篇是「十世」也。

〔七〕【考證】「趙簡子疾」以下又見扁鵲傳。

他日簡子出，有人當道，辟之不去，從者怒，將刃之。當道者曰：「吾欲有謁於主君。」從者以聞。簡子召之，曰：「譆，吾有所見子晰也。」〔一〕當道者曰：「屏左右，願有謁。」簡子屏人。當道者曰：「主君之疾，臣在帝側。」〔二〕簡子曰：「然，有之。子之見我，我何爲？」〔三〕當道者曰：「帝令主君射熊與羆，皆死。」簡子曰：「是且何也？」當道者曰：「晉國且有大難，主君首之。帝令主君滅二卿，夫熊與羆皆其祖也。」〔四〕簡子曰：「帝賜我二笥，皆有副，何也？」〔五〕當道者曰：「主君之子將克二國於翟，皆子姓也。」〔六〕簡子曰：「吾見兒在帝側，帝屬我一翟犬曰：『及而子之長以賜之。』夫兒何謂以賜翟犬？」當道者曰：「兒，主君之子也。翟犬者代之先也。主君之子且必有代。及主君之後嗣，且有革政而胡服，〔七〕并二國於翟。」〔八〕簡子問其姓而延之以官。〔九〕當道者曰：「臣野人，致帝命耳。」遂不見。簡子書藏之府。

〔一〕【索隱】簡子見當道者，乃寤曰：「譆，是吾前夢所見知，其名曰子晰者。」【考證】陳仁錫曰：晰，明也。見子晰，謂夢中明見子爾。索隱誤。顧炎武曰：晰者分明之意。愚按：徐孚遠、錢大昕說同。

〔二〕【考證】古鈔本、三條本「疾」下有「日者」二字。

〔三〕【考證】崔適曰：各本重「我」字，衍也。

〔四〕【正義】范氏、中行氏之祖也。

〔五〕【正義】副，謂皆子姓也。

〔六〕【正義】謂代及智氏也。

〔七〕【正義】今時服也，廢除裘裳也。【考證】張文虎曰：正義「裘裳」疑「冠裳」。

〔八〕【正義】武靈王略中山地至寧、葭，西略胡地至樓煩、楡中是也。

〔九〕【正義】簡子問何姓，又延之以何官也。

異日姑布子卿見簡子，〔一〕簡子偏召諸子相之。子卿曰：「無爲將軍者。」簡子曰：「趙氏其滅乎？」子卿曰：「吾嘗見一子於路，殆君之子也。」簡子召子毋卹。毋卹至，則子卿起曰：「此真將軍矣。」簡子曰：「此其母賤，翟婢也，奚道貴哉？」子卿曰：「天所授，雖賤必貴。」自是之後，簡子盡召諸子與語，毋卹最賢。簡子乃告諸子曰：「吾藏寶符於常山上，先得者賞。」諸子馳之常山上，求無所得。毋卹還曰：「已得符矣。」簡子曰：「奏之。」毋卹曰：「從常山上臨代，代可取也。」〔二〕簡子於是知毋卹果賢，乃廢太子伯魯，而以毋卹爲太子。〔三〕

〔一〕【集解】司馬彪曰：「姑布，姓，子卿，字。」【考證】荀子非相篇「古者有姑布子卿，今之世，梁有唐舉，相人之形狀顔色而知其吉凶妖祥，世俗稱之。古之人無有也，學者不道也」。韓詩外傳卷九載子卿相孔子事。

〔二〕【正義】地道記云：「恒山在上曲陽縣西北百四十里。北行四百五十里，得恒山岌號飛狐口，北則代郡也。」

〔三〕【考證】梁玉繩曰：簡子，大夫也，而稱其子爲「太子」，可乎？愚按：繹史八十七云「韓詩外傳趙簡子大子名伯魯，小子名無恤。簡子自爲一書牘曰『節用聽聰，敬賢勿慢，使能勿賤』，親自表之，與二子使誦之。三年，簡子坐清臺之上，問二書所在。伯魯亡其表，令誦，不能得。無恤出其書於袖，令誦，習焉。乃出伯魯，而立無恤，是爲襄子」。與史異。繹史注云「通鑑本此」，今本無。

後二年，晉定公之十四年，范、中行作亂。〔一〕明年春，簡子謂邯鄲大夫午曰：「歸我衛士五百家，吾將置之晉陽。」〔二〕午許諾，歸而其父兄不聽，倍言。〔三〕趙鞅捕午，因之晉陽。乃告邯鄲人曰：「我私有誅午也，諸君欲誰立？」〔四〕遂殺午。趙稷、涉賓以邯鄲反。〔五〕晉君使籍秦圍邯鄲。〔六〕荀寅、范吉射〔七〕與午善，〔八〕不肯助秦，而謀作亂，董安于知之。十月，范、中行氏伐趙鞅，〔九〕鞅奔晉陽，晉人圍之。范吉射、荀寅仇人魏襄等謀逐荀寅，以梁嬰父代之；〔一〇〕逐吉射，以范皋繹代之。〔一一〕荀櫟〔一二〕言於晉侯曰：「君命，大臣始亂者死。今三臣始亂，〔一三〕而獨逐鞅，用刑不均，請皆逐之。」十一月，荀櫟、韓不佞、〔一四〕魏哆〔一五〕奉公命以伐范、中行氏，不克。范、中行氏反伐公，公擊之，范、中行敗走。丁未，二子奔朝歌。〔一六〕韓、魏以趙氏爲請。〔一七〕十二月辛未，趙鞅入絳，盟于公宮。〔一八〕其明年，知伯文子謂趙鞅曰：「范、中行雖信爲亂，安于發之，是安于與謀也。晉國有法，始亂者死。夫二子已伏罪，而安于獨在。」〔一九〕趙鞅患之。安于曰：「臣死，趙氏定，晉國寧，吾死晚矣。」遂自殺。趙氏以告知伯，然後趙氏寧。〔二〇〕

〔一〕**【考證】**梁玉繩曰：案陽虎奔晉，在定十一年，則當作「後三年」。余有丁曰：范、中行氏因邯鄲午而作亂，其說見下。此先言之，誤。

〔二〕**【集解】**服虔曰：「往年趙鞅圍衛，衛人恐懼，故貢五百家，鞅置之邯鄲，又欲更徙於晉陽。」**【考證】**士，凌本作「氏」，左傳作「貢」。邯鄲，故衛邑，後屬晉，戰國時趙肅侯都此。今直隸廣平府邯鄲縣西南有邯鄲故城，俗名趙王城。晉陽，簡子邑，今山西太原府陽曲縣。集解服說，依定十年左傳。

〔三〕【集解】服虔曰：「午之諸父兄及邯鄲中長老。」【考證】中井積德曰：「『其』字不可誣。注『邯鄲長老』誤。」

〔四〕【集解】杜預曰：「午，趙鞅同族，别封邯鄲，故使邯鄲人更立午宗親也。」【考證】左傳作「二三子唯所欲立」。

〔五〕【集解】服虔曰：「稷，午子。」

〔六〕【集解】左傳曰籍秦此時爲上軍司馬。【索隱】據系本，晉大夫籍游之孫，籍談之子。

〔七〕【索隱】范氏，晉大夫隰叔之子，士蔿之後。蔿生成伯缺，缺生武子會，會生文叔燮，燮生宣叔匄，匄生獻子鞅，鞅生吉射。

〔八〕【集解】左傳曰：「午，荀寅之甥。荀寅，范吉射之姻。」

〔九〕【索隱】系本云：「晉大夫逝遨生桓伯林父，林父生宣伯庚宿，庚宿生獻伯偃，偃生穆伯吴，吴生寅。本姓荀，自荀偃將中軍，晉改中軍曰中行，因氏焉。元與智伯同祖逝遨，故智氏亦稱荀。」【正義】按：會食邑於范，因爲范氏。又中行寅本姓荀，自荀偃將中軍，爲中行，因號中行氏。元與智氏同承襲逝遨，姓荀氏。【考證】左傳「十月」作「七月」。

〔一〇〕【集解】賈逵曰：「梁嬰父，晉大夫也。」【考證】「魏襄」下當依左傳補「子」字。襄子，魏舒孫曼多也。左傳云「韓簡子與中行文子相惡，魏襄子與范昭子相惡」，中行文子即荀寅，范昭子即范吉射。

〔一一〕【集解】服虔曰：「范氏之側室子。」【考證】左傳「皐繹」作「皐夷」。

〔一二〕【集解】服虔曰：「荀櫟，智文子。」【索隱】系本云：「逝遨生莊子首，首生武子罃，罃生莊子朔，朔生悼子盈，盈生文子櫟，櫟生宣子申，申生智伯瑶。」【考證】各本及左傳「櫟」作「躒」，今從索隱、正義本。

〔一三〕【集解】賈逵曰：「范、中行、趙也。」【考證】先始禍亂者，不問是非，當死。

〔一四〕【索隱】韓簡子。【正義】韓簡子也。本作「佞」也。【考證】正義本「不佞」作「不信」，與晉世家及左傳合。

〔一五〕【索隱】魏簡子。系本名取。【考證】魏哆即魏曼多也。沈家本曰：魏世家索隱引世本作「襄子多」，此注誤。

〔一六〕【索隱】范吉射、荀寅也。【考證】河南衛輝府淇城東北。

〔一七〕【集解】服虔曰：「以其罪輕於荀、范也。」【正義】按：趙鞅被范中行伐，乃奔晉陽，以其罪輕，故韓、魏爲請晉君，而得入絳。

〔一八〕【考證】「明年春」以下，定十三年左傳。絳，晉都。

〔一九〕【考證】知伯文子，荀櫟也。定十三年左傳云「范、中行將作亂，董安于聞之告趙孟曰：『先備諸？』趙孟曰：『晉國有命，始禍者死，爲後可也。』安于曰：『與其害民，寧我獨死，請以我説。』」蓋安于私爲趙氏備，故文子誣以先發難也。趙策所謂「城郭完，府庫倉廩實，垣皆以荻蒿楛楚牆之，室皆以鍊銅爲柱」者，亦安知非當日所施設乎？

〔二〇〕【考證】以上定十四年左傳。傳又云「趙氏定，祀安于於廟」。

孔子聞趙簡子不請晉君而執邯鄲午，保晉陽，故書春秋曰：「趙鞅以晉陽畔。」〔一〕

〔一〕【考證】定十三年春秋云：「秋，晉趙鞅入于晉陽以叛。」

趙簡子有臣曰周舍，好直諫。周舍死，簡子每聽朝，常不悅，大夫請辠。簡子曰：「大夫無罪。吾聞千羊之皮不如一狐之腋。諸大夫朝，徒聞唯唯，不聞周舍之鄂鄂，是以憂也。」〔一〕簡子由此能附趙邑，而懷晉人。

〔一〕【集解】韓詩外傳曰：「周舍立於門下三日三夜，簡子使問之曰：『子欲見寡人何事？』對曰：『願爲鄂鄂之臣，墨筆操牘，從君之過，而日有所記，月有所成，歲有所效也。』」【正義】鄂鄂，直也。

晉定公十八年，趙簡子圍范、中行于朝歌，〔一〕中行文子奔邯鄲。〔二〕明年，衛靈公卒。簡

子與陽虎送衛太子蒯聵于衛，衛不內，居戚。〔三〕

〔一〕【考證】圍朝歌，哀元年左傳。

〔二〕【索隱】荀寅也。【考證】梁玉繩曰：案左哀三年。荀寅奔邯鄲，乃晉定二十年。

〔三〕【正義】括地志云：「故戚城在相州澶水縣東三十里。杜預云『戚，衛邑，在頓丘縣西有戚城』是也。」【考證】哀二年左傳。

晉定公二十一年，簡子拔邯鄲，中行文子奔柏人。〔一〕簡子又圍柏人，中行文子、范昭子遂奔齊。〔二〕趙竟有邯鄲、柏人。范、中行餘邑入于晉。趙名晉卿，〔三〕實專晉權，奉邑侔於諸侯。

〔一〕【考證】哀四年左傳。今直隸順德府唐山縣西有柏人故城。

〔二〕【索隱】范吉射也。【考證】哀五年左傳。沈家本曰：表在二十二年，與左傳合。

〔三〕【考證】古鈔本，楓山、三條本「趙」下有「鞅」字，「名」下有「爲」字。

晉定公三十年，定公與吳王夫差爭長於黄池，趙簡子從晉定公，卒長吳。〔一〕定公三十七年卒，而簡子除三年之喪，期而已。〔二〕是歲，越王句踐滅吳。〔三〕

〔一〕【考證】事見哀十三年左傳。長吳，依國語吳語。黄池，今河南開封府邱縣西南。説見吳世家。

〔二〕【考證】沈家本曰：按此文謂簡子於君死而不爲三年之喪，降爲期也。顧炎武曰：「除三年之喪，期而已」，此因哀二十年左傳趙孟降於喪食之文，而誤爲之解，本無此事。俞樾曰：此簡子不成禮於其君，猶魯悼公之喪，孟敬子曰「我則食食也」。禮檀弓篇。史公所載，自有所本。下又云「趙襄子元年，越圍吳，襄子降喪食，使楚隆問吳王」，則史公原未嘗誤解左傳也。

〔三〕【考證】梁玉繩曰：依左傳，是歲越圍吳，「滅」字必「圍」字之誤，否則下文書「越圍吳」，何以此先言滅吳邪？

晉出公十一年，知伯伐鄭。趙簡子疾，使太子毋卹將而圍鄭。知伯醉，以酒灌擊毋卹，毋卹羣臣請死之。毋卹曰：「君所以置毋卹，爲能忍訽。」然亦慍知伯。知伯歸，因謂簡子使廢毋卹，簡子不聽。毋卹由此怨知伯。〔一〕

〔一〕【考證】梁玉繩曰：是時簡子已久死，卿之子亦不得稱太子。襄子之怨知伯，左傳末篇所載甚明，曷嘗有謂簡子使廢襄子之事？此與六國表並誤。至灌酒一節，左傳末篇亦無其事，史公或别有據，故説苑亦載之也。愚按：淮南子道應訓趙簡子以襄子爲後，董閼于曰：「無卹賤，今以爲後，何也？」簡子曰：「是爲人也，能爲社稷忍羞。」異日知伯與襄子飲，而批襄子之首。大夫請殺之，襄子曰：「先君之立我也，曰『能爲社稷忍羞』，豈曰能刺人哉？」處十月，知伯圍襄子於晉陽，襄子疏隊而擊之，大敗知伯，破其首以爲飲器。其事與史公所記粗同。淮南先於史記。又見於説苑建本。

晉出公十七年，簡子卒，〔一〕太子毋卹代立，是爲襄子。

〔一〕【集解】張華曰：「趙簡子冢在臨水界，二冢併，上氣成樓閣。」【考證】梁玉繩曰：簡子卒于晉定三十六年，非出公十七年也，此與表同誤。所可怪者，後文云「趙襄子元年，越圍吳。襄子降喪食，使楚隆問吳王」。圍吳之事，在晉定三十七年，襄子初嗣爲晉卿，所言固不誤也，何以此書簡子卒于出公十七年，自相牴牾？正義亦疏舛。

趙襄子元年，越圍吳。〔一〕襄子降喪食，使楚隆問吳王。〔二〕

〔一〕【正義】年表及（趙）〔越〕世家、（云）左傳越滅吳，在簡子三十五年，已在襄子元年前十五年矣，何得更有越圍吳之事？從此以下，至「問吳王」，是三十年事，文脱誤在此耳。【考證】中井積德曰：世家、年表不相合，而此注尤多錯誤。

〔三〕【正義】左傳云哀公二十年，簡子死，襄子嗣立，以越圍吳，故降父之祭饌，而使楚隆慰問王，爲哀公十三年，簡子在黄池之役，與吳王質言曰「好惡同之」，故減祭饌，及問吳王也。而趙世家及六國年表云此年晉定公卒，簡子除三年之喪服，朞而已。按：簡子死，及使吳，年月皆誤，與左傳文不同。【考證】「越圍吳」以下，哀二十年左傳，但事在晉定三十七年襄子服簡子喪時。中井積德曰：喪之食已惡，今爲吳又降一等也，左傳可徵。

襄子姊前爲代王夫人。簡子既葬，未除服，北登夏屋，〔一〕請代王，使厨人操銅料，〔二〕以食代王及從者，行斟，〔三〕陰令宰人各以料擊殺代王及從官，〔四〕遂興兵平代地。其姊聞之，泣而呼天，摩笄自殺。代人憐之，所死地名之爲摩笄之山。〔五〕遂以代封伯魯子周，爲代成君。伯魯者，襄子兄，故太子。太子蚤死，故封其子。〔六〕

〔一〕【集解】徐廣曰：「山在廣武。」【正義】括地志云：「夏屋山，一名賈屋山，今名賈母山，在代州鴈門縣東北三十五里。夏屋與句注山相接，蓋北方之險，亦天下之阻路，所以分别内外也。」【考證】夏屋山，在今山西代州。

〔二〕【正義】音斗。其形方，有柄，取斟水器。説文云「勺也」。【考證】張儀傳「料」作「斗」，酌酒器。古鈔本「請」上有「誘」字。

〔三〕【考證】方苞曰：「及從者」爲句，「行斟」爲句。行斟，謂羹汁，張儀傳所謂「進熟啜」者也。

〔四〕【集解】徐廣曰：「各，一作『雒』。」【正義】各，音洛。【考證】張照曰：徐廣云「一作『雒』」，則以「雒」爲宰人名也。蓋以科擊殺代王者，猶寘劒魚中之類。代王既死，其從官之被殺，固不必問其用何器。寧有令庖人盡持科以爲戰具之理耶？愚按：宣六年公羊傳云「熊蹯不熟，靈公怒以斗擊膳宰而殺之」，與此事相類。中井積德曰：厨人、宰人無別，從者、從官正同。不知何故異其文。

〔五〕【正義】笄，今簪也。括地志云：「摩笄山一名磨笄山，亦名爲山，在蔚州飛狐縣東北百五十里。魏土地記云『代郡東南二十五里有馬頭山。趙襄子既殺代王，使人迎其婦。代王夫人曰：「以弟慢夫，非仁也；以夫怨弟，非義也。」磨笄自刺而死。使者遂亦自殺』。」【考證】承上文襄子常山臨代，以結夢占。摩，磨也。呂覽長攻篇云：「趙簡子病，召太子而告之曰『我死，已葬，服衰而上夏屋之山以望』。太子敬諾。簡子死，已葬，襄子上於夏屋以望代俗，其樂甚美。於是襄子曰：『先君必以此教之也。』及歸，慮所以取代。代君好色，以其姊妻之，所以善代者萬故。謁於代君觴之，先令舞者置兵羽中數百人，先具大金斗。代君至，酒酣，反斗而擊之。一成腦塗，舞者操兵以鬭，盡殺其從者。其妻遥聞之，磨笄以自刺。故趙氏至今有『刺笄』之證與『反斗』之號。」又見于國策燕策及史張儀傳，與此小異。

〔六〕【考證】中井積德曰：伯魯初爲太子，廢而死也。此文欠分曉。

襄子立四年，知伯與趙、韓、魏盡分其范、中行故地。〔一〕晉出公怒，告齊、魯欲以伐四卿。四卿恐，遂共攻出公。出公奔齊，道死。〔二〕知伯乃立昭公曾孫驕，是爲晉懿公。〔三〕知伯益驕，請地韓、魏，韓、魏與之。請地趙，趙不與，〔四〕以其圍鄭之辱。〔五〕知伯怒，遂率韓、魏攻趙。趙襄子懼，乃奔保晉陽。〔六〕

〔一〕【考證】古鈔本「盡」下有「共」字，「分」下無「其」字。梁玉繩曰：晉世家事在晉出公十七年。此與六國表並誤。「其」字衍。

〔二〕【考證】梁玉繩曰：奔齊時，出公未死。

〔三〕【索隱】或作「哀公」。其大父名雍，即昭公少子，號戴子也。

〔四〕【考證】「知伯益驕」以下是韓非十過、國策趙策。

〔五〕【考證】事見上。

〔六〕【考證】韓非十過、國策趙策。

原過從，後，至於王澤，〔一〕見三人，自帶以上可見，自帶以下不可見。與原過竹二節莫通，曰：「爲我以是遺趙毋卹。」原過既至，以告襄子。襄子齊三日，親自剖竹，有朱書曰：「趙毋卹，余霍泰山山陽侯天使也。〔二〕三月丙戌，余將使女反滅知氏。女亦立我百邑，余將賜女林胡之地。至于後世，且有伉王，赤黑，龍面而鳥噣，鬢麋髭頾，大膺大胷，〔三〕脩下而馮，左衽界乘，〔四〕奄有河宗，〔五〕至于休溷諸貉，〔六〕南伐晉別，〔七〕北滅黑姑。」〔八〕襄子再拜，受三神之令。〔九〕

〔一〕【正義】括地志云：「王澤在絳州正平縣南七里也。」

〔二〕【集解】徐廣曰：「在河東永安縣。」【考證】凌稚隆曰：與前「霍泰山爲祟」遠應。愚按：語氣與始皇本紀相似。梁玉繩曰：論衡紀妖篇作「余霍太山陽天子」，與此同譌，當依風俗通卷一作「余霍太山陽侯大吏」。

〔三〕【考證】各本「赤」作「亦」，今從宋本、毛本。風俗通作「赤」。岡白駒曰：伉王，蓋謂武靈王也。噣，喙也。麋，與「眉」同。頾，頰鬚也。膺，亦胸也。

〔四〕【集解】徐廣曰：「脩，或作『隨』。界，一作『介』。」【正義】馮，音憑。依也。左衽，胡服也。界，即介也。乘馬被甲。【考證】風俗通六國篇作「脩下而馮上左衽介乘」。李笠曰：「馮」下當依風俗通補「上」字。上句「大膺」、「大胷」對舉，下句「左衽」、「介乘」亦對舉，此句亦當以「脩下」與「馮上」對也。上文「龍面而鳥噣」與此句同一例。文選吳都賦「洲渚馮隆」，劉注「馮隆，高貌」，蓋謂伉王下體長而上體高耳。方苞曰：介，甲也。此指武靈王變服習騎射事。左衽，變服也。介乘，謂甲而乘馬習射。

〔五〕【正義】穆天子傳云：「河宗之子孫(則)〔鄘〕栢絮。」按：蓋在龍門河之上流嵐、勝二州之地也。

〔六〕【正義】音陌。自河宗、休溷諸貉，乃戎狄之地也。

〔七〕【正義】趙南伐晉之別邑，謂韓、魏之邑也。

〔八〕【正義】亦戎國。【考證】中井積德曰：是讖果有之邪？武靈王變服時，宜首舉是讖以神其事，而無一言及于此矣。可見造是讖者，更在後世也。

〔九〕【考證】岡白駒曰：原過所見三人，故云三神。

三國攻晉陽歲餘，〔一〕引汾水灌其城，〔二〕城不浸者三版。〔三〕城中懸釜而炊，易子而食。〔四〕羣臣皆有外心，禮益慢，唯高共不敢失禮。〔五〕襄子懼，乃夜使相張孟同私於韓、魏。〔六〕韓、魏與合謀，以三月丙戌，三國反滅知氏，共分其地。〔七〕於是襄子行賞，高共爲上。張孟同曰：「晉陽之難，唯共無功。」襄子曰：「方晉陽急，羣臣皆懈，惟共不敢失人臣禮，是以先之。」〔八〕於是趙北有代，南并知氏，彊於韓、魏。遂祠三神於百邑，使原過主霍泰山祠祀。〔九〕

〔一〕【考證】趙策「歲餘」作「三年」。

〔二〕【考證】梁玉繩曰：國語但云襄子走晉陽，圍而灌之，不言何水。韋注依此以爲汾水。魏世家依國策以爲晉水。尚書疏證六云「李宏憲疑莫能定，不知二水皆是也。蓋知伯決晉水以灌城，至今猶名知伯渠，然亦豈有舍近而且大之汾水不引以并注者乎？」盧學士云「晉水注于汾水，汾水之所經廣矣。此云汾水，雖不可謂誤，而晉水尤與晉陽爲切近」。

〔三〕【正義】何休云：「八尺曰版。」【考證】胡三省曰：高二尺爲一版。三版，六尺。

〔四〕【考證】國語晉語云「沈竈產鼃，民無叛意」。國策趙策云「城不没者三板。臼竈生鼃，人馬相食」。又云「城中巢居而處，懸釜而炊，財食將盡，士卒病羸」。淮南人間訓云「城下緣木而處，縣釜而炊」。皆不云「易子而食」。四字史公以意加之。

〔五〕【集解】徐廣曰：「共，一作『赫』。」【考證】「羣臣」以下，韓非子難一、淮南人間訓。梁玉繩曰：徐廣「共」作「赫」是也。韓子、淮南子、説苑及人表並作「赫」。呂覽義賞篇作「高赦」。愚按：赫、赦以形似譌。

〔六〕【索隱】按：戰國策作「張孟談」。談者史遷之父名，遷例改爲「同」。

〔七〕【考證】三晉滅知伯，詳于國策趙策、韓非子十過、淮南子人間訓。但「三月丙戌」，未詳史所本。

〔八〕【考證】「襄子行賞」以下，依韓非子難一、淮南子人間訓，「張孟談」作「羣臣」。

〔九〕【正義】括地志云：「三神祠今名原過祠，今在霍山側也。」

其後娶空同氏，〔一〕生五子。襄子爲伯魯之不立也，不肯立子，且必欲傳位與伯魯子代成君。成君先死，乃取代成君子浣，立爲太子。〔二〕襄子立三十三年卒，浣立，是爲獻侯。〔三〕

〔一〕【正義】括地志云：「崆峒山在肅州福禄縣東南六十里，古西戎地。又原州平高縣西百里亦有崆峒山，即黄帝問廣成子道處。」俱是西戎地，未知孰是。【考證】楓山、三條本「氏」下有「女」字。

〔二〕【索隱】代成君名周，伯魯之子。系本云代成君子起，即襄子之子，不云伯魯，非也。【考證】王維楨曰：趙襄子舍子不立，立其姪之子，以念兄不立之故也。

〔三〕【考證】梁玉繩曰：襄子五十一年卒，此與表作「三十三年」者，誤以十八年益簡子也。又獻侯是追尊，不當稱侯。

獻侯少即位，治中牟。〔一〕

〔一〕【集解】地理志曰河南中牟縣，趙獻侯自耿徙此。瓚曰：「中牟，在春秋之時，是鄭之疆内也。及三卿分晉，則在魏之邦土也。趙界自漳水以北，不及此。春秋傳曰『衛侯如晉過中牟』，按中牟非衛適晉之次也。汲郡古文曰『齊師伐趙東鄙，圍中牟』，此中牟不在趙之東也。按中牟當漯水之北。」【索隱】此趙中牟，在河北，非鄭之中牟。【正義】按：五鹿在魏州元城縣東十二里，鄴即相州蕩陰縣西五十八里，有牟山，蓋中牟邑在此山側也。【考證】中牟，今河南蕩陰縣。

襄子弟桓子，逐獻侯自立於代，一年卒。〔二〕國人曰桓子立，非襄子意，乃共殺其子而復迎立獻侯。

〔二〕【索隱】系本云襄子子桓子，與此不同。

十年，中山武公初立。〔一〕十三年，城平邑。〔二〕十五年，獻侯卒，子烈侯籍立。

〔一〕【集解】徐廣曰：「西周桓公之子。桓公者，孝王弟，而定王子。」【索隱】按：中山，古鮮虞國，姬姓也。系本云中山武公居顧，桓公徙靈壽，爲趙武靈王所滅，不言誰之子孫。徐廣云「西周桓公之子」，亦無所據，蓋未能得其實耳。【考證】王應麟曰：中山，春秋時爲鮮虞。定四年傳「中山不服」，中山之名，始見于此。魏文侯使樂羊取之，及武侯之世，趙世家書與中山戰于房子，是時蓋已復國。其後與諸國並稱王，其勢又强矣。梁玉繩曰：世家、年表皆書武公初立。乃至是始稱公，立號謚，其後爲趙武靈所滅，故附于趙也。

〔二〕【集解】地理志曰代郡有平邑縣。【考證】今直隸大名府南樂縣。

烈侯元年，魏文侯伐中山，使太子擊守之。六年，魏、韓、趙皆相立爲諸侯，〔一〕追尊獻子爲獻侯。

〔一〕【考證】周本紀云「威烈王二十三年，九鼎震，命韓、魏、趙爲諸侯」，晉世家「賜趙、韓、魏皆命爲諸侯」，而趙世家則云「魏、韓、趙皆命爲諸侯」，韓、魏、楚、鄭各世家皆但云「列爲諸侯」，一云「受天子命」，一云「相立」，不同。蓋依國史所記也。崔述曰：三晉之列爲侯，據周本紀、年表、三晉世家，皆在威烈王之二十三年。而楚世家則在簡王八年，當周威烈王之二年。於韓爲武子，於趙爲桓子。則史記之年，亦不能保其必無誤矣。竊疑三晉之僭侯，非一年之事。趙最强，故僭最先；魏次强，故次僭；韓最弱，故僭最後耳。蓋不但威烈之命爲莫須有之事，即趙世家謂烈侯六年相立爲諸侯，亦恐係後人揣度之詞，未盡當時之事理也。愚按：說又見周本紀。

烈侯好音，謂相國公仲連曰：「寡人有愛，可以貴之乎？」公仲曰：「富之可，貴之則否。」烈侯曰：「然。夫鄭歌者槍、石二人，〔一〕吾賜之田人萬畝。」公仲曰：「諾。」不與。居一月，烈侯從代來，問歌者田。公仲曰：「求未有可者。」有頃，烈侯復問。公仲終不與，乃稱疾不朝。番吾君自代來，〔二〕謂公仲曰：「君實好善，而未知所持。今公仲相趙，於今四年，亦有進士乎？」〔三〕公仲曰：「未也。」番吾君曰：「牛畜、荀欣、徐越皆可。」公仲乃進三人。及朝，烈侯復問：「歌者田何如？」公仲曰：「方使擇其善者。」牛畜侍烈侯以仁義，約以王道，烈侯逌然。〔四〕明日，荀欣侍，以選練舉賢，任官使能。明日，徐越侍，以節財儉用，察度功德，所與無不充，〔五〕君說。烈侯使使謂相國曰：「歌者之田且止。」官牛畜爲師，荀欣爲中尉，徐越爲內史，〔六〕賜相國衣二襲。〔七〕

〔一〕【索隱】槍，七羊反。槍與石，二人名。

〔二〕【集解】徐廣曰：「番，音盤。常山有番吾縣。」【正義】括地志云：「番吾故城，在恒州房山縣東二十里。」番、蒲，古今音異耳。【考證】今直隸正定府平山縣。

〔三〕【考證】李笠曰：番君對言公仲，不當指斥其名，「仲」字衍。愚按：上「今」字亦衍。

〔四〕【正義】逌，音由，古字與「攸」同。言牛畜以仁義約以王道，故止歌者田。攸攸，氣行貌寬緩也。【考證】岡白駒曰：逌然，顏色寬舒貌，蓋言能納而不拒也。

〔五〕【考證】岡白駒曰：充，當也。

〔六〕【正義】漢書百官公卿表云：「（少府）內史，周官，秦因之，掌治京師。」【考證】中尉內史，趙官，不以秦漢官制說。

〔七〕【集解】單複具爲一襲。【考證】梁玉繩曰：大事記據番吾君謂公仲相趙四年之語，載此事周威烈王二十一年、趙烈侯四年，是也。此與表同誤在是歲。

九年，烈侯卒，弟武公立。〔一〕武公十三年卒，趙復立烈侯太子章，是爲敬侯。是歲，魏文侯卒。

〔一〕【索隱】譙周云：「系本及説趙語者並無其事，蓋別有所據。」【考證】陳仁錫曰：「公」當作「侯」。

敬侯元年，武公子朝作亂，不克，出奔魏。〔一〕趙始都邯鄲。

〔一〕【考證】魏世家「朝」作「朔」。黃式三曰：趙魏交兵，自此始。

二年，敗齊于靈丘。〔一〕三年，救魏于廩丘，大敗齊人。〔二〕四年，魏敗我兔臺。築剛平以侵衛。〔三〕五年，齊、魏爲衛攻趙，取我剛平。六年，借兵於楚，伐魏取棘蒲。〔四〕八年，拔魏黃城。〔五〕九年，伐齊。齊伐燕，趙救燕。〔六〕十年，與中山戰于房子。〔七〕

〔一〕【集解】地理志曰代郡有靈丘縣。【考證】靈丘，今山東東昌府高唐州。沈家本曰：表在九年。

〔二〕【考證】廩丘，今山東曹州府范縣東南。

〔三〕【正義】兔臺、剛平並在河北。

〔四〕【正義】今趙州平棘縣，古棘蒲邑。【考證】今直隸趙縣，古棘蒲邑。

〔五〕【集解】杜預曰：「陳留外黃縣東有黃城。」【正義】括地志云：「故黃城在魏州冠氏縣南十里，因黃溝爲名。」按：陳留外黃城非隨所別也。【考證】「四年」以下本國策齊策四蘇秦説齊閔王。黃城在今山東冠縣南。

〔六〕【考證】梁玉繩曰：案此所書誤，并有譌脱。趙敬侯七年，齊伐燕取桑丘，三晉救燕，伐齊至桑丘，六國表及田完、魏、韓世家可證。若敬侯九年，雖有伐齊之事，乃因齊有喪，三晉共伐至靈丘，而與燕無涉也。田完世家正義兩引趙世家，一云「伐齊至桑丘」，一云「伐齊至靈丘」，而今本皆無之，故知傳寫脱誤耳。是當移書于八年以前，而補之曰「七年，齊伐燕，趙救燕，伐齊至桑丘」，于九年補書曰「伐齊至靈丘」，庶幾得之。

〔七〕【正義】是趙州房子縣。【考證】直隸趙州臨城縣西北。

十一年，魏、韓、趙共滅晉，分其地。〔一〕伐中山，又戰於中人。〔二〕十二年，敬侯卒，子成侯種立。

〔一〕【考證】顧炎武曰：敬侯十一年，魏、韓、趙共滅晉分其地。成侯十六年，與韓、魏分晉，封晉君以端氏。此文重出。梁玉繩曰：是時但分其地，而未滅晉也。

〔二〕【集解】徐廣曰：「中山唐縣有中人亭。」【正義】括地志云：「中山故城，一名中人亭，在定州唐縣東北四十一里，春秋時鮮虞國之中人邑也。」

成侯元年，公子勝與成侯爭立，爲亂。二年六月，雨雪。三年，太戊午爲相。〔一〕伐衛取鄉邑七十三。〔二〕魏敗我藺。〔三〕四年，與秦戰高安，〔四〕敗之。五年，伐齊于鄄。〔五〕魏敗我懷。〔六〕攻鄭敗之，以與韓。韓與我長子。〔七〕六年，中山築長城。伐魏敗湪澤，圍魏惠王。〔八〕七年，侵齊至長城。〔九〕與韓攻周。八年，與韓分周以爲兩。〔一〇〕九年，與齊戰阿下。〔一一〕十年，攻衛取甄。十一年，秦攻魏，趙救之石阿。〔一二〕十二年，秦攻魏少梁，趙救之。〔一三〕十三年，秦獻公使庶長國伐魏少梁，虜其太子、痤。〔一四〕魏敗我澮，取皮牢。〔一五〕成侯與韓昭侯遇上黨。〔一六〕十四年，與韓攻秦。十五年，助魏攻齊。

〔一〕【集解】徐廣曰：「戊，一作『成』。」【考證】梁玉繩曰：人表作「大成午」，則「戊」乃「成」之譌。韓策「大成午從趙來」是也。愚按：韓非子「午」作「牛」，亦字之譌也。

〔二〕【考證】張文虎曰：表「鄉邑」作「都鄙」，前「范魁」下正義引同，此疑誤。愚按：通鑑亦作「都鄙」。胡三省曰：「周禮太宰以八則治都鄙」，注云「都之所居曰鄙」，蓋周之制，四縣爲都，方四十里，一千六百井，積一萬四千四百夫。五都爲鄙，鄙五百家也。此時衛國褊小，若都鄙七十三，以成周之制率之，其地廣矣，盡衛之提封，未必能及此數也。更俟博考。

〔三〕【正義】地理志云屬西河郡也。【考證】今山西汾州府永寧州西。

〔四〕【正義】蓋在河東。

〔五〕【正義】濮州鄄城縣是也。【考證】今山東曹州府濮州。

〔六〕【考證】今河南懷慶府武陟縣。

〔七〕【集解】地理志曰上黨有長子縣。【考證】長子故城在今山西潞安府長子縣西南。大事記解題云：「鄭滅六年矣，安得復攻鄭？意者韓滅鄭之時，趙與有勞焉，至是韓始以地酬其功與？」愚按：攻鄭敗之以與之，蓋追敘往事。長子故晉邑，是時屬韓，尤與趙近。

〔八〕【正義】潒，音濁。徐廣云長杜有濁澤，非也。括地志云：「濁水源出蒲州解縣東北平地。」爾時魏都安邑，韓、趙伐魏，豈河南至長杜也？解縣濁水近於魏都，當是也。【考證】潒澤，凌本作「涿澤」，與表合。張文虎曰：「魏」、「敗」疑倒。梁玉繩曰：此及年表俱書涿澤之戰於趙成侯六年，而魏世家在前一年。當以魏世家爲正。

〔九〕【正義】齊長城西頭在濟州平陰縣。太山記云：「太山西北有長城，緣河經太山千餘里，瑯邪入海。」括地志云：「所侵處，在密州南三十里。」【考證】六國表同。田齊世家於齊威王烹阿大夫之後，書起兵擊趙敗魏，魏請獻觀津，趙歸長城，與此異。

〔一〇〕【集解】徐廣曰：「顯王二年。周紀無此。」【正義】括地志云：「史記周顯二年，西周惠公封少子班於鞏，爲東周。其子武公爲秦所滅。郭緣生述征記云鞏縣本周鞏伯邑。」【考證】黃式三曰：周武王定鼎于郟鄏，即河南，周公營之以爲都。是謂王城。復營洛陽之下都，以居殷民，是爲成周。以二者言之，王城西，而成周東也。平王東遷都王城，子朝之亂，敬王徙居成周。歷世因之，至考王乃以王城故地封其弟桓公，以續周公之職。東之成周，王都之。西之王城，桓公分治之，其權統之于王。桓公薨，其子威公代立。東西二都有隙，威公猶和解之。顯王二年，威公薨，韓、魏乘之，帥師入寇，分周東、西都爲兩也。

〔一一〕【集解】徐廣曰：「戰，一作『會』也。」【正義】阿，東阿也。今濟州東阿縣也。【考證】呂祖謙曰：世家威王對即墨大夫烹阿大夫之後，諸侯莫敢致兵于齊二十餘年。雖未可盡信，然距阿下之會首尾纔五年耳。當從別本。

〔一二〕【正義】蓋在石、隰等州界也。【考證】石阿，當從秦本紀、年表作「石門」。石門，山名，一名白徑嶺，在今山西解州東南。左右壁立，間不容軌，謂之「石門」，道通陝州。

〔三〕【正義】少梁故城在同州韓城縣南二十二里，古少梁國也。【考證】今陝西同州府韓城縣。

〔四〕【考證】楓山、三條本「國」作「圍」。

〔五〕【集解】徐廣曰：「魏年表曰『取趙皮牢』。」【正義】括地志云：「澮水縣在絳州翼城縣東南二十五里。」按：皮牢當在澮之側。【考證】澮出山西平陽府翼城，入汾。皮牢，今河南彰德府武安縣西。少梁之役，秦虜魏太子、將公孫痤也。「太子」下有脫文，說在秦紀。

〔六〕【考證】「昭侯」當作「懿侯」。中井積德曰：遇者會儀之略者。上黨，今山西潞安府。

十六年，與韓、魏分晉，封晉君以端氏。〔一〕

〔一〕【集解】徐廣曰：「在平陽。」【正義】端氏，澤州縣也。【考證】梁玉繩曰：端氏之封，當在前敬侯十一年分晉之時，此誤書于成侯十六年也。下文肅侯元年，奪晉君端氏徙處屯留，亦是誤書，當在成侯五年。大事記亦以史爲誤。蓋三晉既分晉地，尚封晉孝公以端氏一城，其後奪端氏而徙之屯留，猶得食屯留一城也。迨成侯十六年，鄭取屯留，于是晉孝公之子静公始夷于編户，而爲家人矣。

十七年，成侯與魏惠王遇葛孽。〔一〕十九年，與齊、宋會平陸，〔二〕與燕會阿。〔三〕二十年，魏獻榮椽，因以爲檀臺。〔四〕二十一年，魏圍我邯鄲。二十二年，魏惠王拔我邯鄲，〔五〕齊亦敗魏於桂陵。〔六〕二十四年，魏歸我邯鄲，與魏盟漳水上。〔七〕秦攻我藺。二十五年，成侯卒。公子緤與太子肅侯爭立，緤敗，亡奔韓。〔八〕

〔一〕【集解】徐廣曰：「在馬丘。年表曰十八年，趙孟如齊。」【正義】葛、孽二城名。孽，魚桀反。【考證】梁玉繩曰：案表謂惠王十四年，與趙會鄗。魏世家同，爲成侯十八年。此書于十七年，誤。但一以爲葛孽，一以爲鄗，二處各異。蓋稱鄗者是。鄗本晉地，是時屬趙，故武靈王城鄗。魏表及世家俱言會鄗，可信。徐廣云

「葛孽在馬丘」，不知馬丘何地方。方輿紀要云「在曲周縣西」，則與鄗遠。

〔二〕【正義】兗州縣也。平陸城即古厥國。【考證】平陸，齊地，今山東兗州汶上縣。

〔三〕【正義】括地志云：「故葛城，一名依城，又名西阿城，在瀛州高陽縣西北五十里。以徐、兗二水並過其西，又徂經其北曲曰阿，以齊有東阿，故曰西阿城。地理志云瀛州屬河間，趙分也。」按：燕會趙即此地。【考證】張照曰：案水經「兗」當作「滱」。張文虎曰：漢志無此文。阿，今山東兗州府陽穀縣。

〔四〕【集解】徐廣曰：「襄國縣有檀臺。」【索隱】劉氏云「榮椽，蓋地名，其中有一高處，可以爲臺」，非也。按：榮椽是良材可爲椽，斲飾有光榮，所以魏獻之故，趙因用之以爲檀臺。【正義】鄭玄云：「榮，屋翼也。」説文云：「椽，榱也。屋梠之兩頭起者爲榮也。」括地志云：「檀臺在洺州臨洺縣北二里。」【考證】榮椽，正義是。

〔五〕【考證】魏世家亦云惠王十七年圍趙邯鄲，十八年拔邯鄲，二十年歸邯鄲。與此同。田完世家、穰侯傳、年表亦並載無異。戰國策魏策亦云惠王伐趙，十萬之軍拔邯鄲。趙氏不割，而邯鄲復歸。邯鄲，趙國都也。國都既失，則其君託跡何所？呂氏春秋淫辭篇敍魏惠王事云「圍邯鄲三年，而弗能取。士卒罷路，國家空虛」，蓋得其實矣。梁玉繩曰：其誤實自齊策來。孫臏傳言齊據大梁之衝，而魏去邯鄲，則此時邯鄲不降不拔明矣。

〔六〕【正義】括地志云：「故桂城，在曹州乘縣東北二十一里，故老云此即桂陵也。」【考證】今山東曹州府（菏〔菏〕澤縣東北。

〔七〕【考證】漳水出山西潞安府長子縣。

〔八〕【索隱】系本云，肅侯名語。【考證】中井積德曰：宜曰太子語。

肅侯元年，奪晉君端氏，徙處屯留。〔一〕二年，與魏惠王遇於陰晉。〔二〕三年，公子范襲邯鄲，不勝而死。四年，朝天子。六年，攻齊拔高唐。〔三〕七年，公子刻攻魏首垣。〔四〕十一年，秦孝公使商君伐魏，虜其將公子卬。〔五〕趙伐魏。十二年，秦孝公卒，商君死。十五年，起壽陵。〔六〕魏惠王卒。〔七〕

〔一〕【正義】括地志云：「屯留故城，在潞州長子縣東北三十里，本漢屯留縣城也。」【考證】梁玉繩曰：事在成侯五年，説見上。

〔二〕【正義】地理志云華陰縣，魏之陰晉，秦惠文王更名寧秦，高帝更名華陰。今屬華州。【考證】今陝西同州府華陰縣。

〔三〕【考證】今山東東昌府高唐州。

〔四〕【正義】蓋在河北也。【考證】今直隸大名府長垣縣。

〔五〕【考證】商君虜公子卬，吕氏春秋無義篇。梁玉繩曰：案事在十年。

〔六〕【正義】徐廣云：「在常山。」【考證】顧炎武曰：古王者之葬，稱墓而已。左傳云「殽有二陵，其南陵夏后皋之墓也」。書傳亦言桐宮湯墓。周官冢人「掌公墓之地」，並言墓不言陵。及春秋以降，乃有稱丘者。趙武靈王墓謂之靈丘，而吴王闔閭之墓亦名虎丘。蓋必其因山而高大者，故二三君之外無聞焉。史記趙世家肅侯十五年起壽陵，秦本紀惠文王葬公陵，悼武王葬壽陵，始有稱陵者。至漢則無帝不稱陵矣。愚按：壽陵，今生壙。古者帝王生時起之，後世臣民亦有倣之者，所謂壽藏、壽冢即是。後漢書趙岐自爲壽藏，圖季札、子産、晏嬰、叔向四像居賓位，又自畫其像居主位，皆爲讚頌，勑其子曰「我死之日，墓中聚沙爲牀，布簟，白衣散髮，其上覆以單被，即日便下，下訖便掩坎」。侯覽「豫作壽冢，石郭雙闕，高廡百尺」。事又見趙氏陔餘叢考。

〔七〕【考證】惠王非卒于肅侯十五年也，説在魏世家。

十六年，肅侯游大陵，〔一〕出於鹿門，〔二〕大戊午扣馬曰：「耕事方急，一日不作，百日不食。」肅侯下車謝。〔三〕

〔一〕【集解】徐廣曰：「太原有大陵縣，亦曰陸。」【正義】括地志云：「大陵城在并州文水縣北十三里，漢大陵縣城。」

〔二〕【正義】并州盂縣西有白鹿泓，源出白鹿山南渚，蓋鹿門在北山水之側也。

〔三〕【集解】呂忱曰：「扣，牽馬。」【考證】「戊」當作「成」。扣，抑留之義。

十七年，圍魏黄，不克。〔一〕築長城。〔二〕

〔一〕【集解】地理志曰山陽有黄縣。【正義】黄城在魏州，前拔之，卻爲魏，今趙圍之矣。

〔二〕【正義】劉伯莊云：「蓋從雲中以北至代。」按：趙長城從蔚州北西至嵐州，北盡趙界。又疑此長城在〔漳〕〔漳〕水之北，趙南界。【考證】黄，今河南開封府杞縣。張照曰：趙南界無漳。中井積德曰：長城所以防北狄，不宜在南界。唐順之曰：蘇秦説趙肅侯爲從首以擯秦，何以不書？

十八年，齊、魏伐我，我決河水灌之，兵去。〔一〕二十二年，張儀相秦。趙疵與秦戰，敗，秦殺疵河西，取我藺、離石。〔二〕二十三年，韓舉與齊、魏戰，死于桑丘。〔三〕

〔一〕【考證】茅坤曰：兵家以水灌城，未聞決水灌軍也。豈即韓信囊沙意乎？

〔二〕【考證】藺，今山西離石縣西。離石，今離石縣。梁玉繩曰：秦紀、年表及此下文皆言秦取藺在秦惠文更元之十二年，趙武靈王十三年。此時未取藺。蓋因藺與離石相近，並屬西河，誤連及之耳。

〔三〕【集解】徐廣曰：「韓舉，韓將。」地理志云：「泰山有桑丘縣。」【正義】括地志云：「桑丘城在易州遂城縣界。」

或云在泰山，非也。此時齊伐燕桑丘，三晉皆來救之，不得在泰山有桑丘縣。此說甚誤也。【考證】徐廣以韓舉爲韓將，據韓世家、六國年表。桑丘，今直隸保定府安肅縣。梁玉繩曰：韓舉，趙將，而與韓將同姓名者。桑丘在漢中山國，本燕地，時屬于齊，一作「乘丘」者誤。至正義謂此時齊伐燕桑丘，三晉來救，則事在敬侯七年，何得合韓舉之戰爲一役邪？

〔三〕【索隱】名雍。

二十四年，肅侯卒。秦、楚、燕、齊、魏出鋭師各萬人來會葬。〔一〕子武靈王立。〔二〕

〔一〕【考證】會葬之盛，先是所未曾有。傳云「天子葬，同軌畢至，諸侯同盟至」，而未聞出鋭師各萬人也。豈恐趙有繼嗣之争，如秦穆送衛士三千人於晉乎？

武靈王元年，〔一〕陽文君趙豹相。〔二〕梁襄王與太子嗣，韓宣王與太子倉來朝信宮。〔三〕武靈王少，未能聽政，博聞師三人，左右司過三人。及聽政，先問先王貴臣肥義，加其秩；國三老年八十，月致其禮。〔四〕

〔一〕【集解】徐廣曰：「年表云魏敗我趙護。」

〔二〕【考證】黄式三曰：後有平陽君豹，是惠文王母弟，與此二人。

〔三〕【正義】在洺州臨洺縣也。【考證】梁玉繩曰：案「襄王」當作「惠王」，嗣乃是襄王。索隱引世本襄王名嗣，可驗此文之誤，而尤足徵惠成王非三十六年卒也。

〔四〕【考證】昭三年左傳。三老凍餒，服虔注「工老、商老、農老也」。杜預注「上壽、中壽、下壽也」。

三年，城鄗。〔一〕四年，與韓會于區鼠。〔二〕五年，娶韓女爲夫人。

〔一〕【考證】表在二年。鄗，今直隸趙州柏鄉縣。

〔二〕【正義】蓋在河北。

八年，韓擊秦，不勝而去。五國相王，趙獨否，〔一〕曰：「無其實，敢處其名乎！」令國人謂己曰「君」。〔二〕

〔一〕【考證】梁玉繩曰：案此武靈八年也，稱王者燕、秦、楚、齊、趙、魏、韓及宋、中山九國。楚僭王在春秋前，不在其列，其餘稱王，皆不在武靈八年，吾不知所謂五國者誰乎？大事記改書于顯王四十六年，武靈三年。以爲韓、燕、中山皆稱王，趙獨稱君。胡氏大紀同。然則相王非五國也，趙不肯王，在三年，非八年也。而八年乃武靈稱王之時，故十一年書「王召公子職」。

〔二〕【考證】古鈔本「曰」作「爲」。

九年，與韓、魏共擊秦，秦敗我，斬首八萬級。〔一〕齊敗我觀澤。〔二〕十年，秦取我西都及中陽。〔三〕齊破燕。燕相子之爲君，君反爲臣。〔四〕十一年，王召公子職於韓，立以爲燕王，〔五〕使樂池送之。〔六〕十三年，秦拔我藺，虜將軍趙莊。〔七〕楚、魏王來過邯鄲。十四年，趙何攻魏。

〔一〕【考證】梁玉繩曰：按六國擊秦，不止三晉，又事在八年，俱說見秦紀。

〔二〕【正義】括地志云「觀澤故城，在魏州頓丘縣東十八里也」。

〔三〕【集解】徐廣曰：「年表云『秦取中都、西陽、安邑。十一年，秦敗我將軍英』。太原有中郡縣，西河有中陽縣。」【考證】秦紀作「伐取趙中都、西陽」，當以世家爲正。說見秦紀。

〔四〕【考證】事詳于國策、孟子諸書。表在十二年。

〔五〕【集解】徐廣曰：「紀年亦云爾。」【考證】王，趙武靈王也。趙稱王，蓋在此前。古鈔本、楓山、三條本「公子」

上有「燕」字，與表合。

〔六〕【集解】按燕世家，子之死後，燕人共立太子平，是爲燕昭王，無趙送公子職爲燕王之事，當是趙聞燕亂，遥立職爲燕王，雖使樂池送之，竟不能就。【索隱】燕系家無其事，蓋是疏也。今此云「使樂池送之」，必是憑舊史爲説。且紀年之書，其説又同，則裴駰之解得其旨矣。【考證】太子職，子之死後即位，二年卒。公子平即位，燕昭王是也。説見燕世家。池，音他。

〔七〕【正義】本一作「茈」，音足婢反。【考證】表同。樗里子傳作「壯豹」，秦本紀作「趙將莊」。

十六年，秦惠王卒。〔一〕王遊大陵。他日王夢見處女鼓琴而歌詩曰：「美人熒熒兮，顔若苕之榮。〔二〕命乎命乎，曾無我嬴！」〔三〕異日王飲酒樂，數言所夢，想見其狀。〔四〕吴廣聞之，因夫人而内其女娃嬴。〔五〕孟姚也。〔六〕孟姚甚有寵於王，是爲惠后。

〔一〕【考證】表在十五年。

〔二〕【集解】綦毋邃曰：「陵苕之草，其華紫。」【正義】苕，音條。毛疏詩云：「苕，饒也。幽州謂之翹饒。蔓似（勞）〔營〕豆而細，葉似蒺蔾而青，其華細緑色，可生食，味如小豆藿也。」又本草經云：「陵苕，生下溼水中，七八月生，華紫，草可以染帛，煑沐頭，髮即黑也。」【考證】楓山、三條本疊「歌詩」二字。正義「其華細緑色」，毛詩疏作「其莖葉緑色」。

〔三〕【集解】綦毋邃曰：「言有命禄，生遇其時，人莫知己貴盛盈滿也。」【正義】按：命，名也。嬴，姓嬴也。言世衆名其美好，曾無我好嬴也。重言「名乎」者，以談説衆也。【考證】列女傳云「命兮命兮，逢天時而生，曾莫我嬴嬴」。熒、榮、嬴，韻。中井積德曰：命乎，歎無人知也。無我嬴，言美好無若娃嬴也。美好絶倫，而人不知焉，故歎婦命耳。

〔四〕【考證】舊本、北堂書鈔、太平御覽「異日」作「旦日」。旦日，夢見美女之明日也。

〔五〕【集解】方言曰：「娃，美也。吴有館娃之宫。」

〔六〕【集解】徐廣曰：「古史考云内其女曰娃。」【索隱】孟姚，吴廣女也。廣，舜之後，故上文云「余思虞舜之勳，故命其胄女孟姚以配，而七代之孫」是已。然舜後封虞，在河東大陽山西上虞城是，亦曰吴城。虞，吴音相近，故舜後亦姓吴，非獨太伯、虞仲之裔。【考證】方苞曰：既曰娃嬴，又曰孟姚者，廣因王夢中歌曰「曾無我嬴」，故特名其女曰嬴，而實非嬴姓，故仍著其實曰孟姚也。中井積德曰：娃嬴，女之字也。愚按：中説是。娃，於佳反。

十七年，王出九門，〔一〕爲野臺，以望齊、中山之境。〔二〕

〔一〕【集解】徐廣曰：「在常山。」【正義】本戰國時趙邑。戰國策云「本有宫室而居，趙武靈王改爲九門」。【考證】張照曰：今國策無此文。

〔二〕【集解】徐廣曰：「野，一作『望』。」【正義】括地志云：「野臺，一名義臺，在定州新樂縣西南六十三里。」

十八年，秦武王與孟説舉龍文赤鼎，絶臏而死。〔一〕趙王使代相趙固迎公子稷於燕，送歸，立爲秦王，是爲昭王。〔二〕

〔一〕【集解】徐廣曰：「絶臏，一作『絶瞑』。音亡丁反。」【考證】年表在十九年，此誤。

〔二〕【考證】事又見秦紀。

十九年春正月，大朝信宫。召肥義與議天下，五日而畢。王北略中山之地，至於房子，〔一〕遂之代，北至無窮，〔二〕西至河，登黄華之上。〔三〕召樓緩謀曰：「我先王因世之變，以長南藩之地，〔四〕屬阻障、滏之險立長城，〔五〕又取藺、郭狼，〔六〕敗林人於荏，而功未遂。〔七〕今中山在我腹心，北有燕，〔八〕東有胡，〔九〕西有林胡、樓煩、秦、韓之邊，〔一〇〕而無彊兵之救，是亡社稷，柰何？夫有高世之名，必有遺俗之累。〔一一〕吾欲胡服。」樓緩曰：「善。」〔一二〕羣臣皆不欲。

〔一〕【正義】趙州縣也。

〔二〕【考證】梁玉繩曰：「無窮」疑「無終」。愚按：趙策武靈王曰「先君襄主與代交地，城境封之，名曰『無窮之門』」即此。梁説非。

〔三〕【正義】黄華蓋西河側之山名也。【考證】中井積德曰：「王北略」以下廿六字當在下文「胡服」之後。然彼有「王北略」數句，而文亦不同。此或衍文。

〔四〕【考證】中井積德曰：趙在北邊，宜言「北藩」也。

〔五〕【考證】古鈔、楓山、三條本「滏」作「釜」。中井積德曰：「阻」字疑衍。岡白駒曰：障，當作「漳」。滏、漳，二水名。吴起所謂「左孟門右漳、滏」是也。趙策云「趙前漳、滏右常山」。

〔六〕【考證】漢地理志西河郡有藺、皋狼。「郭狼」疑是「皋狼」。

〔七〕【正義】林人，即林胡也。

〔八〕【正義】地理志云趙分晉，北有信都、中山，又得涿郡之高陽、鄚州鄉；東有清河、河閒，又得渤海郡東平舒等七縣。在河以北，故言「北有燕」。

〔九〕【正義】趙東有瀛州之東北。營州之境即東胡、烏丸之地。服虔云：「東胡，烏丸之先，後爲鮮卑也。」

〔一〇〕【正義】林胡、樓煩，即嵐、勝之北也。嵐、勝以南石州、離石、藺等，七國時趙邊邑也。秦隔河也。晉、洺、潞、澤等州皆七國時韓地，爲並趙西境也。【考證】中井積德曰：「有」字並是「有無」之「有」。

〔一一〕【考證】語意與商君傳「有高人之行者，固見非於世」同。遺，猶離也，違也。

〔一二〕【考證】徐孚遠曰：此樓緩別一人，非武成王時樓緩也。

於是肥義侍，王曰：「簡、襄主之烈，〔一〕計胡、翟之利，爲人臣者，寵有孝弟長幼順明之節，通有補民益主之業，〔二〕此兩者，臣之分也。今吾欲繼襄主之跡，開於胡、翟之鄉，而卒世不見也。〔三〕爲敵弱，〔四〕用力少而功多，可以毋盡百姓之勞，而序往古之勳。〔五〕夫有高世之功者，負遺俗之累；〔六〕有獨智之慮者，任驁民之怨。〔七〕今吾將胡服騎射以教百姓，而世必議寡人，柰何？」肥義曰：「臣聞疑事無功，疑行無名。〔八〕王既定負遺俗之慮，〔九〕殆無顧天下之議矣。夫論至德者，不和於俗，成大功者，不謀於衆。〔一〇〕昔者舜舞有苗，禹袒裸國，非以養欲而樂志也，〔一一〕務以論德而約功也。〔一二〕愚者闇成事，智者覩未形，則王何疑焉？」〔一三〕王曰：「吾不疑胡服也，吾恐天下笑我也。狂夫之樂，智者哀焉；愚者所笑，賢者察焉。〔一四〕世有順我者，胡服之功，未可知也。雖驅世以笑我，胡地、中山，吾必有之。」〔一五〕於是遂胡服矣。

〔一〕【考證】國策「簡」上有「念」字。愚按：史疑奪「烈」，「功烈」之「烈」，業也。

〔二〕【正義】寵，貴寵也。通，達理也。凡爲人臣，有孝弟長幼順明之節制者，得貴寵也。有補民益主之功業者，爲達理也。【考證】寵，當依策作「窮」，字似而誤。游本作「窮」。「窮」與「通」對，約也。通，達也。「窮」下、「通」下添「則」字看。中井積德曰：「長幼」二字疑衍。節，節行也。

〔三〕【正義】卒，子律反，盡也。言盡世閒不見補民益主之忠臣也。【考證】張文虎曰：「於」字疑衍，策無。中井積德曰：卒音如字。卒世不見，謂終身不可得見也。愚按：將説胡服騎射之利，先言繼跡開胡之難見。卒世，猶言没世。

〔四〕【正義】我爲胡服，敵人必困弱也。【考證】此句有譌脱。策作「敵弱者」，注云「敵謂胡翟」，似可從。

〔五〕【正義】厚，重也。往古，謂趙簡子、襄子也。【考證】古鈔本，楓山、三條本「序」作「厚」，與正義合，可從。策作「享」。

〔六〕【正義】負，留也。言古周公、孔子留衣冠禮義之俗，今變爲胡服，是負留風俗之譴累也。【考證】中井積德曰：負，猶被也。遺，棄也。遺俗，猶違世也。累，猶瑕疵也。

〔七〕【正義】言世有獨計智之思慮者，必任隱逸敖慢之民怨望也。【考證】中井積德曰：驁民，猶悍民，謂不順者。愚按：驁、謷、嗷通。賈誼過秦論「天下嗷嗷，新主之資也」。商君書更法篇「有高人之行者，固見負於世。有獨知之慮者，必見驁於民」。史記商君傳亦云「有高人之行者，固見非於世。有獨知之慮者，必見敖於民」。

〔八〕【考證】商君書更法篇「臣聞之，疑行無成，疑事無功」。史記商君傳云「衛鞅曰『疑行無名，疑事無功』」。

〔九〕【考證】策亦有「負」字。愚按：「負」字由上文衍。

〔一〇〕【考證】商君書更法篇郭偃之法曰「論至德者不和於俗，成大功者不謀於衆」。史商君傳亦有此語。

〔一一〕【考證】鮑彪曰：舞有苗，謂舜不用兵而舞干羽，亦異于俗。禹之袒裸，亦非中國之禮也。中井積德曰：舜舞有苗，蓋别有所傳也。謂觀苗民之舞耳，不得據尚書作解。愚按：舞有苗，舜至有苗，與苗民俱舞也。策「禹袒裸國」作「禹袒入裸國」。後漢書東夷傳「自朱儒東南，行船一年，至裸國」。淮南子「禹之裸國，解衣而入，衣帶而出，由之也」。

〔一二〕【考證】策「約」作「要」。要、約通。

〔三〕【考證】商君書更法篇「語曰：『愚者闇於成事，知者見於未萌。』」又見於商君傳。古鈔本、楓山、三條本「則」上有「然」字。

〔四〕【考證】商君書更法篇「愚者笑之，智者哀焉，狂夫之樂，賢者喪焉」。

〔五〕【正義】驅，音區。驅，盡也。驅世，謂盡一世以笑我也。【考證】徐孚遠曰：武靈王胡服，本以收胡地，而實欲圖秦。今此不及，正其深謀也。

使王緤告公子成曰：〔一〕「寡人胡服將以朝也，亦欲叔服之。家聽於親，而國聽於君，古今之公行也。子不反親，臣不逆君，兄弟之通義也。〔二〕今寡人作教易服，而叔不服，吾恐天下議之也。制國有常，利民爲本；從政有經，令行爲上。明德先論於賤，而行政先信於貴。〔三〕今胡服之意，非以養欲而樂志也；事有所止，而功有所出，〔四〕事成功立，然后善也。今寡人恐叔之逆從政之經，以輔叔之議。〔五〕且寡人聞之，事利國者行無邪，因貴戚者名不累，故願慕公叔之義，以成胡服之功。使緤謁之叔，〔六〕請服焉。」〔七〕公子成再拜稽首曰：「臣固聞王之胡服也。臣不佞，寢疾未能趨走以滋進也。〔八〕王命之，臣敢對，因竭其愚忠，曰：臣聞中國者，蓋聰明徇智之所居也，〔九〕萬物財用之所聚也，賢聖之所教也，仁義之所施也，詩書禮樂之所用也，異敏技能之所試也，遠方之所觀赴也，蠻夷之所義行也。〔一〇〕今王舍此，而襲遠方之服，變古之教，易古之道，逆人之心，而佛學者，離中國，故臣願王圖之也。」使者以報。王曰：「吾固聞叔之疾也，我將自往請之。」

〔一〕【考證】策「王」下有「孫」字。緤，音薛。

〔二〕【集解】徐廣曰：「『兄弟』作『元夷』。元，始也。夷，平也。」【考證】董份曰：「兄弟」字必誤。徐作「元夷」，亦未安。愚按：當依策作「先王」。

〔三〕【考證】楓山本「先論於賤」作「生於論賤」。三條本「論」作「諭」。

〔四〕【正義】鄭玄云：「止，至也。爲人君止於仁，爲人臣止於敬，爲人子止於孝，爲人父止於慈，與國人交止於信。」按：出，猶成也。【考證】策作「事有所出，而功有所止」，語順。止，猶終也，成也。出，猶始也。中井積德曰：出，謂功自胡服也。

〔五〕【考證】從政之經，承上文。輔，猶「以友輔仁」之「輔」。議、義通。

〔六〕【索隱】爲句。

〔七〕【考證】關脩曰：曰叔，曰公叔，語有輕重耳。

〔八〕【考證】不佞，猶言不敏。

〔九〕【集解】徐廣曰：「五帝本紀云『幼而徇齊』。」【考證】徇，當從人。策作「叡」。

〔一〇〕【考證】中井積德曰：義、儀同，則也。愚按：連用八「也」字，吴師道曰似周官大司徒文。

王遂往之公子成家，因自請之，〔一〕曰：「夫服者所以便用也，禮者所以便事也。聖人觀鄉而順宜，因事而制禮，所以利其民而厚其國也。夫翦髮文身，錯臂左衽，〔二〕甌越之民也。〔三〕黑齒雕題，〔四〕卻冠秫絀，〔五〕大吴之國也。故禮服莫同，其便一也。鄉異而用變，事異而禮易。是以聖人果可以利其國，不一其用；果可以便其事，不同其禮。〔六〕儒者一師而俗異，中國同禮而教離，〔七〕況於山谷之便乎？故去就之變，智者不能一；遠近之服，賢聖不能同。窮鄉多異，曲學多辯。不知而不疑，異於己而不非者，公焉而衆求盡善也？〔八〕今叔之所言者，俗也；吾所言者，所以制俗也。吾國東有河、薄洛之水，〔九〕與齊、中山同之，〔一〇〕無舟楫之用。自常山以至代、上黨，〔一一〕東有燕、東胡之境，而西有樓煩、秦、韓之邊，〔一二〕今無騎射之備。故寡人無舟楫之用，夾水居之民，將何以守河、薄洛之水？變服騎射，以備燕、三胡、秦、韓之邊。〔一三〕且昔者簡主不塞晉陽，以及上黨，〔一四〕而襄主并戎取代，以攘諸胡，此愚智所明也。先時中山負齊之彊兵，侵暴吾地，係累吾民，引水圍鄗，〔一五〕微社稷之神靈，則鄗幾於不守也。〔一六〕先王醜之，而怨未能報也。〔一七〕今騎射之備，近可以便上黨之形，〔一八〕而遠可以報中山之怨。而叔順中國之俗，以逆簡、襄之意，惡變服之名，以忘鄗事之醜，非寡人之所望也。」公子成再拜稽首曰：「臣愚不達於王之義，敢道世俗之聞，臣之辠也。今王將繼簡、襄之意，以順先王之志，臣敢不聽命乎！」再拜稽首。乃賜胡服。明日服而朝。於是始出胡服令也。〔一九〕

〔一〕**【考證】**古鈔本，楓山、三條本「自請」作「自謂」。

〔二〕**【索隱】**錯臂亦文身，謂以丹青錯畫其臂。孔衍作「右臂左衽」，謂右袒其臂也。**【考證】**以「錯臂」爲「錯畫其臂」，則與文身複。鮑彪云：「以兩臂交錯而立，言無禮容。」其說似長。衽，衿也。

〔三〕**【索隱】**劉氏云：「今珠崖、儋耳謂之甌人，是有甌越。」**【正義】**按：屬南越，故言甌越也。輿地志云「交阯，周時爲駱越，秦時曰西甌，文身斷髮避龍」。則西甌駱又在番吾之西。南越及甌駱皆芈姓也。世本云「越，芈姓也，與楚同祖」是也。

〔四〕**【集解】**劉逵曰：「以草染齒，用白作黑。」鄭玄曰：「雕文謂刻其肌，以青丹涅之。」**【考證】**中井積德曰：題，額也。

〔五〕【集解】徐廣曰：「戰國策作『秫縫』，紩亦縫紩之別名也。秫者綦鍼也。古字多假借，故作『秫紩』耳。此蓋言其女功鍼縷之麤拙也。又一本作『鮭冠黎緤』也。」【考證】策「卻冠」作「鯷冠」。注「鯷，大鮎，以其皮爲冠也」。中井積德曰：鯷，蓋琵琶魚，其皮大者堪爲冠，皮文似鰋，故策注謬作「大鮎」。鮎，謂鰋也。鮎鰋是河池物，難作南海産。秫紩，策作「秫縫」，蓋析草莖作絲，用縫衣也。「秫紩」卒不可通，恐訛文。

〔六〕【考證】策「果」作「苟」。商君書更法篇「是以聖人苟可以彊國，不法其故，苟可以利民，不循其禮」。史商君傳亦有此語。

〔七〕【考證】策「俗」作「禮」，「禮」作「俗」，語順。

〔八〕【考證】衆，猶廣也。「公焉」八字，策作「公於求善也」。

〔九〕【集解】徐廣曰：「安平經縣西有漳水津，名薄洛津。」【正義】按：安平縣屬定州也。

〔一〇〕【正義】爾時齊與中山相親，中山、趙共薄洛水，故言「與齊、中山同之」，須有舟楫之備。【考證】中井積德曰：齊之境，亦與是水接也。若齊與中山親，此不須論。

〔一一〕【集解】徐廣曰：「一云自常山以下，代、上黨以東。」

〔一二〕【考證】胡三省曰：漢雁門郡樓煩縣，樓煩胡所居之地。愚按：今山西寧武府。

〔一三〕【索隱】林胡、樓煩、東胡是三胡也。【考證】董份曰：「無舟揖」、「將何以守」者，反言也。變服以備者，正言也。戰國、先秦文字多如此。愚按：數句欠明皙。若移「故寡人」三字於「之水」下，「變服」上添「將」字，則其義始明。

〔一四〕【考證】鮑彪曰：不塞者志在遠略。徐孚遠曰：先時不塞此險，欲以并戎、胡，蓋爲攻計，非爲守計也。

〔一五〕【正義】係累，上音計，下力追反。【考證】楓山、三條本「侵」上有「便」字。

〔一六〕【考證】鄗故城在今直隸柏鄉縣北。

〔一七〕【考證】醜、愧同。獻侯以後列爲諸侯，故曰「先王」。

〔一八〕【考證】形，形勢。

〔一九〕【考證】語氣與商君傳「卒定變法之令」同。

趙文、趙造、周袑、趙俊皆諫止王毋胡服，如故法便。〔一〕王曰：「先王不同俗，何古之法？帝王不相襲，何禮之循？虙戲、神農，教而不誅，黄帝、堯、舜，誅而不怒。〔二〕及至三王，隨時制法，因事制禮，法度制令，各順其宜，衣服器械，各便其用。〔三〕故禮也不必一道，而便國不必古。〔四〕聖人之興也，不相襲而王，夏、殷之衰也，不易禮而滅。然則反古未可非，而循禮未足多也。〔五〕且服奇者志淫，則是鄒、魯無奇行也；〔六〕俗辟者民易，則是吳、越無秀士也。〔七〕且聖人利身謂之服，便事謂之禮。夫進退之節，衣服之制者，所以齊常民也，非所以論賢者也。故齊民與俗流，賢者與變俱。〔八〕故諺曰：『以書御者，不盡馬之情；〔九〕以古制今者，不達事之變。』循法之功，不足以高世；法古之學，不足以制今。子不及也。」〔一〇〕遂胡服招騎射。〔一一〕

〔一〕【集解】徐廣曰：「戰國策趙『袑』作『紹』。袑，音紹。」【考證】國策録趙文、趙造諫詞甚詳。史公從略。趙俊，策作「趙燕」。

〔二〕【正義】虙戲、伏羲同音。

〔三〕【正義】内盛曰「器」，盂椀之屬。外盛曰「械」，刀鋸之屬也。

〔四〕【考證】王念孫曰：「禮也」二句，當依趙策作「理世不必一道，而便國不必法古」。理世，治世也。不必法古，即承上文「何古之法」而言。商君傳亦云「治世不一道，便國不法古」。

〔五〕【考證】商君書更法篇公孫鞅曰：「前世不同教，何古之法？帝王不相復，何禮之循？伏羲、神農，教而不誅。黃帝、堯、舜，誅而不怒。及至文、武，各當時而立法，因事而制禮。禮法以時而定，制令各順其宜，兵甲器備，各便其用。臣故曰『治世不一道，便國不必法古』。湯、武之王也，不循古而興。殷、夏之滅也，不易禮而亡。然則反古者未必可非，循禮者未足多」是也。武靈王全襲商鞅言。

〔六〕【索隱】按：鄒、魯好長纓，是奇服，非其志皆淫僻也。而有孔門顏、冉之屬，豈是無奇行哉？【正義】言鄒、魯儒服長纓，非志好奇淫蕩也，而生孔子、顏回、曾參、閔損，皆奇行也。

〔七〕【索隱】言方俗僻處山谷，而人皆改易不通大化，則是吳、越無秀士，何得有延州來及大夫種之屬哉？【正義】言吳、越僻處海隅，其民疎誕簡易也，而生巫咸、巫賢、太公呂尚、吳季札、言偃，皆秀士也。【考證】策載趙造云「服奇者志淫，俗辟者亂民」。是以莅國者不襲奇僻之服」。中國不近蠻夷之行，故王舉此言以詰之也。史刪此四句，文欠明皙。索隱、正義皆誤解「奇」字。王念孫曰：「服奇」、「奇行」兩「奇」字，皆讀爲「奇衺」之「奇」。此言服正者未必正，服奇者未必淫。若謂服奇者志必淫，則是鄒、魯之士儒冠儒服，必無奇衺之行也。中國未必無莠民，蠻夷未必無俊民。若謂俗辟者民必易，則吳、越風俗邪僻，必無秀異之士也。愚按：董份亦有此說。

〔八〕【考證】策「齊民」作「聖」，「賢」下無「者」字。

〔九〕【考證】策「御」上有「爲」字。

〔一〇〕【考證】「於是肥義侍」至此，采戰國策趙策。策「子不及也」作「子其勿反也」。

〔一一〕【考證】顧炎武曰：詩云「古公亶父，來朝走馬」。古者馬以駕車，不可言走。曰走者，單騎之稱。古公之國，鄰於戎翟，其習尚有相同者。然則騎射之法，不始於趙武靈王也。又曰：漢書高祖紀「乘傳詣洛陽」，師古云「傳，若今之驛」。古者以車，謂之傳車。其後又單置馬，謂之驛騎。竊疑此法春秋時當已有之。如楚子乘驛會師于臨品，祁奚乘驛而見范宣子，楚子以馹至於羅汭，子木使馹謁諸王。楚人謂游吉曰：「吾將使驛奔問諸晉。」國語「晉文公乘馹自下脫會秦伯于王城」。呂氏春秋「齊君乘馹而自追晏子」。皆事急或是單乘驛馬。愚按：騎則自古有之。胡服騎射，以武靈爲始。

二十年，王略中山地，至寧葭；〔一〕西略胡地，至榆中。〔二〕林胡王獻馬。歸，使樓緩之秦，仇液之韓，王賁之楚，富丁之魏，趙爵之齊。〔三〕代相趙固主胡，致其兵。

〔一〕【索隱】一作「蔓葭」。縣名，在中山。

〔二〕【正義】勝州北，河北岸也。【考證】榆中，在今陝西榆林縣東北，戰國時林胡所居。

〔三〕【考證】梁玉繩曰：策「仇液」作「机郝」，又作「机赫」，蓋一人而記別也。但策云主父令仇赫相宋，不言之韓，豈有誤邪？此王賁是趙人，非秦王翦之子王賁。

二十一年，攻中山。趙袑爲右軍，許鈞爲左軍，公子章爲中軍，王并將之。牛翦將車騎，趙希并將胡、代。趙與之陘，〔一〕合軍曲陽，〔二〕攻取丹丘、〔三〕華陽、〔四〕鴟之塞。〔五〕王軍取鄗、石邑、〔六〕封龍、東垣。〔七〕中山獻四邑請和，王許之，罷兵。〔八〕二十三年，攻中山。二十五年，惠后卒。〔九〕使周袑胡服傅王子何。〔一〇〕二十六年，復攻中山，攘地，北至燕、代，西至雲中、九原。〔一一〕

〔一〕【集解】徐廣曰：「一作『陸』，又作『陘』。或宜言『趙與之陘』。陘者山絶之名。常山有井陘，中山有苦陘，上黨有閼與。」【正義】與，音與。陘，音荆。陘，陘山也，在并州陘縣東南十八里。然趙希并將代、趙之兵，與諸軍向井陘之側，共出定州上曲陽縣，合軍攻取丹丘、華陽、鴟上之關。【考證】「趙希并將胡代」句。趙與，人名。之，往也。張文虎曰：疑史文「與」作「予」，故正義發音。

〔二〕【集解】徐廣曰：「上曲陽在常山，下曲陽在鉅鹿。」【正義】括地志云：「上曲陽故城，在定州曲陽縣西五里。」按：合軍曲陽，即上曲陽也，以在常山郡也。【考證】上曲陽，今直隸定州府曲陽縣。

〔三〕【正義】蓋邢州丹丘縣也。【考證】今直隸定州府曲陽縣。

〔四〕【集解】徐廣曰：「華，一作『爽』。」【正義】括地志云：「北岳有五别名，一曰蘭臺府，二曰列女宫，三曰華陽臺，四曰紫臺，五曰太一宫。」按：北岳，恒山，在定州恒陽縣北百四十里。【考證】中井積德曰：華陽地名，非山名。

〔五〕【集解】徐廣曰：「鴟，一作『鴻』。」【正義】上昌之反，下先代反。徐廣曰：「鴟，一作『鴻』。」鴻上故關，今名汝城，在定州唐縣東北六十里，本晉鴻上關城也。又有鴻上水，源出唐縣北葛洪山，按北岳恒山，與鴻上塞皆在定州。然一本作「鳴」字，誤也。【考證】中井積德曰：「之」疑當作「上」，正義可徵。王念孫曰：今保定府唐縣西北有鴻城社，正義所謂鴻城故關。

〔六〕【集解】徐廣曰：「在常山。」【正義】括地志云：「石邑故城，在恒州鹿泉縣南三十五里，六國時舊邑。」【考證】梁玉繩曰：鄗本趙邑。武靈王三年，嘗城鄗矣。此何以言取鄗，豈前此曾爲中山所取邪？

〔七〕【正義】括地志云：「封龍山，一名飛龍山，在恒州鹿泉縣南四十五里。邑因山爲名。」【考證】石邑、封龍，直隸正定府獲鹿縣。東垣，正定府正定縣。

〔八〕【考證】各本無「請」字，今依館本補。

〔九〕【索隱】按：謂武靈王之前后，太子章之母，惠文王之嫡母也。惠后卒後，吴娃始當正室，至孝成二年，稱「惠文后卒」是也。而下文又云「孟姚卒後，何寵衰，欲并立」，亦誤也。【考證】陳仁錫曰：惠后即吴娃孟姚，乃惠文王之生母也，故號曰惠后，以别於太子章之母爾。觀下文明言吴娃死愛弛，其爲惠后可知矣。若惠文后乃惠文王夫人之稱，非母后也，索隱注合爲一人，誤。愚按：周氏厄林、錢氏考異、梁氏志疑説同。

〔一〇〕【考證】趙策但言「王子」，不言名何。

〔一一〕【考證】雲中故城，在今歸化城西。元和志「趙雲中城，秦、漢雲中郡也」。九原故城，在今吴喇忒旗北。水經注「九原城，南面長河，北背連山」是也。

二十七年五月戊申，大朝於東宫，傳國，立王子何以爲王。〔一〕王廟見禮畢，出臨朝。大夫悉爲臣，肥義爲相國，并傅王。是爲惠文王。惠文王，惠后吴娃子也。武靈王自號爲主父。〔二〕

〔一〕【考證】是時十二歲。

〔二〕【考證】顧炎武曰：左傳「齊景公有疾，立太子州蒲爲君，會諸侯伐鄭」。史記趙武靈王傳國於子惠文王，自稱主父，此内禪之始。

主父欲令子主治國，而身胡服，將士大夫，西北略胡地，而欲從雲中、九原直南襲秦，於是詐自爲使者入秦。秦昭王不知，已而怪其狀甚偉，非人臣之度，使人逐之，而主父馳已脱闞矣。審問之，乃主父也。秦人大驚。〔一〕主父所以入秦者，欲自略地形，因觀秦王之爲人也。

〔一〕【考證】黄式三曰：韓非外儲説左上云「趙主父令工施鉤梯而緣潘吾，刻疏人迹其上，廣三尺，長五尺，而勒之曰『主父常遊于此』」，其好奇如此。

惠文王二年，主父行新地，遂出代西，遇樓煩王於西河，而致其兵。〔一〕

〔一〕【集解】徐廣曰：「元年，以公子勝爲相，封平原。」【考證】胡三省曰：西河即漢西河郡之地。

三年，滅中山，遷其王於膚施。〔一〕起靈壽。〔二〕北地方從，代道大通。〔三〕還歸行賞，大赦，置酒，酺五日，〔四〕封長子章爲代安陽君。〔五〕章素侈，心不服其弟所立。〔六〕主父又使田不禮相章也。

〔一〕【集解】徐廣曰：「在上郡。」【正義】今延州膚施縣也。【考證】中山君先是走齊，至是主父遷其君定其地也。年表載此事于明年弒主父之後，非也。膚施，今陝西延安府膚施縣。梁玉繩曰：中山之滅，趙世家在惠文三年，田完年表及世家在湣王二十九年，爲惠文四年，所書年數已不合矣。而謂共齊燕滅之，更不足據。夫中山前滅于魏文侯十七年，年表、世家俱書之，不知何時復國。其間爲魏，相歷百餘年，而再見滅于趙。顧自趙武靈王十九年以後，攻城略地，無歲不用師于中山，何待惠文之世始合齊燕以滅之邪？趙滅中山之歲，吴師道斷其在武靈王二十五年，自不可易，政與樂毅傳所云「武靈王時復滅中山」者合也。或問趙滅中山，既在武靈王二十五年，則史書于惠文三四年爲誤，而趙世家于武靈王二十六年尚言攻中山攘地，何歟？曰：史之誤在妄牽入齊、燕，在以三年爲四年。而所書惠文三年滅中山，未可概指爲誤。蓋以武靈二十五年滅者，以得其國爲滅，言其實也。以惠文三年滅者，以得其君爲滅，重在君也。至若武靈二十六年之攻攘，不過拓并餘地，申畫其疆界耳。吳師道云「攘地之時，中山已定，而未廢其君。四年始遷其君。如西周既滅，次年遷其君于𢙷狐之類」。參存。

〔二〕【集解】徐廣曰：在常山。【考證】靈壽未詳，或云主父生壙因靈丘得名。

〔三〕【考證】方苞曰：方，始也。從，屬也。先是襄子已取代，而隔於中山，道不通。故十九年，主父北略地中山，至於房子，遂之代。今滅中山起靈壽，則北地始屬於代，而道大通也。愚按：「北地方從」句。「代道大通」句。代道，往代之路也。方說未得。

〔四〕【考證】胡三省曰：說文云「酺，王德布，大飲酒也」。顔師古云「酺之爲言布也，王德布於天下，而合聚飲食爲酺」。師古所註漢法也，此言趙國内酺耳。赦者宥有罪也。

〔五〕【正義】括地志云：「東安陽故城，在朔州定襄縣界。地志云東安陽縣屬代郡。」

〔六〕【考證】楓山、三條本「立」作「爲」。

李兌謂肥義曰：「公子章彊壯而志驕，黨衆而欲大，殆有私乎？田不禮之爲人也，忍殺而驕。二人相得，必有謀陰賊起，一出身徼幸。〔一〕夫小人有欲，輕慮淺謀，徒見其利，而不顧其害，同類相推，俱入禍門。以吾觀之，必不久矣。子任重而勢大，亂之所始，禍之所集也，子必先患。〔二〕仁者愛萬物，而智者備禍於未形，不仁不智，何以爲國？子奚不稱疾毋出，傳政於公子成？毋爲怨府，毋爲禍梯。」〔三〕肥義曰：「不可。昔者主父以王屬義也，曰：『毋變而度，毋異而慮，堅守一心，以歿而世。』〔四〕義再拜受命而籍之。〔五〕今畏不禮之難而忘吾籍，變孰大焉。進受嚴命，退而不全，負孰甚焉。變負之臣，不容於刑。〔六〕諺曰『死者復生，生者不愧』。〔七〕吾言已在前矣，吾欲全吾言，安得全吾身！〔八〕且夫貞臣也，難至而節見，忠臣也，累至而行明。子則有賜而忠我矣，雖然，吾有語在前者也，終不敢失。」李兑曰：「諾，子勉之矣！吾見子已今年耳。」〔九〕涕泣而出。李兑數見公子成，以備田不禮之事。

〔一〕【考證】楓山、三條本「謀」上有「陰」字。通鑑「謀陰」作「陰謀」。崔適曰：當作「必有陰賊謀起」。愚按：句必有譌脱，闕疑可也。

〔二〕【考證】楓山、三條本「患」作「志」。先患，言先遭患難也。

〔三〕【考證】梯，猶階也。以木爲之，以升高者也。禍梯，猶言禍階也。愚按：昭十二年左傳云「吾不爲怨府」。

〔四〕【考證】而，汝也。管子牧民篇「毋異汝度」。

〔五〕【索隱】籍，録也。謂當時即記録，書之於籍。【考證】籍，册也。

〔六〕【考證】中井積德曰：罪大而刑小，不足相容。蓋喻器盛物也。

〔七〕【正義】肥義報李兑云：「必盡〔力〕傳何爲王，不可懼章及田不禮而生異心。使死者復更變生，并見在生者，(並見)傳王無變令，我不愧之若荀息也。」【考證】「死者復生，生者不愧」，荀息答里克之言，見于晉世家。肥義趙人，蓋亦聞之也。中井積德曰：賜命之君，既死而復生，受命之臣無所愧，以其不違命也。是諺於獻公、荀息爲切，以獻公死而難作也。於主父、肥義有未切者，以主父未死難作也。當時受命之日，安逆知君之死生、難之遲速哉？唯以是誓於心耳。張文虎曰：正義「盡」下疑脱「力」，「並見」二字衍。

〔八〕【考證】國語晉語荀息答里克曰：「吾言既往矣，豈能欲行吾言，而又愛吾身乎？」肥義所本。

〔九〕【考證】胡三省曰：已，止也。言肥義命止于今年也。

異日肥義謂信期曰：〔一〕「公子與田不禮甚可憂也。其於義也，聲善而實惡，〔二〕此爲人也，不子不臣。吾聞之也，姦臣在朝，國之殘也；讒臣在中，主之蠹也。此人貪而欲大，内得主而外爲暴，矯令爲慢，以擅一旦之命，不難爲也，〔三〕禍且逮國。今吾憂之，夜而忘寐，飢而忘食。盜賊出入，不可不備。自今以來，若有召王者，必見吾面，〔四〕我將先以身當之，無故而王乃入。」信期曰：「善哉，吾得聞此也。」

〔一〕【索隱】即下文高信也。【正義】上音申也。

〔二〕【考證】聲，名也，外也。

〔三〕【考證】難，猶憚也。

〔四〕【考證】楓山、三條本「來」下有「令」字，「若」下無「有」字。

四年，朝羣臣，安陽君亦來朝。主父令王聽朝，而自從旁觀窺羣臣宗室之禮。見其長子章傫然也，〔一〕反北面爲臣，詘於其弟，心憐之，〔二〕於是乃欲分趙而王章於代，計未決而輟。

〔一〕【正義】低垂貌。傫，失意也。孔子世家「傫然若喪家之狗」。【考證】古鈔本無「也」字。

〔二〕【考證】古鈔本，楓山、三條本「心」下有「甚」字。

主父及王游沙丘，異宮，〔一〕公子章即以其徒與田不禮作亂，詐以主父令召王。肥義先入，殺之。〔二〕高信即與王戰。〔三〕公子成與李兌自國至，〔四〕乃起四邑之兵入距難，〔五〕殺公子章及田不禮，滅其黨賊而定王室。〔六〕公子成爲相，號安平君，李兌爲司寇。公子章之敗，往走主父，主父開之，〔七〕成、兌因圍主父宮。公子章死，公子成、李兌謀曰：「以章故圍主父，即解兵，吾屬夷矣。」〔八〕乃遂圍主父。令宮中人「後出者夷」，宮中人悉出。主父欲出不得，又不得食，探爵鷇而食之，〔九〕三月餘，而餓死沙丘宮。〔一〇〕主父定死，乃發喪赴諸侯。

〔一〕【正義】在邢州平鄉縣東北二十里也。【考證】沙丘臺，紂所築，在今直隸順德府平鄉縣東北。胡三省曰：異宮，異宮而處也。張文虎曰：是時主父與王及公子章並在沙丘，而王別居，故章得以主父令召王。

〔二〕【考證】古鈔本，楓山、三條本「先」下有「王」字，「入」下有「公子章」三字。

〔三〕【考證】胡三省曰：高信以王與公子章之徒戰也。崔適曰：「王」當作「章」，高信即信期，事肥義者。肥義代王入，爲章所殺，高信當與章戰也。愚按：胡說自通，不必改字。

〔四〕【考證】楓山、三條本「國」下有「而」字。

〔五〕【考證】國，國都。胡三省曰：自邯鄲至也。

〔六〕【考證】王室，斥趙家。趙人言之則可，史氏言之則不可。

〔七〕【索隱】開，謂開門而納之。俗本亦作「聞」字者非也。譙周及孔衍皆作「閉之」。閉，謂藏之也。【正義】謂不責其反叛之罪，容其入宮藏也。【考證】王念孫曰：開之，當從正義本作「閉之」。列女傳孽嬖傳亦作「閉之」。

〔八〕【考證】楓山、三條本「章」下無「故」字。

〔九〕【集解】綦毋邃曰：「鷇，爵子也。」【索隱】按：曹大家云「鷇，雀子也。生受哺者謂之鷇」。【正義】按：鳥子受哺者謂之鷇，鳥啄食者謂之鶵也。

〔一〇〕【集解】應劭曰：「武靈王葬代郡靈丘縣。」【正義】括地志云：「趙武靈王墓，在蔚州靈丘縣東三十里。」應説是也。

是時王少，成、兌專政，畏誅故圍主父。主父初以長子章爲太子，後得吳娃愛之，爲不出者數歲，生子何，乃廢太子章而立何爲王。吴娃死，愛弛，憐故太子，欲兩王之，猶豫未决，故亂起，以至父子俱死，爲天下笑，豈不痛乎！〔一〕

〔一〕【集解】徐廣曰：「或無此十四字。」【考證】俞樾曰：屈原傳敍事之中，間以議論。論者以爲變體。余讀趙世家云「以至父子俱死，爲天下笑，豈不痛哉」，魏世家云「惠王之所以身不死，國不分者，二家謀不和也。若從一家之謀，魏必分矣。故曰『君終無適子，其國可破也』」。皆於敍事中入議論，與屈原傳同，古之文無成法也。愚按：此法不創於史公，戰國策亦有之。秦策「蘇秦將連横」章「當此之時，天下之大，萬民之衆，王侯之威，謀臣之權，皆欲决於蘇秦之策。不費斗糧，未煩一兵，未戰一士，未絶一弦，未折一矢，諸侯相親，賢於兄弟」云云。「齊助楚攻秦」章「楚之土壤士民非削弱，僅以救亡者，計失於陳軫，過聽於張儀」。齊策「靖郭君善齊貌辯」章「當是時，靖郭君可謂能自知人矣，能自知人，故人非之不爲沮。此齊貌辯之所以外生樂患趣難者也」。趙策「知伯帥趙、韓、魏而伐范、中行氏」章「知伯身死，國亡地分，爲天下笑，此貪欲無（欲）〔厭〕也。夫不聽知過，亦所以亡也」。魏策「魏惠王死」章「惠子非徒行其説也，又令太子未葬其先王，而又因説文王之義，以示天下，豈小功也哉」。不獨國策有此法也，左氏、國語引君子，引臧文仲，引孔子者，亦皆敍事中間以議論者。

（主父死，惠文王立立。〔一〕）五年，與燕鄚、易。〔二〕八年，城南行唐。〔三〕九年，趙梁將，與齊合軍攻韓，至魯關下。〔四〕及十年，秦自置爲西帝。〔五〕十一年，董叔與魏氏伐宋，得河陽於魏。秦取梗陽。〔六〕十二年，趙梁將攻齊。十三年，韓徐爲將，攻齊。公主死。〔七〕十四年，相國樂毅將趙、秦、韓、魏、燕攻齊，〔八〕取靈丘。〔九〕與秦會中陽。〔一〇〕十五年，燕昭王來見。趙與韓、

魏、秦共擊齊，齊王敗走，燕獨深入，取臨菑。〔一一〕

〔一〕【考證】中井積德曰：惠文王固已立矣，非主父死後立。主父之死，在惠文王四年。此八字當削。愚按：徐孚遠、梁玉繩說同。

〔二〕【集解】徐廣曰：「皆屬涿郡。」鄚，音莫。

〔三〕【集解】徐廣曰：「在常山。」【正義】行，寒庚反。括地志云「行唐縣屬冀州。爲南行唐築城」。【考證】今直隸正定府行唐縣北。

〔四〕【正義】劉伯莊云：「蓋在南河魯陽關。」按：汝州魯山縣，古穀陽縣。

〔五〕【考證】秦稱西帝見齊策。梁玉繩曰：事在十一年。愚按：古鈔本，楓山、三條本「及」作「反」，當屬上讀。

〔六〕【集解】杜預曰：「太原晉陽縣南梗陽城也。」【索隱】地理志云「太原榆次有梗陽鄉」，與杜預所據小別也。【正義】括地志云：「梗陽故城，在并州清源縣南百二十步，分晉陽縣置，本漢榆次縣地，春秋晉大夫祁氏邑也。」【考證】河陽，今河南懷寧府孟縣西。梁玉繩曰：表「梗陽」作「桂陽」，非。蓋桂陽屬扶風，非趙地。

〔七〕【索隱】蓋吴娃女，惠文王之姊。【考證】中井積德曰：公主之死無書者，此何特書也？愚按：依趙史之舊也。

〔八〕【索隱】按年表及韓、魏等系家，五國攻齊在明年，然此下文十五年重擊齊，是此文爲得，蓋此年同伐齊耳。

〔九〕【正義】蔚(丘)〔州〕縣也。【考證】梁玉繩曰：案六國伐齊在明年，是年惟秦擊齊，無趙、韓、魏、燕攻齊及取靈丘之事，蓋誤。索隱謂此年伐齊，明年重擊齊，非也。愚按：樂毅傳趙惠文王以相國印授樂毅。靈丘，今山東東昌府高唐州。

〔一〇〕【正義】括地志云：「中陽故縣，在汾州偃城縣南十里，漢中陽縣也。」【考證】中陽，今山西汾州府寧鄉縣。

〔一一〕【考證】戰國策燕策。臨淄，今山東青州府臨淄縣。

十六年，秦復與趙數擊齊，齊人患之。蘇厲爲齊遺趙王書曰：〔一〕

〔一〕【考證】趙策「蘇厲」作「蘇秦」，鮑本依史改「秦」作「厲」。

臣聞古之賢君，其德行非布於海内也，教順非洽於民人也，〔二〕祭祀時享非數常於鬼神也。〔三〕甘露降，時雨至，年穀豐孰，民不疾疫，衆人善之，然而賢主圖之。〔三〕

〔二〕【考證】張文虎曰：順讀爲訓，古通。

〔三〕【考證】常，古鈔本、楓山本作「嘗」，策作「當」，無「數」字。愚按：「常」字疑衍。

〔三〕【考證】策「圖」作「惡」。中井積德曰：圖者懼思之意。無德而得福，賢主所懼，以喻無功德而得秦之親厚宜懼而圖焉。

今足下之賢行功力，非數加於秦也；〔一〕怨毒積怒，非素深於齊也。〔二〕秦、趙與國，以彊徵兵於韓，〔三〕秦誠愛趙乎？其實憎齊乎？物之甚者，〔四〕賢主察之。秦非愛趙而憎齊也，欲亡韓而吞二周，故以齊餤天下。〔五〕恐事之不合，故出兵以劫魏、趙。〔六〕恐天下畏己也，故出質以爲信。〔七〕恐天下亟反也，故徵兵於韓以威之。〔八〕聲以德與國，〔九〕實而伐空韓，〔一〇〕臣以秦計爲必出於此。夫物固有勢異而患同者，〔一一〕楚久伐而中山亡，〔一二〕今齊久伐而韓必亡。破齊，王與六國分其利也。亡韓，秦獨擅之，收二周，西取祭器，秦獨私之。賦田計功，王之獲利，孰與秦多？〔一三〕

〔一〕【考證】策無「賢行」二字。鮑彪曰：功力，謂戰伐。

〔二〕【考證】策作「非曾深淩於韓也」。

〔三〕【考證】策無此十字。

〔四〕【考證】物，事也。甚猶大也。策「齊」作「韓」。

〔五〕【考證】策二「齊」字作「韓」。

〔六〕【考證】策「合」作「成」，「劫」作「佯示」。

〔七〕【考證】策「畏」作「疑」。

〔八〕【考證】策作「恐天下之發覺故微〔伐〕韓以貳之」。

〔九〕【索隱】與國，趙也。秦、趙今爲與國，秦徵兵於韓，帥之共趙伐齊，以威聲和趙，是以德與國也。【考證】中井積德曰：聲，謂聲聞也，非威。

〔一〇〕【考證】策「實而」作「而實」。

〔一一〕【考證】策「異」、「同」易地。

〔一二〕【考證】鮑彪曰：此言楚受秦伐，趙無秦患，故破中山，滅之。

〔一三〕【考證】「今齊久伐」以下四十七字，策無。

說士之計曰：「韓亡三川，〔一〕魏亡晉國，〔二〕市朝未變，而禍已及矣。」〔三〕燕盡齊之北地，去沙丘、鉅鹿，斂三百里，〔四〕韓之上黨，去邯鄲百里，燕、秦謀王之河山，閒三百里而通矣。秦之上郡，〔五〕近挺關，至於榆中者千五百里，〔六〕秦以三郡攻王之上黨，〔七〕羊腸之西，〔八〕句注之南，〔九〕非王有已。〔一〇〕踰句注，斬常山而守之，三百里而通於燕，〔一一〕代馬胡犬不東下，昆山之玉不出，〔一二〕此三寶者，亦非王有已。王久伐齊，從彊秦攻韓，〔一三〕其禍必至於此。願王孰慮之。

〔一〕【正義】河南之地兩川之閒。【考證】三川，謂伊、洛、河三川。秦置三川郡。

〔二〕【正義】河北之地，安邑、河内。【考證】中井積德曰：蓋指全晉時舊都爲晉國也。王念孫曰：三國分晉，魏得晉之故都，故魏人自稱晉國，而韓、趙則否。孟子梁惠王曰：「晉國天下莫强焉。」周霄曰：「晉國亦仕國也。」魏策魏武侯與諸大夫浮於西河，稱曰：「河山之險，豈不亦信固哉？」王鍾曰：「此晉國之所以强也。」是晉即魏也。

〔三〕【考證】市朝未變，言速也。策作「是韓未窮而禍及於趙」。

〔四〕【正義】沙丘，邢州也。鉅鹿，冀州也。齊北界貝州也。斂，減也。言破齊滅韓之後，燕之南界，秦之東界，相去減三百里，趙國在中閒也。【考證】中井積德曰：沙丘、鉅鹿皆趙地。三百里者，謂趙距燕之近也，無干秦事，又不論及滅韓。正義文外生義，非也。下「三百里」乃始説燕與秦之路程，與此「三百里」不同。斂與儉通。愚按：鉅鹿，今直隸平鄉縣。

〔五〕【正義】鄜、延等州也。【考證】今陝西膚施縣等地。

〔六〕【考證】挺關，策作「扞關」。扞關，楚北境，與趙無干涉。

〔七〕【正義】秦上黨郡，今澤、潞、儀、沁等四州之地，兼相州之半，韓總有之。至七國時，趙得儀、沁二州之地，韓猶有潞州及澤州之半，半屬趙、魏。沁州在羊腸坂之西，儀、并、代三州在句注山之南。秦以三郡攻趙之澤、潞，則句注之南，趙無地。然秦始皇置上黨郡，此言之者，太史公郤引前書也。他皆倣此。【考證】中井積德曰：韓上黨降趙在後二十年，是時趙未取上黨也。然上云「韓之上黨」，此云「王之上黨」，則韓趙分有之耳，但不得以始皇所置上黨郡作解。

〔八〕【正義】太行山坂道名，南屬懷州，北屬澤州。【考證】在今山西壺關縣東南。

〔九〕【正義】句注山，在代州西北也。【考證】今山西代縣北。

〔一〇〕【正義】音以爾反。

〔一一〕【考證】上文「秦」字管到「於通於燕」句。「燕盡齊之北地」以下九十一字，策作「今燕盡韓之河南距沙丘而至鉅鹿之界三百里距於扞關至於榆中千五百里秦盡韓魏之上黨則地與國都邦屬而壤挈者七百里秦以三軍強弩坐羊唐之上即地去邯鄲二十里且秦以三軍攻王之上黨而危其北則句注之西(有)〔非〕王之有也今魯句注禁常山而守三百里通燕之唐曲逆」，與史頗異。以事理推之，史文爲長。

〔一二〕【正義】言秦踰句注山，斬常山而守之，西北代馬胡犬不東入趙，沙州崑山之玉亦不出至趙矣。郭璞云：「胡地野犬，似狐而小。」

〔一三〕【考證】中井積德曰：從，縱也。愚按：策作「今從於彊秦國之伐齊」。

且齊之所以伐者，以事王也；〔一〕天下屬行，以謀王也。〔二〕燕、秦之約成，而兵出有日矣。〔三〕五國三分王之地，〔四〕齊倍五國之約，而殉王之患，〔五〕西兵以禁彊秦，秦廢帝請服，〔六〕反高平、根柔於魏，〔七〕反巠分、〔八〕先俞於趙。〔九〕齊之事王，宜爲上佼，〔一〇〕而今乃抵辠，〔一一〕臣恐天下後事王者之不敢自必也。願王孰計之也。

〔一〕【正義】以趙王爲事也，而秦必伐之也。【考證】中井積德曰：事王，謂與趙王親交也。後文齊之事王同。

〔二〕【正義】上音燭，下胡郎反。言秦欲令齊稱帝，與約五國共滅趙，三分趙地。【考證】方苞曰：屬行，相屬而起兵也。齊策「使犀首屬行而攻趙」。

〔三〕【考證】中井積德曰：前日有此謀也。謀王，謀滅趙也。

〔四〕【正義】謂秦、齊、韓、魏、燕三分趙之地也。

〔五〕【正義】齊王以身從趙王之患也。【考證】中井積德曰：以下述既往之事也。

〔六〕【正義】言秦、齊相約，欲更重稱帝，故言「廢帝」也。【考證】秦稱西帝，在惠文王十一年，未幾亦稱王。

〔七〕【集解】徐廣曰：「紀年云魏哀王四年，改陽曰河雍，向曰高平。根柔，一作『棆柔』，一作『平柔』。」【正義】返，還也。括地志云：「高平故城，在懷州河陽縣西四十里。紀年云魏哀王改向曰高平也。」根柔未詳。兩邑，魏地也。【考證】策作「溫軹高平」。

〔八〕【集解】徐廣曰：「一作『王公』。陘，音胡鼎反。」【正義】陘，音邢。「分」字誤，當作「山」字耳。括地志云：「句注山，一名西陘山，在代州鴈門縣西北四十里。」

〔九〕【集解】徐廣曰：「爾雅曰西俞，鴈門是。」【正義】俞，音戍。郭注云「西隃，即鴈門山也」。按：西、先聲相近，蓋陘山、西隃二山之地，並在代州鴈門縣，皆趙地也。【考證】策作「三公什清」。錢大昕曰：常山郡元氏縣有三公山。

〔一〇〕【索隱】佼，猶行也。【正義】佼，音效。功勞也。【考證】策「佼」作「交」。王念孫曰：佼與交同。上交，上等之交也。言齊之事王如此，當爲王之上交，而今反觸罪也。

〔一一〕【正義】謂共秦伐齊也。

今王毋與天下攻齊，天下必以王爲義。齊抱社稷而厚事王，天下必盡重王。義，王以天下善秦，〔一〕秦暴，王以天下禁之，是一世之名寵制於王也。〔二〕

〔一〕【考證】古鈔本，楓山、三條本「義」(下)〔上〕「王」(上)〔下〕有「秦」字，當依補。「秦義」與下文「秦暴」對言。

〔二〕【考證】「蘇厲爲齊遺趙王書」以下，似本戰國策趙策。但策「蘇厲」作「蘇秦」，「齊」作「韓」，地名亦多舛異，不獨文字有異同也。呂祖謙、吳師道諸人皆疑之。梁玉繩曰：案惠文十六年，即齊襄保莒之歲，田單守即墨未下，餘地盡入燕，則當時之齊僅存二城，秦何利而擊之？秦即欲擊，復何畏而必共趙擊之？其誤不辨自明也。中井積德曰：蘇厲之書，當在惠文十五年趙方伐齊之時，而此書不效也。史誤在次年。書中不言齊之傾覆，其證明甚。愚按：中説近是。

於是趙乃輟，謝秦不擊齊。王與燕王遇。廉頗將攻齊昔陽，取之。〔一〕

〔一〕【集解】杜預曰：「樂平沾縣有昔陽城。」【正義】括地志云：「昔陽故城，一名陽城，在并州樂平縣東。春秋釋地名云『昔陽，服國所都也。樂平城沾縣東〔有〕昔陽城。服姓，白狄別種也。樂平縣城，漢沾縣城』也。」【考證】昔陽，表作「淮北」，凌本作「昔陽」。洪頤煊曰：當作「晉陽」，是「陽晉」之譌。廉頗列傳趙惠文王十六年，廉頗爲趙將伐齊，破之，取晉陽。索隱云『晉陽』當作『陽晉』」。愚按：此與頗傳在十六年，表在十五年。

十七年，樂毅將趙師攻魏伯陽。〔一〕而秦怨趙不與己擊齊，伐趙，攻我兩城。〔二〕十八年，拔我石城。〔三〕王再之衛東陽，決河水伐魏氏。〔四〕大潦，漳水出。魏冄來相趙。〔五〕十九年，秦(敗)〔取〕我二城。〔六〕趙與魏伯陽。趙奢將，攻齊麥丘，取之。〔七〕

〔一〕【正義】括地志云：「伯陽故城，一名邯會城，在相州鄴縣西五十五里，七國時魏邑，漢邯會城。」【考證】中井積德曰：「伯陽」下疑脱「取之」二字，下文「與魏伯陽」可參考。楓山、三條本「伯」作「柏」。

〔二〕【考證】梁玉繩曰：案樂毅是時方爲燕攻齊，何從將趙師而攻魏？蓋非毅將耳。秦拔趙兩城，乃争城之常，非爲怨趙不與擊齊也。是時齊祇有二城，安得秦欲與趙攻齊事乎？説見上。

〔三〕【集解】地理志云右北平有石城縣。【正義】括地志云：「石城在相州林慮縣西南九十里。」疑相州石城是。【考證】梁玉繩曰：案此事年表亦書之，然疑有誤也。正義引右北平之石城縣及相州石城爲證。而在右北平者燕境，在相州者魏境，皆非趙地。胡注通鑑謂即西河之離石縣。然趙肅侯二十二年，秦已取之矣，何待是時始拔乎？愚按：呂氏春秋審應篇公孫龍對趙惠王曰：「今藺、離石入秦，而王縞素出總。」惠王即惠文王。此離石之地，趙復得而復失之也。胡注有據。

〔四〕【正義】括地志云：「東陽故城，在貝州歷亭縣界。」按：東陽先屬衛，今屬趙。河歷貝州南，東北流，過河南岸即魏地也。故言王再之衛東陽伐魏氏也。

〔五〕【考證】梁玉繩曰：是歲爲惠文十八年，秦昭二十六年。冄復爲秦相，安得相趙之事哉？大事記謂相趙未幾復歸相秦，非也。

〔六〕【考證】梁玉繩曰：敗，當作「拔」。

〔七〕【考證】梁玉繩曰：案此在惠文十九年，是時齊亦尚止二城。麥丘屬燕，年表、田完世家及奢傳皆不書，未知何以言之。愚按：樂毅所下齊七十餘城，非悉置燕兵以守之也。趙人乘閒來攻，非必無之事。闕疑可也。

二十年，廉頗將攻齊。王與秦昭王遇西河外。〔一〕

〔一〕【集解】徐廣曰：「年表云『與秦會澠池』。」

二十一年，趙徙漳水武平西。〔一〕二十二年，大疫。置公子丹爲太子。

〔一〕【正義】括地志云：「武平亭，今名渭城，在瀛州文安縣北七十二里。」按：二十七年，又徙漳水武平南。【考證】今直隸順天府文安縣東。

二十三年，樓昌將攻魏幾，不能取。〔一〕十二月，廉頗將攻幾，取之。二十四年，廉頗將攻魏房子，拔之，〔二〕因城而還。又攻安陽，取之。〔三〕二十五年，燕周將攻昌城、高唐，取之。〔四〕與魏共擊秦。秦將白起破我華陽，得一將軍。〔五〕二十六年，取東胡歐代地。〔六〕

〔一〕【正義】幾，音祈。傳云伐齊幾，拔之。又戰國策云秦敗閼與，及攻魏幾。按：幾邑或屬齊，或屬魏，當在相、潞之閒也。【考證】幾在今直隸大名縣。

〔二〕【集解】徐廣曰：「屬常山。」【考證】直隸趙州高邑縣西南。

〔三〕【考證】安陽，今河南彰德府安陽縣西南。

〔四〕【集解】徐廣曰：「昌城，屬齊郡。」【索隱】燕周，趙人，爲趙將。【正義】括地志云「故昌城在淄州淄川縣東北四十里也」。【考證】高唐，今山東東昌府高唐縣。

〔五〕【正義】括地志云：「故華陽城，在鄭州管城縣南四十里。司馬彪云華陽亭在今洛州密縣。」是時魏、韓、趙聚兵於華陽西，攻秦。【考證】華陽即華下，今河南新鄭縣東南。梁玉繩曰：此惠文二十六年事，此誤在二十五年。

〔六〕【正義】今營州也。【索隱】東胡叛趙，驅略代地人衆以叛，故取之也。【考證】古鈔本、楓山、三條本「歐」作「毆」。中井積德曰：「歐」、「代」類地名。

二十七年，徙漳水武平南。封趙豹平陽君。〔一〕河水出，大潦。

〔一〕【集解】戰國策曰：趙豹平陽君，惠文王母弟。

二十八年，藺相如伐齊至平邑。〔一〕罷城北九門大城。〔二〕燕將成安君公孫操弒其王。〔三〕

二十九年，秦、韓相攻，而圍閼與。〔四〕趙使趙奢將擊秦，大破秦軍閼與下，賜號爲馬服君。〔五〕

〔一〕【正義】括地志云：「平邑故城，在魏州昌樂縣東北四十里也。」【考證】今直隸大名府南樂縣東北。

〔二〕【正義】恒州九門縣城。

〔三〕【集解】徐廣曰：「年表云是燕武成王元年。」【索隱】按：樂資云其王即惠王。【考證】梁玉繩曰：事在惠文二十七年，此誤書于前一年。燕世家索隱引之，「將」作「相」。

〔四〕【正義】上，於連反。下音預。括地志云：「閼與，聚落，今名烏蘇城，在潞州銅鞮縣西北二十里。又儀州順和縣城亦云韓閼與邑。二所未詳。又有閼與山，在洺州武安縣西五十里，蓋是也。」【考證】閼與，今河南彰德府武安縣。

〔五〕【正義】因馬服山爲號也。虞喜志林云：「馬，兵之首也。號曰馬服者，言能服馬也。」括地志云：「馬服山，邯鄲縣西北十里也。」

三十三年，惠文王卒，太子丹立，是爲孝成王。

孝成王元年，〔一〕秦伐我，拔三城。趙王新立，太后用事，秦急攻之。趙氏求救於齊，齊曰：「必以長安君爲質，兵乃出。」〔二〕太后不肯，大臣彊諫。太后明謂左右曰：「復言長安君爲質者，老婦必唾其面。」〔三〕左師觸龍言願見太后，〔四〕太后盛氣而胥之。入，〔五〕徐趨而坐，自謝曰：「老臣病足，曾不能疾走，不得見久矣。竊自恕，而恐太后體之有所苦也，〔六〕故願望見太后。」太后曰：「老婦恃輦而行耳。」〔七〕曰：「食得毋衰乎？」曰：「恃粥耳。」曰：「老臣閒者殊不欲食，乃彊步日三四里，少益嗜食，和於身也。」太后曰：「老婦不能。」太后不和之色少解。左師公曰：「老臣賤息舒祺最少，不肖，而臣衰，竊憐愛之，願得補黑衣之缺，以衛王宮，昧死以聞。」〔八〕太后曰：「敬諾。年幾何矣？」對曰：「十五歲矣。雖少，願及未填溝壑而託之。」〔九〕太后曰：「丈夫亦愛憐少子乎？」對曰：「甚於婦人。」太后笑曰：「婦人異甚。」對曰：「老臣竊以爲媪之愛燕后，賢於長安君。」〔一〇〕太后曰：「君過矣，不若長安君之甚。」左師公曰：「父母愛子，則爲之計深遠。媪之送燕后也，持其踵，爲之泣，念其遠也，亦哀之矣。已行，非不思也，祭祀則祝之曰『必勿使反』，豈非計長久，爲子孫相繼爲王也哉？」〔一一〕太后曰：「然。」左師公曰：「今三世以前至於趙主之子孫爲侯者，其繼有在者乎？」〔一二〕曰：「無有。」曰：「微獨趙，諸侯有在者乎？」〔一三〕曰：「老婦不聞也。」曰：〔一四〕「此其近者禍及其身，遠者及其子孫。豈人主之子侯則不善哉？位尊而無功，奉厚而無勞，而挾重器多也。〔一五〕今媪尊長安君之位，而封之以膏腴之地，多與之重器，而不及今令有功於國，一旦山陵崩，長安君何以自託於趙？〔一六〕老臣以媪爲長安君之計短也，故以爲愛之不若燕后。」太后曰：「諾，恣君之所使之。」於是爲長安君約車百乘，質於齊，齊兵乃出。

〔一〕【集解】徐廣曰：「平原君相也。」

〔二〕【索隱】孔衍云：「惠文后之少子也。趙亦有長安，今其地闕。」【正義】長安君者，以長安善故名也。

〔三〕【考證】策「復」上有「有」字。楓山、三條本「言」下有「令」字，與策合。

〔四〕【考證】策「龍言」作「讋」。胡三省曰：春秋之時，宋國之官有左右師，上卿也。趙以觸龍爲左師，冗散之官，以優老臣者也。

〔五〕【集解】胥，猶須也。穀梁傳曰：「胥其出也。」【考證】策「胥」作「揖」，義異。「胥之」句。「入」句。入，觸讋入也。

〔六〕【考證】楓山、三條本「坐」作「至」。劉伯莊曰：自恕，猶言自忖度也。中井積德曰：自推其衰，恐太后之衰也。

〔七〕【索隱】按：束晳云「趙惠文王子何者，吳廣之甥，娃嬴之子也」。如系家計之，則武靈王十六年夢吳娃而納之，至二十七年王薨，及惠文王三十三年卒，孝成王元年遣長安君質於齊，若娃年二十入王宮，至此亦年六十左側，亦可稱老。而束廣微言太后纔三十有奇者，誤也。【考證】中井積德曰：太后是孝成王之母，惠文王之后。故稱惠文后。凡婦人五十前後自謂「老婦」也，況寡婦乎！惠文王即位三十三年而卒。若年二十則五十三歲矣。或有其餘也。是時后五十以上，亦未可知。注大謬。且年歷皆不合。

〔八〕【考證】古鈔本，楓山、三條本「願」下有「令」字，與策合。息，子也。黑衣，皁衣也，衛士之服。昧、冒同。禮記云「有司以聞曰：『古之禮，慈母無服。』」戰國策云「不敢匿意隱情，以聞於左右」，後二字連讀，爲臣下上書套語。

〔九〕【考證】未填溝壑，猶言先死。

〔一〇〕【考證】「媪」字策同，春秋後語改作「后」，失當時語氣。燕后，太后女，嫁於燕。賢，猶多也，勝也。詩「我從事獨賢」，孟子「我獨賢勞」，「賢」字與此同。

〔一一〕【考證】勿使反，勿使失意於燕而返趙。「久」下「爲」字，策作「有」。

〔一二〕【考證】古鈔本，楓山、三條本「於」下有「趙之爲趙」四字，與策合。策「主」作「王」，可從。

〔一三〕【考證】微，猶非也。

〔一四〕【考證】策「也」下無「曰」字。太后之言未畢，左師急言。

〔一五〕【考證】重器，寶器也。

〔一六〕【考證】山陵，喻尊高也，亦墳墓所在。山陵崩，言死也，諱辭。秦策云「王之春秋高，一日山陵崩，太子用事，君危」。

子義聞之曰：「人主之子，骨肉之親也，猶不能持無功之尊、無勞之奉，而守金玉之重也，而況於予乎？」〔一〕

〔一〕【索隱】子義，趙之賢人。【正義】持，猶執。【考證】「趙王新立」以下，趙策。策「持」作「恃」，「予」作「人臣」。愚按：此亦叙事中插議論者。鮑彪曰：觸龍諒毅，從容納說，而取成功，與夫强諫於廷，怒罵於座，髮上衝冠，自待必死者，力少而功倍矣。許應元曰：程子釋易「納約自牖」曰：「左師觸龍因其明而導之，故其聽也如響。」

齊安平君田單〔一〕將趙師而攻燕中陽，拔之。〔二〕又攻韓注人，拔之。〔三〕二年，惠文后卒。田單爲相。

〔一〕【正義】括地志云：「安平城在青州臨淄縣東十九里，古紀之酅邑也。」

〔二〕【集解】徐廣曰：「陽，一作『人』。」【正義】燕無中陽。括地志云：「中山故城，一名中人亭，在定州唐縣東北四十里，爾時屬燕國也。」

〔三〕【正義】邑名也。括地志云「注城在汝州梁縣西十五里」，蓋是其地也。

四年，王夢衣偏裻之衣，〔一〕乘飛龍上天，不至而墜，見金玉之積如山。明日王召筮史敢占之，曰：「夢衣偏裻之衣者，殘也。〔二〕乘飛龍上天，不至而墜者，有氣而無實也。見金玉之積如山者，憂也。」〔三〕

〔一〕【正義】杜預云：「偏，左右異色。裻在中，左右異，故曰偏。」按：裻，衣背縫也。

〔二〕【考證】岡白駒曰：取不全之義。

〔三〕【考證】金玉之積，下文所謂「無故之利」。憂即禍。

後三日，韓氏上黨守馮亭使者至，曰：「韓不能守上黨，入之於秦。其吏民皆安爲趙，不欲爲秦。有城市邑十七，願再拜入之趙，聽王所以賜吏民。」〔一〕王大喜，召平陽君豹告之曰：「馮亭入城市邑十七，受之何如？」對曰：「聖人甚禍無故之利。」王曰：「人懷吾德，何謂無故乎？」對曰：「夫秦蠶食韓氏地，中絕不令相通，固自以爲坐而受上黨之地也。〔二〕韓氏所以不入於秦者，欲嫁其禍於趙也。秦服其勞，而趙受其利，雖彊大不能得之於小弱，小弱顧能得之於彊大乎？豈可謂非無故之利哉！且夫秦以牛田之〔三〕水通糧，〔四〕蠶食，〔五〕上乘倍戰者，〔六〕裂上國之地，〔七〕其政行，不可與爲難，必勿受也。」〔八〕王曰：「今發百萬之軍而攻，踰年歷歲，未得一城也。〔九〕今以城市邑十七幣吾國，此大利也。」〔一〇〕

〔一〕【考證】十七，策作「七十」，下文同。聽，策作「才」，裁也。宋、中統、王、柯、毛本作「財」，今從古鈔本、楓山、三條本、凌本。上黨，今山西潞安府。

〔二〕【考證】此時秦白起伐韓拔野王，上黨至韓之道不通也。固，策作「故」，古鈔本、楓山、三條本作「因」。

〔三〕【集解】徐廣曰：「一無此字。」【正義】秦蠶食韓氏，國中斷不通。夫牛耕田種穀，至秋則收之，成熟之義也。言秦伐韓上黨，勝有日矣，若牛田之，必冀收穫矣。【考證】策無「之」字。

〔四〕【正義】秦從渭水漕糧，東入河、洛，軍擊韓上黨也。【考證】中井積德曰：秦用牛耕水田藝稻，稻須多水，自有注溉渠，而與漕道通。漕時開渠口，引田水于漕河，則多水便於漕。漕有閒，又閉渠口蓄水于田中，以竢後漕，無冬夏之分。以「牛田之水」爲一句。上黨在秦之東北，則不必由渭、洛。穆文熙曰：牛田，秦地，蓋近上黨者。愚按：中説較長。楓山、三條本「糧」上有「食」字。

〔五〕【考證】策無「蠶食」二字，此因上文衍。

〔六〕【正義】乘，承證反。蠶食，桑葉漸進必盡也。司馬法云「百畝爲夫，夫三爲屋；屋三爲井，井十爲通；通十爲成，成出革車一乘，七十二人也」。上乘，天下第一也。倍戰，力攻也。韓國四戰之地，軍士慣習，倍於餘國。【考證】策「上乘倍戰者」作「其死士」，蓋史公以意改也。中井積德曰：上乘，謂良馬勁卒也。然不必引司馬法。

〔七〕【正義】上國，秦地也。言韓上黨之地，以列爲秦國之地，其政已行，趙不可與秦作難，必莫受馮亭十七邑也。【考證】策作「皆列之於上地」。愚按：此言秦裂所取之國以爲功臣死士食邑也。

〔八〕【考證】「其」字承上文「秦」字。策「政行」下有「令嚴」二字。

〔九〕【考證】楓山、三條本「城」作「地」。

〔一〇〕【正義】馮亭將十七邑入趙，若幣帛之見遺，此大利也。

趙豹出，王召平原君與趙禹而告之。〔一〕對曰：「發百萬之軍而攻，踰歲未得一城，今坐受城市邑十七，此大利，不可失也。」王曰：「善。」乃令趙勝受地，〔二〕告馮亭曰：「敝國使者臣勝，敝國君使勝致命，以萬户都三封太守，〔三〕千户都三封縣令，皆世世爲侯，吏民皆益爵三級，吏民能相安，皆賜之六金。」〔四〕馮亭垂涕不見使者，曰：「吾不處三不義也：〔五〕爲主守地，不能死固，不義一矣；〔六〕入之秦，不聽主令，不義二矣；〔七〕賣主地而食之，不義三矣。」趙遂發兵取上黨。〔八〕廉頗將軍軍長平。〔九〕

〔一〕【考證】策「平原君」作「趙勝」。王、柯本「原」譌「陵」。

〔二〕【考證】趙勝即平原君。

〔三〕【正義】爾時未合言太守，至漢景帝始加太守。此言「太」，衍字也。【考證】策亦有「太」字。凌約言曰：戰國策中「太守」凡五言之，決非衍，當時已有此稱矣。愚按：太守不始於漢，李笠訂補亦證之。

〔四〕【考證】以級定爵，諸國未聞，但秦有之，趙亦倣之邪？

〔五〕【考證】策「吾不」作「是吾」。

〔六〕【考證】「固」字，楓山、三條本作「國」，策無。

〔七〕【考證】策「入」上有「主」字。王念孫曰：脱去「主」字，文義不明。謂韓王入上黨於秦，而馮亭不聽也。

〔八〕【集解】漢書馮奉世傳曰：「趙封亭爲華陵君，與趙將括距秦，戰死於長平。宗族由是分散，或在趙。在趙者爲官師將，官師將子爲代相。及秦滅六國，而馮亭之後馮無擇、馮去疾、馮劫皆爲秦將相焉。漢興，馮唐即代相之子也。」上黨記云：「馮亭冢在壺關城西五里。」【考證】趙策云「馮亭辭封入韓」。史白起傳云「封馮亭爲華陽君」，所傳亦不同。張文虎曰：漢傳「師」作「帥」。

〔九〕【正義】括地志云：「長平故城，在澤州高平縣西二十一里，即白起敗括於長平處。」【考證】梁玉繩曰：「廉頗」上失書「六年」二字。愚按：長平故城在今山西澤州府高平縣西。

七(年)〔月〕，廉頗免而趙括代將。秦人圍趙括，趙括以軍降，卒四十餘萬皆阬之。〔一〕王悔不聽趙豹之計，故有長平之禍焉。

〔一〕【正義】白起傳云「斬首虜四十五萬人」。括地志云「頭顱山，一名白起臺，在澤州高平縣西五里」。上黨記云「秦阬趙兵收頭顱，築臺於壘中，因山爲臺，崔嵬桀起，今稱白起臺也」。【考證】梁玉繩曰：七年，「七月」之誤，白起傳可證。中井積德曰：據傳，括戰死也，非降，此恐舛。沈家本曰：疑「以」字乃「死」字之譌。

王還不聽秦，〔一〕秦圍邯鄲。〔二〕武垣令傅豹、王容、蘇射率燕衆反燕地。〔三〕趙以靈丘封楚相春申君。〔四〕

〔一〕【正義】還，猶仍也。【考證】崔適曰：「王還不聽秦」五字不知所謂，當是衍文。

〔二〕【集解】徐廣曰：「在九年。」

〔三〕【集解】徐廣曰：「河閒有武垣縣，本屬涿郡。」【正義】括地志云：「武垣故城，今瀛州城是也。」武垣北是屬趙，與燕接境，故云「率燕衆反燕地」也。【考證】武垣，今直隸河閒府河閒縣西南。射，音亦。

〔四〕【正義】括地志云：「靈丘，蔚州理縣也。」【考證】今山西大同府靈丘縣。

八年，平原君如楚請救。還，楚來救，及魏公子無忌亦來救，〔一〕秦圍邯鄲乃解。〔二〕

〔一〕【正義】魏公子傳云「趙王以鄗爲公子湯沐邑」。年表云「九年公子無忌救邯鄲」。圍在九年，其文錯誤。

〔二〕【考證】中井積德曰：「邯鄲」二字疑衍。愚按：「圍」字當在「鄲」下。

十年，燕攻昌壯，〔一〕五月拔之。趙將樂乘、慶舍攻秦信梁軍，破之。〔二〕太子死。〔三〕而秦攻西周，拔之。徒父祺出。〔四〕十一年，城元氏，縣上原。〔五〕武陽君鄭安平死，收其地。〔六〕十二年，邯鄲廥燒。〔七〕十四年，平原君趙勝死。〔八〕

〔一〕【集解】徐廣曰：「一作『社』。」【正義】「壯」字誤，當作「城」。括地志云：「昌城故城，在冀州信都縣西北五里。」此時屬趙，故攻之也。

〔二〕【集解】徐廣曰：「年表云新中軍也。」【索隱】信梁，秦將也。【正義】信梁，蓋王齕號也。秦本紀云「昭襄王五十年，王齕從唐，拔寧新中，寧新中更名安陽」。今相州理縣也。年表云「韓、魏、楚救趙新中軍，秦兵罷」是也。【考證】梁玉繩曰：案集解、正義皆謂此即前年秦拔寧新中事，非也。是歲爲趙孝成十年、秦昭五十一年。秦紀言將軍摎攻趙，取二十餘縣，首虜九萬，疑即此事。信梁即摎號也。此言「破秦」，紀言「取縣虜首」者，秦諱言敗，虛功非實。史公于本紀，依秦史書之而未改政耳。愚按：古鈔本，楓山、三條本「趙」下有「特」字。

〔三〕【集解】徐廣曰：「是年周赧王卒，或者『太子』云『天子』乎？」【索隱】趙之太子也，史失名。【考證】索隱爲是。

〔四〕【索隱】趙大夫，名祺。【正義】趙見秦拔西周，故令徒父祺將兵出境也。

〔五〕【集解】地理志常山有元氏縣。【正義】元氏，趙州縣也。【考證】元氏，今直隸正定府元氏縣西北。

〔六〕【集解】徐廣曰：「故秦將，降趙也。」

〔七〕【集解】徐廣曰：「廥，廄之名，音膾也。」【索隱】廥，積芻稾之處，爲火所燒也。

〔八〕【索隱】按年表，在十五年也。【考證】列傳亦在十五年。

十五年，以尉文封相國廉頗爲信平君。〔一〕燕王令丞相栗腹約驩，以五百金爲趙王酒，〔二〕還歸報燕王曰：「趙氏壯者皆死長平，其孤未壯，可伐也。」〔三〕王召昌國君樂閒而問之。對曰：「趙四戰之國也，〔四〕其民習兵，伐之不可。」王曰：「吾以衆伐寡，二而伐一，可乎？」對曰：「不可。」王曰：「吾即以五而伐一，可乎？」對曰：「不可。」燕王大怒。羣臣皆以爲可。燕卒起二軍，車二千乘，〔五〕栗腹將而攻鄗，〔六〕卿秦將而攻代。〔七〕廉頗爲趙將，破殺

栗腹，虜卿秦、樂閒。〔八〕

〔一〕【索隱】尉文，蓋地名。或曰，尉，官。文，名。謂以尉文所食之地，以封廉頗也。古文質略，文省耳。【正義】尉文蓋蔚州地也。信平，廉頗號也，言篤信而平和也。【考證】錢大昕曰：漢書王子侯表趙敬肅王子有尉文節侯丙，是尉文爲趙地審矣。

〔二〕【考證】酒，當作「壽」。壽、酒音近。策作「壽酒」，衍其一字。

〔三〕【考證】氏，燕世家作「王」，燕策作「氏」。

〔四〕【考證】策「戰」作「達」。

〔五〕【考證】策作「六十萬」，燕世家與此同。

〔六〕【考證】今直隸趙州柏鄉縣北有鄗縣故城。

〔七〕【索隱】二人皆燕將姓名。

〔八〕【正義】三人皆燕將（姓）也。【考證】「燕王令丞相栗腹」以下本燕策，又見燕世家。徐孚遠曰：樂閒以諫燕王不聽歸趙，非被虜也。梁玉繩曰「樂閒」下缺「奔趙」二字。燕策作「入趙」，燕世家、樂毅傳作「奔趙」，可證。

十六年，廉頗圍燕。以樂乘爲武襄君。〔一〕十七年，假相大將武襄君攻燕，圍其國。十八年，延陵鈞率師從相國信平君助魏攻燕。〔二〕秦拔我榆次三十七城。〔三〕十九年，趙與燕易土：〔四〕以龍兑、〔五〕汾門、〔六〕臨樂〔七〕與燕；燕以葛、武陽、〔八〕平舒〔九〕與趙。

〔一〕【正義】襄，舉也，上也。言樂乘功最高也。

〔二〕【集解】徐廣曰：「代郡有延陵縣。」【正義】鈞，名也。

〔三〕【集解】徐廣曰：「在太原。」【考證】榆次，今山西太原府榆次縣。

〔四〕【索隱】易，音亦，謂與燕换易縣也。

〔五〕【正義】括地志云：「北新城故城，在易州遂城縣西南二十里。按：遂城縣西南二十五里有龍山。邢子勵趙記云『龍山有四麓，各有一穴，大如車輪，春風出東，秋風出西，夏風出南，冬風出北，不相奪倫』。蓋謂龍兑也。」兑，音奪。

〔六〕【集解】徐廣曰：「在北新城。」【正義】括地志云：「易州永樂縣有徐水，出廣昌嶺，三源奇發，同瀉一澗，流至北平縣東南，歷石門中，俗謂之龍門。水經其閒，奔激南出，觸石成井。」蓋「汾」字誤也。遂城及永樂、安、新城縣地也。【考證】張文虎曰：續漢志「涿郡北新城有汾水關」，注引史記「趙與汾門」。水經易水注云「其水又東逕西故安城西，又東流，南徑武隧縣南新城縣北，又謂是水爲武隧津。津北謂之汾門」。史記趙世家「孝成王十九年，與燕易土，以龍兑、汾門與燕」，即是也。亦曰「汾門之稱舊矣」。張守節引括地志謂「汾」字爲誤，妄矣。又曰：正義「安」上疑脱「固」字。

〔七〕【集解】徐廣曰：「方城有臨鄉。」【正義】括地志云「臨鄉故城，在幽州固安南十七里也」。

〔八〕【集解】徐廣曰：「葛城在高陽。」【正義】括地志云「故葛城又名西河城，在瀛州高陽縣西北五十里」。

〔九〕【集解】徐廣曰：「平舒在代郡。」【正義】括地志云「平舒故城，在蔚州靈丘縣北九十三里也」。

二十年，秦王政初立。秦拔我晉陽。〔一〕

〔一〕【考證】梁玉繩曰：事在十九年，非二十年也。晉陽，今山西太原府大原縣。

二十一年，孝成王卒。廉頗將攻繁陽，取之。〔一〕使樂乘代之，〔二〕廉頗攻樂乘，樂乘走，廉頗亡入魏。子偃立，是爲悼襄王。

〔二〕【集解】徐廣曰：在頓丘。【正義】括地志云：「繁陽故城在相州内黄縣東北二十七里。」應劭云：「繁水之北，故曰繁陽也。」【考證】繁陽，魏地，今直隸大名府開州。

〔三〕【考證】中井積德曰：據廉頗傳，樂乘代廉頗當在悼襄王之時。梁玉繩曰：案廉頗傳「孝成王卒子偃立是爲悼襄王」十二字，當在「攻繁陽取之」下，此錯簡也。

悼襄王元年，大備〔一〕魏。欲通平邑、中牟之道，不成。〔二〕

〔一〕【集解】徐廣曰：「一作『脩』。」【正義】謂行大備之禮也。

〔二〕【正義】平邑在魏州昌樂縣東北三十里。相州蕩陰縣西五十八里有牟山。按：（中）牟山之側，時二邑皆屬魏，欲渡黄河作道相通，遂不成也。【考證】平邑，今直隸大名府南樂縣。中牟，河南開封府中牟縣。黄式三曰：「大備魏」爲句，趙欲以平邑通中牟，事不成而備之也。舊讀譌，事因不明。

二年，李牧將攻燕，拔武遂、方城。〔一〕秦召春平君，因而留之。〔二〕泄鈞爲之謂文信侯曰：〔三〕「春平君者趙王甚愛之，而郎中妬之，故相與謀曰『春平君入秦，秦必留之』，故相與謀而内之秦也。今君留之，是絶趙，而郎中之計中也。君不如遣春平君而留平都。〔四〕春平君言行信於王，王必厚割趙而贖平都。」〔五〕文信侯曰：「善。」因遣之。〔六〕城韓皋。〔七〕

〔一〕【集解】徐廣曰：「武遂屬安平。」【正義】括地志云：「易州遂城，戰國時武遂城也。方城故城，在幽州固安縣南十七里。時二邑屬燕，趙使李牧拔之也。」【考證】武遂，今直隸深州武强縣。方城，順天府固安縣。

〔二〕【正義】春平未詳。【考證】策作「春平侯」。凌稚隆曰：趙太子也。中井積德曰：據「甚愛」、「妬之」、「言行信」等語，春平君必王之親臣矣，非太子。且太子未聞有「君」號者。

〔三〕【正義】泄鈞，人姓名也。【考證】策作「世鈞」。文信侯，秦相呂不韋。

〔四〕【正義】輿地理志云：「平都縣在今新興郡，與陽周縣相近也。」【考證】策作「平都侯」，此似脱「侯」字。張文虎曰：正義「輿地理志」當有誤，館本作「括地志」。

〔五〕【考證】古鈔本、楓山、三條本「行」下無「信」字，與策合。

〔六〕【集解】徐廣曰：「年表云太子從質秦歸。」【正義】按：太子，即春平君也。【考證】「秦召春平君」以下，采戰國策趙策。

〔七〕【正義】韓皋未詳。

三年，龐煖將攻燕，禽其將劇辛。四年，龐煖將趙、楚、魏、燕之鋭師攻秦蕞，〔一〕不拔；移攻齊，取饒安。〔二〕五年，傅抵將，居平邑；〔三〕慶舍將東陽河外師守河梁。〔四〕六年，封長安君以饒。〔五〕魏與趙鄴。〔六〕

〔一〕【集解】徐廣曰：「在新豐。」【考證】古鈔本、楓山、三條本「秦」下有「圍」字。

〔二〕【集解】徐廣曰：「在渤海。」又云「饒屬北海，安屬平原」。【正義】饒安，滄州縣也。七國時屬齊，戰國時屬趙。【考證】今直隸天津府南皮縣東南。張文虎曰：正義云「七國」，云「戰國」，疑有誤。

〔三〕【正義】傅抵，上音付，下音邸，趙將姓名。

〔四〕【正義】東陽，屬貝州，在河北岸也。河外，河南岸魏州地也。河梁，橋也。

〔五〕【正義】即饒陽也。瀛州饒陽縣東二十里饒陽故城，漢縣也，明「長安縣」是號也。【考證】正義「長安縣」當作「長安君」。

〔六〕【考證】今河南彰德府臨漳縣。

九年，趙攻燕，取貍、陽城。〔一〕兵未罷，秦攻鄴拔之。〔二〕悼襄王卒，子幽繆王遷立。

〔一〕【正義】按：燕無貍陽，疑「貍」字誤，當作「漁陽」，故城在檀州密雲縣南十八里，燕漁陽郡城也。按：趙東界瀛州，則檀州在北。趙攻燕，取漁陽城也。【考證】梁玉繩曰：正義甚謬。燕策「燕取齊陽城及貍，蘇代爲齊將與燕戰敗」，則貍、陽城乃二地名，燕取之于齊，而今又爲趙所取也。

〔二〕【集解】徐廣曰：「今饒陽在河間。又年表曰拔閼與、鄴九城。」

幽繆王遷元年，〔一〕城柏人。二年，秦攻武城，〔二〕扈輒率師救之，軍敗死焉。

〔一〕【集解】徐廣曰：「又云『湣王』。」世本云孝成王丹生悼襄王偃，偃生今王遷。年表及史考趙遷皆無謚。」【索隱】徐廣云王遷無謚，今惟此獨稱幽繆王者，蓋秦滅趙之後，人臣竊追謚之。太史公或別有所見而記之也。【考證】梁玉繩曰：國策作「幽王」，列女傳作「幽閔」，與此不同。

〔二〕【集解】徐廣曰：「年表云秦拔我平陽。」【考證】柏人，今直隸順德府唐山縣。武城，山西朔（西）〔平〕府平魯縣西北。

三年，秦攻赤麗、宜安，〔一〕李牧率師與戰肥下，卻之。〔二〕封牧爲武安君。四年，秦攻番吾，〔三〕李牧與之戰，卻之。

〔一〕【正義】括地志云：「宜安故城，在恒州槀城縣西南二十里也。」【考證】宜陽故城在今直隸真定府藁城縣西南。

〔二〕【正義】括地志云：「肥纍故城，在恒州槀城縣西七里，春秋時肥子國，白狄別種也。」

〔三〕【正義】上音婆，又音盤，又作「蒲」。括地志云：「蒲吾城在恒州房山縣東二十里也。」

五年，代地大動，自樂徐以西，北至平陰，〔一〕臺屋牆垣太半壞，地坼東西百三十步。〔二〕六年，大飢，民譌言曰：「趙爲號，秦爲笑。以爲不信，視地之生毛。」〔三〕

〔一〕【集解】徐廣曰：「徐，一作『除』。」【正義】樂徐在晉州，平陰在汾也。

〔二〕【正義】其坼溝見在，亦在晉、汾二州之界也。

〔三〕【正義】譌，音訛。【考證】風俗通六國篇「譌言」作「童謡」。號、笑、毛，韻。毛本「飢」作「饑」。地之生毛，言不生五穀。毛，草也。

七年，秦人攻趙，趙大將李牧、將軍司馬尚將擊之。李牧誅，司馬尚免，趙怱及齊將顏聚代之。趙怱軍破，顏聚亡去，以王遷降。〔一〕

〔一〕【集解】淮南子云：「趙王遷流於房陵，思故鄉，作爲山水之謳，聞之者莫不流涕。」【正義】括地志云：「趙王遷墓在房州房陵縣西九里也。」【考證】策「怱」作「蔥」，李牧傳依之，「聚」作「㝡」。梁玉繩曰：策及李牧傳言顏聚與王同虜，此云「亡去」，恐非。又王遷在位八年，此書于七年，誤。

八年十月，邯鄲爲秦。

太史公曰：吾聞馮王孫曰：「趙王遷，其母倡也，〔一〕嬖於悼襄王。悼襄王廢適子嘉而立遷。遷素無行，信讒，故誅其良將李牧，用郭開。」〔二〕豈不謬哉！秦既虜遷，趙之亡大夫共立嘉爲王，王代六歲，秦進兵破嘉，遂滅趙以爲郡。〔三〕

〔一〕【集解】徐廣曰：「列女傳曰邯鄲之倡。」【考證】馮唐傳云「武帝立，求賢良，舉馮唐。唐時年九十餘，不復爲官。乃以唐子遂爲郎。遂字王孫，亦奇士，與余善」。又載馮唐言云「趙王遷立，其母倡也。用郭開讒，卒誅李牧，是以兵破士北，爲秦所禽滅」。據此則馮王孫之言又得之其父唐也。唐，趙人。

〔二〕【考證】馮王孫之言至此。

〔三〕【考證】徐孚遠曰：嘉既王代，亦趙之餘也，不可不記。故附于贊語中。愚按：此與田單傳贊語相似，又附載之燕世家者，以見趙、燕接境，唇齒相依也。

【索隱述贊】趙氏之系，與秦同祖。周穆平徐，乃封造父。帶始事晉，夙初有土。岸賈矯誅，韓厥立武。寶符臨代，卒居伯魯。簡夢翟犬，靈歌處女。胡服雖强，建立非所。頗、牧不用，王遷囚虜。

史記會注考證卷四十四

魏世家第十四

史記四十四

【考證】史公自序云：「畢萬爵魏，卜人知之。及絳戮干，戎翟和之。文侯慕義，子夏師之。惠王自矜，齊秦攻之。既疑信陵，諸侯罷之。卒亡大梁，王假廝之。嘉武佐晉文申霸道，作魏世家第十四。」愚按：此篇多本左傳、國策，又采孟子、韓子、呂覽。

魏之先，畢公高之後也。畢公高與周同姓。〔一〕武王之伐紂，而高封於畢，〔二〕於是爲畢姓。其後絶封，爲庶人，或在中國，或在夷狄。其苗裔曰畢萬，事晉獻公。

〔一〕【索隱】左傳富辰說文王之子十六國，有畢、原、豐、郇，言畢公是文王之子。此云與周同姓，似不用左氏之說。馬融亦云畢、毛，文王庶子。

〔二〕【集解】杜預曰：「畢在長安縣西北。」【正義】括地志云：「畢原，在雍州萬年縣西南二十八里。」【考證】今陝西咸陽畢原畢公邑。

獻公之十六年，趙夙爲御，畢萬爲右，以伐霍、耿、魏，滅之。以耿封趙夙，以魏封畢萬，爲大夫。〔一〕卜偃曰：〔二〕「畢萬之後必大矣。萬，滿數也；魏，大名也。以是始賞，天開之矣。〔三〕天子曰兆民，諸侯曰萬民。今命之大，以從滿數，其必有衆。」〔四〕初，畢萬卜事晉，遇屯之比。〔五〕辛廖占之曰：「吉。屯固，比入，吉孰大焉，其必蕃昌。」〔六〕

〔一〕【正義】魏城在陝州芮城縣北五里。鄭玄詩譜云：「魏，姬姓之國，武王伐紂而封焉。」【考證】今山西解州芮城縣東北有河北故城，即魏城也。

〔二〕【索隱】晉掌卜大夫郭偃也。

〔三〕【考證】左傳「滿」作「盈」，「開」作「啓」。史易之者，避漢諱。服虔曰：數從一至萬爲滿。魏，喻巍巍高大也。

〔四〕【正義】命，名也。【考證】左傳「滿」作「盈」。中井積德曰：命，當從左傳作「名」。

〔五〕【考證】賈逵曰：震下坎上屯，坤下坎上比，屯初九變之比。

〔六〕【正義】屯難，故須堅固。比，親近，故云入。【考證】「趙夙爲御」以下，閔元年左傳。辛廖疑周人。雲雷結而不解，故屯有固義。地上有水，滲入之象，故比有入義。説詳于晉世家。

畢萬封十一年，晉獻公卒，四子爭更立，晉亂。〔一〕而畢萬之世彌大，從其國名爲魏氏。〔二〕生武子。〔三〕魏武子以魏諸子事晉公子重耳。〔四〕晉獻公之二十一年，武子從重耳出亡。〔五〕十九年反，重耳立爲晉文公，而令魏武子襲魏氏之後封，列爲大夫，治於魏。生悼子。

〔一〕【考證】四子，公子奚齊、卓子、惠公夷吾、文公重耳。

〔二〕【考證】岡白駒曰：世，子孫也。

〔三〕【索隱】左傳武子名犨。系本云「畢萬生芒季，芒季生武仲州。」州與犨聲相近，字異耳，代亦不同。【考證】梁玉繩曰：此世家敍世次，多缺名及謚，疏也。

〔四〕【考證】張文虎曰：吳校元板「武」上無「魏」字，是。方苞曰：下云令武子襲魏後，則此「諸子」言非適也。

〔五〕【考證】武子從重耳出亡，僖廿三年左傳。梁玉繩曰：事在晉獻二十二年。

魏悼子徙治霍。〔一〕生魏絳。〔二〕

〔一〕【索隱】系本云「武仲生莊子絳」，無悼子。又系本居篇曰「魏武子居魏，悼子徙霍」。宋忠曰「霍，今河東彘縣也」。則是有悼子，系本卿大夫代自脱耳。然魏，今河北魏縣是也。【正義】晉州霍邑縣，漢彘縣也，後漢改曰永安，隋改曰霍邑，本春秋時霍伯國也。【考證】梁玉繩曰：索隱及禮樂記疏引世本無悼子一代，而索隱別引世本居篇又有悼子，與史合。韋、杜注並以絳爲犨之子。襄三年傳疏云「計其年世，孫應是也」。愚按：今山西平陽府霍州西有霍城。

〔二〕【索隱】謚昭子。系本云「莊子」，文錯也。居篇又曰「昭子徙安邑」，亦與此文同也。

魏絳事晉悼公。悼公三年，會諸侯。悼公弟楊干亂行，魏絳僇辱楊干。〔一〕悼公怒曰：「合諸侯以爲榮，今辱吾弟！」將誅魏絳。或說悼公，悼公止。〔二〕卒任魏絳政，〔三〕使和戎、翟，戎、翟親附。〔四〕悼公之十一年，曰：「自吾用魏絳，八年之中，九合諸侯，戎、翟和，子之力也。」賜之樂，三讓然後受之。〔五〕徙治安邑。〔六〕魏絳卒，謚爲昭子。〔七〕生魏嬴。嬴生魏獻子。〔八〕

〔一〕【索隱】左傳曰僇楊干之僕。【考證】魏絳爲中軍司馬。

〔二〕【考證】「悼公三年」以下，襄三年左傳、國語晉語。

〔三〕【考證】徐孚遠曰：魏絳初爲列大夫，後乃爲下卿。此云任之政，非也。
〔四〕【考證】襄四年左傳。
〔五〕【考證】襄十一年左傳、國語晉語「九合」作「七合」。説者云：魯襄五年，會于戚。七年，會于鄬。八年，會于邢丘。九年，同盟于戲。十年，會于相。十一年會于亳城北，又會于蕭魚也。愚按：九，如「九天九地」之「九」，言多也。十亦可得言九，七八亦可得言九。國語云「晉公錫魏絳女樂一八，歌鍾一肆」，左傳同。
〔六〕【正義】安邑在絳州夏縣安邑故城是。【考證】今山西解州夏縣。
〔七〕【集解】徐廣曰：「世本曰莊子。」【考證】梁玉繩曰：内外傳亦皆作「莊子」，則「昭」字誤。
〔八〕【索隱】系本云「獻子名荼。荼，莊子之子」。無魏嬴。【考證】梁玉繩曰：世本以獻子爲莊子之子，杜注左傳亦云「莊子絳，獻子之父」。韋注周語云「獻子，魏絳之子舒也」。

獻子事晉昭公。昭公卒，而六卿彊，公室卑。〔一〕

〔一〕【考證】韓、趙、魏、范、中行及智氏爲六卿。「六卿彊，公室卑」，據昭十六年左傳魯人子服昭伯語。

晉頃公之十二年，韓宣子老，〔一〕魏獻子爲國政。晉宗室祁氏、羊舌氏相惡，〔二〕六卿誅之，盡取其邑爲十縣，六卿各令其子爲之大夫。〔三〕獻子與趙簡子、〔四〕中行文子、〔五〕范獻子〔六〕並爲晉卿。〔七〕

〔一〕【考證】梁玉繩曰：左傳宣子卒，非老也。
〔二〕【考證】中井積德曰：據左傳，羊舌氏以祁氏黨同滅也，非相惡。愚按：晉世家「惡」下有「於君」二字。
〔三〕【考證】「韓宣子老」以下本昭二十八年左傳。梁玉繩曰：十縣大夫，不皆六卿之子，説在晉世家。
〔四〕【索隱】趙鞅。

〔五〕【索隱】荀寅。

〔六〕【索隱】范吉射。

〔七〕【考證】中井積德曰：六卿不數智、韓氏者脱文耳。

其後十四歲而孔子相魯。〔一〕後四歲，〔二〕趙簡子以晉陽之亂也，而與韓、魏共攻范、中行氏。〔三〕魏獻子生魏侈。〔四〕魏侈與趙鞅共攻范、中行氏。〔五〕

〔一〕【考證】中井積德曰：孔子相魯，史之謬。

〔二〕【考證】梁玉繩曰：「四」當作「三」。

〔三〕【考證】定十三年左傳。「而」下添「將」字看。

〔四〕【索隱】侈，他本亦作「哆」，蓋「哆」字誤，而代數錯也。按系本「獻子生簡子取，取生襄子多」，而左傳云「魏曼多」是也。則侈是襄子，中閒少間子一代。【正義】侈，音他。侈，尺氏反。【考證】沈家本曰：趙世家作「哆」。侈、哆皆從「多」得聲，古通用，非誤。愚按：正義有譌脱。

〔五〕【考證】岡白駒曰：上文所謂「與韓、魏共攻范、中行氏」者。

魏侈之孫曰魏桓子，〔一〕與韓康子、〔二〕趙襄子〔三〕共伐滅知伯，分其地。〔四〕

〔一〕【索隱】系本云：「襄子生桓子駒。」【正義】世本云「獻子桒生懿子游及簡子取，取生襄子多，多生桓子駒，駒生文侯斯其」，與此不同。古書誤也。【考證】據上文索隱，正義「獻子桒」當作「獻子荼」，傳寫之訛。

〔二〕【索隱】名虔。

〔三〕【索隱】名無恤。

〔四〕【索隱】智伯，智瑤也，本姓荀，亦曰荀瑤。【正義】知，音智。括地志云：「故智城在蒲州虞鄉縣西北四十里。」

古今地名云解縣有智城，蓋謂此也。」【考證】三晉滅知伯，詳于國語晉語，國策趙、魏、韓策。

桓子之孫曰文侯都。〔一〕魏文侯元年，秦靈公之元年也。與韓武子、趙桓子、周威王同時。〔二〕

〔一〕【集解】徐廣曰：「世本曰斯也。」【索隱】系本云「桓子生文侯斯」，其傳云「孺子瘨，是魏駒之子」，與此系代亦不同也。【考證】文侯名斯，見六國表，「都」當作「斯」。或云「都」字屬下。都魏，以魏爲都也。然下文云「魏武侯元年，趙敬侯初立」，與此同例，或說非是。

〔二〕【索隱】系本「武子名啓章，康子子」。【考證】陳仁錫曰：「威」下缺「烈」字。張文虎曰：「威」下省「烈」字，或如貞定王之省稱定王也。愚按：「周威王」三字，旁注混入。

六年，城少梁。〔一〕十三年，使子擊圍繁、龐，出其民。十六年，伐秦，築臨晉元里。〔二〕

〔一〕【考證】今陝西同州府韓城縣。

〔二〕【考證】臨晉，今陝西同州府。元里，同州府澄城縣。

十七年，伐中山，使子擊守之，趙倉唐傅之。〔一〕子擊逢文侯之師田子方於朝歌，〔二〕引車避，下謁。田子方不爲禮。子擊因問曰：「富貴者驕人乎？且貧賤者驕人乎？」〔三〕子方曰：「亦貧賤者驕人耳。夫諸侯而驕人，則失其國；大夫而驕人，則失其家。貧賤者行不合，言不用，則去之楚、越，若脱躧然，柰何其同之哉！」子擊不懌而去。〔四〕西攻秦，至鄭而還，築雒陰、合陽。〔五〕

〔一〕【考證】中井積德曰：「伐」恐當作「滅」。中山，今直隸正定縣，春秋鮮虞地。

〔二〕【考證】田子方名無擇，呂氏春秋當染篇田子方學於子貢。朝歌在今河南淇縣東北。

〔三〕【考證】王引之曰：且，猶抑也。禮記曾子問「有變乎？且不乎？」齊策「王以天下爲尊秦乎？且尊齊乎？」史記魏世家「富貴者驕人乎？且貧賤者驕人乎？」「且」字並與「抑」同義。

〔四〕【考證】事又見韓詩外傳九、説苑尊賢篇。外傳「不懌而去」作「再拜而退」。躧，草履也。

〔五〕【正義】雒，漆沮水也，城在水南。郃陽，郃水之北。括地志云：「郃陽故城，在同州河西縣南三里。雒陰在同州西也。」

二十二年，魏、趙、韓列爲諸侯。

二十四年，秦伐我至陽狐。〔一〕

〔一〕【正義】括地志云：「陽狐郭在魏州元城縣東北三十里也。」【考證】陽狐，今山西絳州垣曲縣。

二十五年，子擊生子罃。〔一〕

〔一〕【索隱】乙耕反。擊，武侯也。罃，惠王也。

文侯受子夏經藝，客段干木，過其閭，未嘗不軾也。〔一〕秦嘗欲伐魏，或曰：「魏君賢人是禮，國人稱仁，上下和合，未可圖也。」〔二〕文侯由此得譽於諸侯。

〔一〕【正義】過，光臥反。文侯軾干木閭也。皇甫謐高士傳云：「木，晉人也，守道不仕。魏文侯欲見，造其門，干木踰牆避之。文侯以客禮待之，出過其閭而軾。其僕曰：『君何軾？』曰：『段干木賢者也，不趨勢利，懷君子之道，隱處窮巷，聲馳千里，吾安得勿軾！干木先乎德，寡人先乎勢；干木富乎義，寡人富乎財。勢不若德貴，財不若義高。』又請爲相，不肯。後卑己固請，見與語，文侯立，倦不敢息。」淮南子云：「段干木，晉之大騅，而爲文侯師。」呂氏春秋云：「魏文侯見段干木，立倦而不敢息。及見翟璜，踞於堂而與之言。翟璜不悦。文侯曰：『段干木官之則不肯，禄之則不受。今汝欲官則相至，欲禄則上卿至，既受吾賞，又責吾禮，無乃難乎？』」【考證】呂氏春秋察賢篇魏文侯師卜子夏，友田子方，禮段干木。期賢篇魏文侯過段干木之閭而軾之。當染篇段干木學於子夏。胡三省曰：書「武王式商容閭」，註云「式其閭巷以禮賢」。曲禮「國君撫式，士下之」，註云「升車必正立，據式小俛，崇敬也」。顏師古云：式，車前横木。古者立乘，凡言式車者，謂俛首撫式，以禮敬人。洪邁曰：子夏少於孔子四十四歲，孔子卒時子夏二十八矣。是時周敬王四十一年。後至威烈王二十三年，魏始爲侯，去孔子卒時七十五年。文侯爲大夫，二十二年而爲侯，又十六年而卒。姑以始侯之歲計之，則子夏已百三歲矣，方爲諸侯師。梁玉繩曰：以有道之士享上壽，理之常，何足爲疑，且又安知文侯之師子夏，不在初即位之時乎？子夏與文侯問答，載于禮經。受經爲師，見于書傳。即諸子皆述之，豈盡不可爲典據哉？陳仁錫曰：文侯受子夏經藝以下紀事，不係年月。史表在十八年。

〔三〕【考證】「客段干木」以下采呂氏春秋期賢篇、淮南子修務篇。或諫，呂氏作司馬唐，淮南作司馬庾。

任西門豹守鄴，而河内稱治。〔一〕

〔一〕【索隱】按：大河在鄴東，故名鄴爲河内。【正義】古帝王之都多在河東、河北，故呼河北爲河内，河南爲河外。又云：河從龍門南至華陰，東至衛州，即東北入海，曲繞冀州，故言河内云也。【考證】國策魏策。鄴，今河南彰德府臨漳縣。

魏文侯謂李克曰：「先生嘗教寡人曰『家貧則思良妻，國亂則思良相』。今所置非成則璜，〔一〕二子何如？」李克對曰：「臣聞之，卑不謀尊，疏不謀戚。〔二〕臣在闕門之外，不敢當命。」〔三〕文侯曰：「先生臨事勿讓。」李克曰：「君不察故也。居，視其所親；富，視其所與；

達，視其所舉；窮，視其所不爲；貧，視其所不取。〔四〕五者足以定之矣，何待克哉！」〔五〕文侯曰：「先生就舍，寡人之相定矣。」李克趨而出，過翟璜之家。翟璜曰：「今者聞君召先生而卜相，果誰爲之？」李克曰：「魏成子爲相矣。」翟璜忿然作色曰：「以耳目之所覩記，臣何負於魏成子？〔六〕西河之守，臣之所進也。〔七〕君内以鄴爲憂，臣進西門豹。〔八〕君謀欲伐中山，臣進樂羊。中山已拔，無使守之，臣進先生。君之子無傅，臣進屈侯鮒。〔九〕臣何以負於魏成子！」李克曰：「且子之言克於子之君者，豈將比周以求大官哉？君問而置相『非成則璜，二子何如？』克對曰：『君不察故也。居，視其所親；富，視其所與；達，視其所舉；窮，視其所不爲；貧，視其所不取。五者足以定之矣，何待克哉！』是以知魏成子之爲相也。且子安得與魏成子比乎？魏成子以食祿千鍾，什九在外，什一在内，〔一〇〕是以東得卜子夏、田子方、段干木。此三人者，君皆師之。子之所進五人者，君皆臣之。子惡得與魏成子比也！」翟璜逡巡再拜曰：「璜，鄙人也，失對，願卒爲弟子。」〔一一〕

〔一〕【集解】徐廣曰：「文侯弟名成。」

〔二〕【考證】説苑臣術篇、韓詩外傳三「戚」作「親」，義同。

〔三〕【考證】在闕門之外，説苑作「疎賤」，外傳作「外居」，義同。

〔四〕【考證】説苑「達」作「貴」。愚按：呂氏春秋論人篇云：「凡論人，通則觀其所禮，貴則觀其所進，富則觀其所養，聽則觀其所行，止則觀其所好，習則觀其所言，窮則觀其所不受，賤則觀其所不爲。」蓋本李克語。

〔五〕【考證】呂氏春秋舉難篇云「魏文侯弟曰季成，友曰翟璜。文侯欲相之，而未能決，以問季充。季充對曰：

『君欲置相，則問樂騰與王孫苟端孰賢。』文侯曰『善』。以王孫苟端爲不肖，翟璜進之。以樂騰爲賢，季成進之。故相季成。」與此異。

〔六〕【考證】臣，「臣僕」之「臣」，謙辭。負，「勝負」之「負」。梁玉繩曰：說苑翟璜自稱曰「觸」，豈有二名歟？

〔七〕【考證】謂吳起。

〔八〕【考證】魏無趙患。

〔九〕【考證】屈侯鮒，說苑作「屈侯附」，外傳作「趙蒼」。

〔一〇〕【考證】六斛四斗爲一鍾。

〔一一〕【考證】六國表載卜相於二十年。

二十六年，虢山崩，壅河。〔一〕

〔一〕【集解】徐廣曰在陝。駰案：地理志曰弘農陝縣，故虢國。北虢在大陽，東虢在滎陽。【正義】括地志云：「虢山在陝州陝縣西二里，臨黃河。今臨河有岡阜，似是穨山之餘地。」【考證】此西虢也，今河南陝州盧氏縣，北連陝州，故得塞河也。

三十二年，伐鄭。城酸棗。敗秦于注。〔一〕三十五年，齊伐取我襄陵。〔二〕三十六年，秦侵我陰晉。〔三〕

〔一〕【集解】司馬彪曰：河南梁縣有注城也。【正義】括地志云：「注城在汝州梁縣西十五里。注，或作『鑄』也。」【考證】鄭，今河南開封府新鄭縣。酸棗，衛輝府延津縣。

〔二〕【集解】徐廣曰：「今在南平陽縣也。」【考證】年表「襄陵」訛作「襄陽」。襄陵故城，在今河南睢縣地。

〔三〕【集解】徐廣曰：「今之華陰。」【索隱】按年表作「齊侵陰晉」。秦本紀云「惠王六年，魏納陰晉，更名曰寧秦」。徐氏云「今之華陰也」。【考證】陰晉，今陝西同州府華陰縣。沈家本曰：今表作「秦侵晉」，蓋奪「我陰」二字。索隱所據本誤。

三十八年，伐秦，敗我武下，得其將識。〔一〕是歲文侯卒，〔二〕子擊立，是爲武侯。

〔一〕【索隱】識，將名也。武下，魏地。【正義】括地志云：「故武城，一名武平城，在華州鄭縣東十三里。」【考證】黃式三曰：既獲秦將，又言「敗我」，疑有訛奪。

〔二〕【索隱】三十八年卒。紀年云五十年卒。【考證】梁玉繩曰：索隱引紀年云「文侯五十年」，今本紀年作「五十四年下武侯卒」。又引紀年云「二十六年卒」。今本是十六年。索隱誤也。而紀年有錯簡，故其事間有可據，其年多不足憑。又呂覽下賢篇言文侯「南勝荊于連隄，東勝齊于長城，虜齊侯，獻諸天子。天子賞文侯以上卿」。諸書皆無其事。

魏武侯元年，趙敬侯初立，〔一〕公子朔爲亂，不勝，奔魏，與魏襲邯鄲，魏敗而去。〔二〕

〔一〕【索隱】按紀年，魏武侯之元年，當趙烈侯之十四年，不同也。又系本敬侯名章。

〔二〕【考證】陳仁錫曰：年表、趙世家「公子朔」作「公子朝」。梁玉繩曰：「朔」字譌。朔爲趙氏遠祖，何故名之？愚按：公子朝，趙武公子，又按：此趙、魏開釁之始。

二年，城安邑、王垣。〔一〕

〔一〕【集解】徐廣曰：「垣縣有王屋山也。」【索隱】按：紀年十四年城洛陽及安邑、王垣。徐廣云「垣縣有王屋山，故曰王垣」。【正義】括地志云：「故城漢垣縣，本魏王垣也，在絳州垣縣西北二十里也。」

七年，伐齊至桑丘。〔一〕九年，翟敗我于澮。〔二〕使吳起伐齊，至靈丘。〔三〕齊威王初立。〔四〕

〔一〕【正義】年表云「齊伐燕取桑丘」，故魏救燕伐齊至桑丘也。括地志云：「桑丘故城，俗名敬城，在易州遂城縣界也。」【考證】桑丘，今山東兗州府滋陽縣。

〔二〕【索隱】古外反。于澮，於澮水之側。【正義】括地志云：「澮，高山，又云澮山，在絳州翼城縣東北二十五里，澮水出此山也。」【考證】澮水出山西翼城縣東烏嶺山，西流經曲沃縣，至新絳縣南王澤入海。

〔三〕【正義】靈丘，蔚州縣也，時屬齊，故三晉伐之也。【考證】靈丘，今山東東昌府高唐縣。梁玉繩曰：起已于魏武侯六年死于楚矣，是時爲武侯九年，安得有起乎？大事記以世家爲誤。

〔四〕【索隱】按紀年，齊幽公之十八年，而威王立。

十一年，與韓、趙三分晉地，滅其後。〔一〕

〔一〕【考證】梁玉繩曰：是時分晉地而未滅也。

十三年，秦獻公縣櫟陽。〔一〕十五年，敗趙北藺。〔二〕

〔一〕【考證】梁玉繩曰：秦獻公徙都櫟陽，不應以爲縣。「縣」字乃「徙」之誤，年表同誤。

〔二〕【正義】在石州，趙之西北。屬趙，故云趙北藺也。【考證】北藺，山西汾州、永寧州西。

十六年，伐楚取魯陽。〔一〕武侯卒，〔二〕子罃立，是爲惠王。

〔一〕【正義】今汝州魯山縣也。【考證】今河南汝州魯山縣。

〔二〕【索隱】按紀年，武侯二十六年卒。

惠王元年，初，武侯卒也，子罃與公中緩争爲太子。公孫頎自宋入趙，自趙入韓，〔一〕謂韓懿侯曰：〔二〕「魏罃與公中緩争爲太子，〔三〕君亦聞之乎？今魏罃得王錯，挾上黨，固半國也。〔四〕因而除之，破魏必矣，不可失也。」〔五〕懿侯説，乃與趙成侯合軍并兵以伐魏，戰于濁澤，〔六〕魏氏大敗，魏君圍。〔七〕趙謂韓曰：「除魏君，立公中緩，割地而退，我且利。」韓曰：「不可。殺魏君，人必曰暴；割地而退，人必曰貪。不如兩分之。〔八〕魏分爲兩，不彊於宋、衛，則我終無魏之患矣。」趙不聽。韓不説，以其少卒夜去。惠王之所以身不死，國不分者，二家謀不和也。若從一家之謀，則魏必分矣。故曰「君終無適子，其國可破也」。〔九〕

〔一〕【索隱】頎，音祈。【正義】中，音仲。

〔二〕【索隱】哀侯之子。【考證】梁玉繩曰：韓世家不書伐魏濁澤事，則其時趙魏交兵，未嘗有韓矣。攷田完世家云威王敗魏濁澤，圍惠王，是必齊威王與趙合兵伐魏。而此以下凡言「韓」者皆「齊」之誤也。大事記謂齊不與濁澤事，蓋失檢耳。

〔三〕【索隱】按：紀年「武侯元年，封公子緩。趙侯種、韓懿侯伐我取蔡，而惠王伐趙圍濁陽。七年，公子緩如邯鄲以作難」，是説此事矣。【考證】稱罃者，公中緩不以惠王爲君也。

〔四〕【集解】徐廣曰：「汲冢紀年惠王二年，魏大夫王錯出奔韓也。」

〔五〕【集解】徐廣曰：「除，一作『倍』。」【正義】按：除，除魏罃及王錯也。

〔六〕【集解】徐廣曰：「長社有濁澤。」【索隱】系本云：「成侯名種。」【考證】濁澤在今河南許州長葛縣。年表、趙世家作「涿澤」，其地近魏都。

〔七〕【考證】凌本「圍」作「爲」，非是。六國表「趙成侯六年，敗魏於涿澤，圍惠王」，趙世家「圍魏惠王」，可證。

〔八〕【考證】是欲以半與惠王，以半封公中緩也。

〔九〕【索隱】此蓋古人之言及俗説，故云「故曰」。【正義】適者嫡。是故舊所言，故曰「故曰」也。【考證】是亦敘事中插議論者，筆意與國策相似，但今本國策無此文。閔二年左傳引辛伯言云「嬖子配嫡，亂之本也」，此言所本。

二年，魏敗韓于馬陵，敗趙于懷。〔一〕三年，齊敗我觀。〔二〕五年，與韓會宅陽。〔三〕城武堵。〔四〕爲秦所敗。〔五〕六年，伐取宋儀臺。〔六〕九年，伐敗韓于澮。與秦戰少梁，虜我將公孫痤，〔七〕取龐。〔八〕秦獻公卒，子孝公立。

〔一〕【正義】此馬陵在魏州元城縣東南一里。【考證】張照曰：六國表敗懷是元年事，敗馬陵是二年事。愚按：馬陵，今直隸大名府元城縣。懷，今河南懷寧府武陟縣。

〔二〕【集解】徐廣曰：「齊世家云獻觀以和齊。年表曰伐魏取觀。今之衛縣也。」【索隱】田完系家云：「敗魏於濁津而圍惠王，惠王請獻觀以和解。」【正義】觀，音館。魏州觀城縣，古之觀國。國語注「觀國，夏啓子太康第五弟之所封也，夏衰，滅之矣」。

〔三〕【正義】括地志云：「宅陽故城，一名北宅，在鄭州滎陽縣東南十七里也。」【考證】宅陽故城，在今河南開封府滎澤縣東。

〔四〕【考證】陳仁錫曰：築武堵城也。洪頤煊曰：年表「惠王五年，與韓會宅陽，城武都」。「堵」即「都」字之譌。韓世家作「與魏惠王會宅陽」，無「城」字。「城」者當屬「武都」爲句。愚按：錢大昕、梁玉繩、張文虎説同，都、堵同聲。

〔五〕【集解】徐廣曰：「秦年表曰敗韓、魏洛陰。」

〔六〕【集解】徐廣曰：「一作『義臺』。」【索隱】按：年表作「義臺」，然義臺見莊子，司馬彪亦曰「臺名」，郭象云「義臺，靈臺」。【考證】儀臺，地名，與莊子所言異。今本年表作「儀臺」。中井積德曰：臺名，遂爲地名耳。

〔七〕【集解】徐廣曰：「年表云『虜我太子』也。」【考證】是役見虜者太子與公孫痤也。太子非申，公孫痤與公叔痤別人。公叔痤病死，非虜死也。説在秦紀。少梁，今陝西同州府韓城縣。

〔八〕【正義】龐，近少梁。

十年，伐取趙皮牢。〔一〕彗星見。十二年，星晝墜有聲。

〔一〕【考證】梁玉繩曰：取趙皮牢，與敗韓、趙於澮，本屬一事，當在惠王九年，趙世家可證。此與年表在十年，誤也。愚按：魏策云「魏公叔痤爲魏將而與韓、趙戰澮北，禽樂祚。魏惠王説郊迎，以賞田百萬禄之」，蓋此時事。皮牢，今河南彰德府武安縣西。

十四年，與趙會鄗。〔一〕十五年，魯、衛、宋、鄭君來朝。〔二〕十六年，與秦孝公會杜平。〔三〕侵宋黄池，宋復取之。〔四〕

〔一〕【考證】鄗，今直隸趙州柏鄉縣。

〔二〕【索隱】按紀年，魯恭侯、宋桓侯、衛成侯、鄭釐侯來朝，皆在十四年，是也。鄭釐侯者，韓昭侯也。韓哀侯滅鄭而徙都之，改號曰鄭。【考證】梁玉繩曰：案秦策云「梁君伐楚勝齊，制韓、趙之兵，驅十二諸侯，以朝天子于孟津。後子死，身布冠而拘于秦」。齊策蘇子説閔王，亦有魏王「從十二諸侯朝天子」之語，史皆缺略不載。又攷韓子説林言「魏惠公爲臼里之盟，將復立天子，彭喜謂鄭君勿聽」。與韓策同，惟策誤次于釐王之時，而以「臼里」爲「九重」，「彭喜」爲「房喜」耳。復立天子，即所謂率十二諸侯朝天子也，尤盛德事，何以不書，而反書諸侯之朝梁哉？

〔三〕【考證】秦紀、年表「社平」作「杜平」，此誤。杜平，今陝西同州府澄城縣。

〔四〕【考證】黄池，今河南封邱縣西南。

十七年，與秦戰元里，秦取我少梁。〔一〕圍趙邯鄲。十八年，拔邯鄲。〔二〕趙請救于齊，齊使田忌、孫臏救趙，敗魏桂陵。〔三〕

〔一〕【考證】年表云「秦與魏戰元里，斬首七千，取少梁」。

〔二〕【考證】梁玉繩曰：案二十年，言歸邯鄲。一拔一歸，並妄也。愚按：說在趙世家。邯鄲，趙都。

〔三〕【考證】桂陵，今山東曹州府鉅野縣。

十九年，諸侯圍我襄陵。〔一〕築長城，塞固陽。〔二〕

〔一〕【考證】梁玉繩曰：國策圍襄陵者，止有一齊。即據竹書，即會齊者止宋、衛二小國，不得統言「諸侯」也。襄陵之役，固趙爲魏所攻，求救于齊，故齊圍魏襄陵，在齊敗魏桂陵前數月，皆魏惠王十八年事。田完世家與國策合，紀年亦同在一年中。此與年表書敗桂陵于十八年，書圍襄陵于十九年，誤矣。又攷魏文侯三十五年，齊取襄陵，中間不聞復歸于魏，何以策、史記、紀年俱言齊圍襄陵？至惠王改元十二年，又有楚敗魏襄陵之事，或者魏仍取於齊，史缺而不書歟？孫臏傳言據大梁之衢，不明言也。

〔二〕【正義】塞，先代反。括地志云：「栢陽縣，漢舊縣也，在銀州銀城縣界」。按：魏築長城，自鄭濱洛，北達銀州，至勝州固陽縣爲塞也。固陽有連山，東至黄河，西南至夏、會等州。栢，音固。【考證】水經注引紀年「梁惠成王十二年，龍賈帥師築城于西邊」，蓋魏築長城，在惠王十二年以前，至此而竣也。大役緩成，古多如此。秦本紀云「魏築長城，自鄭濱洛，以北有上郡」即是。固陽，山西歸北城西北烏拉特旗界内。

二十年，歸趙邯鄲，與盟漳水上。〔一〕二十一年，與秦會彤。〔二〕趙成侯卒。〔三〕二十八年，齊威王卒。中山君相魏。〔四〕

〔一〕【正義】邯鄲，洺州縣也。漳，水名。漳水源出洺州武安縣三門山也。

〔二〕【考證】彤，今陝西同州府華州。

〔三〕【集解】徐廣曰：「年表云，二十七年丹封名會。丹，魏大臣也。」

〔四〕【索隱】按：魏文侯滅中山，其弟守之，後尋復國，至是始令相魏。其中山後又爲趙所滅。【考證】中山君相魏，年表係之惠王二十九年。黄式三曰：魏滅中山守之，封其後以數邑，服于魏。至周安王末年，與趙戰，則中山必强矣。至是爲魏相，如靖郭君相齊之例。其國必益强矣，然猶臣于魏也。

三十年，魏伐趙，〔一〕趙告急齊。齊宣王用孫子計，救趙擊魏。魏遂大興師，使龐涓將，〔二〕而令太子申爲上將軍。過外黄，〔三〕外黄徐子謂太子曰：「臣有百戰百勝之術。」〔四〕太子曰：「可得聞乎？」客曰：「固願效之。」〔五〕曰：「太子自將攻齊，大勝并莒，則富不過有魏，貴不益爲王。〔六〕若戰不勝齊，則萬世無魏矣。此臣之百戰百勝之術也。」〔七〕太子曰：「諾，請必從公之言而還矣。」客曰：「太子雖欲還不得矣。彼勸太子戰攻，欲啜汁者衆。〔八〕太子雖欲還，恐不得矣。」太子因欲還，其御曰：「將出而還，與北同。」〔九〕太子果與齊人戰，敗於馬陵。〔一〇〕齊虜魏太子申，殺將軍涓，軍遂大破。〔一一〕

〔一〕【正義】孫臏傳云「魏與趙攻韓，韓告急齊」，此文誤耳。魏伐趙，趙請救齊，齊使孫臏救趙，敗魏桂陵，乃在十八年也。【考證】梁玉繩曰：趙助魏伐韓事，年表、世家皆不書，當是趙先敗而歸矣。田完世家亦與此同誤。

〔二〕【考證】中井積德曰：據孫臏傳，齊敗魏師于馬陵者，魏之還師耳，非聞齊之救擊而更發軍也。此恐謬。

〔三〕【考證】外黄，宋地，在今河南開封府杞縣東北。

〔四〕【集解】劉向别録曰：「徐子，外黄人也。」外黄時屬宋。【正義】括地志云：「故圍城有南北二城，在汴州雍丘縣界，本屬外黄，即太子申見徐子之地也。」

〔五〕**【考證】**效，呈也。

〔六〕**【正義】**莒，密州縣也，在齊東南。言從西破齊，并至莒地，則齊土盡矣。**【考證】**莒，今山東沂州府莒縣。

〔七〕**【考證】**高誘曰：「益」亦「過」也。不勝，則太子滅，復何魏之有，故云「萬世無魏」也。横田惟孝曰：還則無戰敗之患，而終能有魏，故曰「百戰百勝之術」也。

〔八〕**【正義】**啜，穿悦反。汁，之入反。冀功勳者衆也。**【考證】**策「勸」作「利」。「啜汁」作「滿其意」。中井積德曰：主人啖肉羹，從者自得啜汁，以喻使太子立功，而從者亦得班賞也。

〔九〕**【考證】**北，音佩，「敗北」之「北」，却走也。

〔一〇〕**【集解】**徐廣曰：「在元城。」**【索隱】**徐廣曰：「在元城。」按：紀年二十八年，與齊田肦戰于馬陵；又上二年，魏敗韓馬陵；十八年，趙又敗魏桂陵。桂陵與馬陵異處。**【正義】**虞喜志林云：「馬陵，在濮州鄄城縣東北六十里，有陵，澗谷深峻，可以置伏。」按：龐涓敗即此也。徐説馬陵在魏州元城縣東南一里，龐涓敗，非此地也。田完世家云「宣王二年，魏伐趙，趙與韓親，共擊魏，趙不利，戰於南梁。韓請救於齊，齊使田忌、田嬰將，孫子爲師，救韓、趙以擊魏，大破之馬陵」。按：南梁在汝州。又此傳云「太子爲上將軍，過外黄」。又孫臏傳云「魏與趙攻韓，韓告急齊，齊使田忌將而往，直走大梁，魏將龐涓聞之，去韓而歸，齊軍已過而西矣」。按：孫子減竈退軍，三日行至馬陵，遂殺龐涓，虜魏太子申，大破魏軍，當如虞喜之説，從汴州外黄退至濮州東北六十里，是也。然趙、韓共擊魏，戰困於南梁，韓急請救於齊，齊師走大梁，敗魏馬陵，豈合更渡河北至魏州元城哉？徐説定非也。**【考證】**馬陵，今直隸大名府元城縣東南。「令太子申爲上將軍」以下本魏策。

〔一一〕**【考證】**魏策云「齊大勝魏，殺太子申，覆十萬之師」。

三十一年，秦、趙、齊共伐我。〔一〕秦將商君詐我將軍公子卬，而襲奪其軍，破之。秦用商君，東地至河，而齊、趙數破我，安邑近秦，於是徙治大梁。〔二〕以公子赫爲太子。〔三〕

〔一〕【索隱】按：紀年「二十九年五月，齊田肦伐我東鄙。九月，秦衛鞅伐我西鄙。十月，邯鄲伐我北鄙。王攻衛鞅，我師敗績」是也。然言二十九年，不同。

〔二〕【集解】徐廣曰：「今浚儀。」駰案：汲冢紀年曰「梁惠成王九年四月甲寅，徙都大梁」也。【索隱】紀年以爲惠王九年，蓋誤也。【正義】陳留風俗傳云「魏之都也，畢萬十葉徙大梁」。按：今汴州浚儀也。【考證】梁玉繩曰：徐廣引紀年，徙大梁在九年。索隱謂紀年誤。然商君傳索隱謂二十九年徙亦誤。依史在三十一年，是。陳仁錫曰：魏與秦接境，自徙大梁之後，其地日以削，并於秦。太史公敘襄王曰「予秦河西之地，盡入上郡於秦」，敘昭王曰「予秦河東地方四百里，秦拔我城大小七十一」，敘安釐王曰「秦拔我兩城，又拔我三城」，「秦拔我四城」，敘景湣王曰「秦拔我二十城」，蓋城盡而國繼以亡矣。愚按：大梁，今河南開封府。

〔三〕【考證】梁玉繩曰：案表，在後一年，此上失書「三十二年」四字。赫疑即襄王。

三十三年，秦孝公卒，商君亡秦歸魏，魏怒，不入。三十五年，與齊宣王會平阿南。〔一〕

〔一〕【集解】地理志沛郡有平阿縣也。【考證】今安徽鳳陽府懷遠縣。

惠王數被於軍旅，卑禮厚幣以招賢者。鄒衍、淳于髡、孟軻皆至梁。〔二〕梁惠王曰：「寡人不佞，兵三折於外，太子虜，上將死，國以空虛，以羞先君宗廟社稷，寡人甚醜之。叟不遠千里，辱幸至弊邑之廷，將何以利吾國？」〔三〕孟軻曰：「君不可以言利若是。夫君欲利，則大夫欲利，大夫欲利，則庶人欲利，上下争利，國則危矣。爲人君，仁義而已矣，何以

利爲！」〔三〕

〔一〕【考證】梁玉繩曰：孟子至梁不在惠王三十五年，說在下文。

〔二〕【集解】劉熙曰：「叟，長老之稱，依皓首之言。」

〔三〕【考證】「梁惠王曰」以下采孟子。梁玉繩曰：案孟子初見惠王，王問利國，孟子答以仁義。他日因敗衄之故，又問以所以洒恥者，孟子勸以施仁政。史止載孟子仁義之對，而并惠王之問爲一端。王濬南譏其文辭雜亂，良然。

三十六年，復與齊王會甄。〔一〕是歲惠王卒，〔二〕子襄王立。〔三〕

〔一〕【考證】今山東曹州府濮州。

〔二〕【索隱】按紀年，惠成王三十六年，改元稱一年，未卒也。【考證】王應麟困學紀聞引朱子曰「惠、襄、哀之年，見於竹書，明甚，史記蓋失其實。邵子皇極之書，乃從史記，而不取紀年」。顧炎武曰：史記魏世家惠王三十六年卒，子襄王立。襄王元年，與諸侯會徐州相王也，追尊父惠王爲王。而孟子書其對惠王，無不稱之爲王者，則非追尊之辭明矣。司馬子長亦知其不通，而改之曰君。然孟子之書，出於當時，不容疑也。杜預左傳集解後序言哀王，於史記襄王之子，惠王之孫也。惠王三十六年卒，而襄王立，立十六年卒，而哀王立。古書紀年篇惠成王三十六年改元，從一年始，至十六年而惠成王卒，即惠王也。疑史記誤惠成之世以爲後王年也。哀王二十三年乃卒，故特不稱謚，謂之今王。作書時未卒，故謂之今王。今按：惠王即位三十六年，稱王改元。秦本紀秦惠文十四年更爲元年，此稱王改元之證。又與魏王同時。又十六年卒，而子襄王立，即紀年所謂「今王」，無哀王也。「襄」、「哀」字相近，史記分爲二人，誤耳。又曰：魏世家「襄王五年，予秦河西之地。七年，魏盡入上郡於秦」。今按孟子書惠王自言「西喪地於秦七百里」，乃悟史記所書襄王之年，即惠王之後五年，後七年也。孟子證之而自明者也。又曰：據紀年，周慎靚王之二年，而魏惠王卒，其明年爲魏襄王之元年。又二年，燕王噲讓國於其相子之。又二年爲赧王之元年，齊人伐燕取之。又二年，燕人畔。與孟子之書先梁後齊，其事皆合。然孟子在二國者皆不久。若適梁，乃惠王之末，而襄王立即行。謂孟子以惠王之三十五年至梁者，誤以惠王之後元年爲襄王之元年故也。梁玉繩曰：從史記者，皇極經世及閻氏若璩孟子生卒年月考。從竹書者，杜氏左傳後序及集解，而通鑑因之，困學紀聞因之，日知録因之。通鑑又不從杜之所稱之哀王，而從世本所稱之襄王，其説備載于攷異，蓋通鑑是也。

〔三〕【索隱】系本襄王名嗣。【考證】四字當削。梁玉繩曰：案襄王之名，年表、世家俱失書，索隱引世本名嗣，而惠王三十一年立公子赫爲太子，則又名赫，豈襄王有二名乎？又魏策有太子鳴，豈即襄王乎？不然，何得有兩太子也？

襄王元年，與諸侯會徐州，相王也。〔一〕追尊父惠王爲王。〔二〕

〔一〕【集解】徐廣曰：「今薛縣。」【考證】在今山東兗州府滕縣。

〔二〕【集解】徐廣曰：「二年伐趙。」【考證】沈家本曰：孟子與惠王言，稱之爲「王」，國策魏惠王死篇，惠施稱爲「先王」，似惠王生時已稱王矣。梁玉繩曰：惠王三十六年後改元，十六年始卒。史以惠改元之年爲襄元年，誤矣。元年亦無諸侯相王事，祇魏改元稱王耳。惠生而爲王，何俟追尊。崔適曰：案此周顯王三十五年也，惟魏稱王之年與秦本紀、六國表合。其餘五國，齊之王在顯王十六年，秦在四十四年，燕在四十六年，韓在四十七年，趙無考。

五年，秦敗我龍賈軍四萬五千于雕陰，〔一〕圍我焦、曲沃。〔二〕予秦河西之地。〔三〕

〔一〕【集解】徐廣曰：「在上郡。」【正義】括地志云：「彫陰故縣，在鄜州洛交縣北三十里，彫陰故城是也。」【考證】

表在二年，秦紀在四年。彫陰在今陝西鄜州。

〔二〕【正義】括地志云：「故焦城在陝縣東北百步古虢城中東北隅，周同姓也。曲沃故城，在陝縣西南三十二里。按：今有曲沃店也。」【考證】表在五年。焦，河南陝州南。曲沃，亦在陝州，非晉都曲沃。

〔三〕【正義】自華州北至同州並魏河北之地，盡入秦也。【考證】表、紀在五年。河西即西河之外，今陝西大荔、宜川等縣地。

六年，與秦會應。〔一〕秦取我汾陰、皮氏、焦。〔二〕魏伐楚，敗之陘山。〔三〕七年，魏盡入上郡于秦。〔四〕秦降我蒲陽。〔五〕八年，秦歸我焦、曲沃，〔六〕

〔一〕【集解】徐廣曰：「潁川父城有應鄉也。」【正義】應，乙陵反。括地志云：「故應城，故應鄉也，在汝州魯山縣東三十里。」【考證】今河南汝州寶豐縣。

〔二〕【正義】括地志云：「汾陰故城，在蒲州汾陰縣北九里。皮氏故城，在絳州龍門縣西一百八十步也。」【考證】梁玉繩曰：「焦」下脱「曲沃」二字，説在秦紀。汾陰，今山西蒲州府榮河縣。皮氏，蒲州府河津縣。

〔三〕【集解】徐廣曰：「在密縣。」【正義】括地志云：「陘山在鄭州新鄭縣西南三十里。」【考證】陘山，在今河南開封府新鄭縣南，與華陽相近。

〔四〕【正義】括地志云：「上郡故城，在綏州上縣東南五十里，秦、魏之上郡地也。」按：丹、鄜、延、綏等州北至固陽，並上郡地。魏築長城界秦，自華州鄭縣已北，濱洛至慶州洛源縣白於山，即東北至勝州固陽縣，東至河西上郡之地，盡入於秦。【考證】上郡，今陝西延安府，此孟子所謂「西喪地於秦七百里」者。

〔五〕【正義】在隰州隰川縣蒲邑故城是也。【考證】梁玉繩曰：張儀傳秦既取蒲陽，而復歸之，故魏以上郡爲謝也。乃魏世家及年表皆不書歸蒲陽，世家又倒其文曰「魏盡入上郡于秦，秦降蒲陽」，則所書之事不全，似秦既得上郡，又降蒲陽也。夫魏豈無故而獻地哉？蒲陽，今山西隰州。

〔六〕【考證】梁玉繩曰：此似失書歸皮氏。

十二年，楚敗我襄陵。〔一〕諸侯執政，與秦相張儀會齧桑。〔二〕十三年，張儀相魏。魏有女子化爲丈夫。秦取我曲沃、平周。〔三〕

〔一〕【考證】此孟子所謂「南辱於楚」者。

〔二〕【集解】徐廣曰：「在梁與彭城之間。」【考證】當在今河南歸德府及安徽潁州府蒙城縣間。

〔三〕【正義】絳州桐鄉縣，晉曲沃邑。十三州志云：「古平周縣，在汾州介休縣西五十里也。」【考證】平周，今山西汾州府介休縣。

十六年，襄王卒，子哀王立。〔一〕張儀復歸秦。〔二〕

〔一〕【集解】荀勗曰：「和嶠云『紀年起自黃帝，終於魏之今王』。今王者魏惠成王子。案太史公書惠成王但言惠王，惠王子曰襄王，襄王子曰哀王。惠王三十六年卒，襄王立十六年卒，并惠、襄爲五十二年。今案古文，惠成王立三十六年，改元稱一年，改元後十七年卒。太史公書爲誤分惠、成之世以爲二王之年數也。世本惠王生襄王，而無哀王，然則今王者魏襄王也。」【索隱】按系本襄王生昭王，無哀王，蓋脱一代耳。而紀年說惠成王三十六年，又稱後元一十七年卒。今此文分惠王之歷，以爲二王之年，又有哀王凡二十三年，紀事甚明，蓋無足疑。而孔衍敘魏語亦有哀王。蓋紀年之作，失哀王之代，故分襄王之年爲惠王後元，即以襄王之年包哀王之代耳。【考證】「襄王」當作「惠王」，「哀王」當作「襄王」，說見上注。黃式三曰：韓宣惠王之子謚襄哀王，見留侯傳。魏惠成王子，意亦謚襄哀。二君薨同年，亦同謚與。史止稱「襄」者，正如惠成王之稱惠王，韓襄哀王之稱襄王也。史記分惠王之一世爲二世，因分襄王之一謚爲二謚矣。又曰：攷世本，襄王生昭王。呂覽審應篇高誘注亦云「昭王，襄王之子」，則史記爲襄、哀、昭三世誤矣。愚按：魏惠王好戰，遂敗其國。孟子盡心篇云「不仁哉，梁惠王也，以土地之故，糜爛其民而戰之。大敗，將復之，恐不能勝，故驅其所愛子弟以殉之」。呂氏春秋淫辭篇云：「惠子爲魏惠王爲法，以示諸民人。民人皆善之，獻之惠王。惠王善之以示翟翦。翟翦曰：『善也，不可行。』」不屈篇云：「惠子之治，魏爲本，其治不治。當惠王之時，五十戰而二十敗，所殺者不可勝數。大將愛子有禽者也，大術之愚，爲天下笑。」「圍邯鄲三年而弗能取。士民罷潞，國家空虛，天下之兵四至，衆庶誹謗，諸侯不譽。謝於翟翦，而更聽其謀，社稷乃存，名寶散出，土地四削，魏國從此衰矣。」又云：「惠王布冠而拘于鄄，齊威王幾弗受。惠子易衣變冠，乘輿而走，幾不出乎魏境。」愛類篇云：「匡章謂惠子曰：『公之學去尊，今又王齊王，何其倒也？』惠子曰：『今可以王齊王而壽黔首之命，免民之死，何爲不爲？』」其窮困之狀可想，好戰之禍實至於此。魏惠好戰之事，又詳於吳裕垂史案卷五。

〔二〕【考證】梁玉繩曰：據張儀傳當在哀王二年，實襄二年也，此誤。

哀王元年，五國共攻秦，不勝而去。〔一〕

〔一〕【正義】韓、魏、楚、趙、燕也。【考證】梁玉繩曰：攻秦者六國也，説在秦紀。

二年，齊敗我觀津。〔一〕五年，秦使樗里子伐取我曲沃，〔二〕走犀首岸門。〔三〕六年，秦求立公子政爲太子。〔四〕與秦會臨晉。〔五〕七年，攻齊。〔六〕與秦伐燕。

〔一〕【正義】括地志云：「觀津城在冀州棗陽縣東南二十五里。」本趙邑，今屬魏也。【考證】梁玉繩曰：此及六國表與張儀樂毅傳並作「觀津」，韓世家又作「濁澤」，皆誤，當依趙、齊兩世家作「觀澤」。正義引括地志云觀澤在魏州頓丘縣東。觀津，在冀州棗陽縣東南。濁澤，在蒲州解縣東北。三地不同。韓世家正義引年表亦作「觀澤」。

〔二〕【索隱】秦昭王弟疾居樗里，因號焉。【考證】梁玉繩曰：秦紀云樗里疾攻魏焦降之，然則是年所拔者焦也。曲沃已于前八年爲秦取之。此與年表、樗里子傳皆誤。

〔三〕【集解】徐廣曰：「潁陰有岸亭。」【索隱】犀首，官名，即公孫衍。徐廣云：「潁陰有岸門亭。」劉氏云「河東皮氏縣有岸頭亭」也。【正義】括地志云：「岸門在許州長社縣西北十八里，今名西武亭。」【考證】今河南許州長葛縣。

〔四〕【索隱】魏公子也。【考證】梁玉繩曰：「求」字譌，當依表作「來」。

〔五〕【考證】臨晉，今陝西同州府。黄式三曰：張儀傳云魏復事秦即此年事也。

〔六〕【集解】徐廣曰「年表云擊齊虜聱子於濮也」。【考證】張文虎曰：表「聱子」作「聲子」。

八年，伐衛，〔一〕〔拔列城二。〕衛君患之。如耳見衛君曰：「請罷魏兵，免成陵君可乎？」〔二〕衛君曰：「先生果能，孤請世世以衛事先生。」如耳見成陵君曰：「昔者魏伐趙，斷羊腸，拔閼與，〔三〕約斬趙，趙分而爲二，所以不亡者，魏爲從主也。〔四〕今衛已迫亡，將西請事於秦。與其以秦醳衛，不如以魏醳衛，〔五〕衛之德魏，必終無窮。」成陵君曰：「諾。」如耳見魏王曰：「臣有謁於衛。衛，故周室之別也，其稱小國，多寶器。今國迫於難，而寶器不出者，其心以爲攻衛醳衛，不以王爲主，故寶器雖出，必不入於王也。臣竊料之，先言醳衛者，必受衛者也。」〔六〕如耳出，成陵君入，以其言見魏王。魏王聽其說，罷其兵，免成陵君，終身

不見。〔七〕

〔一〕【索隱】紀年云：「八年翟章伐衛。」【考證】黄式三曰：謀伐衛者，蓋成陵君，非翟章。

〔二〕【正義】如耳，魏大夫姓名也。【考證】崔適曰：上文無成陵君謀伐燕事，亦不詳成陵君爲何人脱也。不然，無此文法。

〔三〕【集解】徐廣曰：「在上黨。」【正義】閼，於連反。與，音預。羊腸阪道在太行山上，南口懷州，北口潞州。閼與故城在潞州及儀州。若斷羊腸，拔閼與，北連恒州，則趙國東西斷而爲二也。【考證】羊腸，趙險塞名。羊腸坂長三里，盤曲如羊腸，故名，在今山西壺關縣東南。閼與在今河南武安縣西南，非山西沁縣之閼與也。梁玉繩曰：史、策皆不載此事，無從考也。閼與之拔，蓋魏即歸之，故其後秦昭王攻趙閼與，至始皇而拔之。

〔四〕【考證】趙之存亡，魏主之。

〔五〕【正義】醳，音釋。

〔六〕【考證】岡白駒曰：受衛賂也。

〔七〕【考證】岡白駒曰：疑受衛賂也。徐孚遠曰：衛君本意欲釋圍耳，何恨乎成陵君而欲免之，蓋如耳害成陵君，故假衛事而讒之。

九年，與秦王會臨晉。張儀、魏章皆歸于魏。〔一〕魏相田需死。〔二〕楚害張儀、犀首、薛公。〔三〕楚相昭魚〔四〕謂蘇代曰：「田需死，吾恐張儀、犀首、薛公有一人相魏者也。」代曰：「然，相者欲誰而君便之？」〔五〕昭魚曰：「吾欲太子之自相也。」〔六〕代曰：「請爲君北，必相之。」〔七〕昭魚曰：「柰何？」對曰：「君其爲梁王，代請説君。」〔八〕昭魚曰：「柰何？」對曰：「代也從楚來，昭魚甚憂曰：『田需死，吾恐張儀、犀首、薛公有一人相魏者也。』〔九〕代曰：

『梁王，長主也，必不相張儀。〔一〇〕張儀相，必右秦而左魏。犀首相，必右韓而左魏。薛公相，必右齊而左魏。〔一一〕梁王，長主也，必不便也。』〔一二〕王曰：『然則寡人孰相？』〔一三〕代曰：『莫若太子之自相。太子之自相，〔一四〕是三人者皆以太子爲非常相也，皆將務以其國事魏，欲得丞相璽也。以魏之彊，而三萬乘之國輔之，魏必安矣。故曰莫若太子之自相也。』」遂北見梁王，以此告之。太子果相魏。〔一五〕

〔一〕【索隱】章爲魏將，後又相秦。

〔二〕【正義】需，音須。

〔三〕【索隱】田文也。【考證】梁玉繩曰：魏有田文，爲武侯相，見吳起傳。吕氏春秋執一篇所謂商文也。又有魏文子相襄王，見魏策。與齊孟嘗爲三人。因名偶同于孟嘗，而孟嘗又有奔魏事，故國策誤以文子爲薛公，并謂孟嘗奔魏爲相魏，史仍其誤耳。且薛公奔魏，當魏昭王十一二年間。國策載謀相事于哀王時。此叙在哀王九年，前薛公之奔魏者廿六七年，是時孟嘗方相齊，何以居魏乎？

〔四〕【索隱】昭奚恤也。

〔五〕【考證】策「欲」作「以」。

〔六〕【索隱】太子，即襄王也。【考證】余有丁曰：太子當是昭王。張照曰：索隱蓋傳寫之謬。

〔七〕【考證】岡白駒曰：「北」字句。北往魏。楓山、三條本作「北見梁王必使相之」，與策合。

〔八〕【考證】岡白駒曰：君試爲梁王，我且以君爲梁王而說之。

〔九〕【考證】岡白駒曰：此告梁王辭。

〔一〇〕【考證】岡白駒曰：長主，猶云賢主。

〔一一〕【考證】右，上也。
〔一二〕【考證】策作「必不使相也」。
〔一三〕【考證】古鈔本「孰」下有「爲」。中井積德曰：是昭魚爲梁王而言也。愚按：策無此八字，史公以意補。
〔一四〕【考證】策不重此四字。
〔一五〕【考證】「魏相田需死」以下，本國策魏策。徐孚遠曰：前代未有用太子爲相者。後以太子録尚書，及爲尚書令，蓋本此也。

十年，張儀死。十一年，與秦武王會應。十二年，太子朝於秦。秦來伐我皮氏，未拔而解。〔一〕十四年，秦來歸武王后。〔二〕十六年，秦拔我蒲阪、陽晉、封陵。〔三〕十七年，與秦會臨晉。秦予我蒲阪。十八年，與秦伐楚。〔四〕二十一年，與齊、韓共敗秦軍函谷。〔五〕

〔一〕【考證】年表及樗里甘茂傳在十三年。
〔二〕【考證】表作「秦武后來歸」，秦紀作「悼武王后出居于魏」。后，秦武王后，昭王嫂也。
〔三〕【索隱】紀年作「晉陽封谷」。【正義】陽晉，當作「晉陽」也。史文誤。括地志云：「晉陽故城，今名晉城，在蒲州虞鄉縣西三十五里。」表云「魏哀王十六年，秦拔我杜陽、晉陽」，即此城也。封陵亦在蒲州。按：陽晉故城在曹州，解在蘇秦傳也。【考證】梁玉繩曰：年表、紀年皆作「晉陽」，是也。封陵，紀年作「封谷」，水經作「風陵」。
〔四〕【集解】徐廣曰：「二十年，與齊王會于韓。」
〔五〕【集解】徐廣曰：「河渭絶一日。」

二十三年，秦復予我河外及封陵爲和。〔一〕哀王卒。〔二〕子昭王立。〔三〕

〔一〕【考證】梁玉繩曰：案事在二十一年。「河外及」三字衍，説見秦紀。

〔二〕【索隱】按：汲冢紀年終於哀王二十年，昭王三年喪畢，始稱元年耳。【考證】「哀王」當作「襄王」。記紀年時，襄王未卒，故所記止其二十年。中井積德曰：雖三年之喪，終於二十二年也。則二十三年無所屬。索隱無稽。

〔三〕【索隱】系本昭王名遬。

昭王元年，秦拔我襄城。〔一〕二年，與秦戰，我不利。三年，佐韓攻秦，秦將白起敗我軍伊闕，二十四萬。〔二〕六年，予秦河東地方四百里。芒卯以詐重。〔三〕七年，秦拔我城大小六十一。八年，秦昭王爲西帝，齊湣王爲東帝，月餘皆復稱王歸帝。九年，秦拔我新垣、曲陽之城。〔四〕

〔一〕【考證】襄城，今河南許州襄城縣。

〔二〕【考證】伊闕，今河南河南府洛陽縣南。張照曰：秦紀云「左更白起攻韓、魏於伊闕，斬首二十四萬」。蓋合韓、魏之兵，共斬首二十四萬耳。魏、韓兩世家各言二十四萬，蓋失實矣。

〔三〕【索隱】謂卯以智詐見重於魏。【考證】芒卯，韓非子、淮南子作「孟卯」。芒、孟聲近相通。齊人，魏將。徐孚遠曰：但言以詐重，不敍其事，當有闕文。疑國策所載是也。凌稚隆曰：按魏策，芒卯詐以鄴事趙，令閉關絶秦，秦、趙大惡，趙王恐魏承秦之怒，割五城以合于魏而支秦。

〔四〕【正義】（年表及）括地志云：「曲陽故城，在懷州濟源縣西十里。」新垣近曲陽，未詳端的所之處也。【考證】新垣，今山西絳州垣曲縣。曲陽，河南懷寧府濟源縣。張文虎曰：正義「年表及」三字疑衍。

十年，齊滅宋，宋王死我温。〔一〕十二年，與秦、趙、韓、燕共伐齊，敗之濟西，湣王出亡。燕獨入臨菑。〔二〕與秦王會西周。〔三〕

〔一〕【考證】今河南懷慶府温縣。

〔二〕【考證】梁玉繩曰：「六國伐齊，此失書楚，説在秦紀。」濟西，今山東東平州東阿、平陰、長清等縣地。臨菑，齊都，今山東青州府臨淄縣。

〔三〕【正義】即王城也，今河南郡城也。

十三年，秦拔我安城。〔一〕兵到大梁，去。〔二〕十八年，秦拔郢，楚王徙陳。〔三〕

〔一〕【正義】括地志云：「安城故城，在豫州汝陵縣東南七十一里。」【考證】今河南汝寧府。

〔二〕【集解】徐廣曰：「十四年，大水。」

〔三〕【索隱】郢，楚都。

十九年，昭王卒，子安釐王立。〔一〕

〔一〕【索隱】系本安僖王名圉。

安釐王元年，秦拔我兩城。二年，又拔我二城，軍大梁下，韓來救，予秦温以和。三年，秦拔我四城，斬首四萬。四年，秦破我及韓、趙，殺十五萬人，走我將芒卯。〔一〕魏將段干子請予秦南陽以和。〔二〕蘇代謂魏王曰：〔三〕「欲璽者段干子也，〔四〕欲地者秦也。今王使欲地者制璽，使欲璽者制地，魏氏地不盡則不知已。且夫以地事秦，譬猶抱薪救火，薪不盡，火不滅。」

王曰：「是則然也。雖然，事始已行，不可更矣。」對曰：「王獨不見夫博之所以貴梟者，便則食，不便則止矣。〔五〕今王曰『事始已行，不可更』，是何王之用智不如用梟也？」〔六〕

〔一〕【考證】梁玉繩曰：「韓」字衍。十五萬，連趙言之，亦非，説在秦紀。

〔二〕【集解】徐廣曰：「在脩武。」【考證】魏策云「段干子名崇」。南陽，今河南脩武縣。

〔三〕【考證】策「蘇代」作「孫臣」。

〔四〕【考證】段干欲得秦封，故請魏割地。

〔五〕【正義】博頭有刻爲梟鳥形者，擲得梟者，合食其子，若不便，則爲餘行也。【考證】博局戲，以五木爲骰，有梟、盧、雉、犢、塞五者之采。梟爲最勝，得梟者合食其子。食，行棋也。欲食則食，不宜食則握。握，止也。中井積德曰：博之行骰子，當道者食，他采雖不便不得食。唯梟雖當道者，不便則不食，是梟之所以貴也。愚按：策「貴」作「用」，史爲長。「者」下有「邪」字，策爲長。

〔六〕【考證】「欲璽者段干子」以下本魏策。「今王曰事始已行不可更」，策作「今君劫於羣臣而許秦因曰不可革」。年表云「與秦南陽以和」，與策云「魏王曰善，乃按其行者」亦異。

九年，秦拔我懷。十年，秦太子外質於魏，死。十一年，秦拔我郪丘。〔一〕

〔一〕【集解】徐廣曰：「郪丘，一作『廩丘』，又作『邢丘』。」郪丘，今爲宋公縣。【索隱】郪，七絲反，又音妻。【正義】郪，七私反，又音妻。地理志云汝南郡新郪縣。應劭曰：「秦伐魏取郪丘，漢興爲新郪，章帝封殷後，更名宋也。」【考證】郪丘，秦紀作「邢丘」，年表作「廩丘」。注徐廣云「一作『邢丘』」。洪頤煊曰：以下文「秦固有懷、茅、邢丘」句證之，當作「邢丘」爲是。

秦昭王謂左右曰：「今時韓、魏與始孰彊？」對曰：「不如始彊。」王曰：「今時如耳、魏齊，與孟嘗、芒卯孰賢？」〔一〕對曰：「不如。」王曰：「以孟嘗、芒卯之賢，率彊韓、魏以攻秦，猶無柰寡人何也。今以無能之如耳、魏齊，而率弱韓、魏以伐秦，其無柰寡人何亦明矣。」左右皆曰：「甚然。」中旗馮琴而對曰：〔二〕「王之料天下過矣。當晉六卿之時，知氏最彊，滅范、中行，又率韓、魏之兵以圍趙襄子於晉陽，決晉水以灌晉陽之城，不湛者三版。〔三〕知伯行水，魏桓子御，韓康子爲參乘。〔四〕知伯曰：『吾始不知水之可以亡人之國也，乃今知之。』〔五〕汾水可以灌安邑，〔六〕絳水可以灌平陽。〔七〕魏桓子肘韓康子，韓康子履魏桓子，肘足接於車上，而知氏地分，身死國亡，爲天下笑。今秦兵雖彊，不能過知氏；韓、魏雖弱，尚賢其在晉陽之下也。此方其用肘足之時也，願王之勿易也！」於是秦王恐。〔八〕

〔一〕【考證】如耳，魏大夫，見上，是時仕韓。魏齊，魏相。孟嘗，即薛公田文。芒卯，魏將，見上。

〔二〕【索隱】按：戰國策作「推琴」者，春秋後語作「伏琴」，而韓子作「推瑟」，說苑作「伏瑟」，文各不同。【考證】中旗，策作「中期」，字通。中期，官名。韓非子云「中期之所官琴瑟也」可證。凌本「琴」下無「而」字，今依宋本、慶長本、館本補。

〔三〕【正義】括地志云：「晉水源出并州晉陽縣西懸壅山。山海經云懸壅之山，晉水出焉，東南流注汾水。昔趙襄子保晉陽，智氏防山以水灌之，不没者三版。其瀆乘高，西注入晉陽城，以周溉灌，東南出城，注於汾陽也。」【考證】策「湛」作「沈」，同。高二尺爲版。趙世家「晉水」作「汾水」。「晉水」爲長。

〔四〕【考證】策作「康子御桓子驂乘」。

〔五〕【考證】知伯之言止於此。

〔六〕【正義】安邑在絳州夏縣，本魏都。汾水東北歷安邑，西南入河也。

〔七〕【正義】平陽，晉州，韓都也。括地志云：「絳水一名白水，今名弗泉，源出絳山。飛泉奮湧揚波，北注，縣流積壑二十許丈，望之極爲奇觀矣。」按：引此灌平陽城也。【考證】水經六澮水注、梁書韋叡傳「汾水」、「絳水」互易，爲是。此與秦策同訛，説詳于李述來讀通鑑綱目條記，時韓氏居平陽，魏氏居安邑。

〔八〕【索隱】易，音以豉反。【考證】「秦昭王」以下采秦策。「於是秦王恐」五字，史公以意補。易，輕易也。中井積德曰：此一條宜入秦本紀，不當在魏世家。

齊、楚相約而攻魏，魏使人求救於秦，冠蓋相望也，〔一〕而秦救不至。魏人有唐雎者，年九十餘矣，〔二〕謂魏王曰：「老臣請西説秦王，令兵先臣出。」魏王再拜，遂約車而遣之。〔三〕唐雎到，入見秦王。秦王曰：「丈人芒然乃遠至〔四〕此，甚苦矣！夫魏之來求救數矣，寡人知魏之急已。」〔五〕唐雎對曰：「大王已知魏之急，而救不發者，臣竊以爲用策之臣無任矣。〔六〕夫魏，一萬乘之國也，然所以西面而事秦，稱東藩，受冠帶，祠春秋者，以秦之彊足以爲與也。〔七〕今齊、楚之兵已合於魏郊矣，而秦救不發，亦將賴其未急也。使之大急，彼且割地而約從，王尚何救焉？必待其急而救之，是失一東藩之魏，而彊二敵之齊、楚，則王何利焉？」於是秦昭王遽爲發兵救魏。魏氏復定。〔八〕

〔一〕【考證】冠，冠冕。蓋，車蓋。使者往來不絕，故曰「冠蓋相望」。

〔二〕【索隱】雎，七餘反。【考證】雎，從且。新序作「唐且」，從目者訛。梁玉繩曰：此時爲安釐王十一年，追魏之亡，凡四十二年。而國策載魏亡後唐雎爲安陵君説秦始皇，豈雎壽至一百三十餘歲乎？

〔三〕【考證】約，束馬於車也。約車，具車也。

〔四〕【考證】丈人，長老之稱。孟子公孫丑篇「芒芒然歸」，趙岐注：「罷倦之貌。」

〔五〕【考證】策「已」作「矣」。

〔六〕【考證】岡白駒曰：用策之臣，不事事也。

〔七〕【索隱】與，謂許與，爲親而結和也。【正義】與，黨與也。【考證】蘇秦傳秦説魏王云「王，天下之賢主也。今乃有意西面而事秦，稱東藩，築帝宮，受冠帶，祠春秋」。索隱云「謂冠帶制度，皆受秦之法。春秋貢奉，以助秦祭祀」。「與」字解，正義是，猶助也。

〔八〕【考證】「齊楚相約」以下采魏策。

趙使人謂魏王曰：「爲我殺范痤，吾請獻七十里之地。」魏王曰：「諾。」使吏捕之，圍而未殺。〔一〕痤因上屋騎危，謂使者曰：〔二〕「與其以死痤市，不如以生痤市。有如痤死，趙不予王地，則王將柰何？故不若與先定割地，然後殺痤。」魏王曰：「善。」痤因上書信陵君曰：「痤，故魏之免相也，趙以地殺痤，而魏王聽之，有如彊秦亦將襲趙之欲，則君且柰何？」〔三〕信陵君言於王而出之。〔四〕

〔一〕【考證】趙策云「虞卿謂趙王曰：『人之情，寧朝人乎？寧朝於人也？』趙王曰：『人亦朝人耳，何故朝於人？』虞卿曰：『夫魏爲從主，而違者范痤也。今王能以百里之地，若萬户之都，請殺范痤於魏，魏王許諾，范痤死，則從事可移於趙。』趙王曰：『善』。乃使人以百里之地請殺范痤於魏。」情事可覩，但卿不應爲此謀，恐他人。

〔三〕【集解】危，棟上也。【索隱】上音奇。危，棟上也。禮云「中屋履危」。蓋昇屋以避兵。【考證】策作「獻書魏王曰」，無上屋騎危事。

〔三〕【考證】策云「今能守魏者莫如君矣。王聽趙殺痤之後，强秦襲趙之欲，倍趙之割，則君將何以止之，此君之累也」。語更詳。襲，因也。欲，求也。言秦因趙所爲，欲割地使魏殺信陵君也。

〔四〕【考證】「趙使人謂魏王」以下本趙策。

魏王以秦救之故，欲親秦而伐韓，以求故地。無忌謂魏王曰：〔一〕

〔一〕【考證】策「無忌」作「朱己」。王念孫曰：荀子彊國篇注引此「無忌」作「朱忌」是也。忌、己，古同聲。

秦與戎翟同俗，有虎狼之心，貪戾好利無信，不識禮義德行。苟有利焉，不顧親戚兄弟，若禽獸耳，此天下之所識也，非有所施厚積德也。故太后，母也，而以憂死；〔二〕穰侯，舅也，功莫大焉，而竟逐之；〔三〕兩弟無罪，而再奪之國。〔三〕此於親戚若此，而況於仇讎之國乎？今王與秦共伐韓，而益近秦患，〔四〕臣甚惑之。而王不識則不明，羣臣莫以聞則不忠。〔五〕

〔二〕【考證】秦昭襄王用范雎之說，廢太后，逐穰侯，出高陵涇陽於關外，太后以憂死。

〔三〕【考證】穰侯，魏冉，太后弟。史穰侯傳贊云：「穰侯，昭王親舅也。而秦所以東益地，弱諸侯，嘗稱帝於天下，天下皆西鄉稽首者，穰侯之功也。及其貴極富溢，一夫開說，身折（㔟）〔勢〕奪，而以（㔟）〔憂〕死，況於羈旅之臣乎？」

〔三〕【考證】兩弟，高陵、涇陽，事詳范雎傳。

〔四〕【考證】策無「患」字。

〔五〕【考證】「以聞」二字又見于此，後世爲上書套語。

今韓氏以一女子奉一弱主，〔一〕內有大亂，外交彊秦、魏之兵，〔二〕王以爲不亡乎？韓亡，秦有鄭地，與大梁鄴，〔三〕王以爲安乎？王欲得故地，今負彊秦之親，〔四〕王以爲利乎？

〔一〕【考證】呂祖謙曰：按韓世家不載其事，必是韓王少，母后用事。吳師道曰：是時秦宣太后、趙惠文后、齊君王后皆專政，韓亦然也。

〔二〕【考證】策「交」作「支」。

〔三〕【索隱】戰國策「鄴」作「鄰」字，爲得。【考證】鄭即韓。韓世家云「哀侯二年滅鄭，因徙都鄭」。大梁即魏，「鄴」當作「鄰」。

〔四〕【考證】策「親」作「禍」。吳師道曰：據史，則「負」當從恃訓。從策，則負任在背以爲喻也。史義長。

秦非無事之國也，韓亡之後，必將更事，更事必就易與利，〔一〕就易與利，必不伐楚與趙矣。是何也？夫越山踰河，絕韓上黨而攻彊趙，是復閼與之事，〔二〕秦必不爲也。若道河內，倍鄴、朝歌，絕漳、滏水，與趙兵決於邯鄲之郊，是知伯之禍也，〔三〕秦又不敢。伐楚道涉谷，〔四〕行三千里，〔五〕而攻冥阸之塞，〔六〕所行甚遠，所攻甚難，〔七〕秦又不爲也。若道河外，倍大梁，〔八〕右蔡左、召陵，〔九〕與楚兵決於陳郊，秦又不敢。故曰秦必不伐楚與趙矣，又不攻衛與齊矣。〔一〇〕

〔一〕【考證】二「更」字，策作「便」。姚鼐曰：作「更」是。

〔二〕【索隱】復，音扶富反。謂前年秦、韓相攻鬭與而趙奢破秦軍。【考證】復，重也，再也。

〔三〕【考證】策「是」下有「受」字。

〔四〕【索隱】道，猶行也。涉谷，是往楚之險路。從秦向楚有兩道，涉谷是西道，河内是東道。【考證】張文虎曰：各本「涉」下衍「山」字，依索隱本删。愚按：索隱「河内」當作「河外」。

〔五〕【正義】劉伯莊云：「秦兵向楚有兩道，涉谷是西道，河外是東道。從褒斜入梁州，即東南至申州，攻石城山險阸之塞也。」

〔六〕【集解】孫檢曰：「楚之險塞也。」徐廣曰：「或以爲今江夏鄳縣。」【正義】冥，音盲。括地志云：「石城山，在申州鍾山縣東南二十一里，魏攻冥阸即此，山上有故石城。水經注云『或言在鄳』，指此山也。呂氏春秋云『九塞』，此其一也。」【考證】策「冥阸」作「危隘」。

〔七〕【索隱】「攻」亦作「致」。戰國策見作「致軍」，言致軍糧難也。【考證】今本策與史文同，「遠」下有「而」字。

〔八〕【正義】從河外出函谷關，歷同州，南至鄭州，東向陳州，則背大梁也。

〔九〕【集解】徐廣曰：「一無『左』字。」【正義】上蔡縣在豫州北七十里。邵陵故城亦在豫州郾城縣東四十五里。並在陳州，西從汴州南行，向陳州之西郊，則上蔡、邵陵正南面向東，皆身之右，定無「左」字也。【考證】策「蔡左」作「上蔡」。梁玉繩曰：「『蔡左』二字當作『上蔡』，傳寫譌耳。」

〔一〇〕【正義】衛、齊皆在韓、趙、魏之東，故秦不伐也。

夫韓亡之後，兵出之日，非魏無攻已。秦固有懷、茅、〔一〕邢丘，〔二〕城〔三〕垝津，〔四〕以臨河内，河内共、汲必危；〔五〕有鄭地，〔六〕得垣雍，〔七〕決熒澤水灌大梁，〔八〕大梁必亡。王之使者出，過而惡安陵氏於秦，〔九〕秦之欲誅之久矣。秦葉陽、昆陽與舞陽鄰，〔一〇〕聽

使者之惡之，隨安陵氏而亡之，〔一一〕繞舞陽之北，以東臨許，南國必危，〔一二〕國無害已。〔一三〕

〔一一〕【集解】徐廣曰：「在脩武。軹縣有茅亭。」【正義】茅，卯包反。懷州武陟縣西十一里故懷城，本周邑，後屬晉。左傳云周與鄭人蘇忿生十二邑，其一曰攢茅。括地志云「在懷州獲嘉縣東北二十五里」也。獲嘉，古脩武也。【考證】今河南武(涉)〔陟〕縣西南有懷縣故城。獲嘉縣東北有故茅城。

〔一二〕【集解】徐廣曰：「在平皋。」【正義】括地志云：「平皋故城，在懷州武德縣東南二十里，本邢丘邑也，以其在河之皋地也。」【考證】河南沁陽縣東南平皋故城。

〔一三〕【索隱】按：戰國策云邢丘、安城，此少「安」字耳。【考證】楓山、三條本有「安」字，蓋依策補也。安城故城在今原武縣東南。

〔一四〕【索隱】在河北。垝，音九毀反。【正義】垝，音詭，字誤，當作「延」。括地志云：「延津，故俗字名臨津，故城在衛州清淇縣西南二十六里。杜預云『汲郡城南有延津』是也。」【考證】延津故城，今河南汲縣南。梁玉繩曰：城垝津，築城于垝津也。荀子强國注引史同，謂垝津即圍津，以曹參度圍津爲證。荀子傳寫誤作「圍津」，乃東郡白馬之韋津也。圍、韋、垝三字古通借用之。愚按：梁説近是。

〔一五〕【集解】徐廣曰：「汲縣屬河內。」【索隱】汲，亦作「波」。波及汲皆縣名，俱屬河內。【考證】共，今河南輝縣。汲，今河南汲縣西南。

〔一六〕【集解】徐廣曰：「成皋、滎陽俱屬鄭。」【考證】策「有」上有「秦」字。

〔一七〕【集解】徐廣曰：「垣雍城在卷縣。卷縣屬魏也。卷縣又有長城，經陽武到密者也。」【正義】雍，於用反。括地志云：「故城在鄭州原武縣西北七里。」釋例「地名卷縣，理或垣城也」。言韓亡之後，秦有鄭地，得垣雍城，從滎澤決溝歷雍灌大梁城也。【考證】垣雍故城在今河南原武縣西北。

〔八〕【考證】滎澤即石門渠，滎瀆受河之處，在今河南河陰縣西。後秦滅魏，果用此策。秦本紀始皇二十二年，王賁攻魏，引河溝灌大梁，大梁城壞，其王請降，盡取其地。

〔九〕【集解】徐廣曰：「召陵有安陵鄉，征羌有安陵亭。」【正義】括地志云：「隖陵縣西北十五里。李奇云六國時爲安陵也。」言魏王使者出向秦云，共伐韓以成過失，而更惡安陵氏於秦，今伐之，重非也。【考證】顧炎武曰：蓋魏王之使過安陵，有所不快，而毀之於秦也。方苞曰：言過計而惡安陵氏於秦也。愚按：安陵，魏之附庸，魏策引安陵君言云「先君成侯受詔襄王」，是魏襄時所封，魏滅猶存。故城在今河南安陵縣西北，非楚之安陵。

〔一〇〕【正義】括地志云：「葉陽，今許州葉縣也。昆陽故城，在許州葉縣北二十五里。舞陽故城，在葉縣東十里。」此時葉陽、昆陽屬秦，舞陽屬魏也。【考證】楓山、三條本「誅」作「許」，與策合。張文虎曰：舞陽，依宋本、毛本，與國策及正義合，各本誤「武陽」。葉陽，今河南葉縣。昆陽故城在今葉縣北。舞陽故城在今舞陽縣西。

〔一一〕【索隱】聽、使，上平聲，下去聲。【正義】隨，猶聽也。無忌説言使者惡安陵氏，亦聽秦亡安陵氏。然繞舞陽之北，以東臨許，許必危矣。秦有許地，魏國可無害。【考證】黄式三曰：隨、墮，古通用。

〔一二〕【正義】南國，今許州許昌縣南西四十里許昌故城是也。此時屬韓，在魏之南，故言南國。括地志云：「周時爲許國，武王伐紂所封。地理志云潁川許縣，古許國，姜姓，四岳之後，文叔所封，二十四君，爲楚所滅。」三卿背晉，其地屬韓。【考證】許，今河南許昌縣東有許昌故城。中井積德曰：南國，謂南地諸國也，不必拘地名。

〔一三〕【考證】梁玉繩曰：此句文義不順。策作「魏國豈得安哉」，則「已」字疑當作「乎」。

夫憎韓不愛安陵氏，可也；夫不患秦之不愛南國，非也。〔一〕異日者秦在河西晉國，去梁千里，〔二〕有河山以闌之，有周、韓以閒之。從林鄉軍以至于今，〔三〕秦七攻魏，五入囿中，〔四〕邊城盡拔，文臺墮，〔五〕垂都焚，〔六〕林木伐，麋鹿盡，而國繼以圍。又長驅梁北，東至陶、衞之郊，〔七〕北至平監。〔八〕所亡於秦者，山南、山北、〔九〕河外、河內，〔一〇〕大縣數十，〔一一〕名都數百。〔一二〕秦乃在河西晉，去梁千里，而禍若是矣。又況於使秦無韓有鄭地，無河山而闌之，無周、韓而閒之，去大梁百里，禍必由此矣。〔一三〕

〔一〕【考證】策「安」上「愛」作「受」，史文爲長。魏今欲伐韓，故曰「憎」；不愛安陵氏，上文所謂「惡安陵氏於秦」也。崔適曰：「也」下「夫」字似衍。

〔二〕【集解】徐廣曰：「魏國之界千里。又云河南梁縣有注城。」【正義】河西，同州也。晉國都絳州，魏都安邑，皆在河東，去大梁有千里也。【考證】「秦在河西晉國」，句。言秦前日所有止晉河西之地，而未及河東也。左傳僖十五年云「秦始征河東置官司焉」，蓋晉惠所割跨河西、東也。僖十七年左傳云「晉太子圉爲質於秦，秦歸河東而妻之」，是河東之地，秦歸之於晉也。秦疆與魏都甚遠，故曰「去梁千里」。或云此「晉國」二字及下文「河西晉」「晉」字皆衍。

〔三〕【集解】徐廣曰：「林鄉在宛縣。」【索隱】劉氏云「林，地名，蓋春秋時鄭地之棐林，在大梁之西北」。徐廣云在宛陵也。【正義】括地志云：「宛陵故城，在鄭州新鄭縣東北三十八里，本鄭舊縣也。」按：劉、徐二說，是其地也。【考證】魏策無「鄉」字。蘇秦傳「兵困於林中」。林，林鄉。林中，語有詳略耳，其地蓋同。凌稚隆曰：言自秦伐林鄉以來至于今也。

〔四〕【集解】徐廣曰：「一作『城』也。」【索隱】囿，即圃田。圃田，鄭藪，屬魏。徐廣云「一作『城』」，而戰國策作「國中」。【正義】括地志云：「圃田澤，在鄭州管城縣東三里。周禮云豫州藪曰圃田也。」【考證】策「七」作「十」。圃田在今河南中牟縣西北。

〔五〕【索隱】文臺，臺名。列士傳曰「隱陵君施酒文臺」也。【正義】墮，許規反。括地志云：「文臺，在曹州冤句縣西北六十五里也。」【考證】文臺在今山東(荷)〔菏〕澤縣西北。墮，壞也。

〔六〕【集解】徐廣曰：「一云『魏山都焚』。句陽有垂亭。」【索隱】垂，地名。有廟曰都。並魏邑名。

〔七〕【正義】陶，曹州定陶也。衛即宋州楚丘縣，衛文公都之，秦兵歷取其郊也。【考證】陶，今山東定陶縣。楚丘故城，今河南滑縣東。中井積德曰：長驅梁北，此記軍所至也，非攻取。

〔八〕【集解】徐廣曰：「平縣屬河南。平，或作『乎』字。史記齊闞止作『監』字。闞在東平須昌縣。」【考證】方輿紀要曰：「平，平陸也。平陸城在山東汶上縣北。」監即闞，今汶上縣西南南旺湖中有闞亭。郭希汾曰：秦攻齊取剛壽，今山東壽張縣。汶上更在壽張之東，恐非魏地。

〔九〕【正義】山，華山也。華山之東南，七國時鄧州屬韓，汝州屬魏。華山之北同、華、銀、綏並魏地也。【考證】中井積德曰：山者河東之山，大行、王屋一帶也，即上文所謂「河山」之「山」，不當遠指華山。

〔一〇〕【正義】河外，謂華州以東至虢、陝。河內，謂蒲州以東至懷、衛也。【考證】中井積德曰：河外，汎指河之南。河內，汎指河之北。不當作區域。

〔一一〕【集解】徐廣曰：「一作『百』。」

〔一二〕【集解】徐廣曰：「一作『十』。」【考證】中井積德曰：策亦作「大縣數百，名都數十」，宜從。蓋縣亦都也。然不可稱名都，如鄴、安邑之類，所謂名都。

〔一三〕【考證】無，讀爲亡。策「由」作「百」。百，百倍也。策義爲長。凌稚隆曰：「異日」以下追論韓未亡，而魏且困於秦兵如此。

異日者從之不成也，〔一〕楚、魏疑，而韓不可得也。〔二〕今韓受兵三年，秦橈之以講，〔三〕識亡不聽，〔四〕投質於趙，請爲天下鴈行頓刃，〔五〕楚、趙必集兵，皆識秦之欲無窮也，非盡亡天下之國而臣海内，必不休矣。〔六〕是故臣願以從事王，〔七〕王速受楚、趙之約，趙挾韓之質，〔八〕以存韓而求故地，韓必效之。〔九〕此士民不勞而故地得，其功多於與秦共伐韓，而又與彊秦鄰之禍也。〔一〇〕

〔一〕【索隱】從，音足松反。【考證】凌稚隆曰：以下説韓亡則魏受秦之禍必烈。

〔二〕【正義】不可得合從也。【考證】策「得」下有「而約」二字。

〔三〕【索隱】橈，音尼孝反。謂韓被秦之兵，橈擾已經三年。云欲講説與韓和。【正義】橈，曲也。講，猶和也。誘諸侯伐韓，無不從者也。【考證】中井積德曰：謂攻三年秦屈撓之以和議。

〔四〕【索隱】識，猶知也。故戰國策云「韓知亡猶不聽」也。

〔五〕【考證】質，「質子」之「質」。以地爲質也。雁行，言以次進。頓刃，謂折壞兵刃以戰也。頓、鈍通。

〔六〕【考證】「皆識」以下二十三字，一氣讀。古鈔本「内」下有「之士」二字，楓山、三條本有「士」一字，策作「之民」。

〔七〕【索隱】從，音足松反。從事，言合從事王也。戰國策亦然。【考證】策「事」下有「乎」字。事，猶説也。

〔八〕【索隱】言韓以質子入趙，則趙挾韓質而親韓也。【考證】策「挾」上「趙」字作「而」爲是。挾韓之質，以上黨爲質也。事見下文。

〔九〕【索隱】效，猶致也。謂致故地於趙也。【正義】無忌令魏王速受楚、趙之從，趙、楚挾持韓之質以存韓，而魏以求地，韓必效之，勝於與秦伐韓，又與秦鄰之禍殃也。

〔一〇〕【考證】策「又」作「無」是也。王念孫曰：此言魏與秦伐韓以求故地，韓亡則魏與秦鄰而受其禍。今魏存韓而求故地，則故地不勞而得。且韓存則魏無與秦鄰之禍。故曰「其功多於與秦共伐韓，而又無與彊秦鄰之禍也」。

夫存韓安魏而利天下，此亦王之天時已。〔一〕通韓上黨於共、甯，〔二〕使道安成，出入賦之，〔三〕是魏重質韓以其上黨也。〔四〕今有其賦足以富國，〔五〕韓必德魏愛魏重魏畏魏，韓必不敢反魏，是韓則魏之縣也。魏得韓以爲縣，衞、大梁、河外必安矣。〔六〕今不存韓，二周、安陵必危，楚、趙大破，衞、齊甚畏，天下西鄉而馳秦入朝而爲臣不久矣。〔七〕

〔一〕【考證】策「天時」作「大時」，是也。大時，言時會之大也。王念孫曰：大時，言存韓安魏而利天下，王之時莫大於此也。秦策曰「今攻齊，此君之大時也」是其證。

〔二〕【集解】徐廣曰：「朝歌有甯鄉。」【正義】共，衞州共城縣。甯，懷州脩武縣，本殷之甯邑。韓詩外傳云「武王伐紂，勒兵於甯，故曰脩武」。今魏開通共、甯之道，使韓上黨得直路而行也。【考證】策「共甯」作「共莫」，恐非。呂祖謙曰：是時秦欲取韓上黨，故蠶食其地，使與魏國中絶。故勸魏假道，使韓與上黨往來。豈專爲韓而已哉！韓不失上黨，則三晉之勢猶完也。共、甯，在今河南脩武縣東。

〔三〕【正義】括地志云：「故安城，在鄭州原武縣東南二十里，時屬魏也。」【考證】策「使道安城」作「使道已通因而關之」，「入」下有「者」字。賦，征商賈也。

〔四〕【考證】岡白駒曰：是使韓以上黨質於我也。

〔五〕【考證】策「今」作「共」。

〔六〕【考證】鮑彪曰：衞時已附梁。

〔七〕【考證】「魏王以秦救之故」以下采魏策。

二十年，秦圍邯鄲，信陵君無忌矯奪將軍晉鄙兵以救趙，〔一〕趙得全。無忌因留趙。〔二〕二十六年，秦昭王卒。

〔一〕【正義】括地志云：「魏德故城，一名晉鄙城，在衛縣西北五十里，即公子無忌矯奪晉鄙兵，故名魏德城也。」

〔二〕【考證】雜采趙策、魏策。

三十年，無忌歸魏，率五國兵攻秦，敗之河外，走蒙驁。〔一〕魏太子增質於秦，秦怒，欲因魏太子增。或爲增謂秦王曰：〔二〕「公孫喜〔三〕固謂魏相曰：〔四〕『請以魏疾擊秦，秦王怒，必囚增。魏王又怒擊秦，秦必傷。』今王囚增，是喜之計中也。故不若貴增而合魏，以疑之於齊、韓。」秦乃止增。〔五〕

〔一〕【考證】河外，凌本譌作「河内」。中井積德曰：河内魏地，非攻秦之戰地。

〔二〕【索隱】按：戰國策作「蘇秦爲公子增謂秦王」。

〔三〕【索隱】戰國策作「公孫衍」。【考證】魏將公孫喜爲秦所虜，此時久無其人。

〔四〕【考證】陳仁錫曰：一本「固」作「因」。愚按：「固」字爲長。

〔五〕【考證】今本戰國策無此文。中井積德曰：「止」下「增」字疑衍。又曰：按信陵君傳「秦聞公子在趙，日夜出兵伐魏，魏王患之，使使往請公子」，此不可少者。

三十一年，秦王政初立。

三十四年，安釐王卒，太子增立，是爲景湣王。〔一〕信陵君無忌卒。

〔一〕【索隱】系本云：「安釐王生景湣王午。」

景湣王元年，秦拔我二十城，以爲秦東郡。二年，秦拔我朝歌。衞徙野王。〔一〕三年，秦拔我汲。五年，秦拔我垣、蒲陽、衍。〔二〕十五年，景湣王卒，子王假立。

〔一〕【集解】徐廣曰：「衞從濮陽徙野王。」

〔二〕【集解】徐廣曰：「十二年，獻城秦。」【正義】括地志云：「故垣地，本魏王垣也，在絳州垣縣西北二十里。蒲邑故城，在隰州隰川縣南四十五里。」在蒲水之北，故曰蒲陽。衍，地名，在鄭州。【考證】梁玉繩曰：「垣」、「衍」二字羨文，說在始皇紀。

王假元年，燕太子丹使荆軻刺秦王，秦王覺之。〔一〕

〔一〕【集解】徐廣曰：「二年，新鄭反。」【考證】「燕太子丹」以下采燕策。

三年，秦灌大梁，虜王假，〔一〕遂滅魏以爲郡縣。〔二〕

〔一〕【集解】列女傳曰：「秦殺假。」【考證】凌稚隆曰：卒如無忌之言。愚按：高祖紀魏人周市曰：「豐，故梁徙也。」集解引文穎云「梁惠王孫假爲秦所滅，轉東徙於豐，故曰豐梁徙」。據此則魏滅，餘衆徙於豐也。

〔二〕【考證】梁玉繩曰：案國策，魏尚有安陵君。魏滅後猶存，蓋魏所封同姓之國，似當附載。古史補之矣。又陳涉封魏咎，項羽封魏豹，雖別有傳，皆應附書一二語。

太史公曰：吾適故大梁之墟，墟中人曰：「秦之破梁，引河溝而灌大梁，三月城壞，王請降，遂滅魏。」說者皆曰，魏以不用信陵君，故國削弱至於亡，余以爲不然。天方令秦平海內，其業未成，魏雖得阿衡之佐，曷益乎？〔一〕

〔二〕【索隱】按：譙周曰：「以予所聞，所謂天之亡者，有賢而不用也，如用之，何有亡哉？使紂用三仁，周不能王，況秦虎狼乎？」【考證】古鈔本「阿衡之佐」作「阿衡之徒」，與索隱本及史通雜說所引合，當依訂。岡白駒曰：其業未成，秦一統之業未成也。愚按：史公常謂天使秦繼周以開漢業，此論亦然。劉知幾曰：論成敗者，當以人事爲主。必推命而言，其理悖矣。

【索隱述贊】畢公之苗，因國爲姓。大名始賞，盈數自正。胤裔繁昌，系載忠正。楊干就戮，智氏奔命。文始建侯，武實彊盛。大梁東徙，長安北偵。卯既無功，卬亦外聘。王假削弱，虜於秦政。

史記會注考證卷四十五

韓世家第十五

史記四十五

【考證】史公自序云：「韓厥陰德，趙武攸興。紹絶立廢，晉人宗之。昭侯顯列，申子庸之。疑非不信，秦人襲之。嘉厥輔晉匡天子之賦，作韓世家第十五。」

韓之先與周同姓，〔一〕姓姬氏。其後苗裔事晉，得封於韓原，〔二〕曰韓武子。〔三〕武子後三世有韓厥，〔四〕從封姓爲韓氏。〔五〕

〔一〕【索隱】按：左氏傳云「邗、晉、應、韓，武之穆」，是武王之子，故詩稱「韓侯出祖」，是有韓而先滅。今據此文云「其後裔事晉，封于韓原，曰韓武子」，則武子本是韓侯之後，晉又封之於韓原，即今之馮翊韓城是也。然按系本及左傳舊説，皆謂韓萬是曲沃桓叔之子，即是晉之支庶。又國語叔向謂韓宣子能修武子之德，起再拜謝曰「自桓叔已下，嘉吾子之賜」，亦言桓叔是韓之祖也。今以韓侯之後別有桓叔，非關曲沃之桓叔，如此則與太史公之意亦有違。【考證】中井積德曰：太史公只謂韓之先與周同姓也，不謂周之韓侯之後，亦不謂韓萬是武子之祖也。注牽合失考。又曰：注蓋以國語韓起是韓萬之後，遂有桓叔之説耳，此與太史公之説不同。

〔二〕【正義】括地志云：「韓原在同州韓城縣西南八里。又韓城在縣南十八里，故古韓國也。古今地名云韓武子食采於韓原故城也。」

〔三〕【考證】梁玉繩曰：案韓之先與晉同祖，皆武王之後。此所云武子者，韓萬也。杜注桓三年傳依世本云「韓萬，莊伯弟」。晉語韓宣子謝叔向曰「桓叔以下，嘉吾子之賜」。韋注云「桓叔生子萬，受韓以爲大夫」。索隱、唐表同。則韓乃桓叔之後，非韓侯之後。又云：敘韓之世，多不書名，疏。

〔四〕【索隱】系本云：「萬生賕伯，賕伯生定伯簡，簡生輿，輿生獻子厥。」【正義】世本云桓叔生子萬，萬生勝伯，勝伯生定伯簡，簡生輿，輿生獻子厥，並居韓。按：桓叔，晉文侯弟成師也。晉昭公封之曲沃，號曰桓叔。【考證】宣十二年左傳疏引世本云桓叔生子萬，萬生求伯，求伯生子輿，子輿生獻子厥。愚按：索隱、正義、左傳疏所引世本有異同。索隱「賕伯」，正義作「勝伯」，左傳疏作「求伯」，又缺定伯簡一代。梁玉繩曰：案左宣十二年注云「韓厥，萬玄孫」，與索隱引世本合。

〔五〕【考證】中井積德曰：史公明言從封姓爲韓氏，何假於韓侯、韓萬？可知封韓之前，別自有姓氏矣，但無所考耳。

韓厥，晉景公之三年，〔一〕晉司寇屠岸賈將作亂，誅靈公之賊趙盾。趙盾已死矣，欲誅其子趙朔。韓厥止賈，賈不聽。厥告趙朔令亡。朔曰：「子必能不絕趙祀，死不恨矣。」韓厥許之。及賈誅趙氏，厥稱疾不出。程嬰、公孫杵臼之藏趙孤趙武也，厥知之。〔二〕

〔一〕【考證】志疑引王孝廉云「『韓厥』字疑衍」。

〔三〕【考證】屠岸賈作亂，滅趙氏，事多訛謬，説在趙世家。

景公十一年，厥與郤克將兵八百乘伐齊，敗齊頃公于鞍，獲逢丑父。〔一〕於是晉作六卿，而韓厥在一卿之位，〔二〕號爲獻子。〔三〕

〔一〕【正義】鞍，音安。括地志云：「故鞍城今俗名馬鞍城，在濟州平陰縣十里。」【考證】厥與郤克敗齊，成二年左傳。梁玉繩曰：按事在晉景十年。今山東歷城縣藥山南有鞍山，舊傳晉敗齊于鞍即是。正義「縣」下脱「東」。

〔二〕【考證】成三年左傳。

〔三〕【考證】中井積德曰：「獻子」是謚，以爲生號者，謬。

晉景公十七年，病，卜大業之不遂者爲（祟）〔祟〕。〔一〕韓厥稱趙成季之功，今後無祀，以感景公。〔二〕景公問曰：「尚有世乎？」厥於是言趙武，而復與故趙氏田邑，續趙氏祀。〔三〕

〔一〕【考證】梁玉繩曰：病在十八年。

〔二〕【考證】古鈔本、楓山、三條本「後」下有「絶」字。

〔三〕【考證】韓厥存趙後，見成八年左傳，與史所記異，説在趙世家。

晉悼公之十年，韓獻子老。〔一〕獻子卒，子宣子代。宣子徙居州。〔二〕

〔一〕【考證】襄七年左傳。梁玉繩曰：「十」乃「七」之譌。

〔二〕【索隱】宣子名起。州，今在河内是也。【正義】括地志云：「懷州武德縣，本周司寇蘇忿生之州邑也。」【考證】左傳昭三年云鄭簡公如晉，公孫段相，晉平公賜以州田。昭七年云段死，鄭子産致州田於韓宣子，宣子以告晉侯，晉侯以與宣子，宣子以易原縣於樂大心。蓋原縣宣子所有，獻諸晉侯以與樂大心，而自居受之。

州也。州，今河南河内縣東南。

晉平公十四年，吴季札使晉，曰：「晉國之政，卒歸於韓、魏、趙矣。」〔一〕晉頃公十二年，韓宣子與趙、魏共分祁氏、羊舌氏十縣。〔二〕晉定公十五年，宣子與趙簡子侵伐范、中行氏。〔三〕宣子卒，子貞子代立。〔四〕貞子徙居平陽。〔五〕

〔一〕【考證】襄二十九年左傳。

〔二〕【考證】事見昭二十八年左傳，但三卿不共分十縣，説在晉世家。

〔三〕【考證】事見定十四年左傳。梁玉繩曰：案晉定十六年，與趙簡子伐范、中行者，韓簡子不信也。是時宣子已卒十九年矣。左傳及晉、趙世家可證。此誤「十六年」爲「十五年」，誤「簡子」爲「宣子」。

〔四〕【正義】世本云「宣子起生平子須也」。

〔五〕【索隱】系本作「平子」，名須，宣子子也。又云「景子居平陽」。平陽在山西。宋忠曰「今河東平陽縣」。【正義】平陽，晉州城是。【考證】梁玉繩曰：貞子即左昭二年韓須。愚按：索隱「景子」當作「平子」。平陽，山西臨汾縣。

貞子卒，子簡子代。〔一〕簡子卒，子莊子代。莊子卒，子康子代。〔二〕康子與趙襄子、魏桓子共敗知伯，分其地，地益大，大於諸侯。

〔一〕【集解】徐廣曰：「史記多無簡子、莊子，而云貞子生康子。班氏亦同。」【索隱】徐廣云：「史記多無簡子、莊子，而云貞子生康子。班氏亦同。」按：系本有簡子名不信，莊子名庚。趙系家亦有簡子名不佞。【考證】梁玉繩曰：韓簡子不信，見于春秋經傳及晉、趙世家，惟莊子無考。

〔二〕【索隱】名虎。

康子卒，子武子代。〔一〕武子二年，伐鄭，殺其君幽公。十六年，武子卒，子景侯立。〔二〕

〔一〕【索隱】名啓章。【考證】中井積德曰：韓氏有兩武子，可怪。

〔二〕【索隱】紀年及系本皆作「景子」，名處。

景侯虔元年，伐鄭取雍丘。〔一〕二年，鄭敗我負黍。〔二〕

〔一〕【考證】雍丘，河南開封府杞縣。梁玉繩曰：呂覽任數注謂武子都宜陽，景侯徙陽翟。史似失書。

〔二〕【考證】負黍，河南河南府登封縣。

六年，與趙、魏俱得列爲諸侯。

九年，鄭圍我陽翟。〔一〕景侯卒，子列侯取立。〔二〕

〔一〕【考證】陽翟，河南開封府禹州。

〔二〕【索隱】系本作「武侯」。

列侯三年，聶政殺韓相俠累。〔一〕九年，秦伐我宜陽，取六邑。〔二〕十三年，列侯卒，子文侯立。〔三〕是歲，魏文侯卒。

〔一〕【集解】徐廣曰：「六年救魯也。」【索隱】戰國策作「殺韓傀」。高誘曰：「韓傀，俠侯累也。」【考證】韓策云「韓有東孟之會，韓王及相皆在焉。聶政直入上階刺韓傀，韓傀走而抱哀侯，聶政刺之，兼中哀侯」。據此，則聶政殺韓相，在哀侯時，遂併弑哀侯也。刺客傳所記同。世家以爲列侯時，疑誤。

〔二〕【考證】宜陽故城在河南宜陽縣東。

〔三〕【索隱】按：紀年無文侯，系本無列侯。

文侯二年，伐鄭，取陽城。伐宋，到彭城，執宋君。〔一〕七年，伐齊，至桑丘。〔二〕鄭反晉。〔三〕九年，伐齊，至靈丘。〔四〕十年，文侯卒，子哀侯立。

〔一〕【考證】陽城，河南開封府登城縣。彭城，江蘇徐州府。宋君，休公。

〔二〕【考證】桑丘，山東兗州府滋陽縣。

〔三〕【考證】言鄭不服晉而來伐也。表云「鄭敗晉」。「敗」疑「叛」之譌。

〔四〕【正義】靈丘，蔚州縣也，此時屬燕也。【考證】靈邱，山東東昌府高唐州。

哀侯元年，與趙、魏分晉國。二年，滅鄭，因徙都鄭。〔一〕

〔一〕【索隱】按：紀年魏武侯二十一年，韓滅鄭，哀侯入于鄭。二十二年，晉桓公邑哀侯于鄭。是韓既徙都，因改號曰鄭，故戰國策謂韓惠王曰鄭惠王，猶魏徙大梁稱梁王然也。【考證】鄭，河南新鄭縣。今河南開封縣以西至成皋故關，皆鄭分也。

六年，韓嚴弒其君哀侯，而子懿侯立。〔一〕

〔一〕【索隱】按：年表「懿侯」作「莊侯」。又紀年云「晉桓公邑哀侯于鄭，韓山堅賊其君哀侯而立韓若山」。若山即懿侯也，則韓嚴爲韓山堅也。而戰國策又有韓仲子名遂，又恐是韓嚴也。【考證】梁玉繩曰：韓山堅，一言爲嚴，一言山堅也。或云是名字之異。愚按：據韓策聶政刺韓傀，遂併弒哀侯也。說既見上文。

懿侯二年，魏敗我馬陵。〔一〕五年，與魏惠王會宅陽。〔二〕九年，魏敗我澮。〔三〕十二年，懿侯卒，子昭侯立。〔四〕

〔一〕【正義】在魏州元城縣東南一里。【考證】馬陵，直隸大名府元城縣。

〔二〕【正義】在鄭州也。【考證】宅陽，河南開封府滎澤縣。

〔三〕【集解】徐廣曰：「大雨三月也。」【正義】澮，古外反。在陵州澮水之上也。【考證】澮出山西平陽府翼城縣入汾。

〔四〕【考證】梁玉繩曰：紀年有釐侯，無昭公。魏世家索隱及魏策吳注云釐侯即昭公。蓋兩字諡，故莊子讓王篇，呂子任數、審爲、處方並稱昭釐侯，各處皆單舉之爾。愚按：韓策亦有作「昭釐侯」者。

昭侯元年，秦敗我西山。〔一〕二年，宋取我黃池。〔二〕魏取朱。〔三〕六年，伐東周，〔四〕取陵觀、邢丘。〔五〕

〔一〕【考證】西山，河南宜陽魯山一帶皆是。

〔二〕【集解】徐廣曰：「在平丘。」【考證】河南封丘縣東南。

〔三〕【考證】朱，韓地。表云「魏取我朱」。

〔四〕【正義】河南鞏縣。

〔五〕【正義】陵觀音館，未詳。【考證】梁玉繩曰：陵觀無攷。邢丘，年表作「廩丘」。廩丘，齊地，時屬于趙。邢丘，魏地，後入于秦。俱非東周之地，韓安得取之？東周止有鞏耳，疑所書誤。

八年，申不害相韓，脩術行道，國內以治，諸侯不來侵伐。〔一〕

〔一〕【正義】不害，河南人，作申子三卷，在法家也。【考證】韓策云「魏之圍邯鄲也，申不害始合於韓王」。韓子定法篇云「問者曰：『申不害、公孫鞅，此二家之言孰急？』應之曰：『是不可程也。申不害言術，而公孫鞅爲法。術者因任而授官，循名而責實，操殺生之柄，課羣臣之能者也，此人主之所執也。法者憲令著於官府，刑罰必於民心，賞存乎慎法，而罰加乎姦令者也，此臣之所師也。』」

十年，韓姬弒其君悼公。〔一〕十一年，昭侯如秦。二十二年，申不害死。二十四年，秦來拔我宜陽。〔二〕

〔一〕【索隱】紀年「姬」亦作「玘」，並音羊之反。姬是韓大夫，而王劭亦云不知悼公何君也。【考證】梁玉繩曰：年表均有此語。徐氏測義以爲史誤，蓋韓昭時申子爲相，寧有一國二君之理？韓無謚悼者，則悼公之非韓君明甚。索隱疑悼公爲鄭嗣君，而鄭滅於韓已三十年，尚何嗣君哉？若以韓姬即李斯傳之韓玘，玘爲韓安之相，自昭侯十年至王安滅，幾一百二十年，玘未嘗弒安，不可以安當悼公也。史詮及經史問答亦謂此句是誤文，宜芟之。余謂韓姬乃一韓大夫，非韓玘也。悼公非韓君也。攷三晉遷晉靜公于屯留之後，鄭取屯留。鄭即韓。靜公遷爲家人，又歷十一年，爲昭公十年。疑悼公即靜公，至是被弒也。各國之君，有二謚者甚多。靜公在位二年而遷，故又謚悼。愚按：梁說亦無確證，姑書備考。

〔二〕【考證】宜陽故城，在今河南宜陽縣東。秦拔宜陽，年表同，秦紀不載。梁玉繩曰：甘茂拔宜陽，在秦武王四年。此時安得先拔之？疑「拔」乃「攻」字之誤。愚按：韓策及史蘇秦傳並載蘇秦説韓王言云「大王事秦，秦必求宜陽、成皋」，此時宜陽未爲秦有也。下文「秦拔宜陽」，亦當作「攻」。

二十五年，旱，作高門。屈宜臼曰：〔一〕「昭侯不出此門。何也？不時。吾所謂時者非時日也，人固有利不利時。昭侯嘗利矣，不作高門。往年秦拔宜陽，今年旱，昭侯不以此時卹民之急，而顧益奢，此謂『時絀舉贏』。」〔二〕二十六年，高門成，昭侯卒，〔三〕果不出此門。子宣惠王立。〔四〕

〔一〕【集解】許慎曰：「屈宜臼，楚大夫，在魏也。」

〔二〕【集解】徐廣曰：「時衰耗而作奢侈。」【考證】陳仁錫曰：「昭侯」俱當作「君侯」。愚按：年表亦譌作「昭侯」。

岡白駒曰：「時絀舉贏」，蓋古語。

〔三〕【索隱】按：紀年「鄭昭侯武薨，次威侯立。威侯七年，與邯鄲圍襄陵。五月，梁惠王會威侯于巫沙。十月，鄭宣王朝梁」，不見威侯之卒。下敗韓舉在威侯八年，而此系家即以爲宣惠王之年。又上有殺悼公，悼公又不知是誰之謚。則韓微小國，史失代系，故此文及系本不同，蓋亦不可復考。

〔四〕【考證】梁玉繩曰：紀年、人表稱宣王。韓非子說林、外儲說右、難一凡四見，皆作韓宣王也。愚按：宣惠之稱宣，猶昭釐之稱昭。

宣惠王五年，張儀相秦。八年，魏敗我將韓舉。〔一〕十一年，君號爲王。〔二〕與趙會區鼠。十四年，秦伐敗我鄢。〔三〕

〔一〕【索隱】韓舉則是韓將不疑。而紀年云韓舉趙將，蓋舉先爲趙將，後入韓。又紀年云其敗當韓威王八年，是不同也。【考證】趙世家肅侯二十三年云「韓舉與齊、魏戰，死于桑丘」，事在前二年。梁玉繩曰：趙之韓舉，已先二年死矣，疑是別一韓將，而趙將適與同姓名爾。

〔二〕【考證】梁玉繩曰：表在十年，與世家書于懷王六年合。此誤。

〔三〕【集解】徐廣曰：「潁川鄢陵縣。音於乾反。」【正義】今許州鄢陵縣西北十五里有鄢陵故城，是也。【考證】鄢，河南開封府鄢陵縣。

十六年，秦敗我脩魚，〔一〕虜得韓將鰒、申差於濁澤。〔二〕韓氏急，公仲謂韓王曰：〔三〕「與國非可恃也。〔四〕今秦之欲伐楚久矣，王不如因張儀爲和於秦，賂以一名都，具甲，與之南伐楚，此以一易二之計也。」〔五〕韓王曰：「善。」乃警公仲之行，〔六〕將西購於秦。〔七〕楚王聞之大恐，召陳軫告之。陳軫曰：「秦之欲伐楚久矣，今又得韓之名都一而具甲，秦、韓并兵而伐楚，此秦所禱祀而求也。今已得之矣，楚國必伐矣。王聽臣，爲之警四境之內，起師言救韓，命戰車滿道路，發信臣，多其車，重其幣，使信王之救己也。縱韓不能聽我，韓必德王也，〔八〕必不爲鴈行以來，〔九〕是秦、韓不和也，兵雖至，楚不大病也。〔一〇〕爲能聽我，絶和於秦，秦必大怒，以厚怨韓。〔一一〕韓之南交楚，必輕秦；輕秦，其應秦必不敬：是因秦、韓之兵，而免楚國之患也。」〔一二〕楚王曰：「善。」乃警四境之內興師，言救韓，命戰車滿道路，發信臣，多其車，重其幣，謂韓王曰：「不穀國雖小，已悉發之矣。願大國遂肆志於秦，不穀將以楚殉韓。」〔一三〕韓王聞之大說，乃止公仲之行。〔一四〕公仲曰：「不可。夫以實伐我者秦也，〔一五〕以虛名救我者楚也。王恃楚之虛名，而輕絶彊秦之敵，王必爲天下大笑。且楚、韓非兄弟之國也，又非素約而謀伐秦也。已有伐形，因發兵救韓，〔一六〕此必陳軫之謀也。且王已使人報於秦矣，今不行，是欺秦也。夫輕欺彊秦而信楚之謀臣，恐王必悔之。」韓王不聽，遂絶於秦。秦因大怒，益甲伐韓，大戰，楚救不至韓。十九年，大破我岸門。〔一七〕太子倉質於秦以和。〔一八〕

〔一〕【索隱】地名。

〔二〕【集解】徐廣曰：「一云鯁、申差。長社有濁澤。」【索隱】鰒、申差二將。鰒，音瘦，亦作「鯁」。【正義】按：濁澤者蓋誤，當作「觀澤」。年表云「秦惠文王更元八年，與韓戰，斬首八萬。韓宣惠王十六年，秦敗我脩魚，得將軍申差。魏哀王二年，齊敗我觀澤。趙武靈王九年，與韓、魏擊秦。齊湣王七年，敗魏、趙觀澤」。「濁澤」定誤矣。徐廣又云「濁澤在長社」，不曉錯誤之甚。括地志云「觀澤在魏州頓丘縣東十八里」。【考證】脩魚，疑與濁澤相近。濁澤，即河南許州長葛縣，韓地無由至頓丘東也，正義非。

〔三〕【索隱】韓相國，名侈。【考證】韓非子十過篇作「公仲朋」，鮑本國策同。沈濤曰：戰國策公仲名朋，不名侈。又田敬仲完世家「魏王謂韓馮曰」，集解引徐廣曰「韓之公仲侈也」，則公仲即韓馮。馮、朋聲相近，古字率相通。韓策云「韓相公仲使韓侈之秦」，明韓侈別是一人。

〔四〕【考證】與國，謂山東。

〔五〕【索隱】一，謂名都也。二，謂使不伐韓，而又與之伐楚也。【正義】一，謂賂秦一名都。二，謂使秦不伐韓，而又與之伐楚。

〔六〕【索隱】警，戒也。戰國策作「儆」。

〔七〕【索隱】戰國策作「講」。講亦謀議，與購求意通。【正義】以金帛和交曰購也。【考證】中井積德曰：購、媾、講通，和也，注謬。

〔八〕【索隱】言韓王信楚之救，雖不能聽待楚救至，折入於秦，猶德於楚也。

〔九〕【索隱】言韓以楚必救己，己雖隨秦來戰，猶德於王，故不爲鴈行而來，言不同心旅進也。【考證】柯維騏曰：行者行列也。魏世家云「投質于趙，請爲天下雁行頓刃」。蘇秦傳云「使弱燕爲雁行，而强秦敝其後」，義與此同，皆戰國策文也。中井積德曰：不爲雁行以來，言雖講於秦，亦以德楚，不必偕來伐楚也。索隱「雖隨秦來戰」句舛。

〔一〇〕【考證】中井積德曰：言縱令不如前言，有偕來伐，二國不和，竟無大害也。

〔一一〕【考證】「爲」上添「韓」字看。岡白駒曰：言韓能聽於楚以絶秦也。

〔一二〕【考證】李笠曰：韓策「因」作「困」，謂困頓秦、韓之兵，是也。愚按：作「因」自通，不必改字。

〔一三〕【索隱】殉，從死也，言以死助韓。【正義】徇，行示也，言爲前鋒。【考證】索隱本作「殉」，正義本作「徇」。中井積德曰：以國殉國，只是同存亡之意，未可以死生解。愚按：作「殉」義長。

〔一四〕【索隱】止不令西之秦。

〔一五〕【考證】韓策、韓非十過「伐」作「告」，非是。

〔一六〕【考證】言秦有欲伐楚之形，楚因發兵言救韓。

〔一七〕【集解】徐廣曰：「潁陰有岸亭。」【正義】括地志云：「岸門，在許州長社縣西北十八里，今名西武亭矣。」【考證】「韓氏急」以下采魏策，但策無「十九年」三字，史公蓋別有所據。韓非子十過篇亦録此，以爲秦拔韓宜陽時事。張文虎曰：「十九年」上「韓」字疑衍。岸門，河南許州長葛縣。

〔一八〕【考證】黄式三曰：據秦紀，韓太子質秦在前年石章之役，與此異。

二十一年，〔一〕與秦共攻楚，〔二〕敗楚將屈丐，斬首八萬於丹陽。〔三〕是歲，宣惠王卒，太子倉立，是爲襄王。〔四〕

〔一〕【集解】徐廣曰：「周王赧之三年也。」

〔二〕【集解】徐廣曰：「圍景痤也。」

〔三〕【索隱】故楚都，在今均州。【正義】左傳〔釋〕例云：「楚居丹陽，今枝江縣故城是也。」【考證】陳仁錫曰：古本「丐」作「匄」。丹陽，河南南陽府内鄉縣。

〔四〕【集解】徐廣曰：「一云周赧王六年，韓襄哀王三年，張儀死。赧王九年，襄哀王六年，秦昭王立。」【考證】梁玉繩曰：留侯世家亦作「襄哀王」。

襄王四年，與秦武王會臨晉。〔一〕其秋，秦使甘茂攻我宜陽。五年，秦拔我宜陽，斬首六萬。〔二〕秦武王卒。六年，秦復與我武遂。〔三〕九年，秦復取我武遂。十年，太子嬰朝秦而歸。〔四〕十一年，秦伐我，取穰。〔五〕與秦伐楚，敗楚將唐眛。

〔二〕【考證】臨晉，陝西同州府。

〔三〕【正義】括地志云：「故韓城一名宜陽城，在洛州福昌縣東十四里，韓宜陽城也。」

〔三〕【考證】秦紀云「武王四年，甘茂拔宜陽，城武遂」。今山西臨汾縣西有武遂城。

〔四〕【集解】徐廣曰：「與秦會臨晉，因至咸陽而還。」

〔五〕【正義】穰，人羊反。鄧州縣也。郭仲産南雍州記云：「楚之別邑。秦初侵楚，封公子悝爲穰侯。後屬韓，秦昭王取之也。」【考證】穰，河南南陽府鄧縣東南。

十二年，太子嬰死。公子咎、公子蟣蝨争爲太子。〔一〕時蟣蝨質於楚。蘇代謂韓咎曰：〔二〕「蟣蝨亡在楚，楚王欲内之甚。今楚兵十餘萬在方城之外，〔三〕公何不令楚王築萬室之都雍氏之旁，〔四〕韓必起兵以救之，公必將矣。公因以韓、楚之兵奉蟣蝨而内之，其聽公必矣，必以楚、韓封公也。」〔五〕韓咎從其計。〔六〕

〔一〕【考證】策「蟣蝨」作「幾瑟」。

〔二〕【考證】梁玉繩曰：案「蘇代」，策作「冷向」是也。古史亦以史爲誤，但韓咎即公子咎，與蟣蝨争爲太子者。而此篇實謀納蟣蝨，義不可通。吳注云：「咎豈有納幾瑟之理，當是謂公仲之辭也。」徐氏測議云「公子咎與韓咎是二人，故蘇氏説韓咎奉蟣蝨也」，亦是一解。愚按：此韓咎非太子咎，徐説是。蟣蝨亡在楚，非質于楚也，下文及策可證。

〔三〕【索隱】方城，楚之北境。之外，北境之北也。【正義】括地志云：「方城山在許州葉縣西南十八里。左傳云楚大夫屈完對齊侯曰『楚國方城以爲城』，杜注云『方城山在南陽葉縣南』。」【考證】方城，山名，亦曰長城山，亦曰萬城山，在河南葉縣。方城之外，方城以北也。

〔四〕【集解】徐廣曰：「在陽翟。」【正義】括地志云：「故雍氏城，在洛州陽翟縣二十五里。故老云黄帝臣雍父作杵臼也。」【考證】雍氏，韓地，故城在今河南扶溝縣西南。

〔五〕【考證】策「聽」作「德」，「封」作「奉」，義長。

〔六〕【考證】「謂韓咎曰」以下采韓策。

楚圍雍氏，〔一〕韓求救於秦。秦未爲發，使公孫昧入韓。公仲曰：「子以秦爲且救韓乎？」〔二〕對曰：「秦王之言曰『請道南鄭、藍田，出兵於楚以待公』，殆不合矣。」〔三〕公仲曰：「子以爲果乎？」對曰：「秦王必祖張儀之故智。〔四〕楚威王攻梁也，張儀謂秦王曰：『與楚攻魏，魏折而入於楚，韓固其與國也，是秦孤也。〔五〕不如出兵以到之，〔六〕魏、楚大戰，秦取西河之外以歸。』〔七〕今其狀陽言與韓，其實陰善楚。公待秦而到，〔八〕必輕與楚戰。楚陰得秦之不用也，〔九〕必易與公相支也。〔一〇〕公戰而勝楚，遂與公乘楚，施三川而歸。〔一一〕公戰不勝楚，楚塞三川守之，〔一二〕公不能救也。竊爲公患之。司馬庚三反於郢，〔一三〕甘茂與昭魚遇於商、於，〔一四〕其言收璽，〔一五〕實類有約也。」〔一六〕公仲恐曰：「然則柰何？」曰：「公必先韓而後秦，先身而後張儀。〔一七〕公不如亟以國合於齊、楚，齊、楚必委國於公。公之所惡者張儀也，〔一八〕其實猶不無秦也。」〔一九〕於是楚解雍氏圍。〔二〇〕

〔一〕【集解】徐廣曰：「秦本紀惠王後元十三年，周赧王三年，楚懷王十七年，齊湣王十二年，皆云『楚圍雍氏』。

紀年於此亦說『楚景翠圍雍氏。韓宣王卒，秦助韓共敗楚屈丐』。又云『齊、宋圍煑棗』。皆與史記年表及田完世家符同。然則此卷所云『襄王十二年，韓咎從其計』以上，是楚後圍雍氏，赧王之十五年事也。又說『楚圍雍氏』以下，是楚前圍雍氏，赧王之三年事。」

〔二〕【考證】楓山本「入」下有「朝」字。

〔三〕【索隱】殆不合於南鄭。【正義】南鄭，梁州縣。藍田，雍州縣。秦王言或出雍州，西南至鄭。或出雍州，東南歷藍田出嶢關。俱繞楚北境，以待韓使，而東救雍氏。如此遲緩，近不合於楚矣。【考證】策云「請道於南鄭、藍田以入攻楚，出兵於三川以待公」，殆不合軍於南鄭矣。索隱依策解史。吳師道曰：史無「軍於南鄭」四字爲是。愚按：南鄭，古鄭地，今河南新鄭縣西北有古鄭城。藍田故城在今陝西藍田縣西。蓋一軍由商洛，一軍由漢中，以攻楚也。中井積德曰：不合，不與言相符也。策不必據。

〔四〕【集解】徐廣曰：「祖者，宗之習之謂也。故智，猶前時謀計也。」【考證】中井積德曰：祖猶祖述也。

〔五〕【考證】「秦孤」，王、柯、凌本倒。王念孫曰：宋本、游本及韓策作「秦孤」，下文是「齊孤」也。楚世家曰「是齊孤也」，文義並與此同。愚按：楓山、三條本亦作「秦孤」。

〔六〕【索隱】到，欺也，猶俗云「張到」。然戰國策作「勁」。勁，强也。【考證】梁玉繩曰：到，顛倒意，謂惑之也。「到」，古「倒」字。王念孫曰：到，當依韓策作「勁」。勁，强也。出兵以勁之者，陽爲助魏，而實以虛聲勁之也。魏恃秦而勁，必與楚戰。楚、魏相搏，秦因取西河之外以歸。故韓策曰「魏氏勁，威王怒，楚與魏大戰，秦取西河之外以歸也」。秦策記此事曰「楚攻魏，張儀謂秦王曰『不如與魏以勁之』」，則作「勁」者是也。下文「公待秦而到」，亦當依韓策作「公恃秦而勁」，謂韓恃秦而勁，必與楚戰。勝，則秦與韓乘楚施三川而歸。不勝，則秦塞三川而守之，韓不能救也。愚按：諸說皆缺明皙，並書存疑。

〔七〕【考證】以上引張儀故事，見于秦策。西河之外，即河西，今陝西大荔、宜川等縣地。

〔八〕【考證】策作「公恃秦而勁」。

〔九〕【考證】得，猶知也。

〔一〇〕【索隱】言楚陰知秦不爲公用，亦必易爲公相支拒也。

〔一一〕【正義】施，猶設也。三川，周天子都也。言韓戰勝楚，則秦與韓駕御於楚，即於天子之都張設救韓之功，行霸王之迹，加威諸侯，乃歸咸陽是也。【考證】中井積德曰：施，言揚威也。愚按：田完世家「請與韓地，而王以施三川」，蔡澤傳「利施三川，以實宜陽」，並義同。策作「易」。王念孫據爲移易之義，未得。三川，謂伊、洛、河三川。秦置三川郡，漢爲河南郡，今河南洛陽縣等地。

〔一二〕【正義】楚乃塞南河四關守之，韓不能救三川。【考證】王念孫曰：下「楚」字疑衍。此謂秦塞三川而守之，非謂楚也。韓策無下「楚」字。

〔一三〕【集解】徐廣曰：「一作『唐』。」【考證】策作「康」，蓋秦人。郢，楚都。

〔一四〕【集解】徐廣曰：「昭魚，楚相國。」【索隱】戰國策謂之昭獻。【考證】甘茂，下蔡人，仕秦。商、於，秦二邑名。

〔一五〕【索隱】劉氏云「詐言昭魚來秦，欲得秦官之印璽」。收即取之義也。【正義】其言語云「昭魚遇於商於」，擬相秦收其相璽，而實類其終契謀伐韓也。【考證】鮑彪曰：璽，軍符。收之者，言欲止楚之攻韓。策作「遇於境」。

〔一六〕【考證】鮑彪曰：疑秦、楚約攻韓。

〔一七〕【正義】先以身存韓之計，而後知張儀爲秦到魏之計，不如急以國合於齊、楚。【考證】吴師道曰：先韓者，急圖其國。後秦者，不望其救。先身者，善己之謀。後儀者，不墮人之詐。中井積德曰：主韓而舍秦，主己而舍張儀之計也。

〔一八〕【正義】惡，烏故反。公孫昧言公仲所惡者，張儀到魏之計，雖以國合於齊、楚，其實猶不輕欺無秦也。【考證】策「惡」作「外」。吴師道曰：不墮儀之故智，爲外於儀耳。中井積德曰：所惡在張儀之計也。

〔一九〕【考證】策「無」作「失」。中井積德曰：言其實非敢疎秦也。

〔二〇〕【集解】徐廣曰：「甘茂傳云『楚懷王以兵圍韓雍氏，韓使公仲告急於秦，秦昭王新立不肯救。甘茂爲韓言之，乃下師於殽以救韓也』。又云『周赧王十五年，韓襄王十二年，秦擊楚，斬首二萬，敗楚襄城，殺景缺』。周本紀赧王八年之後云『楚圍雍氏』，此當韓襄王十二年，魏哀王十九年。紀年於此亦説『楚入雍氏，楚人敗』。然爾時張儀已死十年矣。」【正義】自此已上十二年，並是楚後圍雍氏，赧王之十五年一段事也。前注徐廣云「『楚圍雍氏』以下，是楚前圍雍氏，赧王三年事」，徐説非也。徐見下文云「先身而後張儀」及「公之所惡者張儀也」，言張儀尚存，楚又兩度圍雍氏，故生此前後之見，甚誤也。然是公孫昧卻述張儀時事，説韓相公仲耳。【考證】「楚圍雍氏」以下采韓策。沈家本曰：此一段乃錯簡也。上文書公子咎、公子蟣蝨爭爲太子，蘇代謂韓咎云云，下文蘇代又謂云云，其文勢相接，不應中間插入楚圍雍氏之事。其爲錯簡甚明，第不知當何屬耳。

蘇代又謂秦太后弟羋戎曰：〔一〕「公叔伯嬰，恐秦、楚之内蟣蝨也，〔二〕公何不爲韓求質子於楚？〔三〕楚王聽入質子於韓，〔四〕則公叔伯嬰知秦、楚之不以蟣蝨爲事，〔五〕必以韓合於秦、楚，秦、楚挾韓以窘魏，魏氏不敢合於齊，是齊孤也。公又爲秦求質子於楚，〔六〕楚不聽，怨結於韓。韓挾齊、魏以圍楚，楚必重公。〔七〕公挾秦、楚之重以積德於韓，公叔伯嬰必以國待公。」〔八〕於是蟣蝨竟不得歸韓。〔九〕韓立咎爲太子。齊、魏王來。〔一〇〕

〔一〕【集解】徐廣曰：「號新城君。」【索隱】羋，姓；戎，名。秦宣太后弟，號新城君。【考證】「又」字承上文太子嬰死章。策不記説者名，「秦太后弟羋戎」作「新城君」。

〔二〕【索隱】按戰國策，公叔伯嬰與蟣蝨及公子咎並是襄王子，然伯嬰即太子嬰。嬰前死，故咎與蟣蝨又争立。此取戰國策説，伯嬰未立之先亦與蟣蝨争立，故事重而文倒也。【考證】中井積德曰：改「伯嬰」爲「公子咎」，則前後文相應。訛文耳，下文倣此。

〔三〕【索隱】令韓求楚，更以别人爲質，以替蟣蝨也。【正義】爲，于僞反，後同。【考證】張文虎曰：索隱本有「子」字，與下「爲秦求質子」句法一例，國策亦有，各本並脱。中井積德曰：求者，自秦求其歸於韓。索隱間却本文爲字。又别人替質，本文不言及。

〔四〕【索隱】質子，蟣蝨也。【正義】質子，蟣蝨。蘇代令芈戎爲韓求蟣蝨入於韓，楚不聽。公叔伯嬰知秦、楚不以蟣蝨爲事，必以韓合於秦、楚。「楚王聽入質子於韓」，當云「楚王不聽入質子於韓」，承前脱「不」字耳。次下云「知秦楚不以蟣蝨爲事」，重明脱「不」字。【考證】楓山、三條本「聽」上有「不」字，不補亦通。中井積德曰：入質子，與前文内蟣蝨意不同。「入」者只是放還矣，「内」者以兵護送，必立爲太子也。愚按：放還蟣蝨，任韓人之所爲也。

〔五〕【考證】知秦楚無意於立蟣蝨也。

〔六〕【索隱】令芈戎教秦，於楚索韓所送質子，令入之於秦也。【考證】中井積德曰：「爲秦」當作「爲韓」。策作「令秦」，亦通。

〔七〕【正義】言韓合齊、魏以圍楚，楚必尊重芈戎，以求秦救矣。

〔八〕【考證】「謂秦太后弟芈戎」以下采韓策。策「待」作「事」。崔適曰：此多脱文，無從校訂。

〔九〕【正義】自此已前蘇代數計皆不成，故韓竟立咎爲太子也。

〔一〇〕【正義】蘇代爲韓立計，故得齊、魏王來。【考證】梁玉繩曰：「齊魏」上缺「十三年」，表可證。

十四年，與齊、魏王共擊秦，至函谷而軍焉。十六年，秦與我河外及武遂。〔一〕襄王卒，太子咎立，是爲釐王。

〔一〕【考證】梁玉繩曰：按事在十四年。「河外及」三字衍，說見秦紀。

釐王三年，使公孫喜率周、魏攻秦。秦敗我二十四萬，虜喜伊闕。〔一〕五年，秦拔我宛。〔二〕六年，與秦武遂地二百里。〔三〕十年，秦敗我師于夏山。〔四〕十二年，與秦昭王會西周，而佐秦攻齊。齊敗，湣王出亡。〔五〕十四年，與秦會兩周閒。〔六〕二十一年，使暴鳶救魏，爲秦所敗，鳶走開封。〔七〕

〔一〕【考證】秦紀「二十四萬」上有「斬首」二字。伊闕在今河南洛陽縣西南境。

〔二〕【正義】宛，於元反。宛，鄧州縣也，時屬韓也。【考證】宛，當依秦紀作「垣」，此與年表同誤。宛，楚地。

〔三〕【正義】此武遂及上武遂皆宜陽近地。

〔四〕【正義】夏山，未詳。

〔五〕【考證】梁玉繩曰：案六國攻齊，此失書燕、楚、趙、魏。

〔六〕【考證】柯、凌本「兩」譌作「西」。

〔七〕【正義】鳶，音捐。韓將姓名。

二十三年，趙、魏攻我華陽。〔一〕韓告急於秦，秦不救。韓相國謂陳筮曰：〔二〕「事急，願公雖病，爲一宿之行。」陳筮見穰侯。穰侯曰：「事急乎？故使公來。」陳筮曰：「未急也。」穰侯怒曰：「是可以爲公之主使乎？〔三〕夫冠蓋相望，告敝邑甚急，公來言未急，何也？」〔四〕陳筮曰：「彼韓急則將變而佗從，以未急故復來耳。」穰侯曰：「公無見王，請今發兵救韓。」八日而至，敗趙、魏於華陽之下。〔五〕是歲，釐王卒，子桓惠王立。

〔一〕【正義】司馬彪云：「華陽，山名，在密縣。」鄭州管城縣南四十里。【考證】華陽在今河南新鄭縣東南。

〔二〕【集解】徐廣曰：「一作『筌』。」【索隱】徐廣云：「一作『荃』。」戰國策作「田茶」。【考證】今本策作「田苓」。

〔三〕【正義】爲如字。言使甚多，獨筮爲主也。【考證】岡白駒曰：故猶特也。

〔四〕【考證】冠蓋相望，言韓使至秦之多。

〔五〕【考證】「趙魏攻我華陽」以下采韓策。王、柯、凌本「今」譌「令」。

桓惠王元年，伐燕。九年，秦拔我陘，城汾旁。〔一〕十年，秦擊我於太行。〔二〕我上黨郡守以上黨郡降趙。〔三〕十四年，秦拔趙上黨，〔四〕殺馬服子卒四十餘萬於長平。〔五〕十七年，秦拔我陽城、負黍。〔六〕二十二年，秦昭王卒。二十四年，秦拔我城皋、滎陽。〔七〕二十六年，秦悉拔我上黨。二十九年，秦拔我十三城。

〔一〕【正義】陘，音刑。秦拔陘城於汾水之旁。陘故城在絳州曲沃縣西北二十里汾水之旁也。【考證】陘故城在今山西曲沃縣東。中井積德曰：「汾旁」二字衍，蓋注文誤入正文。愚按：年表亦有此文。「秦拔我陘」句。「城汾旁」句。

〔二〕【正義】太行山在懷州河内縣北二十五里也。

〔三〕【考證】上黨降趙，本于趙策。梁玉繩曰：事在十一年。

〔四〕【正義】韓上黨也，從太行山西北澤、潞等州是也。【考證】今山西長治縣等。

〔五〕【考證】楓山、三條本「子」作「士」。馬服謂趙括。括父爲趙將，封馬服君。長平故城在今山西高平縣西。梁玉繩曰：事在十三年。

〔六〕【集解】徐廣曰：「負黍在陽城。」【正義】古今地名云：「負黍在洛州陽城西三十七里也。」

〔七〕【考證】城皋即成皋。

三十四年，桓惠王卒，子王安立。〔一〕

〔一〕【考證】梁玉繩曰：案魏世家安釐王十一年，信陵君曰「今韓氏以一女子奉一弱主，内有大亂」。大事記云「韓世家不載其事，必是韓王少，母后用事」。余攷魏安釐王十一，當桓惠八年，是時秦宣太后、趙惠文后、齊君王后皆臨朝用事，韓亦當然也。古史云「信陵君説魏王曰：『韓氏以一女子奉弱主。』李斯上書言趙高必爲亂曰：『如韓玘之爲韓安相。』」此二事，皆二人所親見，而至漢太史公不得其事矣。大抵戰國事，韓最疏略。

王安五年，秦攻韓，韓急，使韓非使秦，秦留非，因殺之。〔一〕

〔一〕【考證】秦殺韓非，見秦策。梁玉繩曰：韓非使秦，紀、表在六年。

九年，秦虜王安，盡入其地，爲潁川郡。韓遂亡。〔一〕

〔一〕【正義】亡在秦始皇帝十七年。【考證】梁玉繩曰：案楚立韓諸公子，韓成爲王，漢立韓襄王孽孫韓信爲王，皆當附及。

太史公曰：韓厥之感晉景公，紹趙之孤子武，以成程嬰、公孫杵臼之義，〔一〕此天下之陰德也。韓氏之功於晉，未覩其大者也。然與趙、魏終爲諸侯十餘世，宜乎哉！

〔一〕【考證】梁玉繩曰：趙孤之事非實，説在趙世家。

【索隱述贊】韓氏之先，實宗周武。事微國小，春秋無語。後裔事晉，韓原是處。趙孤克立，智伯可取。既徙平陽，又侵負黍。景趙俱侯，惠（文）〔又〕僭主。秦敗脩魚，魏會區鼠。韓非雖使，不禁狼虎。

史記會注考證卷四十六

田敬仲完世家第十六　史記四十六

【考證】史公自序云：「完子避難，適齊爲援，陰施五世，齊人歌之。成子得政，田和爲侯。王建動心，乃遷于共。喜威、宣能撥濁世而獨宗周，作田敬仲完世家第十六。」何焯曰：以田完制名，所以別于太公之齊也。

陳完者，陳厲公他之子也。〔一〕完生，周太史過陳，陳厲公使卜完，卦得觀之否：「是爲觀國之光，利用賓于王。〔二〕此其代陳有國乎？不在此而在異國乎？〔三〕非此其身也，在其子孫。〔四〕若在異國，必姜姓。〔五〕姜姓，四嶽之後。〔六〕物莫能兩大，陳衰，此其昌乎？」〔七〕

〔一〕【索隱】他，音徒何反。此系家以他爲厲公，而左傳厲公名躍，陳系家又有利公躍，利即厲也，是厲公名躍。蓋他是厲公之兄，立未踰年，無謚。今此云「厲公他」，非也。他一名五父，故經云「蔡人殺陳他」，傳又云「蔡人殺五父」是也。【正義】佗，同何反。譙周云：「春秋傳謂他即五父，世家與傳違。」案：左傳云「厲公名躍，而佗立未踰年，無謚」。又桓六年經云「蔡人殺他」。又莊二十二年傳云「陳厲公，蔡出也，故蔡人殺五父而立之」，則他與五父俱爲蔡所殺。其名雖異，其實則同。他與五父是一人，明矣。而史記以他爲厲公，以躍爲利公，恐太史公誤，又恐當有所別見。班固又以厲公爲桓公弟，重誤矣。【考證】中井積德曰：佗立，明年死。五父其字也，非別名。愚按：說詳陳世家。

〔二〕【正義】杜預曰：「此周易觀卦六四爻辭也。四爲諸侯，變而之乾，有國朝王之象。易之爲書，六爻皆有變象，又有互體，聖人隨其義而論之。」易正義云「居觀在近，而得其位，明習國之禮儀，故宜利賓于王庭，爲王賓也」。否卦義曰「否閉之（也）〔世〕，非是人道交通之時，不利君子爲正也」。上下不交，而天下無國也」。言利賓于王庭，值無國之世，故刺君子爲不正，必代君有國。【考證】坤下巽上爲觀。坤下乾上爲否。之，適也，變而有所之也。中井積德曰：「否」下脱「曰」字，是周史之言，左傳可徵。愚按：風俗通六國篇亦有「曰」字。光、王、韻。

〔三〕【正義】六四爻變，内卦爲本國，外卦爲異國。六四在外，故爲異國也。

〔四〕【正義】内卦爲身，外卦爲子孫。六四爻變，故知在子孫也。

〔五〕【正義】六四爻是辛未爻。觀上體巽，未爲羊，巽爲女，以女乘羊，故爲「姜」。姜，齊姓，必知在齊也。

〔六〕【正義】杜預云：「姜姓之先，爲堯四嶽也。」

〔七〕【正義】陳湣公，周敬王四十一年爲楚惠王所滅。齊簡公，周敬王三十九年被田常所殺。【考證】「完生」以下采莊二十二年左傳，說既詳于陳世家。

厲公者，陳文公少子也，其母蔡女。文公卒，厲公兄鮑立，是爲桓公。桓公與他異母。及桓公病，蔡人爲他殺桓公鮑及太子免，〔一〕而立他，爲厲公。厲公既立，娶蔡女。蔡女淫於蔡人，數歸，厲公亦數如蔡。桓公之少子林怨厲公殺其父與兄，乃令蔡人誘厲公而殺之。林

自立，是爲莊公，故陳完不得立，爲陳大夫。厲公之殺，以淫出國，故春秋曰「蔡人殺陳他」，罪之也。〔一〕

〔一〕【考證】中井積德曰：據左傳及陳世家，桓公病卒，非弑也。凡此敍事與陳世家異。

〔二〕【考證】蔡人殺陳他，桓六年春秋，左氏無傳。公羊傳云「蔡人殺陳佗。陳佗者何？陳君也。陳君則曷爲謂之陳佗？絶也。曷爲絶之？賤之也。其賤奈何？外淫也。惡乎淫？淫于蔡，蔡人殺之」。史公約公羊四十七字爲「罪之也」三字。梁玉繩曰：佗是文公子五父，厲公躍是桓公子。厲公，蔡出也。桓公疾，佗殺其太子免而代之，蔡人殺佗立厲公。厲公卒，弟莊公林立。史所説俱誤，詳陳世家中。

莊公卒，〔一〕立弟杵臼，是爲宣公。宣公十一年，殺其太子禦寇。〔二〕禦寇與完相愛，恐禍及己，完故奔齊。齊桓公欲使爲卿，辭曰：「羈旅之臣，幸得免負擔，君之惠也，不敢當高位。」〔三〕桓公使爲工正。〔四〕齊懿仲欲妻完，〔五〕卜之，占曰：〔六〕「是謂鳳皇于蜚，和鳴鏘鏘。〔七〕有嬀之後，將育于姜。〔八〕五世其昌，並于正卿。〔九〕八世之後，莫之與京。」〔一〇〕卒妻完。完之奔齊，齊桓公立十四年矣。〔一一〕

〔一〕【考證】莊元年春秋。

〔二〕【考證】楓山、三條本「十一年」作「廿一年」。梁玉繩曰：案春秋事在陳宣公二十一年，此缺「二」字。

〔三〕【考證】羈讀爲羇。羇，寄旅客。背曰負，肩曰擔。負擔，喻勞役。

〔四〕【正義】工巧之長，若將作大匠。

〔五〕【考證】梁玉繩曰：案懿氏乃陳大夫，非齊也。左傳追敍其事，故加「初」字，此誤爲「齊」耳。

〔六〕【考證】藝文類聚引史「占」作「吉」，是。左傳作「其妻占之曰吉」。

〔七〕【考證】喻夫婦和睦也。

〔八〕【考證】嬀，陳姓。姜，齊姓。

〔九〕【考證】謂桓子無字。

〔一〇〕【正義】賈逵曰：「京，大也。」杜預曰：「敬仲八代孫陳常也。」田完世家云「八代孫，田常之子盤也」。而杜以常爲八代者，以桓子無宇生武子開，與釐子乞皆相繼事齊，故以常爲八代。【考證】鏘、姜、卿、京，韻。

〔一一〕【考證】「完生」以下，莊二十二年左傳，又見陳世家。

完卒，謚爲敬仲。〔一〕仲生穉孟夷。〔二〕敬仲之如齊，以陳字爲田氏。〔三〕

〔一〕【考證】敬其謚，仲其字。

〔二〕【索隱】系本作「夷孟思」，蓋穉是名，孟夷字也。

〔三〕【集解】徐廣曰：「應劭云始食采地於田，由是改姓田氏。」【索隱】據如此云，敬仲奔齊，以「陳」、「田」二字聲相近，遂以爲田氏。應劭云「始食采於田」，則田是地名，未詳其處。【正義】案：敬仲既奔齊，不欲稱本國故號，故改陳字爲田氏。【考證】顧炎武曰：以陳氏爲田氏，蓋太史公之誤。春秋傳未有稱田者，至戰國時始爲田耳。俞樾曰：古「田」、「陳」同聲，然春秋時自稱田，恐史公據後以改前，非其實也。然陳之變爲田，必有說。十二諸侯年表齊平公驁元年云「齊自是稱田氏」。按：平公時政雖在大夫，而變君之姓以從臣，恐無其事。或者陳氏於是年始稱田氏，而史公誤爲此說耳。考世家，平公即位，田常相之，割齊安平以東爲田氏封邑，是乃田氏有齊之始。變陳爲田，當在此時也。愚按：崔述考古續說一卷、梁玉繩史記志疑卷八亦有考。

田穉孟夷生湣孟莊，〔一〕田湣孟莊生文子須無。田文子事齊莊公。

〔一〕【集解】徐廣曰：「一作『芷』。」【索隱】系本作「閩孟克」。芷，昌改反。

晉之大夫欒逞作亂於晉，來奔齊，齊莊公厚客之。晏嬰與田文子諫，莊公弗聽。〔一〕

〔一〕【索隱】逞，音盈。史記多作「逞」字。【考證】欒盈來奔，見襄二十二年左傳。梁玉繩曰：文子未嘗諫納欒盈。

文子卒，生桓子無宇。〔一〕田桓子無宇有力，事齊莊公，甚有寵。

〔一〕【考證】張文虎曰：「卒」字疑衍，下「無宇卒」同。

無宇卒，生武子開與釐子乞。〔一〕田釐子乞事齊景公爲大夫，其收賦稅於民，以小斗受之，其粟予民以大斗，行陰德於民，而景公弗禁。〔二〕由此田氏得齊衆心，宗族益彊，民思田氏。晏子數諫景公，景公弗聽。已而使於晉，與叔向私語曰：「齊國之政，其卒歸於田氏矣。」〔三〕

〔一〕【正義】釐，音僖。

〔二〕【考證】小斗受之，大斗予之，本昭三年左傳晏嬰語。王念孫曰：太平御覽引此「粟」作「廩」。「廩」與「稟」同聲通用。說文「稟，賜穀也」。稟予，猶給予也。謂以小斗收之，以大斗給之也。梁玉繩曰：案左氏襄廿八年無宇始見傳，乃齊景三年，其父文子尚在，則無宇未事莊公也。武子名開，左傳不見，史公當別有據。又小斗大斗之言，即景公九年晏子與叔向語，所謂家量公量者，政桓子時事，此以爲僖子，非。

〔三〕【考證】「使於晉」以下本昭三年左傳晏嬰語。叔向，晉大夫羊舌肸。

晏嬰卒後，范、中行氏反晉。晉攻之急，范、中行請粟於齊。田乞欲爲亂，樹黨於諸侯，

乃說景公曰：「范、中行數有德於齊，齊不可不救。」齊使田乞救之，而輸之粟。〔一〕

〔一〕【考證】左傳定二年云「范、中行入于朝歌以叛」。哀二年云「齊輸范氏粟」。梁玉繩曰：案齊輸粟范氏，不及中行，亦非因田乞樹黨之故。說在齊世家。

景公太子死，後有寵姬曰芮子，〔一〕生子荼。〔二〕景公病，命其相國惠子與高昭子以子荼爲太子。〔三〕景公卒，兩相高、國立荼，是爲晏孺子。〔四〕而田乞不說，欲立景公他子陽生。陽生素與乞歡。晏孺子之立也，陽生奔魯。〔五〕田乞僞事高昭子、國惠子者，〔六〕每朝代參乘，〔七〕言曰：「始諸大夫不欲立孺子。孺子既立，君相之，大夫皆自危，謀作亂。」又紿大夫曰：「高昭子可畏也，及未發先之。」〔八〕諸大夫從之。田乞、鮑牧與大夫以兵入公室，攻高昭子。〔九〕昭子聞之，與國惠子救公。公師敗。田乞之衆追國惠子，惠子奔莒，遂返殺高昭子，晏孺子奔魯。〔一〇〕

〔一〕【集解】徐廣曰：「一作『粥子』。」【考證】梁玉繩曰：荼母姒姓，作「芮子」非，徐廣作「粥子」亦非。說在齊世家。

〔二〕【索隱】音舒，又如字。

〔三〕【索隱】惠子名夏，昭子名張。

〔四〕【考證】張文虎曰：「高國」二字，疑後人旁注誤混。

〔五〕【考證】「景公太子死」以下本哀五年左傳，又見齊世家。

〔六〕【考證】事，猶黨也。

〔七〕【考證】左傳、齊世家「代」作「必」。

〔八〕【考證】昭，當作「國」。左傳作「二子」。

〔九〕【考證】中井積德曰：「攻高昭子」四字疑衍。

〔一〇〕【考證】「田乞僞事」以下本哀六年左傳，又見齊世家。「遂返殺」三字疑衍。「晏孺子」，左傳、齊世家作「晏圉」，此誤。圉，晏嬰之子。

田乞使人之魯迎陽生。陽生至齊，匿田乞家。請諸大夫曰：「常之母有魚菽之祭，幸而來會飲。」〔一〕會飲田氏。田乞盛陽生橐中，〔二〕置坐中央，發橐出陽生曰：「此乃齊君矣。」大夫皆伏謁，將盟立之，〔三〕田乞誣曰：「吾與鮑牧謀共立陽生也。」〔四〕鮑牧怒曰：「大夫忘景公之命乎？」諸大夫欲悔，陽生乃頓首曰：「可則立之，不可則已。」鮑牧恐禍及己，乃復曰：「皆景公之子，何爲不可！」遂立陽生於田乞之家，是爲悼公。乃使人遷晏孺子於駘，而殺孺子荼。〔五〕悼公既立，田乞爲相，專齊政。

〔一〕【考證】何休曰：齊俗婦人首祭事。言魚豆者，示薄陋無所有也。

〔二〕【索隱】橐，音託。橐中，謂皮橐之中。

〔三〕【考證】以上哀六年公羊傳，又見齊世家。

〔四〕【考證】古鈔本「鮑牧」作「鮑叔」。

〔五〕【正義】音臺，又音台。賈逵云：「齊地也。」【考證】以上本哀六年左傳，又見齊世家。而「殺孺子荼」句有誤。齊世家云「遷晏孺子於駘，殺之幕下，而逐孺子母芮子」，當依正。

四年田乞卒，子常代立，是爲田成子。

鮑牧與齊悼公有郄，弒悼公。〔一〕齊人共立其子壬，是爲簡公。田常成子與監止俱爲左右相，相簡公。〔二〕田常心害監止，監止幸於簡公，權弗能去。於是田常復脩釐子之政，以大斗出貸，以小斗收。〔三〕齊人歌之曰：「嫗乎采芑，歸乎田成子！」〔四〕齊大夫朝，御鞅諫簡公曰：〔五〕「田、監不可並也，君其擇焉。」君弗聽。〔六〕

〔一〕【考證】依哀八年左傳，悼公殺鮑子，非鮑子弒悼公。弒悼公者齊人，見哀十年左傳，說在齊世家。

〔二〕【集解】監，一作「闞」。【索隱】監止，上音如字，又音苦濫反。監，姓也。名止。

〔三〕【考證】韓非子二柄篇云「田常上請爵祿而行之羣臣，下大斗斛而施於百姓，復脩釐子之政」。史公以意補。釐子施陰德，見上。

〔四〕【索隱】言嫗之采芑菜皆歸入於田成子，以刺齊國之政將歸陳。【正義】嫗，於丰反。芑，音起。芑，白（梁）〔梁〕粟也。言齊之婦嫗，捃拾遺粟之穗，以爲生產，亦分歸田成子。此歌齊國之政將歸田氏。【考證】韓非子外儲右上云：「周秦之民相與歌之曰『謳乎其已乎，苞乎其往歸田成子乎』。」劉知幾曰：人既物故，加謚以易名。田常見存，而遽呼以謚。此之不實，明然可知矣。中井積德曰：是謳只謂國人之歸心耳。「成」字衍，則字數亦齊。太田方曰：詩云「薄言采芑，于彼新田」。芑，白粱粟。歸，「盍歸乎來」之「歸」。愚按：嘔、漚通，漬也。詩「東門之池，可以漚麻」，言漚麻乎？采芑乎？往歸田子乎？芑、子，韻。

〔五〕【索隱】御，官也。鞅，名也。亦田氏之族。【正義】御鞅爲僕御官也。鞅，名，亦田氏族也。賈逵云「齊大夫也」。【考證】左傳無「齊大夫」三字，「朝」作「諸」。

〔六〕【考證】君，當作「公」。

子我者，監止之宗人也，〔一〕常與田氏有郤。田氏疏族田豹，事子我有寵。子我曰：「吾欲盡滅田氏適，以豹代田氏宗。」豹曰：「臣於田氏疏矣。」不聽。已而豹謂田氏曰：「子我將誅田氏，田氏弗先，禍及矣。」子我舍公宮，〔二〕田常兄弟四人乘如公宮，〔三〕欲殺子我。子我閉門。〔四〕簡公與婦人飲檀臺，〔五〕將欲擊田常。太史子餘曰：「田常非敢爲亂，將除害。」簡公乃止。田常出，聞簡公怒，恐誅，將出亡。田子行曰：「需，事之賊也。」〔六〕田常於是擊子我。子我率其徒攻田氏，不勝，出亡。田氏之徒追殺子我及監止。〔七〕

〔一〕【索隱】案：齊系家云「子我夕」，賈逵云「即監止也」。尋其文意，當是監止。今云「宗人」，蓋太史誤也。【正義】齊世家云「闞止有寵焉」。賈逵云「闞止，子我也」。尋世家文意，子我，闞止字也。今云「宗人」，蓋太史公誤也。【考證】左傳亦與齊世家同。

〔二〕【考證】左傳云「子我在幄」。梁玉繩曰：傳云「子行舍于公宮」。乃陳逆也，此誤子我。

〔三〕【考證】左傳及齊世家無「人」字。齊世家索隱引此無「乘」字。疑今本後人依彼文增。

〔四〕【考證】中井積德曰：左傳及齊世家並言「子我在幄，出逆之，遂入閉門」。閉門者田氏也，此蓋脱文。

〔五〕【正義】在青州臨淄縣東北一里。【考證】左傳、齊世家並云「公與婦人飲酒于檀臺，成子遷諸寢」，則檀臺在公宮中。

〔六〕【索隱】需，音須。需者，疑也。疑必致難，故云「事之賊也」。【正義】待闞止之事發，必爲賊害也。【考證】言遲疑遭禍，索隱是。

〔七〕【考證】楓山、三條本無「及」字。

簡公出奔，田氏之徒追執簡公于徐州。〔一〕簡公曰：「蚤從御鞅之言，不及此難。」田氏之徒恐簡公復立而誅己，遂殺簡公。〔二〕簡公立四年而殺。於是田常立簡公弟驁，是爲平公。平公即位，田常爲相。

〔一〕【索隱】徐，音舒。徐州，齊邑薛縣是也，非九州之徐。【正義】齊之西北界上地名，在勃海郡東平縣也。【考證】洪頤煊曰：正義是。

〔二〕【考證】「御鞅諫」以下本哀十四年左傳。

田常既殺簡公，懼諸侯共誅己，乃盡歸魯、衛侵地，〔一〕西約晉、韓、魏、趙氏，南通吳、越之使，〔二〕修功行賞，親於百姓，以故齊復定。

〔一〕【考證】盡歸魯、衛侵地，哀十五年左傳。

〔二〕【考證】蘇轍曰：左傳成子歸成于魯，以子貢之言，不得已而與之，本非成子所以自定之計也。又自從齊、晉更相侵伐未已，不見成子約晉之實。又是時吳滅已久，言通吳、越之使，亦非確論。

田常言於齊平公曰：「德施，人之所欲，君其行之；刑罰，人之所惡，臣請行之。」行之五年，齊國之政皆歸田常。〔一〕田常於是盡誅鮑、晏、監止及公族之彊者，〔二〕而割齊自安平以東至琅邪，自爲封邑。〔三〕封邑大於平公之所食。

〔一〕【考證】韓非子二柄篇「田常上請爵祿而行之，下大斗斛而施於百姓。此簡公失德而田常用之也，故簡公見弑。子罕謂宋君曰：『夫慶賞賜予者，民之所喜也。殺戮刑罰者，民之所惡也，臣請當之。』於是宋君失刑而子罕用之，故宋君見劫。」此合二事歸之於田恒，恐非。「德施」二字連讀，與「刑罰」對言。

〔三〕【考證】徐孚遠曰：前已誅監止矣，此復及者，蓋盡其族類也。崔適曰：「監止」下疑脱「之族」二字。

〔三〕【集解】徐廣曰：「安平在北海。」【索隱】案：司馬彪郡國志「北海東安平，六國時曰安平」，則徐廣云在北海是。【正義】括地志云：「安平城在青州臨淄縣東十九里，古紀國之酅邑。」青州，即北海郡也。琅邪，沂州也。從安平已東，萊、登、沂、密等州皆自爲田常封邑也。【考證】安平故城，山東臨淄縣東十九里。

田常乃選齊國中女子長七尺以上爲後宮，後宮以百數，〔一〕而使賓客舍人出入後宮者不禁。及田常卒，有七十餘男。〔二〕

〔一〕【考證】楓山、三條本無「子」字。

〔二〕【索隱】案：鮑昱云「陳成子有數十婦，生男百餘人」，與此亦異。然譙允南「案春秋，陳恒爲人雖志大，負殺君之名，至於行事亦脩整，故能自保，固非苟爲禽獸之行。夫成事在德，雖有姦子七十，衹以長亂，事豈然哉？」言其非實也。

田常卒，子襄子盤代立，相齊。常謚爲成子。〔一〕

〔一〕【集解】徐廣曰：「盤，一作『塈』。」【索隱】徐廣云一作「塈」，音許既反。系本作「班」。

田襄子既相齊宣公，三晉殺知伯，分其地。〔一〕襄子使其兄弟宗人盡爲齊都邑大夫，與三晉通使，且以有齊國。

〔一〕【集解】徐廣曰：「宣公之三年時也。」

襄子卒，子莊子白立。〔一〕田莊子相齊宣公。宣公四十三年，伐晉，毀黄城，圍陽狐。〔二〕明年，伐魯、葛及安陵。〔三〕明年，取魯之一城。

〔一〕【索隱】系本名伯。

〔二〕【正義】括地志云：「故黄城在魏州冠氏縣南十里。陽狐郭，在魏州元城縣東北三十二里也。」【考證】陽狐，山西絳州垣曲縣。

〔三〕【正義】括地志云：「故魯城在許昌縣南四十里，本魯朝宿邑。長葛故城，在許州長葛縣北十三里，鄭之葛邑也。鄢陵故城，在許州鄢陵縣西北十五里。李奇云六國時爲安陵也。」【考證】年表作「魯葛及安陽」。梁玉繩曰：安陵、安陽皆非魯地。葛，當「莒」字之譌。

莊子卒，子太公和立。〔一〕田太公相齊宣公。宣公四十八年，取魯之郕。〔二〕明年，宣公與鄭人會西城。伐衛，取毌丘。〔三〕宣公五十一年卒，田會自廩丘反。〔四〕

〔一〕【索隱】案：紀年「齊宣公十五年田莊子卒。明年，立田悼子。悼子卒，乃次立田和」。是莊子後有悼子，蓋立年無幾，所以作系本及記史者不得録也。而莊周及鬼谷子亦云「田成子殺齊君，十二代而有齊國」。今據系本、系家，自成子至王建之滅，唯祇十代；若如紀年，則悼子及侯剡即有十二代，乃與莊子、鬼谷説同，明紀年亦非妄。【考證】莊子胠篋篇作「十二世而有齊國」。今本鬼谷子無此語。俞樾云「十二」當「世」字壞，「十二世有齊國」，「世有齊國」也。未可依以爲證。且莊子齊宣時人，何豫知王建事？索隱「世」作「代」，避唐諱。

〔二〕【正義】音城。括地志云：「故郕城在兖州泗水縣西北五十里。説文云『郕，魯孟氏邑』是也。」

〔三〕【索隱】毌，音貫。古國名，衛之邑。今作「毌」者，字殘缺耳。【正義】括地志云：「故貫城即古貫國，今名蒙澤城，在曹州濟陰縣南五十六里也。」【考證】古鈔本無「丘」字。愚按：索隱、正義亦無「丘」字，蓋因下文衍。

〔四〕【索隱】紀年「宣公五十一年，公孫會以廩丘叛於趙。十二月，宣公薨」。於周正爲明年二月。【考證】中井積德曰：年表「自」作「以」，可從。目、自相似而誤。廩丘故城在今山東范縣。

宣公卒，子康公貸立。〔一〕貸立十四年，淫於酒婦人，不聽政。太公乃遷康公於海上，食一城以奉其先祀。〔二〕明年，魯敗齊平陸。〔三〕

〔一〕【集解】徐廣曰：「十一年伐魯取最。」【索隱】貸，音土代反。最，音祖外反。

〔二〕【考證】沈家本曰：齊世家及年表皆在十九年。

〔三〕【集解】徐廣曰東平平陸。【正義】兗州縣也。【考證】平陸，山東兗州汶上縣。

三年，太公與魏文侯會濁澤，〔一〕求爲諸侯。魏文侯乃使使言周天子及諸侯，請立齊相田和爲諸侯。周天子許之。康公之十九年，田和立爲齊侯，列於周室，紀元年。

〔一〕【集解】徐廣曰：「康公之十六年。」【索隱】徐廣云「康公十六年」，蓋依年表爲說，而不省此上文「貸立十四年」，又云「明年會平陸」，又「三年會濁澤」，則是十八年，表及此注並誤也。【考證】中井積德曰：前後皆康公之年，而此特稱「三年」，蓋年表非誤，而此「三年」當作「明年」。索隱「平陸」上「會」字誤。濁澤，山西解州西四十里。

齊侯太公和立二年，和卒，〔一〕子桓公午立。〔二〕桓公午五年，秦、魏攻韓，韓求救於齊。齊桓公召大臣而謀，〔三〕曰：「蚤救之，孰與晚救之？」騶忌曰：〔四〕「不若勿救。」段干朋曰：〔五〕「不救，則韓且折而入於魏，不若救之。」田臣思曰：〔六〕「過矣，君之謀也！秦、魏攻韓，楚、趙必救之，是天以燕予齊也。」桓公曰：「善。」乃陰告韓使者而遣之。韓自以爲得齊

之救，因與秦、魏戰。楚、趙聞之果起兵而救之。齊因起兵襲燕國，取桑丘。〔七〕

〔一〕【集解】徐廣曰：「伐魯破之。」

〔二〕【索隱】紀年「齊康公五年，田侯午生。二十二年，田侯剡立。後十年，齊田午弑其君及孺子喜而爲公」。春秋後傳亦云「田午弑田侯及其孺子喜而兼齊，是爲桓侯」。與此系家不同也。

〔三〕【索隱】謂騶忌、段干朋。如戰國策威王二十六年邯鄲之役有此謀臣耳。又南梁之難在宣王二年，有騶子、田忌、孫臏之謀。戰國策又有張田。其辭前後交互，是記史者所取各異，故不同耳。【考證】梁玉繩曰：案此年秦、魏攻韓，他無所見。但有齊伐燕取桑丘，三晉伐齊至桑丘耳。詳攷國策，方知此乃齊宣王二十九年勝燕噲事，誤載于桓公五年。蓋齊策前後三章皆大同小異，一爲邯鄲之難，即下文威王二十六年事也。一爲南梁之難，即下文宣王二年事也。一爲齊舉燕國，與此無殊。所謂攻韓者，即岸門之戰也。然岸門之戰，魏新敗于秦，未必與秦攻韓，紀、表及韓世家俱無之，而楚、趙救韓，亦鮮明文，疑此仍策之誤，未足依據。其餘吴注辨之甚悉。吴云威王二十二年，騶忌始相，上距桓公取桑丘之歲二十餘年，豈得已爲大臣？史誤以邯鄲一章勸入之明矣。策「段干綸」，史作「段干朋」，然亦勸南梁章語也。田臣思即田忌，宣王二年出奔，至二十九年子噲之役，凡二十七年，不應復見。使忌果在齊，則王安得棄之而（而）將章子？策或誤載其名。且桓公時秦、魏攻韓，楚、趙救之，齊不救，因而襲燕。宣王時，秦、魏伐韓，楚、趙救之，齊不救，因而舉燕，何其事之脗合如此？且田臣思曰「天以燕予齊」，而僅爲取桑丘乎？是史亦誤以宣王伐燕章附之桓公也。

〔四〕【考證】徐孚遠曰：騶忌以鼓琴干齊威王，不宜桓公午時已與廷議。

〔五〕【索隱】段干，姓。朋，名也。戰國策作「段干綸」。

〔六〕【索隱】戰國策作「田期思」，紀年謂之徐州子期，蓋即田忌也。【考證】錢大昕曰：臣，當作「叵」，音怡，與期音相近。梁玉繩曰：今竹書作「田期」。

〔七〕【正義】括地志云：「桑丘故城俗名敬城，在易州遂城縣。」爾時齊伐燕桑丘，魏、趙來救之。魏、趙世家並云「伐齊至桑丘」，皆是易州。【考證】國策齊策邯鄲之難章云「邯鄲之難，趙求救於齊。田侯召大臣而謀曰：『救趙孰與勿救？』鄒子曰：『不如勿救。』段干綸曰：『弗救，則我不利。』」云云。南梁之難章云「韓氏請救於齊，田侯召大臣而謀曰：『早救之，孰與晚救之便？』張丐對曰：『晚救之，韓且折而入於魏，不如早救之。』田臣思曰：『不可。』」云云。又韓、齊爲與國章云「韓、齊爲與國，張儀以秦、魏伐韓。齊王曰：『韓，吾與國也。秦伐之，吾將救之。』田臣思曰：『王之謀過矣，不如聽之。子噲與子之國，百姓不戴，諸侯弗與。秦伐韓，楚、趙必救之，是天以燕賜我也。』王曰：『善。』乃許韓使者而遣之，韓自以得交於齊。遂與秦戰，楚、趙果遽起兵而救韓，齊因起兵攻燕，三十日而舉燕國」。愚按：前策攻魏襄陵也，齊威王時事。中策破魏於馬陵也，後策舉燕國也，並宣王時事。而史公合三策爲一，改「張丐」爲「段干朋」，改「舉燕」爲「取燕桑丘」。徐氏測義、梁氏志疑辯其謬，說見上文。

六年，救衛。桓公卒，〔一〕子威王因齊立。〔二〕是歲，故齊康公卒，絶無後，奉邑皆入田氏。

〔一〕【索隱】案紀年，梁惠王十二年，當齊桓公十八年，後威王始見，則桓公十九年而卒，與此不同。

〔二〕【考證】威王之名，此與年表、魯仲連傳並作「因齊」，國策作「嬰齊」。莊子則陽篇有田侯牟。釋文司馬云「齊威王也，名牟，桓公子」。案：史記威王名因，不名牟。所傳各異。愚按：釋文引史記，奪一「齊」字。

齊威王元年，三晉因齊喪來伐我靈丘。〔一〕三年，三晉滅晉後而分其地。〔二〕六年，魯伐我，入陽關。〔三〕晉伐我，至博陵。〔四〕七年，衛伐我，取薛陵。〔五〕九年，趙伐我，取甄。〔六〕

〔一〕【正義】靈丘，河東蔚州縣。案：靈丘此時屬齊，三晉因喪伐之。韓、魏、趙世家云「伐齊至靈丘」，皆是蔚州。【考證】靈丘，山東東昌府高唐州。

〔二〕【考證】梁玉繩曰：案是時分其地，而未滅也。

〔三〕【集解】徐廣曰：「在鉅平。」【正義】括地志云：「魯陽關故城，在兖州博城縣南二十九里，西臨汶水也。」【考證】陽關，山東泰安府。

〔四〕【正義】在濟州西界也。【考證】年表「博陵」作「鱄陵」。梁玉繩曰：當依世家。愚按：「晉」即「魏」，通鑑正作「魏」。博陵，山東東昌府博平縣。

〔五〕【考證】張文虎曰：齊威王七年，衛聲公元年也。趙伐衛，取都鄙七十三，救亡不暇，豈能伐齊？此年各國亦無伐齊事。薛陵地亦無攷，殆誤也。愚按：下文威王責阿大夫，亦有「衛取薛陵」語，則未必烏有之事。胡三省曰：薛陵，春秋薛國之墟也。班志薛縣屬魯國，而衛國在漢東郡陳留界。薛陵屬齊，而近於衛，故爲所取。通鑑地理今釋云「薛陵，山東兖州陽穀縣」。

〔六〕【正義】音絹，即濮州甄城縣也。【考證】趙世家「甄」作「鄄」。鄄，山東曹州府濮州。

威王初即位以來，不治，〔一〕委政卿大夫，九年之閒，諸侯並伐，國人不治。於是威王召即墨大夫而語之曰：〔二〕「自子之居即墨也，〔三〕毁言日至。然吾使人視即墨，田野闢，民人給，官無留事，東方以寧。是子不事吾左右以求譽也。」封之萬家。召阿大夫語曰：〔四〕「自子之守阿，譽言日聞。然使使視阿，田野不闢，民貧苦。昔日趙攻甄，子弗能救。衛取薛陵，子弗知。是子以幣厚吾左右以求譽也。」是日，烹阿大夫，及左右嘗譽者，皆并烹之。〔五〕遂起兵西擊趙、衛，敗魏於濁澤，而圍惠王。惠王請獻觀以和解，〔六〕趙人歸我長城。於是齊國震懼，人人不敢飾非，務盡其誠，齊國大治。諸侯聞之，莫敢致兵於齊二十餘年。

〔一〕【考證】張文虎曰：「不治」二字涉下而衍。

〔二〕【考證】羣書治要引無「而」字，通鑑亦無。

〔三〕【正義】萊州膠水縣南六十里，即墨故城是也。【考證】即墨，山東東萊府即墨縣。

〔四〕【考證】羣書治要、藝文類聚及通鑑「語」下有「之」字。阿，即東阿縣，山東兗州府陽穀縣。

〔五〕【考證】列女傳六云「佞臣周破胡專權擅勢，妄造毀譽」。淮南氾論訓云「齊威王設大鼎於庭中，而數無鹽令曰：『子之譽日聞吾耳。察子之事，田野蕪，倉廩虛，囹圄實，子以姦事我者也。』乃烹之。齊以此三十二歲道路不拾遺」，所傳小異。愚按：烹人，自古有之，如公羊傳莊四年齊哀公烹乎周，左傳襄二十六年宋人烹伊戾，哀十六年楚人烹石乞，史記田齊世家齊威王烹阿大夫是也。至秦遂爲常刑。漢書刑法志云「秦大辟有鑊烹之刑」，楚、漢之際，餘習仍存。齊王田廣烹酈食其，項王亦烹韓生，又有烹太公之語。

〔六〕【正義】觀，音館。魏州觀城縣，古觀國，夏啓子、太康弟之所封也。夏相滅之，漢爲縣。【考證】梁玉繩曰：案擊趙、衛事，無攷。敗魏濁澤與伐魏取觀是兩事，不得并爲一端，且是齊伐而取之，非魏因敗濁澤而獻觀以和也。愚按：濁澤，山西解州西二十里。

騶忌子以鼓琴見威王，威王說而舍之右室。〔一〕須臾，王鼓琴，騶忌子推户入曰：「善哉鼓琴。」王勃然不說，去琴按劒曰：「夫子見容未察，何以知其善也？」騶忌子曰：「夫大弦濁以春溫者，君也；小弦廉折以清者，相也；〔二〕攫之深，〔三〕醳之愉者，政令也；〔四〕鈞諧以鳴，大小相益，回邪而不相害者，四時也：〔五〕吾是以知其善也。」王曰：「善，語音。」騶忌子曰：「何獨語音？夫治國家而弭人民，皆在其中。」〔六〕王又勃然不說曰：「若夫語五音之紀，信未有如夫子者也。〔七〕若夫治國家而弭人民，又何爲乎絲桐之閒？」騶忌子曰：「夫大弦濁以春温者，君也；小弦廉折以清者，相也；攫之深而舍之愉者，政令也；鈞諧以鳴，大小相益，回邪而不相害者，四時也。夫復而不亂者，所以治昌也；連而徑者，所以存亡也：故曰『琴音調而天下治』。夫治國家而弭人民者，無若乎五音者。」王曰：「善。」

〔一〕【正義】右室，上室。

〔二〕【集解】琴操曰：「大弦者君也，寬和而温；小弦者臣也，清廉而不亂。」【索隱】大弦濁以温者君也。案：春秋後語「温」字作「春」，春氣温，義亦相通也。蔡邕曰：「凡弦以緩急爲清濁。琴緊其弦則清，縵其弦則濁。」【考證】「濁」下疑脱「重」字。沈濤曰：如索隱説，則史文本作「大絃濁以温」，春秋後語作「濁以春」。今史記「温」上衍「春」字，蓋涉注而誤。愚按：錢大昕、梁玉繩亦有此説。張文虎曰：御覽五百七十七引無「春」字，與索隱本同。又四百六十引有「春」字，無「温」字。

〔三〕【集解】徐廣曰：「以爪持弦也。攫，音己足反。」

〔四〕【集解】徐廣曰：「愉，一作『舒』。」【索隱】醳，音釋，與下文「舍」字並同。愉，音舒也。【考證】中井積德曰：據下文，「醳」上脱「而」字。

〔五〕【考證】邪，音斜。回邪，猶曲折也。

〔六〕【考證】弭，安也。

〔七〕【考證】中井積德曰：「若夫」二字衍。

騶忌子見三月而受相印。淳于髡見之曰：「善説哉！髡有愚志，願陳諸前。」騶忌子曰：「謹受教。」淳于髡曰：「得全全昌，失全全亡。」〔一〕騶忌子曰：「謹受令，請謹毋離前。」〔二〕淳于髡曰：「豨膏棘軸，所以爲滑也，然而不能運方穿。」〔三〕騶忌子曰：「謹受令，請謹事左右。」〔四〕「弓膠昔幹，所以爲合也，〔五〕然而不能傅合疏罅。」〔六〕騶忌子曰：「謹受令，請謹自附於萬民。」淳于髡曰：「狐裘雖敝，不可補以黃狗之皮。」騶忌子曰：「謹受令，請謹擇君子，毋雜小人其閒。」淳于髡曰：「大車不較，不能載其常任；琴瑟不較，不能成其五音。」〔七〕騶忌子曰：「謹受令，請謹脩法律而督姦吏。」淳于髡說畢，趨出，至門而面其僕曰：「是人者，吾語之微言五，〔八〕其應我若響之應聲，是人必封不久矣。」〔九〕居朞年，封以下邳，號曰成侯。〔一〇〕

〔一〕【索隱】案：得全，謂人臣事君之禮全具無失，故云「得全」也。全昌者，謂若無失則身名獲昌，故云「全昌」也。【考證】昌、亡，韻。

〔二〕【索隱】謂佩服此言，常無離心目之前。【考證】楓山、三條本「令」作「命」，言常在王前無所失也。

〔三〕【索隱】豨膏，猪脂也。棘軸，以棘木爲車軸，至滑而堅也。然而穿孔若方，則不能運轉，言逆理反經也。故下忌曰「請謹事左右」，言每事須順從。【考證】中井積德曰：棘，棗屬，非「荆棘」之「棘」。棘木亦所以爲滑，以木理密而滑澤也，不主其堅也。愚按：棗、棘同。

〔四〕【考證】中井積德曰：左右，謂齊君左右之人也。謹事左右，豫順適其意，欲臨事無阻礙也。

〔五〕【集解】徐廣曰：「幹，一作『乾』。」【索隱】音孤捍反。昔，久舊也。幹，弓幹也。徐廣又曰「一作乾」，考工記作「枯幹」，則枯、昔音相近。言作弓之法，以膠被昔幹而納諸檠中，則是以勢令合耳。

〔六〕【索隱】傅，音附。罅，音五嫁反。以言膠幹可以勢暫合，而久亦不能常傅合於疏罅隙縫，以言人臣自宜彌縫得所，豈待拘以禮制法式哉？故下云「請自附於萬民」是也。【考證】中井積德曰：久乾之幹，被之以膠，可以傅合。然削幹平易，則可以膠矣。若削之不平有疏罅，雖有膠不能合之。以喻立身正直，可以與民親附。

若法制禮際不足恃也，權勢恩德不足怙也。

〔七〕【索隱】較者校量也。言有常制，若大車不較，則車不能載常任，琴不能成五音也。【考證】中井積德曰：較，比也，是調勻之義。兩輪一大一小，不可謂較。

〔八〕【考證】微言，微密之言。列子說符篇云「人可與微言乎」。

〔九〕【集解】新序曰：「齊稷下先生喜議政事。騶忌既爲齊相，稷下先生淳于髡之屬七十二人，皆輕騶忌，以爲設以微辭，騶忌必不能及，乃相與俱往見騶忌。淳于髡之徒禮倨，騶忌之禮卑。淳于髡等稱辭，騶忌知之如應響，淳于髡等辭詘而去，騶忌之禮倨，淳于髡之禮卑。故所以尚干將、莫邪者，貴其立斷也。所以尚騏驥者，爲其立至也。必且歷日曠久，則系氂能挈石，駑馬亦能致遠。是以聰明捷敏，人之美材也。」【考證】新序雜事第二載髡與鄒忌問答語與史不同，且以爲宣王時事。

〔一〇〕【考證】號曰成侯，齊威以天子自擬。

威王二十三年，與趙王會平陸。〔一〕二十四年，與魏王會田於郊。魏王問曰：「王亦有寶乎？」威王曰：「無有。」〔二〕梁王曰：「若寡人國小也，〔三〕尚有徑寸之珠照車前後各十二乘者十枚，柰何以萬乘之國而無寶乎？」〔四〕威王曰：「寡人之所以爲寶與王異。吾臣有檀子者，使守南城，〔五〕則楚人不敢爲寇東取，泗上十二諸侯皆來朝。〔六〕吾臣有肦子者，使守高唐，〔七〕則趙人不敢東漁於河。吾吏有黔夫者，使守徐州，則燕人祭北門，趙人祭西門，徙而從者七千餘家。〔八〕吾臣有種首者，使備盜賊，則道不拾遺。〔九〕將以照千里，豈特十二乘

哉！」梁惠王慙，不懌而去。〔一〇〕

〔一〕【考證】趙威侯。

〔二〕【索隱】案：韓嬰詩外傳以爲齊宣王，其說異也。

〔三〕【考證】梁玉繩曰：後漢書李膺傳注引史作「寡人之國雖小」。

〔四〕【考證】古者天子方畿千里，出車萬乘。故萬乘，天子之稱也。及周季諸侯兼并僭越，擁萬乘者亦有之。孟子云「以萬乘之國伐萬乘之國」，指燕與齊也。「當今之時，萬乘之國行仁政」，指齊也。「不受於萬乘之君」，指當時大國也。韓非孤憤云「法術之難行也，不獨萬乘，千乘亦然」。愛臣云「萬乘之國無備，必有千乘之家在其側，以從其威而傾其國」，亦然。梁惠亦以萬乘稱齊威，當時之語如此。

〔五〕【索隱】檀子，齊臣。檀，姓。子，美稱。大夫皆稱子。朌子，田朌也。黔夫及種首皆臣名。事悉具戰國策也。【考證】胡三省曰：城在齊之南境，故曰南城。

〔六〕【索隱】郳、莒、宋、魯之比。【考證】張儀傳及秦策、齊策云「魏惠王從十二諸侯朝天子」，齊策又云「衛鞅見魏王曰『大王所從十二諸侯，非宋、衛也，則鄒、魯、陳、蔡』」，蓋十二諸侯在齊、魏間，望風附勢耳。

〔七〕【考證】朌子即田朌。閻若璩曰：人名下係以「子」字者，當時有此稱。田嬰爲嬰子，田文爲文子，魏冉爲冉子，匡章爲章子。田朌稱朌子亦是。愚按：高唐，山東東昌府高唐州。

〔八〕【集解】賈逵曰：「齊之北門、西門也。言燕、趙之人，畏見侵伐，故祭以求福。」【考證】後漢李膺傳注引「七千」作「七十」。顧炎武曰：徐州，與楚、魏二國境，而威王曰「燕人祭北門，趙人祭西門」者，蓋與梁惠王言，不欲斥魏，更以燕、趙誇之耳。吴熙載曰：徐州，今直隸保定府安肅縣有徐城，與下言燕、趙合。胡三省注言薛縣，非也。

〔九〕【考證】種首，名也。史失其姓，依說苑臣術篇，姓田。愚按：通鑑「遺」下補「此四臣者」四字。李膺傳注引有「以此爲寶」四字。

〔一〇〕【考證】梁玉繩曰：案論寶一節，見韓詩外傳十，惟韓誤威王爲宣王耳。又攷説苑臣術言成侯謂威王曰「忌舉田居子爲西河，而秦、梁弱；舉田解子爲南城，而楚人抱羅綺而朝；舉黔涿子爲冥州，而燕人給牲，趙人給盛；舉田種首子爲即墨，而于齊足究」，與此異。愚按：孟子盡心篇云「諸侯之寶三，土地、人民、政事。寶珠玉者，殃必及身」，殆爲梁惠言之也。

二十六年，魏惠王圍邯鄲，趙求救於齊。齊威王召大臣而謀曰：「救趙，孰與勿救？」騶忌子曰：「不如勿救。」段干朋曰：「不救則不義，且不利。」〔一〕威王曰：「何也？」對曰：「夫魏氏并邯鄲，其於齊何利哉？且夫救趙而軍其郊，〔二〕是趙不伐而魏全也。〔三〕故不如南攻襄陵以弊魏。〔四〕邯鄲拔，而乘魏之弊。」〔五〕威王從其計。〔六〕

〔一〕【考證】策「段干朋」作「段干綸」，無「不義且」三字。

〔二〕【考證】我師不戰，但屯軍其境耳。

〔三〕【考證】不伐，不爲魏所伐也。策「伐」作「拔」。魏全，兩國不戰故。

〔四〕【正義】襄陵故城，在兗州鄒縣也。【考證】襄陵，魏邑，山西平陽府襄陵縣治。

〔五〕【考證】古鈔本、楓山本「乘」作「承」，與策合。

〔六〕【考證】「魏惠王圍邯鄲」以下本齊策。

其後成侯騶忌與田忌不善，〔一〕公孫閱〔二〕謂成侯忌曰：「公何不謀伐魏？田忌必將。戰勝有功，則公之謀中也；戰不勝，非前死則後北，而命在公矣。」於是成侯言威王，〔三〕使田

忌南攻襄陵。十月，邯鄲拔，〔四〕齊因起兵擊魏，大敗之桂陵。〔五〕於是齊最彊於諸侯，自稱爲王，以令天下。〔六〕

〔一〕【考證】歸有光曰：「其後」二字疑有誤。中井積德曰：疑衍。

〔二〕【索隱】戰國策作「公孫閎」。【考證】今本策作「公孫閈」。

〔三〕【考證】以上本齊策。

〔四〕【考證】梁玉繩曰：拔者非邯鄲也。十月，策作「七月」，此誤。

〔五〕【索隱】在威王二十六年。【正義】在曹州乘氏縣東北二十一里。【考證】以上本齊策。桂陵，今山東（荷）〔菏〕澤縣東北。

〔六〕【考證】黄式三曰：後顯王三十四年，齊宣、魏惠會徐州相王，則齊威王稱王十年而薨。齊宣初即位之時，尚未襲先世稱王也。

三十三年，殺其大夫牟辛。〔一〕

〔一〕【集解】徐廣曰：「一作『夫人』。」【索隱】牟辛，大夫姓字也。徐廣曰「一作『夫人』」。案：年表亦作「夫人」。王劭案紀年云「齊桓公十一年，殺其君母。宣王八年殺王后」。然則夫人之字，或如紀年之説。

三十五年，公孫閱又謂成侯忌曰：「公何不令人操十金卜於市，曰：『我田忌之人也。吾三戰而三勝，聲威天下。欲爲大事，亦吉乎，不吉乎？』」卜者出，因令人捕爲之卜者，驗其辭於王之所。〔一〕田忌聞之，因率其徒襲攻臨淄，求成侯，〔二〕不勝而犇。〔三〕

〔一〕【考證】「公孫閱」以下本齊策。

〔二〕【考證】張文虎曰：「因」下各本衍「遂」字，索隱本無。臨淄，山東青州府臨淄縣。

〔三〕【索隱】案：戰國策田忌前敗魏於馬陵，因被構不得入齊，非是居齊歷十年乃出奔也。是時齊都臨淄，且孟嘗列傳云「田忌襲齊之邊邑」，其言爲得，即與系家不同也。【考證】梁玉繩曰：案田忌出奔，在宣王二年戰馬陵之後，不在威王三十五年。無論威王賢明，成侯讒構所不能行，而忌之戰功可見者，桂陵、馬陵二役。若威王時已出奔，則安得馬陵之勝乎？此與孟嘗君傳同誤。然其誤亦由國策也。策于威王時載鄒忌、田忌不相説一章，有「田忌遂走」之語，史公謬以爲據，因撰出襲攻臨淄事。索隱謂齊都臨淄，當依孟嘗傳作「襲齊邊邑」，而不知忌未嘗襲齊耳。國策戰馬陵後，有田忌爲齊將一章，言孫臏勸忌無解兵入齊，可正齊君而走成侯，忌不聽。以是觀之，忌亦賢矣，奈何反以襲齊誣之邪？

三十六年，威王卒，子宣王辟彊立。

宣王元年，秦用商鞅。周致伯於秦孝公。〔一〕

〔一〕【考證】梁玉繩曰：案致伯在宣王即位前一年，紀、表可據，此誤也。

二年，魏伐趙。趙與韓親，共擊魏。趙不利，戰於南梁。〔一〕宣王召田忌復故位。〔二〕韓氏請救於齊。宣王召大臣而謀曰：「蚤救，孰與晚救？」騶忌子曰：「不如勿救。」田忌曰：「弗救，則韓且折而入於魏，不如蚤救之。」〔三〕孫子曰：〔四〕「夫韓、魏之兵未弊而救之，是吾代韓受魏之兵，顧反聽命於韓也。〔五〕且魏有破國之志，韓見亡，必東面而愬於齊矣。〔六〕吾因深結韓之親，而晚承魏之弊，則可重利而得尊名也。」〔七〕宣王曰：「善。」乃陰告韓之使者而遣之。韓因恃齊，五戰不勝，而東委國於齊。齊因起兵，〔八〕使田忌、田嬰將，孫子爲帥，〔九〕救韓、趙

以擊魏，大敗之馬陵，〔一〇〕殺其將龐涓，虜魏太子申。〔一一〕其後三晉之王皆因田嬰朝齊王於博望，盟而去。〔一二〕

〔一〕【索隱】晉太康地記曰：「戰國謂梁爲南梁者，別之於大梁、少梁也。」【正義】括地志云：「故梁在汝州西南二百步。晉太康地記云『戰國時謂南梁者，別之於大梁、少梁也』。古蠻子邑也。」【考證】梁玉繩曰：案此文之誤，說在魏世家。當云魏伐韓，趙與魏親，共擊韓。趙不利，敗于南梁。韓氏請救于齊。愚按：南梁故城，河南臨汝縣西南。

〔二〕【考證】梁玉繩曰：忌無召復位之事，此與孟嘗傳同誤，蓋因錯認忌出奔在威王時，而其後馬陵之功自不能沒，遂又撰出復位一節也。吳注策云：「忌既襲齊，豈得再復？成侯猶在，豈宜並列？」四語有以矛刺盾之妙。

〔三〕【索隱】案：紀年威王十四年，田盼伐梁，戰馬陵。戰國策南梁之難，有張田對曰「蚤救之」。此云騶忌者，王劭云「此時騶忌死已四年，又齊威時未稱王，故戰國策謂之田侯。今此以田侯爲宣王，又橫稱騶忌，皆謬矣」。【考證】梁玉繩曰：國策無騶忌勿救之說，「田忌」作「張丐」，「弗救」作「晚救」。索隱謂是時騶忌已死，又謂宣王乃威王之誤，並謬甚。馬陵之役，自在宣王二年。

〔四〕【索隱】孫臏也。【考證】策「孫子」作「田臣思」。

〔五〕【考證】「顧反」二字一義，與蕭相國世家「顧反居臣等上」義同，反也。屈原傳云「使於齊，顧反諫懷王」，趙策云「公子魏牟過趙，趙王迎之，顧反至坐前」，皆謂還反，與此義異。

〔六〕【考證】策「國」作「韓」，「見」下有「且」字。

〔七〕【考證】策「深」作「陰」，「則可重利而得尊名也」作「則國可重，利可得，名可尊矣」。

〔八〕【考證】「韓請救」以下本齊策。

〔九〕【集解】徐廣曰：「嬰，一作『朌』。」【考證】梁玉繩曰：作「朌」非。「帥」乃「師」之誤，表、傳可據。陳仁錫曰：師在軍中爲軍師也。

〔一〇〕【索隱】在宣王二年。【考證】梁玉繩曰：「趙」字衍。

〔一一〕【考證】「大敗之馬陵」以下本齊策，又見孫臏傳。馬陵，直隸大名府元城縣。

〔一二〕【集解】徐廣曰：「表曰三年，與趙會博望伐魏。」【正義】括地志云：「博望故城，在鄧州向城縣東南四十五里。」【考證】齊策云「齊破魏馬陵，魏破韓弱。韓、魏之君因田嬰北面而朝田侯」。史公本于此。但策言「韓魏」，不言「三晉」。沈家本曰：今表無「博望」二字，集解衍。

七年，與魏王會平阿南。〔一〕明年，復會甄。魏惠王卒。〔二〕明年，與魏襄王會徐州，諸侯相王也。〔三〕十年，楚圍我徐州。十一年，與魏伐趙，趙決河水灌齊、魏，兵罷。十八年，秦惠王稱王。

〔一〕【正義】沛郡平阿縣也。

〔二〕【索隱】明年梁惠王卒。案紀年，梁惠王乃是齊湣王爲東帝、秦昭王爲西帝時。此時梁惠王改元稱一年，未卒也。而系家以其後即爲魏襄王之年，又以此文當齊宣王時，實所不能詳考。

〔三〕【考證】沈家本曰：上文威王二十六年云「自稱爲王」，則何待此時相王乎？愚按：宣王此時初稱王也。梁玉繩曰：是時魏惠王未卒，徐州之會非爲相王也。愚按：說在魏世家。

宣王喜文學游說之士，自如騶衍、淳于髡、〔一〕田駢、〔二〕接予、〔三〕慎到、〔四〕環淵之徒〔五〕七十六人，皆賜列第，爲上大夫，不治而議論。〔六〕是以齊稷下學士復盛，且數百千人。〔七〕

〔一〕【正義】贅聟，齊之稷下先生也。

〔二〕【正義】白眠反。藝文志云田駢齊人，遊稷下，號天口駢，作田子二十五篇也。

〔三〕【正義】齊人。藝文志云接子二篇，在道家流。【考證】孟荀列傳作「接子」，予蓋其名。

〔四〕【正義】趙人，戰國時處士。藝文志作愼子四十二篇也。

〔五〕【正義】楚人。孟子傳云環淵著書上下篇也。【考證】王若虛曰：荀卿傳亦云「自如孟子至于吁子」，「自如」二字連用不得。王念孫曰：「自如」者統下之詞。孟荀傳云「自如淳于髡以下」，匈奴傳云「自如左右賢王以下至當户」，皆「自如」二字連文。愚按：王說得之。

〔六〕【考證】黄式三曰：不治而議論，客卿之例如此。孟子所謂「無官守無言責」也。

〔七〕【集解】劉向別録曰：「齊有稷門，城門也。談說之士，期會於稷下也。」【索隱】劉向別録曰「齊有稷門，齊城門也。談說之士，期會於其下」。齊地記曰「齊城西門側，系水左右有講室，趾往往存焉」。蓋因側系水出，故曰稷門，古側、稷音相近耳。又虞喜曰「齊有稷山，立館其下，以待游士」，亦異說也。春秋傳曰「莒子如齊，盟于稷門」。【考證】徐孚遠曰：言學士復盛，則先時已有之，至宣王而復修也。中井積德曰：前不録稷下，而此記復盛，蓋前文有闕耳。又曰：稷山之下，地稱稷下。稷下有城門，亦名稷門。有學士之館，故稱稷下學士耳。索隱非也。愚按：事又見孟荀列傳。鹽鐵論論儒篇亦云齊宣王褒儒尊學，孟子、淳于髡之徒，受上大夫之禄，不任職而論國事，蓋齊稷下先生千有餘人。

十九年，宣王卒，子湣王地立。〔一〕

〔一〕【索隱】系本名遂。【考證】張文虎曰：籀文「地」作「墜」，字形近「遂」。梁玉繩曰：史記書齊威王在位三十六年，以周顯王二十六年卒。宣王在位十九年，以顯王四十五年卒。湣王在位四十年，以赧王三十一年卒。通鑑上增威王十年，下減湣王十年，而移後宣王十年。大事記不增威王之年，但減湣王之後以益宣王，謂宣王在位二十九年。三說各異，當依大事記爲是。蓋史載諸國年數，多參錯不同，安知齊年之不誤？但不必增威王爲四十六年耳。淳于髡傳言「威王威行三十六年」，則固無四十六年也。而孟子至齊，當愼靚王三年以後，必是宣王二十五六年間，凡燕王讓國、齊人取燕等事，俱在宣王之世，與孟子書合，無可疑者。故通鑑、大事記書湣王元年于周赧王二年，甚確。年表、世家、孟嘗君傳以宣爲十九年，湣爲四十年，並非。又曰：黄氏日鈔載蔣曉之説，以齊兩次伐燕，分繫宣、湣，强以求合于孟子、史記，殊非情事。中井積德曰：齊伐燕取之，大事也，而世家不記，何也？

湣王元年，秦使張儀與諸侯執政會于齧桑。〔一〕三年，封田嬰於薛。〔二〕四年，迎婦于秦。七年，與宋攻魏，敗之觀澤。〔三〕

〔一〕【考證】齧桑當在河南歸德府及安徽潁州府蒙城縣間。

〔二〕【考證】梁玉繩曰：嬰之封薛，此與年表、孟嘗傳在湣王三年，國策亦在閔王時，實則宣王二十二年。索隱引紀年梁惠後十三年四月封嬰，較史先一歲，未知孰是。而國策吳注謂「嬰封薛，在威王之世，當梁惠前十三年，疑紀年誤書」。殊不然，國策于宣王前十餘年時尚稱嬰子，安得言威王封之？而所云「受薛于先王」者，乃宣王也。

〔三〕【考證】言與宋，非也，説在宋世家。

十二年，攻魏。楚圍雍氏，〔一〕秦敗屈丐。〔二〕蘇代謂田軫曰：「臣願有謁於公，其爲事甚完，使楚利公，成爲福，不成亦爲福。〔三〕今者臣立於門，客有言曰魏王謂韓馮、張儀曰：〔四〕『煑棗將拔，〔五〕齊兵又進，子來救寡人則可矣；不救寡人，寡人弗能拔。』〔六〕此特轉辭也。〔七〕秦、韓之兵毋東旬餘，則魏氏轉韓從秦，〔八〕秦逐張儀，〔九〕交臂而事齊、楚，〔一〇〕此公之事成也。」田軫曰：「柰何使無東？」對曰：「韓馮之救魏之辭，必不謂韓王曰『馮以爲魏』，必曰『馮將以秦、韓之兵東卻齊、宋，馮因（摶）〔搏〕三國之兵，〔一一〕乘屈丐之獘，南割於楚，故地必盡得之矣』。〔一二〕張儀救魏之辭，必不謂秦王曰『儀以爲魏』，必曰『儀且以秦、韓之兵東距齊、宋，儀將摶三國之兵，乘屈丐之獘，南割於楚，名存亡國，實伐三川而歸，〔一三〕此王業也』。〔一四〕公令楚王與韓氏地，使秦制和，〔一五〕謂秦王曰『請與韓地，而王以施三川，〔一六〕韓氏之兵不用而得地於楚』。〔一七〕韓馮之東兵之辭且謂秦何？〔一八〕曰：〔一九〕『秦兵不用而得三川，伐楚、韓以窘魏，魏氏不敢東，是孤齊也。』張儀之東兵之辭且謂何？〔二〇〕曰：〔二一〕『秦、韓欲地而兵有案，聲威發於魏，魏氏之欲不失齊、楚者有資矣。』魏氏轉秦、韓，争事齊、楚，楚王欲而無與地，〔二二〕公令秦、韓之兵不用而得地，有一大德也。〔二三〕秦、韓之王劫於韓馮、張儀，而東兵以徇服魏，公常執左券以責於秦、韓，〔二四〕此其善於公，而惡張子多資矣。」〔二五〕

〔一〕【集解】徐廣曰：「在陽翟，屬韓。」【考證】梁玉繩曰：案此事不在湣王十二年，説見秦紀。雍氏故城在今河南扶溝縣西南。

〔二〕【考證】屈丐，楚大夫。

〔三〕【考證】岡白駒曰：田軫一稱陳軫，于時有寵于楚王。愚按：陳軫與張儀相惡。

〔四〕【集解】徐廣曰：「韓馮，韓之公仲侈也。」

〔五〕【集解】徐廣曰：「在濟陰宛朐。」【考證】蒷棗，魏地。故城在今山東(荷)〔菏〕澤縣西。

〔六〕【索隱】能，猶勝也。言不勝其拔，故聽齊拔之耳。【考證】岡白駒曰：能、耐通。愚按：不能拔，猶言不忍爲齊所拔也。門客之言止于此，以下蘇代之言。

〔七〕【考證】岡白駒曰：轉，出彼入此也。若不聽則將適他。

〔八〕【考證】毋東，不東救魏也。岡白駒曰：「魏氏轉」句。魏背秦入于齊、楚。韓從秦，韓從秦之所爲也。其事見于下。中井積德曰：「從」字疑衍。言魏將變韓、秦之約，秦亦放逐張儀，俱事齊、楚也。下文云「魏氏轉秦、韓争事齊、楚」，可參攷。愚按：如岡說，則下文「争」字不可解，中說亦不透。

〔九〕【索隱】逐，隨也。

〔一〇〕【考證】交臂與交手同，謂拱手也。國策「交臂而事秦」。

〔一一〕【集解】徐廣曰：「音專。專猶并合，制領之謂也。」【索隱】（搏）〔摶〕，音團。團，謂握領也。徐作「專」，亦通。【考證】楓山、三條本「卻」作「劫」。「摶」字从專，徐說是。三國，秦、韓、魏。

〔一二〕【正義】屈丐，楚將，爲秦所敗。今更欲乘之。【考證】岡白駒曰：使楚割地，非獨解雍氏圍也。愚按：以上韓馮謂韓王辭。

〔一三〕【索隱】韓也。【考證】張文虎曰：凌、游本「伐」譌「代」。岡白駒曰：名存亡國，救魏將亡，自伐其功曰伐，謂得志於韓也。下文「施三川」是也。施三川，見于韓世家。

〔一四〕【考證】岡白駒曰：以上張儀謂秦王辭。

〔一五〕【索隱】公，謂陳軫。

〔一六〕【正義】施，張設也。言秦王於天子都張設迫脅也。【考證】中井積德曰：施，謂威加之。施三川，與上文「伐三川」意全同，此何必論天子都？

〔一七〕【考證】是蘇代使陳軫言之於秦王也。

〔一八〕【考證】陳軫問也。楓山、三條本「秦」作「奈」。愚按：依下文，「秦」字衍。

〔一九〕【考證】蘇代答也。

〔二〇〕【考證】陳軫問也。

〔一一〕【考證】蘇代答也。

〔一二〕【集解】徐廣曰：「楚王欲得魏來事己，而不欲與韓地也。」

〔一三〕【正義】蘇代謂陳軫，今秦、韓之兵不戰伐而得地，陳軫於秦韓豈不有大恩德？【考證】公，陳軫也。中井積德曰：「大德」以上，論成爲福。「秦韓之王」以下，論不成亦爲福。

〔一四〕【索隱】券，要也。左，不正也。言我以右執其左而責之。【考證】中井積德曰：以賣買假貸者持券取償爲喻也。券，書板而剖之，故有左右。

〔一五〕【正義】左券下，右券上也。蘇代說陳軫以上券，令秦、韓不用兵得地，而以券責秦、韓卻韓馮、張儀以徇服魏，故秦、韓善陳軫而惡張儀多取矣。資，藉也，又材質也。【考證】中井積德曰：資，猶本錢也。愚按：此一章情事不明，文字亦多錯誤，不能强解。中井積德、姚範諸人既言之，闕疑可也。

十三年，秦惠王卒。二十三年，與秦擊敗楚於重丘。〔一〕二十四年，秦使涇陽君質於齊。〔二〕二十五年，歸涇陽君于秦。孟嘗君薛文入秦，即相秦。文亡去。二十六年，〔三〕齊與韓、魏共攻秦，至函谷軍焉。〔四〕二十八年，秦與韓河外以和，兵罷。〔五〕二十九年，趙殺其主父。齊佐趙滅中山。〔六〕

〔一〕【集解】徐廣曰：「表曰與秦擊楚，使公子將，大有功。」

〔二〕【考證】孟嘗君傳云「秦昭王先使涇陽君爲質於齊，以求見孟嘗君」。涇陽君，昭王母弟公子悝。

〔三〕【集解】徐廣曰：「孟嘗君爲相。」

〔四〕【考證】本周策。

〔五〕【考證】梁玉繩曰：案不言與魏，何也？蓋脫之。又此事在二十六年，說見秦紀。

〔六〕【集解】徐廣曰：「三十年，田甲劫王，相薛文走。」【考證】梁玉繩曰：殺主父在前一年，滅中山不在是歲，亦非齊佐趙滅之。此與表同誤。

三十六年，王爲東帝，秦昭王爲西帝。蘇代自燕來入齊，見於章華東門。〔一〕齊王曰：「嘻，善，子來！〔二〕秦使魏冄致帝，子以爲何如？」對曰：「王之問臣也卒，而患之所從來微，〔三〕願王受之而勿備稱也。〔四〕秦稱之，天下安之，王乃稱之，無後也。〔五〕且讓爭帝名，無傷也。〔六〕秦稱之，天下惡之，王因勿稱，以收天下，此大資也。〔七〕且天下立兩帝，王以天下爲尊齊乎，尊秦乎？」王曰：「尊秦。」曰：「釋帝，天下愛齊乎，愛秦乎？」王曰：「愛齊而憎秦。」曰：「兩帝立，約伐趙，孰與伐桀宋之利？」〔八〕王曰：「伐桀宋利。」對曰：「夫約鈞，然與秦爲帝而天下獨尊秦而輕齊，〔九〕釋帝則天下愛齊而憎秦，伐趙不如伐桀宋之利，故願王明釋帝以收天下，倍約賓秦，無爭重，〔一〇〕而王以其閒舉宋。夫有宋，衛之陽地危；〔一一〕有濟西，趙之阿東國危；〔一二〕有淮北，楚之東國危；〔一三〕有陶、平陸，梁門不開。〔一四〕釋帝而貸之以伐桀宋之事，〔一五〕國重而名尊，燕、楚所以形服，〔一六〕天下莫敢不聽，此湯、武之舉也。敬秦以爲名，〔一七〕而後使天下憎之，此所謂以卑爲尊者也。〔一八〕願王孰慮之。」〔一九〕於是齊去帝復爲王，秦亦去帝位。

〔一〕【集解】左思齊都賦注曰：「齊小城北門也。」而此言東門，不知爲是一門非邪？【正義】括地志云：「齊城章華之東有閭門、武鹿門也。」【考證】齊策「蘇代」作「蘇秦」。注云「是時秦已死，當從史記作『蘇代』」。中井積德曰：齊有章華之宮，宮有東西門，何容紛紜？愚按：策吳注引括地志作「齊城東有閭門武鹿章華之門」。

〔二〕【考證】古鈔本「善」下有「哉」字。策作「嘻子之來也」。

〔三〕【考證】卒，與猝同。來，策一本作「生」，一本作「往」。今未著，故言「微」。

〔四〕【考證】策「備」作「庸」，注云「庸，用也」。

〔五〕【考證】胡三省曰：猶言未晚也。

〔六〕【考證】讓爭，猶言辭受也。策作「先後之事」。

〔七〕【考證】岡白駒曰：資，貲也。以此買天下之心，故曰「大資」。

〔八〕【集解】宋世家云「宋王偃，諸侯皆曰桀宋也」。

〔九〕【考證】策姚本無「鈞然」二字。張照曰：戰國策補注云「言齊秦俱相約如此」，疑「鈞」字即「約」字之訛，而又重出。去「鈞然」二字，文義自明。

〔一〇〕【考證】倍，背同。賓、擯同。擯，斥也，棄也。

〔一一〕【集解】陽地，濮陽之地。【正義】案：衛此時河南獨有濮陽也。【考證】陽地，策作「陽城」。中井積德曰：陽地，猶言南國也。

〔一二〕【正義】阿，東阿也。爾時屬趙，故云「東國危」。【考證】策「阿東國危」作「河東危」，可從。正義謬。愚按：阿、河形似而訛。「國」字涉下文而衍。河東，趙河之東，今臨清以西，趙之邊邑也。文主舉宋言，淮北、濟西，陶、平陸皆故宋地。濟西，今山東(荷)〔菏〕澤、鄆城、壽張等縣地。

〔一三〕【正義】淮北，徐、泗也。東國，謂下相、僮、取慮也。

〔一四〕【正義】陶，定陶，今曹州也。平陸，兗州縣也，縣在大梁東界。【考證】策「陶」作「陰」。補注云陰即陶。定陶在今山東(荷)〔菏〕澤縣，平陸故城在今山東汶上縣北。

〔一五〕【考證】中井積德曰：貸，代也。策作「貳」。貳猶代也。愚按：策無「桀」字。

〔一六〕【考證】形，勢也。畏勢而服。
〔一七〕【考證】策注「非實敬之」。
〔一八〕【考證】策「爲」作「易」。禮記曲禮上「夫禮者自卑而尊人」。
〔一九〕【考證】「蘇代自燕來」以下采齊策。

三十八年，伐宋。〔一〕秦昭王怒曰：「吾愛宋，與愛新城、陽晉同。〔二〕韓聶與吾友也，〔三〕而攻吾所愛，何也？」蘇代爲齊謂秦王曰：〔四〕「韓聶之攻宋，所以爲王也。齊彊，輔之以宋，楚、魏必恐，恐必西事秦，是王不煩一兵，不傷一士，無事而割安邑也，〔五〕此韓聶之所禱於王也。」秦王曰：「吾患齊之難知。一從一衡，〔六〕其說何也？」對曰：「天下國令齊可知乎？〔七〕齊以攻宋，〔八〕其知事秦，以萬乘之國自輔，〔九〕不西事秦，則宋治不安。〔一〇〕中國白頭游敖之士，皆積智欲離齊、秦之交，〔一一〕伏式結軼西馳者，未有一人言善齊者也。〔一二〕伏式結軼東馳者，未有一人言善秦者也。〔一三〕何則？皆不欲齊、秦之合也。〔一四〕何晉、楚之智，而齊、秦之愚也！晉、楚合，必議(秦)〔齊〕、秦，〔一五〕齊、秦合，必圖晉、楚，請以此決事。」秦王曰：「諾。」〔一六〕於是齊遂伐宋，宋王出亡，死於溫。〔一七〕齊南割楚之淮北，西侵三晉，欲以并周室爲天子，泗上諸侯，鄒、魯之君皆稱臣，諸侯恐懼。

〔一〕【考證】策作「韓人攻宋」，恐非。
〔二〕【正義】括地志云「新城故城，在宋州宋城縣界。陽晉故城，在曹州乘氏縣西北三十七里」。【考證】新城蓋韓地，今河南洛陽縣有新城故城。陽晉衞地，故城在今山東曹縣北。

〔三〕【考證】中井積德曰：韓聶是時爲齊謀臣也。愚按：策作「韓珉」。

〔四〕【考證】策「蘇代」作「蘇秦」，「齊」作「韓」，恐非。

〔五〕【正義】年表云「秦昭王二十一年，魏納安邑及河内」。【考證】安邑故城在今山西安邑縣西，魏都，近秦。

〔六〕【考證】或從或衡，反覆不定。

〔七〕【考證】策「國」作「固」，「乎」作「矣」，義長。

〔八〕【考證】古鈔本「以」作「已」，與策合。

〔九〕【考證】萬乘，秦也。

〔一〇〕【索隱】戰國策作「宋地不安」。

〔一一〕【考證】敖，讀爲遨。

〔一二〕【索隱】軼，音姪。軼者車轍也，言車轍往還如結也。戰國策作「結靷」。【考證】軼，作「靷」者是。靷，駕牛馬之具。在胸曰靷，所以引之前行也。西馳，來於秦者。

〔一三〕【考證】東馳，往於齊者。

〔一四〕【考證】此皆晉、楚之所使。

〔一五〕【考證】策「議」作「伺」。

〔一六〕【考證】「伐宋」以下本韓策。

〔一七〕【正義】懷州有温城。【考證】温，魏地，河南懷寧府温縣。

三十九年，秦來伐，拔我列城九。

四十年，燕、秦、楚、三晉合謀，各出鋭師以伐，敗我濟西。〔一〕王解而卻。〔二〕燕將樂毅遂入臨淄，盡取齊之寶藏器。〔三〕湣王出亡之衛。衛君辟宮舍之，稱臣而共具。湣王不遜，衛人侵之。湣王去走鄒、魯，有驕色，鄒、魯君弗内，〔四〕遂走莒。楚使淖齒將兵救齊，〔五〕因相齊湣王。淖齒遂殺湣王，〔六〕而與燕共分齊之侵地鹵器。〔七〕

〔一〕**【集解】**徐廣曰：「案其餘諸傳，無楚伐齊事。年表云楚取淮北。」**【考證】**伐齊之役，楚與焉，説見秦紀。

〔二〕**【考證】**岡白駒曰：齊王解拒備而却。

〔三〕**【考證】**「燕秦楚三晉」以下采燕策。取齊之寶藏器，樂毅所謂「珠玉財寶車甲珍器盡收入燕，大呂陳於元英，故鼎反於歷室，齊器設於寧臺」者。

〔四〕**【考證】**「去走鄒魯」以下本趙策，又見魯仲連傳。

〔五〕**【索隱】**淖，音女教反。**【考證】**陳子龍曰：觀淖齒救齊，則楚不同五國也。愚按：淖齒楚將，護湣王者。史誤。

〔六〕**【考證】**以上本齊策、趙策。

〔七〕**【正義】**鹵掠齊寶器也。**【考證】**岡白駒曰：樂毅所侵之地，所取之寶器也，故稱「齊之侵地鹵器」。梁玉繩曰：案國策有王孫賈誅淖齒一章，此不宜略。

湣王之遇殺，其子法章變名姓爲莒太史敫家庸。〔一〕太史敫女奇法章狀貌，以爲非恒人，〔二〕憐而常竊衣食之，〔三〕而與私通焉。淖齒既以去莒，〔四〕莒中人及齊亡臣相聚，求湣王子欲立之。法章懼其誅己也，久之乃敢自言「我湣王子也」。於是莒人共立法章，是爲襄王。以保莒城，而布告齊國中：「王已立在莒矣。」

〔一〕【集解】徐廣曰：「敫，音躍，一音皎。」【考證】庸、傭通。策云「溉園」。

〔二〕【考證】梁玉繩曰：「『恒』字何以不避？」愚按：策作「常」。

〔三〕【考證】胡三省曰：竊，私也。私爲之，而不使人知。

〔四〕【考證】以、已通。

襄王既立，立太史氏女爲王后，是爲君王后，生子建。太史敫曰：「女不取媒因自嫁，非吾種也，汙吾世。」終身不覩君王后。君王后賢，不以不覩故失人子之禮。〔一〕

〔一〕【考證】「湣王之遇殺」以下采齊策。

襄王在莒五年，田單以即墨攻破燕軍，〔一〕迎襄王於莒，入臨菑。齊故地盡復屬齊。齊封田單爲安平君。

〔一〕【考證】以上本齊策。

十四年，秦擊我剛、壽。〔一〕十九年，襄王卒，子建立。

〔一〕【考證】剛、壽，二邑名。剛，山東寧陽府故剛城。壽，壽張縣。

王建立六年，秦攻趙，齊、楚救之。〔一〕秦計曰：「齊、楚救趙，親則退兵，不親遂攻之。」〔二〕趙無食，請粟於齊，齊不聽。周子曰：「不如聽之以退秦兵，〔三〕不聽則秦兵不卻，是秦之計中，而齊、楚之計過也。且趙之於齊、楚，扞蔽也，〔四〕猶齒之有脣也，脣亡則齒寒。〔五〕今日亡趙，明日患及齊、楚。且救趙之務，宜若奉漏甕沃焦釜也。〔六〕夫救趙，高義也，卻秦兵，顯名也。義救亡國，威卻彊秦之兵，不務爲此，而務愛粟，爲國計者過矣。」齊王弗聽。〔七〕秦破趙於長平四十餘萬，遂圍邯鄲。

〔一〕【考證】梁玉繩曰：案事在五年，非六年。但楚世家無救趙事。

〔二〕【考證】策注「親，其交親也」。岡白駒曰：親，救兵在近也。愚按：後說較長。

〔三〕【索隱】蓋齊之謀臣，史失名也。戰國策以「周子」爲「蘇秦」，而「楚」字皆作「燕」，然此時蘇秦死已久矣。【考證】鮑彪曰：周子，周最也。

〔四〕【正義】此時秦伐趙上黨欲克，無意伐齊、楚，故言趙之於齊、楚爲扞蔽也。【考證】鮑彪曰：趙居二國西北。秦攻二國，必先徑趙，趙存則二國得以有蔽障。中井積德曰：扞蔽，以地形常勢而言，非一時之說。是時楚東徙，自秦經韓、趙而後達于齊、楚也。

〔五〕【考證】僖十年左傳宮之奇曰：「諺所謂『輔車相依，脣亡則齒寒』者，其虞、虢之謂也。」趙策張孟談曰：「臣聞脣亡則齒寒。」

〔六〕【考證】岡白駒曰：奉、捧通，此喻救之急。愚按：沃，溉也。

〔七〕【考證】「秦攻趙」以下本齊策。

十六年，秦滅周。〔一〕君王后卒。二十三年，秦置東郡。〔二〕二十八年，王入朝秦，秦王政置酒咸陽。三十五年，秦滅韓。三十七年，秦滅趙。三十八年，燕使荊軻刺秦王，秦王覺，殺軻。明年，秦破燕，燕王亡走遼東。明年，秦滅魏，秦兵次於歷下。四十二年，秦滅楚。明年，虜代王嘉，滅燕王喜。

〔一〕【考證】梁玉繩曰：滅東周也，失「東」字。

〔三〕【考證】表云「蒙驁取魏二十城，初置東郡」。

四十四年，秦兵擊齊。齊王聽相后勝計，不戰，以兵降秦。秦虜王建，遷之共。〔一〕遂滅齊爲郡，〔二〕天下壹并於秦。秦王政立，號爲皇帝。始，君王后賢，事秦謹，與諸侯信，齊亦東邊海上，秦日夜攻三晉、燕、楚，五國各自救於秦，以故王建立四十餘年不受兵。君王后死，后勝相齊，多受秦閒金，多使賓客入秦，秦又多予金，客皆爲反閒，勸王去從朝秦，不脩攻戰之備，〔三〕不助五國攻秦，秦以故得滅五國。五國已亡，秦兵卒入臨淄，民莫敢格者。〔四〕王建遂降，遷於共。故齊人怨王建不蚤與諸侯合從攻秦，聽姦臣賓客，以亡其國，歌之曰：「松耶柏耶？住建共者客耶？」〔五〕疾建用客之不詳也。〔六〕

〔一〕【集解】地理志河内有共縣。【正義】今衛州共城縣。【考證】今河南輝縣。

〔二〕【考證】梁玉繩曰：楚漢王三齊者，王建之弟假，其孽孫安，宗族田儋，儋子市及從弟榮，榮子廣，及弟横，又有族人田都。雖別有傳，亦當附及數語。

〔三〕【考證】「君王后賢」以下采齊策。李斯傳云「秦王拜李斯爲長史，聽其計，陰遣謀士齎持金玉以游説諸侯。諸侯名士，可下以財者，厚遺結之，不肯者，利劍刺之，離其君臣之計。秦王乃使其良將隨其後」。王建亦陷其術也。反閒者，有敵閒來窺我，我先知之，或厚賂誘之，反爲我用。孫子用閒篇云「用閒有五：有鄉閒，有内閒，有反閒，有死閒，有生閒」。又云「反閒者因其敵閒而用之」。

〔四〕【考證】格，牴牾也。

〔五〕【集解】徐廣曰：「戰國策云秦處建於共松柏閒也。」【索隱】耶，音邪。謂是建客邪？客説建住言，遂乃失策，今建遷共。共，今在河内也。【考證】「歌之曰」以下采齊策。策云「松柏之閒，餓而死」。柏、客韻。

〔六〕【索隱】謂不詳審用客，不知其善否也。【考證】亦敍事中插議論。詳，善也。張照曰：詳、佯、祥三字通。此「詳」字作「祥」字解。愚按：淮南子泰族訓云「齊王建有三過人之巧，而身虜於秦者，不知賢也」。凌稚隆曰：六國獨齊後亡，故于齊總論興亡大勢，有感慨。

太史公曰：蓋孔子晚而喜易。〔一〕易之爲術，幽明遠矣，非通人達才，孰能注意焉！〔二〕故周太史之卦田敬仲完，占至十世之後；及完奔齊，懿仲卜之亦云。〔三〕田乞及常所以比犯二君，〔四〕專齊國之政，非必事勢之漸然也，蓋若遵厭兆祥云。〔五〕

〔一〕【考證】論語述而篇子曰：「加我數年，五十以學易，可以無大過矣。」

〔二〕【考證】葉適曰：陳完之占，前代此類甚多。孔子以爲不足以訓，故獨贊易以黜之。凡左氏所載，皆孔子所黜也。而遷乃謂「孔子晚而喜易，易幽明遠矣，非通人達材，孰能注意」，反以陳完之占爲孔氏所盡心者，是遷未嘗知有孔氏之易。

〔三〕【考證】梁玉繩曰：案卜不在奔齊時，懿仲亦非齊大夫。説見前。

〔四〕【索隱】比，如字，又頻律反。二君，即悼公、簡公也。僖子廢晏孺子，鮑牧以乞故殺悼公，而成子又殺簡公，故云田氏比犯二君也。【正義】乞殺悼公，田常殺簡公也。【考證】中井積德曰：本文明云二君，是晏孺子與簡公也。若悼公，田氏不主之也。注謬。

〔五〕【正義】厭，一冄反。田僖子廢晏孺子，田成子殺二君，非是事勢之漸使如此，疑似遵奉厭禳之兆吉祥矣。【考證】梁玉繩曰：史公此論持周太史陳懿仲卜敬仲事，然非史氏所宜言也。王若虛云「亂臣賊子，皆得以天命自解，而無所懲艾」，良然。中井積德曰：太史公信妄誕，而議論失正。使人作亂弑君，以遵厭兆祥，豈聖人喜易之意哉？

【索隱述贊】田完避難，奔于大姜；始辭羈旅，終然鳳皇。物莫兩盛，代五其昌。二君比犯，三晉争强。和始擅命，威遂稱王。祭急燕、趙，弟列康、莊。秦假東帝，莒立法章。王建失國，松柏蒼蒼。

史記會注考證卷四十七

孔子世家第十七

史記四十七

【索隱】孔子非有諸侯之位，而亦稱「系家」者，以是聖人爲教化之主，又代有賢哲，故稱「系家」焉。【正義】孔子無侯伯之位，而稱「世家」者，太史公以孔子布衣傳十餘世，學者宗之，自天子王侯，中國言六藝者宗於夫子，可謂至聖，故爲世家。【考證】史公自序云：「周室既衰，諸侯恣行。仲尼悼禮廢樂崩，追修經術，以達王道，匡亂世反之於正，見其文辭，爲天下制儀法，垂六藝之統紀於後世。作孔子世家第十七。」陳仁錫曰：孔子世家以年爲敍，曰「年十七」，曰「年三十」，曰「年三十五」，曰「年四十二」，曰「年五十」，曰「年五十六」，曰「年六十三」，曰「年七十三」，是提綴法也。又以「不用」二字爲關鍵，曰「弗能用」，曰「莫能已用」，曰「不用孔子」，曰「既不得用于衛」，曰「魯終不能用孔子」，皆歎夫子道之不行也。中井積德曰：孔子世家虛談尤多，蓋周末至漢初，諸子百家附麗作說者甚多，而太史公捃輯成篇，不有辯真僞也。若家語最晚出，乃又取於世家而作也，非世家取於家語也。注家輒引家語相證，皆非。趙翼曰：孔子無公侯之位，而史記獨列於世家，尊孔子也。凡列國世家與孔子毫無相涉者，亦皆書「是歲孔子相魯」，「孔子卒」，以其繫天下之輕重也。廖登廷曰：史列孔子世家，是之者，司馬貞、張守節也；非之者，王介甫、李濟水也。竊謂索隱、正義之説未盡善，而王、李二家則全非。

王氏之説曰：「仲尼之才，帝王可也，何特公侯？仲尼之道，世天下可也，何特世家？」推其意，蓋必諸侯而又得世家之道者，乃稱世家。」信斯説也，秦、項，諸侯也，何以歸之本紀？韓、彭、黥、魏，諸侯也，何以置之列傳？陳平之陰謀，陳涉之發難，五宗、三王之背逆，皆非保世之道，又何以皆入世家與？況世家之例，創於太史公，其位置自當不至矛盾。又李氏謂：「史欲尊聖人，而反小之。其稱孔子處亦陋，謂史爲陋，然左、國所載亦止如此。至謂以諸侯尊孔子，夫孔子之德，不僅公侯，無人不知，豈博雅如史公者，乃至是哉？」史公不自云世家之爲諸侯，後人不知其意之所在，因而誤會之，且從而詆誹之。嗚呼，何其妄也！今欲明孔子所以列於世家，必先知史公所以謂世家之意。竊意史公創爲本紀、世家、列傳三例，其分處在「勢」、「年」二字。攬勢之大者，謂之本紀；閱年之久者，謂之世家；勢不及本紀之大，年不及世家之久者，謂之列傳。本紀多屬天子，然非如黄屋左纛，非天子不得用，故昭襄、項羽非天子，而稱本紀；孝惠雖爲天子，政非己出，不立本紀，而以屬之呂后，但論勢也。世家多屬諸侯，然非如分封錫土，非諸侯不得用，故蕭、曹、張、陳食數邑，而爲世家；韓、彭、黥、陳控地數千里，不能歷久，退之列傳，但論年也。自漢書以本紀專屬天子，并世家而存列傳，讀書者循末忘本，反據班氏以攻史公，謂昭襄、項羽、呂后不宜曰本紀，孔子、陳涉不宜曰世家。以後世之史較之雖合，然郢書燕説，無乃爲史公笑乎？孟子曰「仲子齊之世家」，今人稱能世其業者謂之世家，皆因世世保有其家者稱之。索隱必云「記諸侯之本世」，夫諸侯言國，大夫言家，既曰世家，則不專指諸侯，必以世家屬諸侯，則孟子所云「齊之世家」，抑以陳仲子爲諸侯耶？史公時孔安國爲博士，史公從問尚書而師之。孔子去史公數百年，代有偉人，如世家所記，至安國修先人之業，爲西京大儒，漢廷華胄皆不之及。史公遠溯聖人之光輝，近瞻老師之絶學，蓋以紀實。安有所謂假諸侯以尊孔子者哉？史公非不尊孔子，特不假此虚名以炫耀；使如俗説，則當列孔子於本紀，與所謂素王之説如合一轍矣。然史公豈爲之哉？或曰管、晏、蔡、范、趙、李之輩，其子孫在漢，未嘗無顯者，其不得爲世家也，何故？曰：世家之敍孔子也，由孔子、伯魚，下及卬、驩十五世，詳敍其名字年貌。

而其中最顯者，如子思作中庸，子愼爲魏相，鮒爲陳王涉博士，子襄爲孝惠博士，遷長沙太守，安國爲今皇帝博士，至臨淮太守。其人皆有學業功勳，不墜其緒，故其詳可得聞。他則或一二世，或四五世而止，或已絶而復興，或此詳而彼略，或名字之失考，或年貌官階之無徵。惟孔子歷數百年餘，而賢嗣克守其緒。此史記中絶無僅有之事，故史公表而出之。管、晏、趙、李輩無有，烏得以相例哉？

孔子生魯昌平鄉陬邑。〔一〕其先宋人也，曰孔防叔。〔二〕防叔生伯夏，伯夏生叔梁紇。〔三〕紇與顔氏女野合而生孔子，〔四〕禱於尼丘得孔子。魯襄公二十二年而孔子生。〔五〕生而首上圩頂，故因名曰丘云。〔六〕字仲尼，姓孔氏。

〔一〕【集解】徐廣曰：「陬，音騶。」孔安國曰：『陬，孔子父叔梁紇所治邑。』」【索隱】陬是邑名。昌平，鄉號。孔子居魯之鄒邑昌平鄉之闕里也。【正義】括地志云：「故鄒城在兗州泗水縣東南六十里。昌平山在泗水縣南六十里。孔子生昌平鄉，蓋鄉取山爲名。故闕里在泗水縣南五十里。輿地志云鄒城西界闕里有尼丘山。」按：今尼丘山在兗州鄒城，闕里即此也。括地志云：「兗州曲阜縣魯城西南三里有闕里，中有孔子宅，宅中有廟。伍緝之述征記云闕里背洙面泗，即此也。」按：夫子生在鄒，長徙曲阜，仍號闕里。【考證】襄十年左傳云「郰人紇」字从取，論語八佾篇云「鄹人之子」，字从聚，而其从邑則一也。說文「郰，魯下邑。孔子之鄉」，亦不从阜。下文亦作「郰」。杜預注左傳云「郰邑魯縣東南莝城是也」。閻若璩曰：家語顔繇字季路，少孔子六歲，孔子始教於闕里，而受學焉。朱子引入集註，作「孔子始教而受學焉」，削去「闕里」字面。孔子時無闕里之名。闕里首僅見漢書梅福傳，東漢後方盛稱之，蓋緣魯恭王徙魯，於孔子所居之里造宫室，有雙闕焉，人因名孔子居曰闕里。又曰：北史宋板引王肅注本七十二弟子解「闕里」作「閭里」，乃家語乃是「閭」

字，非「闕」字，猶能知孔子時斷無闕里之名。又曰：鄒城之闕里，以曲阜之闕里名，其地非真闕里也。真闕里則伍緝之所云「背洙面泗」。愚按：郰，今山東曲阜縣東南郰城。

〔二〕【索隱】家語：「孔子，宋微子之後。宋襄公生弗父何，以讓弟厲公。弗父何生宋父周，周生世子勝，勝生正考父，考父生孔父嘉，五世親盡，別爲公族，姓孔氏。孔父生子木金父，金父生睪夷，睪夷生防叔，畏華氏之逼而奔魯，故孔氏爲魯人也。」【考證】家語本姓解、左傳昭七年疏引家語「襄公」作「湣公」。湣公即閔公，當以爲正。弗父何，宋閔公子，厲公兄，非襄公子也。今本家語誤。

〔三〕【正義】括地志云：「叔梁紇廟亦名尼丘山祠，在兖州泗水縣五十里尼丘山東趾。地理志云魯縣有尼丘山，有叔梁紇廟。」【考證】左傳襄十年云「晉荀偃、士匄請伐偪陽而封宋向戌焉。四月丙寅，圍之，弗克，孟氏之臣秦堇父如役。偪陽人啓門，諸侯之士門焉。縣門啓，郰人紇抉之以出門者」。襄十七年云「秋，高厚圍臧紇于防。師自陽關逆臧孫，至于旅松。郰叔紇、臧疇、臧賈帥甲三百，宵犯齊師，送之而復」。崔述曰：郰，魯邑。叔其字，紇其名。猶曰衛叔封申叔時也。史記作「叔梁紇」，左傳近古。又曰：防叔生伯夏，伯夏生叔梁紇，史文或有所本，而不見他經傳，未敢決其必然。又曰：郰叔以前，見於春秋傳者，僅弗父何、正考父、孔父嘉三世。見於史記世家，僅防、夏二世。此外家語本姓解所記，皆不見於傳記。史記之言，余猶不敢盡信，況史記之所不言者乎？且孔父爲華督所殺，其子避禍奔魯，可也。防叔其曾孫也，其世當宋襄、成間，於時華氏稍衰，初無構亂之事，防叔安得避華氏之禍而奔魯乎？家語一書，本後人所僞撰，其文皆采之於他書，而增損改易以飾之。如相魯篇采之於春秋傳、史記，辨物篇采之於春秋傳、國語，哀公問政、儒行兩篇采之於戴記曲禮，子貢、子夏、公西赤問等篇，采之於戴記、春秋傳，以至莊、列、説苑、讖緯之書無不采，未有一篇無所本者。然取所采之書，與家語比而觀之，則其所增損改易者，文必冗弱，辭必淺陋，遠不如其本書，甚或失其本來之旨。其爲勦襲，顯而可按。而世不察，以爲孔氏遺書，亦已惑矣。漢書藝文志云孔子家語二十七卷。師古曰「非今所有家語」，則是孔氏先世之書已亡，而此書出於後人所撰，顯然可見。且家語在漢已顯於世，列於七略。以康成之博學，豈容不見，而待肅之據之以駁己耶？此必毀鄭氏之學者僞撰此書，以爲己證。其序文淺語夸，亦未必果出於肅。就令果出於肅，肅之學識亦不足爲定論也。

〔四〕【索隱】家語云「梁紇娶魯之施氏生九女。其妾生孟皮，孟皮病足，乃求婚於顏氏，徵在從父命爲婚」。其文甚明。今此云「野合」者，蓋謂梁紇老而徵在少，非當壯室初笄之禮，故云野合，謂不合禮儀。故論語云「野哉由也」，又「先進於禮樂野人也」，皆言野者，是不合禮耳。【正義】男八月生齒，八歲毀齒，二八十六陽道通，八八六十四陽道絶。女七月生齒，七歲毀齒，二七十四陰道通，七七四十九陰道絶。婚姻過此者，皆爲野合。故家語云梁紇娶魯施氏女生九女，乃求婚於顏氏，顏氏有三女，小女徵在。據此，婚過六十四矣。【考證】崔述曰：孔子之母名，見於戴記檀弓篇，其稱爲顏氏女，則本於此。然他經傳初未有言者也。家語本姓解云「叔梁紇娶施氏，無男。其妾生孟皮，病足。乃求婚於顏氏。顏父問三女，二女莫對，徵在進曰『從父所制』。遂以妻之」。所載顏父之言淺陋鄙俗，徧覽春秋傳中，亦未有因長疑婚，與女商壻者。其事其言皆非當日之所宜有，其爲臆撰無疑。梁玉繩曰：古婚禮頗重，一禮未備，即謂之奔，謂之野合，故自行媒、納采、納徵、問名、卜吉、請期，而後告廟。顏氏從父命爲婚，豈有六禮不備者？檀弓疏及索隱、正義以婚姻過期爲野合，亦無所據。蓋因紇偕顏禱于尼山，而爲之説耳。崔適曰：案此文疑本作「紇與顏氏女禱於尼丘，野合而生孔子」。於尼丘埽地爲祭天之壇而禱之，猶詩所謂「以弗無子」也，遂感而生孔子，猶詩所謂「履帝武敏歆」也。故曰野合。高祖本紀「其先劉媼嘗息大澤之陂，夢與神遇，是時雷電晦冥，太公往視，則見蛟龍於其上。已而有身，遂産高祖」，即詩齊、魯、韓，春秋公羊學家所謂「聖人皆感天而生」，此所謂「野合而生」也。三代世表張夫子問於褚先生曰：「詩言契、后稷皆無父而生，今諸傳記咸言有父，得毋與詩謬乎？」褚先生曰：「詩言契生於卵，后稷人跡者，欲見其有天命精誠之意耳。鬼神不能自成，須人而生，奈何無父而生乎？」即此所謂紇與顏氏女禱於尼丘，野合而生孔子也。太史公以受命帝王尊孔子，故云爾。索隱謂梁紇老而徵在少，非當壯室初笄之禮，故曰野合，此說謬甚。老夫得其女妻，未聞謂之野合也。中井積德曰：史尊孔子，欲神其事，乃以非禮誣其父母，惑之甚者。愚按：野合，中說得之。崔說可參。孔子字曰仲尼，有兄。論語云「以其兄之子妻南容」。又有姊，禮記檀弓篇云「我則有姊之喪故也」。

〔五〕【索隱】公羊傳襄公二十一年十有一月庚子，孔子生。今以爲二十二年，蓋以周正十一月屬明年故誤也。後序孔子卒云七十二歲，每少一歲也。【考證】左氏春秋不書孔子之生，公、穀俱書于襄公二十一年。然公羊書十有一月孔子生于是年之末，穀梁書庚子孔子生于十月之後，微有不同。而史獨稱「二十二年生」。從公、穀者賈逵、服虔、索隱、外記、黃氏日抄及宋濂孔子生卒歲月辨、崔述洙泗考信録之類也。從史記者，杜注左傳、拾遺記、博物志、古史、大紀、路史、朱子論語序説、通鑑前編、通鑑輯覽、黃宗羲南雷文約、梁玉繩史記志疑、崔適史記探源之類也。俞樾曰：春秋公羊傳襄公二十有一年十有一月庚子孔子生，穀梁傳襄公二十有一年十月庚子孔子生，是兩傳年日俱同，惟有一月之差。然陸德明公羊音義曰「『庚子孔子生』傳上有『十月庚辰』，此亦十月。一本作『十一月庚子』」，是陸子所據本無「十有一月」四字，與穀梁同。楊士勳穀梁疏曰：「仲尼以此年生，故傳因而録之。史記世家云『襄公二十二年』者，馬遷之言，與經、傳不同者非一，故與此傳異年耳。」楊子但言史記與穀梁異年，而不言公羊與穀梁異月，則所見公羊傳亦必無「十有一月」四字也。唐石經誤衍此四字，而各本從之，遂致兩傳有一月之差，是不可以不辯也。至生年爲「襄二十一」則兩傳皆同。襄三十一年左傳正義引「二十一年」。賈逵注經云：「此年仲尼生，哀十六年夏四月己丑卒，七十三年。」又引昭二十四年服虔載賈逵語云：「是歲孟僖子卒，屬其子使事仲尼。仲尼時年三十五，計自襄二十一至昭二十四，正三十五歲。是孔子以襄二十一年生。」賈、服舊説皆同，自襄二十一至哀十六，共七十四年。而賈逵云「年七十三」者，猶絳縣老人生於文十一年，至襄三十年，亦是七十四年，而傳稱七十三年也。杜預不達此義，乃從史記作襄二十二年生。朱子論語序說亦云襄二十二年十有一月庚子生，胥失之矣。今定孔子于襄二十一年十月庚子生，是月庚辰朔，則庚子二十一日也。周十月，夏八月，爲今八月二十一日。愚按：魯襄公二十一年即周靈王二十年，值日本紀元一百九年。

〔六〕【索隱】圩，音烏。頂，音鼎。圩頂，言頂上窳也，故孔子頂如反宇。反宇者，若屋宇之反，中低而四傍高也。【正義】括地志云：「女陵山在曲阜縣南二十八里。干寶三日紀云『徵在生孔子空桑之地，今名空竇，在魯南山之空竇中。無水，當祭時，灑掃以告，輒有清泉自石門出，足以周用，祭訖泉枯。今俗名女陵山』。」【考證】梁玉繩曰：「反宇」二字，見白虎通聖人篇。姓名篇亦云：孔子首類尼丘山，蓋中低而四旁高，如屋宇之反。中井積德曰：圩是汙下之義，非取宇義。崔述曰：此說因孔子之名字而附會者，不足信。且既謂之因於禱，又謂之因於首，司馬氏已自無定見矣。愚按：曰「云」，未必之辭。史公未必信之，姑記所傳耳。

丘生而叔梁紇死，〔一〕葬於防山。〔二〕防山在魯東，由是孔子疑其父墓處，母諱之也。〔三〕孔子爲兒嬉戲，常陳俎豆，設禮容。〔四〕孔子母死，乃殯五父之衢，〔五〕蓋其慎也。〔六〕郰人輓父之母誨孔子父墓，然後往合葬於防焉。〔七〕

〔一〕【索隱】家語云生三歲而梁紇死。【考證】家語本姓解。

〔二〕【正義】括地志云：「防山在兗州曲阜縣東二十五里。禮記云孔子母合葬於防也。」

〔三〕【索隱】謂孔子少孤，不的知父墳處，非謂不知其塋地。徵在笄年適於梁紇，無幾而老死，是少寡，蓋以爲嫌，不從送葬，故不知墳處，遂不告耳，非諱之也。【正義】梁紇葬時徵在既少，不能教□其的處。【考證】「由是」以下，史公欲爲下文地，以意補之，檀弓不載。

〔四〕【正義】俎豆，以木爲之，受四升，高尺二寸。大夫以上赤雲氣，諸侯加象飾足，天子玉飾也。【考證】論語衛靈公篇「俎豆之事，則嘗聞之矣」，鄭環孔子世家考云「亞聖尚待三遷之教反之也，至聖則性之矣。聖母豫市禮器以供嬉戲，其陰合太任胎教之道者與」。

〔五〕【正義】括地志云：「五父衢在兗州曲阜縣西南二里魯城內衢道也。」

〔六〕【集解】徐廣曰：「魯縣有闕里，孔子所居也。又有五父之衢也。」【索隱】謂孔子不知父墓，乃且殯其母於五父之衢，是其謹慎也。【正義】慎，謂以紼引棺就殯所也。【考證】檀弓作「人之見之者，皆以爲葬也」。其慎也，蓋殯也。慎，索隱得之。三代世表序「疑則傳疑，蓋其慎也」。

〔七〕【正義】郰人，上音鄒。【考證】「孔子母死」以下采檀弓。輓，執喪車紼也。檀弓「輓」作「曼」，音近義通。梁玉繩志疑云：「案孔叢子陳士義篇以殯衢爲虛造謗言。博物志謂蔣濟、何晏、夏侯太初、王肅皆云無此事，注記者謬。元陳澔雲莊禮記集説曰：『顏氏之死，夫子成立久矣，豈有終母之世，不尋求父葬之地，至母殯而猶不知父墓乎？殯于衢路，必無室廬而死于道路者，不得已之爲耳，聖人禮法之宗主，而忍爲之乎？』邵氏泰衢檀弓疑問曰：『五父之衢，非殯棺之地，倘無郰母之誨，將終殯之衢已乎？』惟明胡震亨以檀弓、史記爲然，其讀書雜録辨之云：『古者墓而不墳。防實山墓，葬山者，因山營兆，易湮，不能定知其窆，亦事理所有。迨母死，葬不可久稽，不得已于五父之衢擇地以殯，若謂他日得父葬所，可啓之而同葬，終不得葬所，則此雖殯亦可不必再爲之葬，有人子無限苦衷焉。五父之衢，當亦傍衢之地，非真衢路也。』毛氏經問三亦以史爲可據，辨顏氏送葬以後，全然不至墓所，故不能告墓處。胡、毛兩家之辨，余不敢信。」志疑所論如此，梁氏後著瞥記訂之云「周禮冢人墓大夫，掌墓地，自王公至於士庶，辨其尊卑度數，而葬以族。地之形勢及丘壟昭穆處，皆豫爲圖藏之，後須葬者，依圖以夾其造營始祖之墓。孔子曾祖防叔爲防大夫，卒而葬此，孔氏兆域當始營于防叔，則所謂防墓者，先祖之墓也。所謂不知其墓者，昭穆之處也。所謂合葬於防者，以孫從祖也。蓋孔子三歲失父，淺殯於五父之衢，迨母殁而訪求墓位，乃得葬親全處爾。史記誤以合葬爲母祔父墓，後儒並據以爲説，故義有難通。余著志疑，尚仍舊解」。愚按：少孤一節，諸解紛紛，今録梁氏二説以備考云。

孔子要絰，〔一〕季氏饗士，孔子與往。〔二〕陽虎絀曰：「季氏饗士，非敢饗子也。」孔子由是退。〔三〕

〔一〕【索隱】家語「孔子之母喪，既練而見」，不非之也。今此謂孔子實要絰與饗，爲陽虎所絀，亦近誣矣。一作「要經」。要經，猶帶經也，故劉氏云嗜學之意，是也。

〔二〕【正義】與，音預。季氏爲饌，飲魯文學之士，孔子與迎而往，陽虎以孔子少故折之也。

〔三〕【考證】崔述曰：禮，居喪者三年不飲酒食肉。小功緦麻，飲酒食肉，不與人樂之。酒肉且不可飲食，況敢受大夫之享乎？輕喪尚不與人樂之，況重喪乎？孔子如是，不幾貽笑於陽虎耶。家語亦覺其謬，又改其文以曲解，謂陽虎弔孔子，告以享士之事，而孔子曰：「某雖衰絰，亦欲與往。」以示不非陽虎之意。則其謬更甚焉。何則？虎弔而言享士，即失禮，其小焉者耳；衰絰而往，失禮大矣。以此答之，不亦顛乎？且虎果失禮，不非之，足矣，曷爲而更甚之？是諂也。不往，而僞告以欲往，是欺也。聖人必不如是。梁玉繩曰：昭公二十七年，陽虎始見于傳，而是時孔子年十七，當昭公七年，豈虎已用事于季氏乎？可疑。鄭環曰：蓋因論語陽貨欲見孔子章，隨問隨答，而附會之。不知彼則據理直答，此則建理曲附。方苞曰：季氏饗士卒欲用之，古者既葬，金革之事弗避。孔子所居，在季氏分地，故要絰而往。庶人召之役，則往役之義也。故陽虎曰「季氏饗士，非敢饗子」，而正義謂「饗文學之士」，誤矣。愚按：崔、梁、鄭三説得之，方氏從而爲之辭。

孔子年十七，魯大夫孟釐子病且死，〔一〕誡其嗣懿子曰：「孔丘，聖人之後，〔二〕滅於宋，〔三〕其祖弗父何始有宋而嗣讓厲公。〔四〕及正考父，佐戴、武、宣公，〔五〕三命茲益恭，〔六〕故鼎銘云：〔七〕『一命而僂，再命而傴，三命而俯，〔八〕循牆而走，〔九〕亦莫敢余侮。〔一〇〕饘於是，粥於是，以餬余口。』〔一一〕其恭如是。吾聞聖人之後，雖不當世，必有達者。〔一二〕今孔丘年少好禮，其達者歟？吾即没，若必師之。」〔一三〕及釐子卒，懿子與魯人南宮敬叔往學禮焉。〔一四〕是歲，季武子卒，平子代立。〔一五〕

〔一〕【索隱】昭公七年左傳云「孟僖子病不能相禮，乃講學之，及其將死，召大夫」云云。按：謂病者，不能禮爲病，非疾困之謂也。至二十四年僖子卒，賈逵云「仲尼時年三十五矣」。是此文誤也。【考證】崔適曰：「病」下當脱「不能相禮」四字。孔子年十七者，孟釐子病不能相禮之年也，在昭公七年。且死，即左傳所謂「及其將死」，在二十四年。太史公本不謂一年之事，猶之懿子學禮，亦與釐子卒非一年事。沈家本曰：賈逵以爲三十五者據公羊之説。

〔二〕【集解】服虔曰：「聖人謂商湯。」【考證】陸粲曰：僖子所謂聖人，乃正考父，非湯也。傅遜曰：以聖人爲殷湯，則宋皆其後也，何云「滅于宋」乎？中井積德曰：古人稱「聖」字不甚重，勿以孔孟以後語疑之。

〔三〕【集解】杜預曰：「孔子六世祖孔父嘉爲宋華督所殺，其子奔魯也。」

〔四〕【集解】杜預曰：「弗父何，孔父嘉之高祖，宋愍公之長子，厲公之兄也。何嫡嗣當立，以讓厲公也。」【考證】張文虎曰：左傳作「以有宋而授厲公」，史蓋以「讓」字代「授」字，聲誤爲「嗣」。而後人或又兩存之也。「始」字疑即「以」字之誤。李笠曰：宋本無「讓」字，是也。

〔五〕【集解】服虔曰：「正考父，弗父何之曾孫。」【考證】杜預曰：三人皆宋君也。

〔六〕【考證】一命爲士，再命爲大夫，三命爲卿。茲、滋通。

〔七〕【考證】杜預曰：三命，上卿也。考父廟之鼎。

〔八〕【集解】服虔曰：「僂、傴、俯，皆恭敬之貌也。」【考證】杜預曰：「俯恭於傴，傴恭於僂。」

〔九〕【集解】杜預曰：「言不敢安行。」【考證】不中於路也。

〔一〇〕【集解】杜預曰：「其恭如是，人亦不敢侮慢。」【考證】李笠曰：家語觀周篇作「亦莫余敢侮」，此「敢余」二字疑誤倒。詩「莫我敢承」句法同。

〔一一〕【集解】杜預曰：「於是鼎中爲饘粥。饘粥，餬屬。言至儉也。」【考證】檀弓疏「厚曰饘，希曰粥」。中井積德曰：餬口，猶言濡吻也。愚按：莊子列禦寇篇云：「正考父一命而傴，再命而僂，三命而俯。循牆而走，孰敢不軌？」「僂傴」二字倒。以韻推之，莊子似勝。傴、俯、侮，僂、走、口隔句押韻。下文「彼婦」之歌，亦以口、走爲韻。或云：走叶子與切，口叶康杜切，每句押韻。

〔一二〕【集解】王肅曰：「謂若弗父何、殷湯之後，而不繼世爲宋君也。」杜預曰：「聖人之後有明德，而不當大位，謂正考父。」【考證】左傳作「臧孫紇有言曰：『聖人有明德者，若不當世，其後必有達人。』」史易文，義不同。而曰達者，曰達人，皆斥孔子則一也。國語晉語云「正考父校商之十二篇〔於〕周大師，以那爲首」。據此則孔子修詩、書，未必不得於正考父。

〔一三〕【考證】左傳「即」作「若」。

〔一四〕【索隱】左傳及系本，敬叔與懿子皆孟僖子之子，不應更言「魯人」，亦太史公之疏耳。【考證】「魯大夫孟釐子」以下本昭七年左傳。

〔一五〕【考證】昭七年春秋經傳。

孔子貧且賤。〔一〕及長，嘗爲季氏史，料量平；〔二〕嘗爲司職吏，而畜蕃息。〔三〕由是爲司空。〔四〕已而去魯，斥乎齊，逐乎宋、衛，困於陳、蔡之閒，於是反魯。〔五〕孔子長九尺有六寸，人皆謂之「長人」而異之。〔六〕魯復善待，由是反魯。〔七〕

〔一〕【考證】論語子罕篇孔子曰：「吾少也賤，故多能鄙事。」

〔二〕【索隱】有本作「委吏」。按：趙岐曰「委吏，主委積倉庫之吏」。【考證】張文虎曰：史，宋本、王本作「史」，它本並作「吏」。孟子疏引作「委氏吏」。崔述曰：委、季，吏、史，四字相似，故誤。後人又妄加「氏」字耳。孔子豈爲季氏家臣者哉？愚按：當從孟子作「委吏」。

〔三〕【考證】「孔子貧且賤」以下本孟子萬章下篇，「季氏史」作「委吏」，「司職吏」作「乘田」。朱熹曰：職讀爲樴，義與杙同。蓋繫養犧牲之所。

〔四〕【考證】崔適曰：五字，下文「自中都宰爲司空」之重文。

〔五〕【考證】崔適曰：「已而去魯」至「於是反魯」二十一字，及下文「魯復善待由是反魯」八字，皆定公十四年去魯後至反魯之總結，重衍於此也。

〔六〕【考證】荀子非相篇云「帝堯長，帝舜短。文王長，周公短。仲弓長，子弓短」。

〔七〕【考證】八字衍文，說見上文。

魯南宮敬叔言魯君曰：「請與孔子適周。」〔一〕魯君與之一乘車、兩馬、一豎子，俱適周問禮，蓋見老子云。〔二〕辭去，而老子送之曰：「吾聞富貴者送人以財，仁人者送人以言。〔三〕吾不能富貴，竊仁人之號，〔四〕送子以言，曰：『聰明深察而近於死者，好議人者也。〔五〕博辯廣大危其身者，發人之惡者也。〔六〕爲人子者，毋以有己。〔七〕爲人臣者，毋以有己。』」〔八〕孔子自周反于魯，弟子稍益進焉。

〔一〕【索隱】莊子云「孔子年五十一南見老聃」。蓋系家亦依此爲説，而不究其旨，遂俱誤也。何者？孔子適周，豈訪禮之時即在十七耶？且孔子見老聃云「甚矣道之難行也」，此非十七之人語也，乃既仕之後言耳。【考證】史載孔子適周見老聃，于十七歲後三十歲前。邊韶老子碑及水經渭水注，皆説孔子年十七問禮老子，俱承史也。是歲魯昭公七年，南宮敬叔未生，於是閻若璩尚書疏證、四書釋地依皇王大紀定爲魯昭二十四年，孔子三十四時事。是歲二月，孟僖子卒，虞祭卒哭，敬叔未能出門從師。且齡甫十四，恐未見于君，未能至周，説詳于崔氏洙泗考信録、鄭氏孔子世家考、梁氏志疑。索隱依莊子天運篇，爲魯定九年孔子五十一時事。是歲孔子爲中都宰，何暇南見老聃？説詳于崔氏探源。愚按：孔子問禮，有無且不可知，又何定其年前後？闕疑可也。

〔二〕【考證】曰「蓋」，曰「云」，未決之辭。孔子見老子，史公又載之於老子傳，而自疑其有無，故用「蓋」字「云」字。封禪書曰「獲一角獸，蓋麟云」，同一語法。

〔三〕【索隱】莊周「財」作「軒」。【考證】荀子大略篇云「曾子行，晏子從於郊曰『嬰聞之，君子贈人以言，庶人贈人以財。嬰貧無財，請假於君子，贈君以言』」。晏子春秋内篇雜上亦載此事，但「財」作「軒」，與老子言全同。

〔四〕【集解】王肅曰：「謙言竊仁者之名。」

〔五〕【考證】張文虎曰：御覽引「人」下有「之非」二字。愚按：家語觀周篇「議」上有「譏」字。

〔六〕【考證】大，家語一本作「達」，一本作「遠」。

〔七〕【集解】王肅曰：「身，父母之有。」【索隱】家語作「無以有己爲人子者」。

〔八〕【索隱】家語作「無以惡己爲人臣者」。王肅云「言聽則仕，不用則去。保身全行，臣之節也」。【考證】毋以有己，言致身於君父也。

是時也，晉平公淫，六卿擅權，東伐諸侯；楚靈王兵彊，陵轢中國；齊大而近於魯。魯

小弱，附於楚，則晉怒；附於晉，則楚來伐；不備於齊，齊師侵魯。〔一〕

〔一〕【考證】陳仁錫曰：無故陡入此數句，何也？梁玉繩曰：案所説以爲魯昭二十年，孔子年三十之時，而晉乃頃公，去平公已二世，楚乃平王，靈王已死七年，皆誤也。又曰：案左傳自襄廿七年會宋弭兵以後，晉、楚之從交相見，無怒伐魯之事，亦未嘗侵魯。此所言皆非實。中井積德曰：晉、楚、齊之難無落著，蓋錯簡。

魯昭公之二十年，而孔子蓋年三十矣。齊景公與晏嬰來適魯，〔一〕景公問孔子曰：「昔秦穆公國小處辟，其霸何也？」對曰：「秦國雖小，其志大；處雖辟，行中正。身舉五羖，爵之大夫，〔二〕起纍紲之中，〔三〕與語三日，授之以政。以此取之，雖王可也，其霸小矣。」〔四〕景公説。

〔一〕【考證】齊世家云景公二十六年，獵魯郊，因入魯，與晏嬰俱問魯禮。魯世家云昭公二十年，齊景公與晏子狩竟，因入魯問禮。或此時事。梁玉繩曰：左傳無之，未知何出。疑六國時人僞造，史公妄取入史。而所以爲此説者，因是年齊侯田于沛也。

〔二〕【正義】百里奚也。【考證】家語賢君篇作「其政中，其舉也果，其謀也和，法無私而令不愉」。孟子萬章篇云「或曰百里奚自鬻於秦養牲者，五羊之皮，食牛以要秦穆公」。

〔三〕【索隱】家語無此一句。孟子以爲不然之言也。【考證】論語公冶長篇「雖在縲絏之中」，注「縲，黑索也。絏，攣也。古者獄中以黑索拘攣罪人」。百里奚食牛，未嘗在獄。

〔四〕【考證】王霸之辯，孔子未言，言之自孟子始。梁氏以爲六國人僞造，大是。

孔子年三十五，而季平子與郈昭伯以鬭雞故得罪魯昭公，〔一〕昭公率師擊平子，平子與孟氏、叔孫氏三家共攻昭公，昭公師敗，奔於齊，齊處昭公乾侯。〔二〕其後頃之，魯亂。〔三〕孔子適齊，爲高昭子家臣，欲以通乎景公。〔四〕與齊太師語樂，聞韶音，學之，三月不知肉味，〔五〕齊人稱之。

〔一〕【正義】郈，音后。括地志云：「鬬雞臺二所，相去十五步，在兖州曲阜縣東南三里魯城中。左傳昭二十五年，季氏與郈昭伯鬬雞，季氏介雞翼，郈氏爲金距之處。」【考證】梁玉繩曰：案左傳昭伯怨平子，故勸昭公伐季子。昭伯何曾得罪昭公？此誤說。中井積德曰：「故」字下疑脱「相惡」等字。不然，「以」字當在「與」上。

〔二〕【正義】相州成安縣東南三十里斥丘故城，本春秋時乾侯之邑。【考證】「季平子」以下采昭二十五年左傳。余有丁曰：按乾侯晉地，晉人以居公者。齊處公于鄆，非乾侯也。

〔三〕【考證】方苞曰：次舉魯國禍亂傷魯不能用孔子也。李笠曰：案「其後」下用「頃之」二字，駢累不可爲訓。家語古本篇「久之有頃乃蘇」，與此同也。平準書「初先是」，鄭世家「初往年」，並視此。

〔四〕【考證】崔述曰：按春秋傳高昭子名張，唁魯昭公，稱爲主君。阿景公意，輔孺子荼，卒爲陳氏所逐。其不肖如是。孟子曰「觀遠臣以其所主」，況於爲之臣乎？百里奚賢人耳，或謂其食牛要秦穆公，孟子猶辭而闢之，況聖人而爲小人之家臣，以干時君乎？子禽問於子貢曰：「夫子至於是邦也，必聞其政。求之與？抑與之與？」子貢曰：「夫子温良恭儉讓以得之。」若孔子果爲家臣以通乎時君，則是非但求之，且卑身以求之，子貢之言一何謬與？且此篇前云景公與晏嬰來適魯，問孔子云云，景公說。果如所言，孔子已早通乎景公、晏子矣，亦何待於爲高氏之家臣乎？其自相刺謬也如此，此必無之事。愚按：梁玉繩亦有此說。

〔五〕【集解】周氏曰：「孔子在齊，聞習韶樂之盛美，故忘於肉味也。」【索隱】按論語，子語魯太師樂，非齊太師也。又「子在齊聞韶，三月不知肉味」，無「學之」文。今此合論語齊、魯兩文而爲此言，恐失事實。【考證】子語魯大師樂，論語八佾篇。「子在齊聞韶，三月不知肉味，曰『不圖爲樂之至於斯也』」，論語述而篇。史添「學之」二字，蓋得其實。范寧曰：韶乃大虞盡善之樂。齊，諸侯，何得有之乎？曰：陳，舜之後也。樂在陳，敬仲竊以奔齊，故得僭之也。

景公問政孔子，孔子曰：「君君，臣臣，父父，子子。」〔一〕景公曰：「善哉！信如君不君，臣不臣，父不父，子不子，雖有粟，吾豈得而食諸！」〔二〕他日又復問政於孔子，孔子曰：「政在節財。」〔三〕景公説，將欲以尼谿田封孔子。〔四〕晏嬰進曰：「夫儒者滑稽而不可軌法；〔五〕倨傲自順，不可以爲下；〔六〕崇喪遂哀，〔七〕破産厚葬，〔八〕不可以爲俗；游説乞貸，不可以爲國。〔九〕自大賢之息，周室既衰，禮樂缺有閒。〔一〇〕今孔子盛容飾，繁登降之禮，趨詳之節，〔一一〕累世不能殫其學，當年不能究其禮。〔一二〕君欲用之以移齊俗，非所以先細民也。」〔一三〕後景公敬見孔子，不問其禮。〔一四〕異日景公止孔子曰：「奉子以季氏，吾不能。」〔一五〕以季、孟之閒待之。〔一六〕齊大夫欲害孔子，孔子聞之。〔一七〕景公曰：「吾老矣，弗能用也。」孔子遂行，〔一八〕反乎魯。〔一九〕

〔一〕**【集解】**孔安國曰：「當此之時，陳恒制齊，君不君，臣不臣，故以此對也。」

〔二〕**【集解】**孔安國曰：「言將危也。陳氏果滅齊」。**【考證】**「景公問政」以下，論語顏淵篇。

〔三〕**【考證】**本韓非子難三。愚按：韓非子無封尼谿事。尚書大傳、説苑政理「節財」作「節用」，家語辨政同。

〔四〕**【索隱】**此説出晏子及墨子，其文微異。**【考證】**尼谿，墨子同，晏子春秋作「爾稽」。孫星衍曰：尼、爾，稽、谿，聲皆相近。孫詒讓曰：尼谿地無考。呂氏春秋高義篇又作「景公致廩丘以爲養」。

〔五〕【考證】墨子、晏子無此句。楚辭卜居篇「突梯滑稽」，王逸云「滑稽，轉從俗也」。史樗里子傳云「滑稽多智」，索隱「滑，亂也。稽，同也。謂辨捷之人，言是若非，言非若是，謂能亂同異也」。正義顏師古云「滑稽，轉利之謂也。滑，亂也。稽，礙也。言其變亂無留也」。愚按：史滑稽傳「滑稽多辯」，孟荀列傳「猾稽亂俗」，漢書東方朔傳贊「其滑稽之雄乎」。猾、滑，通。

〔六〕【考證】倨傲，墨子作「浩居」，晏子作「浩裾」。爲下，墨子、晏子作「教下」。

〔七〕【考證】墨子作「宗喪循哀」，晏子作「久喪道哀」。史義最長。崇，厚也。王念孫曰：遂哀，謂哀而不止也。三年問曰「三年之喪，二十五月而畢，若駟之過隙。然而遂之，則是無窮也」。

〔八〕【考證】墨子無此句。晏子作「厚葬破民貧國」。韓非子顯學篇「儒者破家而葬，債子而償，服喪三年，大毀扶杖」。

〔九〕【考證】墨子、晏子無此句。禮記疏「凡乞貸假借，謂就人乞貸假借者」。

〔一〇〕【索隱】息者生也。言上古大賢生則有禮樂，至周室微，而始缺有閒也。【正義】大賢，文王、周公等也。【考證】墨子無此十四字。晏子作「自大賢之滅周室之卑也威儀加多而民行滋薄聲樂繁充而世德滋衰」。朱錦綬曰：息，如中庸「其人亡則其政息」之「息」，猶言大賢之没耳，與下二句貫。索隱誤。

〔一一〕【考證】墨子作「孔丘盛容脩飾以蠱世弦歌鼓舞以聚徒繁登降之禮以示儀務趨翔之節以觀衆」。晏子略同墨子。詳、翔，音同義通。

〔一二〕【考證】墨子作「累壽不能盡其學當年不能行其禮」。晏子「累世」作「兼壽」，「學」作「教」。當年，猶言「當世」。荀子勸學篇「没世窮年，不免爲陋儒」。

〔一三〕【考證】墨子作「今君封之以利齊俗非所以導國先衆」。晏子作「今欲封之以移齊國之俗非所以道衆存民也」，文異義同。

〔一四〕【考證】墨子作「於是厚其禮，留其封，敬見而不問其道」。晏子文同墨子，而奪「封」字。「景公説」以下采墨子非儒、晏子春秋外篇。崔述曰：凡譖人者，雖非其實，要必取其近似之迹附會之，以取信於世主。今晏子之所言，事事皆與孔子相反，天下有如是之譖人者乎？不但所言皆與孔子平生之事相反，即與晏子平生之言見於左傳、孟子者，亦無一不相反。且春秋之世，固無有所謂滑稽、倨傲、游説、乞貸者，亦無有以是譏人者。自戰國淳于髡、慎到、莊周、顔斶、張儀、蘇秦之徒並起，然後有以滑稽、倨傲、游説、乞貸著者。破産厚葬之譏，亦自墨氏教行之後始有之。然則此言出戰國時人之口，明甚，而其文之淺陋，亦似戰國、秦漢，絶不類左傳、孟子所述者。

〔一五〕【索隱】劉氏奉音扶用反，非也。今奉音如字，謂奉待孔子如魯季氏之職，故下文云「以季、孟之閒待之」也。【正義】爾雅「止，待也」。【考證】止，如字。

〔一六〕【集解】孔安國曰：「魯三卿，季氏爲上卿，最貴；孟氏爲下卿，不用事。言待之以二者之閒也。」

〔一七〕【考證】論語無「齊大夫」以下十二字。中井積德曰：欲害，恐失實，蓋不使之耳。「欲」字或衍。

〔一八〕【考證】以上本論語微子篇。伊藤維楨曰：此時孔子年三十六，名位未顯，想無景公以季孟待之之理，恐他日之事。崔述曰：景公是時年僅四五十歲，其後復在位二十餘年。歲會諸侯，賞戰士，與晉争伯，亦不當云「老不能用也」。

〔一九〕【考證】崔述曰：世家孔子止一至齊，在魯昭公二十五年。闕里志年譜則三至齊：三十一歲，景公遣使來聘，孔子適齊，居齊者凡三歲；及三十六歲，又在齊聞韶，而反乎魯；明年復自齊歸於魯。説與世家大異。余按：年譜從世家，以孔子爲襄二十二年生，則其所謂三十一歲者，謂昭公之二十一年也。昭公二十四年，孟僖子始知孔子。其言曰「將有達者，將在孔某」，將之爲言，有待也。是孔子此時名猶未甚著，望猶未甚隆也。僖子本國之大夫，景公則異國之君也。僖子苟能禮者從之，景公則未嘗有好禮名也。景公安能先僖子而知孔子而聘之哉？二十五年，昭公孫齊。二十一年，魯無事也。孔子不應無故而去，又不應將亂而忽歸。以時考之，固不符矣。孔子既在齊三年矣，而不聞韶，又三年之後，乃以聞韶之故特往，以理度之，亦不似也。且去齊已三年矣，而又往而又遽來，逾年而又遽往又遽來，孔子何求於齊，而僕僕若是乎？然則孔子至齊，世家之説近是。

孔子年四十二，魯昭公卒於乾侯，〔一〕定公立。定公立五年夏，季平子卒，〔二〕桓子嗣立。季桓子穿井得土缶，中若羊，〔三〕問仲尼，云「得狗」。〔四〕仲尼曰：「以丘所聞，羊也。丘聞之，木石之怪，夔、罔閬，〔五〕水之怪，龍、罔象。〔六〕土之怪，墳羊。」〔七〕

〔一〕【考證】本昭三十二年春秋。孔子是時年四十三。史爲襄二十二年孔子生，故記其齡常差一年，下倣之。

〔二〕【考證】定五年春秋經傳。

〔三〕【集解】韋昭曰：「羊，生羊也，故謂之怪也。」【索隱】家語云「桓子穿井於費，得物如土缶，其中有羊焉」是也。【考證】魯語作「獲如土缶，其中有羊焉」。李笠曰：「若」字疑當作「有」。

〔四〕【集解】韋昭曰：「獲羊而言狗者，以孔子博物測之。」【考證】吴曾祺曰：不識羊，故言狗，非試孔子也。

〔五〕【集解】韋昭曰：「木石謂山也。或云夔一足，越人謂之山繅也。或言獨足魍魎，山精，好學人聲而迷惑人也。」【索隱】夔，音逵。閬，音兩。家語作「魍魎」。繅，音騷。然山繅獨一足，是山神名，故謂之夔。夔一足獸，狀如人也。【考證】國語「罔閬」作「蝄蜽」。中井積德曰：木石如字。注錯誤。

〔六〕【集解】韋昭曰：「龍，神獸也，非常見，故曰怪。或云『罔象食人，一名沐腫』。」【索隱】沐腫，音木踵。

〔七〕【集解】唐固曰：「墳羊，雌雄未成者也。」【考證】「季桓子穿井」以下，采國語魯語。崔述曰：按論語曰「子不語怪力亂神」。果有此事，答以不知，可也。乃獲一土怪，而并木石水之怪而告之，是孔子好語怪也。且土果有羊怪，則當不止一見，苟以前未有此事，則古人何由識之？既數有之，又何以此後二千餘年更不復有穿井而得羊者？是可笑也。

吳伐越，墮會稽，〔一〕得骨節專車。〔二〕吳使使問仲尼：〔三〕「骨何者最大？」仲尼曰：「禹致羣神於會稽山，〔四〕防風氏後至，禹殺而戮之，〔五〕其節專車，此爲大矣。」〔六〕吳客曰：「誰爲神？」仲尼曰：「山川之神，足以綱紀天下，其守爲神，〔七〕社稷爲公侯，〔八〕皆屬於王者。」客曰：「防風何守？」仲尼曰：「汪罔氏之君，守封、禺之山，〔九〕爲釐姓。〔一〇〕在虞、夏、商爲汪罔，於周爲長翟，今謂之大人。」〔一一〕客曰：「人長幾何？」仲尼曰：「僬僥氏三尺，短之至也。〔一二〕長者不過十之，數之極也。」〔一三〕於是吳客曰：「善哉，聖人！」〔一四〕

〔一〕【集解】王肅曰：「墮，毀也。」【索隱】隳會稽。會稽，山名，越之所都。隳，毀也。吳伐越，在魯哀元年。

〔二〕【集解】韋昭曰：「骨一節，其長專車。專，擅也。」【正義】按：横骨屋兩廂。【考證】謂滿一車也。

〔三〕【考證】國語作「吳子使來好聘且問仲尼」。愚按：孔子以定十二年去魯，哀十六年歸。哀元年吳墮會稽，時孔子方在陳。鄧以讚曰：此當在下文「吳敗越會稽」下，誤置此。

〔四〕【集解】韋昭曰：「羣神，謂主山川之君，爲羣神之主，故謂之神也。」

〔五〕【集解】韋昭曰：「防風氏違命後至，故禹殺之，陳尸爲戮。」

〔六〕【考證】楓山、三條本「節」上有「骨」字，與魯語、說苑合。

〔七〕【集解】王肅曰：「守山川之祀者爲神，謂諸侯也。」韋昭曰：「足以綱紀天下，謂名山大川，能興雲致雨以利天下也。」【考證】國語「足」上「神」字作「靈」，史誤。

〔八〕【集解】王肅曰：「但守社稷，無山川之祀者，直爲公侯而已。」【考證】國語「社稷」下有「之主」二字。韋昭曰：封國立社稷，而令守之，是謂公侯也。

〔九〕【集解】韋昭曰：「封，封山。禺，禺山。在吳郡永安縣。」駰案：晉太康元年，改永安爲武康縣，今屬吳興郡。【考證】國語「汪罔」作「汪芒」，「禺」作「隅」。韋昭曰：汪芒，長狄之國名也。愚按：封、禺，二山名，在今浙江武康縣。

〔一〇〕【索隱】釐，音僖。家語云姓漆，蓋誤。系本無漆姓。【考證】梁玉繩曰：魯語作「漆姓」，説苑、家語、杜注文十一傳同。黄丕烈曰：「漆」當作「淶」。

〔一一〕【集解】王肅曰：「周之初，及當孔子之時，其名異也。」

〔一二〕【集解】韋昭曰：「僬僥，西南蠻之別名也。」【正義】按：括地志「在大秦國（北）〔南〕也」。

〔一三〕【集解】王肅曰：「十之，謂三丈也，數極於此也。」【考證】「吳伐越」以下采國語魯語。事亦涉神怪，孔子所不語。

〔一四〕【考證】國語無此九字。

桓子嬖臣曰仲梁懷，與陽虎有隙。陽虎欲逐懷，〔一〕公山不狃止之。〔二〕其秋，懷益驕，陽虎執懷。桓子怒，陽虎因囚桓子，與盟而醳之。〔三〕陽虎由此益輕季氏。季氏亦僭於公室，陪臣執國政，〔四〕是以魯自大夫以下，皆僭離於正道。故孔子不仕，退而脩詩書禮樂，弟子彌衆，至自遠方，莫不受業焉。〔五〕

〔一〕【考證】陽虎，季氏家臣。仲梁，複姓。

〔二〕【集解】孔安國曰：「不狃爲季氏宰。」【索隱】狃，音女九反。鄒氏云一作「蹂」。論語作「弗擾」。

〔三〕【正義】醳，音釋。【考證】「桓子嬖臣」以下本定五年左傳。據傳，陽虎欲逐仲梁懷，而因季桓子也。

〔四〕【考證】論語季氏篇「陪臣執國命，三世希不失矣」。
〔五〕【考證】此論語所謂「學而時習之」也，「有朋自遠方來」也，「人不知而不慍」也。

定公八年，公山不狃不得意於季氏，因陽虎爲亂，欲廢三桓之適，更立其庶孽陽虎素所善者，〔一〕遂執季桓子。〔二〕桓子詐之得脱。〔三〕定公九年，陽虎不勝，奔于齊。〔四〕是時孔子年五十。

〔一〕【正義】適，音嫡。
〔二〕【考證】梁玉繩曰：按左傳陽虎將殺季子于蒲圃，非執之也。囚季子在定五年，前此矣。
〔三〕【考證】「公山不狃」以下本定八年左傳。
〔四〕【考證】定九年左傳。

公山不狃以費畔季氏，使人召孔子。〔一〕孔子循道彌久，温温無所試，莫能己用，〔二〕曰：「蓋周文、武起豐、鎬而王，今費雖小，儻庶幾乎！」〔三〕欲往。子路不説，止孔子。孔子曰：「夫召我者，豈徒哉？如用我，其爲東周乎！」〔四〕然亦卒不行。

〔一〕【考證】「公山不狃」以下，論語陽貨篇。論語，「不狃」作「弗擾」。
〔二〕【考證】古鈔本、楓山、三條本「循」作「脩」。愚按：温讀爲藴。
〔三〕【索隱】檢家語及孔氏之書，並無此言，故桓譚亦以爲誣也。【考證】是時周室雖衰，天命未改，孔子不宜有此言，删之可也。
〔四〕【集解】何晏曰：「興周道於東方，故曰東周也。」【考證】「欲往」以下，論語陽貨篇。論語「如用我」作「如有用我者」。愚按：韓昌黎論語筆解云「能復修西周之政，志在周公典禮」。程伊川、張南軒亦主此說。而朱子集註則從何氏集解。韓説較是。或云「爲」若「夫子爲衛君乎」之「爲」，猶助也，亦通。黄式三曰：弗擾召孔子者，時孔子未仕，故得相召。依左傳，事當在定公八年，史記以爲在九年，或失之也。朱子集注言弗擾與陽虎共執季桓子，事在定公五年。若左傳定公十二年載弗擾襲魯事，在孔子仕魯之日，非此初畔而召之時。崔東壁洙泗考信録合兩事爲一，遂疑聖經之僞，盲人耳。子路言「末之也已，何必公山氏之之也？」決非仕魯時之言。又曰：公山弗擾前止陽虎之逐仲梁懷，後斥叔孫輒之勸吴伐魯。事見左傳，則非決不能改過之人。朱子集註引程子説云「聖人以天下無不可爲之事，亦無不可改過之人，故欲往」，是也。且弗擾之畔季氏，以張公室爲名。其召夫子也，必以爲三桓歸政，已亦歸邑。以此來召，其詞爲順。當時陽虎作亂，三桓之子孫微。弗擾之叛，亦在虎走失援之時。夫子望其各有悔過之機，而欲往，往而謀果行，一歸政，一歸邑，去大都耦國之强，挽政逮大夫之失。綱紀已肅，盛治可次第舉矣。夫子仕魯，以墮都出甲爲先，亦此道耳。惜乎此事在三桓固不易行，而弗擾亦究未能行，故卒不往也。

其後，定公以孔子爲中都宰，一年四方皆則之。〔一〕由中都宰爲司空，由司空爲大司寇。〔二〕

〔一〕【索隱】家語作「西方」。王肅云：「魯國近東，故西方諸侯皆取法則焉。」【考證】四方，中都四方也。禮記檀弓上篇有子曰：「夫子制於中都，四寸之棺，五寸之椁。」崔述曰：春秋經傳魯有中城，而皆不言有所謂「中都」者。

〔二〕【考證】定元年左傳「葬昭公於墓道南，孔子之爲司寇也，溝而合之」。孟子告子篇「孔子爲魯司寇，不用，從而祭，燔肉不至，不税冕而行」。禮記檀弓上篇有子曰「昔者夫子失魯司寇，將之荆，蓋先之以子夏，又申之以冉有」。荀子宥坐篇「孔子爲魯司寇。有父子訟者，孔子拘之，三月不別」。呂氏春秋遇合篇「孔子僅至於魯司寇」，皆曰「司寇」，不曰「大司寇」。其爲司空，先秦之書未見記之者。梁玉繩曰：此及下文兩稱「大司寇」。公羊定十四年疏云「魯無司寇之卿。是以大夫亦名大」，恐不然。攷檀弓、王制疏引崔靈恩云「諸侯三卿，司徒兼冢宰，司馬兼宗伯，司空兼司寇，諸侯不立冢宰、宗伯、司寇之官。三卿之下，則五小卿爲五大夫。司徒下立二人，小宰、小司徒；司空下立二人，小司寇、小司空；司馬下立一人爲小司馬。但春秋之世，侯國多不遵三卿之制。即魯三家之外，有東門氏、臧氏、子叔氏，宣成時同在卿列，則亦儼然六卿矣。臧宣叔、武仲皆以世卿而爲司寇。此豈猶是小司寇之職乎？昭定以後，臧氏替，而以孔子居之，亦事理所有。史云大司寇者，別于小司寇之下大夫也。若司空卿，則孟孫世居之，孔子必是爲小司空。韓詩外傳八有孔子爲司寇命辭，續經書孔子卒，亦爲卿之證。毛氏經問謂「夫子由小卿司空進大司寇」，良是。前賢或謂孔子爲小司寇，非卿，或謂孔子爲司空、司寇，皆卿，並非。參存。

定公十年春，及齊平。〔一〕夏，齊大夫黎鉏言於公曰：「魯用孔丘，其勢危齊。」乃使使告魯爲好會，會於夾谷。〔二〕魯定公且以乘車好往。孔子攝相事，〔三〕曰：「臣聞有文事者，必有武備；有武事者，必有文備。〔四〕古者諸侯出疆，必具官以從。請具左右司馬。」定公曰：「諾。」具左右司馬。〔五〕會齊侯夾谷，爲壇位，土階三等，以會遇之禮相見，揖讓而登，獻酬之禮畢。〔六〕齊有司趨而進曰：「請奏四方之樂。」景公曰：「諾。」於是旍旄羽袚、矛戟劍撥鼓噪而至。〔七〕孔子趨而進，歷階而登，不盡一等，〔八〕舉袂而言曰：「吾兩君爲好會，夷狄之樂，何爲於此！請命有司！」〔九〕有司卻之，不去，則左右視晏子與景公。〔一〇〕景公心怍，麾而去之。〔一一〕有頃，齊有司趨而進曰：「請奏宮中之樂。」景公曰：「諾。」優倡侏儒爲戲而前。〔一二〕孔子趨而進，歷階而登，不盡一等，曰：「匹夫而熒惑諸侯者，罪當誅！請命有司！」〔一三〕有司加法焉，手足異處。〔一四〕景公懼而動，知義不若，歸而大恐，告其羣臣曰：「魯以君子之道輔其君，而子獨以夷狄之道教寡人，使得罪於魯君，爲之柰何？」〔一五〕有司進對曰：「君子有過則謝以質，小人有過則謝以文。君若悼之，則謝以質。」〔一六〕於是齊侯乃歸所侵魯之鄆、汶陽、龜陰之田，以謝過。〔一七〕

〔一〕【索隱】及，與也。平，成也。謂與齊和好，故云「平」。【考證】春及齊平，定十年春秋經傳。

〔二〕【集解】徐廣曰：「司馬彪云今在祝其縣也。」【考證】夾谷，公羊、穀梁作「頰谷」，此從左傳。今山東萊蕪縣有夾谷峪。

〔三〕【考證】定十年左傳云「夏，公會齊侯于祝其，實夾谷，孔丘相」。崔述曰：傳所謂相者，謂相禮也，非相國也。相國者治一國之政，相禮者但襄一時之禮，與國政無涉也。此蓋史記誤以「相」爲「相國」之「相」，又因傳有犂彌欲以兵劫魯侯之事，而遂以會時之策爲在國之謀，而不知其謬也。曰：齊何故而與魯爲會也？曰：經、傳之文甚明，學者自不察耳。蓋自昭公以前，諸侯莫不事晉。自召陵會後，而晉漸以失諸侯。故定公之七年，齊侯、鄭伯盟于鹹，齊侯、衛侯盟于沙。獨魯事晉如故，不與諸侯之會。而又爲晉討鄭討衛，故齊使國夏再伐魯，而〔魯〕亦兩侵齊。直至陽虎奔後，而魯始與齊平，會于夾谷，明年又與鄭平。故左傳云「始叛晉也」，然則魯自因叛晉而與齊會，豈齊懼魯之用孔子而與魯會哉！

〔四〕【考證】事、備，韻。穀梁傳敍頰谷之會，論之云「因是以見，雖有文事，必有武備」。孔子於頰谷之會見之矣，非孔子以此語說定公也。

〔五〕【考證】崔述曰：春秋諸侯之會，皆以兵車。唯齊桓公有衣裳之會。故孔子曰「桓公九合諸侯，不以兵車」，蓋難之也。況此時齊、魯新和，猜嫌未釋，定公必無以乘車往之理。以傳考之，魯亦未嘗有左右司馬之官，蓋史記因見穀梁傳中「雖有文事，必有武備」之語，而誤以傳者論孔子之言爲孔子之所自言，又因其有「命司馬止之」之文，遂附會而增具左右司馬之事，而不知其非也。

〔六〕【集解】王肅曰：「會遇之禮，禮之簡略也。」【考證】穀梁傳云「頰谷之會，孔子相焉。兩君就壇，兩相相揖」。

〔七〕【索隱】家語作「萊人以兵鼓噪劫定公」。祓，音弗，謂舞者所執，故周禮樂有祓舞。撥，音伐，謂大楯也。【考證】左傳云「犁彌言於齊侯曰：『孔丘知禮而無勇，若使萊人以兵劫魯侯，必得志焉。』齊侯從之。孔丘以公退曰：『士兵之，兩君合好，而裔夷之俘，以兵亂之，非齊君所以命諸侯也。』齊侯聞之，遽避之」。穀梁傳云「齊人鼓譟而起，欲以執魯君」。史公誇張失實。

〔八〕【索隱】謂歷階級也。故王肅云「歷階，登階不聚足」。【考證】登階之法，每級聚足。此會，土階不過三等，以事急，故不聚足而歷階，不盡一等。

〔九〕【考證】孔子之言至此，穀梁無「舉袂」二字，蓋史公所增。王維楨曰：舉袂，見事急之狀。

〔一〇〕【考證】則，猶言於是。左右視，孔子視也。鄭環曰：晏子爲景公上擯。愚按：晏子與會，三傳不録。

〔一一〕【考證】穀梁云「孔子歷階而上，不盡一階，而視歸乎齊侯，曰：『兩君合好，夷狄之民，何爲來爲？』命司馬止之。齊侯逡巡而謝曰：『寡人之過也。』退而屬其二三大夫曰：『夫人率其君，與之行古人之道。二三子獨率我而入夷狄之俗，何爲？』」愚按：史公本左、穀二傳，而鋪張失實。

〔一二〕【考證】優倡如後世之雜戲。侏儒，短人。

〔一三〕【索隱】謂經營而惑亂也。家語作「營侮」。【考證】中井積德曰：熒，迷也。無經營之義。愚按：莊子人間世篇「而目將熒之」，注「使人眼眩」。齊物論篇「是黄帝之所聽熒也」。釋文「熒，疑惑也」。

〔一四〕【考證】穀梁云「罷會，齊人使優施舞於魯君之幕下。孔子曰：『笑君者罪當死。』使司馬行法焉，首足異門而出」。愚按：據此則倡優侏儒爲戲而前，在會罷之後。史公易以「有頃」二字，不當。左氏亦不載。其事有無，未可知。手足異處，腰斬之刑，與穀梁「首足異門」亦異。

〔一五〕【考證】據穀梁傳，景公此言在初以兵劫魯侯之時，文見上注。

〔一六〕【考證】三傳無此事。張文虎曰：各本「質」作「實」，今從舊刻。質、文相對。

〔一七〕【集解】服虔曰：「三田，汶陽田也。龜，山名。陰之田，得其田，不得其山也。」杜預曰：「太山博縣北有龜山。」【索隱】左傳「鄆、讙及龜陰之田」，則三田皆在汶陽也。【正義】鄆，今鄆州鄆城縣，在兖州龔丘縣東北五十四里。故謝城在龔丘縣東七十里。齊歸侵魯龜陰之田以謝魯，魯築城於此，以旌孔子之功，因名謝城。【考證】「於是」以下本定十年春秋經傳。梁玉繩曰：案春秋「齊歸鄆、讙、龜陰田」，杜、服以爲三邑，何休以爲四邑。此以汶陽易讙，誤。疑「鄆」字誤倒在「汶陽」上，又脱「讙」字。三田皆汶陽田也，故孔子使茲無還對齊曰「而不反我汶陽之田，吾以共命者，亦如之」。攷汶陽是魯地，僖元年以賜季友者也，不知何時爲齊所取。成公時曾暫還魯，旋奪于齊，其後遂屬焉。故閔子辭宰，以汶上爲言耳。但定七年，齊歸鄆矣，何煩此時復歸？豈陽虎之亂又屬於齊乎？崔述曰：鄆、讙、龜陰，乃九年陽虎以之奔齊者，皆在汶水之陽，故傳前云「反我汶陽之田」，後云「來歸鄆、讙、龜陰之田」。

定公十三年夏，孔子言於定公曰：「臣無藏甲，大夫毋百雉之城。」〔一〕使仲由爲季氏宰，將墮三都。〔二〕於是叔孫氏先墮郈。〔三〕季氏將墮費，〔四〕公山不狃、叔孫輒率費人襲魯。〔五〕公與三子入于季氏之宮，登武子之臺。〔六〕費人攻之，弗克，入及公側。〔七〕孔子命申句須、樂頎下伐之，〔八〕費人北。國人追之，敗諸姑蔑。〔九〕二子奔齊，遂墮費。〔一〇〕將墮成，〔一一〕公斂處父〔一二〕謂孟孫曰：「墮成，齊人必至于北門。〔一三〕且成，孟氏之保鄣，無成，是無孟氏也。我將弗墮。」十二月，公圍成，弗克。〔一四〕

〔一〕【集解】王肅曰：「高丈長丈曰堵，三堵曰雉。」【考證】十三年，當作「十二年」，字之誤也。定十二年公羊傳云「孔子行乎季孫，三月不違，曰『家不藏甲，邑無百雉之城』。於是帥師墮郈，帥師墮費」。左氏、穀梁經傳亦繫之於定十二年。「家不藏甲，邑無百里之城」，亦孔子言之於季孫，非言於定公。梁玉繩曰：攷左傳，侯犯以郈叛，公山不狃以費叛。郈、費之墮，叔季自墮之，郈、費不叛，則二氏欲資爲保障，即欲墮之，其將能乎？觀圍成弗克，可見已。乃左傳述此事，一若墮郈及費，皆出孔子、仲由之謀，左氏作之，公羊附之，史公信之，而三言成實，豈情也哉！宋章如愚山堂攷索有三家墮都辨，以爲其謀非出孔子。滹南集五經辨惑云「三山林少穎近代名儒也，其于兵萊人、墮三都等皆排之而不取，可謂卓識」。愚按：孔子欲墮三都，其意在强公室。季叔陽從孔子言墮郈、費，而實欲除侯犯、公山不狃之害，但成未嘗爲叛人之所據，此孟氏之所以不肯墮之。梁氏之説，余未敢以爲然。

〔二〕【集解】服虔曰：「三都，三家之邑也。」

〔三〕【集解】杜預曰：「東平無鹽縣東南郈鄉亭。」【正義】括地志云：「郈亭在鄆州宿城縣東三十二里。」【考證】今山東東平縣有郈城，叔孫氏邑。

〔四〕【考證】季氏邑，今山東費縣有故城，在縣西北。

〔五〕【考證】杜預曰：不狃，費宰也。輒不得志於叔孫氏也。

〔六〕【集解】服虔曰：「三子，季孫、孟孫、叔孫也。」【考證】古鈔本、楓山本「公」上有「定」字。武子，季孫宿。舊志云「武子臺在魯東門内」。

〔七〕【集解】服虔曰：「人有入及公之臺側。」【考證】左傳文同。俞樾曰：「人」當作「矢」。襄二十三年左傳「矢及君屋」與此文同例。

〔八〕【集解】服虔曰：「申句須、樂頎，魯大夫。」【考證】下，下臺也。

〔九〕【集解】杜預曰：「魯國卞縣南有姑蔑城。」【正義】括地志云：「姑蔑故城，在兖州泗水縣東四十五里。」按：泗水縣本漢卞縣地。

〔一〇〕【考證】杜預曰：「二子，不狃、（孫叔）〔叔孫〕輒也。」

〔一一〕【集解】杜預曰：「泰山鉅平縣東南有成城也。」【正義】括地志云：「故郕城，在兖州泗水縣西北五十里。」【考證】沈家本曰：其時叔孫以郈犯故，季孫以陽虎故，皆畏其家臣强盛。故郈、費之墮，二子不爲異同。成宰公斂處父忠於孟氏，不肯墮成，故孟孫亦陽不知，而陰縱之。則成之不墮者，其事勢與叔、季異也。

〔一二〕【集解】服虔曰：「成宰也。」【正義】斂，力豔切。處，昌汝反。父，音甫。杜預曰：「處父，孟氏家臣公斂陽也。」

〔一三〕【考證】杜預曰：成在魯北境故也。

〔一四〕【考證】「使仲由爲季氏宰」以下采定十二年左傳。梁玉繩曰：圍成事在定公十二年冬孔子去魯後，此與魯世家誤書于十三年孔子去之前。

定公十四年，孔子年五十六，〔一〕由大司寇行攝相事，〔二〕有喜色。門人曰：「聞君子禍至不懼，福至不喜。」孔子曰：「有是言也，不曰『樂其以貴下人』乎？」〔三〕於是誅魯大夫亂政者少正卯。〔四〕與聞國政〔五〕三月，粥羔豚者弗飾賈；〔六〕男女行者別於塗；塗不拾遺；〔七〕四方之客至乎邑者，不求有司，〔八〕皆予之以歸。〔九〕

〔一〕【考證】余有丁曰：年表記定公十二年孔子去魯，而世家以爲十四年孔子去魯，前後矛盾。蓋定公十二年，孔子年五十四，由司寇攝行相事，于是墮郈墮費，三月魯大治。齊人懼，餽女樂以阻之，孔子遂行，正值魯十月有事于郊之日。其圍成弗克，在冬十二月，此時孔子已去魯矣，史記必誤。愚按：孔子去魯，魯世家亦繫之於定十二年。

〔二〕【考證】崔適曰：行攝，當依魯世家訂爲「攝行」。攝，周語也。列子「周公攝天子之政」是也。行，漢語也，漢書「御史大夫張湯行丞相事」是也。攝行者，以漢語釋周語，豈當躋「行」於「攝」上乎？梁玉繩曰：攝相者，乃儐相會盟之事。蓋孔子自相夾谷，後遂以司寇而攝行人之職，乃史公以當國爲相，故于秦紀及吳、齊、晉、楚、魏世家、伍子胥傳直書孔子相魯，豈不誤哉！魯之相，季氏尸之，孔子安得攝乎？然其誤非始史公。晏子春秋外篇「孔子聖相」，荀子宥坐云「孔子爲魯攝相」，宋薛據孔子集語引尹文子云「孔子爲魯相」，史妄仍之。愚按：史以相爲當國，固非。梁氏以爲行人，亦非。

〔三〕【考證】孔子不當有此言，先秦諸書亦無所記。

〔四〕【考證】本荀子宥坐篇、尹文子大道下篇。王若虛曰：孔子誅少正卯事，誰所傳乎？其始見于荀卿之書，而吕氏春秋、説苑、家語、史記皆載之。作王制者，亦依倣其意，著爲必殺之令，刑者不得已而後用。若乃誣其疑似，發其隱伏，而曰「吾以懲奸防亂」，是申、商、曹、馬陰賊殘忍之術也。少正卯魯之聞人，自子貢不知其罪，就如孔子之説，何遽至于當死。乃一朝無故而尸諸朝，天下其能無議，而孔子之心安乎？卯兼五惡，借曰可除，而曰有一于人，皆所不免，(則)〔然〕則世之被戮者不勝其衆矣。愚按：陸瑞家誅少正卯辯、閻若璩四書釋地又續、崔述洙泗考信録、梁玉繩史記志疑亦極辨其無，以文長不載。

〔五〕【考證】愚按：孔子攝行相事，蓋無其事。而與聞國政，則有之矣。

〔六〕【考證】「粥羔豚」以下采荀子儒效篇。洪頤煊曰：荀子儒效篇「仲尼將爲司寇，魯之鬻牛馬者不豫賈」，循吏傳「子產爲相，市不豫賈」，淮南子覽冥訓「黄帝治天下，市不豫賈」。豫賈即飾賈也。愚按：賈、價同。飾價，不增價也。

〔七〕【考證】采吕氏春秋樂成篇。

〔八〕【集解】王肅曰：「有司常供其職，客求而有在也。」

〔九〕【索隱】家語作「皆如歸」。【考證】以上添「使」字看。

齊人聞而懼曰：「孔子爲政必霸，霸則吾地近焉，我之爲先并矣。盍致地焉？」犁鉏曰：〔一〕「請先嘗沮之；沮之而不可則致地，庸遲乎！」〔二〕於是選齊國中女子好者八十人，皆衣文衣而舞康樂，〔三〕文馬三十駟，遺魯君。陳女樂文馬於魯城南高門外。季桓子微服往觀再三，將受，乃語魯君爲周道游，〔四〕往觀終日，怠於政事。〔五〕子路曰：「夫子可以行矣。」孔子曰：「魯今且郊，如致膰乎大夫，則吾猶可以止。」〔六〕桓子卒受齊女樂，三日不聽政；〔七〕郊，又不致膰俎於大夫。孔子遂行，〔八〕宿乎屯。〔九〕而師己送，曰：「夫子則非罪。」〔一〇〕孔子曰：「吾歌可夫？」〔一一〕歌曰：「彼婦之口，可以出走；彼婦之謁，可以死敗。〔一二〕蓋優哉游哉，維以卒歲！」〔一三〕師己反，桓子曰：「孔子亦何言？」師己以實告。桓子喟然歎曰：「夫子罪我，以羣婢故也夫！」

〔一〕【考證】韓非子内儲説下「犁鉏」作「黎且」。

〔二〕【考證】嘗，試也。庸，豈也。

〔三〕【索隱】家語作「容璣」。王肅云：「舞曲名也。」【考證】韓非子作「女樂六」。

〔四〕【索隱】謂請魯君爲周徧道路游行，因出觀齊之女樂。

〔五〕【考證】崔述曰：此蓋因論語之言而附會爲之者，其謀與秦穆公間由余之智略同，皆似秦漢以後詐僞人之所爲，不類春秋時事。三傳所紀，春秋時絶無此等事。獨史記數數言之，不足信也。且考世家所載，定公十年，黎鉏已有「魯用孔子，其勢危齊」之語，既有沮之之方，彼時何不用之，乃爲會於夾谷？是年，齊歸汶陽之田，已致地矣，僅三四年，何以又謀致地？是年會畢之時，景公方責黎鉏，謂不以君子之道教己，以獲罪於魯君，今日又何以又聽黎鉏之謀乎？詳世家之文，先後矛盾，首尾背馳，乃必無之事。蓋皆戰國策士之所僞撰。

〔六〕【集解】王肅曰：「膰，祭肉。」【考證】此蓋因孟子之言而附會之。

〔七〕【考證】采論語微子篇。

〔八〕【考證】采孟子告子篇。孔子去魯在定公十二年秋冬之閒。

〔九〕【集解】屯，在魯之南也。【索隱】地名。

〔一〇〕【考證】太宰純曰：蓋樂師名已也。

〔一一〕【考證】家語子路初見篇「夫」作「乎」。

〔一二〕【集解】王肅曰：「言婦人之口，請謁足以憂使人死敗，故可以出走也。」【考證】李笠曰：謁、敗不叶。「謁」字義亦缺妥。説苑説叢作「婦人之口，可以出走。婦人之喙，可以死敗」。喙，與口互文，古韻又同部。家語王注無「憂」字。

〔一三〕【集解】王肅曰：「言仕不遇也，故且優游以終歲。」【考證】家語無「蓋」字，「維」作「聊」。中井積德曰：虛談，女樂群婢，未必讒閒，未必請謁。是歌特不相應。

孔子遂適衛，〔一〕主於子路妻兄顏濁鄒家。〔二〕衛靈公問孔子：「居魯得祿幾何？」對曰：「奉粟六萬。」衛人亦致粟六萬。〔三〕居頃之，或譖孔子於衛靈公。靈公使公孫余假一出一入。〔四〕孔子恐獲罪焉，居十月，去衛。

〔一〕【考證】崔述曰：孟子謂孔子不悦於魯、衛，是去魯後即適衛也。史記世家、年表皆言自魯適衛，與孟子合。

〔二〕【索隱】孟子曰「孔子於衛主顏讎由，彌子之妻與子路之妻兄弟也」。今此云濁鄒是子路之妻兄，所説不同。【考證】崔述曰：孟子作「顏讎由」，世家疑誤。其謂子路妻兄云者，蓋因彌子爲子路僚壻而誤也。鄭環曰：鄒，即「讎由」之轉音。愚按：孟子萬章篇。

〔三〕【索隱】若六萬石似太多，當是六萬斗，亦與漢之秩祿不同。【正義】六萬，小斗，計當今二千石也。周之斗升斤兩皆用小也。【考證】崔述曰：春秋傳秦鍼楚比之屬，皆以班爵各受應得之祿。世家所云，頗似戰國養士之風，殊缺雅馴。

〔四〕【索隱】謂以兵仗出入，以脅夫子也。

將適陳，過匡，〔一〕顏刻爲僕，〔二〕以其策指之曰：「昔吾入此，由彼缺也。」〔三〕匡人聞之，以爲魯之陽虎。陽虎嘗暴匡人，匡人於是遂止孔子。〔四〕孔子狀類陽虎，拘焉五日。〔五〕顏淵後，〔六〕子曰：「吾以汝爲死矣。」顏淵曰：「子在，回何敢死！」〔七〕匡人拘孔子益急，弟子懼。孔子曰：「文王既没，文不在兹乎？〔八〕天之將喪斯文也，後死者不得與于斯文也。〔九〕天之未喪斯文也，匡人其如予何？」〔一〇〕孔子使從者爲甯武子臣於衛，然後得去。〔一一〕

〔一〕【正義】故匡城在滑州匡城縣西南十里。【考證】梁玉繩曰：論語「畏匡」句下，梁皇侃義疏本孔安國「在陳絶糧」注以爲宋地名，蓋據莊子秋水篇「孔子游匡，宋人圍之」也。但宋雖有地名承匡，而此時未至宋。況莊子釋文引司馬云「宋，當作『衛』」，固與史合。然陽虎與衛又風馬牛不及，焉能暴匡？毛氏奇齡四書賸言云「春秋傳公侵鄭取匡，在定公六年，季氏雖在軍不得專制，凡過衛不假道，反穿城而躪其地，其令皆出自陽虎，是虎實帥師。當侵鄭時，匡本鄭鄙邑，必欲爲晉伐取以釋憾，而匡城適缺，虎與顔剋就其穿垣而入之，虎之暴匡以是也。至夫子過匡，適顔剋爲僕，匡遂以爲虎而圍之」。毛氏此解，明白可據。攷春秋僖十五年「次于匡」，杜注「衛地，在陳留長垣縣西南」。左傳文元年「衛侵鄭及匡」，杜注「在潁川新汲縣東北」。二縣相近，疑是匡一地而分屬。何以徵之？文八年傳「晉侯使解揚歸匡、戚之田于衛」，杜注「匡本衛邑，中屬鄭，晉令鄭還衛」。則定六年取鄭匡，安知非復屬于鄭乎？所謂疆場之邑，一彼一此，何常之有？

〔二〕【考證】包咸曰：陽虎曾暴于匡，夫子弟子顔剋時又與虎俱行。後剋爲夫子御，至于匡，匡人相與共識剋。又夫子容貌與虎相似，故以兵圍之。愚按：弟子列傳有顔高字子驕，蓋同人。

〔三〕【索隱】謂昔所被攻缺破之處也。【正義】琴操云：「孔子到匡郭外，顔刻舉策指匡穿垣曰：『往與陽貨正從此入。』匡人聞其言告君曰：『往者陽貨今復來。』乃率衆圍孔子數日，乃和琴而歌，音曲甚哀，有暴風擊，軍士僵仆，於是匡人有知孔子聖人，自解也。」

〔四〕【索隱】匡，宋邑也。家語云「匡人簡子以甲士圍夫子」。

〔五〕【考證】莊子秋水篇云「孔子遊於匡，宋人圍之數匝，而弦歌不輟。子路入見曰：『何夫子之娛也？』孔子曰：『來吾語女，我諱窮久矣，而不免，命也。求通久矣，而不得，時也。中略。由處矣，吾命有所制矣。』無幾何，將甲者進辭曰：『以爲陽虎也，故圍之。今非也，請辭而退。』」史文本於此，而附以顔剋事。論語但云「子畏於匡」耳。

〔六〕【集解】孔安國曰：「言與孔子相失，故在後也。」

〔七〕【集解】包氏曰：「言夫子在，己無所致死也。」【考證】論語先進篇集解「致死」，楓山本作「敢死」，與論語集解合。

〔八〕【集解】孔安國曰：「茲，此也。言文王雖已没，其文見在此。此，自謂其身也。」【考證】中井積德曰：文，猶言道也。是承「文王」「文」字而言。中庸「文王之所以爲文也」，語意正同。

〔九〕【集解】孔安國曰：「文王既没，故孔子自謂後死也。言天將喪此文者，本不當使我知之。今使我知之，未欲喪之也。」

〔一〇〕【集解】馬融曰：「如予何，猶言『柰我何』也。天未喪此文，則我當傳之，匡人欲柰我何？言不能違天以害己。」【考證】「孔子曰」以下，論語子罕篇。陳澧曰：天之未喪斯文，夫子以爲己任。蓋謂删述六經，垂教萬世，此即所謂夫子之文章也。至於今二千餘年，人人皆得五經而讀之，即人人皆得聞夫子之文章，至萬世無窮極也。

〔一一〕【索隱】家語「子路彈劒而歌，孔子和之，曲三終，匡人解圍而去」。今此取論語「文王既没」之文，及從者臣甯武子然後得去。蓋夫子再戹匡人，或設辭以解圍，或彈劒而釋難。今此合論語、家語之文，以爲一事，故彼此文交互耳。【考證】據左傳，甯武子在時孔子未生。孔子畏匡時，則甯氏族滅已久，此必無之事。説詳于胡氏讀史管見、毛氏四書索解、崔氏洙泗考信録。

去即過蒲。〔一〕月餘反乎衛，主蘧伯玉家。〔二〕靈公夫人有南子者，使人謂孔子曰：「四方之君子，不辱欲與寡君爲兄弟者，必見寡小君。寡小君願見。」〔三〕孔子辭謝，不得已見之。夫人在絺帷中。孔子入門，北面稽首。夫人自帷中再拜，環珮玉聲璆然。〔四〕孔子曰：「吾鄉為弗見，〔五〕見之禮答焉。」〔六〕子路不說。孔子矢之曰：「予所不者，天厭之！天厭之！」〔七〕居衛月餘，靈公與夫人同車，宦者雍渠參乘，出，使孔子為次乘，招搖市過之。〔八〕孔子曰：「吾未見好德如好色者也。」〔九〕於是醜之，〔一〇〕去衛過曹。是歲魯定公卒。

〔一〕【集解】徐廣曰：「長垣縣有匡城蒲鄉。」【正義】括地志云：「故蒲城，在滑州匡城縣北十五里。匡城，本漢長垣縣。」

〔二〕【考證】崔述曰：孔子欲適陳則適陳耳，匡在衛南，過匡可也，蒲在衛西，過蒲何為？卒不適陳，月餘而反乎衛，又何為乎？孫林父將為亂，先謁之蘧伯玉。伯玉從近關出，時魯襄公十四年也。伯玉在下位，而名已為其鄉所重如此，當不下四十歲。下至魯定公之末，六十有五年。伯玉至是當百餘歲矣，而自魯襄公二十九年以後，伯玉即不復見於傳，又不容晚節竟無一事可述，而可述者俱少年事。然則孔子適衛之時，伯玉之亡固已久矣。孔子安得有主伯玉事乎？且衛之大夫莫有賢於伯玉者，果存耶，孔子何以不主伯玉而主讎由？既主讎由矣，在外月餘而返，忽易所主，何也？蓋論語有伯玉使人於孔子之語，故史記妄意孔子嘗主伯玉。又因其與孟子不合，故為去衛復返之說，以兩全之，而不知其誤也。余謂伯玉使人，必在昭公之初，孔子年少之時，其平生或嘗一見，或兩相慕，俱未可知，不必强為之說。

〔三〕【考證】論語季氏篇「邦君之妻」，稱諸異邦曰「寡小君」。

〔四〕【正義】璆，音虯。【考證】岡白駒曰：聞佩玉聲，乃知夫人帷中再拜，故孔子稽首。「稽首」文在上，而「玉聲」句在下者，尊卑之辭也。愚按：藝文類聚引典略「絺」作「錦」，「玉」作「之」。

〔五〕【考證】岡白駒曰：上文所謂辭謝也。

〔六〕【索隱】上「見」如字。下「見」音賢偏反，去聲。言我不為相見之禮，現而答之。【考證】「見」如字。岡白駒曰：不得已而見之，不可不禮答。愚按：論語但云「子見南子」。

〔七〕【集解】欒肇曰：「見南子者，時不獲已，猶文王之拘羑里也。天厭之者，言我之否屈，乃天命所厭也。」蔡謨曰：「矢，陳也。夫子爲子路陳天命也。」【考證】「子路不説」以下采論語雍也篇。論語「不」作「否」，皇侃義疏亦引蔡謨云「矢，陳也」。尚書敍曰「皐陶矢厥謨也」。春秋經曰「公矢魚于棠」。皆是也。夫子爲子路矢陳天命，非誓也。又引王弼云：「否泰有命，我之所屈不用於世者，乃天命厭之。言非人事所免也。」二説得之。厭，棄也。言夫子告所以見南子曰，予所以否塞不如意者，天厭棄我命。重言之者，痛歎之甚。

〔八〕【集解】徐廣曰：「招摇，翺翔也。」【索隱】家語作「遊過市」。【考證】孟子但云「癰疽」，不云「宦者」。衛策云「衛靈公近癰疽、彌子瑕，二人者專君之勢以蔽左右」。俞樾曰：説苑作「雍睢」，史記作「雍渠」，韓非子作「雍鉏」。雍，饔人之官。疽，名也。孫奕曰：聖人方以季桓子受女樂而去魯，適衛而又爲靈公、南子驂乘，不知子長何所本而云然。

〔九〕【集解】何晏曰：「疾時薄於德厚於色，故發此言也。」李充曰：「使好德如好色，則棄邪而反正矣。」【考證】「孔子曰」，論語子罕篇，但未審是言爲何而發。

〔一〇〕【考證】岡白駒曰：醜，惡之也。

孔子去曹適宋，〔一〕與弟子習禮大樹下。宋司馬桓魋欲殺孔子，拔其樹。〔二〕孔子去。弟子曰：「可以速矣。」孔子曰：「天生德於予，桓魋其如予何！」〔三〕

〔一〕【集解】徐廣曰：「年表定公十三年，孔子至衛。十四年，至陳。哀公三年，孔子過宋。」

〔三〕【考證】莊子天運篇師金曰：「今而夫子亦取先王已陳芻狗，取弟子遊居寢卧其下，故伐樹於宋，削迹於衛，窮於商周。是非其夢邪？圍於陳蔡之間，七日不火食，死生相與鄰，是非其眯邪？」此史公桓魋拔樹之説所本。

〔三〕【集解】包氏曰：天生德者，謂授以聖性，德合天地，吉無不利，故曰其如予何。【考證】「孔子曰」，論語述而篇。朱熹曰：天既賦我以如是之德，則桓魋其奈我何？言必不能違天害己。愚按：孟子萬章篇云孔子不悦於魯、衛，遭宋桓司馬將要而殺之，微服而過宋。是時孔子當阸，主司城貞子爲陳侯周臣，方是時之事。崔述曰：孟子云過宋，則是孔子自衛至陳，經宋之境，亦未必至於宋之國也。曰將要而殺之，曰微服而過宋，則是桓魋知孔子將過宋境，使人要之於路。微服而行，則不知其爲孔子，故獲免也。其「如予何」之言，當在此時。史記世家乃云與弟子習禮大樹下，魋欲殺孔子，拔其樹，孔子去。弟子曰：「可以速矣。」孔子曰云云。若果孔子尚在樹下，魋拔其樹，孔子何以能免？至此乃去，不亦晚乎？兵刃交集，猶曰「其如予何」，不亦迂乎？

孔子適鄭，與弟子相失，孔子獨立郭東門。鄭人或謂子貢曰：〔一〕「東門有人，其顙似堯，〔二〕其項類皋陶，其肩類子產，然自要以下不及禹三寸，纍纍若喪家之狗。」〔三〕子貢以實告孔子。孔子欣然笑曰：「形狀，末也。〔四〕而謂似喪家之狗，然哉！然哉！」〔五〕

〔一〕【索隱】家語姑布子卿謂子貢曰。

〔二〕【索隱】家語云「河目而隆顙，其顙似堯」。

〔三〕【集解】王肅曰：「喪家之狗，主人哀荒，不見飲食，故纍然而不得意。孔子生於亂世，道不得行，故纍然不得志之貌也。韓詩外傳曰『喪家之狗，既斂而椁，有席而祭，顧望無人』也。」【考證】或云「喪，失也」，非是。禮記「喪容纍纍」。項，頭後受枕之處。要、腰通。梁玉繩曰：韓詩外傳九説此事頗詳別，未知何本。白虎通壽命、論衡骨相皆仍史。

〔四〕【考證】古鈔本、楓山、三條本「末」作「未」，義長。梁玉繩曰：白虎通、論衡、家語「末」作「未」。

〔五〕【考證】張文虎曰：「而」下，舊刻有「謂」字，各本脫。崔述曰：鄭在宋西，陳在宋南。自宋適陳，必不由鄭。子產鄭相，其卒不久，鄭人或猶有及見者；堯、禹、皋陶，千七百餘年矣，鄭人何由知其形體之詳，而分寸乃歷歷不爽矣乎？此乃齊東野人之語。

孔子遂至陳，主於司城貞子家。〔一〕歲餘，吳王夫差伐陳，取三邑而去。〔二〕趙鞅伐朝歌。楚圍蔡，蔡遷于吳。〔三〕吳敗越王句踐會稽。〔四〕

〔一〕【考證】「孔子遂至」以下，孟子萬章篇。

〔二〕【考證】梁玉繩曰：吳無取三邑事，哀元年傳及年表可證。

〔三〕【考證】朝歌，衛地。梁玉繩曰：「蔡」下缺「請」字。

〔四〕【考證】鄧以讚曰：前骨節事當在此下。不然，入此吳敗越，無謂矣。且吳未嘗再墮會稽也。

有隼集于陳廷而死，楛矢貫之，石砮，矢長尺有咫。〔一〕陳湣公使使問仲尼。〔二〕仲尼曰：「隼來遠矣，此肅慎之矢也。〔三〕昔武王克商，通道九夷百蠻，〔四〕使各以其方賄來貢，使無忘職業。〔五〕於是肅慎貢楛矢石砮，長尺有咫。先王欲昭其令德，以肅慎矢分大姬，〔六〕配虞胡公，而封諸陳。分同姓以珍玉，展親；〔七〕分異姓以遠方職，使無忘服。〔八〕故分陳以肅慎矢。」〔九〕試求之故府，果得之。〔一〇〕

〔一〕【集解】韋昭曰：「隼，鷙鳥，今之鶚也。楛，木名。砮，鏃也，以石爲之。八寸曰咫。楛矢貫之，墜而死。」【正義】隼，音筝。毛詩義疏：「鶻，齊人謂之擊征，或曰題肩，或曰省鴟，春化爲布穀。此屬數種皆爲隼。」【考證】中井積德曰：隼，鷹之小者。愚按：楛，木名，似荆而赤，莖似蓍，中矢榦。

〔二〕【索隱】家語、國語皆作「陳惠公」，非也。按：惠公以魯昭元年立，定四年卒。又按系家湣公(十)六年，孔子適陳，十三年亦在陳，則此湣公爲是。【考證】張文虎曰：孔子適陳，年表、世家皆湣公六年，索隱「十」字衍。

〔三〕【正義】肅慎國記云：「肅慎其地在夫餘國東北，(河)〔可〕六十日行。其弓四尺强，勁弩射四百步，今之靺鞨國方有此矣。」【考證】肅慎東北夷之國，後音轉爲女真，在今寧古塔。正義「河」上有脱文。

〔四〕【集解】王肅曰：「九夷，東方夷有九種也。百蠻，夷狄之百種。」【考證】曰九，曰百，言其多也，不當細討之。

〔五〕【集解】王肅曰：「各以其方面所有之財賄而來貢。」

〔六〕【集解】韋昭曰：「大姬，武王元女也。」

〔七〕【集解】韋昭曰：「展，重也。玉，謂若夏后氏之璜。」【考證】展，厚也。

〔八〕【集解】王肅曰：「使無忘服從於王也。」【考證】國語「職」下有「貢」字。方苞曰：職，職貢也。服，所服事也。書曰「績乃舊服」。

〔九〕【考證】韋昭曰：「陳，嬀姓。」

〔一〇〕【集解】韋昭曰：「故府，舊府也。」【考證】「有隼」以下采國語魯語。

孔子居陳三歲，會晉、楚争彊，更伐陳，〔一〕及吴侵陳，陳常被寇。孔子曰：「歸與歸與，吾黨之小子狂簡，進取不忘其初。」〔二〕於是孔子去陳。

〔一〕【考證】梁玉繩曰：時爲定十五年，哀元、二兩年，無晉、楚伐陳事，即三歲前後亦未嘗伐陳，此妄也。沈家本曰：晉楚，疑當云「吴楚」。

〔三〕【考證】「孔子曰」，孟子盡心篇。狂簡，志大才疎也。安井衡曰：初謂孔子在魯時，言不改初吾在魯時之志行。梁玉繩曰：後文亦載「歸乎」云云，此出孟子，後見論語，其實皆一時之言，但辭少異耳。朱子序説、滹南辨惑俱從索隱，以爲史記之失。四書釋地續云「孔子在陳凡二次，世家並載有『歸與』之辭，哀公三年載者得之，蓋興起于魯之召冉求，于情事爲得」。四書賸言云「大抵夫子之歎，在第二次適陳之際」。

過蒲，會公叔氏以蒲畔，蒲人止孔子。〔一〕弟子有公良孺者，以私車五乘從孔子。〔二〕其爲人長，賢有勇力，〔三〕謂曰：「吾昔從夫子，遇難於匡，今又遇難於此，命也已。吾與夫子再罹難，寧鬭而死。」鬭甚疾。蒲人懼，〔四〕謂孔子曰：「苟毋適衞，吾出子。」與之盟，出孔子東門。孔子遂適衞。子貢曰：「盟可負邪？」孔子曰：「要盟也，神不聽。」〔五〕

〔一〕【考證】蒲，衞邑。

〔二〕【考證】仲尼弟子列傳「公良孺字子正」。鄭玄曰：「陳人。」

〔三〕【考證】「長」字句。長，長大也。

〔四〕【索隱】家語云「我寧鬭死，挺劍而合衆，將與之戰，蒲人懼」是也。【考證】家語困誓篇。

〔五〕【考證】要盟，謂以强力脅之爲盟誓也。左傳「要盟無質，神弗臨也」。公羊傳「要盟可犯」。

衞靈公聞孔子來，喜郊迎。〔一〕問曰：「蒲可伐乎？」對曰：「可。」靈公曰：「吾大夫以爲不可。今蒲，衞之所以待晉、楚也，〔二〕以衞伐之，無乃不可乎？」孔子曰：「其男子有死之志，〔三〕婦人有保西河之志。〔四〕吾所伐者，不過四五人。」〔五〕靈公曰：「善。」然不伐蒲。〔六〕

〔一〕【考證】郊迎，迎於郊外，以示敬也。

〔二〕【正義】衛在濮州，蒲在滑州，在衛西也。韓、魏及楚從西向東伐，先在蒲，後及衛。

〔三〕【集解】王肅曰：公叔氏欲以蒲適他國，而男子欲死之，不樂適他。

〔四〕【集解】王肅曰：「婦人恐懼，欲保西河，無戰意也。」【索隱】此西河在衛地，非魏之西河也。【考證】中井積德曰：保西河亦不從公叔也，非恐懼無戰意之謂。

〔五〕【集解】王肅曰：「本與公叔同畔者。」

〔六〕【考證】崔述曰：按春秋經傳，無公叔氏以蒲畔之事。定十四年經云「衛公叔戍來奔」，傳云「衛侯逐公叔戍與其黨，故趙陽奔宋，戍來奔」。而世家以孔子去衛爲定公卒之歲，又居陳三歲，而後過蒲，則公叔氏之亡也久矣。蒲既畔衛，孔子何難紆道避之，乃輕入險地，以自取禍。況蒲在衛西，陳在衛南，自陳來，不由蒲也。孔子過蒲，何爲焉？要盟神固不聽，然既許之。甫出而即背之，亦聖人之所爲邪？蒲，衛之屬邑耳。靈公好戰，屢伐晉，而獨不敢伐一蒲。孔子不對靈公之問陳，而於靈公之不伐蒲，獨力勸其伐，不亦先後矛盾矣乎？此乃戰國人之所僞撰，必非孔子之事。

孔子行。

靈公老，怠於政，不用孔子。孔子喟然歎曰：「苟有用我者，朞月而已，三年有成。」〔一〕

〔一〕【集解】孔安國曰：「言誠有用我於政事者，朞年而可以行其政教，必三年乃有成也。」【考證】「苟有用我者」采論語子路篇。但論語不言其爲誰而發，「已」下有「可也」二字。朞月，匝一年月也，猶言朞年也。

佛肸爲中牟宰。〔一〕趙簡子攻范、中行，伐中牟。〔二〕佛肸畔，使人召孔子。孔子欲往。子路曰：「由聞諸夫子，其身親爲不善者，君子不入也。〔三〕今佛肸親以中牟畔，子欲往，如之

何？」孔子曰：「有是言也。不曰堅乎？磨而不磷；不曰白乎？涅而不淄。〔四〕我豈匏瓜也哉？焉能繫而不食？」〔五〕

〔一〕【集解】孔安國曰：「晉大夫，趙簡子之邑宰。」【索隱】此河北之中牟，蓋在漢陽西。

〔二〕【考證】黃式三曰：舊説以佛肸爲趙氏宰，翟晴江據史記以爲范、中行家邑宰。翟説確。左傳哀公五年，「趙鞅伐衛，范氏之故也，遂圍中牟」。是趙氏討中牟之助范氏也。淮南子道應訓「趙簡子未葬，中牟入齊。已葬五日，襄子起兵攻圍之」。是中牟非趙氏邑，終不服趙氏，畔晉入齊也。翟氏謂佛肸於晉爲畔，於范、中行猶爲義。且范、中行滅，則三分晉地之勢成。三分晉地之勢成，則大夫自爲諸侯之禍起。聖人神能知幾，故欲往以救之。式三謂弗擾畔季子，佛肸畔趙氏，皆以張公室爲名。夫子之往，皆欲平其亂而安公室耳。考之左傳，趙氏與范氏、中行氏爲難，宋、齊、魯、衛、鄭皆助范、中行，周亦直范氏。佛肸拒趙而助范、中行，以中牟求援於鄰國。此翟氏所謂佛肸於范、中行猶爲義也。

〔三〕【集解】孔安國曰：「不入其國。」

〔四〕【集解】孔安國曰：「磷，薄也。涅，可以染皁者也。言至堅者，磨之而不薄。至白者，染之於涅中而不黑。君子雖在濁亂不能汙也。」

〔五〕【集解】何晏曰：「言匏瓜得繫一處者，不食故也。吾自食物，當東西南北，不得如不食之物繫滯一處。」【考證】「佛肸畔」以下采論語陽貨篇。黃式三曰：「何意以繫而不食」連讀爲一義。苦瓜不材，長繫在樹而無所用，聖人明己之不然也。上言「不磷」、「不淄」，言不善之不浼己也。此言己之善適用也。

孔子擊磬。有荷蕢而過門者，曰：「有心哉，擊磬乎！〔一〕硜硜乎！莫己知也夫，而已矣！」〔二〕

〔一〕【集解】何晏曰：「蕢，草器也。有心，謂契契然也。」【考證】論語上「擊磬」下有「於衛」二字。朱熹曰：此荷蕢者亦隱士也。聖人之心，未嘗忘天下。此人聞其磬聲而知之，則亦非常人矣。

〔二〕【集解】何晏曰：「此硜硜信己而已，言亦無益也。」【考證】采論語憲問篇。論語作「既而曰『鄙哉，硜硜乎！莫己知也，斯己而已矣。深則厲，淺則揭』」。硜硜，堅确不遷意，亦狀磬聲也。俞樾曰：荷蕢者之意以爲人既莫己知，則但當爲己，不必更爲人，故曰莫己知也，斯己而已矣。

孔子學鼓琴師襄子，〔一〕十日不進。〔二〕師襄子曰：「可以益矣。」〔三〕孔子曰：「丘已習其曲矣，未得其數也。」〔四〕有閒曰：「已習其數，可以益矣。」孔子曰：「丘未得其志也。」〔五〕有閒曰：「已習其志，可以益矣。」孔子曰：「丘未得其爲人也。」〔六〕有閒，曰〔七〕有所穆然深思焉，有所怡然高望而遠志焉。〔八〕曰：「丘得其爲人，黯然而黑，〔九〕幾然而長，〔一〇〕眼如望羊，〔一一〕如王四國，〔一二〕非文王，其誰能爲此也！」〔一三〕師襄子辟席再拜曰：「師蓋云文王操也。」〔一四〕

〔一〕【索隱】家語師襄子曰：「吾雖以擊磬爲官，然能於琴。」蓋師襄子魯人，論語謂之「擊磬襄」是也。【考證】事見韓詩外傳五、家語辨樂，文略同。淮南子主術訓云「孔子學鼓琴於師襄」，高誘注「師襄魯樂太師」。

〔二〕【考證】岡白駒曰：自不進業。

〔三〕【考證】岡白駒曰：可進學其餘。

〔四〕【考證】岡白駒曰：節奏之數。

〔五〕【考證】岡白駒曰：志之所在。

〔六〕【考證】岡白駒曰：以其音知其所爲之人。下文「以爲文王」是也。

〔七〕【考證】張文虎曰：「曰」字涉上而衍，家語無。

〔八〕【考證】「有所」上添孔子二字看，家語有。

〔九〕【集解】王肅曰：「黯，黑貌。」

〔一〇〕【集解】徐廣曰：「詩云『頎而長兮』。」【索隱】「幾」與注「頎」並音祈。家語無此四字。【考證】孟子告子篇「文王十尺」，荀子非相篇「文王長」。

〔一一〕【集解】王肅曰：「望羊，望羊視也。」【索隱】王肅云：「望羊，望羊視也。」【考證】家語辨樂解作「曠如望羊」，王肅注云「曠，用志曠遠」。愚按：望羊，遠視也。莊子秋水篇「河伯望洋向若而歎」，望、茫同。羊、洋通。

〔一二〕【考證】陳仁錫云：「如」上湖本缺「心」字。張文虎曰：凌本無「心」字，引一本云『王』上有『心』字」，疑非。家語作「奄有四方」。

〔一三〕【考證】詞氣與季札論樂相似。摸擬之迹不可蔽，斷非孔子言。

〔一四〕【考證】崔述曰：師襄，先儒以爲魯人，近是。孔子不當學之於衛也。聖人固無常師，然學琴當在少年時。在齊聞韶，聖人之於樂已深矣。及是又二十年，襄之琴恐不足爲孔子師也。此其事之有無，蓋不可知。且其所云「眼如望羊，心如王四國」之語，皆不雅馴，與論語所記孔子之言大不類。蓋皆後人所託。

孔子既不得用於衛，將西見趙簡子。至於河，而聞竇鳴犢、舜華之死也，〔一〕臨河而歎曰：「美哉水，洋洋乎！丘之不濟此，命也夫！」子貢趨而進曰：「敢問何謂也？」孔子曰：「竇鳴犢、舜華，晉國之賢大夫也。趙簡子未得志之時，須此兩人而后從政。〔二〕及其已得志，殺之乃從政。丘聞之也，刳胎殺夭則麒麟不至郊，竭澤涸漁則蛟龍不合陰陽，〔三〕覆巢毀卵則鳳皇不翔。何則？君子諱傷其類也！夫鳥獸之於不義也，尚知辟之，而況乎丘哉！」乃還息乎陬鄉，作爲陬操以哀之。〔四〕而反乎衛，入主蘧伯玉家。〔五〕

〔一〕【集解】徐廣曰：「或作『鳴鐸竇犨』，又作『竇犨鳴犢、舜華』也。」【索隱】家語云「聞趙簡子殺竇犨鳴犢及舜華」，國語云「鳴鐸竇犨」，則竇犨字鳴犢，聲轉字異，或作「鳴鐸」。慶華，當作「舜華」，諸説皆同。【考證】王引之曰：當作「聞鳴犢竇犨之死」，蓋鳴犢一人也，竇犨又一人也。漢書人表以鳴犢、竇犨二人並列。孔叢子記問篇「夫子及河，聞鳴犢與竇犨之見殺也，迴輿而旋」，皆本於史記，而不及舜華。愚按：索隱引家語困誓篇。

〔二〕【考證】説苑權謀篇「子貢」作「子路」。陳仁錫曰「趙簡子」當作「趙孟」。

〔三〕【索隱】有角曰蛟龍。龍能興雲致雨，調和陰陽之氣。【考證】家語困誓篇「不合陰陽」作「不處其淵」。説苑權謀篇「竭澤而漁」作「乾澤而漁」。呂氏春秋應同篇云「覆巢毀卵，則鳳凰不至。刳獸食胎，則麒麟不來。乾澤涸漁，則龜龍不往。物之從同，不可爲記」。齊策趙人諒毅謂秦昭王曰「臣聞之，有覆巢毀卵，而鳳凰不翔。刳胎焚夭，而麒麟不至」。中井積德曰：索隱宜言「有角曰龍，無角曰蛟」，蓋脱文。

〔四〕【集解】王肅曰：「陬操，琴曲名也。」【索隱】此陬鄉，非魯之陬邑。家語云「作槃操」也。

〔五〕【考證】中井積德曰：「入」當作「又」。崔述曰：按春秋經傳，定八年，趙鞅使涉佗盟衛侯，捘其手及腕。十三年，入於晉陽以叛。哀三年，殺周萇弘，弱王室，侮諸侯而叛其君。春秋之大夫，罪未有大於鞅者也。其他黨奸釀亂之事，史不絶書。不知孔子何取於鞅而欲見之，至竇鳴犢、舜華之死，抑末矣。鞅之善惡，亦不在於此二人之死生也，何爲臨河而遽返邪？晉大夫之見於傳者多矣。微但大夫也，即趙氏之家臣董安、于尹鐸、郵無恤之倫，皆得以其才見于傳。兩人果賢大夫，傳記何爲悉遺之乎？且鞅，衛之仇讎也。孔子雖未受職于衛，然曰際可之仕，則亦有賓主之義焉。無故去之，而往見其讎，于義亦有未安者。往而不遂，復返乎衛，不知何以對靈公，靈公亦安能待之如舊邪？此必戰國時人之所僞託，非孔子之事。

他日，靈公問兵陳。〔一〕孔子曰：「俎豆之事，則嘗聞之，軍旅之事，未之學也。」〔二〕明日，與孔子語，見蜚鴈，仰視之，色不在孔子。孔子遂行，〔三〕復如陳。

〔一〕【集解】孔安國曰：「軍陳行列之法。」

〔二〕【集解】鄭玄曰：「萬二千人爲軍，五百人爲旅。軍旅末事，本未立，不可教以末也。」【考證】「靈公問兵陳」以下采論語衛靈公篇。俎豆，禮器。帆足萬里曰：軍旅大事，夫子何曾不學？使衛果用夫子，亦必有措置。衛侯已不能用夫子，徒以陳爲問，是以吴起、孫臏待之也。夫子之所以不答，素有去志，以是事行，故論語曰「明日遂行」。崔述曰：此事與春秋傳答孔文子語相類，而彼尤詳備，蓋本一事，而傳聞異辭。

〔三〕【索隱】此魯哀二年也。

夏，衛靈公卒，立孫輒，是爲衛出公。六月，趙鞅内太子蒯聵于戚。〔一〕陽虎使太子絻，八人衰絰，僞自衛迎者，哭而入，遂居焉。〔二〕冬，蔡遷于州來。〔三〕是歲，魯哀公三年，而孔子年六十矣。〔四〕齊助衛圍戚，以衛太子蒯聵在故也。〔五〕

〔一〕【考證】「夏衛靈公卒」以下本哀二年春秋。戚，衛地。

〔二〕【正義】絻，音問。【考證】哀二年左傳「絻」又作「免」。遭喪之服，始死則有免，服成則衰絰。免以布爲卷幘，以納四垂髮，而露其髻。

〔三〕【考證】哀二年春秋。

〔四〕【考證】梁玉繩曰：蔡遷州來之歲，孔子年五十九，哀公二年也，此誤。「是歲」當作「明歲」。

〔五〕【考證】哀三年春秋經傳。

夏，魯桓、釐廟燔，南宮敬叔救火。孔子在陳，聞之曰：「災必於桓、釐廟乎？」〔一〕已而果然。〔二〕

〔一〕【集解】服虔曰：「桓、釐當毁，而魯事非禮之廟，故孔子聞有火災，知其必桓、僖也。」

〔二〕【考證】哀三年左傳。

秋，季桓子病，輦而見魯城，喟然歎曰：「昔此國幾興矣，以吾獲罪於孔子，故不興也。」顧謂其嗣康子曰：「我即死，若必相魯；相魯，必召仲尼。」後數日桓子卒，康子代立。〔一〕已葬，欲召仲尼。公之魚曰：「昔吾先君用之不終，終爲諸侯笑。今又用之不能終，是再爲諸侯笑。」康子曰：「則誰召而可？」曰：「必召冉求。」於是使使召冉求。冉求將行，孔子曰：「魯人召求，非小用之，將大用之也。」〔二〕是日，孔子曰：「歸乎歸乎！〔三〕吾黨之小子狂簡，斐然成章，吾不知所以裁之。」〔四〕子贛知孔子思歸，送冉求，因誡曰「即用，以孔子爲招」云。〔五〕

〔一〕【考證】哀三年春秋「秋七月丙子季孫斯卒」。左傳「季孫有疾，命正常曰：『南孺子之子男也，則以告而立之。』季孫卒，康子即位。南氏生男，正常載以如朝，告曰云云，遂奔衛」。梁玉繩曰：案哀三年傳季桓子命正常語，則相魯之言，非其實也。豈桓子逆知南氏生男，必不得立乎？

〔三〕【考證】崔述曰：論語爲衛君章，冉有、子貢問答之詞，皆似在衛之時。若冉有果從孔子反衛，則必無自陳歸魯之事矣。子曰「從我於陳蔡者，皆不及門也」，記者因記弟子姓名凡十人，而冉有與焉。似冉有始終相從於陳、蔡間者。然則冉有歸魯，當在反衛之後，不當在桓子甫卒之時也。

〔三〕【索隱】此系家再有「歸與」之辭者，前辭出孟子，此辭見論語，蓋止是一稱「歸與」，二書各記之，今前後再引，亦失之也。

〔四〕【集解】孔安國曰：「簡，大也。孔子在陳，思歸欲去，曰：『吾黨之小子，狂者進取於大道，妄穿鑿以成章，不知所以裁制，當歸以裁耳。』」【考證】「孔子曰」采論語公治長篇。楓山、三條本「章」下無「吾」字，與論語合。裁，裁制也。中井積德曰：「『裁』字由『章』字而生，是以錦文綵段爲喻也。夫子蓋欲歸而裁之以就人才也。」崔述曰：「孔子思歸之歎，當在將反衛之際，不當在未適蔡之前。」

〔五〕【考證】云，疑詞。

冉求既去，明年，孔子自陳遷于蔡。蔡昭公將如吳，吳召之也。前昭公欺其臣遷州來，後將往，大夫懼復遷，公孫翩射殺昭公。〔一〕楚侵蔡。秋，齊景公卒。〔二〕

〔一〕【集解】徐廣曰：「哀公四年也。」【考證】「蔡昭公將如吳」以下，哀四年左傳。杜預曰：「公孫翩，蔡大夫。」

〔二〕【集解】徐廣曰「哀公五年也」。

明年，〔一〕孔子自蔡如葉。〔二〕葉公問政，孔子曰：「政在來遠附邇。」〔三〕他日，葉公問孔子於子路，子路不對。〔四〕孔子聞之曰：「由，爾何不對曰『其爲人也，學道不倦，誨人不厭，發憤忘食，樂以忘憂，不知老之將至』云爾。」〔五〕

〔一〕【考證】梁玉繩曰：「『明年』當書于『秋』字之上，蓋哀公五年事，誤在四年也。又攷春秋及史，是時無楚侵蔡事。」

〔三〕【考證】金履祥曰：史記于在衛之事，葉、蔡之事，皆重出而不考。崔述曰：世家孔子於靈公時，凡四去衛，而再適陳，其二皆未出境而反，其初適陳也，以定公卒之歲，乃定公十五年，適宋，遭桓司馬之難，至陳，主於司城貞子，蓋本之於孟子。其再適陳也，以靈公卒之春，乃魯哀公二年，而誤以爲三年，因靈公問陳而遂行，蓋本之於論語。余按：論語、孟子所記乃一時事。論語記其去衛之故，而孟子敍其道路所經與在陳所主，非再去也。世家誤分爲二，遂謂孔子至陳，三歲而反乎衛，由衛而再適陳以實之，不思定公卒之歲距靈公之卒僅二年。而孔子居陳三歲，并曹、宋、鄭蒲之滯及在衛臨河之日計之，當不下四五年。如此，則靈公之卒固已久矣，尚安得問陳事乎？其謬一也。論語曰「子在陳曰『歸與歸與，吾黨之小子狂簡，斐然成章，不知所以裁之』」。孟子云孔子在陳，曰「盍歸乎來，吾黨之小子狂簡，斐然不忘其初」，此兩章亦一時之語，而所傳異詞。世家亦分以爲二，遂謂孔子兩發嘆，一屬之初至陳，一屬之再至陳。夫既思狂簡而反衛矣，而又至陳，奚爲者？至陳而又思歸以裁狂簡，何行止之無常乎！其謬二也。過匡之役，以恐獲罪而去，未出境也，無故而反。臨河之役，無故而去，亦未出境也，聞竇鳴犢、舜華之死，不得已而復反。孔子之反就若是之苟然而已乎？孟子曰「古之君子，言將行其言也，則就之；言弗行也，則去之。其次，迎之致敬以有禮，則就之；禮貌衰則去之」。去果是，則不當不召而自反。如可反也，則毋寧始之不去之爲愈乎？而何爲僕僕於道途，而不憚其煩也？其謬三也。且世家以定十四年適衛，而年表已於是年至陳；世家以定十五年遭宋桓魋之難，而年表乃在哀之三年；世家以哀六年再反衛，而年表乃在十年；世家自陳反衛，自衛復至陳之事，年表皆無之。即其所自爲說，已自改之，而學者反皆遵之。謂孔子三至衛而三至陳，甚不可解也。今取孟子過宋之文、論語問陳之事，合而爲一，在陳之(之)嘆，論語孟子所記，亦取而合之，則事理曉然明白。孔子并無由衛而再適陳，由陳而再返衛之事矣。至其去衛之年，雖無可考，然衛靈以哀二年夏卒，則孔子之去，非定之末，即哀之初。世家所謂魯定公卒之歲去衛者近是。由是過宋至陳而主貞子，正與孟子合。但無自陳反衛而再適陳之事耳。

〔三〕【考證】論語子路篇作「近者説遠者來」。韓非子難三、家語辨政作「悦近而來遠」。尚書大傳作「附近而來遠」，文殊義同。

〔四〕【集解】孔安國曰：「葉公名諸梁，楚大夫，食采於葉，僭稱公。不對，未知所以對也。」【考證】楚人稱令曰公。

〔五〕【考證】本論語述而篇。「學道不倦，誨人不厭」，史公以意補。述而篇又云「子曰：『默而識之，學而不厭，誨人不倦，何有於我哉？』」又曰「子曰：『若聖與仁則吾豈敢，抑爲之不厭，誨人不倦。』」愚按：古鈔本、楓山、三條本「曰」上無「對」字，與論語合。

去葉，反于蔡。長沮、桀溺耦而耕，孔子以爲隱者，使子路問津焉。〔一〕長沮曰：「彼執輿者爲誰？」子路曰：「爲孔丘。」曰：「是魯孔丘與？」曰：「然。」曰：「是知津矣。」〔二〕桀溺謂子路曰：「子爲誰？」曰：「爲仲由。」曰：「子，孔丘之徒與？」曰：「然。」桀溺曰：「悠悠者天下皆是也，而誰以易之？〔三〕且與其從辟人之士，豈若從辟世之士哉！」〔四〕耰而不輟。〔五〕子路以告孔子，孔子憮然，〔六〕曰：「鳥獸不可與同羣。〔七〕天下有道，丘不與易也。」〔八〕

〔一〕【集解】鄭玄曰：「耜廣五寸，二耜爲耦。津，濟渡處也。」【正義】括地志云：「黄城山，俗名菜山，在許州葉縣西南二十五里。聖賢冢墓記云黄城山即長沮、桀溺所耕處。下有東流，則子路問津處也。」【考證】論語無「以爲隱者」四字。張文虎曰：正義「許州」當作「汝州」。

〔二〕【集解】馬融曰：「言數周流，自知津處。」

〔三〕【集解】孔安國曰：「悠悠者，周流之貌也。言當今天下治亂同，空舍此適彼。故曰『誰以易之』。」【考證】論語「悠悠」作「滔滔」。朱熹曰：流而不反之意。

〔四〕【集解】何晏曰：「士有辟人之法，有辟世之法。長沮、桀溺謂孔子爲士，從辟人之法者也；己之爲士，則從辟世之法也。」【考證】岡白駒曰：人，指人君。此人不合，辟此之彼，即謂孔子。

〔五〕【集解】鄭玄曰：「耰，覆種也。輟，止也。覆種不止，不以津告也。」【正義】按：耰，塊椎也。耕，即椎碎之覆種子也。

〔六〕【集解】何晏曰：「爲其不達己意而非己。」

〔七〕【集解】孔安國曰：「隱於山林，是同羣。」【考證】楓山、三條本集解「是」下有「與鳥獸」三字，與論語集解合。

〔八〕【集解】何晏曰：「凡天下有道者，丘皆不與易也，己大而人小故也。」【考證】「長沮桀溺」以下，論語微子篇。朱熹曰：天下若已平治，則我無用變易之，正爲天下無道，故欲以道易之耳。

他日，子路行遇荷蓧丈人，〔一〕曰：「子見夫子乎？」丈人曰：「四體不勤，五穀不分，孰爲夫子！」〔二〕植其杖而芸。〔三〕子路以告，孔子曰：「隱者也。」復往則亡。〔四〕

〔一〕【集解】包氏曰：「丈人，老者。蓧，草器名也。」

〔二〕【集解】包氏曰：「丈人曰，不勤勞四體，分植五穀，誰爲夫子而索也。」【考證】朱熹曰：五穀不分，猶言不辨菽麥。

〔三〕【集解】孔安國曰：「植，倚也。除草曰芸。」【考證】皇侃曰：杖以爲力，以一手芸草。

〔四〕【集解】孔安國曰：「子路反至其家，丈人出行不在。」【考證】論語微子篇。

孔子遷于蔡三歲，吳伐陳。楚救陳，〔一〕軍于城父。〔二〕聞孔子在陳、蔡之閒，楚使人聘孔子。孔子將往拜禮，陳、蔡大夫謀曰：「孔子賢者，所刺譏皆中諸侯之疾。今者久留陳、蔡之閒，諸大夫所設行，皆非仲尼之意。今楚，大國也，來聘孔子。孔子用於楚，則陳、蔡用事大夫危矣。」於是乃相與發徒役，圍孔子於野。不得行，〔三〕絶糧。從者病，莫能興。〔四〕孔子講誦弦歌不衰。〔五〕子路慍見曰：「君子亦有窮乎？」孔子曰：「君子固窮，小人窮斯濫矣。」〔六〕

〔一〕【集解】徐廣曰：「哀公四年也。」【考證】梁玉繩曰：集解譌以哀公六年爲四年。

〔二〕【考證】「吴伐陳」以下，哀六年左傳。

〔三〕【考證】論語衛靈公篇云「在陳絶糧，從者病，莫能興」。孟子盡心篇云「君子之戹於陳、蔡之間，無上下之交也」。荀子宥坐篇云「孔子南適楚，戹於陳、蔡之間，七日不火食，藜羹不糂，弟子皆有飢色」。墨子非儒篇、呂氏春秋慎人篇亦止言窮於陳、蔡之間耳。莊子山木、讓王篇獨有圍於陳蔡之語，而未言其由。孔安國曰：孔子去衛如曹，曹不容，又之宋，遭匡人之難，又之陳，會吴伐陳，陳亂，故乏食也。朱熹曰：據論語，絶糧當去衛如陳之時，皆與史異。全祖望曰：當時楚與陳睦，而蔡全屬吴，遷于州來，與陳遠矣。且陳事楚，蔡事吴，則讎國矣，安得二國之大夫合謀乎？且哀公六年，吴志在滅陳，楚昭至誓死以救之。陳之仗楚何如？感楚何如？而敢圍其所用之人乎？乃知陳蔡兵圍之説，蓋史記之妄。楚昭之聘，亦爲虚語。愚按：崔述洙泗考信録三論之尤詳。

〔四〕【集解】孔安國曰：「興，起也。」【考證】「絶糧」以下，論語衛靈公篇。

〔五〕【考證】莊子山木、讓王篇。

〔六〕【集解】何晏曰：「濫，溢也。君子固亦有窮時，但不如小人窮則濫溢爲非。」【考證】論語衛靈公篇。物茂卿曰：非怒孔子，拂鬱之至，發此言。

子貢色作。孔子曰：「賜，爾以予爲多學而識之者與？」曰：「然。〔一〕非與？」〔二〕孔子

曰：「非也。予一以貫之。」〔三〕

〔一〕【集解】孔安國曰：「然，謂多學而識之。」

〔二〕【集解】孔安國曰：「問今不然耶。」

〔三〕【集解】何晏曰：「善有元，事有會，天下殊塗而同歸，百慮而一致。知其元，則衆善舉也，故不待多學，以一知之。」【考證】「孔子曰」以下，論語衛靈公篇。中井積德曰：然者，然夫子之言也。非與者，承問而反問也。安井衡曰：一者忠恕也。所學之事，皆以忠恕貫之。故要而易識，非殊塗異端之事，一一識之，而精究其義也。崔述曰：多識一貫之文，與絶糧固窮之義不相蒙，自當別爲一章。今朱子集註分之，是也。世家連而及之，非是。

孔子知弟子有愠心，乃召子路而問曰：「詩云『匪兕匪虎，率彼曠野』。〔一〕吾道非邪？吾何爲於此？」子路曰：「意者吾未仁邪？人之不我信也。〔二〕意者吾未知邪？人之不我行也。」〔三〕孔子曰：「有是乎！由，譬使仁者而必信，安有伯夷、叔齊？〔四〕使知者而必行，安有王子比干？」〔五〕

〔一〕【集解】王肅曰：「率，循也。言非兕虎而循曠野也。」【考證】詩小雅何草不黃篇。

〔二〕【集解】王肅曰：「言人不信，吾豈以未仁故乎？」

〔三〕【集解】王肅曰：「言人不使通行而困窮者，豈以吾未智乎？」

〔四〕【正義】言仁者必使四方信之，安有伯夷、叔齊餓死乎？

〔五〕【正義】言智者必使處事通行，安有王子比干剖心哉？【考證】荀子宥坐篇云「孔子曰：『由不識，吾語汝。汝以知者爲必用邪？王子比干不見剖心乎？汝以忠者爲必用邪？關龍逢不見刑乎？汝以爲諫者爲必用邪？

伍子胥不磔姑蘇東門乎？』」上下之文，亦與史不同。韓詩外傳七、説苑雜言亦意同文異。家語厄蔡專據史文增以荀子、詩傳、説苑。

子路出，子貢入見。孔子曰：「賜，詩云『匪兕匪虎，率彼曠野』。吾道非邪？吾何爲於此？」子貢曰：「夫子之道至大也，故天下莫能容夫子。夫子蓋少貶焉？」〔一〕孔子曰：「賜，良農能稼而不能爲穡，〔二〕良工能巧而不能爲順。〔三〕君子能脩其道，綱而紀之，統而理之，而不能爲容。〔四〕今爾不脩爾道，而求爲容。賜，而志不遠矣！」〔五〕

〔一〕**【考證】**蓋、盍通。少貶，孟子所謂「以道殉人」者。子貢雖汙，當不有此言也。

〔二〕**【集解】**王肅曰：「種之爲稼，斂之爲穡。言良農能善種之，未必能斂穫之。」**【考證】**水旱，天也。

〔三〕**【集解】**王肅曰：「言良工能巧而已，不能每順人之意。」**【考證】**岡白駒曰：人心如面，不能順每人意，以規矩有定也。

〔四〕**【考證】**容，承上文「莫能容」。

〔五〕**【考證】**而，汝也。

子貢出，顏回入見。孔子曰：「回，詩云『匪兕匪虎，率彼曠野』。吾道非邪？吾何爲於此？」顏回曰：「夫子之道至大，故天下莫能容。雖然，夫子推而行之，不容何病，不容然後見君子！夫道之不脩也，是吾醜也。〔一〕夫道既已大，脩而不用，是有國者之醜也。不容何病，不容然後見君子！」孔子欣然而笑曰：「有是哉，顏氏之子！使爾多財，吾爲爾宰。」〔二〕

〔一〕**【考證】**醜，愧也。論語述而篇子曰：「德之不脩，學之不識，聞義不能徙，不善不能改，是吾憂也。」

〔三〕【集解】王肅曰：「宰，主財者也。爲汝主財，言志之同也。」【考證】中井積德曰：宰，家老也。孫志祖曰：此二句，似非夫子之言。

於是使子貢至楚。楚昭王興師迎孔子，然後得免。

昭王將以書社地七百里封孔子。〔一〕楚令尹子西曰：「王之使使諸侯，有如子貢者乎？」曰：「無有。」「王之輔相，有如顏回者乎？」曰：「無有。」「王之將率，有如子路者乎？」曰：「無有。」「王之官尹，有如宰予者乎？」曰：「無有。」「且楚之祖封於周，號爲子男五十里。今孔丘述三五之法，〔二〕明周召之業，王若用之，則楚安得世世堂堂方數千里乎？夫文王在豐，武王在鎬，百里之君，卒王天下。今孔丘得據土壤，賢弟子爲佐，非楚之福也。」昭王乃止。〔三〕其秋，楚昭王卒于城父。〔四〕

〔一〕【集解】服虔曰：「書，籍也。」【索隱】古者二十五家爲里，里則各立社，則書社者，書其社之人名於籍。蓋以七百里書社之人封孔子也，故下冉求云「雖累千社，而夫子不利」，是也。【考證】愚按：大戴禮千乘篇「千乘之國，受命於天子，通其四疆，教其書社」。哀十五年左傳「齊與衛地，自濟以西，禚、媚、杏以南，書社五百」。晏子春秋「昔者先君桓公以書社五百封管仲」。荀子仲尼篇「與之書社三百，而富人莫之敢距」，楊倞注云「書社，謂以社之户口書於版圖」。周禮「二十五家爲社」。呂氏春秋「武王勝殷，諸大夫賞以書社，衛公子啓方以書社四十下衛，越王請以故吴之地，陰江之浦書社三百，以封墨子」。蓋書社，書名於里社之籍也，猶曰居民也。書社十即十户，書社百即百户。昭二十五年左傳齊侯唁公曰「自莒疆以西，請致千社」，杜預注「二十五家爲社，千社二萬五千家」。晏子春秋「景公予魯君地，山陰數百社」，「景公祿晏子，以平陰與槀邑反市者十一社」。戰國策「秦王使公子他謂趙王曰『大國不義以告敝邑』。而賜以二社之地」。蓋二十五家爲里，里有社。一社，二十五家，百社即二千五百家，千社即二萬五千家，與書社大小懸隔，古人往往混之。又按：古書但云書社幾十幾百，而無云書社地幾十里幾百里者。史文「地」字、「里」字當刪。崔述曰：史記誤以「書社」爲地名，因加「里」於「七百」之文下耳。

〔二〕【考證】三五，三皇五帝也。張文虎曰：宋本「三五」，各本誤「三王」。梁玉繩曰：文選班固東都賦「事勤乎三五」，劉琨勸進表「三五以降」，王融曲水序「邁三五而不追」，袁宏三國名臣序贊「三五迭隆」，及李康運命論「仲尼見忌于子西」，李善注並引史作「三五之法」，則今本譌也。愚按：古鈔本、楓山本亦作「三五」。

〔三〕【考證】全祖望曰：是時楚昭在陳，何必使子貢如楚？而楚果迎孔子，信宿可至。孔子何以終不得見楚昭？而其所新迎之兵，中道而聞子西之沮，又竟棄孔子而去？皆情理之必無者。崔述曰：孔子得百里之地而君之，可以有天下。孟子推之則然，其門人或有知之者，外人不能也。彼子西者，烏足以知之？季康子問由、求、賜可使從政也與？當是時三子已有所建白矣，猶不敢信如此，況於陳、蔡之時，子貢尚未出使於諸侯，顏淵、宰予皆無所表見，子路亦未嘗爲將帥。彼子西者，烏足以知之？是時昭王方在城父以拒吳師，竟卒於軍，亦非議封孔子時也。且書傳皆無見楚昭王之事，楚世家及年表亦皆無之，則此必後人之所附會，無疑也。

〔四〕【考證】「其秋」以下，哀六年春秋經傳。

楚狂接輿歌而過孔子，〔一〕曰：「鳳兮鳳兮，何德之衰！〔二〕往者不可諫兮，〔三〕來者猶可追也！〔四〕已而已而，今之從政者殆而！」〔五〕孔子下，欲與之言。〔六〕趨而去，弗得與之言。〔七〕

〔一〕【集解】孔安國曰：「接輿，楚人也。佯狂而來歌，欲以感切孔子也。」

〔二〕【集解】孔安國曰：「比孔子於鳳鳥，鳳鳥待聖君乃見。非孔子周行求合，故曰『衰』也。」

〔三〕【集解】孔安國曰：「已往所行不可復諫止也。」

〔四〕【集解】孔安國曰：「自今已來，可追自止，避亂隱居。」【考證】論語邢本、朱本「諫」下無「兮」，「追」下無「也」。

〔五〕【集解】孔安國曰：「言『已而』者，言世亂已甚，不可復治也。再言之者，傷之深也。」【考證】衰、追、殆，韻。莊子人間世亦載此歌，文字頗異。

〔六〕【集解】包氏曰：「下，下車也。」

〔七〕【考證】以上，論語微子篇。

於是孔子自楚反乎衛。是歲也，孔子年六十三，而魯哀公六年也。

其明年，吳與魯會繒，徵百牢。〔一〕太宰嚭召季康子。康子使子貢往，然後得已。〔二〕

〔一〕【索隱】此哀七年時也。百牢，牢具一百也。周禮，上公九牢，侯伯七牢，子男五牢。今吳徵百牢，夷不識禮故也。子貢對以周禮，而後吳亡是徵也。【正義】括地志云：「故鄫城，在沂州丞縣。地理志云繒縣屬東海郡也。」

〔二〕【考證】哀七年左傳。左傳無「然後得已」四字，說見魯世家。

孔子曰：「魯、衛之政，兄弟也。」〔一〕是時衛君輒父不得立，在外，諸侯數以爲讓。〔二〕而孔子弟子多仕於衛，衛君欲得孔子爲政。子路曰：「衛君待子而爲政，子將奚先？」〔三〕孔子曰：「必也正名乎！」〔四〕子路曰：「有是哉，子之迂也！〔五〕何其正也？」〔六〕孔子曰：「野哉由也！〔七〕夫名不正，則言不順；言不順，則事不成；事不成，則禮樂不興；禮樂不興，則刑罰不中；〔八〕刑罰不中，則民無所錯手足矣。夫君子爲之必可名，言之必可行。〔九〕君子於其言，無所苟而已矣。」〔一〇〕

〔一〕【集解】包氏曰：「周公、康叔既爲兄弟，康叔睦於周公，其國之政亦如兄弟也。」【考證】論語子路篇。朱熹曰：是時衰亂，政亦相似，故孔子歎之。

〔二〕【考證】衛世子蒯聵恥其母南子之淫亂，欲殺之，不果而出奔。靈公欲立公子郢，郢辭。公卒，夫人立之，又辭。乃立蒯聵之子輒，以拒蒯聵。岡白駒曰：讓，詰責也。

〔三〕【集解】包氏曰：「問往將何所先行。」

〔四〕【集解】馬融曰：「安百事之名也。」

〔五〕【考證】物茂卿曰：蓋時人有以孔子爲迂者，子路始以爲不然。今聞孔子之言，而謂有如時人之言者也。

〔六〕【集解】包氏曰：「迂，猶遠也。言孔子之言遠於事也。」

〔七〕【集解】孔安國曰：「野，不達也。」

〔八〕【集解】孔安國曰：「禮以安上，樂以移風。二者不行，則有淫刑濫罰也。」

〔九〕【集解】王肅曰：「所名之事，必可得明言；所言之事，必可得遵行者。」

〔一〇〕【考證】「子路曰」以下，論語子路篇。黄式三曰：王道不外彝倫，而家人莫重於父子。治國者，不正一家父子之名，而欲正一國之父子，無諸己而求諸人，言之則一已多忌諱之私，而事亦阻窒而不成矣。禮樂刑罰，事之大也。禮莫大於父子之序，樂莫大於父子之和，而刑罰莫大於不孝。三者失，而事之不成甚矣。是以治世之要務，在彝倫攸敘。

其明年，冉有爲季氏將師，與齊戰於郎，克之。〔一〕季康子曰：「子之於軍旅，學之乎？性之乎？」冉有曰：「學之於孔子。」季康子曰：「孔子何如人哉？」對曰：「用之有名，播之百姓，質諸鬼神而無憾。求之至於此道，雖累千社，夫子不利也。」〔二〕康子曰：「我欲召之，可乎？」對曰：「欲召之，則毋以小人固之，則可矣。」〔三〕而衛孔文子〔四〕將攻太叔，〔五〕問策於仲尼。仲尼辭不知，退而命載而行，〔六〕曰：「鳥能擇木，木豈能擇鳥乎！」〔七〕文子固止。〔八〕會季康子逐公華、公賓、公林，以幣迎孔子，孔子歸魯。〔九〕

〔一〕【集解】徐廣曰：「此哀公十一年也，去吳會繒已四年矣。年表哀公十年，孔子自衛至陳也。」【索隱】徐說去會四年，是也。按左傳及此文，孔子是時在衛歸魯，不見有在陳之文。在陳當哀公之初，蓋年表誤爾。【正義】括地志云：「郎亭，在徐州滕縣西五十三里。」【考證】梁玉繩曰：「『其明年』三字誤，當作『後四年』」。故徐廣曰「此哀公十一年也，去吳會繒已四年矣」。崔適曰：哀十一年左傳「戰于郎」作「戰于郊」，未知孰是。愚按：左傳是。郊，近郊也。

〔二〕【索隱】二十五家爲社，千社即二萬五千家。【考證】中井積德曰：「此道」句上下疑有脫文。張文虎曰：索隱單本無。書社，前已有注。

〔三〕【考證】毋以小人固之，文義不通。岡白駒曰：固，鄙陋也。勿以小人視之。參存。崔述曰：冉有之言，淺陋不足以稱聖人，必後人所僞託無疑。中井積德曰：虛談。

〔四〕【集解】服虔曰：「文子，衛卿也。」

〔五〕【集解】左傳曰「太叔名疾」。

〔六〕【考證】左傳云「仲尼曰：『胡簋之事，則嘗學之矣。甲兵之事，未之聞也。』退命駕而行」。崔述曰：「胡簋」四句，與論語問陳章俎豆數語相類，其事亦相類，未必兩事相符如此，而又皆適在衛，蓋本一事而傳聞者異也。

〔七〕【集解】服虔曰：「烏喻己，木以喻所之之國。」

〔八〕【考證】「衛孔文子」以下，哀十一年左傳。

〔九〕【考證】哀十一年左傳作「魯人以幣召之乃歸」，左傳疏引史「逐」作「使」，疑此誤。

孔子之去魯，凡十四歲，而反乎魯。〔一〕

〔一〕【索隱】前文孔子以定公十四年去魯，計至此十三年。魯系家云「定公十二年孔子去魯」，則首尾計十五年矣。【考證】索隱後說是。

魯哀公問政，對曰：「政在選臣。」〔一〕季康子問政，曰：「舉直錯諸枉，則枉者直。」〔二〕康子患盜，孔子曰：「苟子之不欲，雖賞之不竊。」〔三〕然魯終不能用孔子，孔子亦不求仕。

〔一〕【考證】中庸哀公問政，子曰「文武之政，布在方策。其人存則其政舉，其人亡則其政息，故爲政在人」。史公蓋以「政在選臣」四字易之。論語顏淵篇亦云「樊遲問知，子曰『知人』」。

〔二〕【集解】包氏曰：「錯，置也。舉正直之人用之，廢置邪枉之人。」【索隱】論語季康子問政，子曰「政者正也」。又哀公問曰「何爲則人服」。子曰「舉直錯諸枉則人服」。今此初論康子問政，未合以孔子答哀公使人服。蓋太史公撮略論語爲文，而失事實。【考證】本論語爲政、顏淵篇。爲政篇對哀公問政，顏淵篇答樊遲問知，詞意相似，文字不同。汪繩祖曰：史蓋以對哀公之言爲告康子，而謬以告樊遲之語爲答問政。故索隱譏史公撮論語爲文而失事實也。

〔三〕【集解】孔安國曰：「欲，情慾也。言民化於上，不從其所令，從其所好也。」【考證】論語顏淵篇。朱熹曰：

欲，貪欲也。

孔子之時，周室微，而禮樂廢，詩書缺。追迹三代之禮，序書傳，上紀唐虞之際，下至秦繆，編次其事。〔一〕曰：「夏禮吾能言之，杞不足徵也。殷禮吾能言之，宋不足徵也。足則吾能徵之矣。」〔二〕觀殷、夏所損益，曰：「後雖百世可知也，〔三〕以一文一質。〔四〕周監二代，郁郁乎文哉。吾從周。」〔五〕故書傳、禮記自孔氏。〔六〕

〔一〕【考證】書始於堯典，終於秦誓，凡百篇，皆有序。史三代世表序云「孔子因史文，次春秋，紀元年，正時月日，蓋其詳哉。至於序尚書，則略無年月，或頗有。然多闕不可録，故疑則傳疑，蓋其愼也」。漢書藝文志云「書之所起遠矣，至孔子簒焉，上斷於堯，下訖於秦，凡百篇，而作序言其作意」。劉歆移太常博士書云「孔子序書」。書疏云「書序，鄭、馬、王並云孔子所作」。愚按：尚書百篇，自古有之，而雜亂顛倒，譌脱頗多。孔子釐正次序，以復舊第，非刪定編纂也。百篇之序，漢魏諸儒並云出自孔氏，無異言。余謂周史官編書者所記，恐非夫子之筆。

〔二〕【集解】包氏曰：「徵，成也。杞、宋二國，夏、殷之後也。夏、殷之禮吾能説之，杞、宋之君不足以成也。」【考證】「夏禮」以下，論語八佾篇。論語「宋不足徵」下，有「文獻不足故也」六字。朱熹曰：徵，證也。文，典籍也。獻，賢也。言二代之禮，我能言之，而二國不足取以爲證，文獻不足故也。文獻若足，則我能取之以證吾言矣。

〔三〕【集解】何晏曰：「物類相召，勢數相生，其變有常，故可預知者也。」【考證】楓山、三條本集解「何晏」作「馬融」，與論語集解合。

〔四〕【考證】本論語爲政篇。「以一文一質」五字，史公以意補。

〔五〕【集解】孔安國曰：「監，視也。言周文章備於二代，當從之也。」【考證】論語八佾篇。

〔六〕【考證】「追迹三代之禮」以下敍書傳、禮記自孔氏。

孔子語魯大師：「樂其可知也。〔一〕始作翕如，〔二〕皦如，〔三〕縱之純如，〔四〕繹如也，以成。」〔五〕「吾自衛反魯，然後樂正，雅頌各得其所。」〔六〕

〔一〕【考證】古鈔「也」作「已」。

〔二〕【集解】何晏曰：「太師，樂官名也。五音始奏，翕如盛也。」【考證】朱熹曰：翕，合也。

〔三〕【集解】何晏曰：「言其音節明。」

〔四〕【集解】何晏曰：「言五音既發，放縱盡其聲。純，和諧也。」【考證】論語三「如」字下有「也」字，「縱」作「從」。

〔五〕【集解】何晏曰：「縱之以純如，皦如，繹如，言樂始於翕如，而成於三者也。」【考證】論語八佾篇。朱熹曰：繹，相續不絕也。成，樂之一終也。

〔六〕【集解】鄭玄曰：「反魯，魯哀公十一年冬。是時道衰樂廢，孔子來還乃正之，故雅頌各得其所。」【考證】論語子罕篇。中井積德曰：「吾」上宜有「曰」字。

古者詩三千餘篇，及至孔子，去其重，〔一〕取可施於禮義，上采契、后稷，中述殷、周之盛，至幽、厲之缺，始於衽席，〔二〕故曰：「關雎之亂以爲風始，〔三〕鹿鳴爲小雅始，〔四〕文王爲大雅始，〔五〕清廟爲頌始。」〔六〕三百五篇，孔子皆弦歌之，以求合韶、武、雅、頌之音。禮樂自此可得而述，以備王道，成六藝。〔七〕

〔一〕【正義】去，丘呂反。重，逐龍反。

〔二〕【考證】孔子刪詩之説始見於此。是之者，歐陽修、王應麟、鄭樵、顧炎武、王崧諸人。非之者，孔穎達、朱熹、葉適、朱彝尊、王士禎、趙翼、崔述諸人。歐陽修云：馬遷謂古詩三千餘篇，孔子刪存三百。鄭學之徒，以遷爲謬。予考之，遷説然也。今書傳所載逸詩何可數也？以詩譜推之，有更十君而取一篇者，有二十餘君而取一篇者。由是言之，何啻三千。又刪詩云者，非止全篇刪去。或篇刪其章，或章刪其句，句刪其字，如「唐棣之華，偏其反而。豈不爾思，室是遠而」，此小雅常棣之詩，夫子謂其以室爲遠，害於兄弟之義，故篇刪其章也。「衣錦尚絅，文之著也」，此鄘風君子偕老之詩，夫子謂其盡飾之過，其流而不返，故章刪其句也。「誰能秉國成，不自爲政，卒勞百姓」，此小雅南山之詩，夫子以「能」字爲意之害，故句刪其字也。王崧云：史記之書，謬誤固多，皆有因而然，從無鑿空妄説者。考漢書食貨志「孟春之月，行人振木鐸徇於路，以采詩獻之。太師比其音律，以聞於天子」云云，史記所謂古詩三千餘篇者，蓋太師所采之數，迨比其音律聞於天子，不過三百篇。何以知之？采詩非徒存其辭，乃用以爲樂章也，音律之不協者棄之。即協者尚多，而此三百篇，於用已足，其餘但存之太史，以備所用之或闕。「詩三百」、「誦詩三百」，皆孔子之言，前此未有綜計其數者。蓋古詩不止三百五篇。東遷以後，禮壞樂崩，詩或有句而不成篇者，無與於絃歌之用。孔子自衛反魯而正樂，釐訂汰黜，定爲此數，以教門人，於是授受不絶。設無孔子，則此三百五篇亦胥歸泯滅矣。故詩所傳之逸詩，有太師比音律時所棄者，有孔子正樂時所削者。所采既多，其原作流傳誦習，後人得以引之。是則古詩三千餘篇，去其重，取其可施於禮義，乃太史所爲。司馬遷傳聞孔子正樂時，於詩嘗有所刪除，而遂以歸之孔子，此其屬辭之未密，或文字有所脱誤耳。然謂孔子皆絃歌以求合韶、武、雅、頌之音，可知非獨取其辭意已。竊以爲詩必兼辭、聲、義三端而始全。先有意而後能爲辭，有意則義在其中。徒有辭而不能叶之於聲，則是記序議論之文，而非樂章矣。太師及孔子所録，則三端皆全者也。此是史記者也。孔穎達云：書傳所引之詩，見在者多，亡逸者少。孔子所録，不容十分去九。馬遷言三千餘篇，未可信。詩凡三百十一篇。史記、漢書云三百五篇，闕其亡者，以見在爲數也。又云：季札歌詩。風有十五國，其名皆與詩同，惟次第異。則仲尼以前篇目先具，其所删除蓋亦無多。朱彝尊云：詩者掌之王朝，頒之侯服，小學大學之所諷誦，冬夏之所教，故盟會聘問燕享，列國之大夫賦詩見志，不盡操其土風。使孔子以一人之見取而删之，王朝列國之臣，其孰信而從之者？詩至於三千篇，則輶軒之所采定，不止於十三國矣。而季札觀樂於魯，所歌風詩，無出十三國之外者。又子所雅言，一則曰「詩三百」，再則曰「誦詩三百」，未必定爲删後之言。況多至三千，樂師矇瞍安能偏其諷誦？竊疑當日掌之王朝，頒之侯服者，亦止於三百餘篇而已。至歐陽子謂删詩云者，非止全篇删去。或篇删其章，章删其句，或句删其字。此又不然。詩云「唐棣之華，偏其反而。豈不爾思，室是遠而」，惟其詩孔子未嘗删，故爲弟子雅言之也。詩曰「衣錦尚絅，惡其文之著也」，惟其詩孔子亦未嘗删，故子思舉而述之也。詩云「誰能秉國成」，今本無「能」字，猶夫「殷鑒不遠，在于夏后之世」，今本無「于」字，非孔子去之也，流傳既久，偶脱去耳。昔子夏親受詩於孔子矣，其稱詩「巧笑倩兮，美目盼兮，素以絢兮」，惟其句孔子亦未嘗删，故子夏所受之詩存其辭，以相質。而孔子亟許其可與言詩，初未有以素絢之語有害於義而斥之也。由是觀之，非孔子删之可信已。然則詩何以逸也？曰：一則秦火之後，竹帛無存，而口誦者偶遺忘。一則作者章句，長短不齊，而後之爲章句者，必比而齊之，於句之重出者去之故也。一則樂師矇瞍止記其音節，而亡其辭。竇公之於樂，惟記周官大司樂一篇，而其餘不知。制氏則僅記其鏗鏘鼓舞，而不能言其義。此樂章之所闕獨多也。崔述云：孔子所删者何詩也哉？鄭衛之風，淫靡之作，孔子未嘗删也。「絲麻菅蒯」之句，不遜於「縞衣茹藘」之章；即「棣華室遠」之言，亦何異於「東門不即」之意？此何爲而存之，彼何爲而删之哉？況以論、孟、左傳、戴記諸書考之，所引之詩，逸者不及十一。則是穎達之言，左券甚明。而宋儒顧非之，甚可怪也。由此論之，孔子原無删詩之事。國語云「正考父校商之名頌十二篇於周大師，以那爲首」。鄭司農云「自考父至孔子又逸其七」。是正考父以前，頌之逸者已多。至孔子又二百餘年，而又逸其七。故世愈近，則詩愈多。世愈遠，則詩愈少。孔子所得，止有此數。或此外雖有，而缺略不全。則遂取是而釐正次第之，以教門人，非刪之也。此非史記者也。愚按：後説可從。

〔三〕【正義】亂，理也。詩小序云：「關雎，后妃之德也，風之始也，所以風天下而正夫婦也。」毛萇云：「關關，和聲。雎鳩，王雎也，鳥摯而有別。后妃悦樂君子之德，無不和諧，又不淫色，慎固幽深，若雎鳩之有別，然後可以風化天下。夫婦有別則父子親，父子親則君臣敬，君臣敬則朝廷正，朝廷正則王化成也。」按：王雎，金口鶚也。【考證】本論語泰伯篇「師摯之始，關雎之亂，洋洋乎盈耳哉」。姚範曰：正義據毛義解之，非也。太史公正同魯詩也，故曰「幽厲之缺，始於衽席」，而十二諸侯年表云「周道缺，詩人本之衽席，關雎作」，皆非毛義。康成論語解即張守節所本。中井積德曰：「之亂」二字當削。愚按：史公關雎之解，與毛義異，如姚氏所説。「之亂」二字，不與下文相例，中説可從。

〔四〕【正義】小序云：「鹿鳴，宴羣臣嘉賓也。既飲食之，又實幣帛筐篚，以將其厚意，然後忠臣嘉賓得盡其心矣。」毛萇云：「鹿得苹，呦呦鳴而相呼，懇誠發乎中，以興嘉樂賓客，當有懇誠相招呼以成禮也。」

〔五〕【正義】小序云：「文王，文王受命作周。」鄭玄云：「文王初爲西伯，有功於民，其德著見於天，故天命之以爲王，使君天下。」

〔六〕【正義】小序云：「清廟，祀文王也。周公既成雒邑朝諸侯，率以祀文王焉。」毛萇云：「清廟者，祭有清明之德者之宫也。謂祭文王，天德清明，文王象焉。故祭之而歌此詩也。」

〔七〕【考證】以上叙詩、樂自孔氏。十二諸侯年表序云「王道備，人事浹」。六藝，六經也。

孔子晚而喜易，〔一〕序〔二〕彖、〔三〕繫、〔四〕象、〔五〕説卦、〔六〕文言。〔七〕讀易，韋編三絶。〔八〕曰：「假我數年，若是，我於易則彬彬矣。」〔九〕

〔一〕【考證】田完世家論贊亦有此語。

〔二〕【正義】序，易序卦也。夫子作十翼，謂上彖、下彖、上象、下象、上繫、下繫、文言、序卦、說卦、雜卦也。易正義曰：「文王既繇六十四卦，分爲上下篇，先後之次，其理不易。孔子就上下二經，各序其相次之義。」

〔三〕【正義】吐亂反。上彖，卦下辭；下彖，卦爻下辭。易正義曰：「夫子所作，統論一卦之義，或說其卦德，或說其卦義，或說其卦名。莊氏云『彖，斷也，言斷定一卦之義』也。」【考證】正義「下彖卦爻」句疑有錯誤。

〔四〕【正義】如字，又音系。易正義云：「繫辭者，聖人繫屬此辭於爻卦之下。分爲上下篇者，以簡編重大，是以分之。」又言「繫辭者，取綱系之義」也。

〔五〕【正義】上象卦辭，下象爻辭。易正義云：「萬物之體，自然各有形象，聖人設卦以寫萬物之象，今夫子釋此卦之象也。」【考證】張文虎曰：案此總舉大小象傳也。正義疑當作「上象卦爻辭下象卦爻辭」，二句各脫一字。

〔六〕【正義】易正義云：「說卦者，陳說八卦德業變化法象所爲也。」

〔七〕【正義】易正義云：「夫子贊明易道，申說義理，釋乾坤二卦經文之言，故稱文言。」又：「雜卦者，六十四卦，以爲義於序卦之外，別言聖人之興，因時而作，隨其事宜，不必相因襲，當有損益。」又云：「雜揉衆卦，錯綜其義，或以同相類，或以異相明。」按：史不出雜卦，故附之。【考證】序，次第也，如上文「序書傳」之「序」。彖，彖傳。繫，繫辭傳。象，大、小象傳。「繫」、「象」二字恐倒。崔述曰：世家云「孔子晚而喜易，序彖、繫、象、說卦、文言」，由是班固以來諸儒之說易者皆謂傳爲孔子所作，至唐、宋咸承其說。余按：春秋，孔子之所自作。其文謹嚴簡質，與堯典、禹貢相上下。論語後人所記，則其文稍降矣。若易傳果孔子所作，則當在春秋、論語之間。而今反繁而文，大類左傳、戴記，出論語下遠甚。何耶？繫辭、文言之文，或冠以「子曰」，或不冠以「子曰」，若易傳果皆孔子所作，不應自冠以「子曰」字。即云後人所加，亦不應或加或不加也。孟子之於春秋也，嘗屢言之，而無一言及孔子傳易之事。由是觀之，易傳必非孔子所作，而亦未必一人所爲。蓋皆孔子之後通於易者爲之，故其言繁而文，其冠以「子曰」字者，蓋相傳以爲孔子之說，而不必皆當日之言。其不冠以「子曰」字者，則其所自爲說也。又曰：春秋襄九年傳，穆姜答史之言，與今文言篇首略同，而詞小異。以文勢論，則於彼處爲宜。是作傳者采之魯史，而失其義耳，非孔子所爲也。論語云「曾子曰：『君子思不出其位。』」今象傳亦載此文，果傳文在前與？記者固當見之。曾子雖嘗述之，不得遂以爲曾子所自言。是作傳者往往旁采古人之名言以足成之，但取有合卦義，不必皆自己出。既采曾子之語，必曾子以後之人之所爲，非孔子所作也。愚按：歐陽脩易童子問始疑易傳非孔子之作，云或是經師之所記。崔氏亦申其說。竊謂易傳精義微言極多，屢引「子曰」。其不曰「子曰」者，亦有本於孔子意而敷演之者。其爲孔門遺書，審矣。左傳昭公十二年，仲尼曰：「古也有志，克己復禮，仁也。」僖公三十三年，臼季曰：「出門如賓，承事如祭。」而論語以爲孔子語。論語引孔子云：「生，事之以禮。死，葬之以禮，祭之以禮。」而孟子以爲曾子語。古書如此之類甚多。以象傳文與論語曾子言合，以易傳爲曾子以後之作，未可直信。秦策蔡澤云：「語曰『日中則移，月滿則虧。』物盛則衰，天地之常數也。進退盈縮，與時變化，聖人之常道也』。」宋玉小言賦「一陰一陽，道之所貴。小往大來，剝復之類也。是故尊卑相配而天地位，三光並照則小大備」。荀子大略篇「易之咸，見夫婦。夫婦之道，不可不正也，君臣父子之本也」。禮記樂記「天尊地卑，君臣定矣。動之以四時，煖之以日月，而百化興焉」。韓非子外儲說「春秋之記，臣殺君，子殺父者，以十數矣，皆非一日之積也，有漸而至矣」。新語道基「先聖乃仰觀天文，俯察地理，圖畫乾坤，以定人道。天下人民，野居穴處，未有家屋，則與禽獸同域。於是黃帝乃伐木構材，築作宮室。上棟下宇，以避風雨」。辨惑篇「易曰『二人同心，其義斷金』」。愼微篇「河出圖，洛出書」。淮南子繆稱訓「易曰『剝之不可終盡也，故受之以復』」。易傳之流行既久矣，尤不可爲經師之所記也。

〔八〕【考證】古者用韋編簡，故曰「韋編」。三絶，言披閲之勤也。

〔九〕【正義】彬，音斌。斌，文也。孔子言假借我三數年間，我於易則文質備矣。【考證】論語述而篇云「子曰：『加我數年，五十以學易，可以無大過矣。』」史公小變其文。皇侃曰：當孔子爾時年已四十五六，故云「加我數年，五十而學易」也。中井積德曰：假我數年語，蓋在年未五十時也，非晚年之言。太史公謬。愚按：以上敍序易。

孔子以詩、書、禮樂教，〔一〕弟子蓋三千焉，身通六藝者七十有二人。〔二〕如顏濁鄒之徒，頗受業者甚衆。〔三〕

〔一〕【考證】論語述而篇「子所雅言，詩、書、執禮亦雅言也」。泰伯篇「興於詩，立於禮，成於樂」。

〔二〕【考證】仲尼弟子列傳云「受業身通者七十有七人」，與此異。呂氏春秋遇合篇「孔子周流海内，如齊至衛，所見八十餘君，委質爲弟子者三千人，達徒七十人」。孟子公孫丑篇、韓非子五蠹篇、淮南泰族及要略訓俱言「七十」，蓋舉大數也。

〔三〕【正義】濁，音卓。鄒，音聚。顏濁鄒非七十二人數也。【考證】顏濁鄒，孔子始游衛時所主，見上文。

孔子以四教：文、行、忠、信。〔一〕絶四：毋意、〔二〕毋必、〔三〕毋固、〔四〕毋我。〔五〕所慎：齊、戰、疾。〔六〕子罕言利與命與仁。〔七〕不憤不啟，舉一隅不以三隅反，則弗復也。〔八〕

〔一〕【集解】何晏曰：「四者，有形質可舉以教。」【考證】論語述而篇。李充曰：其典籍辭義謂之文，孝弟恭睦謂之行，爲人臣則忠，與朋友交則信。愚按：忠，「忠恕」之「忠」。

〔二〕【集解】何晏曰：「以道爲度，故不在意也。」【考證】黄式三曰：釋文「意，於力反」。是陸氏申何，以億度訓意也。

〔三〕【集解】何晏曰：「用之則行，舍之則藏，故無專必。」【考證】朱熹曰：必，期必也。黄式三曰：必者，決斷之也。事猶未定而存必然之見也。

〔四〕【集解】何晏曰：「無可無不可，故無固行也。」【考證】朱熹曰：固，執滯也。

〔五〕【集解】何晏曰：述古而不自作，處羣萃而不自異，唯道是從，故不有其身。【考證】論語子罕篇。朱熹曰：我，私己也。伊藤維楨曰：毋我者，善與人同，舍己從人也。

〔六〕【集解】何晏曰：「此三者人所不能慎，而夫子慎也。」【考證】論語述而篇「齊不慎，不誠於神」。朱熹曰：戰則衆之死生、國之存亡繫焉；疾又吾身之所以死生存亡者，皆不可以不謹也。

〔七〕【集解】何晏曰：「罕者，希也。利者，義之和也。命者，天之命也。仁者，行之盛也。寡能及之，故希言之。」【考證】論語子罕篇。朱熹論語集註引程子云「計利則害義，命之理微，仁之道大，皆夫子所罕言也」。愚按：孟荀列傳云「利，誠亂之始也。夫子罕言利者，常妨其原也」。外戚世家序「孔子罕稱命，蓋難言之也」，義與程、朱同。物徂徠、焦里堂並云「子罕言利，絶句。與命與仁，蓋孔子言利，則必與命俱，與仁俱」。近時安井息軒亦依其説，不若古説之穩。或問：論語一書，言仁者五十八章，一百有五字，可謂罕言乎？愚云：仁者至德要道，而夫子罕言之，門人每聞輒記，與他事異。

〔八〕【集解】鄭玄曰：「孔子與人言，必待其人心憤憤、口悱悱，乃後啓發爲説之，如此則識思之深也。説則舉一端以語之，其人不思其類，則不重教也。」【考證】論語述而篇。朱熹曰：憤者，心求通而未得之意。梁玉繩曰：不悱不發一句，何以删之？「啓」字何以不避諱？

其於鄉黨，恂恂似不能言者。〔一〕其於宗廟朝廷，辯辯言，唯謹爾。〔二〕朝，與上大夫言，誾

誾如也；〔三〕與下大夫言，侃侃如也。〔四〕

〔一〕【集解】王肅曰：「恂恂，温恭貌也。」【索隱】有本作「逡」。逡，音七旬反。【考證】朱熹曰：鄉黨，父兄宗族之所在，故孔子居之，其容貌辭氣如此。

〔二〕【集解】鄭玄曰：「唯辯而謹敬也。」【索隱】論語作「便便」。【考證】朱熹曰：宗廟，禮法之所在。朝廷，政事之所出。言不可以不明辯，故必詳問而極言之，但謹而不放爾。

〔三〕【集解】孔安國曰：「中正之貌也。」

〔四〕【集解】孔安國曰：「和樂貌。」【考證】説文云「誾誾，和悦而諍也。侃侃，剛直也」。與孔注異。「閔子侍側，誾誾如也」，恐不可訓和悦而諍。侃或讀爲衎，有和樂之義。漢書袁安傳、隸釋漢碑唐扶頌引經，「侃」作「衎」。孔注「侃，和樂貌」。明此假侃爲衎也。

入公門，鞠躬如也；〔一〕趨進，翼如也。〔二〕君召使儐，〔三〕色勃如也。〔四〕君命召，不俟駕行矣。〔五〕

〔一〕【考證】孔安國曰：斂身也。阮元曰：「躬」又作「窮」。儀禮聘禮記「執圭入門，鞠窮焉如恐失之」。釋文作「窮」，云「劉音弓，本又作『躬』」。羣經音辨云「鞠躬，容謹也」。鄭康成説禮「孔子之執圭，鞠窮如也」。是鄭、陸所據本作「窮」。蓋「鞠躬」本雙聲字。史漢中凡三見，皆訓謹敬貌，蓋鞠躬同見母，猶踧踖同精母，皆雙聲字也。黄式三曰：凡言「如」者皆形狀之辭。「躩如」、「勃如」，單字形狀之也。「踧踖如」、「鞠窮如」，重字形狀之也。愚按：「鞠」若「鞠爲茂草」之「鞠」，窮也。

〔二〕【集解】孔安國曰：「言端好也。」【考證】俞樾曰：翼如，猶勃如、躩如之類，皆以一字形容之，非必取象於鳥也。爾雅釋詁云「翼，敬也」。釋訓云「翼翼，恭也」。「翼如」之「翼」亦此義耳。

〔三〕【集解】鄭玄曰：「有賓客使迎之也。」

〔四〕【集解】孔安國曰：「必變色。」【考證】朱熹曰：敬君命故也。

〔五〕【集解】鄭玄曰：「急趨君命也，行出而車駕隨之。」

魚餒，肉敗，割不正，不食。〔一〕席不正，不坐。〔二〕食於有喪者之側，未嘗飽也。

〔一〕【集解】孔安國曰：「魚敗曰餒也。」【考證】佐藤坦曰：割正，則肉鮮可知矣。割不正者，恐或敗損，故不食。

〔二〕【考證】以上采論語鄉黨篇。

是日哭，則不歌。〔一〕見齊衰、瞽者，雖童子必變。〔二〕

〔一〕【考證】論語述而篇。朱熹曰：臨喪哀，不能甘也。又曰：哭，謂弔哭。一日之内餘哀未忘，自不能歌也。

〔二〕【集解】包氏曰：「瞽，盲。」【考證】論語子罕篇作「子見齊衰者與瞽者，見之雖少必作，遇之必趨」。古鈔本、楓山、三條本「衰」下有「者」字，與論語合。

「三人行，必得我師。」〔一〕「德之不脩，學之不講，聞義不能徙，不善不能改，是吾憂也。」〔二〕使人歌，善，則使復之，然后和之。〔三〕

〔一〕【集解】何晏曰：「言我三人行，本無賢愚，擇善而從之，不善而改之，無常師。」【考證】論語述而篇。邢疏、朱注本「得」作「有」。日本諸舊本及開成石經、群書治要「三」上有「我」字。愚按：史記原本蓋亦有「我」字，後人據邢、朱本刪去。論語下文有「擇其善者而從之，其不善者而改之」十三字。楓山、三條本集解「改之」下有「故」字，與論語集解合。

〔二〕【集解】孔安國曰：「夫子常以此四者爲憂也。」【考證】論語述而篇。梁玉繩曰：此段總書行事，前後皆記者之辭。而「三人行」二章是孔子之言，無端插入，與上文敍憤悱章同。王若虛云：史氏所記，孔子所言，豈可混而不別？

〔三〕【集解】何晏曰：「樂其善，故使重歌而自和也。」【考證】論語述而篇。

子不語怪、力、亂、神。〔一〕

〔一〕【集解】王肅曰：「怪，怪異也。力，謂若奡盪舟，烏獲舉千鈞之屬也。亂，謂臣弑君，子弑父也。神，謂鬼神之事。或無益於教化，或所不忍言也。」李充曰：「力不由理，斯怪力也。神不由正，斯亂神也。怪力亂神，有與於邪，無益於教，故不言也。」【考證】論語述而篇。朱熹集註引謝氏曰「聖人語常而不語怪，語德而不語力，語治而不語亂，語人而不語神」。

子貢曰：「夫子之文章，可得聞也。〔一〕夫子言天道與性命，弗可得聞也已。」〔二〕顏淵喟然歎曰：「仰之彌高，鑽之彌堅。〔三〕瞻之在前，忽焉在後。〔四〕夫子循循然善誘人，〔五〕博我以文，約我以禮，欲罷不能，既竭我才，如有所立卓爾。雖欲從之，蔑由也已。」〔六〕達巷黨人童子曰：「大哉孔子，博學而無所成名。」〔七〕子聞之曰：「我何執？執御乎？執射乎？我執御矣。」〔八〕牢曰：「子云『不試故藝』。」〔九〕

〔一〕【集解】何晏曰：「章，明。文，彩。形質著見，可以耳目循也。」【考證】楓山、三條本集解「見可」下有「得」字。

〔二〕【集解】何晏曰：「性者，人之所受以生也。天道者，元亨日新之道。深微故不可得而聞之。」【考證】論語公冶長篇。

〔三〕【集解】何晏曰：「言不可窮盡。」

〔四〕【集解】何晏曰：「言忽怳不可爲形象。」

〔五〕【集解】何晏曰：「循循，次序貌也。誘，進也。言夫子正以此道進勸人，學有次序也。」

〔六〕【集解】孔安國曰：「言夫子既以文章開博我，又以禮節節約我，使我欲罷不能。已竭吾才矣，其有所立，則卓然不可及。言已雖蒙夫子之善誘，猶不能及夫子所立也。」【考證】論語子罕篇。論語「蔑」作「末」。安井衡曰：夫子善誘不倦，既竭吾才，則非復前日不知方向之比。於是如見夫子有所立處而卓然高絶之狀，因欲從之，而終無由就之也。

〔七〕【集解】鄭玄曰：「達巷者，黨名。五百家爲黨。此黨之人，美孔子博學道藝，不成一名而已。」【考證】論語無「童子」二字。中井積德曰：此疑衍。

〔八〕【集解】鄭玄曰：「聞人美之，承以謙也。吾執御者，欲明六藝之卑。」

〔九〕【集解】鄭玄曰：「牢者，弟子子牢也。試，用也。言孔子自云，我不見用，故多伎藝也。」【考證】以上論語子罕篇。邢昺曰：家語弟子篇云「琴牢，衛人也，字子開，一字子張」。愚按：牢必其名，但家語王肅僞撰不足據。論語「云」下有「吾」字，楓山、三條本集解「故多」下有「能」字。

魯哀公十四年春，狩大野。〔一〕叔孫氏車子鉏商獲獸，〔二〕以爲不祥。仲尼視之曰：「麟也。」取之。〔三〕曰：「河不出圖，雒不出書，吾已矣夫！」〔四〕顔淵死，孔子曰：「天喪予！」〔五〕及西狩見麟，曰：「吾道窮矣！」〔六〕喟然歎曰：「莫知我夫！」子貢曰：「何爲莫知子？」〔七〕子曰：「不怨天，不尤人，〔八〕下學而上達，〔九〕知我者其天乎！」〔一〇〕

〔一〕【集解】服虔曰：「大野，藪名，魯田圃之常處，蓋今鉅野是也。」【正義】括地志云：「獲麟堆，在鄆州鉅野縣東十二里。春秋哀十四年經云『西狩獲麟』。國都城記云『鉅野故城東十里，澤中有土臺，廣輪四五十步，俗云獲麟堆，去魯城可三百餘里』。」

〔二〕【集解】服虔曰：「車子，微者也。鉏商，名也。」【索隱】春秋傳及家語並云「車子鉏商」，而服虔以「子」爲姓，非也。今以車子爲主車，車士，微者之人也。人微故略其姓，則「子」非姓也。【正義】鉏，音鋤。服虔云「車，車士，微者也。子，姓。鋤商，名」。按：姓鋤，名商。車子，御車之人也。【考證】張文虎曰：子，宋、中統、游本作「士」。愚按：左傳亦作「子」。杜預以「車子」連讀，云「車子微者，鉏商名也」。子，如「招招舟子」之「子」。古婦人稱姓，男子稱氏族，未有男子而稱姓者。服説疑非。

〔三〕【集解】服虔曰：「麟非時所常見，故怪之以爲不祥也。仲尼名之曰『麟』，然後魯人乃取之也。明麟爲仲尼至也。」【考證】哀十四年春秋經傳。

〔四〕【集解】孔安國曰：「聖人受命，則河出圖，今無此瑞。吾已矣夫者，傷不得見也。河圖，八卦是也。」【考證】夫子蓋嘆無聖王也。論語子罕篇「鳳鳥不至，河不出圖」。易繫辭「河出圖，洛出書，聖人則之」。史公合二事爲一。書顧命「載天球河圖在東序」，「河圖」、「天球」對舉，則與此河圖同異未可知。

〔五〕【集解】何休曰：「予，我也。天生顏淵爲夫子輔佐，死者是天將亡夫子之證者也。」【考證】論語先進篇「顏淵死，子曰：『噫，天喪予！天喪予！』」楓山、三條本集解「證」作「徵」。

〔六〕【集解】何休曰：「麟者太平之獸，聖人之類也。時得而死，此天亦告夫子將殁之證，故云爾。」【考證】「顏淵死」以下采哀十四年公羊傳、春秋繁露隨本消息篇。楓山、三條本集解「獸」作「符」。

〔七〕【集解】何晏曰：「子貢怪夫子言何爲莫知己，故問之。」

〔八〕【集解】馬融曰：「孔子不用於世，而不怨天。不知己，亦不尤人。」

〔九〕【集解】孔安國曰：「下學人事，上達天命。」【考證】達，與「君子上達，小人下達」之「達」同。下學而上達，猶言自卑登高，自邇行遠。

〔一〇〕【集解】何晏曰：「聖人與天地合其德。故曰唯天知己。」【考證】論語憲問篇。論語不言此語何爲而發，史公牽合。

「不降其志，不辱其身，伯夷、叔齊乎！」〔一〕謂「柳下惠、少連，降志辱身矣」。〔二〕謂「虞仲、夷逸隱居放言，〔三〕行中清，廢中權」。〔四〕「我則異於是，無可無不可。」〔五〕

〔一〕【集解】鄭玄曰：「言其直己之心，不入庸君之朝。」

〔二〕【考證】少連未詳。論語此下有「言中倫行中慮」六字。

〔三〕【集解】包氏曰：「放，置也。置不復言世務也。」【考證】放言，任意而言。後漢書陳寔傳論「放言爲高」，李注云「放肆其言，不拘節制也」。

〔四〕【集解】馬融曰：「清，純絜也。遭世亂，自廢弃以免患，合於權也。」【考證】論語「行」作「身」，此義長。

〔五〕【集解】馬融曰：「亦不必進，亦不必退，唯義所在。」【考證】論語微子篇。中井積德曰：即是無適無莫之意。

子曰：「弗乎，弗乎，〔一〕君子病没世而名不稱焉。〔二〕吾道不行矣，〔三〕吾何以自見於後世哉？」〔四〕乃因史記作春秋，上至隱公，下訖哀公十四年，十二公。〔五〕據魯，親周，故殷，運之三代。〔六〕約其文辭而指博。故吳、楚之君自稱王，而春秋貶之曰「子」；〔七〕踐土之會，實召周天子，而春秋諱之曰「天王狩於河陽」。〔八〕推此類以繩當世。貶損之義，後有王者，舉而開之。春秋之義行，則天下亂臣賊子懼焉。〔九〕

〔一〕【考證】中井積德曰：弗、咈同，猶否也。愚按：四字屬下。

〔二〕【考證】論語衛靈公篇。

〔三〕【考證】論語公冶長篇。子曰：「道不行，乘桴浮于海。」中庸「子曰：『道其不行矣哉。』」

〔四〕【考證】中井積德曰：冀自見於後世而著作焉，是司馬遷以下伎倆，非孔子事。此文臆度失當。崔述曰：其言似急於求名者，殊失聖人之意。

〔五〕【正義】夫子脩春秋，據魯十二公年月而視周及諸侯行事也。【考證】姜皐曰：左昭二年傳「見易象與魯春秋」，公羊成十五年傳「春秋内其國而外諸夏」。禮坊記「故魯春秋記晉喪」。又「魯春秋，猶去夫人之姓」，是皆以春秋屬之魯矣。然晉語「羊舌肸習於春秋」，楚語申叔時論傅太子之法云「教之以春秋」。晉、楚當以「乘」與「檮杌」名，而亦曰「春秋」。墨子明鬼篇又有周之春秋、燕之春秋、宋之春秋、齊之春秋，豈列國之史，皆曰春秋乎？或曰：春秋者史記大共之名，故釋名云「春秋書人事，卒歲而究備春秋，言溫涼中象政和也」，亦不專指一國。惟孔疏云「晉、楚皆私立別號，魯則守其本名」。愚按：孔子以前，列國之史皆曰春秋。自孔子作春秋，列國之史旋廢，而春秋之名亦專屬孔子。

〔六〕【索隱】言夫子修春秋以魯爲主，故云據魯。親周，蓋孔子之時，周雖微而親周王者，以見天下之有宗主也。【正義】殷，中也。又中運夏、殷、周之事也。【考證】春秋繁露三代改制質文篇云：「春秋應天作新王之事，絀夏，親周，故宋。」陳仁錫曰：據魯者，以魯爲據也。親周者，以周爲親也。故殷者，以殷爲故也。言春秋之作，兼魯、周、殷三代之法而運之也。錢大昕曰：正義訓殷爲中，非也。春秋宣十六年「成周宣榭火」，公羊傳「外災不書，此何以書？新周也」。何休云「孔子以春秋當新王，上黜杞，下新周而故宋，故繫宣榭於成周，使若國文，黜而新之，從爲王者之後記災也」。又莊二十七年「杞伯來朝」，何休云「杞，夏後。不稱『公』者，春秋黜杞新周而故宋，以春秋當新王也」。漢儒説春秋者，孔子制春秋之義，以俟後聖王者，存二代之後。周監于夏、殷，繼周者當黜杞而存周，以備三統。故曰「據魯，親周，故殷，運之三代」。據魯，謂以春秋當新王也。親周故殷，謂新周故宋也，當以「殷」字絶句。姚範曰：故殷，即故宋之説。蓋太史公春秋多本之董生，故同公羊家義也。阮元曰：董子、史記「親周」皆「新周」之誤。愚按：諸説略是。據魯，據魯史也。

親，當作「新」。新周，從今周也。故殷，不法前殷也，與論語「周監於二代，吾從周」，中庸「生乎今之世，反古之道，裁及其身」，荀子「舍後王而道上古，譬之猶舍己之君事人之君也」同義。運，猶通也。運之三代，考諸三王而不謬也。太史公自序亦云「春秋采善貶惡，推三代之德，褒周室，非獨刺譏而已也」。或問：既曰「故殷」，又曰「運之三代」，何也？曰：前以禮言，後以道言。

〔七〕【考證】中井積德曰：吳、楚稱「子」，稱其本爵也，非貶。

〔八〕【考證】僖二十八年春秋「天王狩于河陽」，左傳云「是會也，晉侯召王，以諸侯見，且使王狩。仲尼曰『以臣召君，不可以訓』。故書曰『天王狩于河陽』，言非其地也，且明德也」。

〔九〕【考證】古鈔本、楓山、三條本「開」作「闢」。孟子滕文公篇「昔者禹抑洪水而天下平；周公兼夷狄驅猛獸，而百姓寧；孔子成春秋，而亂臣賊子懼」。大槻清崇曰：孟子既以孔子作春秋之功配禹之抑洪水、周公之兼夷狄，而明云「亂臣賊子懼」，則其功之在於當時者章章矣。愚按：史公失孟子之義。

孔子在位，聽訟文辭，有可與人共者，弗獨有也。〔一〕至於爲春秋，筆則筆，削則削，子夏之徒不能贊一辭。〔二〕弟子受春秋，孔子曰：「後世知丘者以春秋，而罪丘者亦以春秋。」〔三〕

〔一〕【考證】春秋繁露五行相生篇「孔子爲魯司寇，斷獄屯屯，與衆共之，不敢自專」。

〔二〕【考證】論語先進篇「文學，子游、子夏」。

〔三〕【集解】劉熙曰：「知者，行堯舜之道者也。罪者，在王公之位見貶絶者。」【考證】徐孚遠曰：前既總敘刪述之事，此專言作春秋者，以孔子所自作，故推而尊之，又以自寓也。李廷機曰：知丘罪丘，應自見于後世。句。愚按：孟子滕文篇云「世衰道微，邪說暴行有作。臣弒其君者有之，子弒其父者有之。孔子懼，作春秋。春秋，天子之事也。是故孔子曰：『知我者其惟春秋乎？罪我者其惟春秋乎？』」其所謂「天子之事」者，當時列國僭亂，名分混淆，而史體乖舛。夫子因而脩之，其名秩則一裁以武成班爵之舊，其行事則一律以周公制禮之初。故曰「春秋天子之事」，猶曰天子之法。其所謂「知我者其惟春秋乎，罪我者其惟春秋乎」者，春秋王法備、人事浹、明道正義之書，我若有功罪，亦爲春秋之所律耳。語氣正與論語憲問篇「知我者其天乎」同。及史公加以「後世」二字，且改其文，後人遂以爲夫子行南面之權。甚矣其誣聖人也！崔述云：孔子以東周之世禮樂征伐自諸侯出，故修春秋以尊王室。故曰「自諸侯出，十世希不失矣；自大夫出，五世希不失矣；陪臣執國命，三世希不失矣」。蓋位愈卑，則愈不可僭。況以布衣而專黜陟之大權乎？唐哥舒翰討安禄山，或勸之還兵以誅楊國忠，曰「如此乃翰反，非禄山也」。若孔子先已僭天子之權，彼亂臣賊子復何懼焉？此説得之。

明歲，子路死於衛。孔子病，子貢請見。孔子方負杖逍遥於門，曰：「賜，汝來何其晚也？」孔子因歎，歌曰：「太山壞乎！〔一〕梁柱摧乎！哲人萎乎！」〔二〕因以涕下。〔三〕謂子貢曰：「天下無道久矣，莫能宗予。〔四〕夏人殯於東階，周人於西階，〔五〕殷人兩柱間。昨暮予夢坐奠兩柱之間，予始殷人也。」〔六〕後七日卒。〔七〕

〔一〕**【集解】**鄭玄曰：「太山，衆山所仰。」

〔二〕**【集解】**王肅曰：「萎，頓也。」**【考證】**禮記三「乎」字上有「其」字，「柱」作「木」。壞、摧、萎，韻。

〔三〕**【考證】**禮記無此四字。

〔四〕**【集解】**王肅曰：「傷道之不行也。」

〔五〕**【考證】**古鈔本「周人」下有「殯」字。

〔六〕**【考證】**中井積德曰：生不得當楹間尊位，故知死耳。柱，檀弓作「楹」，此避惠帝諱。

〔七〕【集解】鄭玄曰：「明聖人知命也。」【正義】括地志云：「漢封夫子十二代孫忠爲褒成侯，生光，爲丞相，封侯；平帝封孔霸孫莽二千户，爲褒成侯；後漢封十七代孫志爲褒成侯；魏封二十二代孫羨爲崇聖侯；晉封二十三代孫震爲奉聖亭侯；後魏封二十七代孫爲崇聖大夫，孝文帝又封三十一代孫珍爲崇聖侯；高齊改封珍爲恭聖侯；周武帝改封鄒國公；隋文帝仍舊封鄒國公，煬帝改爲紹聖侯；皇唐給復二千户，封孔子裔孫孔德倫爲褒聖侯也。」【考證】「孔子病」以下采禮記檀弓篇。崔述曰：論語所記孔子之言多矣，大抵皆謙遜之辭，而無自聖之意，皆明民義之所當焉，而不言禍福之將至。獨此歌以泰山、梁木、哲人自謂，而决其死於夢兆，殊與孔子平日之言不類，恐出於後人傳聞附會之言。

孔子年七十三，以魯哀公十六年四月己丑卒。〔一〕

〔一〕【索隱】若孔子以魯襄二十一年生，至哀十六年爲七十三。若襄二十二年生，則孔子年七十二。經傳生年不定，致使孔子壽數不明。【考證】「魯哀公十六年」以下采左傳。杜預注左傳云「四月十八日乙丑，無己丑。己丑，五月十二日。日月必有誤」。愚按：此杜氏自據其所推定長曆。周、魯置閏不同，杜注未足爲據。説詳于崔氏洙泗考信録。四月己丑，即夏正二月十一日。孔子以魯襄二十一年庚子生，則年當七十有四。

哀公誄之曰：「旻天不弔，不慭遺一老，〔一〕俾屏余一人以在位，煢煢余在疚。〔二〕嗚呼哀哉，尼父，毋自律！」〔三〕子貢曰：「君其不没於魯乎！夫子之言曰：『禮失則昏，名失則愆。失禮爲昏，失所爲愆。』〔四〕生不能用，死而誄之，非禮也。稱『余一人』，非名也。」〔五〕

〔一〕【集解】王肅曰：「弔，善也。慭，且也。一老，謂孔子也。」【考證】弔，音的，恤也。慭，且也。心不欲而自彊之義。

〔二〕【集解】王肅曰：「疚，病也。」

〔三〕【集解】王肅曰：「父，丈夫之顯稱也。律，法也。言毋以自爲法也。」【考證】左傳「毋」作「無」，下有「所」字。尼父，猶稱呂尚爲尚父，稱管仲爲仲父，尊之之辭。王觀國曰：詩節南山「不弔昊天」，十月之交「不慭遺一老，俾守我王」，閔予小子「嬛嬛在疚」。哀公蓋集詩辭而爲誄辭耳。愚按：檀弓作「天不遺耆老，莫相予位。嗚呼哀哉，尼父！」漢書五行志「旻」作「昊」，無「以在」以下十七字。

〔四〕【索隱】左傳及家語皆云「失志爲昏，失禮爲僭」，與此不同也。【考證】漢書五行志作「失志爲昏失所謂愆」。

〔五〕【集解】服虔曰：「天子自謂『一人』，非諸侯所當名也。」【考證】以上哀十六年左傳。

孔子葬魯城北泗上，〔一〕弟子皆服三年。〔二〕三年心喪畢，相訣而去，〔三〕則哭，各復盡哀，或復留。唯子貢廬於冢上凡六年，然後去。〔四〕弟子及魯人往從冢而家者百有餘室，因命曰孔里。魯世世相傳，以歲時奉祠孔子冢，而諸儒亦講禮鄉飲大射於孔子冢。孔子冢大一頃。故所居堂，弟子內，後世因廟藏孔子衣冠琴車書，〔五〕至于漢二百餘年不絕。高皇帝過魯，以太牢祠焉。〔六〕諸侯卿相至，常先謁，然後從政。〔七〕

〔一〕【集解】皇覽曰：「孔子冢去城一里。冢塋百畝，冢南北廣十步，東西十三步，高一丈二尺。冢前以瓴甓爲祠壇，方六尺，與地平。本無祠堂。冢塋中樹以百數，皆異種，魯人世世無能名其樹者。民傳言『孔子弟子異國人，各持其方樹來種之』。其樹柞、枌、雒離、安貴、五味、毚檀之樹。孔子塋中不生荆棘及刺人草。」【索隱】雒離，各離二音，又音落藜。藜，是草名也。安貴，香名，出西域。五味，藥草也。毚，音讒。毚檀，檀樹之别種。【考證】孫嘉淦南游記云「出泰安城，不見水與山也。行五十里，見大河廣闊，乃汶水也。又五十里，見崇山巍峩，乃徂徠也。徂徠之西曰梁父，對峙如門，從門南出，平疇沃衍，泗水西流。孔林在泗水南，洙水在孔林南，曲阜在洙水南，沂水在曲阜南。孔林方十餘里，其樹蔽天，其草蔽地。至聖墓有紅墻環立，墻中草樹愈密，修幹叢薄，側不容人，而景色開明，初無幽陰之氣。至聖墓產蓍草。碑曰『大成至聖文宣王墓』。西偏小屋三間，顏曰子貢廬墓處。東南有泗水侯墓，正南有沂國公墓。墻東南有枯木，石欄護之，子貢手植楷也。旁有楷亭，其北有駐蹕亭，人君謁墓更衣之所。門外有洙水橋，橋南高阜一帶，闢其東南爲門。門距曲阜城可二里。道傍植柏，行列甚整，蔽日參天，皆數千年物也」。愚按：南游記成于康熙六十年。

〔二〕【考證】禮記檀弓篇孔子之喪，門人疑所服。子貢曰：「昔者夫子之喪顏淵，若喪子而無服。喪子路亦然。請喪夫子，若喪父而無服。」

〔三〕【索隱】訣，音決。訣者，別也。【考證】古鈔、楓、三本「心」作「之」。

〔四〕【索隱】按：家語無「上」字。且禮云「適墓不登壟」，豈合廬於冢上乎？蓋「上」者亦是邊側之義。【考證】「弟子皆服」以下，孟子滕文公篇。

〔五〕【索隱】謂孔子所居之堂，其弟子之中，孔子沒後，後代因廟藏夫子平生衣冠琴書於壽堂中。【考證】閻若璩曰：「諸儒講禮鄉飲大射于孔子家」，誤寫作「冢」。此「家」字，與贊曰「以時習禮其家」合。愚按：鄉飲大射，豈可於冢上行之乎？閻說得之。內，弟子所居之室也。漢書鼂錯傳「家有一堂二內」，注「張晏云『二內，二房也』」。索隱非是。孫嘉淦南遊記云「入曲阜之北門，路東有復聖廟。廟前有陋巷，巷南折而西，則孔廟之東華門也。廟制如內廷宮殿，而柱以石爲之。蛟龍盤旋，乃內廷所無。至聖與諸賢皆塑像，石刻至聖像有三。車服禮器，藏於衍聖公家。殿南有亭，顏曰杏壇，古杏數株。時值三月，杏花正開。壇南有先師手植檜，高三丈餘而無枝。文皆左紐，子貢之楷，雖不腐而色枯，此則生氣勃發焉。大門內外豐碑無數。南有高樓，曰奎文閣。閣南門下，漢魏之碑十餘，皆額尖而有圓孔。門外有水，上作五橋。橋南有門，門外有柵。自殿庭至柵內，蒼松古柏，虬龍蟠屈，不可名狀」。

〔六〕【考證】漢書高紀云「十二年十一月，行自淮南還，過魯，以太牢祠孔子」。

〔七〕【考證】陳宏謨曰：漢高祖十二年，過魯以太牢祀孔子，此漢以來祀孔子之始也。平帝元始初，追謚孔子曰褒成宣尼公。後漢章帝元和二年二月，東巡狩，因幸魯，祀孔子及七十二弟子於闕里，祀孔子弟子始此。前祀孔子皆於闕里，魏正始中，始令太常釋奠，以太牢祀孔子於辟雍，以顔淵配。至詔太子釋奠，則始於晉。有司薦享，則始於元魏。朔日行禮，則始於北齊。唐高祖武德二年，詔國子學立周公、孔子廟各一所，四時致祭。蓋自魏釋奠孔子於辟雍，至元魏始有廟，然不知其何時立也，至是始詔國子學立廟。貞觀四年，詔州縣皆立孔子廟，從房玄齡議，停周公，以孔子爲先聖，顔子爲先師。又詔皇太子釋奠。皇太子爲初獻，國子祭酒爲亞獻，博士爲終獻。縣學，令爲初獻，丞爲亞獻，無博士，以主簿爲終獻。後世遣官釋奠，實始於此。至開元中，追謚孔子爲文宣王，贈顔子爲兖國公，冉閔等九人爲侯，曾參等爲伯。此又孔子封王，弟子封公侯之始也。宋真宗咸平中，復追謚孔子爲玄聖文宣王，初追謚爲帝，或言宣父周之陪臣，周祇稱王，不當加帝號，故第增美曰「玄聖」。蓋以春秋演孔圖孔子母感黑帝而生，故曰「玄」。莊子曰「恬澹玄聖，素王之道」，遂取以爲稱。秦以避聖祖諱，改「玄聖」爲「至聖」。然孔子之道，非一言一義之可盡。謚之有無，不足輕重。況加以非聖之言，既加之矣，又以犯其祖諱而改之哉！元成宗大德十一年，制加孔子號曰「大成」。明洪武十五年，始詔天下儒學通祀孔子，猶存舊號。迨世宗嘉靖九年，釐正祀典，始爲木主，題曰「至聖先師孔子神位」，乃至不易之定論也。

孔子生鯉，字伯魚。〔一〕伯魚年五十，先孔子死。〔二〕

〔一〕【索隱】按：家語孔子年十九，娶於宋之亓官氏之女，一歲而生伯魚。伯魚之生，魯昭公使人遺之鯉魚。夫子滎君之賜，因以名其子也。

〔三〕【集解】皇覽曰：「伯魚冢在孔子冢東，與孔子並，大小相望也。」【考證】伯魚先孔子卒，見於論語先進篇，但曰「年五十」者，未審其所據。

伯魚生伋，字子思，年六十二。〔一〕嘗困於宋。子思作中庸。〔二〕

〔一〕【考證】中井積德曰：孔子卒至魯穆元年，正得七十一歲，伯魚先孔子死，而子思生在其前，又爲穆公師友，不必其元年，則歲殆八十矣。此云「六十二」，大謬。愚按：昔人以「六十二」爲「八十二」之誤，亦無確證。

〔二〕【集解】皇覽曰：「子思冢在孔子冢南，大小相望。」【正義】中庸一卷，在禮記中。又作子思子八卷。爲魯穆公師。

子思生白，字子上，年四十七。子上生求，字子家，年四十五。〔一〕子家生箕，字子京，年四十六。〔二〕子京生穿，字子高，年五十一。〔三〕子高生子慎，年五十七，嘗爲魏相。〔四〕

〔一〕【考證】家語後序子家名傲，後名永。漢書及闕里志並不言名傲。

〔二〕【考證】史記桃源鈔云正義本「子京」作「子真」。梁玉繩曰：漢書孔光傳「孔京」作「子真」。後序作「子直」，名榼。

〔三〕【考證】梁玉繩曰：後序子高年五十七。此所書孔氏之年，慎、鮒、襄、忠四人，三代皆五十七歲，并子高則四世同壽，可疑也。

〔四〕【考證】梁玉繩曰：孔光傳作「順」。後序子高生武，字子順，名微，後名斌。闕里文獻攷云名謙，或作「武」，後名斌。孔叢陳士義篇「子順爲相」，注「孔武後名斌」。唐世系表穿生斌，一名胤。攷子慎曾孫名武，則「武」必「斌」之譌文，但何以一人而有四名，疑莫能定，故史缺不書也。慎、順，古通。又世系表謂斌相魏封文信君，明程敏政聖裔考曰聖裔之受封始此。

子慎生鮒，年五十七，爲陳王涉博士，死於陳下。〔一〕

〔一〕【考證】梁玉繩曰：孔光傳是「鮒」，而儒林傳作「甲」。師古曰「名鮒，字甲」。後序子魚名鮒，後名甲。孔叢獨治篇子魚名鮒甲，陳人或謂之子鮒，或稱孔甲。史失書其字。又曰：史、漢儒林傳及鹽鐵毀學篇云鮒與涉俱死，而此及孔光傳言死陳下。孔叢答問篇云博士凡仕六旬，老于陳，有將没戒弟子語，則非不良死矣，未知孰是。

鮒弟子襄，年五十七。嘗爲孝惠皇帝博士，〔一〕遷爲長沙太守。〔二〕長九尺六寸。

〔一〕【考證】梁玉繩曰：史失書名。後序子襄名騰，子魚之弟。唐世系表、闕里志並名騰也，即藏書壁中者。陸氏釋文、隋志、史通古今正史篇作「孔惠」，俱非。毛氏古文寃詞云「此必以子襄之子名忠，『忠』與『惠』字形相近而致誤者」。

〔二〕【考證】錢大昕曰：惠帝時長沙爲王國，不得有太守。漢書云「太傅」是也。楓山、三條本云正義「守」作「傅」。

子襄生忠，年五十七。〔一〕忠生武，武生延年及安國。〔二〕安國爲今皇帝博士，至臨淮太守，蚤卒。〔三〕安國生卬，卬生驩。〔四〕

〔一〕【考證】梁玉繩曰：後序子襄生季中，名員。唐表忠字子貞。攷夫子兄之子名忠，不應子襄之子同名，當作「中」爲是，書序疏引史作「中」也。「季」字衍，而「員」乃譌文。又史失書字子貞。

〔二〕【考證】梁玉繩曰：孔光傳忠生武及安國，武生延年。後序季中生武及子國。唐表忠二子武、安國。武生延年。則史以安國爲武子，誤也。闕里考云武字子威。

〔三〕【考證】閻若璩曰：嘗疑安國獻書，遭巫蠱之難，計其年必高，與馬遷所云「蚤卒」者不合。信史記蚤卒，則漢書之獻書必非安國。信漢書獻書，則史記之安國必非蚤卒。然馬遷親從安國遊者也，計其生年當不誤也。竊意天漢後安國死已久，或其家子孫獻之，非必其身，而苦無明證。越數歲，讀荀悦漢紀云「魯恭王壞孔子宅，得古文尚書，多十六篇。武帝時孔安國家獻之。會巫蠱事，未列於學官」，於「安國」下增一「家」字，足補漢書之漏。而孔傳所謂「作傳畢，會國有巫蠱，出於安國口中」，其僞不待辨矣。

〔四〕【考證】愚按：此蓋天漢以後事，後人補記。徐孚遠曰：歷序後系，與王侯同，此所謂世家也。

太史公曰：詩有之：「高山仰止，景行行止。」〔一〕雖不能至，然心鄉往之。〔二〕余讀孔氏書，想見其爲人。適魯，觀仲尼廟堂車服禮器，諸生以時習禮其家，〔三〕余祗迴留之不能去云。〔四〕天下君王，至于賢人，衆矣，當時則榮，沒則已焉。孔子布衣，傳十餘世，學者宗之，自天子王侯，中國言六藝者，折中於夫子，〔五〕可謂至聖矣！〔六〕

〔一〕【考證】詩小雅車舝篇。景，大也。行，路也。景行，猶言周道也。

〔二〕【考證】鄉，嚮同。

〔三〕【考證】其家，孔子之家。

〔四〕【索隱】祗，敬也。言祗敬遲回，不能去之。有本亦作「低回」，義亦通。【考證】張文虎曰：索隱本作「祗迴」。凌本作「祗回」。各本作「低回」。愚按：低回，猶徘徊也。

〔五〕【索隱】離騷云「明五帝以折中」。王叔師云「折中，正也」。宋均云「折，斷也。中，當也」。按：言欲折斷其物而用之，與度相中當，故以言其折中也。【考證】中井積德曰：六藝之言不同者，皆以夫子爲度，而折定其中也。

〔六〕【考證】陳仁錫曰：史遷可謂知尊聖人之道者矣。班氏謂其先黄老而後六經，非也。觀其作史記，於孔子則立世家，於老氏但立傳。至論孔子則曰「可謂至聖」，論老氏但曰「隱君子」，非知足以知聖人，而能若是乎？或謂遷非知孔子之至者，必述其道德精微，而後謂之至。噫！道德精微，雖夫子亦自難言也，而欲責遷言之歟？愈言而愈遠矣。齊藤正謙曰：首泛言夫子之德可仰止，次言適魯觀其廟堂，留不能去；次言其布衣傳十餘世，勝天下君王；終言其道爲天子王侯所折中。仰止之意，一節進一節。首曰孔氏，其詞泛；次曰仲尼，其詞親；次曰孔子，其言謹；次曰夫子，其言更謹。尊敬之言，一節進一節。

【索隱述贊】孔子之胄，出于商國。弗父能讓，正考銘勒。防叔來奔，鄒人倚足。尼丘誕聖，闕里生德。七十升堂，四方取則。卯誅兩觀，攝相夾谷。歌鳳遽衰，泣麟何促。九流仰鏡，萬古欽躅。

史記會注考證卷四十八

陳涉世家第十八　史記四十八

【索隱】按：勝立數月而死，無後，亦稱「系家」者，以其所遣王侯將相竟滅秦，以其首事也。然時因擾攘，起自匹夫，假託妖祥，一朝稱楚，歷歲不永，勳業蔑如，繼之齊魯，曾何等級？可降爲列傳也。【正義】勝立數月而死，無後，爲「世家」者，以唱始起兵滅秦，雖不終享，亦世家之道也。【考證】史公自序云：「桀、紂失其道而湯、武作，周失其道而春秋作。秦失其道而陳涉發迹，諸侯作難，風起雲蒸，卒亡秦族。天下之端，自涉發難。作陳涉世家第十八。」馮班曰：陳涉起自謫戍而敗，可與張耳、陳餘並爲傳，不當爲世家者也。然亡秦之侯王將相，多涉所置。自項梁未起，以天下之命制于一人之手。升爲世家，太史公之旨也。

陳勝者，陽城人也，〔一〕字涉。吴廣者，陽夏人也，字叔。〔二〕陳涉少時嘗與人傭耕，〔三〕輟耕之壟上，悵恨久之，〔四〕曰：「苟富貴，無相忘。」傭者笑而應曰：「若爲傭耕，何富貴也？」陳涉太息曰：「嗟乎！燕雀安知鴻鵠之志哉！」〔五〕

〔一〕【索隱】韋昭云屬潁川，地理志云屬汝南。不同者，按郡縣之名，隨代分割。蓋陽城舊屬汝南，史遷云今爲汝陰，後又分隸潁川，韋昭據以爲説，故其不同。他皆放此。【正義】即河南陽城縣也。【考證】錢大昕曰：汝南、潁川皆有陽城縣。汝南之陽城爲侯國，宣帝時始置。此當是潁川之陽城。潁川陽城，今河南府登封縣東南。索隱「史遷」疑有誤。

〔二〕【索隱】夏，音賈。韋昭云：「淮陽縣，後屬陳。」【正義】括地志云：「陳州太康縣，本漢陽夏縣也。」【考證】河南陳州府太康縣。

〔三〕【索隱】廣雅云：「傭，役也。」按：謂役力而受雇直也。【考證】顏師古曰：與人，與人俱也。張文虎曰：宋本、毛本「傭」作「庸」，與字類合。下同。愚按：古鈔本亦作「庸」。

〔四〕【考證】顏師古曰：壟上，謂田中之高處。楓山本「恨」作「悵」。

〔五〕【索隱】尸子云「鴻鵠之鷇，羽翼未合，而有四海之心」是也。按：鴻鵠是一鳥，若鳳皇然，非謂鴻鴈與黄鵠也。鵠，音户酷反。【考證】顏師古曰：鴻，大鳥也，水居。鵠，黄鵠也，一舉千里。王懋曰：太史公作陳涉世家，未言其他。首曰「涉爲人傭耕，輟耕而嘆曰『苟富貴無相忘』」，及作項籍本紀，又曰「秦始皇東游會稽，梁與籍觀，籍曰『彼可取而代也』」。匹夫而敢爲此語，蓋以見天亡秦之兆，果不可遏，然後知高祖之起，所以應天順人者也。愚按：吕氏春秋長利篇「使燕雀爲鴻鵠鳳皇慮，則必不得矣」。

二世元年七月，發閭左，〔一〕適戍漁陽九百人，〔二〕屯大澤鄉。〔三〕陳勝、吴廣皆次當行，爲屯長。會天大雨，道不通，度已失期。失期，法皆斬。〔四〕陳勝、吴廣乃謀曰：「今亡亦死，舉大計亦死，等死，死國可乎？」〔五〕陳勝曰：「天下苦秦久矣。吾聞二世，少子也，〔六〕不當立，當立者乃公子扶蘇。扶蘇以數諫故，上使外將兵。今或聞無罪，二世殺之。百姓多聞其賢，未知其死也。〔七〕項燕爲楚將，數有功，愛士卒，楚人憐之。或以爲死，或以爲亡。今誠以吾衆詐自稱公子扶蘇、項燕，爲天下唱，宜多應者。」〔八〕吳廣以爲然。乃行卜。〔九〕卜者知其指意曰：「足下事皆成有功。然足下卜之鬼乎！」〔一〇〕陳勝、吳廣喜，念鬼，〔一一〕曰：「此教我先威衆耳。」乃丹書帛曰「陳勝王」，置人所罾魚腹中。〔一二〕卒買魚烹食，得魚腹中書，固以怪之矣。〔一三〕又閒令吳廣之次近所旁叢祠中，〔一四〕夜篝火，〔一五〕狐鳴呼曰：「大楚興，陳勝王。」〔一六〕卒皆夜驚恐。旦日卒中往往語，皆指目陳勝。〔一七〕

〔一〕【索隱】閭左，謂居閭里之左也。秦時復除者居閭左。今力役凡在閭左者盡發之也。又云，凡居以富強爲右，貧弱爲左。秦役戍多，富者役盡，兼取貧弱者也。【考證】漢書食貨志「發閭左之戍」，注應劭曰：「秦時以適發之，名適戍。先發吏有過，及贅壻賈人，後以嘗有市籍者發，又以大父母、父母嘗有市籍者。戍者曹輩盡，復入閭取其左者發之。未及取右，而秦亡。」顏師古曰：「閭，里門也。言居閭門之左者一切發之。」此閭左之釋，應說最得之。愚按：應說本鼂錯守邊備塞疏。鼂錯，漢初人，其言可依。索隱前說非。後說「富者役盡」以下十字當削。

〔二〕【索隱】適，音直革反，又音磔。故漢書有七科適戍者，屯兵而守也。地理志漁陽縣名，在漁陽郡也。【正義】括地志云：「漁陽故城，在檀州密雲縣南十八里，在漁水之陽也。」【考證】今直隸順天府密州縣西南。

〔三〕【集解】徐廣曰：「在沛郡蘄縣。」【正義】屯，猶營也。【考證】大澤鄉，今安徽鳳陽府宿州南，鄉名。

〔四〕【考證】古鈔本、楓山、三條本「皆」下有「當」字，與漢書合。

〔五〕【索隱】謂欲經營圖國，假使不成而敗，猶愈爲戍卒而死也。【正義】爲反亂取國，不得而死，猶勝戍卒而死。【考證】何孟春曰：古人文字，彼此有絕似者。左傳楚昭王曰「再敗楚師，不如死。弃命逃歸，亦不如死。」死一也，其死仇乎」。此世家亦連用四「死」字。

〔六〕【索隱】姚氏按：隱士遺章邯書云「李斯爲二世廢十七兄而立今王」，則二世是始皇第十八子也。

〔七〕【索隱】如淳云：「扶蘇自殺，故人不知其死。」或以爲不知何坐而死，故天下冤二世殺之，其意亦得。今宜依文而解，直是扶蘇爲二世所殺，而百姓未知，故欲詐自稱之也。

〔八〕【索隱】漢書作「倡」。倡，謂先也。説文云：「倡，首也。」【考證】項燕，見楚世家。顏師古曰：唱，謂首號令也。中井積德曰：歌者先發聲爲唱。倡同。

〔九〕【索隱】行者，先也。一云，行，往也。【考證】索隱後説是。

〔一〇〕【集解】蘇林曰：「狐鳴祠中，則是也。」瓚曰：「假託鬼神以威衆也，故勝、廣曰『此教我威衆也』。」【索隱】裴注引蘇林、臣瓚，義亦當矣。而李奇又云：「卜者戒曰『所卜事雖成，當死爲鬼』，惡指斥言之，而勝失其旨，反依鬼神起怪。」蓋亦得本旨也。【正義】故稱公子扶蘇、楚將項燕，爲天下倡，宜多應者。卜之，是卜之鬼也。【考證】顏師古曰：卜者云，事成有功，然須假託鬼神，乃可暴起耳。故勝、廣曉此意，則爲魚書狐鳴以威衆耳。朱錦綬曰：上文云「卜者知其指意曰『足下事皆成有功』」，可見卜者與勝、廣不謀而合。其爲此言，正欲使勝、廣假託鬼神。若謂卜之吾固見事成有功，然曷不卜之鬼乎？下文「陳勝、吴廣喜，念鬼」，蓋勝、廣聞此，即欲如其言以行也。

〔一一〕【索隱】念者，思也。謂思念欲假鬼神事耳。【正義】言常思扶蘇、項燕，曰：卜者以此教我先威衆也。【考證】正義非。

〔一二〕【集解】漢書音義曰：「罾，音曾。」文穎曰：「罾，魚網也。」【考證】楓山、三條本「王」上有「當」字。

〔一三〕【考證】漢書「以」作「已」。以、已通。

〔一四〕【集解】張晏曰：「戍人所止處也。叢，鬼所憑焉。」【索隱】服虔云：「閒，音『中閒』之『閒』。」鄭氏云「閒，謂竊令人行也」。孔文祥又云「竊伺閒隙，不欲令衆知之也」。次，師所次舍處也。墨子云「建國必擇木之修茂者以爲叢位」。高誘注戰國策云「叢祠，神祠叢樹也」。【考證】王念孫曰：索隱本及漢書陳涉傳無「近」字，此誤衍。次，所謂戍卒止次之所也。其旁有叢祠，故曰「次所旁祠」。沈欽韓曰：古者二十五家爲閭，閭各立社，即擇其木之茂者爲位，故名樹爲社，又爲叢也。六韜「社叢勿伐」，墨子「建國營都，必擇木之修茂者以爲叢位」，秦策「恒思有神叢」，此「叢」爲「社」之證。

〔一五〕【集解】徐廣曰：「或作『帶』也。篝者，籠也，音溝。」【索隱】篝，音溝。漢書作「構」。郭璞云「篝，籠」是也。

【考證】姚範曰：篝疑同「熢」，即舉火叢祠。豈必籠邪？龜策傳「篝火燭地」亦同。

〔一六〕【考證】六字音讀則似狐鳴。興、王，韻。

〔一七〕【考證】顔師古曰：指而私目視之。愚按：漢書「陳勝」作「勝廣」，非是。

吴廣素愛人，士卒多爲用者。將尉醉，〔一〕廣故數言欲亡，忿恚尉，令辱之，以激怒其衆。〔二〕尉果笞廣。尉劍挺，〔三〕廣起奪而殺尉。陳勝佐之，并殺兩尉。召令徒屬曰：「公等遇雨，皆已失期，失期當斬。藉弟令毋斬，而戍死者固十六七。〔四〕且壯士不死即已，死即舉大名耳，〔五〕王侯將相寧有種乎！」徒屬皆曰：「敬受命。」〔六〕乃詐稱公子扶蘇、項燕，從民欲也。〔七〕袒右，稱大楚。〔八〕爲壇而盟，祭以尉首。陳勝自立爲將軍，吴廣爲都尉。攻大澤鄉，收而攻蘄。〔九〕蘄下，〔一〇〕乃令符離人葛嬰將兵徇蘄以東。〔一一〕攻銍、酇、苦、柘、譙，皆下之。〔一二〕行收兵，比至陳，車六七百乘，騎千餘，卒數萬人。〔一三〕攻陳，〔一四〕陳守令皆不在，〔一五〕獨守丞與戰譙門中。〔一六〕弗勝，守丞死，乃入據陳。數日，號令召三老、豪傑與皆來會計事。〔一七〕三老、豪傑皆曰：「將軍身被堅執鋭，〔一八〕伐無道，誅暴秦，復立楚國之社稷，功宜爲王。」陳涉乃立爲王，號爲張楚。〔一九〕

〔一〕【索隱】將尉，官也。漢舊儀「大縣二人，其尉將屯九百人」，故云「將尉」也。【正義】尉爲將領戍人也。【考證】顏師古曰：將尉者其官本尉耳。時領戍人，故爲將尉。愚按：將尉猶言長尉，諸尉之長也。下文「并殺兩尉」，可參。

〔二〕【考證】古鈔本、楓山、三條本無「恚」字，與漢書合。

〔三〕【集解】徐廣曰：「挺，猶脱也。」【索隱】徐廣云「挺，奪也」。按：奪即脱也。説文云「挺，拔也」。案：謂尉拔劍，而廣因奪之，故得殺尉。【正義】梁丘賀傳云「前旄頭劍挺」是也。【考證】顏師古曰：尉劍自拔出，廣由奪取之。

〔四〕【集解】服虔曰：「藉，假也。弟，次弟也。」應劭曰：「藉，吏士名藉也。言今失期當斬，就使藉弟幸得不斬，戍死者固十六七。此激怒其衆也。」蘇林曰：「弟，且也。」【索隱】蘇林云「藉第，假借且令失期不斬，則戍死者固十七八」。然弟，一音「次第」之「第」。又小顏云「弟，但也」；劉氏云「藉，音子夜反」；應劭讀如字，云「藉吏士之名藉也」。各以意言，蘇説爲近之也。

〔五〕【索隱】大名，謂大名稱也。【考證】王先謙曰：大名即謂侯王之屬。項籍傳「衆欲立陳嬰爲王。嬰母言暴得大名，不祥」，是其證。

〔六〕【考證】陳勝初志止於欲爲王侯將相，與項羽曰「彼可取而代也」，漢高曰「大丈夫當如此」，詞氣自異。

〔七〕【考證】漢書「欲」作「望」。

〔八〕【考證】顏師古曰：袒右者，脱右肩之衣，當時取異於凡衆也。愚按：與項羽紀「蒼頭特起」相似，與呂后紀、田單傳「右袒」自別。

〔九〕【索隱】音機，又音祈，縣名，屬沛郡。【考證】漢書「鄉」下有「拔之」二字，「收」下有「兵」字。楓山本亦有「兵」字。蘄，今安徽宿州南蘄縣故城。大澤鄉在宿縣西南。

〔一〇〕【索隱】下，降也。謂以兵臨而即降也。

〔一一〕【索隱】韋昭云：「符離屬沛郡。」李奇云：「徇，略也。音辭峻反。」【考證】符離，今鳳陽府宿州治。

〔一二〕【集解】徐廣曰：「苦、柘屬陳，餘皆在沛也。」【考證】顏師古曰：五縣名也。銍，音竹乙反。酇，音才多反。

〔一三〕【索隱】地理志陳縣屬淮陽。【考證】陳，今安徽淮寧縣治。

〔一四〕【正義】今陳州城也。本楚襄王築，古陳國城也。

〔一五〕【索隱】張晏云「郡守及令皆不在」，非也。按：地理志云秦三十六郡，並無陳郡，則陳止是縣。言守令，則守非官也，與下守丞同也，則「皆」字是衍字。【考證】顏師古曰：守，郡守也。令，縣令也。中井積德曰：陳守令，謂陳縣令及當郡之守也。下文「李由爲三川守，守滎陽」可以見矣。王先謙曰：陳是秦、楚郡治，故有守有令。

〔一六〕【索隱】蓋謂陳縣之城門，一名麗譙，故曰「譙門中」，非上譙縣之門也。譙縣守前已下故也。【考證】顏師古曰：守丞，郡丞之居守者。劉奉世曰：門名譙。陳與譙鄰。譙門，去譙路者也。

〔一七〕【考證】李笠曰：漢傳無「令」字，是。高祖紀正義云「百官表云『十里一亭，亭有長。十亭一鄉，鄉有三老。三老，掌教化，皆秦制也』」。

〔一八〕【考證】顏師古曰：堅，堅甲。銳，利兵也。

〔一九〕【索隱】按：李奇云「欲張大楚國，故稱張楚也」。【考證】張楚，國號，取張大之義。張耳陳餘列傳「陳王今已張大楚王陳」。

當此時，諸郡縣苦秦吏者，皆刑其長吏，殺之以應陳涉。乃以吳叔爲假王，監諸將，〔一〕以西擊滎陽。〔二〕令陳人武臣、張耳、陳餘徇趙地，令汝陰人鄧宗徇九江郡。當此時，楚兵數千人爲聚者不可勝數。

〔一〕【考證】叔，吳廣字。漢書作「廣」，下同。

〔二〕【考證】滎陽，河南滎澤縣西南。

葛嬰至東城，〔一〕立襄彊爲楚王。嬰後聞陳王已立，因殺襄彊，還報。至陳，陳王誅殺葛嬰。陳王令魏人周市北徇魏地。〔二〕吳廣圍滎陽。李由爲三川守，守滎陽，〔三〕吳叔弗能下。陳王徵國之豪傑與計，〔四〕以上蔡人房君蔡賜爲上柱國。〔五〕

〔一〕【索隱】地理志屬九江。【正義】括地志云：「東城故城，在濠州定遠縣東南五十里也。」【考證】今安徽定遠縣東南。

〔二〕【考證】顔師古曰：即梁地，非河東之魏也。

〔三〕【索隱】三川，今洛陽也。地有伊、洛、河，故曰三川。秦曰三川，漢曰河南郡。李由，李斯子也。

〔四〕【考證】古鈔本、楓山、三條本「國」下有「中」字。

〔五〕【集解】漢書音義曰：「房君，官號也。姓蔡，名賜。」瓚曰：「房邑君也。」【索隱】房，邑也。爵之於房，號曰房君。蔡賜其姓名。晉灼按張耳傳言「相國房君」者蓋誤耳。涉始號楚，因楚有柱國之官，故以官蔡賜。蓋其時草創，亦未置相國之官也。【正義】豫州吳房縣，本房子國，是所封也。【考證】顔師古曰：房君，封邑之名，非官號也。

周文，陳之賢人也，〔一〕嘗爲項燕軍視日，事春申君，〔二〕自言習兵，陳王與之將軍印，西擊秦。行收兵至關，車千乘，卒數十萬，至戲，軍焉。〔三〕秦令少府章邯免酈山徒人、奴產子生，〔四〕悉發以擊楚大軍，盡敗之。〔五〕周文敗走出關，止次曹陽〔六〕二三月。〔七〕章邯追敗之，復走次澠池十餘日。〔八〕章邯擊，大破之。周文自剄，〔九〕軍遂不戰。

〔一〕【集解】文穎曰：「即周章。」

〔二〕【集解】如淳曰：「視日時吉凶舉動之占也。司馬季主爲日者。」【考證】春申君，楚相黄歇。

〔三〕【正義】即京東戲亭也。【考證】「擊」下「秦」字依楓山、三條本增。漢書亦有。漢書「數十萬」作「十萬」。王先和曰：漢書張耳陳餘、劉向傳並云「周文將卒百萬」。史記淮南王安傳云「周章之兵百二十萬」，蓋是當時號稱之數，不如陳涉傳爲得其實。愚按：今陝西臨潼縣東北有戲亭，戲水所逕。戲水出驪山，入渭。

〔四〕【集解】服虔曰：「家人之產奴也。」【索隱】按：漢書無「生」字，小顏云「猶今言家產奴也」。

〔五〕【考證】漢書作「擊楚軍大敗之」。中井積德曰：「大」字疑衍。

〔六〕【索隱】晉灼云：「亭名也，在弘農東十二里。」小顏云「曹水之陽也。其水出陝縣西南峴頭山，北流入河。魏武帝謂之好陽也」。【正義】括地志云：「曹陽故亭，亦名好陽亭，在陝州桃林縣東南十四里。崔浩云『曹陽阬名，自南出北通於河』。按：魏武帝改曰好陽也。」【考證】曹陽，今陝州曹陽。

〔七〕【考證】漢書「二三月」作「二月餘」。中井積德曰：「二三月」當屬上文，下文「十餘日」亦然。葉德輝曰：史記月表「二世元年九月，周文兵至戲，敗走。二年十月，周文死」。漢書陳勝傳「二月餘」，與表合。史記作「二三月」，亦約計之。秦以十月爲歲首，九月至十一月，凡三月也。

〔八〕【正義】澠池，河南府縣是也。【考證】今河南澠池縣治。澠，音湎。

〔九〕【集解】徐廣曰：「十一月也。」【索隱】越系家「句踐使罪人三行屬劒於頸，曰『不敢逃刑』，乃自剄」。郭璞注三蒼以爲「剄，刺也」。

武臣到邯鄲，自立爲趙王，〔一〕陳餘爲大將軍，張耳、召騷爲左右丞相。〔二〕陳王怒，捕繫武臣等家室欲誅之。〔三〕柱國曰：「秦未亡，而誅趙王將相家屬，此生一秦也。不如因而立之。」〔四〕陳王乃遣使者賀趙，而徙繫武臣等家屬宮中，而封耳子張敖爲成都君，〔五〕趣趙兵〔六〕亟入關。〔七〕趙王將相相與謀曰：「王王趙，非楚意也。楚已誅秦，必加兵於趙。計莫如毋西兵，使使北徇燕地以自廣也。〔八〕趙南據大河，北有燕、代，楚雖勝秦，不敢制趙。若楚不勝秦，必重趙。趙乘秦之獘，可以得志於天下。」〔九〕趙王以爲然，因不西兵，而遣故上谷卒史韓廣將兵北徇燕地。〔一〇〕

〔一〕【考證】邯鄲，今縣，屬直隸（永年縣）〔廣平府〕。

〔二〕【考證】顏師古曰：召讀曰邵。

〔三〕【考證】楓山、三條本「王」下有「勝」字。

〔四〕【考證】柱國，即房君蔡賜。張耳傳作「相國房君」。顏師古曰：言爲讎敵與秦無異。

〔五〕【正義】成都，蜀郡縣，涉遥封之。【考證】王先謙曰：後漢南陽郡有成都縣，當是敖封邑。

〔六〕【索隱】上音促。促，謂催促也。

〔七〕【索隱】亟，音棘，亟急也。

〔八〕【考證】顏師古曰：毋西兵，勿令兵西出也。

〔九〕【考證】古鈔本「乘秦」下有「楚」字，與漢書合。李笠曰：漢傳「若」下無「楚」字，「乘」下有「楚」字，是也。若不勝，即根上「楚雖勝」，而無庸更出「楚」字甚明。又上既以楚勝與重趙成對，故重趙則兼乘秦楚之弊矣，若但云「乘秦弊」，則「楚」字無着矣。

〔一〇〕【考證】張晏曰：卒史，曹史也。

燕故貴人豪傑〔一〕謂韓廣曰：「楚已立王，趙又已立王。燕雖小，亦萬乘之國也，願將軍立爲燕王。」韓廣曰：「廣母在趙，不可。」燕人曰：「趙方西憂秦，南憂楚，其力不能禁我。且以楚之彊，不敢害趙王將相之家，趙獨安敢害將軍之家！」韓廣以爲然，乃自立爲燕王。居數月，趙奉燕王母及家屬歸之燕。

〔一〕【考證】王先慎曰：故貴人，謂昔六國時燕貴人而今失勢者。

當此之時，諸將之徇地者，不可勝數。周市北徇地至狄，〔一〕狄人田儋殺狄令，自立爲齊王，以齊反擊周市。〔二〕市軍散，還至魏地，欲立魏後故甯陵君咎爲魏王。〔三〕時咎在陳王所，不得之魏。魏地已定，欲相與立周市爲魏王，周市不肯。使者五反，陳王乃立甯陵君咎爲魏王，遣之國。周市卒爲相。

〔一〕【集解】徐廣曰：「今之臨濟。」【考證】狄，山東青州高苑縣。

〔二〕【考證】中井積德曰：反，畔也。狄初服降，故云。愚按：漢書無「以齊」二字。反，顧也。中說非是。

〔三〕【集解】應劭曰：「魏之諸公子，名咎。欲立六國後以樹黨。」【索隱】晉灼云：「今在梁國也。」按：今梁國有寧陵縣是也，字轉異耳。【正義】括地志云：「宋州寧陵縣城，古甯陵城也。」

將軍田臧等相與謀曰：〔一〕「周章軍已破矣，〔二〕秦兵旦暮至，我圍滎陽城弗能下，秦軍至，必大敗。不如少遺兵，足以守滎陽，悉精兵迎秦軍。〔三〕今假王驕，不知兵權，不可與計，非誅之，事恐敗。」因相與矯王令，以誅吳叔，〔四〕獻其首於陳王。〔五〕陳王使使賜田臧楚令尹印，使爲上將。〔六〕田臧乃使諸將李歸等守滎陽城，自以精兵西迎秦軍於敖倉。與戰，田臧死，軍破。章邯進兵，擊李歸等滎陽下，破之，李歸等死。

〔一〕**【考證】**中井積德曰：「將軍田臧」以下，別是一事。凌稚隆曰：接前周文自剄，軍遂不戰。

〔二〕**【考證】**服虔曰：周章乃周文。

〔三〕**【索隱】**按：遺，謂留餘也。**【考證】**各本「遺」作「遣」，今依索隱本。漢書亦作「遺」。「足」字上添「使」字看。

〔四〕**【考證】**古鈔本、楓山、三條本「令」作「命」。漢書「吳叔」作「吳廣」。

〔五〕**【考證】**吳廣事終于此。

〔六〕**【考證】**王鏊曰：陳涉兵無紀律若此。

陽城人鄧說〔一〕將兵居郯，〔二〕章邯別將擊破之，鄧說軍散走陳。銍人伍徐〔三〕將兵居許，〔四〕章邯擊破之，伍徐軍皆散走陳。陳王誅鄧說。

〔一〕**【索隱】**地理志陽城縣屬潁川。說，音悅。凡人名皆音悅。

〔二〕**【索隱】**音談。小顏云「東海之縣名」，非也。按：章邯軍此時未至東海，此郯別是地名。或恐「郯」當作「郟」。郟是郟鄏之地，或見下有東海郯，故誤。**【正義】**屬海州，疑「郯」當作「郟」，音紀洽反。郟即春秋時郟地，楚郟敖葬之，今汝州郟城縣是。鄧說是陽城人。陽城，河南府縣，與郟城縣相近，又走陳，蓋「郟」字誤作

「郯」耳。【考證】陽城，今河南登封縣東南。郟，今汝州郟縣治。

〔三〕【集解】徐廣曰：「一作『逢』。」【索隱】地理志銍，縣名，屬沛。〔伍徐〕，漢書作「伍逢」。

〔四〕【正義】括地志云：「許州許昌縣，本漢許縣。地理志云：許縣故國，姜姓，四岳之後，太叔所封，二十四君，爲楚所滅，漢以爲縣。魏文帝即位，改許曰許昌也。」【考證】許，今河南許州治。

陳王初立時，陵人秦嘉、〔一〕銍人董緤、符離人朱雞石、取慮人鄭布、徐人丁疾等皆特起，將兵圍東海守慶於郯。〔二〕陳王聞，乃使武平君畔爲將軍，監郯下軍。〔三〕秦嘉不受命，嘉自立爲大司馬，惡屬武平君，告軍吏曰：「武平君年少，不知兵事，勿聽！」因矯以王命，殺武平君畔。

〔一〕【集解】地理志泗水國有陵縣也。【考證】陵，漢書作「淩」。項羽本紀集解引陳涉世家作「廣陵」。

〔二〕【索隱】地理志取慮，縣名，屬臨淮。音秋閭二音。取又音子臾反。【正義】東海，今海州。【考證】郯，今山東郯城縣西南。

〔三〕【集解】張晏曰：「畔，名也。」

章邯已破伍徐，擊陳，柱國房君死。章邯又進兵，擊陳西張賀軍。陳王出監戰，軍破，張賀死。

臘月，〔一〕陳王之汝陰，還至下城父，〔二〕其御莊賈殺以降秦。陳勝葬碭，謚曰隱王。〔三〕

〔一〕【集解】張晏曰：「秦之臘月，夏之九月。」瓚曰：「建丑之月也。」【索隱】臣瓚云：「建丑之月也。」顔游秦云：

「按史記表『二世二年十月，誅葛嬰，十一月，周文死，十二月，陳涉死』是也。」宗懍荆楚記云：「臘節在十二月，故因是謂之臘月也。」【考證】中井積德曰：臘，祭名，用建丑之月爲之，故月稱臘月。

〔二〕【索隱】按：舊以陳王從汝陰還至城父縣，因降之，故云「還至下城父」。又顧氏按郡國志，山桑縣有下城父聚，在城父縣東，下讀如字，其説爲得之。【考證】汝陰，今河南汝寧府新蔡縣。下城父，今安徽潁州府蒙城縣。

〔三〕【正義】碭，音唐。今宋州碭山縣是。【考證】碭，今河南歸德府。

陳王故涓人將軍呂臣〔一〕爲蒼頭軍，〔二〕起新陽，〔三〕攻陳下之，殺莊賈，復以陳爲楚。〔四〕

〔一〕【集解】應劭曰：「涓人如謁者。將軍姓呂，名臣也。」晉灼曰：「呂氏春秋『荆柱國莊伯令謁者駕，令涓人取冠』。」【索隱】涓，音公玄反。服虔云：「給涓通也。如今謁者。」【考證】顏師古曰：涓，潔也。涓人，主潔除之人。沈欽韓曰：吴語楚靈王呼涓人「疇」，呂覽淫辭篇「荆柱國莊伯使涓人取冠」，楚有此官，舊矣。

〔二〕【索隱】韋昭云：「軍皆著青帽。」【考證】服虔曰：若赤眉之號以相別也。

〔三〕【集解】徐廣曰：「在汝南也。」【正義】括地志云：「新陽故城，在豫州真陽縣西南四十二里，漢新陽縣城。應劭云在新水之陽也。」【考證】今安徽太和縣西北。

〔四〕【索隱】爲，如字讀。謂又以陳地爲楚國。【考證】凌稚隆曰：陳勝事終于此。

初，陳王至陳，令銍人宋留將兵定南陽，入武關。〔一〕留已徇南陽，聞陳王死，南陽復爲秦。〔二〕宋留不能入武關，乃東至新蔡，遇秦軍，〔三〕宋留以軍降秦。秦傳留至咸陽，車裂留以徇。

〔一〕【考證】南陽，今河南南陽府。武關，今陝西商縣東。凌稚隆曰：「陳王至陳」以下乃追敘陳王所以敗之理。

〔二〕【考證】顏師古曰：爲，于僞反。王先謙曰：爲，如字。上文以陳爲楚。

〔三〕【考證】新蔡，今河南汝寧府新蔡縣。

秦嘉等聞陳王軍破出走，乃立景駒爲楚王，〔一〕引兵之方與，〔二〕欲擊秦軍定陶下，〔三〕使公孫慶使齊王，欲與并力俱進。齊王曰：「聞陳王戰敗，不知其死生，楚安得不請而立王？」公孫慶曰：「齊不請楚而立王，楚何故請齊而立王！且楚首事，當令於天下。」田儋誅殺公孫慶。〔四〕

〔一〕【集解】徐廣曰：「正月，嘉爲上將軍。」

〔二〕【正義】房預二音。方與，兗州縣也。【考證】今山東濟寧府魚臺縣北。

〔三〕【正義】今曹州也。【考證】今山東定陶縣西北。漢書作「濟陰」。

〔四〕【考證】漢書無「誅」字。

秦左右校復攻陳，下之。〔一〕呂將軍走，收兵復聚。〔二〕鄱盜當陽君黥布之兵相收，〔三〕復擊秦左右校，破之青波，〔四〕復以陳爲楚。會項梁立懷王孫心爲楚王。

〔一〕【索隱】按：即左右校尉軍也。

〔二〕【考證】漢書「收」作「徼」。如淳注「徼，要也」。愚按：史義長。

〔三〕【集解】鄱，音婆。英布居江中爲羣盜，陳勝之起，布歸番君吳芮，故謂之「鄱盜」也。【考證】漢書「鄱」上有「與」字，「收」作「遇」。方苞曰：相收者，彼此合爲一也。「鄱盜當陽君」云云者，勢不相下，故特起此文也。

〔四〕【集解】漢書音義曰：「地名也。」【考證】漢書「復」作「攻」。沈欽韓曰：青波即青陂也。一統志青陂在汝寧府新蔡縣西南接息縣界。

陳勝王凡六月。已爲王，王陳。其故人嘗與傭耕者聞之，〔一〕之陳，扣宮門曰：「吾欲見涉。」宮門令欲縛之。自辯數，〔二〕乃置，不肯爲通。陳王出，遮道而呼涉。陳王聞之，乃召見，載與俱歸。入宮，見殿屋帷帳，客曰：「夥頤，涉之爲王，〔三〕沈沈者！」〔四〕楚人謂多爲夥，〔五〕故天下傳之，夥涉爲王，由陳涉始。〔六〕客出入愈益發舒，言陳王故情。或説陳王曰：「客愚無知，顓妄言輕威。」陳王斬之。諸陳王故人皆自引去，由是無親陳王者。〔七〕陳王以朱房爲中正，〔八〕胡武爲司過，主司羣臣。諸將徇地，至令之不是者，繫而罪之，以苛察爲忠。其所不善者，弗下吏，輒自治之。陳王信用之。〔九〕諸將以其故不親附。此其所以敗也。

〔一〕**【考證】**凌稚隆曰：應前傭耕。

〔二〕**【集解】**晉灼曰：「數，音朋友數，斯疏矣。」**【索隱】**一音疏主反。謂自辯説，數與涉有故舊事驗也。又音朔。數，謂自辯往數與涉有故，此數猶「朋友數」之數也。

〔三〕**【索隱】**服虔云：「楚人謂多爲夥。」按：又言「頤」者，助聲之辭也。謂涉爲王，宮殿帷帳，庶物夥多，驚而偉之，故稱「夥頤」也。

〔四〕**【集解】**應劭曰：「沈沈，宮室深邃貌。沈，音長含反。」**【索隱】**應劭以爲「沈沈」宮室深邃貌，故音長含反。而劉伯莊以「沈沈」猶「談談」，謂故人呼爲「沈沈」者，猶俗云「談談漢」是。**【考證】**沈與耽、覃聲近義同，大也，深也。張衡西京賦「大夏耽耽」，左思魏都賦「耽耽帝宇」。

〔五〕**【考證】**周壽昌曰：方言「凡物盛多謂之寇，齊宋之郊、楚魏之際曰夥」，非獨楚語然矣。

〔六〕**【考證】**王先謙曰：漢世相傳鄙語。俞正燮曰：夥頤者驚大之辭，二字合音。漢書止作「夥」，史亦止云「楚人謂多爲夥」，又連涉爲「夥涉」，知「頤」字是合上音矣。楚人謂多爲夥者，多即驚大也。天下傳之，夥涉爲王由陳涉始者，言其時天下相王者多，時人輕之。謂王爲「夥涉」，蓋廋辭相喻也。夥、頤合音若風，今俗語猶然。應劭「夥，音禍」，乃長言之。

〔七〕【索隱】顧氏引孔叢子云「陳勝爲王，妻之父兄往焉。勝以衆賓待之，妻父怒云：『怙强而傲長者，不能久焉。』不辭而去」。是其事類也。

〔八〕【考證】漢書作「朱防」。

〔九〕【索隱】謂朱房、胡武等，以素所不善者，即自驗問，不往下吏。【正義】言諸將不如令，及己所不善者，不下吏，朱房、胡武輒自治之，以苛察爲忠正，陳王乃任之。

陳勝雖已死，其所置遣侯王將相竟亡秦，由涉首事也。〔一〕高祖時，爲陳涉置守冢三十家碭，至今血食。〔二〕

〔一〕【考證】敘事中插議論。陳仁錫曰：陳涉蓋首事亡秦者。太史公特作世家，敘其自立爲楚王，兼及當時起兵者。末總結之曰：「其所置遣侯王將相竟亡秦，由涉首事也」，二句括盡之矣。

〔二〕【考證】高祖紀云「予守冢十家」，與此異。祭必薦毛血，故曰「血食」。莊六年左傳「抑社稷實不血食，而君焉取餘」。吳仁傑曰：史通云：「陳涉世家稱其子孫至今血食。漢書涉傳乃具載遷文。即如是，豈陳氏苗裔祚流東京乎？」余案：高帝詔楚隱王亡後，其與守冢十家。則勝固已亡後矣，世家初不著「子孫」兩字，不知劉知幾何以言之。句踐表會稽山以爲范蠡奉邑，事正類此。蓋使尸而祝之耳。

褚先生曰：〔一〕地形險阻，所以爲固也；兵革刑法，所以爲治也。猶未足恃也。夫先王以仁義爲本，而以固塞文法爲枝葉，豈不然哉！吾聞賈生之稱曰：

〔一〕【集解】徐廣曰：「一作『太史公』」。駰案：班固奏事云「太史遷取賈誼過秦上下篇，以爲秦始皇本紀、陳涉世家下贊文」，然則言「褚先生」者，非也。【索隱】徐廣與裴駰據所見別本及班彪奏事，皆云合作「太史公」。今據此是褚先生述史記，加此贊首「地形險阻」數句，然後始稱賈生之言，因即改太史公之目，而自題己位號也。已下義並見始皇本紀。【考證】據班固奏事，「褚先生」當作「太史公」。徐廣所引一本是。蓋史記各篇，必有論贊，此篇不可獨缺也。「地形險阻」數句，亦史公之言。說又詳于始皇本紀。

「秦孝公據殽函之固，〔一〕擁雍州之地，君臣固守，以窺周室，有席卷天下，包舉宇内，囊括四海之意，并吞八荒之心。當是時也，商君佐之，内立法度，務耕織，修守戰之備，外連衡而鬭諸侯。於是秦人拱手而取西河之外。

〔一〕【集解】韋昭曰：「殽，謂二殽。函，函谷關也。」

「孝公既没，惠文王、武王、昭王蒙故業，因遺策，南取漢中，西舉巴蜀，東割膏腴之地，收要害之郡。〔一〕諸侯恐懼，會盟而謀弱秦，不愛珍器重寶肥饒之地，以致天下之士，合從締交，相與爲一。當此之時，齊有孟嘗，趙有平原，楚有春申，魏有信陵：此四君者，皆明知而忠信，寬厚而愛人，尊賢而重士，約從連衡，兼韓、魏、燕、趙、宋、衛、中山之衆。〔二〕於是，六國之士有甯越、徐尚、蘇秦、杜赫之屬爲之謀；齊明、周冣、〔三〕陳軫、邵滑、〔四〕樓緩、翟景、蘇厲、樂毅之徒通其意；吳起、孫臏、帶他、兒良、王廖、田忌、廉頗、趙奢之倫制其兵，嘗以什倍之地，百萬之師，仰關而攻秦。〔五〕秦人開關而延敵，九國之師〔六〕遁逃而不敢進。秦無亡矢遺鏃之費，而天下固已困矣。於是從散約敗，〔七〕爭割地而賂秦。秦有餘力而制其弊，追亡逐北，伏尸百萬，流血漂櫓，〔八〕因利乘便，宰割天下，分裂山河，彊國請服，弱國入朝。

〔一〕【考證】賈誼新書「收」上有「北」字。

〔二〕【考證】新書、始皇紀、漢書並「連衡」作「離衡」，此誤。「燕」下脱「楚齊」二字。

〔三〕【正義】音聚。

〔四〕【正義】「邵」作「昭」。

〔五〕【索隱】仰，字亦作「卬」，並音仰。謂秦地形高，故並仰向關門而攻秦。有作「叩」字，非也。

〔六〕【索隱】九國者，謂六國之外，更有宋、衛、中山。

〔七〕【考證】始皇紀、新書、文選「敗」作「解」。

〔八〕【索隱】説文云「櫓，大楯也。」【考證】始皇紀、漢書作「鹵」。

「施及孝文王、莊襄王，享國之日淺，國家無事。〔一〕

〔一〕【考證】新書、始皇紀無「之」字。

「及至始皇，奮六世之餘烈，振長策而御宇內，吞二周而亡諸侯，履至尊而制六合，執敲朴以鞭笞天下，威振四海。〔一〕南取百越之地，以爲桂林、象郡，百越之君俛首係頸，委命下吏。乃使蒙恬北築長城而守藩籬，卻匈奴七百餘里，胡人不敢南下而牧馬，士亦不敢貫弓而報怨。〔二〕於是廢先王之道，燔百家之言，以愚黔首，隳名城，殺豪俊，收天下之兵，聚之咸陽，銷鋒鍉，〔三〕鑄以爲金人十二，〔四〕以弱天下之民，〔五〕然後踐華爲城，因河爲池，據億丈之城，臨不測之谿，以爲固。良將勁弩，守要害之處，信臣精卒，陳利兵而誰何。〔六〕天下已定，始皇之心，自以爲關中之固，金城千里，子孫帝王萬世之業也。

〔一〕【索隱】臣瓚云「短曰敲，長曰朴」。

〔二〕【索隱】貫，音烏還反，又如字。貫，謂上弦也。【考證】新書、始皇紀、漢書、文選「貫」作「彎」。

〔三〕【集解】徐廣曰：「一作『鏑』。」【正義】鍉，音的，注鏑同音。

〔四〕【索隱】各重千石，坐高二丈，號曰「翁仲」。【考證】始皇紀「銷鋒鍉鑄」作「銷鋒鑄鐻」。

〔五〕【考證】始皇紀「天下」作「黔首」。

〔六〕【索隱】音呵，亦「何」字，猶今巡更問何誰。

「始皇既没，餘威振於殊俗。然而陳涉，甕牖繩樞之子，甿隸之人，而遷徙之徒也。〔一〕材能不及中人，非有仲尼、墨翟之賢，陶朱、猗頓之富也。躡足行伍之閒，俛仰仟佰之中，〔二〕率罷散之卒，將數百之衆，轉而攻秦，斬木爲兵，揭竿爲旗，天下雲會響應，贏糧而景從，山東豪俊遂並起，而亡秦族矣。

〔一〕【集解】徐廣曰：「田民曰甿。音亡更反。」

〔二〕【索隱】仟佰，謂千人百人之長也。音千百。漢書作「阡陌」。如淳云「時皆僻屈在阡陌之中」。陌，音貊。

「且天下非小弱也；雍州之地，殽函之固，自若也。陳涉之位，非尊於齊、楚、燕、趙、韓、魏、宋、衛、中山之君也；且耰棘矜，〔一〕非銛於句戟長鎩也；適戍之衆，非儔於九國之師也。〔二〕深謀遠慮，行軍用兵之道，非及鄉時之士也。〔三〕然而成敗異變，功業相反也。嘗試使山東之國，與陳涉度長絜大，比權量力，則不可同年而語矣。〔四〕然而秦以區區之地，致萬乘之權，抑八州而朝同列，百有餘年矣。〔五〕然後以六合爲家，殽函爲宮，一夫作難而七廟墮，身死人手，爲天下笑者，何也？仁義不施，而攻守之勢異也。」〔六〕

〔一〕【索隱】鉏櫌，謂鉏木也。論語曰「櫌而不輟」是也。棘，戟也。矜，戟柄也。音勤。【考證】「且」作「鉏」。

〔二〕【考證】「儔」作「抗」。

〔三〕【索隱】鄉，音香亮反。鄉時，猶往時也。蓋謂孟嘗、信陵、蘇秦、陳軫之比也。

〔四〕【索隱】絜，音下結反。謂如結束知其大小也。

〔五〕【索隱】謂秦强而抑八州，使朝己也。漢書作「招八州」，亦通也。

〔六〕【索隱】施，式豉反。言秦虎狼之國，其仁義不施及於天下，故亡也。【考證】解注具于始皇本紀。

【索隱述贊】天下匈匈，海內乏主。掎鹿爭捷，瞻烏爰處。陳勝首事，厥號張楚。鬼怪是憑，鴻鵠自許。葛嬰東下，周文西拒。始親朱房，又任胡武。夥頤見殺，腹心不與。莊賈何人，反噬城父！

史記會注考證卷四十九

外戚世家第十九　史記四十九

【索隱】外戚，紀后妃也，后族亦代有封爵故也。漢書則編之列傳之中。王隱則謂之爲紀，而在列傳之首。【考證】史公自序曰：「成皐之臺，薄氏始基。詘意適代，厥崇諸竇。栗姬偩貴，王氏乃遂。陳后太驕，卒尊子夫。嘉夫德若斯，作外戚世家第十九。」徐孚遠曰：紀后妃而號曰外戚，非也。後代史書，皇后自作紀，而外戚別作傳，乃爲得之。查慎行曰：史記外戚世家，漢書改入列傳，又詳紀後宮爵位稱號，可補司馬之缺。

自古受命帝王及繼體守文之君，〔一〕非獨內德茂也，蓋亦有外戚之助焉。〔二〕夏之興也以塗山，〔三〕而桀之放也以末喜。〔四〕殷之興也以有娀，〔五〕紂之殺也嬖妲己。〔六〕周之興也以姜原〔七〕及大任，〔八〕而幽王之禽也淫於褒姒。〔九〕故易基乾坤，〔一〇〕詩始關雎，〔一一〕書美釐降，〔一二〕春秋譏不親迎。〔一三〕夫婦之際，人道之大倫也。禮之用，唯婚姻爲兢兢。〔一四〕夫樂調而四時和，陰陽之變，萬物之統也。可不慎與？〔一五〕人能弘道，無如命何。〔一六〕甚哉，妃匹之愛，〔一七〕君不能得之於臣，父不能得之於子，況卑下乎！〔一八〕既驩合矣，或不能成子姓；〔一九〕能成子姓矣，或不能要其終：〔二〇〕豈非命也哉？孔子罕稱命，蓋難言之也。〔二一〕非通幽明之變，惡能識乎性命哉？〔二二〕

〔一〕【索隱】按：繼體，謂非創業之主，而是嫡子繼先帝之正體而立者也。守文，猶守法也，謂非受命創制之君，但守先帝法度爲之主耳。【正義】繼體，謂嫡子繼先祖者也。守文，謂守先祖法令也。【考證】顏師古曰：繼體，謂嗣位也。中井積德曰：承父祖之統者，皆繼體矣，不必論嫡庶。

〔二〕【索隱】按：謂非獨君德於內茂盛，而亦有賢后妃外戚之親以助教化。【正義】內德，謂皇后也。外戚，謂皇后親戚也。【考證】「內德」二字緊承「君」字，則索隱爲是。

〔三〕【索隱】韋昭云：「塗山，國名，禹所娶，在今九江。」應劭云：「九江當塗有禹墟。」大戴云『禹娶塗山氏之女，謂之僑，僑產啓』。」

〔四〕【索隱】國語「桀伐有施，有施人以妹喜女焉」，韋昭云「有施氏女，姓喜」。

〔五〕【索隱】韋昭云：「契母簡狄，有娀國女。音嵩。」

〔六〕【索隱】國語「殷辛伐有蘇氏，有蘇氏以妲己女焉」。按：有蘇，國也。己，姓也。妲，字也。包愷云「妲，音丁達反」。【考證】漢書「紂」上有「而」字，與上下文一例。

〔七〕【索隱】系本云：「帝嚳上妃有邰氏之女曰姜原。」鄭玄箋詩云：「姜姓，嫄名，履大人跡而生后稷。」

〔八〕【索隱】按：大任，文王之母，故詩云「摯仲氏任」，毛（詩）〔傳〕云「摯國任姓之中女也」。

〔九〕【索隱】國語曰：「幽王伐有褒，有褒人以褒姒女焉。」按：褒是國名，姒是其姓，即龍漦之子，褒人育而以女於幽王也。然此文自「夏之興」至「褒姒」，皆是史蘇之詞。見國語及列女傳。

〔一〇〕【考證】易卦以乾坤始。繫辭云「乾道成男，坤道成女。乾知大始，坤作成物」。

〔一一〕【考證】詩大序「關雎，后妃之德也，風之始也，所以風天下而正夫婦也」。愚按：史公説詩，此與毛義同，與十二諸侯表序、孔子世家所述異。

〔一二〕【考證】顔師古曰：釐，理也。尚書堯典稱舜之美云「釐降二女于嬀汭」，言堯欲觀舜治迹，以己之二女妻之，舜能以治降下二女，以成其德。

〔一三〕【索隱】按：公羊「紀裂繻來逆女，何以書？譏也，譏不親迎也」。【考證】隱二年公羊傳。

〔一四〕【考證】顔師古曰：兢兢，戒慎也。楓山、三條本「夫婦」上有「陰陽」二字。

〔一五〕【索隱】以言若樂聲調，能令四時和，而陰陽變，則能生萬物，是陰陽即夫婦也。夫婦道和，而能化生萬物。萬物人爲之本，故云「萬物之統」。

〔一六〕【考證】顔師古曰：論語載孔子曰「人能弘道，非道弘人」，又稱子路曰「道之將興，命也；道之將廢，命也。公伯寮其如命何」，故引之。愚按：顔説「路」字衍。

〔一七〕【索隱】妃，音配，又如字。

〔一八〕【索隱】以言夫婦親愛之情，雖君父之尊而不奪臣子所好愛，使移其本意，是不能得也。故曰「匹夫不可奪志」也。【正義】言臣子有親愛之情，君父雖尊，猶不能奪，況乎卑下而能止制乎？【考證】沈欽韓曰：秦策「父之於子也，令有必行者。必行者曰『去貴妻賣愛妾』，此令必行者也。因曰『敢毋思也』，此令必不行者也」。後書郅惲引此語。愚按：言君父不能使臣子愛己如其妃匹。諸説未得。

〔一九〕【索隱】按：鄭玄注禮記云「姓者生也。子姓，謂衆孫也」。按：即趙飛燕等是也。【正義】言無子孫。【考證】中井積德曰：子姓，謂子與孫也。姓，生也。謂子之所生。禮文爲然，但此汎用，似單稱子也。仍是「姓，生也」之意矣。

〔二〇〕【索隱】按：謂有始不能要其終也，以言雖有子姓，而意不能要終，如栗姬、衛后等是也。

〔二一〕【考證】論語子罕篇「子罕言利與命與仁」，史公以「稱」字易「言」字。論語「罕言」字管到「利」、「命」、「仁」三字，説既見孔子世家。馮班曰：先本六藝，言妃匹之際，係天下之興亡，此正言也。而漢之諸后，或不由德，特言命以志感慨，文有煙波。又曰：妙在「蓋難言之」一句，不然，與上文不相顧矣。

〔二二〕【索隱】上音烏。惡，猶於何也。【考證】論語公冶長篇子貢云「夫子之言性與天道，不可得而聞也」。易繫辭傳云「仰以觀於天文，俯以察於地理，是故知幽明之故」。

太史公曰：秦以前尚略矣，其詳靡得而記焉。漢興，呂娥姁爲高祖正后，男爲太子。〔一〕及晚節色衰愛弛，〔二〕而戚夫人有寵，〔三〕其子如意幾代太子者數矣。及高祖崩，呂后夷戚氏，誅趙王，〔四〕而高祖後宮唯獨無寵疏遠者得無恙。〔五〕

〔一〕【集解】徐廣曰：「姁，音況羽反。呂后姊字長姁也。」【索隱】呂后字，音況羽反。按：漢書呂后名雉。

〔二〕【正義】下式支反。謂閑展也，言姬嬪多也。

〔三〕【索隱】漢書云「得定陶戚姬」。

〔四〕【考證】各本「呂后」作「呂氏」，今從宋、中統、游、毛本。

〔五〕【索隱】爾雅云「恙，憂也」。一説，古者野居露宿。恙，噬人蟲也。故人相恤云「得無恙乎」。

呂后長女爲宣平侯張敖妻，敖女爲孝惠皇后。〔一〕呂太后以重親故欲其生子萬方，終無子，〔二〕詐取後宮人子爲子。〔三〕及孝惠帝崩，天下初定未久，繼嗣不明。於是貴外家，王諸呂，以爲輔，而以呂祿女爲少帝后，〔四〕欲連固根本牢甚，然無益也。〔五〕

〔一〕【索隱】按：皇甫謐云名嫣。

〔二〕【考證】周壽昌曰：張后爲帝姊之女，以配帝，故云「重親」。

〔三〕【考證】説詳呂后紀。

〔四〕【考證】何焯曰：前所立者，自呂后時已幽死。此云少帝，即恒山王。

〔五〕【考證】亦命也。

高后崩，合葬長陵。〔一〕祿、産等懼誅，謀作亂。大臣征之，天誘其統，卒滅呂氏。〔二〕唯獨置孝惠皇后居北宮，〔三〕迎立代王，是爲孝文帝，奉漢宗廟。此豈非天邪？非天命孰能當之？〔四〕

〔一〕【集解】關中記曰：「高祖陵在西，呂后陵在東。漢帝后同塋則爲合葬，不合陵也。諸陵皆如此。」

〔二〕【集解】徐廣曰：「統，一作『衷』。」【考證】梁玉繩曰：作「衷」是也。史公用左氏語。愚按：天使不失高祖之統也。作「統」爲是。

〔三〕【索隱】按：宮在未央北，故曰北宮。【正義】括地志云：「北宮，在雍州長安縣西北十三里，與桂宮相近，在長安故城中。」【考證】查慎行曰：漢書改爲「廢處北宮」。按：文帝繼統，未嘗有以叔廢嫂之事，似當從史記。愚按：漢書外戚傳云「孝惠張皇后，孝文後元年薨，葬安陵，不起墳」。

〔四〕【考證】承上文「豈非命也哉」。馮班曰：已作呂后本紀，此只略敍，與漢書不同意。

薄太后父吳人，姓薄氏，秦時與故魏王宗家女魏媪通，生薄姬，〔一〕而薄父死山陰，因葬焉。〔二〕

〔一〕【索隱】媼，音烏老反。然媼是婦人之老者通號，故趙太后自稱媼，及王媼、劉媼之屬是也。【考證】周壽昌曰：媼亦當時女通稱。衛青傳「父鄭季與主家僮衛媼通」，是媼尚爲僮也。史良娣傳「良娣母爲王媼」，末年皆稱曰「王嫗」，知媼與嫗別。愚按：媼是不少女之稱。魏媼、衛媼蓋自後追言之也。中井積德曰：趙世家左師觸龍稱太后爲媼，太后未嘗自稱焉。索隱謬。

〔二〕【索隱】顧氏按冢墓記，薄父冢在會稽縣西北檝山上，今猶有兆域。檝，音莊洽反。【正義】括地志云：「檝山，在越州會稽縣西北三里，一名稷山。」檝，音莊洽反。【考證】楓山、三條本「薄」下有「姬」字，與漢書外戚傳合。

及諸侯畔秦，魏豹立爲魏王，而魏媼内其女於魏宮。媼之許負所相，相薄姬云：「當生天子。」〔一〕是時項羽方與漢王相距滎陽，天下未有所定。豹初與漢擊楚，及聞許負言，心獨喜，因背漢而畔，中立，更與楚連和。〔二〕漢使曹參等擊，虜魏王豹，以其國爲郡，而薄姬輸織室。豹已死，漢王入織室，見薄姬有色，詔内後宮，歲餘不得幸。始姬少時，與管夫人、趙子兒相愛，約曰：「先貴無相忘。」〔三〕已而管夫人、趙子兒先幸漢王。漢王坐河南宮成皋臺，〔四〕此兩美人相與笑薄姬初時約。漢王聞之，問其故，兩人具以實告漢王。漢王心慘然憐薄姬，〔五〕是日召而幸之。薄姬曰：「昨暮夜妾夢蒼龍據吾腹。」高帝曰：「此貴徵也，吾爲女遂成之。」一幸生男，是爲代王。其後薄姬希見高祖。

〔一〕【考證】許負，郭解外祖父，相周亞夫。見絳侯世家。

〔二〕【考證】顏師古曰：自謂當得天下。愚按：漢書外戚傳無「畔」字，此疑衍。

〔三〕【考證】與陳勝曰「苟富貴無相忘」詞氣相似。下文平陽公主語衛皇后亦云「即貴無相忘」。

〔四〕【索隱】按：是河南宮之成皋臺，漢書作「成皋靈臺」。西征記云「武牢城内有高祖殿，西南有武庫」。【正義】括地志云：「洛州汜水縣，古東虢州，故鄭之制邑，漢之成皋縣也。」

〔五〕【考證】漢書「慘」作「悽」。

高祖崩，諸御幸姬戚夫人之屬，呂太后怒，皆幽之，不得出宮。而薄姬以希見故得出，從子之代，爲代王太后。太后弟薄昭，從如代。

代王立十七年，高后崩。大臣議立後，疾外家呂氏彊，皆稱薄氏仁善，〔一〕故迎代王，立爲孝文皇帝，而太后改號曰皇太后，弟薄昭封爲軹侯。〔二〕

〔一〕【考證】漢書「彊」下有「暴」字。

〔二〕【索隱】按地理志，軹縣在河内，恐地遠非其封也。按：長安東有軹道亭，或當是所封也。【考證】洪亮吉曰：按外戚世家，竇廣國封章武侯，彭祖封南皮侯，皆屬勃海。田勝封周陽侯，屬上郡，較河内更遠。何獨疑軹遠非封地乎？又昭以帝舅之尊，不當僅封一亭。索隱恐誤。漢書恩澤侯表孝惠子亦封軹侯，豈亦軹道亭乎？索隱誤可知。王先謙曰：昭後有罪自殺，見漢書文紀。

薄太后母亦前死，葬櫟陽北。於是乃追尊薄父爲靈文侯，〔一〕會稽郡置園邑三百家，長丞已下吏奉守冢，寢廟上食祠如法。〔二〕而櫟陽北亦置靈文侯夫人園，如靈文侯園儀。薄太后以爲母家魏王後，早失父母，〔三〕其奉薄太后諸魏有力者，〔四〕於是召復魏氏，〔五〕及尊，賞賜各以親疏受之。〔六〕薄氏侯者凡一人。

〔一〕【考證】楓山、三條本「父」上有「姬」字。漢書作「太后父」。

〔二〕【考證】漢書「吏」作「使」。梁玉繩曰：此脱其旁耳。

〔三〕【考證】古鈔本、楓山、三條本無「母」字，與漢書合。

〔四〕【考證】古鈔本、楓山、三條本無「者」字，與漢書合。

〔五〕【考證】顔師古曰：優復之也。復，音方目反。

〔六〕【考證】「及尊」二字，漢書無。梁玉繩曰：此衍。

薄太后後文帝二年，以孝景帝前二年崩，葬南陵。〔一〕以呂后會葬長陵，故特自起陵，〔二〕近孝文皇帝霸陵。〔三〕

〔一〕【索隱】按：廟記云「在霸陵南十里，故謂南陵」。按：今在長安東滻水東東原上，名曰少陰。在霸陵西南，故曰「東望吾子，西望吾夫」是也。【正義】括地志云：「南陵故縣，在雍州萬年縣東南二十四里。漢南陵縣，本薄太后陵邑。陵在東北，去縣六里。」

〔二〕【考證】楓山、三條本「以」作「由」。會，古鈔本、楓、三本、漢書作「合」。依文例，此誤。

〔三〕【集解】徐廣曰：「霸陵縣有軹道亭。」【考證】中井積德曰：軹道亭，何注於此？愚按：當移上文「封爲軹侯」之下。

竇太后，趙之清河觀津人也。〔一〕呂太后時，竇姬以良家子入宮侍太后。太后出宮人以賜諸王，各五人，竇姬與在行中。竇姬家在清河，欲如趙近家，請其主遣宦者吏，〔二〕「必置我籍趙之伍中」。〔三〕宦者忘之，誤置其籍代伍中。籍奏，詔可，當行，竇姬涕泣，怨其宦者，不欲往，相彊，乃肯行。至代，代王獨幸竇姬，生女嫖，〔四〕後生兩男。而代王王后生四男。〔五〕先代王未入立爲帝，而王后卒。及代王立爲帝，〔六〕而王后所生四男更病死。〔七〕孝文帝立數月，公卿請立太子，而竇姬長男最長，立爲太子。立竇姬爲皇后，女嫖爲長公主。〔八〕其明年，立少子武爲代王，已而又徙梁，是爲梁孝王。〔九〕

〔一〕【索隱】按：皇甫謐云名猗房。【正義】在冀州棗强縣東北二十五里。

〔二〕【正義】謂宦者爲吏，主發遣宮人也。【考證】顔師古曰：如，往也。

〔三〕【考證】籍，名簿也。

〔四〕【索隱】音疋消反。

〔五〕【考證】漢書外戚傳同。景紀作「三男」。

〔六〕【考證】張文虎曰：中統、游、王、柯本「及」作「後」。淩引一本亦作「後」，漢書作「及」。

〔七〕【考證】顔師古曰：更，互也。

〔八〕【考證】中井積德曰：此宜稱館陶公主。愚按：漢書作「館陶長公主」。顔師古注「年最長，故謂長公主」。徐孚遠曰：此太史公所謂命也。

〔九〕【考證】中井積德曰：少子者是竇后之季子，非據文帝言之。

竇皇后親蚤卒，葬觀津。〔一〕於是薄太后乃詔有司，追尊竇后父爲安成侯，母曰安成夫人，令清河置園邑二百家，長丞奉守，比靈文園法。

〔一〕【索隱】按：摯虞注決録云「竇太后父少遭秦亂，隱身漁釣，墜泉而死。景帝立太后，遣使者填父所墜淵，起大墳於觀津城南，人閒號曰竇氏青山也」。

竇皇后兄竇長君，〔一〕弟曰竇廣國，字少君。〔二〕少君年四五歲時，家貧，爲人所略賣，其家不知其處。傳十餘家至宜陽，爲其主入山作炭，〔三〕寒臥岸下百餘人，〔四〕岸崩，盡壓殺臥者，少君獨得脱不死。自卜數日當爲侯，〔五〕從其家之長安。〔六〕聞竇皇后新立，家在觀津，姓竇氏。廣國去時，雖小，識其縣名及姓，又常與其姊採桑墮，〔七〕用爲符信，上書自陳。竇皇后言之於文帝，召見問之，具言其故，果是。又復問他何以爲驗。對曰：「姊去我西時，與我決於傳舍中，〔八〕丐沐沐我，〔九〕請食飯我，乃去。」於是竇后持之而泣，泣涕交橫下。侍御左右皆伏地泣，助皇后悲哀。乃厚賜田宅金錢，封公昆弟，家於長安。〔一〇〕

〔一〕【索隱】按：決録云建，字長君。

〔二〕【正義】括地志云：「竇少君墓，在冀州武邑縣東南二十七里。」

〔三〕【考證】古鈔本、三條本「主」下有「人」字，與漢書合。

〔四〕【考證】王念孫曰：「寒」當從漢書作「暮」。御覽引史記亦作「暮」。張熷曰：臥岸下，論衡吉驗篇作「臥炭下」。李笠曰：説文山部「巖，岸也」。此云「入山作炭」，當非水涯，當謂臥巖下。

〔五〕【考證】周壽昌曰：劉敞云「日，當作『曰』」。案：劉説是也。竇廣國之至長安，得見竇后，當在文帝初。而廣國之封章武侯，實在景帝朝。安所謂「數日」也？漢書元后傳「使卜數者相政君」，顔注「數，計也，若言今之禄命書也」。愚按：古鈔本、楓山、三條本「日」作「曰」。

〔六〕【索隱】謂從逐其宜陽之主人家，而皆往長安也。【考證】中井積德曰：只從其主家之人詣長安耳，不必移居。

〔七〕【考證】常，讀爲嘗。楓山本「小」作「少」。古鈔本、楓山、三條本「墮」下有「樹」字。

〔八〕【索隱】決者别也。傳，音轉。傳舍，謂郵亭傳置之舍。蓋竇后初入宫時，别其弟於傳舍之中也。

〔九〕【索隱】丐，音蓋。丐者，乞也。沐，米潘也。謂后乞潘爲弟沐。【考證】禮記王制「湯沐之邑」，注「浴用湯，沐用潘。潘，淅米汁也」。張文虎曰：「索隱以米潘訓沐，疑上「沐」字乃「汏」之譌。說文「汏，淅灡也」。

〔一〇〕【索隱】按：公亦祖也。謂皇后同祖之昆弟，如竇嬰，即皇后之兄子之比，亦得家於長安。故劉氏云「公昆弟謂廣國等」。【考證】中井積德曰：「「封公昆弟」難通。長安少君未得封，而從兄弟先得封，無此理也。劉註亦强解。班史削此句，是也。蓋衍文云。愚按：楓山、三條本「封」作「令」。方苞以「封公」二字爲衍文。方說近是。

絳侯、灌將軍等曰：「吾屬不死，命乃且縣此兩人。〔一〕兩人所出微，不可不爲擇師傅賓客，又復效呂氏大事也。」〔二〕於是乃選長者士之有節行者與居。〔三〕竇長君、少君由此爲退讓君子，不敢以尊貴驕人。

〔一〕【考證】絳侯周勃、將軍灌嬰。顔師古曰：恐其後擅權，則將相大臣當被害。

〔二〕【考證】陳仁錫曰：八字爲一句。分二句，誤。

〔三〕【考證】漢書删「士」字。

竇皇后病，失明。文帝幸邯鄲慎夫人、尹姬，皆毋子。孝文帝崩，孝景帝立，乃封廣國爲章武侯。〔一〕長君前死，封其子彭祖爲南皮侯。〔二〕吳、楚反時，竇太后從昆弟子竇嬰，任俠自喜，將兵，以軍功爲魏其侯。〔三〕竇氏凡三人爲侯。

〔一〕【索隱】地理志縣名，屬勃海。【正義】括地志云：「滄州魯城縣。」

〔二〕【索隱】地理志縣名，屬勃海。【正義】括地志云：「故南皮城，在滄州南皮縣北四里，漢南皮縣也。」

〔三〕【索隱】地理志縣名，屬琅邪。【考證】漢書「將兵」作「爲大將軍」。魏其侯竇嬰自有傳。

竇太后好黃帝、老子言，帝及太子諸竇不得不讀黃帝、老子，尊其術。〔一〕

〔一〕【考證】漢書「讀」下無「黃帝」二字。愚按：列子引黃帝書，莊子亦屢引黃帝言。漢書藝文志道家黃帝四經四篇，黃帝銘六篇，黃帝君臣十篇。注云「起六國時，與老子相似也」。雜黃帝五十八篇，注云「六國時賢者所作」。蓋漢代尚有其書，今不傳，而其非黃帝自著則無疑也。

竇太后後孝景帝六歲，建元六年崩，〔一〕合葬霸陵。遺詔盡以東宮金錢財物賜長公主嫖。〔二〕

〔一〕【索隱】是當武帝建元六年，此文是也。而漢書作「元光」誤。

〔二〕【正義】東宮，太后宮。【考證】王先謙曰：長公主事，詳東方朔傳。

王太后，〔一〕槐里人，〔二〕母曰臧兒。臧兒者，故燕王臧荼孫也。臧兒嫁爲槐里王仲妻，生男曰信，與兩女。〔三〕而仲死，臧兒更嫁長陵田氏，生男蚡、勝。臧兒長女嫁爲金王孫婦，生一女矣，而臧兒卜筮之曰：「兩女皆當貴。」因欲奇兩女，乃奪金氏。〔四〕金氏怒，不肯，予決，〔五〕乃內之太子宮。太子幸愛之，生三女一男。男方在身時，王美人夢日入其懷。以告太子，太子曰：「此貴徵也。」未生，而孝文帝崩，孝景帝即位，王夫人生男。〔六〕

〔一〕【索隱】按：皇甫謐云名娡。音志。

〔二〕【索隱】按：地理志右扶風槐里，本名廢丘。【正義】括地志云：「犬丘故城，一名槐里，亦曰廢丘，城在雍州始平縣東南十里也。」

〔三〕【索隱】即后及兒姁也。【考證】漢書無「曰」字。

〔四〕【索隱】奇者，異之也。漢書作「倚」。倚者依也。【正義】奇，作「倚」。倚，於綺反。倚，依也。問卜筮，兩女當貴，乃依恃之，故奪金氏之女。【考證】奇，漢書作「倚」，非也。高祖紀呂媼怒呂公曰「公始常欲奇此女與貴人」。漢書外戚傳霍顯謂淳于衍曰「將軍素愛小女成君，欲奇貴之」，字法語意正同。奇，顯異也。說詳高祖紀。

〔五〕【考證】漢書外戚傳「予」作「與」，可從。「不肯」句。「與（訣）〔決〕」句。（訣）〔決〕，別也。

〔六〕【索隱】即武帝也。漢武故事云「帝以乙酉年七月七日生於猗蘭殿」。

先是臧兒又入其少女兒姁，〔一〕兒姁生四男。〔二〕

〔一〕【索隱】況羽反。

〔二〕【索隱】謂廣川王越、膠東王寄、清河王乘、常山王舜也。

景帝爲太子時，薄太后以薄氏女爲妃。及景帝立，立妃曰薄皇后。皇后毋子，毋寵。薄太后崩，廢薄皇后。

景帝長男榮，其母栗姬。栗姬，齊人也。立榮爲太子。長公主嫖有女，欲予爲妃。〔一〕栗姬妒，而景帝諸美人皆因長公主見景帝，得貴幸，皆過栗姬，〔二〕栗姬日怨怒，謝長公主，不許。長公主欲予王夫人，〔三〕王夫人許之。長公主怒，而日讒栗姬短於景帝曰：「栗姬與諸貴夫人幸姬會，常使侍者祝唾其背，挾邪媚道。」景帝以故望之。〔四〕

〔一〕【考證】予，予太子也。

〔二〕【索隱】過，音戈，謂踰之。

〔三〕【考證】張文虎曰：疑「夫人」下脱「男」字。

〔四〕【索隱】望，猶責望，謂恨之也。【正義】望，猶恨也。

景帝嘗體不安，心不樂，屬諸子爲王者於栗姬曰：「百歲後，善視之。」栗姬怒，不肯應，言不遜。景帝恚，心嗛之，而未發也。〔一〕

〔一〕【索隱】嗛，音銜，銜謂恨也。

長公主日譽王夫人男之美，景帝亦賢之，又有曩者所夢日符，〔一〕計未有所定。王夫人知帝望栗姬，因怒未解，陰使人趣大臣立栗姬爲皇后。〔二〕大行奏事畢，〔三〕曰：「『子以母貴，母以子貴』。〔四〕今太子母無號，宜立爲皇后。」景帝怒曰：「是而所宜言邪！」〔五〕遂案誅大行，而廢太子爲臨江王。栗姬愈恚恨，不得見，以憂死。卒立王夫人爲皇后，其男爲太子，封皇后兄信爲蓋侯。〔六〕

〔一〕【考證】顔師古曰：符猶瑞應。愚按：漢書「有」作「耳」。史文爲長。

〔二〕【考證】顔師古曰：趣，音促。李慈銘曰：大臣，當作「大行」。

〔三〕【索隱】大行，禮官。行，音衡。

〔四〕【索隱】此皆公羊傳文。【考證】隱元年公羊傳。周壽昌曰：時朝廷用公羊決事，故大行引之。

〔五〕【考證】而，汝也。漢書作「乃」，義同。

〔六〕【索隱】地理志蓋縣屬太山。

景帝崩，太子襲號爲皇帝。〔一〕尊皇太后母臧兒爲平原君，〔二〕封田蚡爲武安侯，〔三〕勝爲周陽侯。〔四〕

〔一〕【正義】即武帝。

〔二〕【正義】德州縣也。

〔三〕【索隱】地理志縣名，屬魏郡。【正義】括地志云：「武安故城，在洺州武安縣西南七里，六國時趙邑，漢武安縣城也。」

〔四〕【索隱】地理志縣名，屬上郡。【正義】括地志云：「周陽故城，在絳州聞喜縣東二十九里也。」

景帝十三男，一男爲帝，十二男皆爲王。〔一〕而兒姁早卒，其四子皆爲王。〔二〕王太后長女號曰平陽公主，〔三〕次爲南宮公主，〔四〕次爲林慮公主。〔五〕

〔一〕【考證】梁玉繩曰：十三男，當作「十四男」。十二男，當作「十三男」。

〔二〕【考證】兒姁四子爲王，詳于上注。

〔三〕【正義】括地志云：「平陽故城，即晉州城西面，今平陽故城東面也。城記云堯築也。」

〔四〕【正義】南宮，冀州縣也。

〔五〕【索隱】縣名，屬河內，本名隆慮，避殤帝諱改名林慮。慮，音廬。【正義】林慮，相州縣也。【考證】梁玉繩曰：高祖功臣表及惠景侯表皆作「隆慮」，而此獨作「林慮」，蓋後人妄改。愚按：漢外戚傳亦作「隆慮」。

蓋侯信好酒。田蚡、勝貪，巧於文辭。王仲蚤死，葬槐里，追尊爲共侯，置園邑二百家。

及平原君卒，從田氏葬長陵，置園比共侯園。而王太后後孝景帝十六歲，以元朔四年崩，合葬陽陵。〔一〕王太后家凡三人爲侯。

〔一〕【正義】括地志云：「陽陵，在雍州咸陽縣東四十里。」【考證】四年，漢書作「三年」，與武紀合。此誤。

衛皇后字子夫，生微矣。蓋其家號曰衛氏，〔一〕出平陽侯邑。〔二〕子夫爲平陽主謳者。〔三〕武帝初即位，〔四〕數歲無子。平陽主求諸良家子女十餘人，飾置家。武帝祓霸上還，〔五〕因過平陽主。主見所侍美人，上弗說。既飲，謳者進，上望見，獨說衛子夫。是日，武帝起更衣，子夫侍尚衣軒中，得幸。〔六〕上還坐，驩甚，賜平陽主金千斤。主因奏子夫，奉送入宮。子夫上車，平陽主拊其背曰：「行矣，彊飯，勉之！即貴，無相忘。」〔七〕入宮歲餘，竟不復幸。武帝擇宮人不中用者，斥出歸之。衛子夫得見，涕泣請出。上憐之，復幸，遂有身，尊寵日隆。召其兄衛長君、弟青爲侍中。而子夫後大幸有寵，凡生三女〔八〕一男。男名據。〔九〕

〔一〕【正義】衛青傳云：「父鄭季，爲吏給事平陽侯家，與侯妾衛媼通，生青，故冒衛氏。」

〔二〕【集解】徐廣曰：「平陽侯曹壽尚平陽公主。」

〔三〕【考證】古鈔本、楓山、三條本「陽」下有「公」字，下同。

〔四〕【考證】陳仁錫曰：武帝，當作「今上」。錢大昕曰：史公書稱孝武曰「今上」，曰「今天子」，曰「天子」，無稱謚者。而此篇及賈生、李將軍、萬石君、主父偃、衛將軍驃騎、汲鄭、酷吏列傳，皆有「武帝即位」之文，此後人追改。酷吏傳敍寧成、陽由，皆稱「武帝」。其下敍趙禹，則云「今上時」，蓋追改又有不盡耳。

〔五〕【集解】徐廣曰：「三月上巳，臨水祓除，謂之禊。呂后本紀亦云『三月祓還過軹道』。蓋與『游』字相似，故或定之也。」【索隱】蘇林音廢，今亦音拂，謂祓禊之，游水自潔，故曰祓除。【考證】張文虎曰：據集解，徐所見史本，「祓」字譌「游」。

〔六〕【正義】尚，主也。於主衣車中得幸也。【考證】中井積德曰：侍尚衣，是執更脱衣裳之役。又曰：軒，小屋。是近廁，即更脱衣裳之處。何焯曰：案長廊有窓而周迴者曰軒。此軒中蓋屋也。豈有帝方宴飲時，上車更衣者乎？

〔七〕【考證】顏師古曰：行矣，猶今言好去。愚按：僖廿三年左傳姜氏謂晉公子曰「行也，懷與安實敗名」。自古有此語也。

〔八〕【索隱】按：謂諸邑、石邑及衛長公主後封當利公主是。

〔九〕【索隱】即戾太子也。

初，上爲太子時，娶長公主女爲妃。立爲帝，妃立爲皇后，姓陳氏，〔一〕無子。上之得爲嗣，大長公主有力焉，〔二〕以故陳皇后驕貴。聞衛子夫大幸，恚，幾死者數矣。上愈怒。陳皇后挾婦人媚道，其事頗覺，〔三〕於是廢陳皇后，〔四〕而立衛子夫爲皇后。

〔一〕【索隱】漢武故事云「后名阿嬌」，即長公主嫖女也。曾祖父嬰，堂邑侯，傳至父午，尚長公主，生后。【考證】淩稚隆曰：按漢武帝故事云「初武帝爲太子時，長公主以女配帝。時帝尚少，長公主指女問帝曰：『得阿嬌好否？』帝曰：『若得阿嬌，當以金屋貯之。』主大喜，乃配帝。是曰陳皇后」。阿嬌，后字也。

〔二〕【集解】徐廣曰：「即景帝姊嫖也。」

〔三〕【考證】沈欽韓曰：周官內宰「禁其奇（袤）〔衺〕」。鄭云「若今媚道」。賈氏云「鄭舉漢法證經。列女傳『夏姬美好無匹，內挾伎術，蓋老而復壯者三』，此類也」。愚按：漢外戚傳「使有司賜皇后策曰：『皇后失序，惑於巫祝。』」所謂「惑於巫祝」即媚道也。周官賈疏非也。

〔四〕【索隱】按：漢書云「女子楚服等坐爲皇后咒詛，大逆無道，相連誅者三百人」，乃廢后居長門宮。故司馬相如賦云「陳皇后別在長門宮，怨悶悲思，奉黄金百斤爲相如取酒，乃爲作頌以奏，皇后復親幸」。作頌信有之也，復親幸之，恐非實也。【考證】張照曰：陳后復幸之説不虚，但不復其位耳。觀下文求子云云，非復幸於帝，亦何求之有？崔適曰：「陳皇后求子」句上，當有「初」字，不謂廢後也。愚按：張説是。

陳皇后母大長公主，景帝姊也，數讓武帝姊平陽公主曰：「帝非我不得立，已而弃捐吾女，壹何不自喜而倍本乎！」〔一〕平陽公主曰：「用無子故廢耳。」陳皇后求子，與醫錢凡九千萬，然竟無子。

〔一〕【考證】自喜，猶言自好，謂自愛重也。孟子萬章篇「鄉黨自好者不爲」。韓非子顯學篇「世主禮之以爲自好之士」。史魏其武安侯傳「韓御史謂丞相曰：『君何不自喜？』」

衛子夫已立爲皇后，先是衛長君死，乃以衛青爲將軍，擊胡有功，封爲長平侯。〔一〕青三子在襁褓中，皆封爲列侯。及衛皇后所謂姊衛少兒，少兒生子霍去病，以軍功封冠軍侯，〔二〕號驃騎將軍。青號大將軍。立衛皇后子據爲太子。衛氏枝屬以軍功起家，五人爲侯。

〔一〕【索隱】地理志縣名，屬汝南。

〔二〕【索隱】子夫姊少兒之子去病封也。地理志冠軍屬河陽。【考證】張文虎曰：宋本、中統、游、毛本「封」作「爲」。

及衛后色衰，趙之王夫人幸，〔一〕有子，爲齊王。

〔一〕【索隱】生齊王閎。

王夫人蚤卒。而中山李夫人有寵，〔一〕有男一人，爲昌邑王。〔二〕

〔一〕【索隱】生昌邑哀王髆。

〔二〕【正義】名賀。【考證】張照曰：昌邑哀王髆，李夫人子也。賀乃髆子，入立而復廢者。正義誤。梁玉繩曰：李夫人之子髆以天漢四年六月封昌邑王。漢表、傳並書之。其封在李夫人卒後，非史所及載。則此句似後人增入者。

李夫人蚤卒，〔一〕其兄李延年以音幸，號協律。〔二〕協律者，故倡也。兄弟皆坐姦，族。〔三〕是時其長兄廣利爲貳師將軍，伐大宛，不及誅，還而上既夷李氏，後憐其家，乃封爲海西侯。〔四〕

〔一〕【索隱】李延年之女弟。漢書云「帝悼之，李少翁致其形，帝爲作賦」。此史記以爲王夫人最寵，武帝悼惜。新論亦同史記爲王夫人。

〔二〕【考證】梁玉繩曰：「協律」下脱「都尉」二字。續律曆志云武帝正樂，置協律之官。愚按：以其爲協律都尉，號曰「協律」。史文自通。

〔三〕【考證】漢外戚、佞幸二傳云「延年坐其弟季亂後宮，族」。

〔四〕【正義】漢武帝令李廣利征大宛，國近西海，故號海西侯也。【考證】余有丁曰：按匈奴、大宛傳，廣利封時，李氏未誅。後以將軍伐匈奴，聞其家用巫蠱族，乃降匈奴。此文誤。陳仁錫曰：「兄弟皆坐姦族」至「後憐其家」二十字，皆褚生增入者。梁玉繩曰：廣利以伐大宛功侯，非武帝憐李氏而封之。至余有丁謂廣利封時，李氏未誅，以此文爲非。史詮遂謂此文乃褚生所增，皆謬以後之族廣利妻子與族延年兄弟併爲一時一事耳。

他姬子二人，爲燕王、廣陵王。〔一〕其母無寵，以憂死。

〔一〕【索隱】漢書云李姬生廣陵王胥、燕王旦也。

及李夫人卒，則有尹婕妤之屬，更有寵。〔一〕然皆以倡見，非王侯有土之士女，不可以配人主也。〔二〕

〔一〕【考證】凌稚隆曰：更有寵者，相繼有寵也。

〔二〕【考證】楓山、三條本「士女」作「世」。徐孚遠曰：此非刺夫人婕妤，乃刺后妃也，託言耳。崔適曰：此篇獨無贊語，脱也。愚按：篇首有敘論，故無贊語。史例爲然，崔説誤。

褚先生曰：〔一〕臣爲郎時，問習漢家故事者鍾離生。曰：王太后在民閒時所生子女者，〔二〕父爲金王孫。王孫已死，景帝崩後，武帝已立，王太后獨在。〔三〕而韓王孫名嫣，素得幸武帝，承閒白言太后有女在長陵也。武帝曰：「何不蚤言！」乃使使往先視之，在其家。武帝乃自往迎取之。蹕道，先驅旄騎出横城門，〔四〕乘輿馳至長陵。當小市西入里，里門閉，暴開門，乘輿直入此里，通至金氏門外止，使武騎圍其宅，〔五〕爲其亡走，身自往取，不得也。即使左右羣臣入呼求之。家人驚恐，女亡匿内中牀下。扶持出門，令拜謁。〔六〕武帝下車泣曰：「嚄，〔七〕大姊，何藏之深也！」詔副車載之，迴車馳還，而直入長樂宮。行詔門著引籍，〔八〕通到謁太后。太后曰：「帝倦矣，何從來？」帝曰：「今者至長陵得臣姊，與俱來。」顧曰：「謁太后！」太后曰：「女某邪。」曰：「是也。」太后爲下泣，女亦伏地泣。武帝奉酒前爲壽，奉錢千萬，奴婢三百人，公田百頃，甲第，以賜姊。太后謝曰：「爲帝費焉。」於是召平陽主、南宮主、林慮主三人俱來謁見姊，因號曰脩成君。有子男一人，女一人。男號爲脩成子仲，〔九〕女爲諸侯王王后。〔一〇〕此二子非劉氏，以故太后憐之。脩成子仲驕恣，陵折吏民，皆患苦之。〔一一〕

〔一〕【正義】疑此元成之閒褚少孫續之也。

〔二〕【集解】徐廣曰：「名俗。」【正義】按：後封修成君者。【考證】張文虎曰：御覽引「子」作「一」，正與上史文「生一女矣」相應。

〔三〕【考證】古鈔本「獨」作「猶」。

〔四〕【集解】如淳曰：「横，音光。三輔黄圖云北面西頭門。」【正義】括地志云：「渭橋本名横橋，架渭水上，在雍州咸陽縣東南二十二里。」按：此橋對門也。

〔五〕【考證】楓山、三條本「止」作「上」，屬下。

〔六〕【考證】内，室也。古鈔本「持」作「將」，與漢書合。

〔七〕【索隱】烏百反。蓋驚怪之辭耳。【正義】嚄，嘖，失聲驚愕貌也。

〔八〕【正義】武帝道上詔令通名狀於門，使引入至太后所。【考證】中井積德曰：門，謂長樂宫門也。著引籍，記姓字于門籍也，使是後出入不阻耳。

〔九〕【索隱】金氏甥修成君之子也。而名仲者，又與大外祖王氏同字，恐非也。【考證】中井積德曰：不見子仲之姓氏，實爲缺事。又曰：王仲亦字也，子仲亦字也，伯仲之相諱，未聞也。註謬。周壽昌曰：脩成子仲，後爲長安令義縱所捕案者，見酷吏傳。

〔一〇〕【集解】徐廣曰：「嫁爲淮南王安太子妃也。」【考證】中井積德曰：王太子爲妃矣，未嘗稱王后。班史作「女嫁諸侯」，得之矣。

〔一〕【考證】以上敘脩成君事。

衛子夫立爲皇后，后弟衛青，字仲卿，以大將軍封爲長平侯。四子，長子伉爲侯世子，侯世子常侍中貴幸。其三弟皆封爲侯，各千三百户，一曰陰安侯，〔一〕二曰發干侯，〔二〕三曰宜春侯，〔三〕貴震天下。天下歌之曰：「生男無喜，生女無怒，獨不見衛子夫霸天下！」〔四〕

〔一〕【索隱】名不疑。地理志縣名，屬魏郡。【正義】括地志云：「陰安故城，在魏州頓丘縣北六十里也。」

〔二〕【索隱】名登。地理志縣名，屬東郡。【正義】括地志云：「發干故城，在博州堂邑縣西南二十三里。」

〔三〕【索隱】名伉。地理志：「宜春，縣名，屬汝南。」【正義】括地志云：「宜春故城，在豫州汝陽縣西六十七里。」【考證】中井積德曰：按衛將軍本傳，青三子，長子伉，宜春侯；次不疑，陰安侯；季子登，發干侯。少孫誤爲伉有三弟，又以宜春爲季弟，皆誤。

〔四〕【考證】怒、下韻。

是時平陽主寡居，當用列侯尚主。主與左右議長安中列侯可爲夫者，皆言大將軍可。主笑曰：「此出吾家，常使令騎從我出入耳，柰何用爲夫乎？」左右侍御者曰：「今大將軍姊爲皇后，三子爲侯，富貴振動天下，主何以易之乎？」〔一〕於是主乃許之。言之皇后，令白之武帝，乃詔衛將軍尚平陽公主焉。〔二〕

〔一〕【考證】易，輕易也。

〔三〕【考證】漢書采此入衛傳。趙翼曰：史遷是時目擊其事，而不入將軍傳，蓋其時青正貴盛，不敢直書以取怨也。

褚先生曰：丈夫龍變。傳曰：「蛇化爲龍，不變其文；家化爲國，不變其姓。」丈夫當時富貴，百惡滅除，光耀榮華，貧賤之時，何足累之哉！〔一〕

〔一〕【考證】以上敘衛后及衛將軍事。

武帝時，幸夫人尹婕妤。〔一〕邢夫人號娙娥，〔二〕衆人謂之「娙何」。娙何秩比中二千石，〔三〕容華秩比二千石，〔四〕婕妤秩比列侯。常從婕妤遷爲皇后。

〔一〕【索隱】韋昭云：「婕，承。好，助也。」一云「美好也」。聲類云幸也，字亦從女。漢舊儀云「皇后爲婕好下輿，禮比丞相」。

〔二〕【索隱】服虔云：「娙音近妍。」徐廣音五耕反。鄒誕生音莖，字林音五經反。說文云「娙，長也，好也」。許慎云「秦晉之閒，謂好爲娙」。又方言曰「美貌謂之娥」。漢舊儀云「娙娥秩比將軍、御史大夫」。

〔三〕【索隱】按：崔浩云「中，猶滿也」。漢制九卿已上，秩一歲滿二千斛。又漢官儀云「中二千石，俸月百八十斛」。

〔四〕【索隱】按：二千石是郡守之秩。漢官儀云「其俸月百二十斛」。又有真二千石者，如淳云「諸侯王相，在郡守上，秩真二千石」。漢律真二千石，俸月二萬。按：是二萬斗也，則二萬斗亦是二千石也。崔浩云「列卿已上，秩石皆正二千石」。按：此則是真二千石也。其云中二千石，亦不滿二千，蓋千八九百耳。此崔氏之說，今兼引而解之。【考證】顏師古曰：中二千石，實得二千石也。中之言滿也。月得百八十斛，是爲一歲凡得二千一百六十石。言二千者舉成數耳。真二千石，月得百五十斛，一歲凡得千八百石耳。二千石，月得百二十斛，一歲凡得一千四百四十石耳。中井積德曰：索隱引漢律「二萬」，蓋謂二萬錢也，是百六十石之價直。云即二萬斗，是二千石矣；月二千石，則一歲二萬四千石矣。豈有是理哉！

尹夫人與邢夫人同時並幸，有詔不得相見。尹夫人自請武帝，願望見邢夫人，帝許之。即令他夫人飾，從御者數十人，爲邢夫人來前。〔一〕尹夫人前見之曰：〔二〕「此非邢夫人身也。」帝曰：「何以言之？」對曰：「視其身貌形狀，不足以當人主矣。」〔三〕於是，帝乃詔使邢夫人衣故衣獨身來前。尹夫人望見之曰：「此真是也。」於是乃低頭俛而泣，自痛其不如也。〔四〕諺曰：「美女入室，惡女之仇。」〔五〕

〔一〕【考證】御覽引「從」作「徒」。

〔二〕【考證】古鈔本無「前」字，與類聚所引合，此衍。

〔三〕【考證】古鈔本、楓山、三條本「身」作「體」，與類聚、初學記、御覽所引合。王念孫曰：古書無以「身貌」連文者。

〔四〕【正義】俛，音俯。【考證】古鈔本「痛」作「病」。

〔五〕【考證】類聚「仇」下有「也」字。

褚先生曰：浴不必江海，要之去垢；馬不必騏驥，要之善走；士不必賢世，要之知道；女不必貴種，要之貞好。〔一〕傳曰：「女無美惡，入室見妒；士無賢不肖，入朝見嫉。」〔二〕美女者，惡女之仇。豈不然哉！〔三〕

〔一〕【考證】中井積德曰：「世」疑當作「聖」。愚按：垢、走，道、好，韻。

〔三〕【考證】鄒陽獄中書「女無美惡，居宮見妬；士無賢不肖，入朝見嫉」。史倉公傳贊「嫉」作「疑」。

〔三〕【考證】以上敍尹、邢二夫人事。

鉤弋夫人，〔一〕姓趙氏，〔二〕河間人也。得幸武帝，生子一人，昭帝是也。〔三〕武帝年七十，乃生昭帝。昭帝立時年五歲耳。〔四〕

〔一〕【索隱】按：夫人姓趙，河間人。漢書云「武帝過河間，望氣者言此有奇女，天子乃使使召之。女兩手皆拳，上自披之，手即時伸。由是幸，號曰拳夫人。後居鉤弋宮，號曰鉤弋夫人」。列仙傳云「發手得一玉鉤，故號焉」。漢武故事云「宮在直城門南」。廟記云「宮有千門萬户，不可記名也」。【正義】括地志云：「鉤弋宮，在長安城中，門名堯母門也。」【考證】沈家本曰：索隱引漢書。今漢書無「號曰鉤弋夫人」句。

〔二〕【索隱】漢書昭帝即位，追尊太后父趙父爲順成侯。

〔三〕【考證】類聚引作「即昭帝也」。

〔四〕【集解】徐廣曰：「武帝崩年正七十，昭帝年八歲耳。」【索隱】按：徐廣依漢書，以武帝年七十崩，崩時昭帝年八歲。此褚先生之記。漢書云「元始三年昭帝生」，誤也。按：「元始」當爲「太始」。【正義】漢書曰「後元二年上疾病，遂立昭帝爲太子，年八歲。明日武帝崩，太子即皇帝位」，「五歲」者褚先生誤矣。

衛太子廢，後未復立太子，而燕王旦上書願歸國入宿衛。武帝怒，立斬其使者於北闕。

上居甘泉宮，召畫工圖畫周公負成王也。〔一〕於是左右羣臣知武帝意欲立少子也。後數日，帝譴責鉤弋夫人。夫人脱簪珥叩頭。帝曰：「引持去，送掖庭獄！」夫人還顧，帝曰：「趣行，女不得活！」夫人死雲陽宮。〔一〕時暴風揚塵，百姓感傷。使者夜持棺往葬之，〔二〕封識其處。

〔一〕【考證】中井積德曰：此圖即所以賜博陸。

〔二〕【索隱】按：三輔故事云「葬甘泉宮南。後昭帝起雲陵，邑三千户」。漢武故事云「既殯，香聞十里，上疑非常人，發棺視之，無尸，衣履存焉」。【正義】括地志云：「雲陽宮，秦之甘泉宮，在雍州雲陽縣西北八十里。秦始皇作甘泉宮，去長安三百里，黃帝以來祭圜丘處也。」【考證】中井積德曰：雲陽宮即甘泉宮矣。此上下出兩名，似别宮，是文之疎處。愚按：漢書外戚傳云「鉤弋子年五六歲，壯大多知。上常言『類我』，又感其生與衆異，甚奇愛之，心欲立焉。以其年穉母少，恐女主顓恣亂國家，猶與久之。鉤弋倢伃從幸甘泉，有過見譴，以憂死」，與是記異。

〔三〕【正義】括地志云：「雲陽陵，漢鉤弋夫人陵也，在雲陽縣西北五十八里。孝武帝鉤弋趙婕妤，昭帝之母，齊人，姓趙。少好清静，六年卧病，右手捲，飲食少。望氣者云『東北有貴人』，推而得之。召到，姿色甚佳。武帝持其手伸之得玉鉤。後生昭帝，武帝末年，殺夫人殯之，而尸香一日。昭帝更葬之，棺但存絲履也。宮記云『武帝思之，爲起通靈臺於甘泉，常有一青鳥集臺上往來，至宣帝時乃止』。」

其後帝閑居，問左右曰：「人言云何？」左右對曰：「人言且立其子，何去其母乎？」〔一〕帝曰：「然。是非兒曹愚人所知也。往古國家所以亂也，由主少母壯也。女主獨居，驕蹇淫亂自恣，莫能禁也。女不聞呂后邪？」故諸爲武帝生子者，無男女，其母無不譴死，〔二〕豈可謂非賢聖哉！昭然遠見，爲後世計慮，固非淺聞愚儒之所及也。謚爲「武」，豈虚哉！〔三〕

〔一〕【考證】古鈔本「何」下有「爲」字。

〔二〕【考證】沈家本曰：此言失實。武帝時以譴死者，獨鉤弋耳。陳后、衛后皆以巫蠱死，非因生子譴死也。王夫人、李夫人皆有子而蚤卒，何嘗譴死耶？中井積德曰：生男而死，尚有謂也。生女，何爲殺之？恐是傳聞妄誕。愚按：以上叙鉤弋夫人事。

〔三〕【考證】楓山、三條本「所」下有「能」字。黄震曰：按爲武帝生子者，其母無不譴死。褚先生贊其爲聖賢，雖曰有感之言，亦豈人情也哉！王若虛曰：母子天倫也。立其子，必殺其母，是母乃子之賊，而子乃母之累。生子皆譴死，後宫誰敢舉子者？非惟不仁，抑亦不智。末流至元魏，以此爲定制，椒庭憂恐，皆祈祝不願生冢嫡，有輒相勸爲自安計。讀之令人慘然。武帝此舉可爲法哉？而帝自以爲明，史臣又從而贊譽之，何其怪也！張裕釗曰：褚先生所次修成君、衛皇后、尹、邢、鉤戈夫人事，詞甚工。褚少孫宜不及是，其楊惲、馮商諸人之所爲，而少孫取之者歟？愚按：少孫既曰問漢家故事者鍾離生，則其非楊、馮之筆明矣。

【索隱述贊】禮貴夫婦，易敘乾坤。配陽成化，比月居尊。河洲降淑，天曜垂軒。德著任、姒，慶流娀、嫄。逮我炎曆，斯道克存。吕權大寶，竇喜玄言。自茲已降，立嬖以恩。内無常主，後嗣不繁。

史記會注考證卷五十

史記五十

楚元王世家第二十

【考證】史公自序云：「漢既譎謀，禽信於陳；越荆剽輕，乃封弟交爲楚王，爰都彭城，以彊淮泗，爲漢宗藩。戊溺於邪，禮復紹之。嘉游輔祖，作楚元王世家第二十。」

楚元王劉交者，高祖之同母少弟也，〔一〕字游。

〔一〕【集解】徐廣曰：「一作『父』。」【索隱】按：漢書作「同父」。言同父者，以明異母也。【正義】年表云：都彭城。【考證】作「同母」是。同母弟，猶曰母弟，父母共同也。朝錯對景帝語「高祖庶弟元王」，見吳王傳，疑是後人依漢書改。崔適曰：同母者別於異母同父之稱。如魯隱之於桓公，齊桓之於子糾，異母也。同父者，別於異父同母之稱。如武帝之於修成君，田蚡之於王信，異父也。異父同母須言，同父異母不須言也。同父同母，須言同母。同父異母，不須言同父也。漢高無異父兄弟，何須別言同父，帝與元王同母，則伯與仲，其前母所生歟？

高祖兄弟四人，長兄伯，伯蚤卒。始高祖微時，嘗辟事，時時與賓客過巨嫂食。〔一〕嫂厭叔，叔與客來，嫂詳爲羹盡，櫟釜，〔二〕賓客以故去。已而視釜中，尚有羹，高祖由此怨其嫂。及高祖爲帝，封昆弟，而伯子獨不得封。太上皇以爲言，高祖曰：「某非忘封之也，爲其母不長者耳。」〔三〕於是乃封其子信爲羹頡侯。〔四〕而王次兄仲於代。〔五〕

〔一〕【集解】徐廣曰：「漢書云『丘嫂』也。」【索隱】漢書作「丘」。應劭云：「丘，姓也。」孟康云：「丘，空也。兄亡，空有嫂也。」今此作「巨」。巨，大也，謂長嫂也。劉氏云「巨，一作『丘』」。【考證】漢書作「丘嫂」，當是「巨嫂」之誤。

〔二〕【索隱】櫟，音歷。謂以杓歷釜旁，使爲聲。漢書作「轑」，音勞。【考證】楓山、三條本「釜」下有「邊」字。錢大昕曰：櫟、轑，聲近。

〔三〕【考證】錢大昭曰：稱「某」，史家避諱。

〔四〕【集解】徐廣曰：「羹頡侯以高祖七年封，封十三年，高后元年，有罪削爵一級，爲關内侯。」【索隱】羹頡，爵號耳，非縣邑名，以其櫟釜故也。【正義】括地志云：「羹頡山，在嬀州懷戎縣東南十五里。」按高祖取其山名爲侯號者，怨故也。【考證】顔師古曰：頡，音戛。言其母戛羹釜也。中井積德曰：地名羹頡，故取爲號，以寓櫟釜之意耳。敖英曰：史稱高帝豁達大度，顧以嫂氏戛羹之怨而懷憾終身，不得已而以封姪以侯，猶以戛羹名封。其于大度，寧不有疵乎？

〔五〕【集解】徐廣曰：「次兄者喜，字仲，以六年立爲代王，其年罷。卒，謚頃王。有子曰濞。」【考證】漢書高祖紀云「六年正月，立兄宜信侯喜爲代王」，「七年十二月，匈奴攻代，代王喜弃國自歸雒陽，赦爲合信侯」。史高祖紀、功臣表、諸侯王表與此集解皆誤，説在高祖紀。凌稚隆曰：按太史公爲元王(爲)世家言，而首敘伯、仲二兄，以伯蚤卒，仲王代亦卒，不及特爲立傳，故附見於此耳。

高祖六年，已禽楚王韓信於陳，乃以弟交爲楚王，都彭城。即位二十三年卒，〔一〕子夷王郢立。〔二〕夷王四年卒，子王戊立。

〔一〕【索隱】漢書云楚王王薛郡、東海、彭城三十六縣也。【考證】彭城，今江蘇銅山縣治。梁玉繩曰：案漢傳元王好書多藝，與魯穆生、白生、申公俱受詩浮丘伯，世有元王詩。諸子多賢，天子尊寵，元王子比皇子。當與河間獻王並號賢藩，而史公概不之及，僅敘在位年數，不亦疏乎？又高帝初封交爲文信君，此亦失書。

〔二〕【索隱】漢書名郢客。

王戊立二十年冬，坐爲薄太后服私姦，削東海郡。〔一〕春，戊與吳王合謀反，〔二〕其相張尚、太傅趙夷吾諫，不聽。戊則殺尚、夷吾，〔三〕起兵與吳西攻梁，破棘壁，〔四〕至昌邑南，〔五〕與漢將周亞夫戰。漢絶吳、楚糧道，士卒飢，吳王走，楚王戊自殺，軍遂降漢。

〔一〕【索隱】漢書云「私姦服舍中」。姚察云「姦於服舍，非必宮中」。又按集注，服虔云「私姦中人」。蓋以罪重故至削郡也。【考證】薄太后崩，在二十年夏四月。此云冬，蓋削郡之時也。漢傳云削東海薛郡，與此異。錢大昕曰：漢初諸侯王國大率兼數郡之地。郡之屬王國者，郡名似元未嘗廢。齊悼惠王獻城陽郡，以爲魯元公主湯沐邑。呂后割齊之濟南郡封呂台，琅邪郡封劉澤。吳王濞封五郡四十餘城，景帝削吳之豫章、會稽郡，削楚之東海郡，趙之河南郡，皆郡之屬於國者也。趙相周昌奏，常山二十五城，亡其二十城，請誅守尉。則諸侯王國之郡，亦有守也。

〔二〕【考證】梁玉繩曰：「春」上缺年。或曰「明年」，或曰「二十一年」。

〔三〕【考證】徐孚遠曰：「則殺」疑「賊殺」。李笠曰：「則」古與「即」字通用。漢傳作「遂」。遂殺，猶即殺也。愚按：李說是。

〔四〕【正義】括地志云：「大棘故城，在宋州寧陵縣西七十里，即梁棘壁。」【考證】今河南柘城縣西北。

〔五〕【正義】括地志云：「有梁丘故城在曹州成武縣東北三十二里也。」【考證】昌邑，山東濟寧州金鄉縣。

漢已平吳、楚，孝景帝欲以德侯子續吳，〔一〕以元王子禮續楚。竇太后曰：「吳王，老人也，宜爲宗室順善。今乃首率七國紛亂天下，柰何續其後！」不許吳，許立楚後。是時禮爲漢宗正。乃拜禮爲楚王，奉元王宗廟，是爲楚文王。

〔一〕【集解】徐廣曰：「德侯名廣，吳王濞之弟也。其父曰仲。」【考證】中井積德曰：吳王濞傳云「以吳王弟子德侯爲宗正」，注「名通，其父名廣」。

文王立三年卒，子安王道立。安王二十二年卒，子襄王注立。〔一〕襄王立十四年卒，子王純代立。王純立，地節二年中，人上書告楚王謀反，王自殺，國除入漢，爲彭城郡。〔二〕

〔一〕【考證】注，各本誤「經」，毛本作「注」，與年表及漢書表、傳合。

〔二〕【集解】徐廣曰：「純立十七年卒，謚節王。子延壽立，十九年死。」【索隱】按：太史公唯記王純爲國人告反國除。蓋延壽後更封，至十九年，又謀反誅死，故不同也。【正義】漢書云：王純嗣十六年，子延壽嗣，與趙何齊謀反，延壽自殺，立三十二年，國除。與此不同。地節是宣帝年號，去天漢四年二十九年，仍隔昭帝世。言到地節二年以下者，蓋褚先生誤也。【考證】古鈔本、楓山、三條本無「王純立」三字，下有「到」字。梁玉繩曰：「王純立」以下廿七字，後人妄續，當削之。而其所續又與漢書異，漢書言純子延壽嗣位，以謀反爲後母父趙長年所告自殺，此言純爲中人告反，謬矣。楓山、三條本正義「誤也」作「說也」。

趙王劉遂者，〔一〕其父高祖中子，名友，〔二〕謚曰「幽」。幽王以憂死，故爲「幽」。〔三〕高后王呂禄於趙，一歲而高后崩。大臣誅諸呂、呂禄等，乃立幽王子遂爲趙王。〔四〕

〔一〕【正義】年表云：都邯鄲。

〔二〕【考證】梁玉繩曰：高祖八男，友行居六。

〔三〕【考證】楓山本「幽」下有「王」字。幽王憂死，詳見呂后紀。

〔四〕【考證】遂乃文帝所立，説在呂后紀。

孝文帝即位二年，立遂弟辟彊，〔一〕取趙之河閒郡爲河閒王，〔二〕以爲文王。〔三〕立十三年卒，子哀王福立。一年卒，無子，絶後，國除入于漢。

〔一〕【索隱】音壁强二音，又音闢疆。

〔二〕【正義】河閒，今瀛州也。

〔三〕【考證】中井積德曰：「以」當作「是」，班史可徵。

遂既王趙二十六年，孝景帝時，坐鼂錯以適削趙王常山之郡。〔一〕吴、楚反，趙王遂與合謀起兵。其相建德、〔二〕内史王悍諫，不聽。遂燒殺建德、王悍，發兵屯其西界，欲待吴與俱西，北使匈奴，與連和攻漢。〔三〕漢使曲周侯酈寄擊之。趙王遂還，城守邯鄲，相距七月。〔四〕吴、楚敗於梁，不能西。匈奴聞之，亦止，不肯入漢邊。欒布自破齊還，〔五〕乃并兵引水灌趙城。趙城壞，趙王自殺，邯鄲遂降。〔六〕趙幽王絶後。

〔一〕【考證】中井積德曰：班史無「坐」字、「王」字、「之」字，此並衍。愚按：適讀爲謫，漢書作「過」。

〔二〕【索隱】建德，其相名，史先失姓也。

〔三〕【考證】楓山、三條本「屯」作「往」，漢書「吳」下有「楚」字。

〔四〕【考證】梁玉繩曰：案史、漢景紀、絳侯、梁孝王世家、周勃、文三王傳七國以正月反，三月滅。此及高五王傳作「七月」，誤。酈商、吳濞傳作「十月」，更誤。趙雖後下，不能相距如是之久也。

〔五〕【考證】梁玉繩曰：惠景間侯者表「俞侯欒布，以將軍吳楚反時擊齊有功」。將相表云「欒布爲大將軍擊齊」。酈商傳「欒布自平齊來」。吳王濞傳「天子遣布擊齊」。又濞傳、魏其傳云「監齊趙兵」。漢書表、傳同。齊未嘗偕七國反，何爲擊之？布所擊破者，乃膠西等圍齊四國之兵。救齊則有之，豈其破齊哉！悼惠王世家書之甚明，蓋此「齊」字猶吳濞傳末所云「連齊趙」，叙傳所云「戹齊趙」，孝王世家及韓長孺傳首所云「吳楚齊趙七國反」。漢書五行志亦稱「四齊」，蓋統膠西、膠東、菑川、濟南而言，四國皆自齊分也。

〔六〕【正義】邯鄲，洺州縣也。

太史公曰：國之將興，必有禎祥，〔一〕君子用而小人退。國之將亡，賢人隱，亂臣貴。〔二〕使楚王戊毋刑申公，遵其言，〔三〕趙任防與先生，〔四〕豈有篡殺之謀，爲天下僇哉？賢人乎，賢人乎！非質有其内，惡能用之哉？〔五〕甚矣，「安危在出令，存亡在所任」，誠哉是言也！〔六〕

〔一〕【考證】禮記中庸篇「國家將興，必有禎祥。國家將亡，必有妖孽」。

〔二〕【考證】「亡」字下當添「必有妖孽」四字看。中井積德曰：「隱」下疑脱「而」字。

〔三〕【索隱】漢書申公名培，王戊胥靡之。【考證】漢書楚元王傳戊與吳通謀，申公、白生諫，不聽，胥靡之。

〔四〕【集解】趙堯傳曰：「趙人防與公也。」【索隱】此及漢書雖不見趙不用防與公，蓋當時猶知事迹，或別有所見，故太史公明引以結其贊。【考證】陳子龍曰：此補傳所未有。劉子玄所云「事無重出」者也。崔適曰：案贊語有引有論。引出傳外，如樂毅贊「始齊之蒯通及主父偃讀樂毅之報燕王書，未嘗不廢書而泣也」，是也。論據傳文，如商君贊「刑公子虔，欺魏將卬，不師趙良之言」，是也。此數語豈似引乎？論也。論則必據傳文。申公、防與先生之事必世家所已言，故贊及之。今脱去爾。

〔五〕【考證】岡白駒曰：非身有德，不能知賢人，賢人亦不就。

〔六〕【考證】中井積德曰：「甚矣」二字疑衍。不然，此下有脱文也。愚按：主父偃傳引周書云「安危在出令，存亡在所用」。周書王佩解「存亡在所用，離合在出命」。

【索隱述贊】漢封同姓，楚有令名。既滅韓信，王於彭城。穆生置醴，韋孟作程。王戊弃德，與吴連兵。太后命禮，爲楚罪輕。文襄繼立，世挺才英。如何趙遂，代殞厥聲。興亡之兆，所任宜明。

史記會注考證卷五十一

荆燕世家第二十一

史記五十一

【考證】史公自序云：「維祖師旅，劉賈是與；爲布所襲，喪其荆、吴。營陵激吕，乃王琅邪；怵午信齊，往而不歸，遂西入關，遭立孝文，獲復王燕。天下未集，賈、澤以族，爲漢藩輔。作荆燕世家第二十一。」

荆王劉賈者，諸劉，不知其何屬，〔一〕初起時。〔二〕漢王元年，還定三秦，劉賈爲將軍，定塞地，〔三〕從東擊項籍。

〔一〕【正義】年表云：都吴也。【考證】張文虎曰：舊刻本「賈」下有「者」字，與下文「燕王劉澤者」書法一例。各本「者」字在下句「諸劉」下，誤也。索隱本無。愚按：古鈔本、楓山、三條本同舊刻本。

〔二〕【集解】漢書「賈，高帝從父兄」。【索隱】按：注引漢書云賈，高祖從父兄，則班固或别有所見也。【考證】梁玉繩曰：漢書賈傳及楚元王傳爲「高帝從父兄」，諸侯王表作「從父弟」。

〔三〕【索隱】賈將兵之塞地。塞即桃林之塞。【考證】塞王司馬欣。

漢四年，漢王之敗成皋，北渡河，得張耳、韓信軍，軍脩武，深溝高壘，使劉賈將二萬人，騎數百，渡白馬津，入楚地，〔一〕燒其積聚，以破其業，無以給項王軍食。已而楚兵擊劉賈，賈輒壁，不肯與戰，而與彭越相保。〔二〕

〔一〕【正義】括地志云：「黎陽，一名白馬津，在滑州白馬縣北三十里。」按：賈從此津南過入楚地也。【考證】今河南滑縣東。

〔二〕【考證】王念孫曰：壁不肯戰，謂築壘而守之，不肯與戰也。吳王濞傳「條侯壁不肯戰」，是其證。漢書改（辟）〔壁〕作「避」，非。顏師古曰：相保，謂依恃以自安固。

漢五年，漢王追項籍至固陵，〔一〕使劉賈南渡淮圍壽春。〔二〕還至，使人閒招楚大司馬周殷。〔三〕周殷反楚，佐劉賈，舉九江，迎武王黥布兵，皆會垓下，共擊項籍。漢王因使劉賈將九江兵，與太尉盧綰西南擊臨江王共尉。〔四〕共尉已死，以臨江爲南郡。〔五〕

〔一〕【集解】徐廣曰：「在陽夏。」【正義】括地志云：「固陵，陵名，在陳州宛丘縣西北四十二里。」【考證】固陵，今河南淮陽縣西北。

〔二〕【正義】今壽州壽春縣是也。【考證】今安徽壽縣。

〔三〕【考證】閒，「閒行」、「閒出」之「閒」，私也。使人私招之也。

〔四〕【索隱】共敖之子。

〔五〕【正義】今荆州也。

漢六年春，會諸侯於陳，〔一〕廢楚王信，因之，分其地爲二國。當是時也，高祖子幼，昆弟少，又不賢，欲王同姓以鎮天下，乃詔曰：「將軍劉賈有功，及擇子弟可以爲王者。」羣臣皆曰立劉賈爲荊王，王淮東五十二城；〔二〕高祖弟交爲楚王，王淮西三十六城。〔三〕因立子肥爲齊王。〔四〕始王昆弟劉氏也。

〔一〕【正義】今陳州也。

〔二〕【索隱】按：表云劉賈都吳。又漢書以東陽郡封賈。東陽即臨淮，故云淮東也。【正義】括地志云西北四十里，蓋此縣是也。【考證】漢書高紀作「東陽郡、鄣郡、吳郡五十三縣」。吳王濞傳云「王三郡五十三城」，即賈舊封也。史記「二」字當作「三」。張文虎曰：正義與正文不相涉，而與齊悼惠王世家末十字同，疑即彼文錯簡複出。

〔三〕【正義】淮以西徐、泗、濠等州也。【考證】漢書高紀云「以碭郡、薛郡、郯郡三十六縣立弟文信君交爲楚王」。

〔四〕【考證】即齊悼惠王。

高祖十一年秋，淮南王黥布反，東擊荊。荊王賈與戰，不勝，走富陵，爲布軍所殺。〔一〕高祖自擊破布。十二年，立沛侯劉濞爲吳王，王故荊地。〔二〕

〔一〕【索隱】地理志縣名，屬臨淮。【正義】括地志云：「富陵故城，在楚州盱眙縣東北六十里。」【考證】今安徽盱眙縣東北。

〔二〕【考證】吳王濞別有傳。

燕王劉澤者，諸劉遠屬也。〔一〕高帝三年，澤爲郎中。高帝十一年，澤以將軍擊陳豨，得

王黃，爲營陵侯。〔三〕

〔二〕【集解】漢書曰：「澤，高祖從祖昆弟。」【索隱】按：注引漢書云高祖從祖昆弟。又楚漢春秋田子春說張卿云「劉澤，宗家也」。按：言「宗家」，似疏遠矣。然則班固言「從祖昆弟」，當別有所見矣。

〔三〕【索隱】地理志縣名，在北海。【正義】括地志云：「營陵故城，在青州北海縣南三十里。」【考證】周壽昌曰：漢書荆燕吳傳作「擊陳豨將王黃」，此作「得」。樊噲傳作「虜大將王黃」。陳豨傳作「王黃以賞購得之」。情事各異。徐鴻鈞曰「作『得』，以功成後言。作『擊』，以爲將之始言」。樊噲傳又云「虜大將王黃」，當是虜由噲，而功歸於澤。噲爲澤妻父，宜有此舉，其情事尚無異。至陳豨傳又有以賞購王黃之說，則是高祖以賞購之，而卒爲澤所得耳。

高后時，齊人田生游乏資，〔一〕以畫干營陵侯澤。〔二〕澤大說之，用金二百斤爲田生壽。田生已得金，即歸齊。二年，澤使人謂田生曰：「弗與矣。」〔三〕田生如長安不見澤，而假大宅，令其子求事呂后所幸大謁者張子卿。〔四〕居數月，田生子請張卿臨，親脩具。〔五〕張卿許往。田生盛帷帳共具，譬如列侯。〔六〕張卿驚。酒酣，乃屏人說張卿曰：「臣觀諸侯王邸第百餘，皆高祖一切功臣。〔七〕今呂氏雅故本推轂高帝就天下，功至大，又親戚太后之重。〔八〕太后春秋長，諸呂弱，〔九〕太后欲立呂產爲呂王王代。〔一〇〕太后又重發之，恐大臣不聽。〔一一〕今卿最幸，大臣所敬，何不風大臣以聞太后？太后必喜。諸呂已王，萬戶侯亦卿之有。〔一二〕太后心欲之，而卿爲內臣，不急發，恐禍及身矣。」張卿大然之，乃風大臣語太后。〔一三〕太后朝，因問大臣。大臣請立呂產爲呂王。〔一四〕太后賜張卿千斤金，〔一五〕張卿以其半與田生。田生弗受，因説之曰：「吕産王也，諸大臣未大服。今營陵侯澤，諸劉，爲大將軍，〔一六〕獨此尚觖望。〔一七〕今卿言太后，列十餘縣王之。〔一八〕彼得王，喜去，諸吕王益固矣。」張卿入言，太后然之。乃以營陵侯劉澤爲琅邪王。〔一九〕琅邪王乃與田生之國。田生勸澤急行毋留。出關，太后果使人追止之，已出，即還。

〔一〕【集解】晉灼曰：「楚漢春秋田子春。」

〔二〕【集解】服虔曰：「以計畫干之也。」文穎曰：「以工畫得寵也。」【索隱】畫，一音「樹畫」之「畫」，又音「圖畫」之「畫」。兩家義並通也。【考證】畫，音獲。

〔三〕【集解】孟康曰：「與，黨與。言不復與我爲與也。」文穎曰：「不得與汝相知。」【考證】中井積德曰：弗與矣，咎其不我助之詞。

〔四〕【集解】徐廣曰：「名澤。」駰案：如淳曰閹人也。【正義】張子卿，漢書作「澤卿」，音釋。高后紀、周勃傳作「釋」。子卿，字也。

〔五〕【考證】顏師古曰：親，父也。具，供具也。周壽昌曰：顏謂田生令子請之，故云然。然觀下張卿往見，田生屏人與語，是仍以田生爲主，親脩具者，不假手廝僕，若魏其迎田蚡，夫妻治具是也。

〔六〕【考證】楓山、三條本無「盛」字。共讀爲供。

〔七〕【索隱】按：此「一切」猶一例，同時也，非如他「一切」訓權時也。

〔八〕【集解】如淳曰：「吕公知高祖相貴，以女妻之，推轂使爲長者。」瓚曰：「謂諸吕共推轂高祖，征伐成帝業。雅，正意也。」【索隱】按：雅，訓素也。謂吕氏素心奉推高祖取天下，若人推轂欲前進塗然也，此略同臣瓚之意也。推，音昌誰反。【考證】王先謙曰：雅，常也。故，舊也。猶言平昔。指諸吕平昔本助成帝業，非謂呂公。

〔九〕【考證】顏師古曰：春秋長，言年老。

〔一〇〕【考證】據呂后紀，此高后七年，呂禄王趙之時也。趙王友幽死，梁王恢代之，亦自殺。高后初意蓋欲徙代王恒王趙，徙梁王呂產王代，而使呂禄王梁也。代王不從，乃以呂禄爲趙王，不果徙呂產。則下文「呂產」當作「呂禄」，「呂王」當作「趙王」。或云，史公誤以呂產、呂禄二王事合爲一，漢書亦襲史文。

〔一一〕【集解】文穎曰：「欲發之，恐大臣不聽。」鄧展曰：「重難發事。」【考證】中井積德曰：重發，謂難於出口也。自以其私情躕躇之意，與恐不聽別項。

〔一二〕【正義】高后紀云：封張卿爲建陵侯。

〔一三〕【正義】語，魚呂反。以卑言尊之意也。

〔一四〕【考證】據呂后紀呂產爲呂王，在高后六年。是時爲梁王，説見上文。

〔一五〕【考證】李笠曰：漢書荆燕吴傳無「斤」字，當據改。漢制以黄金一斤爲一金。

〔一六〕【考證】漢書「劉」下有「長」字。

〔一七〕【索隱】觖，音決，又音企。

〔一八〕【考證】楓山、三條本「列」作「裂」，與漢書合。

〔一九〕【考證】呂后紀云「太后女弟呂嬃有女，爲營陵侯劉澤妻，澤爲大將軍。太后王諸呂，恐即崩後劉將軍爲害，迺以劉澤爲琅邪王以慰其心」，與此篇所記，情事不同。漢書「入言」下補「又太后女弟呂須女亦爲營陵侯妻」十四字。

及太后崩，琅邪王澤乃曰：「帝少，諸呂用事，劉氏孤弱。」乃引兵與齊王合謀西，〔一〕欲誅諸呂。至梁，聞漢遣灌將軍屯滎陽，澤還兵備西界，遂跳驅至長安。〔一〕代王亦從代至。〔二〕諸將相與琅邪王共立代王爲天子。天子乃徙澤爲燕王，乃復以琅邪予齊，復故地。〔四〕

〔一〕【集解】漢書音義曰：「澤至齊，爲齊王所劫，不得去。乃説王求詣京師，齊具車送之。不爲本與齊合謀也。」【索隱】按：漢書齊王傳云使祝午劫琅邪王至齊，因留琅邪王，不得反國。澤乃説求入關，齊乃送之。與此文不同者，劉氏以爲燕齊兩史，各言其主立功之迹，太史公聞疑傳疑，遂各記之，則所謂實録。【考證】齊王傳蓋得其實。中井積德曰：按傳説不同者亦多，何必討國人？

〔二〕【集解】漢書音義曰：「跳驅，馳至長安也。」【索隱】跳，他彫反，脱獨去也。又音條，謂疾去也。【考證】楓、三本「屯」下有「兵」字。

〔三〕【考證】諸將迎代王也，非代王自至。

〔四〕【集解】李奇曰：「本齊地，分以王澤，今復與齊也。」

澤王燕二年，薨，謚爲敬王。傳子嘉，爲康王。〔一〕

〔一〕【考證】康王在位二十六年薨。

至孫定國，與父康王姬姦，生子男一人。奪弟妻爲姬。與子女三人姦。定國有所欲誅殺臣肥如令郢人，〔一〕郢人等告定國，定國使謁者以他法劾捕，格殺郢人以滅口。至元朔元年，郢人昆弟復上書，具言定國陰事，〔二〕以此發覺。〔三〕詔下公卿，皆議曰：「定國禽獸行，亂人倫逆天，當誅。」〔四〕上許之。定國自殺，國除爲郡。〔五〕

〔一〕【集解】如淳曰：「定國自欲有所殺餘臣，肥如令郢人以告之。」【索隱】按：如淳意以肥如亦臣名，令郢人以告定國也。小顏以爲定國欲有所誅殺餘臣，而肥如令郢人乃告定國也。然按地理志肥如在遼西也。【考證】中井積德曰：所欲誅殺之臣，其名曰郢人，時爲肥如令也。愚按：四史發伏説同，如、顔二説皆非。顧炎武曰：地理志肥如自屬遼西郡，不屬燕。武帝紀元朔元年秋，匈奴入遼西殺太守。諸侯王表言武帝下推恩之令，而藩國自析。長沙、燕、代雖有舊名，皆亡南北邊矣。然則肥如之屬於燕，必在元朔以前，未析邊郡之時也。

〔二〕【考證】王先謙曰：主父偃亦發定國陰事，見偃傳。

〔三〕【考證】古鈔本無「發」字。

〔四〕【考證】楓、三本「天」下有「道」字，與漢書合。

〔五〕【考證】年表定國景帝前六年立，立二十四年，武帝元朔元年自殺。漢傳作「四十二年」，誤。

太史公曰：荆王王也，由漢初定，天下未集，故劉賈雖屬疏，〔一〕然以策爲王，填江淮之閒。〔二〕劉澤之王，權激呂氏，〔三〕然劉澤卒南面稱孤者三世。事發相重，〔四〕豈不爲偉乎！〔五〕

〔一〕【考證】漢書作「疏屬」。

〔二〕【考證】填、鎮同。以上論劉賈。

〔三〕【索隱】按：謂田子春欲王劉澤，先使張卿説封呂産，乃恐以大臣觖望，澤卒得王，故爲權激諸呂也。【考證】權，「權數」、「權謀」之「權」。言澤以劉氏權王呂氏，以激成其禍，未必無罪。

〔四〕【集解】晉灼曰：「澤以金與田生，以事張卿，張卿言之呂后，而劉澤得王，故曰『事發相重』。或曰，事起於相重也。」【索隱】按：謂先發呂氏令重，我亦得其功，是事發相重也。【正義】謂事發動皆得尊位，故云相重。

【考證】顏師古曰：重，猶累也。言澤得王，本田生行說。若其事發覺則相隨入罪，事相累誤。陳仁錫曰：事發相重，謂諸呂變作，而澤能舉兵入討，又與群臣共立代王，是與内朝相倚重也。中井積德曰：王諸呂，則呂重矣。呂后又王劉澤，則劉重矣。是之謂相重也。愚按：事發相重，猶言情事複雜也。諸解未得。以上論劉澤。

〔五〕【索隱】偉者盛也，蓋盛其能激發也。【考證】一句結二人。古鈔本無「爲」字，漢書亦無，「偉」作「危」。中井積德曰：偉者超常之義，不當訓盛。王念孫曰：漢書危讀爲詭。詭者奇異之稱，猶言「豈不偉哉」耳。

【索隱述贊】劉賈初從，首定三秦。既渡白馬，遂圍壽春。始迎黥布，絶間周殷。賞功胙土，與楚爲鄰。營陵始爵，勳由擊陳。田生遊說，受賜千斤。權激諸呂，事發榮身。徙封傳嗣，亡於郢人。

史記會注考證卷五十二

齊悼惠王世家第二十二

史記五十二

【考證】史公自序云：「天下已平，親戚既寡，悼惠先壯，實鎮東土。哀王擅興，發怒諸呂，駟鈞暴戾，京師弗許。厲之内淫，禍成主父。嘉肥股肱，作齊悼惠王世家第二十二。」茅坤曰：漢書本此篇全文，其敍七王處，廢興有次第，而生色少。崔適曰：此篇凡言立章爲城陽王者再，立興居爲濟北王及以反誅者皆再，言膠西等五王爲悼惠王子及誅者亦皆再，言徙濟北王志爲菑川王者四，不如漢書之簡當。史記豈應繁冗乃爾？

齊悼惠王劉肥者，高祖長庶男也。〔一〕其母外婦也，曰曹氏。高祖六年，立肥爲齊王，食七十城，〔二〕諸民能齊言者，皆予齊王。〔三〕

〔一〕【正義】年表云：都臨淄。

〔二〕【考證】漢書高紀云：以膠東、膠西、臨淄、濟北、博陽、城陽郡七十三縣封子肥爲齊王。此言「七十城」者舉大數耳。

〔三〕【索隱】謂其語音及名物異於楚、魏。一云，此時人多流亡，故使齊言者皆還齊王。【正義】諸齊民言語，與楚、魏、燕、趙異者，隨地割屬齊也。【考證】索隱後説本於孟康，可從。

齊王，孝惠帝兄也。孝惠帝二年，齊王入朝。惠帝與齊王燕飲，亢禮如家人。〔一〕呂太后怒，且誅齊王。〔二〕齊王懼不得脱，乃用其内史勳計，獻城陽郡，以爲魯元公主湯沐邑。〔三〕呂太后喜，乃得辭就國。

〔一〕【索隱】謂齊王是兄，不爲君臣禮，而乃亢敵如家人兄弟之禮，故太后怒。【正義】不尊惠帝，如家人兄弟禮。【考證】中井積德曰：亢禮非齊王爲之，乃從惠帝爲之耳。齊王不辭，故怒之也。呂紀可參考。

〔二〕【考證】欲以鴆酒殺之。事詳呂后紀。

〔三〕【正義】括地志云：「濮州雷澤縣，本漢城陽縣。」按：後爲郡也。【考證】史呂紀、漢高五王傳「勳」作「士」。必是其名，而未知孰是。錢大昕曰：此城陽國，非雷澤之成陽，辯見景帝紀。

悼惠王即位十三年，以惠帝六年卒。子襄立，是爲哀王。

哀王元年，孝惠帝崩，呂太后稱制，天下事皆決於高后。〔一〕二年，高后立其兄子酈侯呂台爲呂王，割齊之濟南郡爲呂王奉邑。〔二〕

〔一〕【考證】梁玉繩曰：篇中曰呂太后，曰高后，曰太后，錯雜似兩人，皆當作「太后」。

〔二〕【集解】徐廣曰：「酈，一作『鄜』。」【索隱】「酈」、「鄜」二字並音孚。鄜，縣名，在馮翊。酈縣在南陽。台，音胎。呂后兄子也。【正義】按：酈，音呈益反。括地志云「故酈城在鄧州新城縣西北四十里」，蓋此縣是也。括地志云：「濟南故城，在淄州長山縣西北二十五里。」

哀王三年，其弟章入宿衛於漢，呂太后封爲朱虚侯，〔一〕以呂祿女妻之。〔二〕後四年，封章

弟興居爲東牟侯，皆宿衛長安中。〔三〕

〔一〕【索隱】地理志縣名，屬琅邪。

〔二〕【考證】凌稚隆曰：伏後呂禄女知其謀案。

〔三〕【索隱】地理志東牟，縣名，屬東萊。【考證】凌稚隆曰：先爲後東牟侯爲内應眼目。

哀王八年，高后割齊琅邪郡，〔一〕立營陵侯劉澤爲琅邪王。

〔一〕【正義】今沂州也。

其明年，〔一〕趙王友入朝，幽死于邸。三趙王皆廢，〔二〕高后立諸呂爲三王，〔三〕擅權用事。

〔一〕【考證】張熷曰：齊哀王八年，乃高后七年也。漢書劉澤爲琅邪王及趙王幽死，並在高后七年，本紀、傳、年表並同。此言「明年」，誤也。梁玉繩曰：漢傳改「是歲」。

〔二〕【考證】隱王如意以鴆死，幽王友以幽死，共王恢以憤死。

〔三〕【集解】徐廣曰：「燕、趙、梁。」【考證】呂通王燕，呂禄王趙，呂産王梁。

朱虛侯年二十，有氣力，忿劉氏不得職。嘗入侍高后燕飲，高后令朱虛侯劉章爲酒吏。章自請曰：「臣將種也，請得以軍法行酒。」高后曰：「可。」酒酣，章進飲歌舞。〔一〕已而曰：「請爲太后言耕田歌。」〔二〕高后兒子畜之，〔三〕笑曰：「顧而父知田耳。若生而爲王子，安知田乎？」〔四〕章曰：「臣知之。」太后曰：「試爲我言田。」章曰：「深耕穊種，立苗欲疏；非其種者，鉏而去之。」〔五〕呂后默然。頃之諸呂有一人醉，亡酒，〔六〕章追拔劍斬之，而還報曰：

「有亡酒一人，臣謹行法斬之。」〔七〕太后左右皆大驚。業已許其軍法，無以罪也，因罷。自是之後，諸呂憚朱虛侯，雖大臣皆依朱虛侯，劉氏爲益彊。〔八〕

〔一〕【考證】漢書無「飲」字。

〔二〕【考證】漢書無「歌」字。

〔三〕【考證】沈欽韓曰：蓋以小兒視之，非愛之也。

〔四〕【索隱】顧，猶念也。「而」及「若」皆訓汝。【考證】漢書高五王傳「而」作「乃」，義同。劉攽曰：乃父，直謂王肥耳。齊召南曰：悼惠王本高帝微時庶子，故曰「知田」。下文云「若生而爲王子，安知田乎」，義尤明白。劉説是。

〔五〕【考證】顔師古曰：概，稠也。概種者，言多生子孫也。疏立者，四散置之，令爲藩輔也。概，音冀。非其種者，鉏而去之者，斥諸呂也。愚按：疏、去，韻。

〔六〕【考證】顔師古曰：避酒而逃去。

〔七〕【考證】古鈔本，楓、三本，御覽引「行」下有「軍」字，與漢書合。

〔八〕【考證】漢書無「益」字。

其明年，高后崩。趙王呂禄爲上將軍，呂王産爲相國，皆居長安中，聚兵以威大臣，欲爲亂。朱虛侯章以呂禄女爲婦，知其謀，〔二〕乃使人陰出告其兄齊王，欲令發兵西，朱虛侯、東牟侯爲内應，〔三〕以誅諸呂，因立齊王爲帝。

〔二〕【考證】凌稚隆曰：應前。

〔三〕【考證】顔師古曰：西詣京師。凌稚隆曰：應前。

齊王既聞此計，乃與其舅父駟鈞、郎中令祝午、中尉魏勃陰謀發兵。〔一〕齊相召平聞之，乃發卒衛王宮。〔二〕魏勃紿召平曰：「王欲發兵，非有漢虎符驗也。〔三〕而相君圍王，固善。勃請爲君將兵衛衛王。」〔四〕召平信之，乃使魏勃將兵圍王宮。勃既將兵，使圍相府。召平曰：「嗟乎，道家之言，『當斷不斷，反受其亂』。〔五〕乃是也。」遂自殺。於是齊王以駟鈞爲相，魏勃爲將軍，祝午爲内史，悉發國中兵。使祝午東詐琅邪王曰：「呂氏作亂，齊王發兵，欲西誅之。齊王自以兒子年少，不習兵革之事，願舉國委大王。大王自高帝將也，〔六〕習戰事。齊王不敢離兵，〔七〕使臣請大王幸之臨菑，見齊王計事，并將齊兵以西，平關中之亂。」琅邪王信之，以爲然，西馳見齊王。〔八〕齊王與魏勃等因留琅邪王，而使祝午盡發琅邪國，而并將其兵。〔九〕

〔一〕【索隱】按：舅，謂舅父，猶姨稱姨母。

〔二〕【索隱】按：廣陵人召平，與東陵侯召平，及此召平，皆似別人也。功臣表平子奴，以父功封黎侯也。【考證】顔師古曰：召讀曰邵。

〔三〕【考證】胡三省曰：史記文帝紀「三年九月，初與郡國守相爲銅虎符」。既有「初」字，則前乎文帝之時，當未有銅虎符也。召平、魏勃事在三年之前，何緣有虎符發兵？愚按：信陵君傳「得虎符奪晉鄙軍」，以虎符爲兵符，不初於文帝三年，胡説甚拘。且魏勃但云「虎符」，不云「銅虎符」。

〔四〕【考證】顔師古曰：謂將兵及衛守之具，以禁衛王，令不得發也。愚按：疑衍一「衛」字。

〔五〕【考證】斷、亂，韻。沈欽韓曰：春申君傳贊引之，後漢書儒林傳引作黄石公三略。

〔六〕【考證】顔師古曰：言自高帝時已爲將也。

〔七〕【索隱】按：服虔云「不敢離其兵而到琅邪也」。

〔八〕【考證】古鈔本「西」作「迺」，與漢書合。陳仁錫曰：「西」當作「迺」，楓、三本作「便」。

〔九〕【考證】荆燕世家云「吕太后崩，琅邪王劉澤曰：『帝少，諸吕用事。劉氏孤弱。』乃引兵與齊王合謀西」，與此異。

琅邪王劉澤既見欺，不得反國，乃説齊王曰：「齊悼惠王，高皇帝長子，推本言之，而大王高皇帝適長孫也，當立。今諸大臣狐疑，未有所定，而澤於劉氏最爲長年，大臣固待澤決計。今大王留臣無爲也，不如使我入關計事。」齊王以爲然，乃益具車送琅邪王。

琅邪王既行，齊遂舉兵，西攻吕國之濟南。〔一〕於是齊哀王遺諸侯王書曰：「高帝平定天下，王諸子弟，悼惠王於齊。〔二〕悼惠王薨，惠帝使留侯張良立臣爲齊王。惠帝崩，高后用事，春秋高，聽諸吕擅廢高帝所立，〔三〕又殺三趙王，〔四〕滅梁、燕、趙，〔五〕以王諸吕，分齊國爲四。〔六〕忠臣進諫，上惑亂不聽。今高后崩，皇帝春秋富，〔七〕未能治天下，固恃大臣諸將。〔八〕今諸吕又擅自尊官，聚兵嚴威，劫列侯忠臣，矯制以令天下，宗廟所以危。〔九〕今寡人率兵入誅不當爲王者。」〔一〇〕

〔一〕【考證】徐孚遠曰：齊王發兵，先取琅邪，後攻濟南，蓋收復全齊，以爲根本，恐吕氏未即滅，爲兩持計也。

〔二〕【考證】梁玉繩曰：於，「王」誤。吕后紀可證。愚按：楓、三本「於」上重「王」字。

〔三〕【考證】梁玉繩曰：擅廢高帝所立，吕后本紀及漢書高五王傳作「擅廢帝更立」，此誤。

〔四〕【正義】隱王如意、幽王友，梁王恢徙王趙，並高祖子也。

〔五〕【正義】梁王恢、燕王建，梁王恢徙趙，分滅無後也。

〔六〕【索隱】謂濟南、琅邪、城陽并齊爲四也。【正義】琅邪郡封劉澤，濟南郡以爲呂王奉邑，城陽爲魯元公主湯沐邑也。

〔七〕【索隱】按：小顔云「言年幼也，比之於財，方未匱竭，故謂之富」也。

〔八〕【考證】梁玉繩曰：案呂后紀、五王傳「諸將」，「諸侯」之誤。

〔九〕【考證】楓、三本「擅」下有「權」字，漢書無「所」字。

〔一〇〕【考證】凌稚隆曰：此書詞嚴義正，與高祖約諸侯王擊楚之殺義帝者同例。

漢聞齊發兵而西，相國呂産乃遣大將軍灌嬰東擊之。灌嬰至滎陽，乃謀曰：「諸呂將兵居關中，欲危劉氏而自立。我今破齊還報，是益呂氏資也。」乃留兵屯滎陽，使使喻齊王及諸侯，與連和，以待呂氏之變而共誅之。齊王聞之，乃西取其故濟南郡，亦屯兵於齊西界以待約。

呂禄、呂産欲作亂關中，朱虚侯與太尉勃、丞相平等誅之。朱虚侯首先斬呂産，〔一〕於是太尉勃等乃得盡誅諸呂。而琅邪王亦從齊至長安。

〔一〕【考證】楓、三本「侯」下「與」上有「章」字。

大臣議欲立齊王，而琅邪王及大臣曰：「齊王母家駟鈞惡戾，虎而冠者也。〔一〕方以呂氏故幾亂天下，今又立齊王，是欲復爲呂氏也。代王母家薄氏，君子長者，且代王又親高帝子，於今見在，且最爲長。以子則順，以善人則大臣安。」於是大臣乃謀迎立代王，而遣朱虛侯以誅呂氏事告齊王，令罷兵。

〔一〕【集解】張晏曰：「言鈞惡戾，如虎而著冠。」

灌嬰在滎陽，聞魏勃本教齊王反，〔一〕既誅呂氏，罷齊兵，使使召責問魏勃。勃曰：「失火之家，豈暇先言大人而後救火乎！」〔二〕因退立，股戰而栗，恐不能言者，〔三〕終無他語。灌將軍熟視，笑曰：「人謂魏勃勇，妄庸人耳，何能爲乎！」〔四〕乃罷魏勃。〔五〕魏勃父以善鼓琴見秦皇帝。及魏勃少時，欲求見齊相曹參，家貧無以自通，乃常獨早夜埽齊相舍人門外。相舍人怪之，以爲物而伺之，得勃。〔六〕勃曰：「願見相君無因，故爲子埽，欲以求見。」於是舍人見勃，曹參因以爲舍人。一爲參御言事，參以爲賢，言之齊悼惠王。悼惠王召見，則拜爲內史。始悼惠王得自置二千石。及悼惠王卒，而哀王立，勃用事，重於齊相。〔七〕

〔一〕【考證】中井積德曰：平定呂氏之亂，齊王有大功。其舉兵，奉高帝之約束矣，非反也。徐孚遠曰：齊王英武，代王寬仁，此大臣所以有彼我也。

〔二〕【索隱】此蓋舊俗之言，謂救火之急，不暇先啟家長也。亦猶國家有難，不暇待詔命也。【考證】漢書「大人」作「丈人」。

〔三〕【考證】顏師古曰：股，腳也。戰者懼之甚也。岡白駒曰：「栗」字句。栗與慄通，竦縮也。愚按：古鈔本、楓、三本「恐」上有「爲」字，可從。

〔四〕【索隱】按：妄庸，謂凡妄庸劣之人也。【考證】魏勃故爲怯懦狀以免禍耳。中井積德曰：魏勃亦宜言非劉氏而王者，天下共擊之。是高皇帝之約。臣勸齊王，謹奉高皇帝之約也，非教反矣。然勃之免死以怯也，即直對不屈，或速罪也。

〔五〕【索隱】罷，謂不罪而放遣之。

〔六〕【索隱】姚氏云：「物，怪物。」【考證】留侯世家贊「學者多言無鬼神，然言有物」，「物」字義同。

〔七〕【考證】漢書「齊相」作「相齊」，「齊」字屬下讀。此誤倒。

王既罷兵歸，而代王來立，是爲孝文帝。

孝文帝元年，盡以高后時所割齊之城陽、琅邪、濟南郡復與齊，而徙琅邪王王燕，益封朱虛侯、東牟侯各二千户。

是歲，齊哀王卒，太子側立，是爲文王。〔一〕

〔一〕【考證】年表、漢書「側」作「則」，此誤。

齊文王元年，漢以齊之城陽郡立朱虛侯爲城陽王，以齊濟北郡立東牟侯爲濟北王。〔一〕

〔一〕【正義】今濟州，濟北王所都。

二年，濟北王反，漢誅殺之，地入于漢。

後二年，孝文帝盡封齊悼惠王子罷軍等七人，皆爲列侯。〔一〕

〔一〕【正義】罷，音不。【考證】張文虎曰：罷無不音，疑有脱誤。愚按：史記桃源鈔引正義云「罷，音擺。擺，補買反」。則與顔師古曰「音皮彼反」異。梁玉繩曰：「後二年」誤。五王傳作「明年」，是也。錢大昕曰：孝文帝盡封齊悼惠王子罷軍等七人，皆爲列侯。漢書高五王傳同。按：漢書王子侯表管共侯罷軍、氏邱（共）侯寧國、營平侯信都、楊丘侯安、楊虛侯將閭、扐侯辟光、安都侯志、平昌侯卬、武成侯買、白石侯雄渠，皆悼惠王子，以文帝四年五月甲寅同日封。此云「七人」，蓋「十人」之譌。梁玉繩曰：此與惠景侯表作「九人」同誤。

齊文王立十四年卒，無子，國除，地入于漢。

後一歲，孝文帝以所封悼惠王子分齊爲王，齊孝王將閭以悼惠王子楊虛侯爲齊王。〔一〕故齊別郡盡以王悼惠王子：子志爲濟北王，子辟光爲濟南王，子賢爲菑川王，子卬爲膠西王，子雄渠爲膠東王，與城陽、齊凡七王。〔二〕

〔一〕**【考證】**楓、三本「爲」下無「齊」字。漢興年表、倉公傳「楊」作「陽」。

〔二〕**【索隱】**謂將閭爲齊王，志爲濟北王，卬膠西王，辟光濟南王，賢菑川王，章城陽王，雄渠膠東王。

齊孝王十一年，吴王濞、楚王戊反，興兵西告諸侯曰：「將誅漢賊臣鼂錯以安宗廟。」膠西、膠東、菑川、濟南皆擅發兵應吴、楚。欲與齊，〔一〕齊孝王狐疑，城守不聽，三國兵共圍齊。〔二〕齊王使路中大夫告於天子。〔三〕天子復令路中大夫還告齊王：「善堅守，吾兵今破吴、楚矣。」路中大夫至，三國兵圍臨菑數重，無從入。三國將劫與路中大夫盟曰：「若反言漢已破矣，齊趣下三國，不，且見屠。」〔四〕路中大夫既許之，至城下望見齊王曰：「漢已發兵百萬，使太尉周亞夫擊破吴、楚，方引兵救齊，齊必堅守無下！」三國將誅路中大夫。

〔一〕【考證】顏師古曰：與之同反。

〔二〕【集解】張晏曰：「膠西、菑川、濟南也。」【考證】劉奉世曰：吴王濞傳前云「膠西、膠東、菑川、濟南共圍臨菑」，後云「膠西、膠東、菑川三國各引兵歸」，則此三國無濟南王也。然初言四國共圍齊，又言三國，疑必有誤。

〔三〕【集解】張晏曰：姓路，爲中大夫。【索隱】按：路姓，爲中大夫官。史失其名，故言姓及官。顧氏按路氏譜，中大夫名卬也。卬，五剛反。

〔四〕【考證】顏師古曰：若，汝也。反，謂反易其辭也。趣，讀曰促。

齊初圍急，陰與三國通謀，約未定，會聞路中大夫從漢來，喜，及其大臣乃復勸王毋下三國。〔一〕居無何，漢將樂布、平陽侯等兵至齊，擊破三國兵，解齊圍。〔二〕已而復聞齊初與三國有謀，將欲移兵伐齊。齊孝王懼，乃飲藥自殺。景帝聞之，以爲齊首善，以迫劫有謀，非其罪也，〔三〕乃立孝王太子壽爲齊王，是爲懿王，續齊後。而膠西、膠東、濟南、菑川王咸誅滅，地入于漢。徙濟北王王菑川。齊懿王立二十二年卒，子次景立，〔四〕是爲厲王。

〔一〕【考證】茅坤曰：與鄭世家解揚之事同。

〔二〕【索隱】按表，平陽侯是簡侯曹奇也。

〔三〕【考證】顏師古曰：首善，言其初首無逆亂之心。

〔四〕【考證】年表、漢書「次景」作「次昌」，此誤。

齊厲王，其母曰紀太后。太后取其弟紀氏女爲厲王后。王不愛紀氏女。太后欲其家重寵，〔一〕令其長女紀翁主入王宮，〔二〕正其後宮，毋令得近王，欲令愛紀氏女。王因與其姊翁主姦。

〔一〕【索隱】重，直龍反。謂欲世寵貴於王宮也。

〔二〕【索隱】按：如淳云「諸王女云翁主。稱其母姓，故謂之紀翁主」。【考證】漢稱諸王女爲翁主。顏師古曰：天子不自主婚，故謂之公主。諸侯自主婚，故其女號翁主。翁者父也，又稱王主。王自主婚，故曰王主。

齊有宦者徐甲，入事漢皇太后。〔一〕皇太后有愛女曰脩成君，脩成君非劉氏，〔二〕太后憐之。脩成君有女名娥，太后欲嫁之於諸侯，宦者甲乃請使齊，必令王上書請娥。皇太后喜，使甲之齊。是時齊人主父偃知甲之使齊以取后事，亦因謂甲，即事成，幸言偃女願得充王後宮。甲既至齊，風以此事。紀太后大怒曰：「王有后，後宮具備。且甲，齊貧人，急乃爲宦者入事漢，無補益，乃欲亂吾王家！〔三〕且主父偃何爲者？乃欲以女充後宮！」徐甲大窮，還報皇太后曰：「王已願尚娥，〔四〕然有一害，恐如燕王。」燕王者，與其子昆弟姦，新坐以死，亡國，故以燕感太后。太后曰：「無復言嫁女齊事。」事浸潯不得聞於天子。〔五〕主父偃由此亦與齊有郤。

〔一〕【索隱】謂王太后，武帝母也。

〔二〕【集解】張晏曰：王太后前嫁金氏所生。【考證】王太后嫁金氏，見外戚世家。

〔三〕【集解】徐廣曰：「急，一作『及』。」【考證】急，當作「及」，涉下文「乃」字重衍。漢書無「補」字。

〔四〕【考證】顏師古曰：尚，配也。

〔五〕【正義】浸潯二音，一音尋，又音淫。浸潯，猶漸潤澤也。【考證】漢書無「不得」二字。中井積德曰：此疑衍。

主父偃方幸於天子，用事，因言：「齊臨菑十萬户，市租千金，〔一〕人衆殷富，巨於長安，此非天子親弟愛子不得王此。今齊王於親屬益疏。」乃從容言：「呂太后時齊欲反，吳、楚時孝王幾爲亂。今聞齊王與其姊亂。」於是天子乃拜主父偃爲齊相，且正其事。主父偃既至齊，乃急治王後宮宦者爲王通於姊翁主所者，令其辭證皆引王。王年少，懼大罪爲吏所執誅，乃飲藥自殺。絶無後。

〔一〕【索隱】市租，謂所賣之物出税。日得千金，言齊人衆而且富也。【正義】謂臨菑之市，所賣之物，日出税，利千金。言齊人之殷富也。千金，萬貫也。

是時趙王懼主父偃一出廢齊，恐其漸疏骨肉，乃上書言偃受金及輕重之短。〔一〕天子亦既因偃。〔二〕公孫弘言：「齊王以憂死，毋後，國入漢，非誅偃，無以塞天下之望。」〔三〕遂誅偃。

〔一〕【索隱】謂偃挾齊不娶女之恨，因言齊之短。爲輕重之辭，謂言臨菑富及吳、楚、孝王時事是也。【正義】言舉輕重大小之事故訴之。【考證】顏師古曰：輕重，謂用心不平。中井積德曰：輕重之事，謂其他事，不斥齊事。索隱非。愚按：輕重顏説是。

〔二〕【考證】漢書「既」作「因」。

〔三〕【考證】顏師古曰：塞，滿也。

齊厲王立五年死，毋後，國入于漢。

齊悼惠王後尚有二國，城陽及菑川。菑川地比齊。〔一〕天子憐齊，爲悼惠王冢園在郡，割臨菑東環悼惠王冢園邑盡以予菑川，以奉悼惠王祭祀。〔二〕

〔一〕【考證】顔師古曰：比，近也。

〔二〕【考證】茅坤曰：以前齊始末已完，復分註七王興廢次第。

城陽景王章，齊悼惠王子，〔一〕以朱虚侯與大臣共誅諸吕，而章身首先斬相國吕王産於未央宫。孝文帝既立，益封章二千户，賜金千斤。孝文二年，以齊之城陽郡立章爲城陽王。立二年卒，子喜立，是爲共王。

〔一〕【正義】年表云：都莒也。

共王八年，徙王淮南。〔一〕四年，復還王城陽。凡三十三年卒，子建延立，〔二〕是爲頃王。

〔一〕【索隱】按：當孝文帝之十二年也。

〔二〕【考證】梁玉繩曰：年表及漢書表、傳「建延」作「延」。張文虎曰：「建」即「延」字之譌衍。【正義】年表云都陳也。

頃王二十八年卒，〔一〕子義立，是爲敬王。敬王九年卒，子武立，是爲惠王。惠王十一年卒，〔二〕子順立，是爲荒王。荒王四十六年卒，子恢立，〔三〕是爲戴王。戴王八年卒，子景立，至建始三年，十五歲卒。〔四〕

〔一〕【考證】梁玉繩曰：「八」字乃「六」字之譌。

〔二〕【考證】漢書傳、表亦作「十一年」。史表作「七年」，誤。惠王十一年即漢武天漢三年，在大初後。梁玉繩曰：「是爲惠王」以下四十八字，後人所續，當删之。且所説孝王景之年與漢書不合。

〔三〕【集解】徐廣曰：「甘露二年。」

〔四〕【正義】建始，成帝年號。從建始四年，上至天漢四年，六十七矣，蓋褚先生次之。【考證】漢書云：「孝王景嗣，二十四年薨。」愚按：以上敍城陽王事。

濟北王興居，齊悼惠王子，〔一〕以東牟侯助大臣誅諸呂，功少。及文帝從代來，興居曰：「請與太僕嬰入清宮。」廢少帝，〔二〕共與大臣尊立孝文帝。

〔一〕【正義】都濟州也。

〔二〕【考證】太僕夏侯嬰。

孝文帝二年，以齊之濟北郡，立興居爲濟北王，與城陽王俱立。立二年反。始大臣誅呂氏時，朱虛侯功尤大，許盡以趙地王朱虛侯，盡以梁地王東牟侯。及孝文帝立，聞朱虛、東牟之初欲立齊王，故絀其功。及二年，王諸子，乃割齊二郡以王章、興居。章、興居自以失職奪功。章死，而興居聞匈奴大入漢，漢多發兵，使丞相灌嬰擊之，文帝親幸太原，以爲天子自擊胡，遂發兵反於濟北。天子聞之，罷丞相及行兵，皆歸長安。使棘蒲侯柴將軍〔一〕擊破虜濟北王，王自殺，地入于漢，爲郡。

〔一〕【集解】張晏曰：「柴武。」【考證】史文紀作「陳武」，漢文紀作「柴武」，史、漢兩表皆作「陳武」，蓋棘蒲侯有二姓也。

後十二年，〔一〕文帝十六年，復以齊悼惠王子安都侯志爲濟北王。〔二〕十一年，吳、楚反，

時志堅守，不與諸侯合謀。吴、楚已平，徙志王菑川。〔三〕

〔一〕【考證】梁玉繩曰：「二」乃「三」之譌。

〔二〕【索隱】地理志安都闕。【正義】安都故城，在瀛州高陽縣西南三十九里。

〔三〕【考證】以上敘濟北王。

濟南王辟光，齊悼惠王子，以勒侯孝文十六年爲濟南王。〔一〕十一年，與吴、楚反。漢擊破殺辟光，以濟南爲郡，地入于漢。〔二〕

〔一〕【索隱】勒，漢書作「朸」，並音力。地理志縣名，屬平原也。【正義】辟，音壁，都濟南郡。

〔二〕【考證】以上敘濟南王。

菑川王賢，齊悼惠王子，〔一〕以武城侯文帝十六年爲菑川王。〔二〕十一年，與吴、楚反，漢擊破殺賢。

〔一〕【正義】年表云淄川王都劇。故城在青州壽光縣西三十一里。

〔二〕【索隱】地理志武城，縣名，屬平原。【正義】貝州縣。【考證】惠景間侯者表索隱云：武城，漢志闕，與此異。洪頤煊曰：漢書地理志武城有二，一屬左馮翊，一屬定襄郡，皆非此所封之武城。此當東武城，地理志屬清河郡。愚按：沈濤亦有此説。

天子因徙濟北王志王菑川。志亦齊悼惠王子，以安都侯王濟北。菑川王反，毋後，乃徙濟北王王菑川。〔一〕凡立三十五年卒，謚爲懿王。子建代立，是爲靖王。二十年卒，子遺代立，是爲頃王。三十六年卒，〔二〕子終古立，是爲思王。二十八年卒，子尚立，是爲孝王。〔三〕五年卒，子横立，至建始三年十一歲卒。〔四〕

〔一〕【考證】張文虎曰：志事前已詳，此但書自濟北徙菑川前後年數可矣，複衍。

〔二〕【考證】漢傳作「三十五年」。

〔三〕【考證】漢傳作「考王」。

〔四〕【正義】亦褚少孫次之。【考證】漢傳云：子孝王横嗣，三十一年薨。以上敍菑川王事。陳仁錫曰：「是爲頃王」至「十一歲卒」四十四字亦褚生所續者。愚按：頃王三十六年即昭帝元年，史公或不及知其謚。

膠西王卬，齊悼惠王子，〔一〕以昌平侯文帝十六年爲膠西王。〔二〕十一年，與吴、楚反。漢擊破殺卬，地入于漢，爲膠西郡。〔三〕

〔一〕【正義】卬，五郎反。年表云「都高苑」。括地志云：「高苑故城，在韶州長山縣北四里。」

〔二〕【正義】括地志云：「昌平故城，在幽州東南六十里也。」【考證】梁玉繩曰：當作「平昌」。此作「昌平」，誤。史漢侯表、列傳、世家及水經注廿六可證，正義誤以上谷昌平言之。

〔三〕【考證】以上敍膠西王事。

膠東王雄渠，齊悼惠王子，〔一〕以白石侯〔二〕文帝十六年爲膠東王。十一年與吴、楚反，

漢擊破殺雄渠，地入于漢，爲膠東郡。〔三〕

〔一〕【正義】年表云都即墨。按：即墨故城在萊州膠東縣南六十里。

〔二〕【索隱】地理志縣名，屬金城。【正義】白石古城在德州安德縣北二十里。【考證】錢大昕曰：此白石當是齊地，正義近之。

〔三〕【考證】以上敍膠東王事。

太史公曰：諸侯大國無過齊悼惠王。以海内初定，子弟少，激秦之無尺土封，〔一〕故大封同姓，以填萬民之心。及後分裂，固其理也。

〔一〕【考證】顏師古曰：激，感發也。

【索隱述贊】漢矯秦制，樹屏自彊。表海大國，悉封齊王。呂后肆怒，乃獻城陽。哀王嗣立，其力不量。朱虛仕漢，功大策長。東牟受賞，稱亂貽殃。膠東、濟北，雄渠、辟光。齊雖七國，忠孝者昌。

史記會注考證卷五十三

蕭相國世家第二十三　史記五十三

【索隱】蕭相國、曹相國、留侯、絳侯、五宗、三王，右六篇，請各爲一篇。【考證】史公自序云：「楚人圍我滎陽，相守三年；蕭何塡（撫）山西，推計踵兵，給糧食不絕，使百姓愛漢不樂爲楚。作蕭相國世家第二十三。」愚按：索隱意謂諸世家有可合爲一篇者，六世家宜各爲一篇。凌本改「請各」作「可合」，誤。

蕭相國何者，沛豐人也。〔一〕以文無害〔二〕爲沛主吏掾。〔三〕

〔一〕【索隱】按：春秋緯「蕭何感昴精而生，典獄制律」。

〔二〕【集解】漢書音義曰：「文無害，有文，無所枉害也。律有無害都吏，如今言公平吏。一曰，無害者，如言『無比』，陳留閒語也。」【索隱】按：裴注已列數家，今更引二說。應劭云「雖爲文吏而不刻害也」。韋昭云：「爲有文理無傷害也」。【考證】文無害，或云「無所枉害」，或云「無比」，或云「猶言公平」，或云「害，勝也，無能勝害之者」，或云「害，傷也，無人能傷害之者」，或云「通律文而又無所枉害」。愚按：諸說皆不當。文無害，言能通曉法令，無所凝滯也。周亞夫稱趙禹云「極知禹無害，然文深，不可以居大府」。言禹通曉法令，而用文深刻也。續漢志云「郡國，秋冬遣無害吏案訊諸囚，平其辠法」，言遣吏通曉法令者，以訊諸囚也。論衡程材篇云「巧習無害，文高德少」，射短篇云「儒生能説一經，自謂通大道，以驕文吏。文吏曉簿書，自謂文無害，以戲儒生」，無害之義皆同。中井積德曰：文無害，是通套稱呼，如後世科目。

〔三〕【索隱】漢書云「何爲主吏」。主吏，功曹也。又云「何爲沛掾」，是何爲功曹掾也。

高祖爲布衣時，何數以吏事護高祖。〔一〕高祖爲亭長，常左右之。〔二〕高祖以吏繇咸陽，吏皆送奉錢三，何獨以五。〔三〕

〔一〕【索隱】説文云：「護，救視也。」【考證】中井積德曰：「護」是「回護」之「護」，謂護助也。

〔二〕【考證】漢書「左右」作「佑」。

〔三〕【集解】李奇曰：「或三百，或五百也。」【索隱】奉，音扶用反。謂資俸之。如字讀，謂奉送之也。錢三百，謂他人三百，何獨五百也。劉氏云：「時錢有重者，一當百，故有送錢三者。」【考證】顔師古曰：出錢以資行。

秦御史監郡者與從事，常辨之。〔一〕何乃給泗水卒史事，〔二〕第一。〔三〕秦御史欲入言徵何，何固請，得毋行。〔四〕

〔一〕【集解】張晏曰：「何與共事修辨明，何素有方略也。」蘇林曰：「辟何與從事也。秦時無刺史，以御史監郡。」【索隱】按：何與御史從事，常辨明，言稱職也。故張晏曰「何與共事修辨明，何素有方略」，是也。【考證】劉攽曰：言秦制，御史監郡者，凡有事，皆與從事共辨之。錢大昭曰：辨，治也。何爲泗水卒史，即從事也。

〔二〕【集解】徐廣曰：「沛縣有泗水亭。又秦以沛爲泗水郡。」駰按：文穎曰「何爲泗水郡卒史」。【索隱】如淳按：律，郡卒史書佐各十人也。卒，祖忽反。【考證】何焯曰：以「乃」字觀之，則何因事辨，乃得由縣主吏掾給郡卒史也。顏師古曰：泗水郡，沛所屬也。周壽昌曰：秦時沛屬泗水郡，漢乃屬沛郡也。沈家本曰：給，供也。「事」字句絕。

〔三〕【索隱】按：謂課最居第一也。

〔四〕【考證】顏師古曰：御史以何明辨，欲因入奏事之次言於朝廷，徵何用之。何心不願，以情固請，而御史止，故得不行也。沈欽韓曰：漢制，刺史歲一奏事京師，秦法當然。

及高祖起爲沛公，何常爲丞督事。〔一〕沛公至咸陽，諸將皆争走金帛財物之府分之，〔二〕何獨先入收秦丞相御史律令圖書藏之。沛公爲漢王，以何爲丞相。項王與諸侯屠燒咸陽而去。漢王所以具知天下阸塞、户口多少、彊弱之處、民所疾苦者，以何具得秦圖書也。〔三〕何進言韓信，漢王以信爲大將軍。語在淮陰侯事中。

〔一〕【索隱】謂高祖起沛，令何爲丞，常監督庶事也。

〔二〕【索隱】走，音奏。奏者趨向之。

〔三〕【考證】敘事中插議論。漢書蕭何傳云「項羽負約，封沛公於巴蜀爲漢王。漢王怒欲攻羽，周勃、灌嬰、樊噲皆勸之。蕭何力言其不可，乃之國」。

漢王引兵東定三秦，何以丞相留收巴、蜀，填撫諭告，使給軍食。漢二年，漢王與諸侯擊楚，何守關中，侍太子，〔一〕治櫟陽，爲法令約束，立宗廟社稷宫室縣邑，輒奏上，可，許以從事；〔二〕即不及奏上，輒以便宜施行，上來以聞。〔三〕關中事，〔四〕計户口，轉漕給軍，〔五〕漢王數失軍遁去，何常興關中卒，輒補缺。上以此專屬任何關中事。

〔一〕【考證】楓、三本「何」上有「令」字。

〔二〕【考證】顏師古曰：可其所奏，許其所請，依以行事。

〔三〕【集解】應劭曰：「上來還，乃以所爲聞之。」

〔四〕【考證】中井積德曰：「關中事」三字疑衍。班史無之。愚按：下文誤入。

〔五〕【索隱】轉，劉氏音張戀反。漕，水運也。

漢三年，漢王與項羽相距京、索之閒，上數使使勞苦丞相。鮑生謂丞相曰：〔一〕「王暴衣露蓋，數使使勞苦君者，有疑君心也。爲君計，莫若遣君子孫昆弟能勝兵者悉詣軍所，上必益信君。」〔二〕於是何從其計，漢王大說。

〔一〕【考證】沈欽韓曰：書中轅生、王生之類甚多，皆謂先生也。師古以爲諸生，妄也。

〔二〕【考證】勝，任也，堪也。如「勝衣」、「勝冠」之「勝」。

漢五年，既殺項羽定天下，論功行封。羣臣爭功，歲餘功不決。〔一〕高祖以蕭何功最盛，封爲酇侯，〔二〕所食邑多。功臣皆曰：「臣等身被堅執鋭，多者百餘戰，少者數十合，攻城略地，大小各有差。今蕭何未嘗有汗馬之勞，徒持文墨議論不戰，顧反居臣等上，何也？」〔三〕高帝曰：「諸君知獵乎？」曰：「知之。」「知獵狗乎？」曰：「知之。」高帝曰：「夫獵追殺獸兔者狗也，而發蹤指示獸處者人也。〔四〕今諸君徒能得走獸耳，功狗也。〔五〕至如蕭何，發蹤指示，功人也。且諸君獨以身隨我，多者兩三人。今蕭何舉宗數十人皆隨我，功不可忘也。」〔六〕羣臣皆莫敢言。

〔一〕【考證】漢書「餘」下無「功」字。齊召南曰：案功臣表「六年十二月甲申，封曹參、靳歙、夏侯嬰、王吸、傅寬、召歐、薛歐、陳濞、陳嬰、陳平，凡十侯。至正月丙午，封張良、劉纏、蕭何、周勃、樊噲、酈商、灌嬰、周昌、武虎、董渫、孔聚、陳賀、陳豨，共十二侯。其餘功臣未封者尚多」，即群臣爭功，歲餘不決者也。

〔二〕【集解】文穎曰：「音贊。」瓚曰：「今南鄉酇縣也。孫檢曰『有二縣，音字多亂。其屬沛郡者音嵯，屬南陽者音讚』。按茂陵書，蕭何國在南陽，宜呼讚。今多呼嵯，『嵯』舊字作『䣜』，今皆作『酇』，所由亂也。」【索隱】鄒氏云：「屬沛郡音嵯，屬南陽音贊。」又臣瓚按茂陵書：「蕭何國在南陽，則字當音贊，今多呼爲嵯也。」注瓚曰「今南鄉酇縣」。顧氏云「南鄉，郡名也。太康地理志云『魏武帝建安中，分南陽立南鄉郡，晉武帝又曰順陽郡也』」。

〔三〕【考證】「顧反」二字一意，反也。與田完世家「顧反聽命於韓」同例。漢書蕭何傳刪「反」字。

〔四〕【考證】顏師古曰：發縱，謂解紲而放之也。何焯曰：漢書「發蹤」作「發縱」。洪景伯隸釋引漢碑多以「縱」爲「蹤」。

〔五〕【考證】漢書「得走獸」作「走得獸」。愚按：「走」字屬獸不屬人，史文爲長。

〔六〕【考證】凌稚隆曰：應前鮑生語。

列侯畢已受封，及奏位次，〔一〕皆曰：「平陽侯曹參身被七十創，攻城略地，功最多，宜第一。」上已橈功臣，多封蕭何，〔二〕至位次，未有以復難之，然心欲何第一。關内侯鄂君〔三〕進曰：「羣臣議皆誤。夫曹參雖有野戰略地之功，此特一時之事。夫上與楚相距五歲，常失軍亡衆，逃身遁者數矣。〔四〕然蕭何常從關中遣軍補其處，非上所詔令召，而數萬衆會上之乏絶者數矣。夫漢與楚相守滎陽數年，軍無見糧，蕭何轉漕關中，給食不乏。陛下雖數亡山東，蕭何常全關中以待陛下，此萬世之功也。今雖亡曹參等百數，何缺於漢？漢得之，不必待以全。奈何欲以一旦之功，而加萬世之功哉！蕭何第一，曹參次之。」〔五〕高祖曰：「善。」於是乃令蕭何賜帶劍履上殿，入朝不趨。〔六〕

〔一〕【考證】齊召南曰：十八侯位次定於此時。

〔二〕【集解】應劭曰：「橈，屈也。」【索隱】音女教反。

〔三〕【索隱】按功臣表，鄂君即鄂千秋，封安平侯。

〔四〕【考證】漢書「逃」作「跳」，與凌稚隆所引一本合。顏師古曰：跳身，謂輕身走出也。

〔五〕【考證】楓、三本「第」上、「次」上並有「當」字。

〔六〕【考證】楓、三本「賜」下有「第一」二字，御覽引史作「乃令蕭何第一」。王念孫曰：此處若不言蕭何第一，則上文全無收束矣。蕭何第一爲一事，賜帶劍履云云又爲一事。朱錦綬曰：案賈子「古者天子二十而冠帶劍，諸侯三十而冠帶劍，大夫四十而冠帶劍」，可見有事帶劍，古禮之常。臣上君殿，其事尤大，當必以帶劍爲禮矣。禮曲禮「屨不上堂」，而少儀則云「凡祭於室中，堂上無跣」，亦以見事長可坐，祭先不可坐，坐則恐屨污席，故脱之，不坐即不脱屨。見君之禮，立而不坐，恐必不以不履爲敬也。自秦法羣臣侍殿上者，不得持尺寸之兵，適與古制相反。漢沿其法，故特賜蕭何以寵之。其實劍履上殿，秦漢以前不以爲異。請約舉經傳以證之：左氏襄二十六年傳「子朱怒曰：『班爵同，何以黜朱於朝？』撫劍從之」。公羊宣六年傳「趙盾起，將進劍，祁彌明自下呼之曰：『盾食飽則出，何故拔劍於君所？』」使非帶劍見君，子朱將何撫？趙盾將何所進乎？詩車攻「赤芾金舄，會同有繹」，大典也，而有金舄。韓侯朝王，有韓奕之詩，其詩有云「玄衮赤舄」，使著履不可見君，詩人必不以赤舄、金舄美之矣。至左氏哀十七年傳「渾良大夫不釋劍而食，衛太子數之」，哀二十五年傳「褚師聲子韈而登席，衛侯怒之」，則以時當燕飲，理應釋劍跣登，如韓詩說「不脫履而即席，跣而上登」，謂之燕之意。後世誤會此禮，朝祭二者，必解劍脫舄，然後上殿。遂若劍履上殿之禮，自何始。若朱虛侯拔劍斬諸吕、鄭崇曳革履之類，皆不當朝祭大事，不在此例。

上曰：「吾聞進賢受上賞。〔一〕蕭何功雖高，得鄂君乃益明。」於是因鄂君故所食關內侯邑封爲安平侯。〔二〕是日悉封何父子兄弟十餘人，皆有食邑。〔三〕乃益封何二千户，以帝嘗繇咸陽時，何送我獨贏奉錢二也。〔四〕

〔一〕【考證】漢書武帝元朔元年紀「詔曰：『進賢受上賞，蔽賢蒙顯戮，古之道也。』」武帝蓋述高祖之旨。

〔二〕【集解】徐廣曰：「以謁者從定諸侯有功，秩舉蕭何功，故因侯二千户。封九年卒。至玄孫但，坐與淮南王安通，弃市，國除。」【正義】括地志云「澤州安平縣，本漢安平縣」。

〔三〕【考證】漢書「父子」作「父母」。梁玉繩曰：漢書是。

〔四〕【索隱】謂人皆三，何獨五，所以爲贏二也。音盈。【考證】贏，餘也。陳子龍曰：前以功封，此又推舊恩也。愚按：一飯之食，睚眦之怨，記而不忘，高祖蓋非木强忽細故者。

漢十一年，陳豨反，高祖自將至邯鄲。未罷，淮陰侯謀反關中，吕后用蕭何計，誅淮陰侯，語在淮陰事中。上已聞淮陰侯誅，使使拜丞相何爲相國，益封五千户，令卒五百人、一都尉爲相國衛。〔一〕諸君皆賀，召平獨弔。召平者，故秦東陵侯。秦破爲布衣，貧，種瓜於長安城東，瓜美，故世俗謂之「東陵瓜」，從召平以爲名也。〔二〕召平謂相國曰：「禍自此始矣。上暴露於外，而君守於中，非被矢石之事，〔三〕而益君封置衛者，以今者淮陰侯新反於中，疑君心矣。〔四〕夫置衛衛君，非以寵君也。〔五〕願君讓封勿受，悉以家私財佐軍，則上心説。」〔六〕相國從其計，高帝乃大喜。

〔一〕【考證】齊召南曰：案丞相紫綬，相國則緑綬矣。漢初相國惟蕭何及曹參二人，自參薨後，即稱丞相。又曰：何爲丞相，在十一年淮陰既誅之後。漢公卿表列於九年，誤也。

〔二〕【考證】顔師古曰：召讀爲邵。愚按：楓、三本「以」下有「來」字。藝文類聚引史「瓜」下有「五色甚」三字。

〔三〕【考證】漢書「事」作「難」。

〔四〕【考證】漢書「疑」上有「有」字，此當據補。上文云「數使使勞苦者，有疑君心也」。

〔五〕【考證】顔師古曰：恐其爲變，故守衛之。

〔六〕【考證】心，疑「必」訛。漢書删「則上心説」四字。

漢十二年秋，黥布反，上自將擊之，數使使問相國何爲。〔一〕相國爲上在軍，乃拊循勉力百姓，〔二〕悉以所有佐軍，如陳豨時。客有説相國曰：「君滅族不久矣。夫君位爲相國，功第一，可復加哉？然君初入關中，得百姓心十餘年矣，皆附，君常復孳孳得民和。〔三〕上所爲數問君者，畏君傾動關中。今君胡不多（貰）〔買〕田地，賤貰貸以自汙？上心乃安。」〔四〕於是相國從其計，上乃大説。

〔一〕【考證】顏師古曰：問其居守何所營爲。

〔二〕【考證】漢書「相國」作「曰」，無「乃」字、「力」字，蓋史記以爲實事，漢書爲對使者語，其義異。

〔三〕【考證】常讀爲尚。漢書作「尚」。

〔四〕【正義】貰，音世，又食夜反。賒也。貸，天得反。

上罷布軍歸，民道遮行，上書言相國賤彊買民田宅數千萬。〔一〕上至，相國謁。上笑曰：「夫相國乃利民！」〔二〕民所上書皆以與相國，曰：「君自謝民。」相國因爲民請曰：「長安地狹，上林中多空地弃，願令民得入田，〔三〕毋收稾爲禽獸食。」〔四〕上大怒曰：「相國多受賈人財物，乃爲請吾苑！」乃下相國廷尉，械繫之。〔五〕數日，王衛尉侍，〔六〕前問曰：「相國何大罪，陛下繫之暴也？」上曰：「吾聞李斯相秦皇帝，有善歸主，有惡自與。今相國多受賈豎金，而爲民請吾苑，以自媚於民，故繫治之。」王衛尉曰：「夫職事苟有便於民而請之，真宰相事，陛下柰何乃疑相國受賈人錢乎！且陛下距楚數歲，陳豨、黥布反，陛下自將而往。當是時，相國守關中，摇足則關以西非陛下有也。相國不以此時爲利，今乃利賈人之金乎？且秦以不聞其過亡天下，李斯之分過，〔七〕又何足法哉？陛下何疑宰相之淺也！」〔八〕高帝不懌。〔九〕是日，使使持節赦出相國。相國年老，素恭謹，入徒跣謝。〔一〇〕高帝曰：「相國休矣！相國爲民請苑，吾不許，我不過爲桀、紂主，而相國爲賢相。吾故繫相國，欲令百姓聞吾過也。」

〔一〕【考證】漢書「萬」作「人」，義異。

〔二〕【索隱】謂相國取人田宅以爲利，故云「乃利人」也。所以令相國自謝之。【考證】利民，謂奪民所有以自利。

索隱「民」作「人」，避唐諱。

〔三〕【正義】言上林苑中空地虛棄，不如令民得入田之。【考證】李笠曰：「地」、「棄」疑誤倒。文選李陵答蘇子卿書注引史記正作「上林中多空棄地」。

〔四〕【索隱】苗子還種田人，留稾入官。【正義】其稾艸留苑中，爲禽獸食之。【考證】使民收粟耳，稾則留苑中。正義是。

〔五〕【考證】李笠曰：「乃下相國」，與上「乃爲」字複。文選注引作「遂」。董份曰：既以田宅自污，上喜矣，而復爲民請田，是失本計也。上益懼其得民，故係之，非以利賈人之金也。愚按：相國之意，欲以使帝施德。下文所謂「有善歸主」者，非以欲自賣恩也。董說未得。凌稚隆曰：太史公下「大悅」、「大怒」字，而高祖之忌心洞見矣。

〔六〕【集解】如淳曰：「百官公卿表衛尉王氏，無名字。」【考證】顏師古曰：史失之也。侍，謂侍天子也。

〔七〕【索隱】按：上文「李斯歸惡而自予」是「分過」。

〔八〕【集解】韋昭曰：「用意淺。」

〔九〕【考證】帝不欲何布德於民，故繫治之。而衛尉之言正，不能不勉從，故不懌。

〔一〇〕【考證】洪頤煊曰：案凡謝罪皆免冠。黃霸傳「尚書令受丞相對，霸免冠謝罪」。霍光傳「光入免冠頓首謝」。朱雲傳「左將軍辛慶忌免冠解印綬，叩頭殿下，其尤重者始徒跣」。匡衡傳「免冠徒跣待罪」。申屠嘉傳「通至丞相，免冠徒跣謝」。皆是。

何素不與曹參相能，及何病，孝惠自臨視相國病，〔一〕因問曰：「君即百歲後，誰可代君者？」對曰：「知臣莫如主。」〔二〕孝惠曰：「曹參何如？」何頓首曰：「帝得之矣！臣死不恨矣。」

〔一〕【考證】漢書「病」作「疾」。

〔二〕【考證】通俗編卷四云「管子大匡篇鮑叔曰『先人有云，知子莫若父，知臣莫若君』。左傳僖七年，子文曰『古人有言，知臣莫若君』。晉語祁奚曰『人有言，擇臣莫若君，擇子莫若父』。戰國策趙武靈王謂周紹曰『選子莫若父，論臣莫若君』。蓋自古有此語」。

何置田宅，必居窮處，爲家不治垣屋。曰：「後世賢，師吾儉；不賢，毋爲勢家所奪。」孝惠二年，相國何卒，〔一〕謚爲文終侯。〔二〕

〔一〕【集解】東觀漢記云：「蕭何墓，在長陵東司馬門道北百步。」【正義】括地志云：「蕭何墓，在雍州咸陽縣東北三十七里。」

〔二〕【集解】徐廣曰：「功臣表蕭何以客初起從也。」

後嗣以罪失侯者四世絶，天子輒復求何後，封續酇侯，功臣莫得比焉。〔一〕

〔一〕【考證】漢傳云「何子禄薨，亡後，高后封何夫人同爲酇侯，小子延爲筑陽侯。孝文罷同，封延爲酇侯。延薨，子遺嗣。薨亡後，復以遺弟則嗣，有罪免。景帝後封則弟嘉爲武陽侯。薨，子勝有罪免。武帝元狩中，復下詔御史，以酇户二千四百封何曾孫慶爲酇侯。布告天下，令明知朕報蕭相國德也」，即此事。

太史公曰：蕭相國何於秦時爲刀筆吏，録録未有奇節。〔一〕及漢興，依日月之末光，〔二〕

何謹守管籥，〔三〕因民之疾奉法，〔四〕順流與之更始。淮陰、黥布等皆以誅滅，〔五〕而何之勳爛焉，位冠羣臣，聲施後世，與閎夭、散宜生等爭烈矣。

〔一〕【索隱】録，音禄。【考證】顏師古曰：刀，所以削書也。古者用簡牒，故吏皆以刀筆自隨也。録録，猶鹿鹿。言在凡庶之中也。愚按：老子「不欲録録如玉，珞珞如石」。晏子諫篇「録録彊食」。史記平原君傳「公等録録，所謂因人成事者也」。後漢書禰衡傳「大兒孔文舉，小兒楊德祖，餘子碌碌不足數」，其義皆同。

〔二〕【考證】顏師古曰：「易文言云『聖人作而萬物覩』，又曰『見龍在田，天下文明』。贊言何值漢初興，故以日月爲喻耳。

〔三〕【考證】楓、三本「何」作「信」。顏師古曰：高祖出征，何常居守，故言「守管籥」。

〔四〕【考證】古鈔本、楓本、班馬異同本「奉」作「秦」，與漢書合。

〔五〕【考證】古鈔本「以」作「已」，通。淮陰侯傳論贊云「假令韓信學道謙讓，不伐己功，不矜其能，則庶幾哉於漢家勳，可以比周、召、太公之徒，後世血食矣」。

【索隱述贊】蕭何爲吏，文而無害。及佐興王，舉宗從沛。關中既守，轉輸是賴。漢軍屢疲，秦兵必會。約法可久，收圖可大。指獸發蹤，其功實最。政稱畫一，居乃非泰。繼絶寵勤，式旌礪帶。

史記會注考證卷五十四

曹相國世家第二十四 史記五十四

【考證】史公自序云：「與信定魏，破趙拔齊，遂弱楚人。續何相國，不變不革，黎庶攸寧。嘉參不伐功矜能，作曹相國世家第二十四。」趙翼曰：曹參世家敍功處，絶有似有司所造功册。自後樊噲、酈商、夏侯嬰、灌嬰、傅寬、靳歙、周緤等傳紀功俱用此法，並細敍斬級若干，生擒若干，降若干人，又分書身自擒斬若干，所將卒擒斬若干，又總敍攻得郡若干，縣若干，擒斬大將若干，裨將若干，二千石以下若干，纖悉不遺，別成一格。蓋本分封時所據功册，而遷料簡存之者也。錢大昕曰：蕭何、曹參皆以相國終，故目録皆云「相國」，與陳丞相平、張丞相蒼一例也。而篇首一云蕭相國何，一云平陽侯曹參，參不稱「相國」而稱「侯」，又與絳侯周勃同。然勃雖丞相，以列侯終，不可以例參也。平津侯亦以丞相終，而目録不稱「丞相」，與蕭、曹諸人異矣。其篇目則云「丞相公孫弘」，若以「蕭相國」書法例之，不當繫姓于官之下。此皆史公義例。

平陽侯曹參者，沛人也。〔一〕秦時爲沛獄掾，而蕭何爲主吏，居縣爲豪吏矣。〔二〕

〔一〕【集解】張華曰：「曹參字敬伯。」【索隱】地理志平陽縣屬河東。又按：春秋緯及博物志並云參字敬伯。【正義】晉州城即平陽故城也。按：沛，今徐州縣也。

〔二〕【考證】顏師古曰：言參及蕭何並爲吏之豪長也。

高祖爲沛公而初起也，參以中涓從。〔一〕將擊胡陵、方與，〔二〕攻秦監公軍，大破之。〔三〕東下薛，擊泗水守軍薛郭西，復攻胡陵，取之。徙守方與。方與反爲魏，擊之。〔四〕豐反爲魏，攻之。〔五〕賜爵七大夫。擊秦司馬𡰱軍碭東，破之，〔六〕取碭、狐父、〔七〕祁善置。〔八〕又攻下邑以西，至虞，〔九〕擊章邯車騎，攻爰戚〔一〇〕及亢父，〔一一〕先登。遷爲五大夫，北救阿，〔一二〕擊章邯軍，陷陳，追至濮陽。攻定陶，取臨濟。〔一三〕南救雍丘，擊李由軍，破之，殺李由，虜秦候一人。秦將章邯破殺項梁也，沛公與項羽引而東。〔一四〕楚懷王以沛公爲碭郡長，將碭郡兵。於是乃封參爲執帛，〔一五〕號曰建成君。〔一六〕遷爲戚公，屬碭郡。〔一七〕

〔一〕【集解】漢書音義曰：「中涓，如中謁者。」【索隱】涓，音古玄反。【考證】顏師古曰：涓，潔也。言其在內，主知潔清洒掃之事。蓋親近左右也。

〔二〕【索隱】地理志二縣皆屬山陽郡。【正義】胡陵，縣名，在方與之南。方，音房。與，音預。兗州縣也。

〔三〕【集解】漢書音義曰：「監，御史監郡者。公，名。秦一郡置守、尉、監三人。」【索隱】按注，公者，監之名。然本紀泗水監名平，則平是名，公爲相尊之稱也。【考證】齊召南曰：夏侯嬰傳「從攻胡陵，嬰與蕭何降泗水監平」，即此「監公」也。

〔四〕【正義】曹參擊方與。

〔五〕【索隱】時雍齒守豐，爲魏反沛公。

〔六〕【正義】音夷。【考證】漢書作「司馬欣」，誤。

〔七〕【集解】徐廣曰：「伍被曰『吳濞敗於狐父』。」【索隱】地理志碭屬梁國。狐父，地名，在梁、碭之閒。徐氏引伍被云「吳濞敗於狐父」，是吳與梁相拒而敗處。【正義】括地志云：「狐父亭，在宋州碭山縣東南三十里。」

〔八〕【集解】文穎曰：「善置，置名也。」晉灼曰：「祁，音抵。孫檢曰『漢謂驛曰置。善，名也』。」【索隱】按：司馬彪郡國志穀熟有祁亭。劉氏音遲，又如字。善置，置名。漢謂驛爲置。【正義】括地志云：「故祁城，在宋州下邑縣東北四十九里，漢祁城縣也。」言取碭、狐父及祁縣之善置。【考證】凡地名與高紀合者，不復出。

〔九〕【索隱】地理志下邑、虞皆屬梁國。【正義】宋州下邑縣，在州東百一十里。漢下邑城，今碭山縣是。虞城縣，在州北五十里，古虞國，商均所封。

〔一〇〕【集解】徐廣曰：「宣帝時有爰戚侯。」【索隱】蘇林云：「縣名，屬山陽。」按：功臣表爰戚侯趙成。【正義】音寂，劉音七歷反。今在兖州南，近亢父縣。【考證】漢書「爰戚」作「轅戚」，今山東嘉祥縣西南。

〔一一〕【索隱】地理志縣名，屬東平。【正義】括地志亢父故城，在兖州任城縣南五十一里。

〔一二〕【索隱】按：阿即東阿也。時章邯圍田榮於東阿也。【正義】今濟州東阿也。【考證】漢書「阿」上有「東」字。

〔一三〕【正義】淄州高苑縣西北二里，有狄故城，安帝改曰臨濟。【考證】洪頤煊曰：臨濟與定陶相近，不得在高苑縣西北。水經濟水注「平丘縣有臨濟亭，田儋死處也」，當即此。

〔一四〕【考證】古鈔本，楓、三本，「引」下有「兵」字，與漢書合。

〔一五〕【集解】張晏曰：「孤卿也。或曰楚官名。」【考證】中井積德曰：執帛，爵名，「封」字主在建成。沈欽韓曰：禮「孤執皮帛」，楚僭王號，故次於執珪。高祖初起，官爵皆從楚制。

〔一六〕【索隱】地理志建成縣屬沛郡。【考證】俞樾曰：楚漢之際，受封者虛建名號，而不必有其地。如曹參之爲建成君，灌嬰之爲昌文君，樊噲之爲賢成君，傅寬之爲共德君，皆師古之所謂「楚漢之際，權設寵榮。或得邑地，或受空爵」是也。

〔一七〕【索隱】謂遷參爲戚令。【正義】即爰戚縣也，是時屬沛郡。

其後從攻東郡尉軍，破之成武南，〔一〕擊王離軍成陽南，〔二〕復攻之杠里，大破之。〔三〕追北，西至開封，〔四〕擊趙賁軍，破之，〔五〕圍趙賁開封城中。西擊秦將楊熊軍於曲遇，破之，〔六〕虜秦司馬及御史各一人。遷爲執珪。〔七〕從攻陽武，〔八〕下轘轅、緱氏，〔九〕絶河津，〔一〇〕還擊趙賁軍尸北，破之。〔一一〕從南攻犨，與南陽守齮戰陽城郭東，〔一二〕陷陳，〔一三〕取宛，虜齮，盡定南陽郡。從西攻武關、嶢關取之。〔一四〕前攻秦軍藍田南，〔一五〕又夜擊其北，〔一六〕秦軍大破，〔一七〕遂至咸陽，滅秦。

〔一〕【索隱】地理志成武縣屬山陽。

〔二〕【索隱】地理志縣名，在濟陰。成，地名。周武王封弟季載於成，其後代遷於成之陽，故曰成陽。【正義】成陽故城，濮州雷澤縣是。史記云武王封弟季載於成。其後遷於成之陽，故曰成陽也。【考證】沈家本曰：管蔡世家言封叔武於成，非季載也。索隱、正義皆誤。

〔三〕【正義】杠，音工，地名。

〔四〕【正義】敗軍曰北。

〔五〕【索隱】賁，音奔。

〔六〕【集解】徐廣曰：「在中牟。」【索隱】曲，丘禹反。遇，牛凶反。【正義】曲，丘羽反。遇，牛恭反。司馬彪郡國志云「中牟有曲遇聚」。按：中牟，鄭州縣也。

〔七〕【集解】張晏曰：「侯伯執珪以朝，位比之。」如淳曰：「呂氏春秋『得伍員者，位執珪』。古爵名。」【考證】執珪又見楚策。

〔八〕【正義】括地志云：「陽武故城，在鄭州陽武縣東北十八里，漢陽武縣城也。」【考證】今河南陽武縣東南。

〔九〕【索隱】地理志陽武、緱氏二縣屬河南。轘轅，道名，在緱氏南。【正義】緱氏，洛州縣也。括地志云：「轘轅故關，在洛州緱氏縣東南四十里。十三州志云：轘轅道，凡十二曲，是險道。」【考證】緱氏，今河南偃師縣南。王先謙曰：續志緱氏縣有轘轅關。

〔一〇〕【正義】津，濟渡處。括地志云：「平陰故津，在洛州洛陽縣東北五十里。」

〔一一〕【集解】徐廣曰：「尸，在偃師。」孟康曰：「尸鄉北。」【正義】破趙賁軍於尸鄉之北也。括地志云：「尸鄉亭，在洛州。偃師縣，在洛州東南也。」

〔一二〕【集解】應劭曰：「今赭陽。」【索隱】徐廣云：「陽城，在南陽。」應劭云：「今赭陽。」赭陽是南陽之縣。【考證】漢書注應劭曰「城陽，今堵陽」，與集解異。

〔一三〕【正義】陷南陽守於陽城郭東也。

〔一四〕【正義】括地志云：「故武關，在商州商洛縣東九十里。藍田關，在雍州藍田縣東南九十里，即秦嶢關也。」

〔一五〕【正義】雍州藍田縣，在州東南八十里，因藍田山爲名。

〔一六〕【正義】其北，藍田縣北也。

〔一七〕【考證】漢書無「秦」字，「破」下有「之」字，義異。

項羽至，以沛公爲漢王。漢王封參爲建成侯。從至漢中，〔一〕遷爲將軍。從還定三秦，初攻下辯、故道、〔二〕雍、斄，〔三〕擊章平軍於好畤南，破之。〔四〕圍好畤，取壤鄉。〔五〕擊三秦軍壤東及高櫟，破之。〔六〕復圍章平，章平出好畤走。因擊趙賁、内史保軍，破之。東取咸陽，更名曰新城。〔七〕參將兵守景陵二十日，〔八〕三秦使章平等攻參，參出擊，大破之。賜食邑於寧秦。〔九〕參以將軍引兵圍章邯於廢丘。〔一〇〕以中尉從漢王，出臨晉關，〔一一〕至河内，下脩武，〔一二〕渡圍津，〔一三〕東擊龍且、項他定陶，破之。〔一四〕東取碭、蕭、彭城，〔一五〕擊項籍軍，漢軍大敗走。參以中尉圍取雍丘。王武反於黄，〔一六〕程處反於燕，〔一七〕往擊，盡破之。柱天侯反於衍氏，〔一八〕又進破取衍氏。擊羽嬰於昆陽，追至葉。〔一九〕還攻武彊，〔二〇〕因至滎陽。〔二一〕參自漢中爲將軍中尉，從擊諸侯及項羽，〔二二〕敗，還至滎陽，凡二歲。

〔一〕**【正義】**梁州，本漢中郡。

〔二〕**【索隱】**地理志二縣名，皆屬武都。辯，音皮莧反。**【正義】**括地志云：「成州同谷縣，本漢下辯道。」又云：「鳳州兩當縣，本漢故道縣，在州西五十里。」**【考證】**漢書無「初」字，「下辯」作「下辨」。下辨道在今陝西成縣西三十里，故道今鳳縣西北。

〔三〕**【索隱】**地理志二縣名，屬右扶風。斄，音胎。**【正義】**斄，作「邰」，音胎。括地志云「故雍縣南七里，故斄城，一名武功縣，西南二十二里，古邰國也」。**【考證】**雍，今長安縣治。斄，今武功縣西南。

〔四〕**【正義】**括地志云：「好畤城，在雍州好畤縣東南十三里。」**【考證】**今乾州東好畤村。

〔五〕**【集解】**文穎曰：「地名。」

〔六〕**【索隱】**櫟，音歷。按：文穎云「壤鄉、高櫟，皆地名也。然盡在右扶風，今其地闕也」。**【正義】**音歷。皆村邑名。壞鄉，今在雍州武功縣東南二十餘里。高壞坊是高櫟，近壞鄉也。【考證】唐武功縣，今武功縣西南。

〔七〕【索隱】按：漢書高帝元年，咸陽名新城，武帝改名曰渭城。

〔八〕【集解】漢書音義曰：「縣名也。」【考證】景陵，無考。

〔九〕【集解】蘇林曰：「今華陰。」【考證】桃源抄云：「正義本『寧秦』作『寗泰』，楓、三本亦作『寗泰』。」

〔一〇〕【正義】周曰犬丘，秦更名廢丘，漢更名槐里，今故城在雍州始平縣東南十里。

〔一一〕【正義】即蒲津關也，在臨晉縣，故言臨晉關。今在同州也。

〔一二〕【正義】今懷州獲嘉縣，古脩武也。

〔一三〕【集解】徐廣曰：「東郡白馬有圍津。」【索隱】顧氏按：水經注白馬津有韋鄉、韋津城。「圍」與「韋」同，古今字變爾。【正義】括地志云：「黎陽津，一名白馬津，在滑州白馬縣北三十里。帝王世紀云『白馬縣南有韋城，故豕韋國也』。續漢書郡國志云『白馬縣有韋城』。」

〔一四〕【考證】灌嬰傳亦云「擊項羽將龍且、魏相項他，軍定陶南」。

〔一五〕【正義】碭，音唐。宋州碭山縣是也。蕭、彭城，徐州二縣。【考證】王先謙曰：此漢二年彭城之役。

〔一六〕【集解】徐廣曰：「內黃縣有黃澤。」【正義】故黃縣，在曹州黃城縣東二十四里。左傳注云「陳留外黃縣東有黃城」，是也。【考證】漢傳作「外黃」。梁玉繩曰：攷史、漢樊噲傳云：破王武于外黃。漢灌嬰傳云：王武反，擊破之，攻下外黃。則此缺「外」字。乃陳留之縣也。愚按：今河南杞縣東六十里。

〔一七〕【集解】徐廣曰：「東郡燕縣。」駰案：漢書音義曰「皆漢將」。【考證】今延津縣東三十五里。

〔一八〕【索隱】天柱侯，不知其誰封。衍氏，魏邑。地理志云：天柱，在盧江灊縣。【考證】錢大昕曰：小司馬本「柱天侯」作「天柱侯」，故引盧江灊縣之天柱實之。館本考證引卮林云：柱天侯亦猶建成侯、奉春君之類，不必指其食邑。沈欽韓曰：一統志衍氏在今開封府鄭州北三十里。

〔一九〕【考證】顏師古曰：葉，南陽縣也，音式涉反。王先謙曰：羽嬰，人姓名。葉在今葉縣南三十里。

〔二〇〕【集解】瓚曰：「武彊城，在陽武。」【正義】括地志云：「武彊故城，在鄭州管城縣東北三十一里。」

〔二一〕【考證】王先謙曰：高帝時在滎陽。

〔二二〕【索隱】從，才用反。

高祖三年，〔一〕拜爲假左丞相，〔二〕入屯兵關中。月餘，魏王豹反，以假左丞相別與韓信東攻魏將軍孫遬軍東張，大破之。〔三〕因攻安邑，得魏將王襄。擊魏王於曲陽，〔四〕追至武垣，〔五〕生得魏王豹，取平陽，〔六〕得魏王母、妻、子，盡定魏地，凡五十二城。賜食邑平陽。因從韓信擊趙相國夏説軍於鄔東，大破之，斬夏説。〔七〕韓信與故常山王張耳引兵下井陘，擊成安君，〔八〕而令參還圍趙別將戚將軍於鄔城中。戚將軍出走，追斬之。〔九〕乃引兵詣敖倉漢王之所。〔一〇〕韓信已破趙，爲相國，東擊齊。參以右丞相屬韓信，攻破齊歷下軍，遂取臨菑，還定濟北郡，〔一一〕攻著、漯陰、平原、鬲、盧。〔一二〕已而從韓信擊龍且軍於上假密，大破之，〔一三〕斬龍且，虜其將軍周蘭。〔一四〕定齊，凡得七十餘縣。得故齊王田廣相田光，其守相許章，及故齊膠東將軍田既。〔一五〕韓信爲齊王，引兵詣陳，與漢王共破項羽，而參留平齊未服者。

〔一〕【考證】梁玉繩曰：「三」當作「二」。漢傳及水經注六可證。

〔二〕【考證】周壽昌曰：此猶後世之虛銜也，元年蕭何已真拜丞相。

〔三〕【集解】徐廣曰：「張者，地名。功臣表有張侯毛澤之。」駰按：蘇林曰屬河東。【索隱】遬，音速。【正義】括地志云：「張陽故城，一名東張城，在蒲州虞鄉縣西北四十里。」【考證】王先謙曰：唐之虞鄉即今虞鄉縣治也。一統志今平陽府浮山縣西南三十里有東張鎮。

〔四〕【索隱】括地志云：「上曲陽，定州恒陽縣。是下曲陽在定州鼓城縣西五里。」【考證】佘有丁曰：此必魏自有曲陽，定州之曲陽時屬趙。梁玉繩曰：張、佘兩解並非。「曲陽」乃「陽曲」之誤。太原陽曲縣也。

〔五〕【集解】徐廣曰：「河東有垣縣。」【正義】括地志云：「武垣縣，今瀛州城是。地理志云武垣縣屬涿郡也。」【考證】梁玉繩曰：武垣，正義以爲涿郡之縣，漢傳作「東垣」，則爲真定，恐皆誤，徐廣謂河東垣縣是已。「武」字、「東」字衍。陽曲抵垣不甚遠。

〔六〕【正義】晋州城是。

〔七〕【集解】徐廣曰：「鄔縣在太原，音烏古反。」【索隱】地理志：「鄔，太原縣名，音烏古反。」【考證】陳餘傳「餘爲代王，留爲傅趙王，而使夏説以相國守代」。淮陰侯傳「破代兵，禽夏説」，注：李奇云「夏説代相也」。「趙相國」當作「代相國」。

〔八〕【考證】陳餘。

〔九〕【考證】漢傳「戚將軍」作「戚公」。

〔一〇〕【考證】敖倉在滎陽西北。

〔一一〕【考證】梁玉繩曰：案顏師古云「時未有濟北郡，史追書之」。攷漢書高紀六年稱東陽郡、鄣郡、吴郡、郯郡、膠東、膠西、臨淄、濟北、博陽、城陽郡，楚元王傳稱東海、彭城郡，史、漢高祖功臣表及灌嬰傳亦稱吴郡，黥布傳稱廬江、衡山、豫章郡，皆秦郡所無者，豈俱追書乎？楚、漢之間，諸王各自立郡，漢初仍其故名呼之耳。錢氏漢書攷異云「膠東、濟北，項羽所立國名，與齊號爲三齊。臨淄即齊都，博陽即濟北王都，曹參傳『濟北郡』，蓋田榮併三齊之後，以濟北爲郡，師古以爲史追書之，非也」。

〔一二〕【索隱】地理志著縣屬濟南，盧縣屬泰山，漯陰、平原、鬲三縣屬平原。漯，音吐答反。【正義】括地志云：「平原故城，在德州平原縣東南十里。故鬲城，在德州安德縣西北十五里。盧縣，今濟州理縣是也。」【考證】著，今濟陽縣西南；漯陰，今臨邑縣西十里；平原，今平原縣南二十里；鬲，今德州北；盧，今長清縣西二十里：並屬山東。

〔一三〕【集解】文穎曰：「或以爲高密。」【索隱】漢書亦作「假密」。按：下定齊七十縣，則上假密非高密，亦是齊地，今闕。【正義】上假密即高密也。地理志云：「高密，爲膠西國。下密，在膠東國。」括地志云：「濰水，今俗謂百尺水，在密州高密縣，即韓信夾濰水戰處。」韓信傳云「田廣走高密，信東追廣，至高密西。楚使龍且救齊，夾濰水陳。信盛沙壅水上流，引軍半渡，佯不勝走。龍且追信渡水，信決壅囊。水大至，龍且軍大半不得渡。信即急擊殺龍且，龍且水東軍散走」。明殺龍且在高密縣濰水西也。【考證】王先謙曰：假密即高密。高、假雙聲。有下密縣，故此稱上假密。

〔一四〕【考證】漢傳「將軍」作「亞將」。張照曰：按灌嬰傳云「從韓信攻龍且於高密，身生得亞將周蘭」，是時參、嬰並隸於信，故敍功略同，而其實擒蘭者嬰也。嬰傳於降彭城之後又云「攻苦、譙，復得亞將周蘭」，蓋前此逸出，嬰終得之。

〔一五〕【考證】顏師古曰：守相，爲相居守者。梁玉繩曰：田儋、灌嬰傳皆言嬰得光。

項籍已死，天下定，漢王爲皇帝，韓信徙爲楚王，齊爲郡。參歸漢相印。〔一〕高帝以長子肥爲齊王，而以參爲齊相國。〔二〕以高祖六年賜爵列侯，與諸侯剖符，世世勿絶，食邑平陽萬六百三十户，〔三〕號曰平陽侯，除前所食邑。

〔一〕【考證】月表亦云「徙齊王韓信王楚，齊屬漢爲四郡」，而漢書曹傳删「齊爲郡」三字。胡三省云：韓信兼王齊，蓋漢初諸侯王國亦領郡也。漢書表、傳無齊爲漢郡之文，然觀田肯賀高祖，秦、齊並言，可觀信兼領齊郡。使信即以齊還漢，則高帝必早立齊王，不待信禽之後矣。愚按：胡説非是，説詳高紀。

〔三〕【考證】徐孚遠曰：平陽侯與淮陰共定齊地，假其威名以鎮定，故終高帝世爲齊相不徙。

以齊相國擊陳豨將張春軍，破之。黥布反，參以齊相國從悼惠王將兵車騎十二萬人，與高祖會擊黥布軍，大破之。南至蘄，還定竹邑、相、蕭、留。〔一〕

〔一〕【索隱】地理志蘄、竹邑、相、蕭四縣屬沛。韋昭云「留今屬彭城」，則漢初亦屬沛也。【正義】括地志云：「徐州符離縣城，漢竹邑城也。李奇云『今竹邑也』。故相城在符離縣西北九十里。輿地志云『宋共公自睢陽徙相子城，又還睢陽』。蕭，徐州縣，古蕭叔國城也。故留城在徐州沛縣東南五十里，張良所封。」【考證】楓、三本「定」下有「蘄」字。竹邑，今宿州北二十里。相，今宿州西北。蕭，今蕭縣西北。留，今沛縣東南。

參功，凡下二國，縣一百二十二，得王二人，相三人，將軍六人，大莫敖、郡守、司馬、候、御史各一人。〔一〕

〔一〕【集解】漢書音義曰：「大莫敖，楚之卿號。」【考證】張晏曰：時近六國，故有令尹、莫敖之官。王先謙曰：候即前云「虜秦候一人」也。梁玉繩曰：曹參、周勃兩世家及樊酈灌靳傳俱總言戰功而通計之，其數多不合，何也？

孝惠帝元年，除諸侯相國法，更以參爲齊丞相。參之相齊，齊七十城。〔一〕天下初定，悼惠王富於春秋，參盡召長老諸生，問所以安集百姓，如齊故俗諸儒以百數，〔二〕言人人殊，參未知所定。聞膠西有蓋公，善治黄老言，使人厚幣請之。〔三〕既見蓋公，蓋公爲言治道貴清静，而民自定，〔四〕推此類具言之。參於是避正堂舍蓋公焉。〔五〕其治要用黄老術，故相齊九年，齊國安集，大稱賢相。

〔一〕【考證】凌約言曰：特著齊七十城，以見所以酬參者自不爲薄。愚按：以見國大任重。凌説未得。錢大昕曰：吴王濞傳「悼惠王王齊七十二城」。高五王傳亦云「食七十餘城」。此云「七十」者舉大數也。

〔二〕【考證】漢書「如」作「而」，無「俗」字。王念孫曰：如、而通。「齊故諸儒」連讀，「俗」字後人所加。言參問所以安集百姓，而齊之故儒以百數，言人人殊也。

〔三〕【考證】張晏曰：黄老，黄帝、老子之書。

〔四〕【考證】老子下篇云「清静爲天下正」，又云「我好静而民自正」。

〔五〕【考證】周壽昌曰：正堂，齊丞相治事之堂。顔師古曰：舍，止也。

惠帝二年，蕭何卒。參聞之，告舍人趣治行，「吾將入相」。〔一〕居無何，使者果召參。參去，屬其後相曰：「以齊獄市爲寄，慎勿擾也。」後相曰：「治無大於此者乎？」參曰：「不然。夫獄市者，所以并容也，今君擾之，姦人安所容也？吾是以先之。」〔二〕

〔一〕【考證】顔師古曰：舍人猶家人也。趣讀曰促，謂速也。治行，謂脩治行裝也。

〔二〕【集解】漢書音義曰：「夫獄市兼受善惡，若窮極姦人無所容竄；姦人無所容竄，久且爲亂。秦人極刑而天下畔，孝武峻法而獄繁，此其效也。老子曰『我無爲而民自化，我好静而民自正』。參欲以道化其本，不欲擾其末。」【考證】梁玉繩曰：梁溪漫志云「孟子『莊嶽之閒』注『齊街里名』。左傳襄公二十八年『反陳于嶽』，注『里名』。『獄』字合從嶽音，蓋謂獄市乃齊闤闠之地，姦人所容，故當勿擾之」。此說頗新而非也。嶽、獄二字未見通用。猗覺寮雜記云「獄、市，二事，獄如教唆詞訟資給盜賊，市如用私斗秤欺謾變易之類，皆姦人圖利之所。若窮治盡，則事必枝蔓，此等無所容，必爲亂，非省事之術也」。

參始微時，與蕭何善，及爲將相，有郤。〔一〕至何且死，所推賢唯參。參代何爲漢相國，舉事無所變更，一遵蕭何約束。〔二〕

〔一〕【考證】顏師古曰：參自以爲戰功多，而封賞常在何後，故怨何也。劉奉世曰：此特師古意料之爾。

〔二〕【考證】漢書「一」作「壹」。

擇郡國吏木詘於文辭，重厚長者，即召除爲丞相史。〔一〕吏之言文刻深，欲務聲名者，輒斥去之。日夜飲醇酒。卿大夫已下吏及賓客見參不事事，〔二〕來者皆欲有言。至者，參輒飲以醇酒，閒之欲有所言，復飲之，醉而後去，終莫得開說，以爲常。〔三〕

〔一〕【正義】詘，訥同，求物反。謂辭寡也。又音群勿反。擊木之聲無餘響也，言擇吏老文辭，重厚長者，若擊木，質樸無餘音也。【考證】古鈔本「詘」作「訥」，與漢書合。胡三省曰：漢制丞相官屬，長史之下，有掾史、令史等。正義依桃源鈔補，文有譌脫。

〔二〕【集解】如淳曰：「不事丞相之事。」【考證】中井積德曰：不事事，即下文「不治事」矣。

〔三〕【集解】如淳曰：「開，謂有所啓白。」【考證】古鈔本、楓、三本「有」下無「所」字，與漢書合。「開」作「關」。

相舍後園近吏舍，吏舍日飲歌呼。從吏惡之，無如之何，〔一〕乃請參游園中，聞吏醉歌呼，從吏幸相國召按之。乃反取酒張坐飲，亦歌呼與相應和。〔二〕

〔一〕【考證】顏師古曰：從吏，吏之常從相者也。愚按：漢書「惡」作「患」。

〔二〕【考證】顏師古曰：張坐飲，張設坐席而飲也。坐，音才臥反。

參見人之有細過，專掩匿覆蓋之，府中無事。

參子窋爲中大夫。〔一〕惠帝怪相國不治事，以爲「豈少朕與」？〔二〕乃謂窋曰：「若歸，試私從容問而父曰：『高帝新弃羣臣，帝富於春秋，君爲相，日飲無所請事，何以憂天下乎？』然無言吾告若也。」〔三〕窋既洗沐歸，閒侍，自從其所諫參。〔四〕參怒而笞窋二百，曰：「趣入侍，天下事非若所當言也。」至朝時，惠帝讓參曰：「與窋胡治乎？〔五〕乃者我使諫君也。」參免冠謝曰：「陛下自察聖武孰與高帝？」上曰：「朕乃安敢望先帝乎！」曰：「陛下觀臣能孰與蕭何賢？」上曰：「君似不及也。」參曰：「陛下言之是也。且高帝與蕭何定天下，法令既明，〔六〕今陛下垂拱，參等守職，遵而勿失，不亦可乎？」惠帝曰：「善。君休矣！」

〔一〕【索隱】窋，音張律反。

〔二〕【索隱】按：少者不足之詞，故胡亥亦云「丞相豈少我哉」。蓋帝以丞相豈不是嫌少於我哉。小顏以爲「我年少」，非也。【正義】少，式妙反。與，音歟。言以朕年少不閑國事，故日飲不治事也。【考證】王念孫曰：小司馬說是也。晏子春秋外篇亦云「夫子何少寡人之甚也」。

〔三〕【索隱】謂惠帝語窋，無得言我告汝令諫汝父，當自云是己意也。

〔四〕【考證】閒，「閒居」之「閒」。顏師古曰：自從其所，猶言自出其意也。

〔五〕【集解】如淳曰：「猶言用窋爲治。」【索隱】按：胡，何也，言語參「何爲治窋」也。【正義】胡，何也。言何謂治

（窟）〔窋〕二百。【考證】中井積德曰：言何事治督於（窟）〔窋〕乎。陳景雲曰：漢人以（荅）〔答〕掠爲治，治即答耳。

〔六〕【考證】楓、三本「明」下有「具」字。

參爲漢相國，出入三年卒，謚懿侯。子窋代侯。〔一〕百姓歌之曰：「蕭何爲法，顜若畫一；〔二〕曹參代之，守而勿失。載其清淨，民以寧一。」〔三〕

〔一〕【考證】漢書無「出入」二字。梁玉繩曰：「三年」乃「四年」之誤。參自惠帝二年爲相國，至五年卒也。

〔二〕【集解】徐廣曰：「顜，音古項反。一音較。」【索隱】覯，漢書作「講」。故文穎云「講，一作『較』」。按：訓直，又訓明，言法明直若畫一也。覯，音講，亦作「顜」。小顏云「講，和也」。畫一，言其法整齊也」。【正義】鄭玄云「較，猶見也」。爾雅曰「較，直也」。廣雅曰「較，明也」。言蕭何作法和明，輔佐平直，載其清淨治天下，使百姓歸心，猶畫一也。【考證】顜，索隱本作「覯」，正義本作「較」；漢書作「講」，注引文穎云「講或作『較』」；通鑑作「較」。梁玉繩曰：「顜」當作「斠」。說文云「平斗斛也」，與月令「角斗甬」之「角」同。愚按：洪頤煊、錢大昭說同。據正義本及徐廣一說及通鑑作「較」，義亦通。較，直也，明也。

〔三〕【正義】清淨，無爲也。寧一，齊物也。晉武帝議省州郡吏以趣農，荀勗議以爲省吏不如省官，省官不如省事，省事不如清心。故蕭、曹相漢，載其清淨。故畫一之歌，此清心之本。漢文垂拱無爲，幾致刑措，此省事也。漢光武并合吏員，此省官也。魏正始中，并合郡縣以減吏員，此省吏也。必欲求之根本，宜以省事爲先。課官分職，量能致任，則思不出位，官無異業也。【考證】藝文類聚引「淨」作「静」，與漢書合。顏師古曰：載，猶乘也。王念孫曰：載，行也。謂其清静之治也。顏說失之。梁玉繩曰：上言「畫一」，則此不得謂「寧一」。漢傳作「壹」。荀紀作「謚」。愚按：一、失、壹，韻。

平陽侯窋，高后時爲御史大夫。孝文帝立，免爲侯。〔一〕立二十九年卒，謚爲靜侯。子奇代侯，立七年卒，謚爲簡侯。子時代侯。〔二〕時尚平陽公主，〔三〕生子襄。時病癘歸國。立二十三年卒，謚夷侯。子襄代侯。襄尚衛長公主，生子宗。立十六年卒，謚爲共侯。子宗代侯。征和二年中，宗坐太子死，國除。〔四〕

〔一〕【考證】名臣、百官兩表皆于高后八年書御史大夫張蒼。則文帝未立，（窟）〔窋〕已免官明矣。攷窋以高后四年爲御史大夫，八年免，史、漢呂后紀八年九月稱窋行御史大夫事。後九月，代邸羣臣上議即曰「御史大夫張蒼」，不列窋名，是窋之免官必在八月以後。特大臣誅諸呂之際，變起倉卒，窋尚守故官。蒼之繼窋，當亦在九月，其涖官在後九月耳。此以窋免于文帝立後。

〔二〕【考證】侯名多異，説在功臣表。

〔三〕【考證】中井積德曰：時是平陽侯，而尚陽信公主也，故公主亦稱平陽耳。他處尚可，但是文不當稱「平陽公主」。

〔四〕【考證】「征和二年」以下十二字，後人妄增，當删。

太史公曰：曹相國參攻城野戰之功，所以能多若此者，以與淮陰侯俱。及信已滅，而列侯成功，唯獨參擅其名。〔一〕參爲漢相國，清静極言合道。〔二〕然百姓離秦之酷後，參與休息無爲，故天下俱稱其美矣。

〔一〕【考證】徐孚遠曰：此言深惜淮陰侯，使人愴然。

〔三〕【考證】古鈔本、楓、三本無「言」字。

【索隱述贊】曹參初起，爲沛豪吏。始從中涓，先圍善置。執珪執帛，攻城略地。衍氏既誅，昆（湯）〔陽〕失位。北禽夏説，東討田溉。剖符定封，功無與二。市獄勿擾，清浄不事。尚主平陽，代享其利。

史記會注考證卷五十五

留侯世家第二十五

史記五十五

【考證】史公自序云：「運籌帷幄之中，制勝於無形，子房計謀其事，無知名，無勇功，圖難於易，爲大於細。作留侯世家第二十五。」黄震曰：利啗秦將，旋破嶢關，漢以是先入關；勸還霸上，固要項伯，漢以是脱鴻門；燒絶棧道，激羽攻齊，漢以是還定三秦；敗于彭城，則勸連布越；將立六國，則借箸銷印；韓信自王，則躡足就封：此漢所以卒取天下。勸封雍齒，銷變未形；勸都關中，垂安後世；勸迎四皓，卒定太子：又所以維持漢室于天下既得之後。凡良一謀一畫，無不繫漢得失安危。良又三傑之冠也哉！袁枚曰：史遷好奇，于留侯傳曰滄海君，曰力士，曰黄石公，曰赤松子，曰四皓，皆不著姓名，成其虚誕飄忽之文而已。林伯桐曰：漢高一生最喜狎侮，又多猜忌。老成如酇侯，英雄如淮陰侯，皆不免於疑忌。他如黥布之勇，酈食其之辯，其始皆不免於狎侮。唯遇留侯，則自始至終，無敢失禮，亦無有疑心。豈徒以其謀略哉？觀留侯自稱，一則曰「爲韓報仇强秦」，再則曰「願棄人間事，欲從赤松子游」。其進退綽綽有餘於功名爵禄之外者矣。攷其生平，居得爲之地，而無田宅之好，無聲色之嗜。至其經營天下，則如行所無事者。誰能及之哉！太史公稱曰「無知名，無勇功，圖難於易，爲大於細」，斯觀其深矣。安得不令漢高心折也乎？

留侯張良者，〔一〕其先韓人也。〔二〕大父開地，相韓昭侯、宣惠王、襄哀王。〔三〕父平，相釐王、悼惠王。〔四〕悼惠王二十三年，平卒。卒二十歲，秦滅韓。良年少，未宦事韓。韓破，良家僮三百人，弟死不葬，悉以家財求客刺秦王，爲韓報仇，以大父、父五世相韓故。〔五〕

〔一〕【索隱】韋昭云「留，今屬彭城」。按：良求封留，以始見高祖於留故也。漢書云字子房。按：王符、皇甫謐並以良爲韓之公族，姬姓也。秦索賊急，乃改姓名。而韓先有張去疾及張譴，恐非良之先代。【正義】括地志云：「故留城，在徐州沛縣東南三十五里。今城内有張良廟也。」按張氏譜云「良，張仲三十代孫。仲見毛詩。張老十七代孫，老見春秋及禮記」。王符、皇甫謐並云良當爲韓公族，姬姓也，秦逐賊急，乃改姓名。其言謬矣。【考證】梁玉繩曰：下有子房之稱，何以此不書良之字？班史補之矣。

〔二〕【索隱】良既歷代相韓，故知其先韓人。顧氏按：後漢書云「張良出於城父」，城父縣屬潁川也。【正義】括地志云：「城父，在汝州郟城縣東三十里，韓(里)〔地〕也。」

〔三〕【集解】應劭曰：「大父，祖父。開地，名。」

〔四〕【索隱】韓系家及系本並作「桓惠王」。【正義】大父開地相昭侯、宣惠王、襄王，父平相釐王、悼惠王，故言「五世相韓」也。

〔五〕【索隱】謂大父及父相韓五王，故云五代。

良嘗學禮淮陽。〔一〕東見倉海君，〔二〕得力士，爲鐵椎重百二十斤。秦皇帝東游，良與客狙〔三〕擊秦皇帝博浪沙中，〔四〕誤中副車。〔五〕秦皇帝大怒，大索天下，求賊甚急，爲張良故也。〔六〕良乃更名姓，亡匿下邳。〔七〕

〔一〕【正義】今陳州也。

〔二〕【集解】如淳曰：「秦郡縣無倉海。或曰東夷君長。」【索隱】姚察以武帝時東夷穢君降，爲倉海郡，或因以名，蓋得其近也。【正義】漢書武帝紀云「元年，東夷穢君南閭等降，爲倉海郡，今貊穢國」，得之。太史公修史時已降爲郡，自書之。括地志云：「穢貊，在高麗南、新羅北，東至大海西。」【考證】顏師古曰：倉海君，蓋當時賢者之號也。良既見之，因而求得力士。

〔三〕【集解】服虔曰：「狙，伺候也。」應劭曰：「狙，七預反，伺也。」徐廣曰：「伺候也，音千恕反。」【索隱】按：應劭云：「狙，伺也。」一曰：狙，伏伺也，音七豫反。謂狙之伺物，必伏而候之。故今云「狙候」是也。

〔四〕【索隱】服虔云「地在陽武南」。按：今浚儀西北四十里有博浪城。【正義】晉地理記云「鄭陽武縣有博浪沙」。按：今當官道也。【考證】今河南陽武縣南。

〔五〕【索隱】按：漢官儀「天子屬車三十六乘」。屬車即副車，而奉車郎御而從後。

〔六〕【考證】始皇紀云「二十九年，始皇東游，至陽武博狼沙中，爲盜所驚。乃令天下大索十日」。劉辰翁曰：從倉海君得力士，已怪。百二十斤椎舉于曠野之中，而正中副車，雖架砲不能也。大索甚急，良非獨自免，并隱力士，此大怪事，不可意測，不可語辭。

〔七〕【考證】下邳，東海縣。今江蘇邳州東三里。

良嘗閒從容〔一〕步游下邳〔二〕圯上，〔三〕有一老父，衣褐，至良所，直墮其履圯下，〔四〕顧謂良曰：「孺子下取履。」良愕然，欲毆之。〔五〕爲其老，彊忍，下取履。父曰：「履我！」良業爲取履，因長跪履之。〔六〕父以足受，笑而去。〔七〕良殊大驚，隨目之。父去里所，復還，〔八〕曰：

「孺子可教矣。後五日平明，與我會此。」良因怪之，跪曰：「諾。」五日平明，良往。父已先在，怒曰：「與老人期，後，何也？」去，曰：「後五日早會。」五日雞鳴，良往。父又先在，復怒曰：「後，何也？」去，曰：「後五日復早來。」五日，良夜未半往。〔九〕有頃，父亦來，喜曰：「當如是。」出一編書，〔一〇〕曰：「讀此則爲王者師矣。後十年興。〔一一〕十三年，孺子見我濟北，穀城山下黃石即我矣。」〔一二〕遂去，無他言，不復見。旦日視其書，乃太公兵法也。〔一三〕良因異之，常習誦讀之。

〔一〕【索隱】嘗，訓經也。閒，閑字也。從容，閒暇也。從容，謂從任其容止不矜莊也。

〔二〕【索隱】邳，被眉反。按：地理志下邳縣屬東海。又云：邳在薛，後徙此。有上邳，故此曰下邳也。

〔三〕【集解】徐廣曰：「圯，橋也。東楚謂之圯，音怡。」【索隱】李奇云：「下邳人謂橋爲圯，音怡。」文穎曰：「沂水上橋也。」應劭云：「沂水之上也。」姚察見史記本有作「土」旁者，乃引今會稽東湖大橋名爲靈圯。圯亦音夷，理或然也。【考證】索隱云：姚察見史記作「土」旁者，據此則小司馬本作「汜」。漢書注引應劭云「汜，水之上也」，不作「沂水之上」。據此則應劭本亦作「汜」。沈欽韓曰：淮南道應訓「公孫龍至於河上，而航在一汜」，注「汜，水厓也」。此「汜上」者，亦謂下邳之水邊也。朱錦綬曰：說文「汜，窮瀆也」。窮瀆無水，故良可下取，不必作「土」旁爲橋。愚按：橋下必當有水，未聞留侯善游。沈、朱二解得之。

〔四〕【索隱】崔浩云：「直，猶故也。」亦恐不然。直，言正也，謂至良所，正墮其履也。【正義】顔師古云：「褐，制若裘。今道士所服者是也。」【考證】直，特也。王念孫曰：謂特墮其履，而使取之也。

〔五〕【集解】徐廣曰：「一云『良怒欲罵之』。」【索隱】毆，音烏后反。【考證】古鈔本、楓、三本無「然」字。漢書「毆」作「歐」，擊也。

〔六〕【索隱】業，猶本先也。謂良心先已爲取履，故遂跪而履之。【考證】漢書刪「父曰履我良業爲取履」九字。凌約言曰：彊忍下取履，正模寫妙處。漢書削之，可以觀班、馬優劣。中井積德曰：「業爲取履」句，謂至此不得不履之，有廢前功之意。愚按：業，既已也。

〔七〕【考證】中井積德曰：履之，足受，可想見結係之頃。

〔八〕【集解】徐廣曰：「一曰『爲其老强忍下取履，因進之。父以足受，笑而去。良殊大驚，父去里所復還』。」

〔九〕【考證】漢書無「未」字。

〔一〇〕【集解】徐廣曰：「編，一作『篇』。」【正義】編，必連反。以韋編連簡而書之也。

〔一一〕【考證】凌稚隆曰：伏後十年遇沛公。

〔一二〕【正義】括地志云：「穀城山，一名黄山，在濟州東阿縣東。濟州，故濟北郡。孔文祥云『黄石公，鬚眉皆白，狀杖丹黎，履赤舄』。」【考證】張照曰：正義「狀」字疑衍。

〔一三〕【正義】七録云：「太公兵法一袟三卷。太公，姜子牙，周文王師，封齊侯也。」【考證】中井積德曰：黄石公誰見而誰傳之，皆出於留侯之口也。即後來辟穀之術也。後人好評論之，皆受留侯之誑也。又曰：太公兵法乃留侯之祕權，非實説。

居下邳，爲任俠。項伯常殺人，從良匿。〔一〕

〔一〕【考證】「伯」下「常」，慶長本作「嘗」，與漢書合。凌稚隆曰：爲後解鴻門之難眼目。

後十年，陳涉等起兵，良亦聚少年百餘人。景駒自立爲楚假王，在留。良欲往從之，道遇沛公。〔二〕沛公將數千人，略地下邳西，遂屬焉。沛公拜良爲廐將。〔三〕良數以太公兵法説沛公，沛公善之，常用其策。良爲他人言，皆不省。良曰：「沛公殆天授。」〔三〕故遂從之，不去見景駒。

〔一〕【考證】凌稚隆曰：爲後封留眼目。

〔二〕【集解】漢書音義曰：「官名。」【考證】沈欽韓曰：猶楚宮廐尹之職。

〔三〕【索隱】殆，訓近也。【考證】淮陰侯傳韓信對高祖曰：「陛下所謂天授，非人力也。」陸賈傳陸賈謂尉他曰：「漢王起巴蜀，鞭笞天下，劫略諸侯，遂誅項羽滅之。五年之間，海内平定。此非人力，天之所建也。」三人所言略同。

及沛公之薛，見項梁。項梁立楚懷王。良乃説項梁曰：「君已立楚後，而韓諸公子橫陽君成賢，可立爲王，益樹黨。」項梁使良求韓成，立以爲韓王。以良爲韓申徒，〔一〕與韓王將千餘人西略韓地，得數城，秦輒復取之，往來游兵潁川。

〔一〕【集解】徐廣曰：「即司徒耳。但語音訛轉，故字亦隨改。」【考證】申徒，漢書作「司徒」。周壽昌曰：楚漢春秋作「信都」。信即申，都、徒音近而轉耳。勸項梁立韓後，與他日説漢高銷六國印相反。蓋時異則事殊，不獨爲韓也。

沛公之從雒陽南出轘轅，良引兵從沛公，下韓十餘城，擊破楊熊軍。沛公乃令韓王成留守陽翟，與良俱南，攻下宛，西入武關。沛公欲以兵二萬人擊秦嶢下軍，〔一〕良説曰：「秦兵尚彊，未可輕。臣聞其將屠者子，賈豎易動以利。願沛公且留壁，使人先行，爲五萬人具食，〔二〕益爲張旗幟諸山上，爲疑兵，〔三〕令酈食其持重寶啗秦將。」秦將果畔，欲連和俱西襲咸陽，沛公欲聽之。良曰：「此獨其將欲叛耳，恐士卒不從。不從必危，不如因其解擊之。」〔四〕沛公乃引兵擊秦軍，大破之，遂北至藍田，再戰，〔五〕秦兵竟敗。遂至咸陽，秦王子嬰降沛公。

〔一〕【集解】徐廣曰：「嶢，音堯。」【考證】長安志藍田關在藍田縣東南九十八里，即秦嶢關也。嶢山在縣南二十里。

〔二〕【集解】徐廣曰：「五，一作『百』。」

〔三〕【索隱】旗幟，音其試二音。

〔四〕【索隱】謂卒將離心而懈怠。【正義】解，佳怪反。怠慢也。【考證】中井積德曰：解，但謂守備懈怠也。

〔五〕【考證】漢書「遂」作「逐」。此傳寫之誤。

沛公入秦宮，宮室帷帳，狗馬重寶，婦女以千數，意欲留居之。樊噲諫沛公出舍，沛公不聽。〔一〕良曰：「夫秦爲無道，故沛公得至此。夫爲天下除殘賊，宜縞素爲資。〔二〕今始入秦，即安其樂，此所謂助桀爲虐。〔三〕且忠言逆耳利於行，毒藥苦口利於病，〔四〕願沛公聽樊噲言。」沛公乃還軍霸上。

〔一〕【集解】徐廣曰：「一本『噲諫曰：「沛公欲有天下邪？將欲爲富家翁邪？」沛公曰：「吾欲有天下。」噲曰：「今臣從入秦宮，所觀宮室帷帳珠玉重寶鐘鼓之飾，奇物不可勝極，入其後宮，美人婦女以千數，此皆秦所以亡天下也。願沛公急還霸上，無留宮中。」沛公不聽』。」【考證】張文虎曰：據徐廣所引一本，樊噲此諫甚切。今本過略，不知何人所删。漢書亦没其語，非史法也。宜著之噲傳。愚按：通鑑揭之正文。胡三省曰：樊噲起于狗屠，識見如此。余謂噲之功，當以諫留秦宮爲上，鴻門誚讓項羽次之。

〔二〕【集解】晉灼曰：「資，籍也，欲沛公反秦奢泰，服儉素以爲籍也。」【考證】胡三省曰：縞素，有喪之服，謂弔民也。中井積德曰：資，是商賈之本錢，旅中路費錢亦謂之資。愚按：韓非五蠹篇「長袖善舞，多錢善賈」，此言多資之易爲工也。賈誼過秦論「鄰國之訾訾，霸王之資也」，「資」字義與此同。

〔三〕【考證】史田單傳王蠋曰：「國既亡，吾不能亡，今又劫之以兵，爲君將，是助桀爲虐也。」蓋古有此語，留侯引之。楓、三本「虐」作「桀」。藝文類聚引史「虐」下有「也」字。

〔四〕【索隱】按：此語見孔子家語。【考證】家語六本篇，又見説苑正諫篇。藝文類聚、初學記引史「毒」作「良」，與家語、説苑合。行、病，韻。沈欽韓曰：呂覽至忠篇「至忠逆于目，倒于心，非賢主其孰能聽之」。

項羽至鴻門下，欲擊沛公，項伯乃夜馳入沛公軍，私見張良，欲與俱去。良曰：「臣爲韓王送沛公，〔一〕今事有急，亡去不義。」乃具以語沛公。沛公大驚曰：「爲將柰何？」〔二〕良曰：「沛公誠欲倍項羽邪？」沛公曰：「鯫生教我，距關無内諸侯，秦地可盡王，故聽之。」〔三〕良曰：「沛公自度，能郤項羽乎？」沛公默然良久，曰：「固不能也。今爲柰何？」〔四〕良乃固要項伯。項伯見沛公。沛公與飲爲壽，結賓婚。〔五〕令項伯具言沛公不敢倍項羽，所以距關者，備他盜也。及見項羽後解，語在項羽事中。

〔一〕【考證】下文云「漢王之國，良送至褒中，遣良歸韓」，則「爲韓王送沛公」者，非良權辭。

〔二〕【考證】漢書「將」作「之」。

〔三〕【集解】徐廣曰：「呂靜曰『鯫，魚也』，音此垢反。」【索隱】呂靜云「鯫，魚也，謂小魚也，音此垢反」。臣瓚按：楚漢春秋鯫生，本姓（解）〔鯫〕。【正義】鯫，小魚也，比雜小人也。【考證】漢書注引臣瓚云「楚漢春秋鯫姓」，與索隱異。釋草云「菽，小葉」。此云「鯫，小魚」，是菽、鯫皆有小義。正義解爲小人，得之。

〔四〕【考證】「良久」二字，見沛公沈思之狀，而漢書删之。

〔五〕【考證】漢書無「賓」字。中井積德曰：賓蓋結爲友之義，與婚别項。

漢元年正月，沛公爲漢王，王巴、蜀。〔一〕漢王賜良金百溢，珠二斗，良具以獻項伯。漢王亦因令良厚遺項伯，使請漢中地。〔二〕項王乃許之，遂得漢中地。漢王之國，良送至褒中。〔三〕遣良歸韓。良因説漢王曰：「王何不燒絶所過棧道，示天下無還心，以固項王意？」〔四〕乃使良還，行燒絶棧道。〔五〕

〔一〕【正義】巴、通、壁、蓬、開、集、合、萬、忠、渠、渝等十一州，本巴國地也。蜀、益、彭、劍、綿、閬、果、遂、梓、眉、邛、雅、資、嘉、普、戎、巂、姚、利等十九州，本蜀侯之國也。

〔二〕【集解】如淳曰：「本但與巴、蜀，故請漢中地。」

〔三〕【正義】括地志云：「褒谷，在梁州褒城縣北五十里南中山。昔秦欲伐蜀，路無由入，乃刻石爲牛五頭，置金於後，僞言此牛能屎金，以遺蜀。蜀侯貪，信之，乃令五丁共引牛，塹山堙谷，致之成都。秦遂尋道伐之，因號曰石牛道。蜀賦以石門在漢中之西、褒中之北，是。」又云：「斜水源出褒城縣西北衙嶺山，與褒水同源而流派。漢書溝洫志云：褒水通沔，斜水通渭，皆以行船。」【考證】漢書張良傳同。高紀作「張良辭歸韓，漢王送至褒中」。

〔四〕【正義】棧道，閣道也。

〔五〕【考證】顏師古曰：且行且燒，所過之處，皆燒之也。

良至韓，韓王成以良從漢王故，項王不遣成之國，從與俱東。〔一〕良説項王曰：「漢王燒絶棧道，無還心矣。」乃以齊王田榮反，書告項王。〔二〕項王以此無西憂漢心，而發兵北擊齊。

〔一〕【考證】楓山本「遣」下無「成」字。

〔二〕【考證】中井積德曰：據項羽本紀「張良自韓遺項羽書」云云，與此同，非面說。又項羽本紀及班史，遺是書在漢王定三秦之後。曰「漢王失職，欲得關中如約，即止不敢東」，此蓋謬。

項王竟不肯遣韓王，乃以爲侯，又殺之彭城。良亡，閒行歸漢王，漢王亦已還定三秦矣。復以良爲成信侯，從東擊楚。至彭城，漢敗而還。至下邑，〔一〕漢王下馬踞鞍而問曰：「吾欲捐關以東等弃之，誰可與共功者？」〔二〕良進曰：「九江王黥布，楚梟將，與項王有郄；彭越與齊王田榮反梁地：此兩人可急使。而漢王之將獨韓信可屬大事，當一面。即欲捐之，捐之此三人，則楚可破也。」漢王乃遣隨何說九江王布，而使人連彭越。及魏王豹反，使韓信將兵擊之，因舉燕、代、齊、趙。然卒破楚者，此三人力也。〔三〕

〔一〕【考證】顏師古曰：梁國之縣也，今屬宋州。愚按：今河南夏邑縣。

〔二〕【考證】中井積德曰：古者鞍可解下，乃以代榻床也。

〔三〕【考證】中井積德曰：損關以東於三人，是下固陵時事，決不當在六國議之前。項羽紀可證。楊慎曰：卒破楚者，此三人力也。此敘事繳語法。後云「竟不易太子，四人力也」，與此句法同。

張良多病，未嘗特將也，常爲畫策臣，時時從漢王。

漢三年，項羽急圍漢王滎陽，漢王恐憂，與酈食其謀橈楚權。〔一〕食其曰：「昔湯伐桀，封其後於杞。〔二〕武王伐紂，封其後於宋。今秦失德弃義，侵伐諸侯社稷，滅六國之後，使無立錐之地。陛下誠能復立六國後世，畢已受印，〔三〕此其君臣百姓必皆戴陛下之德，莫不鄉風慕義，願爲臣妾。德義已行，陛下南鄉稱霸，楚必斂衽而朝。」〔四〕漢王曰：「善。趣刻印，先生因行佩之矣。」〔五〕

〔一〕【正義】橈，女教反。【考證】顔師古曰：橈，弱也。其字從木。

〔二〕【考證】夏本紀云「湯封夏之後，至於周封於杞也」，與此異。

〔三〕【考證】新序善謀篇作「畢授印已」。

〔四〕【考證】梁玉繩曰：天子稱陛下，自秦始也，然是時漢王未即天子位，而酈食其、張良凡稱陛下者十五，非也。周壽昌曰：陛下之稱，史臣追書之。顔師古曰：衽，衣襟也。王念孫曰：衽，謂袂也。廣雅「袂衽，袖也。衽，袂也」。此云「斂衽而朝」，貨殖傳「海、岱之間，斂袂而往朝焉」，是衽即袂也。管子弟子職篇「攝衽盥漱」，又曰「振衽埽席」。趙策「攝衽抱几」，列女母儀傳「文伯引衽攘捲而親饋之」，皆謂袂也。

〔五〕【考證】顔師古曰：趣，讀曰促。佩，謂授與六國使帶也。

食其未行，張良從外來謁。漢王方食，曰：「子房前！客有爲我計橈楚權者。」具以酈生語告，曰：「於子房何如？」〔一〕良曰：「誰爲陛下畫此計者？陛下事去矣。」漢王曰：「何哉？」張良對曰：「臣請藉前箸爲大王籌之。」〔二〕曰：「昔者湯伐桀，而封其後於杞者，度能制桀之死命也。〔三〕今陛下能制項籍之死命乎？」曰：「未能也。」「其不可一也。〔四〕武王伐紂，封其後於宋者，度能得紂之頭也。今陛下能得項籍之頭乎？」曰：「未能也。」「其不可二也。〔五〕武王入殷，表商容之閭，〔六〕釋箕子之拘，〔七〕封比干之墓。今陛下能封聖人之墓，表賢者之閭，式智者之門乎？」曰：「未能也。」「其不可三也。發鉅橋之粟，散鹿臺之錢，以賜貧窮。今陛下能散府庫以賜貧窮乎？」曰：「未能也。」「其不可四矣。殷事已畢，偃革爲軒，〔八〕倒置干戈，覆以虎皮，以示天下不復用兵。〔九〕今陛下能偃武行文，不復用兵乎？」曰：「未能也。」「其不可五矣。休馬華山之陽，示以無所爲。今陛下能休馬無所用乎？」曰：「未能也。」「其不可六矣。放牛桃林之陰，以示不復輸積。〔一〇〕今陛下能放牛不復輸積乎？」曰：「未能也。」「其不可七矣。且天下游士，離其親戚，弃墳墓，去故舊，從陛下游者，徒欲日夜望咫尺之地。今復六國，立韓、魏、燕、趙、齊、楚之後，天下游士各歸事其主，從其親戚，反其故舊墳墓，陛下與誰取天下乎？其不可八矣。且夫楚唯無彊，六國立者復橈而從之，〔一一〕陛下焉得而臣之？誠用客之謀，陛下事去矣。」〔一二〕漢王輟食吐哺，罵曰：「豎儒幾敗而公事！」〔一三〕令趣銷印。〔一四〕

〔一〕**【考證】**張文虎曰：各本「曰」字錯在「子房」下。王念孫雜志云：當從宋本作「曰於子房何如」，若記事則當稱張良。愚按：漢高呼諸臣常稱其名，獨於張良則否，蓋以賓待之也。

〔二〕**【集解】**張晏曰：「求借所食之箸，用指畫也。或曰，前世湯武箸明之事，以籌度今時之不若也。」**【考證】**前箸，張説是。

〔三〕**【考證】**張文虎曰：凌本「能」譌「其」。

〔四〕**【考證】**漢書删「曰未能也」四字，下同。或據漢書，以爲子房自問自答。愚按：上文云「張良曰：『沛公自度能却項羽乎？』沛公默然良久，曰：『固不能也。』」語法全同，則此亦子房問，漢王答也。

〔五〕【考證】中井積德曰：此以封杞宋爲桀紂未滅時事，故有制命之説。宜從文而觀其條貫。

〔六〕【索隱】按：崔浩云「表者，標榜其里門也」。商容，紂時賢人也。韓詩外傳曰「商容執羽籥馮於馬徒，欲以化紂，而不能，遂去，伏於太行山。武王欲以爲三公，固辭不受」。餘解在商紀。

〔七〕【集解】徐廣曰：「釋，一作『式』。拘，一作『囚』。」【考證】中井積德曰：班史作「式箕子門」，於後文爲相應。王念孫曰：新序善謀篇亦作「式箕子之門」。愚按：集解「囚」當作「門」。

〔八〕【集解】如淳曰：「革者，革車也。軒者，赤轂乘軒也。偃武備而治禮樂也。」【索隱】蘇林云：「革者，兵車也。軒者，朱軒皮軒也。謂廢兵車而用乘車也。」説文云「軒，曲周屏車」。

〔九〕【考證】置，楓山本作「冒」，漢書、新序作「載」。

〔一〇〕【索隱】按：晉灼云「在弘農閿鄉南谷中」。應劭：十三州記「弘農有桃丘聚，古桃林也」。山海經云「夸父之山，北有桃林，廣三百里也」。【考證】古鈔本、楓山本「陰」作「墟」，漢書作「野」。張照曰：索隱「應劭」下疑有脱文，十三州記闞駰所作。愚按：示以、以示，宜一例。

〔一一〕【集解】漢書音義曰：「唯當使楚無彊，彊則六國弱從之。」【索隱】按：荀悦漢紀説此事云「獨可使楚無彊，若彊則六國屈橈而從之」。又韋昭云「今無彊楚者，言六國立，必復屈橈從楚」，是二説意同也。【考證】漢書、新序「與誰」作「誰與」。楚唯無彊，倒語，猶言「唯無彊於楚」，與孟子「晉國天下無强焉」同一字法。韋解得之。李笠曰：從，猶赴。言天下唯楚最强，若立六國者，是復令其折撓而赴楚也。

〔一二〕【考證】王若虛曰：張良八難，古今以爲美談，竊疑此論甚疎。夫桀、紂已滅，然後湯、武封其後。而良云度能制桀之死命，得紂之頭，豈封于未滅之前邪？且湯、武所以封之者，重絶人之世耳，非以計其利害也。奈何其以項籍之命爲比哉？酈生所以説帝者，特欲係衆人之心，庶幾畔楚而附漢耳，非使封諸項氏也。奈何其以湯、武之事勢相較哉？湯、武雖殊時，事理何異！制死命與得其頭，亦何以分列爲兩節？表商容之閭，釋箕子之拘，封比干之墓，此本三事，而并之者，以其一體也。至于倒置干戈，歸馬放牛，獨非一體乎？而復析之爲三，何哉？班氏頗見其非，乃并湯、武爲一，而但云「度能制其死命」，豈以「死命」字不屬桀、紂，而屬其後歟？然終與項籍事不類也。既以湯、武爲一事，故又分「楚唯無彊」以下爲第八節，蓋二書已自參差矣，八難之目安知無誤邪？

〔三〕【索隱】高祖罵酈生爲豎儒，謂此儒生豎子耳。幾，音祈。幾者殆近也。而公，高祖自謂也。漢書作「乃公」。乃，亦汝也。【考證】楓、三本「而公」作「乃公」，與漢書、新序合。顏師古曰：輟，止也。哺，食在口中者也。

〔四〕【考證】顏師古曰：趣讀曰促。

漢四年，韓信破齊而欲自立爲齊王，漢王怒。張良說漢王，漢王使良授齊王信印，語在淮陰事中。

其秋，漢王追楚至陽夏南，戰不利而壁固陵，諸侯期不至。〔一〕良說漢王，漢王用其計，諸侯皆至。語在項籍事中。

〔一〕【考證】梁玉繩曰：事在五年十月。

漢六年正月，封功臣。〔一〕良未嘗有戰鬭功，高帝曰：「運籌策帷帳中，決勝千里外，子房功也。〔二〕自擇齊三萬户。」良曰：「始臣起下邳，與上會留，此天以臣授陛下。陛下用臣計，幸而時中，臣願封留足矣，不敢當三萬户。」〔三〕乃封張良爲留侯，與蕭何等俱封。

〔一〕【考證】梁玉繩曰：侯表及漢書高紀封功臣在十二月。

〔二〕【考證】張文虎曰：中統、游、毛本「帳」作「幄」。愚按：漢書亦作「幄」。

〔三〕【考證】楓山本「時」作「得」。

六年，上已封大功臣二十餘人，〔一〕其餘日夜争功不決，未得行封。上在雒陽南宫，從復道望見諸將往往相與坐沙中語。〔二〕上曰：「此何語？」留侯曰：「陛下不知乎？此謀反耳。」上曰：「天下屬安定，何故反乎？」〔三〕留侯曰：「陛下起布衣，以此屬取天下，〔四〕今陛下爲天子，而所封皆蕭、曹故人所親愛，而所誅者皆生平所仇怨。今軍吏計功，以天下不足徧封，此屬畏陛下不能盡封，恐又見疑平生過失及誅，〔五〕故即相聚謀反耳。」〔六〕上乃憂曰：「爲之柰何？」留侯曰：「上平生所憎，羣臣所共知，誰最甚者？」上曰：「雍齒與我故，數嘗窘辱我。〔七〕我欲殺之，爲其功多，故不忍。」留侯曰：「今急先封雍齒，以示羣臣，羣臣見雍齒封，則人人自堅矣。」於是上乃置酒，封雍齒爲什方侯，〔八〕而急趣丞相、御史定功行封。羣臣罷酒，皆喜曰：「雍齒尚爲侯，我屬無患矣。」〔九〕

〔一〕【考證】楓、三本「六」上有「漢」字，「年」下有「春」字。陳仁錫曰：「六年」二字重出，漢書削之。

〔二〕【集解】如淳曰：「復，音複。上下有道，故謂之復道。」韋昭曰：「閣道。」【考證】往往，非一處也。貨殖傳「往往山出棊置」，義與此同。

〔三〕【考證】顔師古曰：屬，近也。言近始安。

〔四〕【考證】楓山本「以」爲「與」。

〔五〕【集解】徐廣曰：「多作『生平』。」【考證】漢書削「平生」二字。

〔六〕【考證】劉知幾曰：羣小聚謀，侯問方對。若高祖不問，竟欲無言邪？且諸將圖亂，密言臺上，猶懼覺知，羣議沙中，何無避忌？然則複道之望，坐沙而語，是敷演妄益耳。李維楨曰：沙中之人，怏怏不平見于詞色，未必謀反。但留侯爲弭亂計，故權辭以對耳。茅坤曰：沙中偶語，未必謀反也。謀反乃族滅事，豈野而謀者？子房特假此恐喝高帝，及急封雍齒，則羣疑定矣。

〔七〕【集解】漢書音義曰：「未起時有故怨。」【正義】服虔曰：「未起之時，與我有故怨。」師古曰：「齒常以勇力困辱高祖。」【考證】漢書作「與我有故怨」。王念孫曰：有故，即有故怨。漢書「怨」字衍。楓山本「嘗」作「常」。

〔八〕【索隱】地理志縣名，屬廣漢。什，音十。【正義】括地志云：「雍齒城，在益州什邡縣南四十步。漢什邡縣，漢初封雍齒爲侯國。」【考證】錢大昕曰：漢功臣表作「汁防」。

〔九〕【考證】王世貞曰：按功臣表，曹參至陳平九人，皆以十二月甲申封。張良至陳豨十三人，以正月丙午封。周竈以丁未封，丁復以戊申封，吕青以壬子封，雍齒始與郭蒙以戊午封，而諸將陳武等以三月丙申、庚子等日繼封。然則曹參諸公，遠者先三十四日。

劉敬説高帝曰：「都關中。」〔一〕上疑之。左右大臣皆山東人，多勸上都雒陽：「雒陽東有成皋，西有殽、黽，〔二〕倍河，向伊、雒，其固亦足恃。」留侯曰：「雒陽雖有此固，其中小不過數百里，田地薄，四面受敵，此非用武之國也。夫關中，左殽、函，〔三〕右隴、蜀，〔四〕沃野千里，南有巴、蜀之饒，北有胡苑之利，〔五〕阻三面而守，獨以一面東制諸侯。諸侯安定，河、渭漕輓天下，西給京師，諸侯有變，順流而下，足以委輸。此所謂金城千里，天府之國也，〔六〕劉敬説是也。」於是高帝即日駕，西都關中。〔七〕

〔一〕【考證】古鈔本、楓山本無「曰」字。張文虎曰：「『曰』字疑衍，漢書無。」

〔二〕【考證】顔師古曰：殽山也，黽池也。

〔三〕【正義】殽，二殽山也，在洛州永寧縣西北二十八里。函谷關，在陝州桃林縣西南十二里。

〔四〕【正義】隴山，南連蜀之岷山，故云「右隴蜀」也。

〔五〕【索隱】崔浩云：「苑馬牧外接胡地。馬生於胡，故云胡苑之利。」【正義】博物志云「北有胡苑之塞」。按：上郡、北地之北，與胡接，可以牧養禽獸，又多致胡馬，故謂胡苑之利也。【考證】新序善謀篇「苑」作「宛」。宛，大宛也。中統、游本亦作「宛」。

〔六〕【索隱】按：此言「謂」者，皆是依憑古語，言秦有四塞之國如金城也。故淮南子云「雖有金城，非粟不守」。又蘇秦説秦惠王云「秦地勢形便，所謂天府」。是所憑也。【正義】金，剛堅固也。關中四塞之限，若金城。

〔七〕【索隱】按：周禮「二曰詢國遷」，乃爲大事。高祖即日西遷者，蓋謂其日即定計耳，非即日遂行也。【考證】中井積德曰：索隱「周禮」云云，守株。梁玉繩曰：高紀、名臣表、劉敬傳皆以都關中在五年。此在六年，誤。第是日之入都關中，乃居櫟陽宮，至七年，始徙居長安，蓋櫟陽、長安俱關中也。漢書高紀改入都關中爲都長安，誤甚。不但長安宮闕未興，而其時盧綰尚爲長安侯，建都云乎哉？

留侯從入關。留侯性多病，即道引不食穀，〔一〕杜門不出歲餘。

〔一〕【集解】漢書音義曰：「服辟穀之藥，而静居行氣。」

上欲廢太子，立戚夫人子趙王如意。大臣多諫爭，未能得堅決者也。呂后恐，不知所爲。人或謂呂后曰：「留侯善畫計筴，上信用之。」呂后乃使建成侯呂澤劫留侯，曰：〔一〕「君常爲上謀臣，今上欲易太子，君安得高枕而臥乎？」留侯曰：「始上數在困急之中，幸用臣筴。今天下安定，以愛欲易太子，骨肉之間，雖臣等百餘人何益？」呂澤彊要曰：「爲我畫計。」留侯曰：「此難以口舌爭也。顧上有不能致者，天下有四人。〔二〕四人者年老矣，皆以爲上慢侮人，故逃匿山中，義不爲漢臣。〔三〕然上高此四人。今公誠能無愛金玉璧帛，令太子爲書，卑辭安車，因使辯士固請，宜來。來以爲客，時時從入朝，令上見之，則必異而問之。問之，上知此四人賢，則一助也。」於是呂后令呂澤使人奉太子書，卑辭厚禮，迎此四人。四人至，客建成侯所。〔四〕

〔一〕【考證】通鑑考異云：「『澤』當是『釋之』。」陳仁錫曰：建成侯名釋之，周呂侯名澤。傳文以釋之爲澤，誤。梁玉繩曰：下「呂澤」同誤。

〔二〕【索隱】四人，四皓也，謂東園公、綺里季、夏黃公、甪里先生。按：陳留志云「園公，姓庾，字宣明，居園中，因以爲號。夏黃公，姓崔，名廣，字少通，齊人，隱居夏里修道，故號曰夏黃公。甪里先生，河內軹人，太伯之後，姓周，名術，字元道，京師號曰霸上先生，一曰甪里先生」。又孔安國祕記作「禄里」。此皆王劭據崔氏、周氏系譜及陶元亮四八目而爲此說。【正義】皇甫謐高士傳「四皓，一曰東園公，二曰綺里季，三曰甪里先生，四曰夏黃公，皆河內軹人」。漢書外傳云「園公陳留園縣，是其先則爲園公」。陳留風俗傳云園庱字宣明。公羊春秋稜言東園家單父，爲秦博士，遭秦亂避地於南山。惠帝爲太子，即并園公爲司徒，遜位太子，封廣襄邑南鄉侯。陳留志云「庾始常居園中，因謂之園公」。周樹洞曆云「用里先生名術，字元道，太伯之後，京師號霸上先生」。周氏世譜云「用里先生河内軹人，太伯之後。姓周氏，名術，字元道，京師號霸上先生」。□□俗云「是吴人，今太湖中洞庭山西有□□禄里村，是」。漢書外傳云：「秦聘之，逃匿南山，歌曰『商洛深谷，咸□□夷。暐暐紫芝，可以療飢。駟馬高蓋，其憂甚大。富貴而畏人，其如貧賤而樂肆志』。」夏黄公或爲大里黄公，會稽典録云「書佐朱育對郡將濮陽府君云『大里黄公墓在鄞縣』」。輿地志云「鄞有大里，夏黄公所居也」。今覲縣有黄公廟。崔氏譜云「夏里黄公，姓崔，名廣，字少通，齊人，隱居夏里修道，故曰夏里黄公」。用，音禄。【考證】張文虎曰：中統、游本「用」作「角」，今從索隱單本、凌本，下同。中井積德曰：索隱脱綺里一人，獨何也？愚按：正義依桃源抄補，文多譌脱。張照曰：按漢書王貢傳序曰「漢興有園公、綺里季、夏黄公、用里先生」。顔師古注云「四皓蓋隱居之人，匿跡遠害，不自標顯，祕其氏族，故史傳無得而詳。至于後代皇甫謐之徒及諸地理書説競爲四人施安姓氏，自相錯互，語又不經。班氏不載於書，諸家皆臆説，今並棄略一無取焉」。照謂師古之見卓矣。

〔三〕【考證】楓、三本「義」作「議」。

〔四〕【考證】建成侯，見上。

漢十一年，黥布反，上病，欲使太子將往擊之。四人相謂曰：「凡來者，將以存太子。太子將兵，事危矣。」乃説建成侯曰：「太子將兵，有功，則位不益太子；無功還，則從此受禍矣。且太子所與俱諸將，皆嘗與上定天下梟將也，今使太子將之，此無異使羊將狼也，皆不肯爲盡力，其無功必矣。臣聞『母愛者子抱』，〔二〕今戚夫人日夜侍御，趙王如意常抱居前，上曰『終不使不肖子居愛子之上』，〔二〕明乎其代太子位必矣。君何不急請呂后承閒爲上泣言：『黥布，天下猛將也，善用兵，今諸將皆陛下故等夷，〔三〕乃令太子將此屬，無異使羊將狼，莫肯爲用，且使布聞之，則鼓行而西耳。〔四〕上雖病，彊載輜車，臥而護之，諸將不敢不盡力。〔五〕上雖苦，爲妻子自彊。』」於是，呂澤立夜見呂后，〔六〕呂后承閒爲上泣涕而言，如四人意。上曰：「吾惟豎子固不足遣，而公自行耳。」〔七〕於是上自將兵而東，羣臣居守，皆送至灞上。留侯病，自彊起至曲郵，見上曰：〔八〕「臣宜從，病甚。楚人剽疾，願上無與楚人爭鋒。」因說上曰：「令太子爲將軍，監關中兵。」〔九〕上曰：「子房雖病，彊臥而傅太子。」是時叔孫通爲太傅，留侯行少傅事。〔一〇〕

〔一〕【索隱】此語出韓子。【考證】沈欽韓曰：韓非備內篇「語曰『其母好者其子抱』，然則其爲之反也，其母惡者其子釋」。愚按：好、抱同聲，此改作「愛」，義同聲異。

〔二〕【考證】古鈔本、楓、三本無「曰」字，與漢書、新序合。王念孫曰：不使不肖子居愛子上，是四皓述高帝之語如此。故下文曰「明其代太子位必矣」。若無「曰」字，則爲四皓語矣。是四皓以太子爲不肖，豈其然乎？宜有「曰」字。

〔三〕【集解】徐廣曰：「夷，猶儕也。」【索隱】如淳云：「等夷，言等輩。」

〔四〕【集解】晉灼曰：「鼓行而西，言無所畏也。」

〔五〕【正義】輜車，衣車也。護，謂監諸將也。

〔六〕【考證】李笠曰：此與陳丞相世家「平受詔，立復至宮」語同。漢傳「夜」上無「立」字。

〔七〕**【考證】**楓、三本「曰」下有「善」字。漢書「而公」作「乃公」。

〔八〕**【集解】**司馬彪曰：「長安縣東有曲郵聚。」**【索隱】**郵，音尤。按：司馬彪漢書郡國志長安有曲郵聚。今在新豐西，俗謂之郵頭。漢書舊儀云「五里一郵，郵人居間，相去二里半」。按：郵乃今之候也。**【考證】**沈欽韓曰：御覽三百九十四「楚漢春秋曰『淮南王布反，上自擊之。張良居守，上體不安，臥輜車中。留侯走東追上，簪墮被髮及輜車，排户曰「陛下即弃天下，欲以王葬乎？以布衣葬乎？」上罵曰：「若翁，天子也。何故以王及布衣葬乎？」良曰：「淮南反于東，淮陰害于西，恐陛下倚溝壑而終也。」』」按：淮陰誅在十一月春正月，此文誤也。信如陸賈言，則其敘事顛倒紛雜，宜爲芻狗之弃也。

〔九〕**【考證】**漢書高紀云「以三萬人軍霸上」。徐孚遠曰：太子監關中兵，一以固根本，亦以安太子解不擊黥布之事也。

〔一〇〕**【考證】**行，「行守」之「行」，位高職卑也。

漢十二年，上從擊破布軍歸，疾益甚，愈欲易太子。留侯諫，不聽，因疾不視事。叔孫太傅稱説引古今，以死争太子。〔一〕上詳許之，〔二〕猶欲易之。及燕置酒，太子侍。四人從太子，〔三〕年皆八十有餘，鬚眉皓白，衣冠甚偉。上怪之，問曰：「彼何爲者？」四人前對，各言名姓，〔四〕曰：「東園公，用里先生，綺里季，夏黄公。」上乃大驚曰：「吾求公數歲，公辟逃我，今公何自從吾兒游乎？」四人皆曰：「陛下輕士善罵，臣等義不受辱，故恐而亡匿。竊聞太子爲人仁孝，恭敬愛士，天下莫不延頸欲爲太子死者，故臣等來耳。」〔五〕上曰：「煩公幸卒調護太子。」〔六〕

〔一〕【考證】古鈔本、楓、三本無「今」字，與漢書、新序合。

〔二〕【考證】詳、佯通，漢書作「陽」。

〔三〕【考證】古鈔本、楓、三本「人」下有「者」字，與漢書、新序合，可從。

〔四〕【考證】陳仁錫曰：宋本「名姓」作「姓名」。愚按：漢書、新序作「其姓名」。

〔五〕【考證】延頸，遥望也。

〔六〕【集解】如淳曰：「調護，猶營護也。」

四人爲壽已畢，起去。上目送之，召戚夫人指示四人者曰：「我欲易之，彼四人輔之，羽翼已成，難動矣。呂后真而主矣。」戚夫人泣，上曰：「爲我楚舞，吾爲若楚歌。」歌曰：「鴻鵠高飛，一舉千里。羽翮已就，横絶四海。横絶四海，當可柰何？雖有矰繳，尚安所施！」〔一〕歌數闋，〔二〕戚夫人嘘唏流涕，上起去，罷酒。竟不易太子者，留侯本招此四人之力也。〔三〕

〔一〕【集解】韋昭曰：「繳，弋射也。其矢曰矰。」【索隱】馬融注周禮云：「矰者，繳繫短矢謂之矰。」一説云，矰一弦，可以仰高射，故云矰也。【正義】韋昭云「繳，弋射」。繳箭繩也，用繩繫也，射者引繳收之。言一舉千里，非矰繳所及。太子羽翼已成，難改也。【考證】里、海、施，韻。

〔二〕【索隱】音曲穴反。謂曲終也。説文曰「闋，事也」。

〔三〕【考證】通鑑考異云「高祖剛猛伉厲，非畏搢紳譏議者也。但以大臣皆不肯從，恐身後趙王〔不能〕獨立，故不爲耳。若決意欲廢太子立如意，不顧義理，以留侯之久故親信，猶云『非口舌所争』，豈山林四叟片言遽能柅其事哉？借使四叟實能柅其事，不過汙高祖數寸之刃耳，何至悲歌云『羽翮已成，繒繳安施』乎？若四叟實能制高祖，使不敢廢太子，是留侯爲子立黨以制其父也。留侯豈爲此哉！此特辨士欲夸四叟之事故云然。」

司馬遷好奇，愛而采之。今不取。」王守仁曰：「果于隱者必不出，謂隱而出焉，必其非隱者也。世家謂留侯招四皓爲太子輔，余疑非真四皓也，乃子房爲之也。夫四人遁世已久，形容狀貌，人皆不識之矣，故子房劫計之時，陰與籌度，取他人之眉鬚皓白者，偉其衣冠，以誣高帝。此又不可知也。

留侯從上擊代，出奇計馬邑下，〔一〕及立蕭何相國，〔二〕所與上從容言天下事甚衆，非天下所以存亡，故不著。〔三〕留侯乃稱曰：「家世相韓，及韓滅，不愛萬金之資，爲韓報讎彊秦，天下振動。今以三寸舌〔四〕爲帝者師，封萬户，位列侯，此布衣之極，於良足矣。願弃人間事，欲從赤松子游耳。」〔五〕乃學辟穀道引輕身。〔六〕會高帝崩，呂后德留侯，乃彊食之，曰：「人生一世間，如白駒過隙，何至自苦如此乎！」〔七〕留侯不得已彊聽而食。

〔一〕**【集解】**徐廣曰：「一云『出奇計下馬邑』。」**【考證】**漢書作「下馬邑」。

〔二〕**【集解】**漢書音義曰：「何時未爲相國，良勸高祖立之。」**【考證】**「何」下添「爲」字看。

〔三〕**【考證】**顔師古曰：著，謂書之於史。

〔四〕**【索隱】**春秋緯云：「舌在口，長三寸，象斗玉衡。」

〔五〕**【索隱】**列仙傳「神農時雨師也，能入火自燒，崑崙山上隨風雨上下也」。**【考證】**顔師古曰：赤松子，仙人號也。索隱「自燒」上，楓、三本有「不」字。

〔六〕**【集解】**徐廣曰：「一云『乃學道引欲輕舉』也。」**【索隱】**辟，賓亦反。**【考證】**楓山本「道」作「導」。漢書作「乃學道輕舉」。道引即導引，道家養生之術，謂呼吸俯仰，屈伸手足，使氣血充足，身體輕舉也。莊子刻意篇「道引之士，養形之人」。

〔七〕【正義】莊子曰「野馬者塵埃也」。按：遠望空中，埃塵隨風飄疾如野群奔，白馬亦塵埃也。日入壁隙，埃塵內過。日光不盈，瞬息其色乃白。故云「白駒過隙」。【考證】白駒，白馬也。隙，間隙也。語又見魏豹傳。正義非。沈欽韓曰：莊子知北游篇「人生天地之間，若白駒之過郤」。

後八年卒，諡爲文成侯。〔一〕子不疑代侯。〔二〕

〔一〕【考證】梁玉繩曰：漢傳「八」作「六」。攷表，良以高帝六年封，卒于呂后二年，在位十六年，則當是九年。史、漢俱誤。

〔二〕【集解】徐廣曰：「文成侯立，十六年卒，子不疑代立。十年，坐與門大夫吉謀殺故楚內史，當死，贖爲城旦，國除。」

子房始所見下邳圯上老父與太公書者，後十三年從高帝過濟北，〔一〕果見穀城山下黃石，取而葆祠之。〔二〕留侯死，并葬黃石冢。〔三〕每上冢伏臘祠黃石。

〔一〕【考證】張文虎曰：宋本、毛本「帝」作「祖」。

〔二〕【集解】徐廣曰：「史記珍寶字皆作葆。」

〔三〕【正義】括地志云：「漢張良墓，在徐州沛縣東六十五里，與留城相近也。」【考證】王念孫曰：「黃石」下「冢」字，此涉下文「上冢」而誤衍也。漢書作「并葬黃石」，類聚、御覽引史記皆無「冢」字。

留侯不疑，孝文帝五年坐不敬國除。〔一〕

〔一〕【考證】梁玉繩曰：史、漢表「坐殺楚內史」，非不敬也。此與漢傳誤。

太史公曰：學者多言無鬼神，然言有物。〔一〕至如留侯所見老父予書，亦可怪矣。〔二〕高祖離困者數矣，〔三〕而留侯常有功力焉，豈可謂非天乎？〔四〕上曰：「夫運籌筴帷帳之中，決勝千里外，吾不如子房。」余以爲其人計魁梧奇偉，〔五〕至見其圖，狀貌如婦人好女。蓋孔子曰：「以貌取人，失之子羽。」〔六〕留侯亦云。〔七〕

〔一〕【索隱】按：物謂精怪及藥物也。【考證】齊悼惠王世家「舍人怪之，以爲物而伺之」。姚察曰：物，怪物也。索隱「及藥物」三字當删。何焯曰：昌黎原鬼因此生意。

〔二〕【索隱】按：詩緯云「風后，黃帝師，又化爲老子，以書授張良」。亦異說。

〔三〕【考證】漢書「離困」作「數離困阸」。注：師古曰「離，遭也」。

〔四〕【考證】張良評高祖曰「沛公殆天授」，又謂高祖曰「始臣起下邳，與上會留，此天以臣授陛下」。太史公亦云「高祖離困者數矣，而留侯常有功力焉，可謂非天乎」，前後照應。

〔五〕【集解】應劭曰：「魁梧，丘虚壯大之意。」【索隱】蘇林云「梧，音忤」。蕭該云「今讀爲吾，非也」。小顏云「言其可驚悟」。【正義】蘇、顏之説蓋非也。

〔六〕【索隱】子羽，澹臺滅明字也。仲尼弟子傳云「狀貌甚惡」。又韓子云「子羽有君子之容，而行不稱其貌」，與史記文相反。【考證】韓子顯學篇。史公引之，證以貌失人耳。

〔七〕【考證】「留侯」上添「余於」二字看。

【索隱述贊】留侯倜儻，志懷憤惋。五代相韓，一朝歸漢。進履宜假，運籌神算。橫陽既立，申徒作扞。灞上扶危，固陵靜亂。人稱三傑，辯推八難。赤松願游，白駒難絆。嗟彼雄略，曾非魁岸。

史記會注考證卷五十六

陳丞相世家第二十六　　史記五十六

【考證】史公自序云：「六奇既用，諸侯賓從於漢；呂氏之事，平爲本謀，終安宗廟，定社稷。作陳丞相世家第二十六。」愚按：與陳平同相者王陵、審食其。二人事蹟少可傳者，故附記陳平語中。

陳丞相平者，陽武户牖鄉人也。〔一〕少時家貧，好讀書，〔二〕有田三十畝，獨與兄伯居。伯常耕田，縱平使游學。平爲人長美色。〔三〕人或謂陳平曰：「貧何食而肥若是？」其嫂嫉平之不視家生産，曰：「亦食糠覈耳。〔四〕有叔如此，不如無有。」伯聞之，逐其婦而弃之。〔五〕

〔一〕【集解】徐廣曰：「陽武屬魏地。户牖，今爲東昏縣，屬陳留。」【索隱】徐廣云「陽武屬魏」，而地理志屬河南郡，蓋後陽武分屬梁國耳。徐又云「户牖，今爲東昏縣，屬陳留」，與漢書地理志同。按：是秦時户牖鄉屬陽武，至漢以户牖爲東昏縣，隸陳留郡也。【正義】陳留風俗傳云：「東昏縣，衛地，故陽武之户牖鄉也。」括地志云：「東昏故城，在汴州陳留縣東北九十里。」【考證】方輿紀要東昏城，在開封府蘭陽縣東北二十里，故户牖鄉。

〔二〕【考證】論贊云「少時本好黄帝、老子之術」。

〔三〕【考證】王念孫曰：當從漢書作「長大美色」，御覽引史記亦有「大」字。

〔四〕【集解】徐廣曰：「覈，音核。」駰案：孟康曰「麥糠中不破者也」。晉灼曰：「覈，音紇，京師謂麄屑爲紇頭。」

〔四〕【考證】楓、三本「或」上無「人」字，「平」下無「曰」字，「嫉」作「疾」。中井積德曰：覈不必麥，糠中米屑爲覈。

〔五〕【考證】許應元曰：太史下其嫂嫉平數句，蓋先爲其無盜嫂事地也。

及平長，可娶妻，富人莫肯與者，貧者平亦恥之。久之，户牖富人有張負，〔一〕張負女孫五嫁而夫輒死，人莫敢娶。平欲得之。邑中有喪，平貧侍喪，以先往後罷爲助。張負既見之喪所，獨視偉平，平亦以故後去。負隨平至其家，家乃負郭窮巷，〔二〕以弊席爲門，然門外多有長者車轍。〔三〕張負歸謂其子仲曰：「吾欲以女孫予陳平。」張仲曰：「平貧不事事，〔四〕一縣中盡笑其所爲，獨柰何予女乎？」負曰：「人固有好美如陳平而長貧賤者乎？」卒與女。爲平貧，乃假貸幣以聘，予酒肉之資以内婦。負誡其孫曰：「毋以貧故事人不謹。事兄伯如事父，事嫂如母。」〔五〕平既娶張氏女，齎用益饒，游道日廣。

〔一〕【索隱】按：負是婦人老宿之稱，猶「武負」之類也。然此張負，既稱富人，或恐是丈夫爾。【考證】崔適曰：古聲負、婦相同，故借「負」爲「婦」也。絳侯世家「許負」，應劭云「老嫗也」。高祖紀「武負」，漢書注：如淳曰「俗謂老大母爲阿負」。師古曰「劉向列女傳云『魏曲沃負者，魏大夫如耳之母也』，此則古語謂老母爲負耳」。案：以上諸「負」字，固屬老母。然必以爲專謂老母，尚不知負之爲婦爾。

〔二〕【索隱】高誘注戰國策云「負，背。郭，居也」。

〔三〕【索隱】一作「軌」。按：言長者所乘安車與載運之車軌轍或別。【考證】周壽昌曰：長者，貴人也。後漢書馬援傳但謂「長者家兒」，又「子石當屏居自守，而反游京師長者」，注「長者，謂豪俠」。魏志文帝詔「三世長者知被服，五世長者知飲食」，與此「長者」同。

〔四〕【考證】顏師古曰：不事産業之事。

〔五〕【集解】兄伯已逐其婦，此嫂疑後娶也。【考證】楓、三本「其」下「孫」上有「女」字，「父」上無「事」字。許應元曰：兄已逐婦，而負言事嫂，亦槩言禮當如是耳。

里中社，平爲宰，〔一〕分肉食甚均。父老曰：「善，陳孺子之爲宰。」〔二〕平曰：「嗟乎，使平得宰天下，亦如是肉矣。」

〔一〕【索隱】其里名庫上里。知者據蔡邕陳留東昏庫上里社碑云「惟斯庫里，古陽武之牖鄉」。陳平由此社宰遂相高祖也。【考證】禮祭法鄭注「百家以上則共立一社，今時里社也」。蔡邕庫上里社碑，見御覽五百三十二。

〔二〕【考證】食，音嗣。藝文類聚、白氏六帖引史記無「食」字，「父老」上有「里」字，與漢書合。李笠曰：「食」字疑衍。下云「亦如是肉矣」，贊云「方其割肉俎上之時」，可以證也。

陳涉起而王陳，使周市略定魏地，立魏咎爲魏王，與秦軍相攻於臨濟。陳平固已前謝其兄伯，〔一〕從少年往，事魏王咎於臨濟。魏王以爲太僕。〔二〕説魏王不聽，人或讒之，陳平亡去。

〔一〕【集解】漢書音義曰：「謝語其兄，往事魏。」【考證】漢書無「固」字。謝，辭也。

〔三〕【考證】太僕，掌輿馬事。

久之，項羽略地至河上，陳平往歸之，從入破秦，賜平爵卿。〔一〕項羽之東王彭城也，漢王還定三秦而東，殷王反楚。項羽乃以平爲信武君，將魏王咎客在楚者，以往擊，降殷王而還。項王使項悍拜平爲都尉，賜金二十溢。居無何，漢王攻下殷王。〔二〕項王怒，將誅定殷者將吏。陳平懼誅，乃封其金與印，使使歸項王，而平身閒行杖劍亡。渡河，船人見其美丈夫獨行，疑其亡將，要中當有金玉寶器，目之，欲殺平。〔三〕平恐，乃解衣，躶而佐刺船。船人知其無有，乃止。〔四〕

〔一〕【集解】張晏曰：「禮秩如卿，不治事。」

〔二〕【考證】王念孫曰：御覽引此無「王」字，漢書亦無「王」字，涉上文「殷王」而誤衍也。攻下殷者，謂攻下殷國。

〔三〕【考證】古鈔本、楓、三本「要」作「腰」。與類聚所引合。漢書「中」作「下」。

〔四〕【考證】徐中行曰：平之侍喪里中，以早至晚去爲助，非助也，欲以動張負而娶其孫也。閒行歸漢，裸而佐刺船，非佐刺船也，欲舟人之知其無金也。彼其平居細事，猶能鈞奇若是。況居帷帳之中，受腹心之寄，當危機交急之時者哉？

平遂至修武降漢，〔一〕因魏無知求見漢王，〔二〕漢王召入。是時萬石君奮爲漢王中涓，〔三〕受平謁，入見平。平等七人俱進，賜食。王曰：「罷，就舍矣。」〔四〕平曰：「臣爲事來，所言不可以過今日。」〔五〕於是漢王與語而說之，問曰：「子之居楚何官？」曰：「爲都尉。」是日，乃拜平爲都尉，使爲參乘，典護軍。諸將盡讙，〔六〕曰：「大王一日得楚之亡卒，未知其高下，而即與同載，反使監護軍長者。」〔七〕漢王聞之，愈益幸平。遂與東伐項王。至彭城，爲楚所敗，引而還。〔八〕收散兵至滎陽，以平爲亞將，屬於韓王信，軍廣武。

〔一〕【集解】徐廣曰：「漢二年。」

〔二〕【索隱】漢書張敞與朱邑書云「陳平須魏倩而後進」，孟康云即無知也。【考證】伏後「非魏無知臣安得進」案。

〔三〕【集解】徐廣曰：「亦曰涓人。」

〔四〕【考證】漢書：「七人」作「十人」。

〔五〕【考證】陳平嚮見漢王於鴻門。徐孚遠曰：平之來也，必持楚陰事以爲資。故曰「不可以過今日」，亦欲于一見自託也。

〔六〕【索隱】讙，譁也。音懽，又音喧。漢書作「皆怨」。【考證】今本漢書作「盡讙」，荀悅漢紀作「皆怒」。

〔七〕【考證】王念孫曰：長者，諸將自謂，猶言使之監護我等也。「監護」下不當有「軍」字。漢書、漢紀皆無「軍」字。王先謙曰：酈食其謂高帝「不宜倨見長者」，是其例。

〔八〕【考證】古鈔本、楓山本「引」下有「軍」字，漢書有「師」字。

絳侯、灌嬰等咸讒陳平曰：〔一〕「平雖美丈夫，如冠玉耳，其中未必有也。〔二〕臣聞平居家時，盜其嫂；事魏不容，〔三〕亡歸楚；歸楚不中，又亡歸漢。今日大王尊官之，令護軍。臣聞平受諸將金，金多者得善處，金少者得惡處。平，反覆亂臣也，願王察之。」漢王疑之，召讓魏無知。無知曰：「臣所言者能也，陛下所問者行也。今有尾生、孝己之行，而無益於勝負之數，〔四〕陛下何暇用之乎？楚漢相距，〔五〕臣進奇謀之士，顧其計誠足以利國家不耳。且盜嫂受金，又何足疑乎？」〔六〕漢王召讓平曰：「先生事魏不中遂，事楚而去，〔七〕今又從吾游，信者固多心乎？」平曰：「臣事魏王，魏王不能用臣說，故去事項王。項王不能信人，其所任愛，非諸項即妻之昆弟，〔八〕雖有奇士不能用，平乃去楚。聞漢王之能用人，故歸大王。臣躶身來，不受金無以爲資。誠臣計畫有可采者，顧大王用之；〔九〕使無可用者，金具在，請封輸官，得請骸骨。」〔一〇〕漢王乃謝，厚賜，拜爲護軍中尉，盡護諸將。諸將乃不敢復言。

〔一〕【考證】絳侯，周勃也。漢書「絳侯灌嬰」作「絳灌」。顔師古曰：舊説絳，絳侯周勃也；灌，灌嬰也。而楚漢春秋高祖之臣別有絳灌，疑昧之文，不可據也。

〔二〕【集解】漢書音義曰：「飾冠以玉，光好外見，中非所有。」【考證】中井積德曰：冠之飾在外，而其中空虛，故以爲喻。

〔三〕【考證】古鈔本、楓山本「魏」下有「王咎」二字。漢書有「王」字。

〔四〕【集解】如淳曰：「孝已，高宗之子，有孝行。」【考證】顔師古曰：尾生，古之信士。一説即微生高。沈欽韓曰：語本蘇秦謂燕王。

〔五〕【考證】漢書「楚」上有「今」字，與上文複，蓋衍。

〔六〕【考證】楓山本「何」作「安」，漢書無「且」字。

〔七〕【考證】古鈔本、楓、三本無「中」字，與漢書合，「遂」字屬上讀。愚按：「中遂」衍其一字。

〔八〕【考證】周壽昌曰：諸項伯、莊外，惟聲、它、悍、冠見各傳。桃侯劉襄爲項氏親，降漢封侯，見表。

〔九〕【考證】王念孫曰：「顧」當依漢書作「願」。

〔一〇〕【考證】漢書「金」上補「大王所賜」四字。中井積德曰：時平已聞無知之語，故漢王不詰金事，而平直以金事爲對。又曰：金具在，所受於諸將之金。班史謬上增「大王所賜」四字，大失之。

其後楚急攻，絶漢甬道，〔一〕圍漢王於滎陽城。久之，漢王患之，請割滎陽以西以和。項王不聽。漢王謂陳平曰：「天下紛紛，何時定乎？」陳平曰：「項王爲人恭敬愛人，士之廉節好禮者多歸之。至於行功爵邑，重之，〔二〕士亦以此不附。今大王慢而少禮，士廉節者不來；然大王能饒人以爵邑，士之頑鈍嗜利無恥者亦多歸漢。〔三〕誠各去其兩短，襲其兩長，天下指麾則定矣。〔四〕然大王恣侮人，不能得廉節之士。〔五〕顧楚有可亂者，彼項王骨鯁之臣亞父、鍾離眜、龍且、周殷之屬，不過數人耳。〔六〕大王誠能出捐數萬斤金，行反閒，閒其君臣，以疑其心，〔七〕項王爲人意忌信讒，必内相誅。〔八〕漢因舉兵而攻之，破楚必矣。」漢王以爲然，乃出黄金四萬斤與陳平，恣所爲，不問其出入。

〔一〕【考證】漢二年，築甬道屬之河，以取敖倉粟。應劭曰：甬道，築垣墻如街巷。

〔二〕【考證】楓、三本「曰」下「項」上有「然」字。御覽引史記「行」下有「賞」字。漢書「功」下有「賞」字。顏師古曰：重之，言愛惜之。

〔三〕【集解】如淳曰：頑鈍，猶無廉隅。

〔四〕【考證】襲，重也。漢書作「集」。

〔五〕【考證】張文虎曰：中統、游本及凌引一本「恣」作「資」。愚按：漢書亦作「資」。顏師古曰：資謂天性也。楓、三本「不能」上有「故」字。

〔六〕【考證】「昧」字，漢書從目。顏師古曰：眛，莫葛反。其字從「本末」之「末」。

〔七〕【考證】沈欽韓曰：孫子用閒篇「反閒者因其敵閒而用之」。按：范雎行千金閒廉頗，頓弱資萬金殺李牧。

〔八〕【考證】王先謙曰：意，疑也。

陳平既多以金縱反閒於楚軍，宣言諸將鍾離昧等爲項王將，功多矣，然而終不得裂地而王，欲與漢爲一，以滅項氏而分王其地。項羽果意不信鍾離昧等。〔一〕項王既疑之，使使至漢。漢王爲太牢具，舉進。〔二〕見楚使，即詳驚曰：「吾以爲亞父使，乃項王使！」復持去，更以惡草具進楚使。〔三〕楚使歸，具以報項王。項王果大疑亞父。亞父欲急攻下滎陽城，項王不信，不肯聽。亞父聞項王疑之，乃怒曰：「天下事大定矣，君王自爲之！願請骸骨歸！」歸未至彭城，疽發背而死。〔四〕陳平乃夜出女子二千人滎陽城東門，楚因擊之，陳平乃與漢王從城西門夜出去。〔五〕遂入關，收散兵復東。

〔一〕【考證】意，疑也。

〔二〕【考證】顏師古曰：舉鼎俎而來。

〔三〕【集解】漢書音義曰：「草，粗也。」【索隱】戰國策云「食馮煖以草具」。如淳云「藁草麤惡之具也」。【考證】洪頤煊曰：草具，謂菜食，與太牢之禮異矣。通鑑輯覽云「陳平此計，乃欺三尺童，未可保其必信者。史乃以爲奇，而世傳之，可發一笑」。

〔四〕【考證】顏師古曰：疽，癰瘡也，音千余反。

〔五〕【考證】「夜」字與上文複，漢書刪。

其明年，淮陰侯破齊，自立爲齊王，使使言之漢王。漢王大怒而罵，陳平躡漢王。〔一〕漢王亦悟，乃厚遇齊使，使張子房卒立信爲齊王。封平以户牖鄉。用其奇計策，卒滅楚。常以護軍中尉從定燕王臧荼。

〔一〕【集解】漢書音義曰：躡，謂「躡漢王足」。

漢六年，人有上書告楚王韓信反。高帝問諸將，諸將曰：「亟發兵阬豎子耳。」〔一〕高帝默然。問陳平，平固辭謝曰：「諸將云何？」上具告之。陳平曰：「人之上書言信反，有知之者乎？」曰：「未有。」曰：「信知之乎？」曰：「不知。」陳平曰：「陛下精兵孰與楚？」〔二〕上曰：「不能過。」平曰：「陛下將用兵，有能過韓信者乎？」上曰：「莫及也。」平曰：「今兵不如楚精，而將不能及，而舉兵攻之，是趣之戰也，竊爲陛下危之。」〔三〕上曰：「爲之柰何？」平曰：「古者天子巡狩會諸侯。南方有雲夢，陛下第出僞游雲夢，〔四〕會諸侯於陳。陳，楚之西界，〔五〕信聞天子以好出游，其勢必無事而郊迎謁。謁而陛下因禽之，此特一力士之事耳。」高帝以爲然，乃發使告諸侯會陳：「吾將南游雲夢。」上因隨以行。〔六〕行未至陳，楚王信果郊迎道中。〔七〕高帝豫具武士，見信至，即執縛之，載後車。信呼曰：「天下已定，我固當烹！」高帝顧謂信曰：「若毋聲！而反明矣。」〔八〕武士反接之。〔九〕遂會諸侯于陳，盡定楚地。還至雒陽，赦信以爲淮陰侯，〔一〇〕而與功臣剖符定封。

〔一〕【考證】顏師古曰：亟，急也。

〔二〕【考證】古鈔本、楓、三本「精兵」作「兵精」，與漢書合。

〔三〕【考證】顔師古曰：趣讀曰促。

〔四〕【索隱】蘇林云：「弟，且也。」小顔云「但也」。【考證】沈欽韓曰：一統志安陸以南，華容以北，枝江以東，皆古之雲夢澤。後世悉爲邑居聚落。

〔五〕【正義】陳，今陳州也。韓信都彭城，號楚王，故陳州爲楚西界也。

〔六〕【考證】劉辰翁曰：隨以行，謂即日行，使其不測。

〔七〕【考證】漢書「行」下奪「未」字。

〔八〕【考證】聲，呼號也。若、而，皆汝也。

〔九〕【集解】漢書音義曰：「反縛兩手。」

〔一〇〕【集解】中井積德曰：反逆者，三族之罪也，豈可赦哉？赦信，以見其無罪也。

於是與平剖符，世世勿絶，爲户牖侯。平辭曰：「此非臣之功也。」上曰：「吾用先生謀計，戰勝剋敵，非功而何？」平曰：「非魏無知，臣安得進？」上曰：「若子可謂不背本矣。」〔一〕乃復賞魏無知。其明年，以護軍中尉從攻反者韓王信於代。卒至平城，爲匈奴所圍，七日不得食。高帝用陳平奇計，使單于閼氏，〔二〕圍以得開。高帝既出，其計祕，世莫得聞。〔三〕

〔一〕【考證】初稱先生，敬之也。後稱子，親之也。凌稚隆曰：君而先生其臣者見此。

〔二〕【集解】蘇林曰：「閼氏，音焉支，如漢皇后。」

〔三〕【集解】桓譚新論：「或云：『陳平爲高帝解平城之圍，則言其事祕，世莫得而聞也。此以工妙踔善，故藏隱不傳焉。子能權知斯事否？』吾應之曰：『此策乃反薄陋拙惡，故隱而不泄。高帝見圍七日，而陳平往説閼氏，閼氏言於單于而出之，以是知其所用説之事矣。彼陳平必言漢有好麗美女，爲道其容貌天下無有，今困急，已馳使歸迎取，欲進與單于，單于見此人，必大好愛之，愛之則閼氏日以遠疏，不如及其未到，令漢得脱去，去亦不持女來矣。閼氏婦女，有妒媢之性，必憎惡而事去之。此説簡而要，及得其用，則欲使神怪，故隱匿不世泄也。』劉子駿聞吾言，乃立稱善焉。」按：漢書音義應劭説此事，大旨與桓論略同，不知是應全取桓論，或別有所聞乎？今觀桓論，似本無説。

高帝南過曲逆，〔一〕上其城，望見其屋室甚大，曰：「壯哉縣！吾行天下，獨見洛陽與是耳。」顧問御史曰：「曲逆戶口幾何？」〔二〕對曰：「始秦時三萬餘戶，閒者兵數起，多亡匿，今見五千戶。」〔三〕於是乃詔御史，更以陳平爲曲逆侯，盡食之，除前所食戶牖。〔四〕

〔一〕【集解】地理志縣屬中山也。【索隱】章帝醜其名，改云蒲陰也。【考證】曲逆在今直隸完縣東南。曲，區句反。逆，音遇。

〔二〕【考證】沈欽韓曰：百官表御史掌圖籍秘書，故戶口之數職知之。每有封爵，與丞相同被詔，亦因此。

〔三〕【考證】楓、三本「千」下有「餘」字。劉辰翁曰：只曲逆戶數，見劉項之消亡，存者六之一，可畏哉！

〔四〕【考證】錢大昕曰：漢時封縣侯，戶數多少不同。如蕭何始封酇，食八千戶，後又益封二千戶。元狩中，以酇戶二千四百封其曾孫慶。宣帝時以酇戶二千封其玄孫建世。封號雖同，而租入迥別。蓋一縣之戶不止此數，除侯所食外，其餘歸之有司也。高祖功臣盡食一縣者，惟平一人。

其後常以護軍中尉從攻陳豨及黥布。〔一〕凡六出奇計，輒益邑，凡六益封。奇計或頗秘，世莫能聞也。〔二〕

〔一〕【考證】漢書「攻」下有「臧荼」二字。陳平初仕漢以都尉爲護軍中尉，至是仍居其職。陳仁錫曰：始終不越都尉，益封不遷其職，所以能盡其用。

〔二〕【考證】古鈔本、楓山本「能」作「得」，與漢書合。錢大昭曰：間疏楚君臣，一奇計也。夜出女子二千人滎陽東門，二奇計也。躡漢王立信爲齊王，三奇計也。僞游雲夢縛信，四奇計也。解平城圍，五奇計也。其六當在從擊臧荼、陳豨、黥布時，史傳無文。愚按：或以進草具楚使，爲奇計之一。而其事既括間疏楚君臣中，則錢氏削之爲是。躡足封齊，未可謂奇計，闕疑可也。

高帝從破布軍還，病創，徐行至長安。燕王盧綰反，上使樊噲以相國將兵攻之。既行，人有短惡噲者。〔一〕高帝怒曰：「噲見吾病，乃冀我死也。」用陳平謀而召絳侯周勃，受詔牀下曰：「陳平亟馳傳載勃，代噲將，平至軍中，即斬噲頭！」二人既受詔，馳傳未至軍，行計之曰：〔二〕「樊噲，帝之故人也，功多，且又乃呂后弟呂嬃之夫，有親且貴，〔三〕帝以忿怒故欲斬之，則恐後悔。寧囚而致上，上自誅之。」未至軍，爲壇，以節召樊噲。噲受詔，即反接載檻車，傳詣長安，而令絳侯勃代將，將兵定燕反縣。

〔一〕【考證】楓、三本「噲」上有「樊」字。

〔二〕【考證】顏師古曰：行計，謂於道中行且計也。

〔三〕【考證】弟，女弟。

平行聞高帝崩，〔一〕平恐呂太后及呂嬃讒怒，乃馳傳先去。〔二〕逢使者詔平與灌嬰屯於滎陽。平受詔，立復馳至宮，哭甚哀，因奏事喪前。呂太后哀之曰：「君勞，出休矣。」平畏讒之就，因固請得宿衛中。太后乃以爲郎中令，曰：「傅教孝惠。」〔三〕是後呂嬃讒乃不得行。樊噲至，則赦復爵邑。〔四〕

〔一〕【考證】顔師古曰：未至京師，於道中聞高祖崩。

〔二〕【考證】楓山本無「怒」字。

〔三〕【集解】如淳曰：「『傅相』之『傅』也。」【考證】胡三省曰：郎中令秦官，掌宮殿掖門户。武帝太初元年，更名光禄勳。李笠曰：「曰」字疑衍。陳仁錫曰：「孝惠」當作「皇帝」。

〔四〕【考證】高祖欲斬樊噲，恐其黨於呂氏也。而赦死復爵，豈老蘇所謂遺患者邪？但既奪其兵權，則噲不能有爲，平、勃講之精矣。

孝惠帝六年，相國曹參卒，以安國侯王陵爲右丞相，〔一〕陳平爲左丞相。

〔一〕【集解】徐廣曰：「王陵以客從起豐，以廐將別守豐。上東，因從戰，不利，奉孝惠、魯元出睢水中，封爲雍侯。高帝八年，定食安國。二十一年卒，謚武侯。至玄孫坐酎金國除。」【考證】張文虎曰：表「八年」作「六年」，漢書同，集解誤。林伯桐曰：王陵不肯立諸呂爲王，則有守。一見張蒼知爲美士而救其死，則有識。與雍齒善，不因高祖怒雍齒而改其交，則有信。三者皆難能而可貴，宜乎高祖微時以兄事之。及呂后問可相者，而以爲王陵可代曹參也。

王陵者故沛人，始爲縣豪，高祖微時，兄事陵。陵少文任氣，好直言。及高祖起沛，入至咸陽，陵亦自聚黨數千人，居南陽，不肯從沛公。及漢王之還攻項籍，陵乃以兵屬漢。項羽取陵母置軍中，陵使至，則東鄉坐陵母，欲以招陵。〔一〕陵母既私送使者，泣曰：「爲老妾語陵，謹事漢王。漢王長者也，無以老妾故持二心。妾以死送使者。」遂伏劍而死。項王怒，烹陵母。陵卒從漢王定天下。以善雍齒，雍齒高帝之仇，而陵本無意從高帝，以故晚封爲安國侯。〔二〕

〔一〕【考證】胡三省曰：古以東鄉之位爲尊。沛公見羽於鴻門，羽東鄉坐。韓信東鄉坐李左車而師事之，是也。鄉讀曰嚮。

〔二〕【考證】漢書爲王陵別立傳，史記附記陳丞相世家。齊召南曰：陵之初從，傳與表判然不同。據此傳，則在漢王還定三秦率五諸侯伐楚之後，故下文云「陵本無從漢之意」也。但張蒼傳言陵解張蒼之戹，乃在沛公初定南陽未入武關以前，何邪？洪頤煊曰：史漢兩表所載侯狀俱同，唯安國武侯王陵兩表絕異，疑此別是一王陵，而史公誤合之。全祖望曰：王陵是自聚黨定南陽者，未嘗從起豐，未嘗從至霸上，未嘗爲漢守豐，史表功狀之言皆謬。但陵自定南陽，歸漢甚早，而不從入關者，蓋高祖留以爲外援。本傳以爲不肯屬漢，則又非也。陵不屬漢，何以能免張蒼於死？而次年高祖乃用其兵以迎太公，非陵屬漢之明文乎？且陵母之賢，一死以堅陵之從漢矣，則謂陵不肯屬漢，高祖恨之，其封獨晚，非也。蓋漢初功臣位次，第一曰從起豐沛，二曰從入關，三曰從定三秦。而陵之功，皆在三者之後，又無秘策如陳平等，則其晚宜矣。梁玉繩曰：攷張蒼傳，陵救張蒼在沛公初定南陽，未入武關之前。而陵之封侯同在六年，又位居十八人中，安得謂陵不肯從漢，及攻羽時始從，以故晚封邪？愚按：全、梁二說是也。

安國侯既爲右丞相，二歲，孝惠帝崩。高后欲立諸呂爲王，問王陵，王陵曰：「不可。」問陳平，陳平曰：「可。」呂太后怒，乃佯遷陵爲帝太傅，實不用陵。陵怒，謝疾免，杜門竟不朝請，七年而卒。

陵之免丞相，呂太后乃徙平爲右丞相，以辟陽侯審食其爲左丞相。左丞相不治，常給事於中。〔一〕

〔一〕【集解】孟康曰：「不立治處，使止宮中也。」【正義】秦漢以前，右爲上，左爲下。晉宋以來，左爲上也。【考證】中井積德曰：官上右，古法也，故貶秩謂左遷。若後世官上左，是北胡之俗而入夏也。李奇曰：不治，不治丞相職事也。

食其亦沛人。〔一〕漢王之敗彭城西，楚取太上皇、呂后爲質，食其以舍人侍呂后。其後從破項籍爲侯，幸於呂太后。及爲相，居中，百官皆因決事。〔二〕

〔一〕【考證】漢初爲相者，陳平以外皆沛人。

〔二〕【考證】劉辰翁曰：因王陵相乃傳陵，又傳審食其，皆傳體當然。漢書析之，徒使首尾不全耳。

呂須常以前陳平爲高帝謀執樊噲，數讒曰：「陳平爲相，非治事，日飲醇酒，戲婦女。」陳平聞，日益甚。呂太后聞之，私獨喜。〔一〕面質呂須於陳平曰：〔二〕「鄙語曰『兒婦人口，不可用』，顧君與我何如耳，無畏呂須之讒也。」〔三〕

〔一〕【考證】王先謙曰：「平不以能加於辟陽之上，又無治迹，故后喜之。」

〔二〕【正義】質，對也。

〔三〕【正義】顧，念思也。【考證】口、用，韻。

呂太后立諸呂爲王，陳平僞聽之。及呂太后崩，平與太尉勃合謀，卒誅諸呂，立孝文皇帝，陳平本謀也。審食其免相。〔一〕

〔一〕【集解】徐廣曰：「審食其初以舍人起，侍呂后、孝惠帝於沛，又從在楚。封二十五年，文帝三年死，子平代。代二十二年，景帝三年，坐謀反國除。一本云『食其免後三歲，爲淮南王所殺。文帝令其子平嗣侯。菑川王反，辟陽近菑川，平降之，國除』。」

孝文帝立，以爲太尉勃親以兵誅呂氏，功多；陳平欲讓勃尊位，乃謝病。〔一〕孝文帝初立，怪平病，問之。〔二〕平曰：「高祖時，勃功不如臣平。及誅諸呂，臣功亦不如勃。願以右丞相讓勃。」〔三〕於是孝文帝乃以絳侯勃爲右丞相，位次第一；平徙爲左丞相，位次第二。賜平金千斤，益封三千户。〔四〕

〔一〕【考證】張文虎曰：王、柯、凌本「謝病」作「病謝」。愚按：漢書作「謝病」。

〔二〕【考證】周壽昌曰：怪其無故以病謝。

〔三〕【考證】古鈔本、楓山本「高祖」作「皇帝」，與漢書合。

〔四〕【考證】梁玉繩曰：史、漢孝文紀「千斤」作「二千斤」。

居頃之，孝文皇帝既益明習國家事，朝而問右丞相勃曰：「天下一歲決獄幾何？」勃謝曰：「不知。」問：「天下一歲錢穀出入幾何？」勃又謝不知，汗出沾背，愧不能對。〔一〕於是上亦問左丞相平。平曰：「有主者。」〔二〕上曰：「主者謂誰？」〔三〕平曰：「陛下即問決獄，責廷尉；問錢穀，責治粟内史。」上曰：「苟各有主者，而君所主者何事也？」平謝曰：「主臣！〔四〕陛下不知其駑下，使待罪宰相。宰相者，上佐天子理陰陽，順四時，下育萬物之宜，〔五〕外鎮撫四夷諸侯，内親附百姓，使卿大夫各得任其職焉。」〔六〕孝文帝乃稱善。右丞相大慙，出而讓陳平曰：「君獨不素教我對！」陳平笑曰：「君居其位，不知其任邪？且陛下即問長安中盜賊數，〔七〕君欲彊對邪？」於是絳侯自知其能不如平遠矣。居頃之，絳侯謝病請免相，〔八〕陳平專爲一丞相。〔九〕

〔一〕**【考證】**楓山本「謝」下無「曰」字。他日文帝登虎圈，問上林尉以諸禽獸簿。此帝試人慣用手段。

〔二〕**【考證】**漢書「曰」下有「各」字。

〔三〕**【考證】**古鈔本、楓、三本「謂」作「爲」，與漢書合。

〔四〕**【集解】**張晏曰：「若今人謝曰『惶恐』也。」馬融龍虎賦曰『勇怯見之，莫不主臣』。」孟康曰：「主臣，主羣臣也，若今言人主也。」韋昭曰：「言主臣道不敢欺也。」**【索隱】**蘇林與孟康同，既古人所未了，故並存兩解。**【正義】**下文云「使卿大夫各得任其職，是主羣臣也」。佗説皆非。**【考證】**主臣，見馮唐傳。下又以「陛下」承之，語氣與此同。張照曰：按如孟、韋之説，于馮唐傳之「主臣」更通不去。應從張晏作皇恐解。索隱於此依違其説，不若馮唐傳注之詳確也。中井積德曰：主臣，猶單言臣也。惶恐之時先發此一語，乃當時之習俗，無干文義。文穎云「恐惶之辭也」。

〔五〕**【考證】**漢書「育」作「遂」。

〔六〕**【考證】**周官三公之職以「論道經邦，燮理陰陽」爲務，漢初猶守此説。觀陳平對文帝，丙吉問牛喘，可以見焉。董仲舒治公羊春秋，推陰陽，京房據易説災變，劉向傳穀梁春秋以洪範，自是陰陽五行災異之説寖興，以爲天象人事關係甚密。元、成之間，薛宣爲丞相，徐防爲太尉，張禹録尚書事，前後以災異、饑饉、寇賊策免，熒惑守心。丞相翟方進引責自殺。春霜夏寒，月青無光，丞相于定國自劾歸侯印。至後漢，其風猶存。明帝時，日食，三公免冠自劾，事詳于趙翼二十二史劄記二卷。

〔七〕【集解】漢書音義曰：「頭數也。」【考證】劉攽曰：「盜賊數亦自有主者，謂不當問細故也。」

〔八〕【考證】楓山本「相」上有「丞」字。

〔九〕【考證】漢書無「二」字。

孝文帝二年，丞相陳平卒，謚爲獻侯。子共侯買代侯。二年卒，子簡侯恢代侯。〔一〕二十三年卒，子何代侯。二十三年，何坐略人妻，弃市，國除。〔二〕

〔一〕【考證】梁玉繩曰：「史、漢表『恢』作『悝』。」

〔二〕【考證】張文虎曰：「二十三年，宋本『三十一年』，毛本『二十一年』，他本作『三十三年』，並誤。今依梁氏志疑改，與表合。」

始陳平曰：「我多陰謀，是道家之所禁。吾世即廢，亦已矣，終不能復起，以吾多陰禍也。」然其後曾孫陳掌以衛氏親貴戚，願得續封陳氏，然終不得。〔一〕

〔一〕【集解】徐廣曰：「陳掌者，衛青之子壻。」【考證】漢書「親貴戚」作「親戚貴」。衛將軍傳云「青姊少兒與掌通」。

太史公曰：陳丞相平少時，本好黄帝、老子之術。方其割肉俎上之時，其意固已遠矣。傾側擾攘楚、魏之間，卒歸高帝，常出奇計，救紛糾之難，振國家之患。及呂后時，事多故矣，

然平竟自脱，定宗廟以榮名終，稱賢相，豈不善始善終哉？非知謀，孰能當此者乎？〔二〕

〔二〕【考證】王鏊曰："'知謀'二字，斷盡陳平一生。"趙恒曰："太史公論傾側擾攘卒歸高帝，其智也。紛糾之難常出奇計，亦智也。時事多故，不惟自脱，卒定宗廟以榮名終，可謂大智矣。摠束之曰'非智謀而能若是乎'。論留侯籌策功力，則歸之天。論平功名，則歸之智謀，智謀者，人也。正譎之閒耳。讀陳平一傳，可見人無所不至也。"

【索隱述贊】曲逆窮巷，門多長者。宰肉先均，佐喪後罷。魏楚更用，腹心難假。弃印封金，刺船露祼。閒行歸漢，委質麾下。滎陽計全，平城圍解。推陵讓勃，裒多益寡。應變合權，克定宗社。

史記會注考證卷五十七

絳侯周勃世家第二十七

史記五十七

【考證】古鈔本「絳侯」下無「周勃」二字，與史公自序合。崔適曰：依「留侯」下不言「張良」，二字當删。史公自序曰：「諸吕爲從，謀弱京師，而勃反經合於權；吴楚之兵，亞(父)〔夫〕駐於昌邑，以㧖齊趙，而出委以梁。作絳侯世家第二十七。」楊慎曰：敘戰功處，與曹參世家、樊酈等列傳同一凡例。韓文公曹成王碑敘戰功處本此。凌稚隆曰：篇中曰「破」，曰「下」，曰「取」，曰「襲取」，曰「定」，曰「得」，曰「滅」，曰「降」，曰「屠」，曰「斬」，皆以紀其功也。曰「先登」，曰「却敵」，曰「殿」，曰「最」，曰「爲多」，皆以論其功也。查慎行曰：太史公敘周勃，與曹樊同例，功雖多，不過一戰將耳。至其子亞夫用兵處，極力摹寫，節制之師，歷歷有如目擊。漢書只添亞(父)〔夫〕東擊吴楚時趙涉遮説一節，其於前後敘次，詳略改竄，移易一句不得。亞夫之坐謀反，因子買葬器，獄吏執「欲反地下」四字，游戲定爰書。此何異岳武穆「莫須有」三字耶？景帝之刻薄寡恩隱然言外。史筆至此，出神入化矣。

絳侯周勃者，沛人也。其先卷人，〔一〕徙沛。勃以織薄曲爲生，〔二〕常爲人吹簫給喪事，〔三〕材官引彊。〔四〕

〔一〕【集解】徐廣曰：「卷縣，在滎陽。」【索隱】韋昭云屬河南。地理志亦然。然則後置滎陽郡，而卷隸焉。音丘玄反，字林音丘權反。【正義】括地志云：「故卷城，在鄭州原武縣西北七里。」釋例地名云：「卷縣所理垣雍城也。」【考證】沈欽韓曰：一統志卷縣故城，在懷寧府原武縣西北。愚按：屬河南。

〔二〕【集解】蘇林曰：「薄，一名曲。月令曰『具曲植』。」【索隱】謂勃本以織蠶薄爲生業也。韋昭云「北方謂薄爲曲」。許慎注淮南云「曲，葦薄也」。郭璞注方言云「植，懸曲柱也」。音直吏反。【考證】中井積德曰：平爲薄，圈爲曲。

〔三〕【集解】如淳曰：「以樂喪家，若俳優。」瓚曰：「吹簫以樂喪賓，若樂人也。」【索隱】左傳「歌虞殯」，猶今挽歌類也。歌者或有簫管。【正義】今之挽歌，以鈴爲節，所以樂亡者神魂。【考證】沈欽韓曰：注云「吹簫以樂賓」，秦雖俗敗，何至當喪爲樂？吹簫者，挽歌所用也。

〔四〕【集解】漢書音義曰：「能引彊弓官，如今挽彊司馬也。」【索隱】晉灼云「申屠嘉爲材官蹶張」。【考證】中井積德曰：材官，武卒之號。引强蹶張等，乃其科派。蓋郡國設材官騎士，平時無所用，有事而後發之，常給口食而不役，如救火卒然，故必別有生業也。

高祖之爲沛公初起，勃以中涓從攻胡陵，下方與。方與反，與戰，卻適。攻豐，〔一〕擊秦軍碭東，還軍留及蕭。復攻碭，破之。下下邑，先登。賜爵五大夫。攻蒙、虞，取之。〔二〕擊章邯車騎，殿。〔三〕定魏地。攻爰戚、東緡，〔四〕以往至栗，取之。〔五〕攻齧桑，先登。〔六〕擊秦軍阿下，破之，〔七〕追至濮陽，下甄城。攻都關、定陶，〔八〕襲取宛朐，〔九〕得單父令。〔一〇〕夜襲取臨濟，攻張，〔一一〕以前至卷，破之。擊李由軍雍丘下。攻開封，先至城下，爲多。〔一二〕後章邯破殺項梁，沛公與項羽引兵東如碭。自初起沛，還至碭，一歲二月。〔一三〕楚懷王封沛公號安武侯，爲碭郡長。〔一四〕沛公拜勃爲虎賁令，〔一五〕以令從沛公定魏地。攻東郡尉於城武，破之。〔一六〕擊王離軍，破之。攻長社，先登。攻潁陽、緱氏，〔一七〕絶河津。〔一八〕擊趙賁軍尸北。〔一九〕南攻南陽守齮，破武關、嶢關，破秦軍於藍田，至咸陽，滅秦。

〔一一〕【考證】漢書「適」作「敵」。

〔一二〕【索隱】蒙、虞，二縣名。地理志屬梁國。【考證】漢書作「蘭虞」，非是。

〔一三〕【集解】服虔曰：「略得殿兵也。」如淳曰：「殿，不進也。」瓚曰：「在軍後曰殿。」孫檢曰：「一說，上功曰最，下功曰殿，戰功曰多。周勃事中有此三品，與諸將俱計功則曰殿最，獨捷則曰多。多義見周禮。故此云『擊章邯車騎，殿』，又云『先至城下爲多』，又云『攻槐里、好畤，最』，是也。」【索隱】孫檢説是。【考證】周壽昌曰：殿，爲高帝殿後也。「擊章邯車騎」句。「殿」一字句。

〔一四〕【集解】徐廣曰：「屬山陽。」【索隱】小顔音昏，非也。地理志山陽有東緡縣，音旻。然則户牖之爲東緡，音昏是。屬陳留者音昏，屬山陽者音旻也。【正義】緡，眉貧反。括地志云：「東緡故城，漢縣也，在兖州金鄉縣界。」

〔一五〕【正義】括地志云「屬沛郡也」。

〔一六〕【索隱】徐氏云在梁、彭城閒。【考證】東緡，今山東金鄉縣東北。栗，今河南夏邑縣。沈欽韓曰：紀要鬶亭在徐州沛縣西南。愚按：沛縣屬江蘇。

〔一七〕【索隱】謂東阿之下也。

〔八〕【索隱】都關，地理志縣名，屬山陽。【考證】甄城，今濮州東。都關，濮州東南。皆屬山東。

〔九〕【正義】冤朐二音。今曹州縣，在州西四十七里。【考證】今山東(荷)〔菏〕澤縣東南。

〔一〇〕【正義】單父，善甫二音。宋州縣也。【考證】今山東單縣南一里。

〔一一〕【集解】漢書音義曰：「攻壽張。」【索隱】地理志東郡壽良縣，光武改曰壽張。【考證】漢書作「壽張」。

〔一二〕【集解】文穎曰：「勃士卒至者多。」如淳曰：「周禮『戰功曰多』。」

〔一三〕【索隱】謂初起沛，及還至碭，得一歲又更二月也。

〔一四〕【考證】安武侯，古鈔本作「武安侯」，與淩所引一本合。漢書亦作「武安侯」。陳仁錫曰：今本作「安武侯」，誤。

〔一五〕【集解】徐廣曰：「一云『句盾令』。」【索隱】漢書云「襄賁令」。賁音肥，縣名，屬東海。徐廣又云「句盾令」，所見本各別也。【考證】沈欽韓曰：史記是也。高祖方用勃爲將，安得遠縣棄之？

〔一六〕【考證】漢書「城武」作「成武」。

〔一七〕【正義】緱，音勾，洛州縣。【考證】長社、潁陽，並潁川縣。長社在今許州長葛縣西。潁陽，今許州西南。愚按：並屬河南。

〔一八〕【正義】即古平陰津，在洛州洛陽縣東北五十里。

〔一九〕【索隱】賁，音肥，人姓名也。尸，即尸鄉，今偃師也。北，謂尸鄉之北。【考證】沈欽韓曰：方輿紀要「尸鄉在河南府偃師縣西三十里，亦曰尸氏」。

項羽至，以沛公爲漢王。漢王賜勃爵爲威武侯。〔一〕從入漢中，拜爲將軍。還定三秦，至秦，賜食邑懷德。〔二〕攻槐里、好畤，〔三〕最。〔四〕擊趙賁、内史保於咸陽，最。北攻漆，〔五〕擊章平、姚卬軍。〔六〕西定汧，〔七〕還下郿、頻陽。〔八〕圍章邯廢丘。〔九〕破西丞，〔一〇〕擊盜巴軍，破之。〔一一〕攻上邽。〔一二〕東守嶢關，轉擊項籍。攻曲逆，最。〔一三〕還守敖倉，追項籍。籍已死，因東定楚地泗川、東海郡，〔一四〕凡得二十二縣。還守雒陽、櫟陽，賜與潁陽侯共食鍾離。〔一五〕以將軍從高帝擊反者燕王臧荼，破之易下。〔一六〕所將卒當馳道爲多。〔一七〕賜爵列侯，剖符世世勿絶，食絳八千一百八十户，號絳侯。〔一八〕

〔二〕【索隱】或是封號，未必縣名也。

〔二〕【正義】括地志云：「懷德故城，在同州朝邑縣西南四十三里。」

〔三〕【索隱】地理志二縣屬右扶風。

〔四〕【集解】如淳曰：「於將率之中功爲最。」【考證】先入者爲最。

〔五〕【索隱】地理志漆縣，在右扶風。【正義】今豳州新平縣，古漆縣也。【考證】王先謙曰：今邠州治。

〔六〕【索隱】卬，音五郎反，平下將。

〔七〕【正義】口肩反，今隴州汧源縣，本漢汧縣地也。【考證】今陝西隴縣南。

〔八〕【索隱】地理志郿屬右扶風，頻陽屬左馮翊也。【正義】郿，音眉。括地志云：「郿縣故城，在岐州郿縣東北十五里。頻陽故城，在宜州土門縣南三里。今土門縣併入同官縣，屬雍州，宜州廢也。」【考證】郿，今郿縣。頻陽，今富平縣東北。並屬陝西。

〔九〕【索隱】地理志「槐里，周曰犬丘，懿王都之，秦更名廢丘，高祖三年更名槐里」。而此云槐里者，據後而書之。又云廢丘者，以章邯本都廢丘而亡，亦據舊書之。

〔一〇〕【集解】徐廣曰：「天水有西縣。」【正義】括地志云：「西縣故城，在秦州上邽縣西南九十里，本漢西縣地。」破西縣丞。

〔一一〕【集解】如淳曰：「章邯將。」【考證】漢書「盜巴」作「益已」。漢書評林云「二字筆畫相似，未辨孰是」。

〔一二〕【正義】音圭，秦州縣也。

〔一三〕【考證】錢大昕曰：漢書「曲逆」作「曲遇」，「逆」字誤。梁玉繩曰：曲遇在中牟，故下文云「還守敖倉」，若曲逆屬中山，不相值也。

〔一四〕【考證】凌引一本「泗川」作「泗水」，與漢書合。

〔一五〕【索隱】地理志縣名，屬九江，古鍾離子國。【正義】括地志云：「潁陰故城，在陳州南頓縣西北。鍾離故城，在濠州鍾離縣東北五里。」【考證】正義本、凌引一本「潁陽」作「潁陰」，與漢書合。此誤。梁玉繩曰：潁陰侯謂灌嬰也。

〔一六〕【索隱】荼，如字讀。易，水名，因以爲縣，在涿郡。謂破荼軍於易水之下，言近水也。【正義】括地志云：「易縣故城，在幽州歸義縣東南十五里，燕桓侯所徙都臨易是也。」【考證】中井積德曰：易，縣名，故曰「下」也。即用水名，當曰「上」。

〔一七〕【索隱】小顏以當高祖所行之道。或以馳道爲秦之馳道，故賈山傳云「秦爲馳道，東窮燕齊」也。【考證】劉敞曰：馳道，猶言乘輿耳。言將卒在馳道有功也。戰功曰多。陳子龍曰：當馳道，大氐當正軍也。沈欽韓曰：謂敵人馳車衝突之道，當之者爲多也。愚按：顏、劉義長。

〔一八〕【正義】括地志云：「絳邑城，漢絳縣，在絳州曲沃縣南二里。或以爲秦之舊馳道也。」【考證】漢書「一百」作「二百」，正義或以爲秦舊馳道也，上文注誤入下文。

以將軍從高帝擊反韓王信於代，降下霍人。〔一〕以前至武泉，擊胡騎，破之武泉北。〔二〕轉攻韓信軍銅鞮，破之。〔三〕還，降太原六城。〔四〕擊韓信胡騎晉陽下，破之，下晉陽。後擊韓信軍於硰石，破之，〔五〕追北八十里。還攻樓煩三城，〔六〕因擊胡騎平城下，〔七〕所將卒當馳道爲多。勃遷爲太尉。〔八〕

〔二〕【索隱】蕭該云：「左傳『以偪陽子歸納諸霍人』，杜預云：晉邑也。字或作『靃』。」【正義】霍，音瑣，又音蘇寡反。顏師古云：「音山寡反。」按：「霍」字當作「葰」，地理志云：葰人，縣，屬太原郡。括地志云：「葰人故城，在代州繁畤縣界，漢葰人縣也。」按：樊噲列傳作「靃人」，其音亦同。【考證】葰人在今山西繁畤縣西北。

〔三〕【集解】徐廣曰：「屬雲中。」【正義】括地志云：「武泉故城，在朔州北二百二十里。」【考證】今山西右玉縣西北。

〔三〕【正義】括地志云：「銅鞮故城，在潞州銅鞮縣東十五里，州西六十五里，在并州東南也。」【考證】故城在今山西沁縣。

〔四〕【正義】并州縣。從銅鞮還并，降六城也。

〔五〕【集解】應劭曰：「硰，音沙。或曰，地名。」【索隱】硰音赤座反。【正義】按：在樓煩縣西北。【考證】王先謙曰：「後」當作「復」，下文「復擊綰軍沮陽」即其證。沈欽韓曰：明志太原府静樂縣西北有廢樓煩縣，此唐所置爲監牧地也。方輿紀要硰石城在静樂縣東北。静樂今屬忻州。

〔六〕【正義】樓煩，地理志云在鴈門郡。括地志云在并州崞縣界。

〔七〕【正義】地理志云在鴈門郡。括地志云朔州定襄，本漢平城縣。

〔八〕【考證】中井積德曰：下文云「孝惠六年，置太尉官，以勃爲太尉」，然此勃既爲太尉，何也？豈此未定官名而有太尉，至惠帝六年更始置歟？

擊陳豨，屠馬邑。所將卒斬豨將軍乘馬絺。〔一〕擊韓信、陳豨、趙利軍於樓煩，破之。得豨將宋最、鴈門守圂，〔二〕因轉攻得雲中守遬、〔三〕丞相箕肆、將勳。〔四〕定鴈門郡十七縣，雲中郡十二縣。因復擊豨靈丘，破之，〔五〕斬豨，得豨丞相程縱、將軍陳武、都尉高肆。定代郡九縣。〔六〕

〔一〕【集解】徐廣曰：「姓乘馬。」【索隱】絺，名也。乘，音始證反。

〔二〕【索隱】圂，守之名，音胡困反。

〔三〕【索隱】音速。【正義】括地志云：「雲中故城，在勝州榆林縣東北四十里，秦雲中郡。」

〔四〕【集解】徐廣曰：「箕，一作『萁』。勳，一作『專』，一作『轉』。」【索隱】劉氏肄音如字，包愷音以四反。漢書「勳」亦作「博」，字並誤耳。【考證】楓、三本「將」下有「軍」字。漢書「肆」作「肄」，故包愷云「音以四反」；「將勳」作「將軍博」。李笠曰：「軍」字當補。

〔五〕【索隱】靈丘，地理志縣名，屬代郡。【正義】括地志云：「靈丘故城，在蔚州靈丘縣東十里，漢縣也。」【考證】沈家本曰：按漢志，雁門郡縣十四，雲中郡縣十一，定襄郡縣十二，蓋漢析雁門、雲中置定襄也。

〔六〕【考證】漢書無「得豨」二字，非是；「高肆」作「高肄」。方東樹曰：酈商傳云「得代丞相程縱」。愚按：高紀云「斬陳豨當城」，蓋追至當城斬之也。

燕王盧綰反，勃以相國代樊噲將，擊下薊，〔一〕得綰大將抵、丞相偃、守陘、〔二〕太尉弱、御史大夫施，屠渾都。〔三〕破綰軍上蘭，〔四〕復擊破綰軍沮陽。〔五〕追至長城，〔六〕定上谷十二縣，右北平十六縣，遼西、遼東二十九縣，漁陽二十二縣。最從高帝得相國一人，丞相二人，將軍二

千石各三人，別破軍二，下城三，定郡五，縣七十九，得丞相、大將各一人。〔七〕

〔一〕【考證】錢大昭曰：時高帝怒噲，使陳平即軍中斬噲，故勃代之。周壽昌曰：勃爲丞相在孝文初，此是虚稱。洪邁曰：漢初諸將所領官多爲丞相，如韓信初拜大將軍，後爲左丞相擊魏，又拜相國擊齊；周勃以將軍遷太尉，後以相國代樊噲擊燕；樊噲以將軍攻韓王信，遷爲左丞相，以相國擊燕；酈商爲將軍，以右丞相擊陳豨，以丞相擊黥布；尹恢以右丞相備守淮陽；陳涓以丞相定齊地。然百官公卿表皆不載，蓋蕭何已居相位，諸人者未嘗在朝廷，特使假其名以爲重耳。後世使相之官，本諸此也。

〔二〕【集解】張晏曰：「盧綰郡守。陘其名。」

〔三〕【集解】徐廣曰：「在上谷。」【索隱】施，名也。屠，滅之也。地理志渾都縣屬上谷。一云御史大夫，姓施屠，名渾都。【正義】括地志云：「幽州昌平縣，本漢渾都縣。」【考證】梁玉繩曰：案高紀言勃與噲偕將兵擊盧綰，一先一後，同有破綰之功，故並舉之。其實勃代噲將者也，而有二誤：時勃爲太尉，噲爲相國，陳丞相世家、樊噲傳可據，此誤以相國爲勃矣。噲傳云「破綰丞相抵薊南」，此誤以抵爲綰將，當是得綰丞相抵大將偃耳。愚按：周勃代噲將，又代其相國耳。梁氏前説非是。渾都，今直隸昌平州西。

〔四〕【正義】括地志云「嬀州懷戎縣東北，有馬蘭谿水」，恐是也。【考證】沈欽韓曰：明志薊州遵化縣北有馬蘭峪。

〔五〕【集解】徐廣曰：「在上谷。」駰案：服虔曰「沮，音阻」。【索隱】按：地理志沮陽縣屬上谷。【正義】括地志云：「上谷郡故城，在嬀州懷戎縣東北百二十里。燕上谷，秦因不改，漢爲沮陽縣。」【考證】沈欽韓曰：一統志沮陽故城，在宣化府懷來縣南。

〔六〕【正義】即馬邑長城，亦名燕長城，在嬀州北，今是。【考證】沈濤曰：長城蓋謂燕之長城。漢書匈奴傳「燕築長城，自造陽至襄城」。師古云「造陽，地名，在上谷，今宣化郡北，古長城遺址」。正義乃謂馬邑長城。馬邑在朔方。綰爲燕王，封燕胡，地境固不得至朔方也。

〔七〕【索隱】最，都凡也。謂總舉其從高祖攻戰克獲之數也。【正義】最者功多也。【考證】漢書無「遼西」二字，恐非。凌本「十二縣」譌「十一縣」。最，索隱義長。沈家本曰：按漢志，上谷縣十五，右北平縣十六，遼西縣十四，遼東縣十八，漁陽十二。惟右北平同，餘異。殆漢時有所增益歟？

勃爲人木彊敦厚，高帝以爲可屬大事。〔一〕勃不好文學，每召諸生説士，東鄉坐而責之：〔二〕「趣爲我語。」其椎少文如此。〔三〕

〔一〕【考證】事詳于高紀。顔師古曰：木謂質樸。屬，委也。愚按：論語子路篇「剛毅木訥」。

〔二〕【集解】如淳曰：「勃自東鄉坐，責諸生説士，不以賓主之禮。」【考證】中井積德曰：東鄉，以客禮待之也。是使諸生東鄉，而已西鄉對之耳。韓信解廣武君縛，東鄉坐，西鄉對，與此正同。

〔三〕【集解】瓚曰：「令直言，勿稱經書也。」韋昭曰：「椎，不橈曲，直至如椎。」【索隱】大顔云：「俗謂愚爲鈍椎，音直追反。」今按：椎如字讀之。謂勃召説士，東向而坐責之云「趣爲我語」，其質樸之性，以斯推之，其少文皆如此。【正義】責諸生説書急爲語。椎，若椎木無餘響，直其事，少文辭。【考證】中井積德曰：趣語，失談論之理耳，無干經書。又曰：椎，朴直無文采藴藉也。愚按：椎，「椎樸」、「椎魯」之「椎」，鈍也。索隱讀爲推，非是。又按高紀，高帝評周勃云「重厚少文」。

勃既定燕而歸，高祖已崩矣，以列侯事孝惠帝。孝惠帝六年，置太尉官，〔一〕以勃爲太尉。十歲，高后崩。〔二〕呂禄以趙王爲漢上將軍，呂産以呂王爲漢相國，秉漢權，欲危劉氏。〔三〕勃爲太尉，不得入軍門。陳平爲丞相，不得任事。於是勃與平謀，卒誅諸呂而立孝文皇帝。其語在呂后、孝文事中。

〔一〕【集解】徐廣曰：「功臣表及將相表皆高后四年始置太尉。」【正義】下云「以勃爲太尉。十歲，高后崩」。按：孝惠六年，高后八年崩，是十年耳。而功臣表及將相表云高后四年置太尉官，未詳。【考證】張文虎曰：正義「六年」下疑脱「至」字。

〔二〕【考證】漢書「歲」作「年」。

〔三〕【考證】陳仁錫曰：太史公疊用三「漢」字，以別于呂。班氏去後二「漢」字，非也。

文帝既立，以勃爲右丞相，賜金五千斤，食邑萬户。居月餘，人或説勃曰：「君既誅諸呂立代王，威震天下。而君受厚賞、處尊位以寵，久之即禍及身矣。」勃懼，亦自危，乃謝請歸相印。上許之。〔一〕歲餘，丞相平卒，〔二〕上復以勃爲丞相。十餘月，上曰：「前日吾詔列侯就國，或未能行，丞相吾所重，其率先之。」乃免相就國。

〔一〕【考證】居月餘，漢書作「居十餘月」。梁玉繩曰：案文紀、百官表，勃爲右丞相在孝文元年十月，其免相在八月，則首尾凡十一月，安得言「月餘」哉？漢傳是。徐孚遠曰：此與陳平傳所載不同，蓋勃既自以勿如平，又有人説之，解相印也。

〔二〕【考證】梁玉繩曰：勃以元年八月免相，平以二年十月薨，中間止隔一月，安得言歲餘哉？當是「月餘」之誤。

歲餘，每河東守尉行縣至絳，絳侯勃自畏恐誅，常被甲，令家人持兵以見之。〔一〕其後人有上書告勃欲反，〔二〕下廷尉。廷尉下其事長安，逮捕勃治之。勃恐，不知置辭。〔三〕吏稍侵辱之。勃以千金與獄吏，獄吏乃書牘背示之，〔四〕曰：「以公主爲證。」公主者孝文帝女也，勃太子勝之尚之，〔五〕故獄吏教引爲證。勃之益封受賜，盡以予薄昭。〔六〕及繫急，薄昭爲言薄太后，太后亦以爲無反事。文帝朝，太后以冒絮提文帝，〔七〕曰：「絳侯綰皇帝璽，將兵於北軍，不以此時反，今居一小縣，顧欲反邪？」〔八〕文帝既見絳侯獄辭，乃謝曰：「吏事方驗而出之。」〔九〕於是使使持節赦絳侯，復爵邑。絳侯既出，曰：「吾嘗將百萬軍，然安知獄吏之貴乎！」

〔一〕**【考證】**徐孚遠曰：文帝寬仁，絳侯就國，恐怖如此，蓋懲高帝時事耶？愚按：以此等事推之，文帝未必寬仁之人。

〔二〕**【集解】**徐廣曰：「文帝四年時。」

〔三〕**【考證】**顏師古曰：置，立也。辭，對獄之辭。

〔四〕**【集解】**李奇曰：「吏所執簿。」韋昭曰：「牘版。」**【索隱】**簿，即牘也。故魏志「秦宓以簿擊頰」，則亦簡牘之類也。

〔五〕**【集解】**韋昭曰：「尚，奉也，不敢言娶。」**【考證】**顏師古曰：尚，配也。凌稚隆曰：侯之子亦稱太子。

〔六〕**【考證】**予所賜之金也。劉辰翁曰：封不可予。

〔七〕**【集解】**徐廣曰：「提，音弟。」駰案：應劭曰「陌，額絮也」。如淳曰「太后恚怒，遭得左右物提之也」。晉灼曰「巴蜀異物志謂頭上巾爲冒絮」。**【索隱】**服虔云「綸絮也。提，音弟，又音啼」，非也。蕭該音底。提者擲也。蕭音爲得。恚者嗔也。遭者逢也。謂太后嗔，乃逢冒絮，因以提帝。陌，音「蠻貊」之「貊」。方言云「幪巾，南楚之閒云『陌額』也」。**【考證】**顏師古曰：冒，覆也。老人所以覆其頭。

〔八〕**【集解】**應劭曰：「言勃誅諸呂，廢少帝，手貫璽時尚不反，況今更有異乎？」**【考證】**顏師古曰：綰，謂引結其組。

〔九〕【考證】漢書無「事」字。王念孫曰：不當有「事」字。

絳侯復就國。孝文帝十一年卒，謚爲武侯。子勝之代侯。六歲尚公主，不相中，〔一〕坐殺人，國除。絶一歲，文帝乃擇絳侯勃子賢者河内守亞夫封爲條侯，〔二〕續絳侯後。

〔一〕【集解】如淳曰：「猶言不相合當。」【考證】中井積德曰：不中，謂不和。

〔二〕【集解】徐廣曰：「表皆作『脩』字。」駰案：服虔曰「脩，音條」。【索隱】地理志條縣屬渤海郡。【正義】括地志云：「故蓨城，俗名南條城，在德州蓨縣南十二里，漢縣。」

條侯亞夫自未侯爲河内守時，許負相之，〔一〕曰：「君後三歲而侯。侯八歲爲將相，持國秉貴重矣，〔二〕於人臣無兩。其後九歲而君餓死。」亞夫笑曰：「臣之兄已代父侯矣，有如卒，子當代，亞夫何説侯乎？然既已貴，如負言，又何説餓死？指示我。」許負指其口曰：「有從理入口，此餓死法也。」〔三〕居三歲，其兄絳侯勝之有罪，孝文帝擇絳侯子賢者，皆推亞夫，乃封亞夫爲條侯，續絳侯後。

〔一〕【索隱】應劭云：「負，河内温人，老嫗也。」姚氏按：楚漢春秋高祖封負爲鳴雌亭侯，是知婦人亦有封邑。【正義】負，名也，非婦也。【考證】游俠傳云「郭解，善相人者許負外孫也」，外戚世家云「魏媪之許負所相薄姬」，其人男子，非婦也。漢書改作「國絶一年，弟亞夫復侯。亞夫爲河内守時，許負相之」，蓋避重複也。

〔二〕【索隱】秉，音柄。【考證】梁玉繩曰：野客叢書依蔡澤傳疑「秉」下脱「政」字，恐非。秉即柄也。

〔三〕【索隱】從，音子容反。從理，橫理。【考證】顏師古曰：從，豎也。沈欽韓曰：册府元龜八百三十五「梁褚蘿爲水軍都督，面甚尖危，有從理入口。時有庾蔓，狀貌豐美，頤頰開張。人皆謂蔓必爲方伯，無餒乏之慮。及魏討江陵，卒致飢死。蘿竟保衣食而終」。此或別有故也。麻衣神異賦云「法令入口，鄧通餓死野人家；騰蛇鎖唇，梁武飢亡臺城上」，注「法令者口邊紋也。騰蛇即法令紋也。梁武帝亦有此」。即此所謂從理入口也。

文帝之後六年，〔一〕匈奴大入邊。乃以宗正劉禮爲將軍，軍霸上；〔二〕祝茲侯徐厲爲將軍，軍棘門；〔三〕以河內守亞夫爲將軍，軍細柳：〔四〕以備胡。上自勞軍，至霸上及棘門軍，直馳入，將以下騎送迎。已而之細柳軍，軍士吏被甲，鋭兵刃，彀弓弩，持滿。〔五〕天子先驅至，不得入。先驅曰：「天子且至。」軍門都尉曰：「將軍令曰『軍中聞將軍令，不聞天子之詔』。」〔六〕居無何，上至，又不得入。於是上乃使使持節詔將軍：「吾欲入勞軍。」亞夫乃傳言開壁門。〔七〕壁門士吏謂從屬車騎曰：「將軍約，軍中不得驅馳。」於是天子乃按轡徐行至營，〔八〕將軍亞夫持兵揖曰：「介冑之士不拜，請以軍禮見。」〔九〕天子爲動，改容式車。〔一〇〕使人稱謝：「皇帝敬勞將軍。」成禮而去。既出軍門，羣臣皆驚。文帝曰：「嗟乎，此真將軍矣！曩者霸上、棘門軍，若兒戲耳，其將固可襲而虜也。至於亞夫，可得而犯邪？」稱善者久之。月餘，三軍皆罷。乃拜亞夫爲中尉。〔一一〕

〔一〕【考證】漢書無「之」字。宋、中統、游、毛本「年」作「歲」。

〔二〕【正義】廟記云：「霸陵即霸上。」按：霸陵城在雍州萬年縣東北二十五里。【考證】梁玉繩曰：禮是時未爲宗正。

〔三〕【正義】孟康云：「秦時宮也。」括地志云：「棘門，在渭北十餘里，秦王門名也。」【考證】「祝茲侯徐厲」當作「松茲侯徐悍」，說在文紀。

〔四〕【正義】括地志云：「細柳倉，在雍州咸陽縣西南二十里也。」

〔五〕【索隱】彀者，張也。

〔六〕【索隱】六韜云：「軍中之事，不聞君命。」【考證】類聚、御覽引史「中」下有「但」字。六韜立將篇。沈欽韓曰：白虎通曰「大夫將兵，但聞將軍令，不聞君命也」。

〔七〕【正義】壁，音壁。

〔八〕【考證】古鈔本「營」上有「中」字，與漢書合。

〔九〕【集解】應劭曰：「禮『介者不拜』。」【索隱】應劭云：「左傳『晉郤克三肅使者而退』，杜預注『肅若今撎』。鄭衆注周禮『肅拜』云『但俯下手，今時撎是』。」

〔一〇〕【索隱】軾者，車前橫木。若上有敬，則俯身而憑之。

〔一一〕【正義】漢書百官表云：「中尉，秦官，掌徼巡京師。武帝太初元年，更名執金吾。」應劭云：「吾者，禦也。掌執金吾以禦非常。」顏師古云：「金吾，鳥名，主辟不祥。天子出行，職主先導，以備非常，故執此鳥之象，因以名官也。」

孝文且崩時，誡太子曰：「即有緩急，周亞夫真可任將兵。」文帝崩，拜亞夫爲車騎將軍。

孝景三年，吳、楚反。亞夫以中尉爲太尉，〔一〕東擊吳、楚。因自請上曰：「楚兵剽輕，難與爭鋒。〔二〕願以梁委之，絶其糧道，乃可制。」〔三〕上許之。

〔一〕【正義】漢書百官表云：「太尉，秦官，掌武〔事〕。元狩四年，置大將軍、大司馬。」即今十二衛大將軍及兵部尚書也。

〔二〕【索隱】漢書亞夫至淮陽，問鄧都尉，爲畫此計，亞夫從之。今此云「自請」者，蓋此亦聞疑而傳疑，漢史得其實也。剽，音疋妙反。輕，讀從去聲。【考證】張照曰：按鄧都尉畫計，見吳王濞傳。馬遷固已兩存其説矣。況從人之畫，究須自請。索隱之説贅。王先謙曰：楚兵，總謂吳、楚之兵。

〔三〕【索隱】謂以梁委之於吳，使吳兵不得過也。亦有作餧音，亦通。

太尉既會兵滎陽，〔一〕吳方攻梁，梁急請救。太尉引兵東北走昌邑，〔二〕深壁而守。梁日使使請太尉，〔三〕太尉守便宜，不肯往。梁上書言景帝，景帝使使詔救梁。太尉不奉詔，堅壁不出，〔四〕而使輕騎兵弓高侯等絶吳、楚兵後食道。〔五〕吳兵乏糧，飢，數欲挑戰，〔六〕終不出。夜軍中驚，内相攻擊擾亂，至於太尉帳下。太尉終卧不起。〔七〕頃之復定。後吳奔壁東南陬，〔八〕太尉使備西北。已而其精兵果奔西北，不得入。〔九〕吳兵既餓，乃引而去。太尉出精兵追擊，大破之。吳王濞弃其軍，而與壯士數千人亡走，保於江南丹徒。〔一〇〕漢兵因乘勝，遂盡虜之，降其兵，購吳王千金。月餘，越人斬吳王頭以告。〔一一〕凡相攻守三月，而吳、楚破平。於是諸將乃以太尉計謀爲是。由此梁孝王與太尉有卻。

〔一〕【考證】今河南開封府滎陽縣。

〔二〕【考證】山東濟甯府金鄉縣。

〔三〕【考證】楓、三本「梁」下有「王」字。

〔四〕【考證】孫子九變篇云：「將受命於君，合軍聚衆，途有所不由，軍有所不擊，城有所不攻，地有所不争，君命有所不受。」

〔五〕【索隱】韓頹當也。【正義】弓高，滄州縣也。【考證】韓王信子，自匈奴來降者。

〔六〕【考證】古鈔本、三條本「吴」下有「楚」字，與漢書合。漢書無「欲」字。

〔七〕【考證】漢書「終」作「堅」。

〔八〕【集解】如淳曰：「陬，隅也。」【索隱】音子侯反。

〔九〕【考證】劉奉世曰：兩陳相向，吴奔東南陬，則西北在陳後，何由奔之？蓋亞夫令備西南陬，傳者欲見能料敵，反其所攻，不知遂失實也。愚按：東南西北，皆就漢營而言。陳丞相世家「夜出女子滎陽東門，楚因擊之，漢王從城西門出去」，可參。劉説誤。

〔一〇〕【索隱】地理志縣屬會稽。【正義】括地志云：「丹徒故城，在潤州丹徒縣東南十八里，漢丹徒縣也。晉太康地志云『吴王濞反走丹徒，越人殺之於此城南』。徐州記云『秦使赭衣鑿其地，因謂之丹徒。鑿處，今在故縣西北六里丹徒峴東南，連亘盤紆屈曲，有象龍形，故秦鑿絶頂，闊百餘步，又夾阬龍首以毀其形。阬之所在，即今龍、月二湖，悉成田也』。」【考證】丹徒，江蘇鎮江府丹徒縣。

〔一一〕【正義】越人，即丹徒人。越滅吴，丹徒地屬楚。秦滅楚，後置三十六郡，丹徒縣屬會稽郡，故以丹徒爲越人也。【考證】陳仁錫曰：越人，即東甌王。正義注謬。中井積德曰：正義宜言越滅吴，丹徒地屬越，楚滅越，丹徒又屬楚，蓋脱文。

歸，復置太尉官。五歲，遷爲丞相，景帝甚重之。景帝廢栗太子，丞相固争之，不得。景帝由此疏之。而梁孝王每朝常與太后言條侯之短。

竇太后曰：「皇后兄王信可侯也。」景帝讓曰：「始南皮、章武侯，先帝不侯，及臣即位乃侯之。信未得封也。」〔一〕竇太后曰：「人主各以時行耳。〔二〕自竇長君在時，竟不得侯，死後乃封其子彭祖顧得侯。〔三〕吾甚恨之。〔四〕帝趣侯信也。」景帝曰：「請得與丞相議之。」丞相議之，〔五〕亞夫曰：「高皇帝約，非劉氏不得王，非有功不得侯。不如約，天下共擊之。今信雖皇后兄，無功，侯之，非約也。」〔六〕景帝默然而止。

〔一〕**【集解】**瓚曰：「南皮竇彭祖，太后兄子。章武侯，太后弟廣國。」**【考證】**太后兄即長君。漢書注作「弟」，非是。

〔二〕**【索隱】**謂人主各當其時而行事，不必一一相法也。**【正義】**「人主」作「人生」。**【考證】**楓、三本「人主」作「人生」，正義「人主」上疑脱「漢書」二字。

〔三〕**【索隱】**許慎注淮南子云「顧，反也」。**【考證】**李笠曰：「封」字衍，漢傳無。

〔四〕**【考證】**王念孫曰：恨，悔也。商君傳「寡人恨不用公孫痤也」，范雎傳「使臣卒然填溝壑，君雖恨於臣，無可奈何」，鼂錯傳曰「公言善，吾亦恨之」，李將軍傳曰「將軍自念豈嘗有所恨乎」，並與此同。

〔五〕**【考證】**漢書削「丞相議之」四字。崔適曰：「丞相議之」四字重言，必是衍文。愚按：請與丞相議之，記言之文。丞相議之，記事之文。崔説誤。

〔六〕**【考證】**董份曰：無功，侯之，非約，六字三句。

其後匈奴王徐盧等五人降，〔一〕景帝欲侯之以勸後。丞相亞夫曰：「彼背其主降陛下，陛下侯之，則何以責人臣不守節者乎？」景帝曰：「丞相議不可用。」乃悉封徐盧等爲列侯。〔二〕亞夫因謝病。景帝中三年，以病免相。

〔一〕【考證】梁玉繩曰：「五人」乃「七人」之誤。此人姓唯徐，名盧，似脱「唯」字。

〔二〕【索隱】功臣表唯徐盧封容城侯。【考證】王維楨曰：不封王信，不封降奴，見條侯抗直不回，而景帝發怒所自也。

頃之，景帝居禁中，召條侯賜食。獨置大胾，〔一〕無切肉，又不置櫡。條侯心不平，顧謂尚席取櫡。〔二〕景帝視而笑曰：「此不足君所乎？」〔三〕條侯免冠謝。上起，〔四〕條侯因趨出。景帝以目送之，曰：「此怏怏者，非少主臣也。」〔五〕

〔一〕【集解】韋昭曰：「胾，大臠也。音側吏反。」【索隱】臠，音李轉反。謂肉臠也。【考證】沈欽韓曰：曲禮注「殺，骨體也。胾，切肉也」。則胾正是切肉，無切肉者，蓋大臠也。荀子非相篇注「胾，臠也」。

〔二〕【集解】應劭曰：「尚席，主席者。」【索隱】顧氏按：輿服雜事云：「六尚，尚席，掌武帳帷幔也。」櫡，音筯。漢書作「箸」。箸者食所用也。留侯云「借前箸以籌之」。禮曰「羹之有菜者用梜」。梜亦箸之類，故鄭玄云「今人謂箸爲梜」是也。【考證】中井積德曰：尚席，蓋總掌筵席供帳之事者。

〔三〕【集解】孟康曰：「設胾無筋者，此非不足滿於君所乎？嫌恨之。」如淳曰：「非故不足君之食具也，偶失之。」【索隱】言不設箸者，此蓋非我意，於君有不足乎？故如淳云「非故不足君之食具，偶失之耳」。蓋當然也，所以帝視而笑也。若本不爲足，當別有辭，未必爲之笑也。孟康、晉灼雖探古人之情，亦未必能得其實。顧氏亦同孟氏之説，又引魏武賜荀彧虛器，各記異説也。【正義】景帝視而笑曰「君於所食具不足乎」，佯驚愕也。如淳云「非故不足君之食具，偶失之」。【考證】張文虎曰：毛本作「此非不足君所乎」，凌引一本同。漢傳有「非」字。中井積德曰：言箸偶不足乎？謂非故意不置箸也。余有丁曰：按置胾不置箸，是景帝作意如此，以覘亞夫。乃亞夫怒形于色，故曰「怏怏非少主臣」，此亞父不善處危機也。

〔四〕【考證】漢書作「免冠謝，上曰起」。此「上」字下，蓋脱「曰」字。

〔五〕【考證】沈欽韓曰：御覽八十八引漢武故事曰「時太子在側，亞夫失意有怒色。太子視之不輟。亞夫于是起。帝曰：『爾何故視此耶？』對曰：『此人面畏，必能作賊。』帝笑曰：『此怏怏非少主臣也。』」中井積德曰：當據「怏怏」二字，想見條侯不平之顔色。

居無何，條侯子爲父買工官尚方〔一〕甲楯五百被可以葬者。〔二〕取庸苦之，不予錢。〔三〕庸知其盜買縣官器，〔四〕怒而上變告子，〔五〕事連汙條侯。〔六〕書既聞上，上下吏。吏簿責條侯，〔七〕條侯不對。景帝罵之曰：「吾不用也。」〔八〕召詣廷尉。〔九〕廷尉責曰：「君侯欲反邪？」亞夫曰：「臣所買器，乃葬器也，何謂反邪？」吏曰：「君侯縱不反地上，即欲反地下耳。」吏侵之益急。初吏捕條侯，條侯欲自殺，夫人止之，以故不得死，遂入廷尉。因不食五日，嘔血而死。國除。

〔一〕【集解】徐廣曰：「一作『西』。」【索隱】工官，即尚方之工，所作物屬尚方，故云「工官尚方」。【正義】尚方，中工官名也。顔師古曰：上方，作禁器物色。

〔二〕【集解】徐廣曰：「音披。」駰案：如淳曰「工官，官名也」。張晏曰「被，具也。五百具甲楯」。

〔三〕【正義】庸，謂庸作也。苦，謂役使劇，而更不與價直也。

〔四〕【索隱】縣官，謂天子也。所以謂國家爲縣官者，夏官王畿内縣即國都也。王者官天下，故曰縣官也。【考證】中井積德曰：縣官猶言公家也。本郡縣人之言，指各處縣治而言，遂轉爲指國家之言，是後世官府文字之類，難據文義作解。張文虎曰：索隱「夏官」二字疑衍。

〔五〕【考證】漢書「怒」作「怨」。

〔六〕【索隱】汙，音烏故反。

〔七〕【集解】如淳曰：「簿問責其情。」【考證】顔師古曰：簿責者，書之於簿，一一責問之也。中井積德曰：吏持簿而責問焉，所對輒上簿也。

〔八〕【集解】孟康曰：「不用汝對，欲殺之也。」如淳曰：「恐獄吏畏其復用事，不敢折辱。」【索隱】孟康、如淳已備兩解，大顔以孟説爲得。而姚察又別一解云「帝責此吏不得亞夫直辭，以爲不足任用，故召亞夫別詣廷尉使責問」。【考證】中井積德曰：下吏簿責，不直付廷尉，是帝猶有優意而欲有所宥赦也。然而亞夫恚不對，帝乃怒其不承當優意也。曰「吾不復用汝矣」，是棄之之辭也。

〔九〕【正義】景帝見條侯不對簿，因責罵之曰：「吾不任用汝也。」故召詣廷尉，使重推劾耳。餘説皆非也。

絶一歲，景帝乃更封絳侯勃他子堅爲平曲侯，續絳侯後。十九年卒，謚爲共侯。子建德代侯，十三年，爲太子太傅。坐酎金不善，元鼎五年，有罪國除。〔一〕

〔一〕【集解】徐廣曰：「諸列侯坐酎金失侯者，皆在元鼎五年，但此辭句如有顛倒。」【索隱】既云「坐酎金不善」，復云「元鼎五年有罪國除」，似重有罪，故云顛倒。而漢書云「爲太子太傅，坐酎金免官。後有罪國除」，其文又錯也。按表，坐免官，至元鼎五年，坐酎金又失侯，所以二史記之各有不同也。【正義】坐酎金不善，皆在元鼎五年。金既不善，□有罪國除，史記□□以語顛倒，所以先儒致疑。班固見此文不善及有罪，將爲兩犯，修漢書即云「坐酎金免官有罪國除」，乃班氏大過，致令諸儒紛説也。【考證】顧炎武曰：當云「元鼎五年坐酎金不善國除」，衍「有罪」二字。梁玉繩曰：當云「爲太子太傅，有罪免，十三年元鼎五年，坐酎金不善國除」，應增「免」字。沈家本曰：按太子太傅，漢傳同，而百官公卿表元鼎五年，平曲侯周建德爲太常，則非太子太傅也。

條侯果餓死。死後景帝乃封王信爲蓋侯。〔一〕

〔一〕【考證】洪頤煊曰：漢書周亞(父)〔夫〕傳同。恩澤侯表蓋侯王信，景帝中五年五月甲戌封，在亞夫未死前二年。徐孚遠曰：條侯傳後著侯王信一語，所以明其得罪之由也。

太史公曰：絳侯周勃始爲布衣時，鄙樸人也，才能不過凡庸。及從高祖定天下，在將相位，諸呂欲作亂，勃匡國家難，復之乎正。雖伊尹、周公，何以加哉！亞夫之用兵，持威重，執堅刃，穰苴曷有加焉！足己而不學，〔一〕守節不遜，〔二〕終以窮困。悲夫！

〔一〕【索隱】亞夫自以己之智謀足，而虛己不學古人，所以不體權變，而動有違忤。【考證】刃讀爲忍。張文虎曰：索隱「不」字疑當在「而」下。

〔二〕【索隱】守節謂爭栗太子，不封王信、徐盧等；不遜謂顧尚席取箸，不對制獄，是也。【考證】中井積德曰：不遜，在守節中，非別項。沈家本曰：遜，順也。言不能遜順以自全也。故繼之曰「終以窮困」。悲夫，傷之至，非責之也。

【索隱述贊】絳侯佐漢，質厚敦篤。始擊碭東，亦圍尸北。所攻必取，所討咸克。陳豨伏誅，臧荼破國。事居送往，推功伏德。列侯還第，太尉下獄。繼相條侯，紹封平曲。惜哉賢將，父子代辱。

史記會注考證卷五十八

梁孝王世家第二十八

史記五十八

【考證】史公自序云：「七國叛逆，蕃屏京師，唯梁爲扞；偩愛矜功，幾獲于禍。嘉其能距吳、楚，作梁孝王世家第二十八。」柯維騏曰：按太史公自序於梁王云「七國叛逆，惟梁爲扞」，於五宗云「五宗既王，親屬洽和」，他如楚元王云「爲漢宗藩」，荆燕云「爲漢藩輔」，齊悼惠王云「實鎮東土」。此諸王有功於漢，不論親疎，不論享國修短，俱得名世家。乃若吳王、淮南、衡山之屬，既無藩輔之功，而其子孫又首倡叛逆，或犯姦惡，自取滅亡，故降爲列傳，不得與諸王比也。蕭、曹、平、勃、張良列之世家，而彭、韓、黥、樊諸人只列爲傳，意亦如此。乃若陳涉，亦名世家，天下亡秦由涉首事，其功足多也。

梁孝王武者，孝文皇帝子也，而與孝景帝同母。母，竇太后也。

孝文帝凡四男：長子曰太子，是爲孝景帝；次子武；次子參；次子勝。〔一〕孝文帝即位二年，以武爲代王，〔二〕以參爲太原王，〔三〕以勝爲梁王。〔四〕二歲，徙代王爲淮陽王。〔五〕以代盡與太原王，號曰代王。〔六〕參立十七年，孝文後二年卒，謚爲孝王。子登嗣立，是爲代共王。立二十九年，〔七〕元光二年卒。子義立，是爲代王。〔八〕十九年，漢廣關，以常山爲限，而徙代王王清河。〔九〕清河王徙，以元鼎三年也。

〔一〕【正義】漢書「勝」作「揖」。又云「諸姬生代孝王參、梁懷王揖」。言諸姬者，衆妾卑賤，史不書姓，故云諸姬也。【考證】齊召南曰：懷王名，世家及史表作「勝」，孝文本紀作「揖」。漢書賈誼傳作「勝」，紀及本傳作「揖」。李奇云：懷王有兩名，理或然也。

〔二〕【集解】徐廣曰：「都中都。」【正義】括地志云：「中都故城，在汾州平遥縣西十二里。」

〔三〕【集解】徐廣曰：「都晉陽。」【正義】括地志云：「并州太原地名大明城，即古晉陽城。智伯與韓魏攻趙襄子於晉陽，即此城是也。」【考證】中井積德曰：正義宜言太原并州地名也，蓋錯文。

〔四〕【集解】徐廣曰：「都睢陽。」【索隱】漢書梁王名揖，蓋是矣。按：景帝子中山靖王名勝，是史記誤耳。【正義】括地志云：「宋州宋城縣，在州南二里外城中，本漢之睢陽縣也。漢文帝封子武於大梁，以其卑溼，徙睢陽，故改曰梁也。」【考證】睢陽，今河南商邱縣南。

〔五〕【集解】徐廣曰：「都陳。」【正義】即古陳國城也。

〔六〕【考證】古鈔本「以」上有「而」字。

〔七〕【考證】古鈔本「立」上有「共王」二字。

〔八〕【考證】中井積德曰：「是」字疑衍。

〔九〕【集解】徐廣曰：「都清陽。」【正義】括地志云：「清陽故城，在貝州清陽縣西北八里也。」【考證】漢書文三王傳「限」作「阻」。注，顏師古云「依山以爲關」。武帝紀元鼎三年冬，徙函谷關於新安，以故關爲弘農縣。

初，武爲淮陽王，十年而梁王勝卒，謚爲梁懷王。懷王最少子，愛幸異於他子。其明年，徙淮陽王武爲梁王。梁王之初王梁，孝文帝之十二年也。梁王自初王通歷已十一年矣。〔一〕

〔一〕【索隱】謂自文帝二年初封代，後徙淮陽，又徙梁，通數文帝二年至十二年徙梁爲十一年也。

梁王十四年，入朝。十七年，十八年，比年入朝，留，〔一〕其明年，乃之國。二十一年，入朝。二十二年，孝文帝崩。二十四年，入朝。二十五年，復入朝。是時上未置太子也。上與梁王燕飲，嘗從容言曰：「千秋萬歲後，傳於王。」王辭謝。雖知非至言，然心内喜。太后亦然。〔二〕

〔一〕【考證】顏師古曰：比，頻也。留，謂留在京師。

〔二〕【考證】事又見魏其侯傳。至言，誠直之言。

其春，吴、楚、齊、趙七國反。吴、楚先擊梁棘壁，〔一〕殺數萬人。梁孝王城守睢陽，而使韓安國、張羽等爲大將軍以距吴、楚。吴、楚以梁爲限，不敢過而西，與太尉亞夫等相距三月。吴、楚破，而梁所破殺虜略與漢中分。〔二〕明年，漢立太子。其後梁最親有功，又爲大國，居天下膏腴地。地北界泰山，西至高陽，四十餘城，皆多大縣。〔三〕

〔一〕【集解】文穎曰：「地名。」【索隱】按：左傳宣公二年，宋華元戰于大棘。杜預云在襄邑東南，蓋即棘壁是也。【正義】括地志云：「大棘故城，在宋州寧陵縣西南七十里。」【考證】楓、三本「其」下「春」上有「言」字，屬上讀。

〔二〕【集解】漢書音義曰：「梁所虜吴、楚之捷，略與漢等。」【考證】「略」字屬上句，取也。中分，相若也。莊子德充符「王駘，兀者也。從之遊者，與夫子中分魯」。漢書删「破」字，「略」字屬下讀。周壽昌曰：梁孝王時人材頗多。汲黯傳中傅伯，應劭注「梁人，爲孝王將，素抗直」，儒林傳「丁寛爲梁孝王將軍距吴、楚」，皆在此役者也。

〔三〕【集解】徐廣曰：「高陽在陳留圉縣。」駰案：司馬彪曰「圉有高陽亭也」。【索隱】圉縣屬陳留。高陽，鄉名也。注引司馬彪者，出續漢書郡國志也。【考證】漢書删「皆」字。

孝王，竇太后少子也，愛之，賞賜不可勝道。〔一〕於是孝王築東苑，〔二〕方三百餘里。〔三〕廣睢陽城七十里。〔四〕大治宫室，爲複道，自宫連屬於平臺三十餘里。〔五〕得賜天子旌旗，出從千乘萬騎。〔六〕東西馳獵，擬於天子。出言趕，入言警。〔七〕招延四方豪桀，自山以東，游説之士莫不畢至。齊人羊勝、公孫詭、鄒陽之屬。公孫詭多奇邪計，〔八〕初見，王賜千金，官至中尉，梁號之曰公孫將軍。梁多作兵器弩弓矛數十萬，而府庫金錢且百巨萬，〔九〕珠玉寶器多於京師。

〔一〕【考證】楓、三本「孝」上有「梁」字。

〔二〕【索隱】築，謂建也。白虎通云：「苑所以東者何？蓋以東方生物故也。」

〔三〕【索隱】蓋言其奢，非實辭。或者梁國封域之方。【正義】括地志云：「兔園，在宋州宋城縣東南十里。葛洪西京雜記云『梁孝王苑中有落猨巖、栖龍岫、鴈池、鶴洲、鳧島。諸宫觀相連，奇果佳樹，瑰禽異獸，靡不畢備』。俗人言梁孝王竹園也。」【考證】今本西京雜記云「梁孝王好營宫室苑囿之樂，作曜華之宫，築兔園。園中有百靈山，山有膚寸石、落猿巖、棲龍岫。又有雁池，池間有鶴洲、鳧渚。其諸宫觀相連，延亘數十里。奇果、異樹、瑰禽、怪獸畢備。王日與宫人賓客弋釣其中」。正義及下文索隱所引約之也。中井積德曰：東苑以築東方而名耳。梁玉繩曰：御覽百五十九引史曰「梁孝王築東苑三百里，是曰兔園」，今本無「兔園」句。

〔四〕【索隱】蘇林云：「廣其徑也。」太康地理記云：「城方十三里，梁孝王築之。鼓倡節杵而後下和之者稱睢陽曲。今踵以爲故，所以樂家有睢陽曲，蓋采其遺音也。」【考證】廣，廣大城市也。索隱「地理記」當作「地記」。

〔五〕【集解】徐廣曰：「睢陽有平臺里。」駰案：如淳曰「在梁東北，離宮所在也」。晉灼曰「或説在城中東北角」。【索隱】如淳云「在梁東北，離宮所在」者。按：今城東二十里臨新河，有故臺址，不甚高，俗云平臺，又一名脩竹苑。西京雜記云「有落猿巖、鳧洲、鴈渚，連亘七十餘里」是也。【考證】御覽引史「爲」上有「又」字，「於」作「諸」。沈欽韓曰：任昉述異記「梁孝王平臺，至今存有蒹葭洲、鳧藻洲、梳洗潭」。元和志「平臺，在宋州虞城縣西四十里」。

〔六〕【索隱】漢官儀曰：「天子法駕三十六乘，大駕八十一乘，皆備千乘萬騎而出也。」

〔七〕【索隱】漢舊儀云：「皇帝輦動稱警，出殿則傳蹕，止人清道。」言出入者，互文耳，入亦有蹕。

〔八〕【索隱】周禮「有奇衺之人」，鄭玄云「奇衺，譎怪非常也」。奇，音紀宜反。邪，音斜也」。

〔九〕【索隱】如淳云：「巨亦大，與大百萬同也。」韋昭云：「大百萬，今萬萬。」

二十九年十月，梁孝王入朝。景帝使使持節，乘輿駟馬，迎梁王於關下。〔一〕既朝，上疏因留。以太后親故，王入則侍景帝同輦，出則同車游獵，射禽獸上林中。梁之侍中、郎、謁者著籍引出入天子殿門，〔二〕與漢宦官無異。〔三〕

〔一〕【集解】鄧展曰：「但將駟馬往。」瓚曰：「稱乘輿駟馬，則車馬皆往，言不駕六馬耳。天子副車駕駟馬。」【正義】乘者載也，輿者車也。天子當乘輿以行天下，不敢指斥天子，故曰「乘輿」。【考證】沈欽韓曰：續輿服志

「乘輿所御駕六，餘皆四。故石慶爲上御，擧策言六馬」。按：此蓋禮之佐車，秦漢爲副車。張文虎曰：凌本「闟」譌「闞」。

〔三〕【正義】著，竹略反。籍，謂名簿也，若今通引出入門也。【考證】王先謙曰：百官表「諸侯有謁車郎」。

〔三〕【考證】張文虎曰：疑衍「宦」字。

十一月，上廢栗太子，竇太后心欲以孝王爲後嗣。大臣及袁盎等有所關說於景帝，〔一〕竇太后議格，〔二〕亦遂不復言以梁王爲嗣事。〔三〕由此以事祕世莫知。〔四〕乃辭歸國。

〔一〕【索隱】袁盎云「漢家法周道立子」，是有所關涉之說於帝也。一云：關者隔也。引事而關隔其說，不得行也。【考證】佞幸傳序「公卿皆因關說」，索隱云「關，通也。公卿因之而通其詞說」。劉氏云「有所言說，皆關由之」。中井積德曰：關，與「關白」之「關」同，不徑白太后，乃說於帝以通于太后也。

〔二〕【集解】如淳曰：「跂閣不得下。」【索隱】張晏云「格，止也」。服虔云「格，謂格閣不行」。蘇林音閣。周成雜字「跂，閣也」。通俗文云「高置立跂棚，云跂閣」。字林音紀，又音詭也。【考證】議，諸本作「義」，今從凌所引一本。漢書作「議」。中井積德曰：格，謂沮拒也。

〔三〕【考證】漢書作「孝王不敢復言太后以嗣事」，與史義異。

〔四〕【考證】漢書無「由此」二字。

其夏四月，上立膠東王爲太子。梁王怨袁盎及議臣，乃與羊勝、公孫詭之屬〔一〕陰使人刺殺袁盎及他議臣十餘人。逐其賊，未得也。於是天子意梁王，〔二〕逐賊，果梁使之，乃遣使冠蓋相望於道，〔三〕覆按梁，捕公孫詭、羊勝。公孫詭、羊勝匿王後宮。使者責二千石急，梁相軒丘豹及内史韓安國進諫王，〔四〕王乃令勝、詭皆自殺，出之。〔五〕上由此怨望於梁王。梁

王恐，乃使韓安國因長公主謝罪太后，然後得釋。〔六〕

〔一〕【考證】漢書「屬」下有「謀」字，此疑脱。

〔二〕【索隱】謂意疑梁刺之。【考證】李笠曰：下云「逐賊，果梁使之」，此「逐」字，即涉下文誤衍。漢書無「王」字。

〔三〕【考證】使者往來不絶也。

〔四〕【正義】姓軒丘，名豹也。

〔五〕【考證】事詳于韓長孺傳。

〔六〕【考證】歸有光曰：按安國傳，因長公主謝太后事在前，非爲勝、詭事。疑世家誤也。王先謙曰：此與漢書鄒陽傳合，互證安國傳。梁兩次皆安國因長公主入言得釋。

上怒稍解，因上書請朝。既至關，茅蘭説王使乘布車，〔一〕從兩騎入，匿於長公主園。漢使使迎王，王已入關，車騎盡居外，不知王處。太后泣曰：「帝殺吾子。」景帝憂恐。於是梁王伏斧質於闕下謝罪，然後太后、景帝大喜相泣，復如故。悉召王從官入關。然景帝益疏王，不同車輦矣。

〔一〕【集解】漢書音義曰：「茅蘭，孝王臣。」張晏曰：「布車，降服自比喪人。」【正義】以布衣車也。【考證】顧炎武曰：乘布車，謂微服而行，使人不知耳，無降服自比喪人之意。沈欽韓曰：太后尚存，而謂王自比喪人，決非當日情事。顧説是。王先謙曰：史表「三十一年來朝」。

三十五年冬，復朝，上疏欲留，上弗許。〔一〕歸國，意忽忽不樂。北獵良山，〔二〕有獻牛足出背上，孝王惡之。〔三〕六月中，病熱，六日卒，謚曰孝王。〔四〕

〔一〕【考證】王先謙曰：三十五年，景帝中六年。楓、三本「朝」上有「入」字。陳文燭曰：曰「比年入朝留」，曰「既朝上疏因留」，曰「冬復朝上疏欲留」，見皆出自梁王意，有窺伺神器之心。凌稚隆曰：此篇關鍵在「未置太子」、「立太子」、「廢太子」、「又立太子」四句上。

〔二〕【索隱】漢書作「梁山」。述征記云「良山際清水」。今壽張縣南有良山，服虔云是此山也。【正義】括地志云「梁山，在鄆州壽張縣南三十五里」，即獵處也。

〔三〕【索隱】張晏云：「足當處下，所以輔身也；今出背上，象孝王背朝以干上也。北者陰也。又在梁山，明爲梁也。牛者丑之畜，衝在六月。北方數六，故六月六日薨也。」【考證】中井積德曰：牛異失常，故惡之耳。注占解妄甚。所謂六日者病中之日數耳，非謂月之第六日也。愚按：以十二支配十二神，漢初未有其事。趙氏陔餘叢考論之詳矣。

〔四〕【索隱】述征記：「碭有梁孝王之冢。」【考證】史、漢兩紀，梁孝王以景帝中六年四月薨。

孝王慈孝，每聞太后病，口不能食，居不安寢，常欲留長安侍太后。〔一〕太后亦愛之。及聞梁王薨，竇太后哭極哀，不食，曰：「帝果殺吾子！」景帝哀懼，不知所爲。〔二〕與長公主計之，乃分梁爲五國，盡立孝王男五人爲王，〔三〕女五人皆食湯沐邑。於是奏之太后，太后乃說，爲帝加壹飡。

〔一〕【考證】楓山本「寢」作「席」。

〔二〕【考證】陳懿典曰：前曰「帝殺吾子」，此曰「帝果殺吾子」，見太后溺愛不明。前曰「景帝憂恐」，此曰「景帝哀懼」，見景帝之孝友。描寫一時情狀如畫，而「於是」字、「然後」字、「及」字、「乃」字不輕放下。

〔三〕【索隱】長子買梁共王，子明濟川王，子彭離濟東王，子定山陽王，子不識濟陰王。

梁孝王長子買爲梁王，是爲共王；子明爲濟川王；子彭離爲濟東王；子定爲山陽王；子不識爲濟陰王。〔一〕

〔一〕【考證】張文虎曰：「子明爲濟川王，子彭離爲濟東王，子定爲山陽王，子不識爲濟陰王」四句疑非史文，乃後人妄增。小司馬所據本無，故於「後分梁爲五國」下注之。史於濟川等四王皆提梁孝王子，若此處已見，則後文屋下架屋矣。凡史中似此者可類推。

孝王未死時，財以巨萬計，不可勝數。及死，藏府餘黄金尚四十餘萬斤，他財物稱是。

梁共王三年，景帝崩。共王立七年卒，子襄立，是爲平王。〔一〕

〔一〕【考證】梁玉繩曰：王襄卒于天漢四年，史不得稱謚，必褚生妄易也。依上文「是爲代王」之例，當作「是爲梁王」。

梁平王襄〔一〕十四年，母曰陳太后。共王母曰李太后。李太后，親平王之大母也。〔二〕而平王之后姓任，曰任王后。任王后甚有寵於平王襄。初，孝王在時，有罍樽，直千金。〔三〕孝王誡後世善保罍樽，無得以與人。任王后聞而欲得罍樽。平王大母李太后曰：「先王有命，無得以罍樽與人。他物雖百巨萬猶自恣也。」〔四〕任王后絶欲得之。〔五〕平王襄直使人開府取罍樽，賜任王后。李太后大怒，漢使者來，欲自言，平王襄及任王后遮止閉門，李太后與争門，措指，〔六〕遂不得見漢使者。李太后亦私與食官長及郎中尹霸等士通亂，〔七〕而王與任王后以此使人風止李太后，〔八〕李太后內有淫行，亦已。後病薨。病時任后未嘗請病，〔九〕薨又不持喪。

〔一〕【索隱】漢書作「讓」。【考證】今漢書亦作「襄」。

〔二〕【考證】顔師古曰：太母，祖母也。恭王即李太后所生，故云親祖母也。

〔三〕【集解】鄭德曰：「上蓋刻爲雲雷象。」【索隱】應劭曰：「詩云『酌彼金罍』。罍者畫雲雷之象，以金飾之。」【考證】沈欽韓曰：按司尊彝六尊皆有罍，則形模各如尊，而其刻鏤皆爲雷文也。博古圖有犧首罍象壺，皆雷文。此漢寶古器之始。

〔四〕【考證】王先謙曰：「猶」與「由」同。

〔五〕【考證】絕，猶甚也，極也。

〔六〕【集解】晉灼曰：「許慎云『措，置』。字借以爲『笮』。」【索隱】措，音迮，側格反。漢書王陵傳「迫迮前隊」，皆作此字。說文云「迫笮也」。謂爲門扉所笮。【考證】措讀爲笮。笮，壓迫也。門扉猝閉，而指未出，爲所迫壓。

〔七〕【正義】張先生舊本有「士」字，先生疑是衍字，又不敢除，故以朱大點其字中心。今按：食官長及郎中尹霸等是士人，太后與通亂，其義亦通也。【考證】張文虎曰：舊刻「官」，與漢書合。各本作「宮」。愚按：古鈔本亦作「官」。沈家本曰：「士」字衍。正義曲爲之說，非也。漢書無。

〔八〕【考證】顔師古曰：風，讀曰諷。諷止者，止其自言也。

〔九〕【考證】張文虎曰：毛本「任」下有「皇」字，疑「王」之譌，各本無。張晏曰「請，問也」。

元朔中，睢陽人類犴反者，〔一〕人有辱其父，而與淮陽太守客出同車。〔二〕太守客出下車，類犴反殺其仇於車上而去。淮陽太守怒，以讓梁二千石。二千石以下求反甚急，執反親戚。反知國陰事，乃上變事，具告知王與大母争樽狀。時丞相以下見知之，〔三〕欲以傷梁長吏，其書聞天子。〔四〕天子下吏驗問，有之。公卿請廢襄爲庶人。天子曰：「李太后有淫行，而梁王襄無良師傅，故陷不義。」乃削梁八城，梟任王后首于市。梁餘尚有十城。〔五〕襄立三十九年卒，謚爲平王。〔六〕子無傷立，爲梁王也。

〔一〕【索隱】韋昭云「犴，音岸」。按：類犴反，人姓名也。「反」字或作「友」。【考證】漢書「人」下脱「類」字。

〔二〕【考證】淮陽郡與梁接壤。漢書作「睢陽」，誤。睢陽梁都，無太守。

〔三〕【考證】「告」下「知」字，漢書無，此衍。「時」上添「且曰」二字看。見知，律文。漢書刪「丞」字。張文虎曰：中統、游、凌本「見」作「具」。

〔四〕【考證】漢書刪「其」字、「天子」字。

〔五〕【考證】錢大昕曰：漢書云「削梁王五縣。梁餘尚有八城」。未知誰是。

〔六〕【考證】張文虎曰：中統、游本「九」作「餘」。愚按：漢書「三十九年」作「四十年」。王先謙曰：表同漢書。襄卒於天漢四年，史記誤。梁玉繩曰：「襄立」以下十九字，褚生妄增。

濟川王明者，梁孝王子，以桓邑侯孝景中六年爲濟川王。〔一〕七歲，坐射殺其中尉，〔二〕漢有司請誅，天子弗忍誅，廢明爲庶人，遷房陵，地入于漢爲郡。〔三〕

〔一〕【索隱】地理志桓邑闕。

〔二〕【考證】梁玉繩曰：中尉，疑「中傅」之誤。史漢興年表、漢表皆作「中傅」。後書清河孝王慶傳，中傅名凡二見，注云「官名，猶少傅也」。應劭漢書武紀注以中傅爲宦者，未知何據。果如劭説，王雖殘暴，不過殺一宦豎，何故廢遷乎？漢書武紀云「殺太傅中傅」，徐廣注：史諸侯王表「坐射殺中傅」，云「一作『太傅』」，史似有缺。師傅之尊，選自帝廷，而王擅殺之，其罪宜誅廢，遷房陵，猶從末減也。

〔三〕【考證】錢大昕曰：漢志無濟川郡，亦不言濟川郡所在。予嘗讀水經注引應劭説「濟川今陳留濟陽縣是也」，乃知陳留即濟川故地。志稱陳留郡武帝元狩元年置，不言故屬梁國者，史之闕也。濟川國除，在武帝建元三年，其時當爲濟川郡。至元狩初，移至陳留，乃改爲陳留郡爾。

濟東王彭離者，梁孝王子，以孝景中六年爲濟東王。二十九年，彭離驕悍，無人君禮，昏暮私與其奴、亡命少年數十人行剽，殺人取財物以爲好。〔一〕所殺發覺者百餘人，國皆知之，莫敢夜行。所殺者子上書言。漢有司請誅，上不忍，廢以爲庶人，遷上庸，地入于漢，爲大河郡。〔二〕

〔一〕【集解】如淳曰：「以是爲好喜之事。」

〔二〕【考證】沈家本曰：漢表無大河郡，豈後廢耶？

山陽哀王定者，梁孝王子，以孝景中六年爲山陽王。九年卒，無子，國除，地入于漢，爲山陽郡。

濟陰哀王不識者，梁孝王子，以孝景中六年爲濟陰王。一歲卒，無子，國除，地入于漢，爲濟陰郡。

太史公曰：梁孝王雖以親愛之故，王膏腴之地，然會漢家隆盛，百姓殷富，故能植其財貨，廣宮室，車服擬於天子。然亦僭矣。〔一〕

〔一〕【考證】植、殖通。

褚先生曰：臣爲郎時，聞之於宮殿中老郎吏好事者稱道之也。竊以爲令梁孝王怨望，欲爲不善者，事從中生。〔一〕今太后，女主也，以愛少子故，欲令梁王爲太子。大臣不時正言其不可狀，〔二〕阿意治小，私說意以受賞賜，非忠臣也。〔三〕齊如魏其侯竇嬰之正言也，〔四〕何以有後禍？景帝與王燕見，侍太后飲，景帝曰：「千秋萬歲之後傳王。」太后喜說。竇嬰在前，據地言曰：「漢法之約，傳子適孫，今帝何以得傳弟，擅亂高帝約乎？」於是景帝默然無聲。太后意不說。

〔一〕【考證】張文虎曰：游、王、柯、凌本「令」譌「今」。

〔二〕【考證】洞本「時」作「持」。愚按：當作「特」。

〔三〕【考證】二「意」字，其一有誤。

〔四〕【索隱】竇嬰、袁盎皆言，如周家立子，不合立弟。【正義】齊，等也。【考證】此句屬下讀。李笠曰：齊如，猶云「一如」也。

故成王與小弱弟立樹下，取一桐葉以與之曰：「吾用封汝。」周公聞之，進見曰：「天王封弟，甚善。」成王曰：「吾直與戲耳。」周公曰：「人主無過舉，不當有戲言，言之必行之。」於是乃封小弟以應縣。〔一〕是後成王没齒不敢有戲言，言必行之。孝經曰：「非法不言，非道不行。」此聖人之法言也。今主上不宜出好言於梁王。梁王上有太后之重，驕蹇日久，數聞景帝好言千秋萬世之後傳王，而實不行。

〔一〕【索隱】此説與晉系家不同，事與封叔虞同，彼云封唐，此云封應，應亦成王之弟，或别有所見，故不同。【正義】括地志云：「故應城，故應鄉也，在汝州魯山縣東四十里。」呂氏春秋云「成王戲削桐葉爲圭，以封叔虞」，非應侯也。又汲冢古文云：殷時已有應國，非成王所造也。

又諸侯王朝見天子，漢法，凡當四見耳。始到，入小見；到正月朔旦，奉皮薦璧玉，賀正月，法見；〔一〕後三日，爲王置酒，賜金錢財物；後二日，復入小見，辭去。凡留長安不過二十日。小見者，燕見於禁門内，飲於省中，非士人所得入也。〔二〕今梁王西朝，因留，且半歲。入與人主同輦，出與同車，示風以大言，而實不與，令出怨言，謀畔逆，乃隨而憂之，不亦遠乎！非大賢，人不知退讓。今漢之儀法，朝見賀正月者，常一王與四侯俱朝見，十餘歲一至。〔三〕今梁王常比年入朝見，久留。鄙語曰「驕子不孝」，非惡言也。故諸侯王當爲置良師傅，相忠言之士，如汲黯、韓長孺等，敢直言極諫，安得有患害！

〔一〕【考證】薦，藉也。

〔二〕【考證】凌稚隆曰：漢諸侯王朝見期法具此。

〔三〕【考證】凌稚隆曰：漢諸侯王朝見期法具此。

蓋聞梁王西入朝，謁竇太后，燕見，與景帝俱侍坐於太后前，語言私說。〔一〕太后謂帝曰：「吾聞殷道親親，周道尊尊，其義一也。〔二〕安車大駕，用梁孝王爲寄。」〔三〕景帝跪席舉身曰：「諾。」罷酒出，帝召袁盎諸大臣通經術者曰：「太后言如是，何謂也？」皆對曰：「太后意欲立梁王爲帝太子。」帝問其狀，袁盎等曰：「殷道親親者立弟，周道尊尊者立子。殷道質，質者法天，親其所親，故立弟。周道文，文者法地，尊者敬也，敬其本始，故立長子。周道，太子死，立適孫；殷道，太子死，立其弟。」帝曰：「於公何如？」皆對曰：「方今漢家法周，周道不得立弟，當立子。故春秋所以非宋宣公。宋宣公死，不立子而與弟。弟受國死，復反之與兄之子。弟之子爭之，以爲我當代父後，即刺殺兄子。以故國亂，禍不絕。故春秋曰『君子大居正，宋之禍，宣公爲之』。〔四〕臣請見太后白之。」袁盎等入見太后：「太后言欲立梁王，梁王即終，欲誰立？」〔五〕太后曰：「吾復立帝子。」袁盎等以宋宣公不立正生禍，禍亂後五世不絕，小不忍害大義狀報太后。太后乃解說，〔六〕即使梁王歸就國。而梁王聞其義出於袁盎諸大臣所，怨望，〔七〕使人來殺袁盎。袁盎顧之曰：「我所謂袁將軍者也，公得毋誤乎？」刺者曰：「是矣！」刺之，置其劍，劍著身。視其劍，新治。問長安中削厲工，〔八〕工曰：「梁郎某子來治此劍。」〔九〕以此知而發覺之，發使者捕逐之。獨梁王所欲殺大臣十餘人，文吏窮本之，謀反端頗見。太后不食，日夜泣不止。景帝甚憂之，問公卿大臣，大臣以爲遣經術吏往治之，乃可解。

於是遣田叔、呂季主往治之。此二人皆通經術，知大禮。來還，至霸昌廄，〔一〇〕取火悉燒梁之反辭，但空手來對景帝。景帝曰：「何如？」對曰：「言梁王不知也。〔一一〕造爲之者，獨其幸臣羊勝、公孫詭之屬爲之耳。謹以伏誅死，梁王無恙也。」景帝喜説曰：「急趨謁太后。」太后聞之，立起坐飡，氣平復。〔一二〕故曰，不通經術、知古今之大禮，不可以爲三公及左右近臣。少見之人，如從管中闚天也。〔一三〕

〔一〕【考證】楓山本「私」作「和」。

〔二〕【索隱】殷人尚質，親親，謂親其弟而授之。周人尚文，尊尊，謂尊祖之正體。故立其子，尊其祖也。【考證】楊慎曰：「殷道親親」三句，出尚書緯。

〔三〕【考證】太后之言至此。中井積德曰：「安車大駕」疑當作「大車晏駕」。愚按：安車，太后自言。大駕，猶言大行。「孝」字衍。言吾百歲之後，以梁王託帝也。

〔四〕【正義】大，謂崇大。【考證】隱公三年公羊傳。

〔五〕【考證】李笠曰：「見太后」下脱「曰」字。「太后言」至「欲誰立」，皆盎等言也。故即承太后曰「吾復立帝子」。今脱「曰」字，賓主不晰，文不成義矣。

〔六〕【正義】解，閑買反。説，音悦。

〔七〕【考證】楓、三本、毛本、凌引一本「義」作「議」。

〔八〕【考證】岡白駒曰：削，劍室也。厲，磨石。謂作劍室及磨礪劍者。

〔九〕【索隱】謂梁國之郎，是孝王官屬。某子，史失其姓名也。

〔一〇〕【正義】括地志云：「漢霸昌廄，在雍州萬年縣東北三十八里。」

〔一一〕【考證】「言」字恐衍。

〔一二〕【考證】楓、三本「飡」下有「食」字，「氣」下有「力」字。

〔一三〕【考證】梁玉繩曰：桐葉封應與晉世家異，燒梁反辭與田叔傳不合，恐皆非事實。惟所言漢諸侯王朝見期法，可補漢、史之缺。

【索隱述贊】文帝少子，徙封於梁。太后鍾愛，廣築睢陽。旌旂警蹕，勢擬天王。功扞吳楚，計醜孫羊。竇嬰正議，袁盎劫傷。漢窮梁獄，冠蓋相望。禍成驕子，致此猖狂。雖分五國，卒亦不昌。

史記會注考證卷五十九

五宗世家第二十九　史記五十九

【索隱】景帝子十四人，一武帝，餘十三人爲王，漢書謂之「景十三王」。此名「五宗」者，十三人爲王，其母五人，同母者爲宗也。【考證】史公自序云：「五宗既王，親屬洽和，諸侯大小爲藩，爰得其宜，僭擬之事稍衰貶矣。作五宗世家第二十九。」王鳴盛曰：五宗世家凡十三人，皆景帝子。以其母五人所生，號爲五宗，殊屬無理。漢書改爲景十三王傳，是也。方苞曰：明其異於古之宗法。黄震曰：景帝十三王，惟河間最賢。其學甚正，雖當時士大夫亦鮮及之。餘率驕恣自滅。大率漢之封建，非特城邑過制，亦失「雖有周親，不如仁人」之意，故適足以禍之。

孝景皇帝子凡十三人爲王，而母五人，同母者爲宗親。栗姬子曰榮、德、閼于。〔一〕程姬子曰餘、非、端。賈夫人子曰彭祖、勝。唐姬子曰發。王夫人兒姁子曰越、寄、乘、舜。〔二〕

〔一〕【索隱】閼，音遏。漢書無「于」字。【考證】梁玉繩曰：史、漢紀、表、傳俱云臨江哀王閼，無「于」字。乃此兩書臨江之名皆作「閼于」，蓋誤也。

〔三〕【索隱】姁，況羽反。兒姁，夫人名也。王皇后之妹也。

河閒獻王德，〔一〕以孝景帝前二年用皇子爲河閒王。好儒學，被服造次必於儒者。山東諸儒多從之游。

〔一〕【索隱】漢書云：「大行令奏：諡法曰『聰明睿智曰獻』。」

二十六年卒，〔一〕子共王不害立。四年卒，子剛王基代立。〔二〕十二年卒，子頃王授代立。〔三〕

〔一〕【集解】漢名臣奏：「杜業奏曰：『河閒獻王經術通明，積德累行，天下雄俊衆儒皆歸之。孝武帝時，獻王朝，被服造次必於仁義。問以五策，獻王輒對無窮。孝武帝艴然難之，謂獻王曰：「湯以七十里，文王百里，王其勉之。」王知其意，歸即縱酒聽樂，因以終。』」【索隱】注「問以五策」。按：漢書詔策問三十餘事。「被服造次」。按：小顏云「被服，言常居處其中也；造次，謂所向所行」，皆法於儒者。【考證】楓山本「之」作「而」。中井積德曰：此被服只謂其衣服耳，不當據班史作解。造次，當用論語解。何焯曰：漢書云：獻王薨，中尉常麗以聞，曰「王身端行治，溫仁恭儉，篤敬愛下，明知深察，惠于鰥寡。大行令奏：諡法曰『聰明睿知曰獻』，宜諡曰獻王。」褒崇若此，知杜業語爲無稽。齊召南曰：漢代賢王，河閒稱首。史五宗世家太簡略，漢書補作。愚按：漢書景十三王傳云：河閒獻王「修學好古，實事求是。從民得善書，必爲好寫與之，留其真，加金帛賜以招之。繇是四方道術之人，不遠千里，或有先祖舊書，多奉以奏獻王者，故得書多，與漢朝等。是時淮南王安亦好書，所招致率多浮辯。獻王所得書，皆古文先秦舊書，周官、尚書、禮、禮記、孟子、老子之屬，皆經傳説記，七十子之徒所論。其學舉六藝，立毛氏詩、左氏春秋博士。修禮樂，被服儒術，造次必於儒者，山東諸儒者從而游。武帝時獻王來朝，獻雅樂，對三雍宮，及詔策所問三十餘事，其對推道術，而言得事之中，文約指明」。戴震河閒獻王傳經考云「漢初六藝散而復集。文帝時，詩始萌芽，獨有魯詩；景帝時有齊詩、韓詩，而毛公爲詩故訓傳三十卷。鄭康成六藝論云『獻王號之曰毛詩』。漢書儒林傳贊武帝立五經博士：書歐陽，禮后，易楊，春秋公羊。僅臚四經者，魯、齊、韓三家之詩已立文景閒矣。趙岐孟子題辭曰『文帝欲廣文學之路，論語、孝經、孟子、爾雅皆置博士』。此事史家闕略不載。又曰『後罷傳記博士，獨立五經』，蓋言罷於武帝也。宣帝更立大、小夏侯尚書，大、小戴禮，施、孟、梁丘易，穀梁春秋。元帝立京氏易。平帝立左氏春秋、毛詩、逸禮、古文尚書。而周官經，劉歆末年知周公致太平之迹具於斯，始有傳者。凡羣經傳記之先後表見於漢，大致可考如此。今三家詩亡，而毛詩獨存。昔儒論治春秋，可無公羊、穀梁，不可無左氏。當景帝、武帝之閒，六藝初出，群言未定，獻王乃立毛氏詩、左氏春秋博士，識固卓卓。景十三王傳稱『獻王所得書皆古文先秦舊書，周官、尚書、禮、禮記、孟子、老子之屬，皆經傳説記，七十子之徒所論』。陸德明經典釋文序録云：『景帝時河閒獻王好古，得古禮獻之。或曰河閒獻王開獻書之路。時有李氏上周官五篇，失事官一篇，乃購千金不得，取考工記補之。』陸氏引『或曰』者，無明據也。然本傳列獻王所得書，首周官，漢經師未聞以教授。馬融周官傳謂『入於祕府，五家之儒莫得見』是也。其得自獻王無疑。鄭康成六藝論云『河閒獻王古文禮五十六篇，其十七篇，與高堂生所傳同，而字多異，記百三十一篇』，斯即本傳所列禮、禮記，謂古文禮與記矣。周禮六篇，鄭亦繫之獻王，又爲陸氏得一證。大、小戴傳儀禮，又各傳禮記，往往別有采獲，出百三十一篇者殆居多。司馬貞以今文孝經爲獻王所得顔芝本。是書本傳不列，雖顔芝河閒人，不必至獻王始得也。獻王自著書，藝文志有對上下三雍宮三篇，又與毛生等共采周官及諸子言樂事者作樂記。成帝時，王禹獻二十四記者，漢志題曰王禹記，以別樂記二十三篇也。史稱獻王學舉六藝，王入朝獻雅樂，及對詔策所問三十餘事，悉不傳。凡獻王所得書，或亡或存，其可知者如此」。

〔二〕【考證】沈家本曰：基，表作「堪」。漢傳「堪」，表「基」。按：此形近而譌，莫爲能定也。

〔三〕【索隱】漢書云：授謚頃，音傾也。【考證】楓山本「十二年」作「十三年」。頃王授薨於天漢三年，「頃王」二字後人所加。索隱所見本未誤。

臨江哀王閼于，〔一〕以孝景帝前二年用皇子爲臨江王。三年卒，無後，國除爲郡。

〔一〕【考證】「于」字衍。

臨江閔王榮，以孝景前四年爲皇太子，四歲廢，〔一〕用故太子爲臨江王。

〔一〕【考證】王鏊曰：榮最長者，而傳居二王後，以其從太子廢，後乃爲王耳。中井積德曰：榮王臨江，在前臨江王卒後，故不得不居後。

四年，坐侵廟壖垣爲宮，〔一〕上徵榮。榮行，祖於江陵北門。〔二〕既已上車，軸折車廢。江陵父老流涕竊言曰：「吾王不反矣。」榮至，詣中尉府簿。〔三〕中尉郅都責訊王，〔四〕王恐，自殺。〔五〕葬藍田。燕數萬銜土置冢上，百姓憐之。

〔一〕【索隱】服虔云「宮外之餘地」。顧野王云「牆外行馬內田」。音人椽反，又音軟，又音奴亂反。壖垣，牆外之短垣也。【考證】四年，當作「三年」，漢書作「三歲」。蘇輿曰：案此郡國諸侯所立之太宗廟。愚按：壖垣又見鼂錯傳。

〔二〕【索隱】按：祖者行神，行而祭之，故曰祖也。風俗通云「共工氏之子曰修，好遠遊，故祀爲祖神」。又崔浩云「黃帝之子累祖好遠遊，而死於道，因以爲行神」，亦不知其何據。蓋見其謂之祖，因以爲累祖，非也。據帝系及本紀，皆言累祖黃帝妃，無爲行神之由也。又聘禮云「出祖，釋軷祭脯酒」而已。按：今祭禮，以軷壤土爲壇於道，則用黃羝，或用狗，以其血釁左輪也。【正義】荆州圖副云「漢臨江閔王榮，始都江陵城，坐侵廟壖地爲宫，被徵，出城北門而車軸折。父老共流涕曰：『吾王不反矣。』既而爲郅都所訊，懼而縊死。自此後，北門存而不啓，蓋爲榮不以道終也」。

〔三〕【考證】楓山本無「曰」字。漢書「薄」上有「對」字，此脱。

〔四〕【考證】郅都，見酷吏傳。

〔五〕【考證】景紀云：「死中尉府中。」

榮最長，〔一〕死無後，國除，地入于漢，爲南郡。

〔一〕【正義】顔師古云：「榮實最長，而傳居二王後者，以其從太子廢，後乃爲王也。」

右三國本王，皆栗（皆）〔姬〕之子也。〔一〕

〔一〕【考證】三條本「右」作「此」，下並同。

魯共王餘，以孝景前二年用皇子爲淮陽王。〔一〕二年，吳、楚反破後，以孝景前三年徙爲魯王。好治宫室苑囿狗馬。〔二〕季年好音，不喜辭辯。爲人吃。

〔一〕【考證】楓山本「孝景」下有「帝」字，下同。

〔三〕【考證】沈欽韓曰：西京雜記「魯共王好鬬雞鴨及鵞鴈，養孔雀鵁鶄，俸穀一年費二千石」。又曰：王延壽有靈光殿賦。愚按：漢書景十三王傳云「恭王初好治宫室，壞孔子舊宅，以廣其宫，聞鐘磬琴瑟之聲，遂不敢復壞。於其壁中得古文經傳」。藝文志云「得古文尚書及禮記、論語、孝經凡數十篇，皆古字」。

二十六年卒，子光代爲王。初好音輿馬；晚節嗇，惟恐不足於財。〔一〕

〔一〕【正義】晚節，猶言末年時。嗇，貧悋也。

江都易王非，〔一〕以孝景前二年用皇子爲汝南王。吴、楚反時，非年十五，有材力，〔二〕上書願擊吴。景帝賜非將軍印，擊吴。吴已破，二歲，徙爲江都王，治吴故國，〔三〕以軍功賜天子旌旗。元光五年，匈奴大入漢爲賊，〔四〕非上書願擊匈奴，上不許。非好氣力，治宫觀，招四方豪桀，驕奢甚。〔五〕

〔一〕【索隱】按：謚法「好更故舊曰易」也。

〔二〕【考證】古鈔本、楓山本「力」作「氣」，與漢書合。

〔三〕【考證】故國，故都也。漢書「吴」、「故」二字倒。顔師古曰：治，謂都之。劉濞所居也。

〔四〕【考證】漢書「元光五年」作「元光中」。王先謙曰：匈奴入邊，在二年、六年。

〔五〕【考證】漢書董仲舒傳云「天子以仲舒爲江都相，事易王。易王帝兄素驕好勇，仲舒以禮義匡正，王敬重焉」。西京雜記云「江都王勁捷，能超七尺屏風」。

立二十六年卒，子建立爲王。七年自殺。淮南、衡山謀反時，建頗聞其謀。自以爲國近淮南，恐一日發，爲所并，即陰作兵器，而時佩其父所賜將軍印，載天子旗以出。易王死未葬，建有所説易王寵美人淖姬，〔一〕夜使人迎，與姦服舍中。〔二〕及淮南事發，治黨與，頗及江都王建。建恐，因使人多持金錢，事絶其獄。而又信巫祝，使人禱祠妄言。建又盡與其姊弟姦。〔三〕事既聞，漢公卿請捕治建。天子不忍，使大臣即訊王。王服所犯，遂自殺。國除，地入于漢，爲廣陵郡。〔四〕

〔一〕【集解】蘇林曰：「淖，音泥淖。」【索隱】鄭氏音卓，蘇林音「泥淖」之「淖」，女教反。淖姓也，齊有淖齒是。又漢書云「建召易王所愛淖姬等十人，與姦服舍中」。【正義】淖，女孝反。

〔二〕【考證】顔師古曰：服舍，倚廬堊室之次也。

〔三〕【索隱】漢書云建女弟徵臣爲蓋侯子婦，以易王喪來歸，建復與姦也。【考證】梁玉繩曰：「姊弟」乃「女弟」之誤，「盡」字衍。

〔四〕【考證】建罪狀詳漢書景十三王傳。查慎行曰：史記譏江都王淫亂，不過四五行而止。漢書前後幾及千言，於淫穢之跡備極形容，似不如司馬之略。

膠西于王端，〔一〕以孝景前三年吳、楚七國反破後，端用皇子爲膠西王。〔二〕端爲人賊戾，又陰痿，〔三〕一近婦人，病之數月。而有愛幸少年爲郎。爲郎者〔四〕頃之與後宮亂，端禽滅之，及殺其子母。數犯上法，漢公卿數請誅端，天子爲兄弟之故不忍，而端所爲滋甚。有司再請削其國，去太半。〔五〕端心慍，遂爲無訾省。〔六〕府庫壞漏，盡腐財物以巨萬計，終不得收徙。令吏毋

得收租賦。端皆去衛，〔七〕封其宮門，從一門出游。〔八〕數變名姓，爲布衣，之他郡國。〔九〕

〔一〕【索隱】按：廣周書謚法云「能優其德曰于」。【考證】顔師古曰：于、迂通，遠也。遠乖道德，故以爲謚。

〔二〕【考證】中井積德曰：「以」字疑衍。

〔三〕【正義】委危反。不能御婦人。

〔四〕【考證】中井積德曰：兩「爲郎」，疑衍其一。

〔五〕【考證】張晏曰：三分之二爲太半，一爲少半。

〔六〕【集解】蘇林曰：「爲無所訾録，無所省録。」【正義】顔師古云：「訾，財也。省，視也。言不能視録資財。」【考證】沈欽韓曰：齊語「訾相其質」，注「訾，量也」。又呂覽知度篇「訾功丈而知人數矣」，注「訾，相也。相功力丈尺，而知人數多少」。又韓非亡徵篇「發心悁忿，而不訾前後者可亡也」；禮記少儀「不訾重器」，注「訾，思也」。並是此訾省義。蘇林解得之。愚按：蓋膠西王聞國削心愠，遂置國事於不問耳。

〔七〕【索隱】謂不置宿衛人。

〔八〕【考證】漢書「游」作「入」。

〔九〕【考證】顔師古曰：之，往也。

相、二千石往者，奉漢法以治，〔一〕端輒求其罪告之，無罪者詐藥殺之。所以設詐究變，〔二〕彊足以距諫，智足以飾非。〔三〕相、二千石從王治，則漢繩以法。故膠西小國，而所殺傷二千石甚衆。〔四〕

〔一〕【考證】漢書「往」作「至」。

〔二〕【索隱】究者窮也。故郭璞云「究，謂窮盡也」。

〔三〕【考證】殷本紀「帝紂知足以距諫，言足以飾非」。距、拒通。

〔四〕【考證】王先謙曰：端事又見漢書董仲舒傳。

立四十七年卒，竟無男代後，國除，地入于漢，爲膠西郡。

右三國本王，皆程姬之子也。

趙王彭祖，以孝景前二年用皇子爲廣川王。趙王遂反破後，彭祖王廣川。四年，徙爲趙王。十五年，孝景帝崩。〔一〕彭祖爲人巧佞卑諂足恭，而心刻深，〔二〕好法律，持詭辯以中人。〔三〕彭祖多內寵姬及子孫。相、二千石欲奉漢法以治，則害於王家。是以每相、二千石至，彭祖衣皁布衣自行迎，除二千石舍，〔四〕多設疑事以作動之，〔五〕得二千石失言中忌諱，輒書之。二千石欲治者，則以此迫劫；不聽乃上書告，及汙以姦利事。彭祖立五十餘年，相、二千石無能滿二歲，輒以罪去，大者死，小者刑，〔六〕以故二千石莫敢治。而趙王擅權，使使即縣爲賈人榷會，〔七〕入多於國經租稅。〔八〕以是趙王家多金錢，然所賜姬諸子，亦盡之矣。彭祖取故江都易王寵姬王建所盗與姦淖姬者爲姬，甚愛之。

〔一〕【考證】漢書無「彭祖王廣川」以下十八字，此複文。崔適曰：五宗十三王，卒於孝景崩後者十一王。各本於此下云「十五年孝景帝崩」。「中山王」下云「十四年孝景帝崩」，孤懸不倫，漢書尚無之。當由學者録此篇時，偶記於旁，後人誤入正文爾。

〔二〕【索隱】謂刻害深，無仁恩也。【考證】論語公冶長篇「巧言令色足恭」。顔師古曰：足恭，便辟也。

〔三〕【索隱】謂詭詐之辯以中傷於人。

〔四〕【索隱】謂彭祖自爲二千石埽除其舍以迎之也。

〔五〕【考證】作動，使困惑聳動也。漢書改作「詐動」，義異。

〔六〕【考證】據酷吏傳，陷御史大夫張湯於死者彭祖也，豈惟國中相、二千石！

〔七〕【集解】韋昭曰：「平會兩家買賣之賈也。榷者，禁他家，獨王家得爲之。」【索隱】榷，音角。獨言榷，謂酤榷也。會，音儈，古外反。謂爲賈人專榷買賣之賈，儈以取利，若今之和市矣。韋昭則訓榷爲平，其注解爲得。【考證】王先謙曰：會，會計也。總計賈人財物而征榷之，故曰「榷會」。韋注「賈讀曰價」。

〔八〕【索隱】經者常也。謂王家入多於國家常納之租稅也。【考證】中井積德曰：王國租稅有常經，今乃榷會所入之利多於其常經租稅之入也。

彭祖不好治宮室禨祥，〔一〕好爲吏事。上書願督國中盜賊。常夜從走卒行徼邯鄲中。〔二〕諸使過客，以彭祖險陂，莫敢留邯鄲。〔三〕

〔一〕【集解】服虔曰：「求福也。」【索隱】按：埤蒼云「禨，祆祥也」。列子云「荆人鬼，越人禨」。謂楚信鬼神，而越信禨祥也。

〔二〕【索隱】行徼，上下孟反，下工弔反。徼是郊外之路，謂巡徼而伺察境界。【考證】顔師古曰：徼，謂巡察也。

〔三〕【正義】顔師古曰：「陂，謂傾側也。」三蒼解詁云「險陂，諂佞也」。【考證】顔師古曰：使，謂京師使人也。過客，行客從趙過者也。

其太子丹與其女及同產姊姦，與其客江充有郤。充告丹，丹以故廢。趙更立太子。

中山靖王勝，以孝景前三年用皇子爲中山王。十四年，孝景帝崩。〔一〕勝爲人樂酒好内，〔二〕有子枝屬百二十餘人。〔三〕常與兄趙王相非曰：「兄爲王，專代吏治事。王者當日聽音樂聲色。」〔四〕趙王亦非之曰：「中山王徒日淫，不佐天子拊循百姓，何以稱爲藩臣！」〔五〕

〔一〕【考證】「十四年」以下，旁記誤入正文。

〔二〕【正義】樂，五教反。

〔三〕【考證】查慎行曰：云枝屬，則子孫内外羣在其數。愚按：併孫數之，故曰「枝屬」。漢書删「枝屬」二字。

〔四〕【考證】凌稚隆曰：漢書中山靖王聞樂對，甚可誦。又曰：漢書「音樂」下有「御」字。梁氏志疑引汪繩祖云：聞樂對，詞意悲壯。小司馬稱爲「漢之英藩」，則非徒樂酒好内也。蓋以漢法嚴吏深刻，託以自晦，有信陵、陳丞相之智識，史略之何歟？查慎行曰：中山靖王傳，漢書全載聞樂對，所以感動武帝，卒從主父偃謀，令諸侯以私恩自裂土分其子弟，與賈生、晁錯二傳相照應。此事不行於文、景，而行於武帝，是大有關係文字。通篇視史記獨詳。

〔五〕【考證】楓山本無「非之」二字。

立四十二年卒，〔一〕子哀王昌立。一年卒，子昆侈代爲中山王。〔二〕

〔一〕【索隱】按：漢書建元三年，濟川、中山王等來朝，聞樂而泣。天子問其故，王對以大臣内讒，肺腑日疏，其言甚雄壯，詞切而理文。天子加親親之好。可謂漢之英藩矣。

〔二〕【索隱】漢書昆侈謚康王，子頃王輔嗣，至孫國除也。【考證】楓山本「代」作「嗣」。

右二國本王，皆賈夫人之子也。

長沙定王發，發之母唐姬，故程姬侍者。景帝召程姬，程姬有所辟不願進，〔一〕而飾侍者唐兒使夜進。上醉不知，以爲程姬而幸之，遂有身。已乃覺非程姬也。及生子，因命曰發。〔二〕以孝景前二年用皇子爲長沙王，以其母微無寵，故王卑溼貧國。〔三〕

〔一〕【索隱】姚氏按：釋名云「天子諸侯，羣妾以次進御，有月事者止不御，更不口說，故以丹注面(自的的)〔目旳的〕爲識，令女史見之」。王察神女賦以爲「脱袿裳，免簪笄，施玄旳，結羽釵」。旳即釋名所云也。説文云「姅，女污也」。漢律云「見姅變，不得侍祠」。姅，音半。【考證】中井積德曰：漢時不循古禮，故以詐避之耳。

〔二〕【考證】命曰發，取諸發寤之義。上文云「已乃覺非程姬」，覺即發也。

〔三〕【集解】應劭曰：「景帝後二年，諸王來朝，有詔更前稱壽歌舞。定王但張袖小舉手，左右笑其拙。上怪問之，對曰：『臣國小地狹，不足迴旋。』帝以武陵、零陵、桂陽屬焉。」【考證】全祖望曰：武陵、桂陽並未嘗屬長沙，而零陽至武帝始置郡，安得如應劭所言？王先謙曰：史表景帝後二年，不書定王來朝，疑應氏誤記。

立二十七年卒，子康王庸立。二十八年卒，〔一〕子鮒鮈立爲長沙王。〔二〕

〔一〕【考證】康王，漢書作「戴王」。梁玉繩曰：二王年數，史、漢不同。

〔二〕【集解】服虔曰：「鮈，音拘。」

右一國本王，唐姬之子也。

廣川惠王越，以孝景中二年用皇子爲廣川王。十二年卒，〔一〕子齊立爲王。〔二〕齊有幸臣桑距。〔三〕已而有罪，欲誅距，距亡，王因禽其宗族。距怨王，乃上書告王齊與同產姦。〔四〕自是之後，王齊數上書告言漢公卿及幸臣所忠等。〔五〕

〔一〕【考證】漢傳「十二年」作「十三年」，誤。

〔二〕【索隱】漢書齊謚繆王。謚法「傷人蔽賢曰繆」。

〔三〕【考證】漢傳作「乘距」。

〔四〕【考證】顏師古曰：謂其姊妹也。

〔五〕【索隱】按：漢書「又告中尉蔡彭祖」。子去嗣，坐暴虐勃亂國除也。【正義】所忠，姓名。【考證】查慎行曰：截然而止，辭氣未足。當合漢書後段看。愚按：漢書景十三王傳云「所忠等」下有「又告中尉蔡彭祖，捕子明，罵曰：『吾盡汝種矣！』有司劾齊誣罔大不敬，請繫治。齊恐上書，願與廣川勇士奮擊匈奴。上許之。未發，病薨。有司請除國，奏可」語。又按：所忠又見平準書、司馬相如傳。

膠東康王寄，以孝景中二年用皇子爲膠東王。二十八年卒。〔一〕淮南王謀反時，寄微聞其事，私作樓車鏃矢戰守備，候淮南之起。〔二〕及吏治淮南之事，辭出之。〔三〕寄於上最親，〔四〕意傷之，發病而死，不敢置後，於是上聞。寄有長子者名賢，母無寵；少子名慶，母愛幸，寄常欲立之，爲不次，因有過，遂無言。〔五〕上憐之，乃以賢爲膠東王，奉康王嗣，〔六〕而封慶於故衡山地，爲六安王。

〔一〕【考證】崔適曰：下云「及吏治淮南之獄辭出之」，事在元朔六年，即康王二十六年也。

〔二〕【集解】應劭曰：「樓車，所以窺看敵國營壘之虛實也。」【索隱】左傳云「登樓車以窺宋人」，謂看敵國營壘之虛實也。李巡注爾雅「金鏃，以金爲箭鏑鏃」。字林音子木反。【考證】王念孫曰：鏃，當作「鍭」。爾雅説矢云「金鏃翦羽謂之鍭」。矢必有鏃，無用更言鏃。「鏃」、「鍭」字形相近而誤。

〔三〕【集解】如淳曰：「窮治其辭，出此事。」【考證】辭語連及其事也。

〔四〕【集解】徐廣曰：「其母武帝母妹。」【正義】寄母王夫人，即王皇后之妹，於上爲從母，故寄於諸兄弟最爲親愛也。

〔五〕【考證】古鈔本、楓山本「問」作「聞」，與漢傳合。王先謙曰：淮南反謀，不以聞而私作兵器，爲有過也。

〔六〕【考證】古鈔本、楓山本「嗣」作「祀」，與漢書合。

膠東王賢立，十四年卒，謚爲哀王。子慶爲王。〔一〕

〔一〕【集解】徐廣曰：「他本亦作『慶』字，惟一本作『建』。不宜得與叔父同名，相承之誤。」【考證】梁玉繩曰：當依年表及漢書作「通平」。徐廣云「一作『建』」，亦非。

六安王慶，以元狩二年用膠東康王子爲六安王。〔一〕

〔一〕【考證】楓山本「二年」作「三年」。

清河哀王乘，以孝景中三年用皇子爲清河王。十二年卒，無後，國除，地入于漢，爲清河郡。

常山憲王舜，以孝景中五年用皇子爲常山王。舜最親，景帝少子，驕怠多淫，數犯禁，上常寬釋之。立三十二年卒，太子勃代立爲王。

初，憲王舜有所不愛姬生長男棁。〔一〕棁以母無寵故，亦不得幸於王。王后脩生太子勃。王內多，〔二〕所幸姬生子平、子商，王后希得幸。〔三〕及憲王病甚，諸幸姬常侍病，故王后亦以妒媢，〔四〕不常侍病，輒歸舍。醫進藥，太子勃不自嘗藥，又不宿留侍病。及王薨，王后、太子乃至。憲王雅不以長子棁爲人數，〔五〕及薨，又不分與財物。郎或說太子、王后，令諸子與長子棁共分財物，太子、王后不聽。〔六〕太子代立，又不收恤棁。棁怨王后、太子。漢使者視憲王喪，棁自言憲王病時，王后、太子不侍，及薨，六日出舍，〔七〕太子勃私姦，飲酒，博戲，擊筑，與女子載馳環城過市，入牢視囚。天子遣大行騫〔八〕驗王后及問王勃，請逮勃所與姦諸證左，王又匿之。吏求捕勃大急，使人致擊笞掠，擅出漢所疑囚者。〔九〕有司請誅憲王后脩及王勃。上以脩素無行，使棁陷之罪，〔一〇〕勃無良師傅，不忍誅。有司請廢王后脩，徙王勃，以家屬處房陵，上許之。

〔一〕【集解】蘇林曰：「音奪。」【索隱】鄒氏一音之悅反。蘇林音奪。許慎説解、字林云「他活反，字從木也」。【考證】索隱「説解」二字有譌奪。

〔二〕【考證】王先謙曰：內，謂姬妾。

〔三〕【考證】各本「王」上重「王」字。楓、三本、毛本無，與漢書合。今從之。

〔四〕【索隱】媢，音亡報反。鄒氏本作「媚」。郭璞注三蒼云「媢，丈夫妒也」。又云，妒女爲媢。

〔五〕【考證】顔師古曰：雅，素也。愚按：人，子也。

〔六〕【考證】楓山本「令」作「命」。

〔七〕【集解】如淳曰：「服舍也。」

〔八〕【索隱】按：謂是張騫。

〔九〕【考證】漢書改「驗王后」至「諸證左」十六字作「驗問逮諸證者」，「因」下無「者」字。凌稚隆曰：難解。方苞曰：吏求捕諸證左於勃，甚急，使人擊掠勃左右。勃恐語泄，遂擅出漢所疑囚，使遁匿也。漢所疑囚，即與姦諸證左。愚按：古鈔本、楓山本「急」下有「勃」字，「人」下有「急」字，當依正。勃使人急致擊笞掠漢吏，又擅出漢所疑囚也。其餘方說得之。

〔一〇〕【考證】岡白駒曰：「之」字指王后。

勃王數月，遷于房陵，國絶。月餘，天子爲最親，乃詔有司曰：「常山憲王蚤夭，后妾不和，適孽誣争，〔一〕陷于不義以滅國，朕甚閔焉。其封憲王子平三萬户爲真定王，封子商三萬户爲泗水王。」〔二〕

〔一〕【考證】顔師古曰：適，音嫡。孽，庶也。

〔二〕【正義】泗水，海州。

真定王平，元鼎四年用常山憲王子爲真定王。〔一〕

〔一〕【考證】中井積德曰：據文例，「元鼎」上脱「以」字。

泗水思王商，以元鼎四年用常山憲王子爲泗水王，十一年卒。〔一〕子哀王安世立，十一年卒，無子。〔二〕於是上憐泗水王絶，乃立安世弟賀爲泗水王。

〔一〕【考證】張文虎曰：各本「常山」下衍「王」字，毛本無。梁玉繩曰：「十一年」衍「一」字。愚按：漢書無。

〔二〕【考證】梁玉繩曰：「十一年」衍「十」字。愚按：漢書無，史表亦誤。

右四國本王，皆王夫人兒姁子也。其後漢益封其支子爲六安王、泗水王二國。凡兒姁子孫，於今爲六王。

太史公曰：高祖時諸侯皆賦，〔一〕得自除内史以下，漢獨爲置丞相，黄金印。諸侯自除御史、廷尉正、博士，擬於天子。自吴、楚反後，五宗王世，漢爲置二千石，去「丞相」曰「相」，銀印。諸侯獨得食租税，奪之權。其後諸侯貧者，或乘牛車也。

〔一〕【集解】徐廣曰：國所出有皆入于王也。

【索隱述贊】景十三子，五宗親睦。栗姬既廢，臨江折軸。閼于早薨，河間儒服。餘好宫苑，端事馳逐。江都有才，中山禔福。長沙地小，膠東造鏃。仁賢者代，悖亂者族。兒姁四王，分封爲六。

史記會注考證卷六十

史記六十

三王世家第三十

【考證】史公自序云：「三子之王，文辭可觀。作三王世家第三十。」楊慎曰：具載疏奏制册，天子恭讓，群臣守義，文詞爛然可觀，又以見漢廷奏覆頒下施行之式。王鳴盛曰：三王世家武帝之子。所載直取請封三王之疏及三封策録之，與他王叙述迥異。則遷特漫爾鈔録，猶待潤色未成之筆也。據漢書武五子傳，武帝六男：衛皇后生戾太子，趙倢伃生昭帝，王夫人生齊懷王閎，李姬生燕剌王旦、廣陵厲王胥，李夫人生昌邑哀王髆。遷但取閎、旦、胥，不及戾太子及髆者，閎、旦、胥之封在元狩六年，遷書訖太初，則三王自應入世家。髆封於天漢四年，既有所不及書，而戾太子之敗在征和二年，遷固目擊其事。前則因其爲太子，不當入世家。後則既敗，不復補書，且有所諱也。論贊亦云「封立三王，天子恭讓，羣臣文辭爛然甚可觀也，是以附之世家」。其言與自序合。則三王世家幾乎爲史公手録。而褚少孫附記云：「傳中稱三王世家文辭可觀，求其世家，終不能得。竊從長老好故事者，取其封策書，編列其事而傳之，令後世得觀賢主之指意。」亦似少孫補之。愚按：柯維騏云太史公書原缺三王世家，獨其贊語尚存，故褚先生取廷臣之議及封策書補之。柯説近是。

「大司馬臣去病昧死再拜，上疏皇帝陛下：〔一〕陛下過聽，使臣去病待罪行閒。宜專邊塞之思慮，暴骸中野無以報，〔二〕乃敢惟他議以干用事者，誠見陛下憂勞天下，哀憐百姓以自忘，〔三〕虧膳貶樂，損郎員。皇子賴天，能勝衣趨拜，〔四〕至今無號位師傅官。陛下恭讓不恤，〔五〕羣臣私望，不敢越職而言。臣竊不勝犬馬心，昧死願陛下詔有司，因盛夏吉時，定皇子位。〔六〕唯陛下幸察。臣去病昧死再拜，以聞皇帝陛下。」〔七〕三月乙亥，御史臣光守尚書令奏未央宮。〔八〕制曰：「下御史。」

〔一〕**【索隱】**霍去病也。**【考證】**凌稚隆曰：大司馬，三公也，故爲首議。

〔二〕**【考證】**岡白駒曰：如此不足以報君恩。楓山本「無」作「死」。

〔三〕**【考證】**岡白駒曰：自忘己之躬。

〔四〕**【考證】**賴天，猶云賴父庇也。勝衣，謂兒童稍長，體足任衣服也。

〔五〕**【考證】**岡白駒曰：憂勞天下，不恤私愛。

〔六〕**【索隱】**按：明堂月令云「季夏月，可以封諸侯立大官」是也。

〔七〕**【考證】**疏文止于此。

〔八〕**【考證】**徐孚遠曰：三公爲奏草，尚書令受奏草，即後世尚書省也。

六年三月戊申朔，乙亥，御史臣光守尚書令、丞非，〔一〕下御史書到，言：〔二〕「丞相臣青翟、〔三〕御史大夫臣湯、〔四〕太常臣充、〔五〕大行令臣息、〔六〕太子少傅臣安〔七〕行宗正事，昧死上言：大司馬去病上疏曰：『陛下過聽，使臣去病待罪行閒。宜專邊塞之思慮，暴骸中野無以報，乃敢惟他議以干用事者，誠見陛下憂勞天下，哀憐百姓以自忘，虧膳貶樂，損郎員。皇子賴天，能勝衣趨拜，至今無號位師傅官。陛下恭讓不恤，羣臣私望，不敢越職而言。臣竊不勝犬馬心，昧死願陛下詔有司，因盛夏吉時，定皇子位。唯願陛下幸察。』〔八〕制曰『下御史』。〔
臣謹與中二千石、二千石臣賀等議：〔九〕古者裂地立國，並建諸侯，以承天子，所以尊宗廟，重社稷也。今臣去病上疏，不忘其職，因以宣恩，乃道天子卑讓自貶以勞天下，慮皇子未有號位。臣青翟、臣湯等宜奉義遵職，愚憧而不逮事。〔一〇〕方今盛夏吉時，臣青翟、臣湯等昧死請立皇子臣閎、〔一一〕臣旦、臣胥爲諸侯王。昧死請所立國名。」

〔一〕【索隱】按：奏狀有尚書令官位，而史闕其名耳。丞非者，或尚書左右丞，非其名也。【考證】錢大昕曰：索隱説非也。光以御史守尚書令，非別有尚書令而失其名也。下文云「太子少傅臣安行宗正事」，云「太僕臣賀行御史大夫事」，皆與此一例。愚按：果如錢說，「丞非」二字不可解。疑「丞」上奪「臣」字。非，尚書丞名。此時尚書令闕，故丞代理其事也。上文「守尚書」下亦當有「丞臣非」三字。唐制，位卑官高曰守，官卑位高曰行，蓋本於漢制。

〔二〕【考證】「到」字句。言，書中所云也。下文所記即是。

〔三〕【索隱】莊青翟也。

〔四〕【索隱】張湯。

〔五〕【索隱】蓋趙充也。【考證】梁玉繩曰：元狩六年俞侯欒賁爲太常，而曰「太常臣充」。索隱云趙充，未知所出。

〔六〕【索隱】李息。

〔七〕【索隱】任安也。

〔八〕【考證】中井積德曰：「唯」下「願」字疑衍。

〔九〕【正義】公孫賀。【考證】陳仁錫曰：古本「議」下有「曰」字。

〔一〇〕【正義】憧，劉伯莊音傷容反，顧野王音昌容反。憧音不定。【考證】憧，與「惷」同，騃昏也。張文虎曰：游本「義」作「議」，與凌引一本同。

〔一一〕【集解】徐廣曰：「一作『闕』。」

制曰：「蓋聞周封八百，姬姓並列，或子、男、附庸。禮『支子不祭』。〔一〕云並建諸侯，所以重社稷，朕無聞焉。且天非爲君生民也。〔二〕朕之不德，海内未洽，乃以未教成者彊君連城，即股肱何勸？〔三〕其更議以列侯家之。」〔四〕

〔一〕【考證】楓、三本無「並列」二字。禮記曲禮「支子不祭，祭必告於宗子」。

〔二〕【索隱】左傳曰：「天生蒸民，立君以司牧之。」是言生人爲立君長司牧之耳，非天爲君而生人也。

〔三〕【集解】徐廣曰：「一作『敦』，一作『勗』，一作『勸』也。」【索隱】謂皇子等並未習教義也。皇子未習教義，而彊使爲諸侯王，以君連城之人，則大臣何有所勸？【考證】其事既非是，大臣何以勸之於朕乎？

〔四〕【考證】言封皇子以列侯，不宜爲諸侯王也。

三月丙子，奏未央宮。〔一〕「丞相臣青翟、御史大夫臣湯昧死言：臣謹與列侯臣嬰齊、中二千石、二千石臣賀、諫大夫博士臣安等議，〔二〕曰：伏聞周封八百，姬姓並列，奉承天子。康叔以祖考顯，〔三〕而伯禽以周公立，咸爲建國諸侯，〔四〕以相傅爲輔，〔五〕百官奉憲，各遵其職，而國統備矣。竊以爲並建諸侯，所以重社稷者，四海諸侯，各以其職奉貢祭。〔六〕支子不得奉祭宗祖，禮也。〔七〕封建使守藩國，帝王所以扶德施化。陛下奉承天統，明開聖緒，尊賢顯功，興滅繼絶，續蕭文終之後于酇，〔八〕褒厲羣臣平津侯等，〔九〕昭六親之序，明天施之屬，〔一〇〕使諸侯王封君得推私恩，分子弟户邑，錫號尊建百有餘國。〔一一〕而家皇子爲列侯，則尊卑相踰，列位失序，〔一二〕不可以垂統於萬世。臣請立臣閎、〔一三〕臣旦、〔一四〕臣胥〔一五〕爲諸侯王。」三月丙子，奏未央宫。〔一六〕

〔一〕【考證】岡白駒曰：此月日上疏發句之文，疏末月日乃記奏之之月日也。

〔二〕【考證】梁玉繩曰：以褚所補者與武五子傳校之，字句之間多有同異。凌稚隆曰：「列侯臣嬰齊」以下增入。

〔三〕【考證】康叔，武王母弟。

〔四〕【考證】岡白駒曰：爲，去聲，言咸爲建國爲諸侯。

〔五〕【考證】相，相國。傅，師傅。霍去病初疏云「皇子至今無號位師傅官」。

〔六〕【考證】岡白駒曰：以其職奉貢，續其封奉祭。

〔七〕【考證】楓山本「祖」作「廟」。

〔八〕【索隱】蕭何謚文終也。按：蕭何初封沛之酇，音贊。後其子續封南陽之酇，音嵯。

〔九〕【索隱】公孫弘封平津侯。平津，高成之鄉名。【正義】公孫弘所封平津鄉在滄州鹽山南四十二里也。【考證】岡白駒曰：褒之以勸厲也。

〔一〇〕【考證】天施，天恩之所施。凌稚隆曰：一本「施」作「地」。

〔一一〕【索隱】謂武帝廣推恩之詔，分王諸侯王子弟，故有百餘國。

〔一二〕【索隱】謂諸侯王子已爲列侯，而今又家皇子爲列侯，是尊卑相踰越矣。【考證】余有丁曰：諸侯王稱國，列侯稱家。故曰「家皇子爲列侯」，即上所謂「列侯家之」也。沈家本曰：按下云「今諸侯支子封至諸侯王，而家皇子爲列侯」，所謂「尊卑相踰」也。

〔一三〕【索隱】齊王也，王夫人子。

〔一四〕【索隱】燕王也。漢書云「李姬子」。

〔一五〕【索隱】廣陵王也。

〔一六〕【考證】疏文止於「爲諸侯王」。「三月」以下記事之文。楓山本無此八字。

制曰：「康叔親屬有十，而獨尊者，襃有德也。〔一〕周公祭天命郊，故魯有白牡、騂剛之牲。〔二〕羣公不毛，〔三〕賢不肖差也。『高山仰之，景行嚮之』，〔四〕朕甚慕焉。所以抑未成，家以列侯可。」〔五〕

〔一〕【考證】武王同母兄弟十人，康叔封，次居第九。衛康叔世家云「康叔爲周司寇，賜衛寶祭器，以章有德」。

〔二〕【集解】公羊傳曰：「魯祭周公，牲用白牡，魯公用騂剛。」何休曰：「白牡，殷牲也。騂剛，赤脊，周牲也。」

〔三〕【集解】何休曰：「不毛，不純色也。」【考證】宣十三年公羊傳「剛」作「犅」。何休云：「周公死有王禮，謙不敢與文武同也。魯公以諸侯不嫌，故從周制。以脊爲差，不純色，所以降于尊祖。」

〔四〕【考證】詩小雅車舝篇「仰之」作「仰止」，「嚮之」作「行止」。

〔五〕【考證】制止于此。

四月戊寅，奏未央宮。「丞相臣青翟、御史大夫臣湯昧死言：臣青翟等與列侯吏二千石、諫大夫博士臣慶等議，〔一〕昧死奏請立皇子爲諸侯王。制曰：『康叔親屬有十，而獨尊者，襃有德也。周公祭天命郊，故魯有白牡、騂剛之牲。羣公不毛，賢不肖差也。「高山仰之，景行嚮之」，朕甚慕焉。所以抑未成，家以列侯可。』〔二〕臣青翟、臣湯、博士臣將行等〔三〕伏聞康叔親屬有十，武王繼體，周公輔成王，其八人皆以祖考之尊，建爲大國。〔四〕康叔之年幼，周公在三公之位，而伯禽據國於魯，蓋爵命之時，未至成人。康叔後扞祿父之難，伯禽殄淮夷之亂。〔五〕昔五帝異制，周爵五等，春秋三等，〔六〕皆因時而序尊卑。高皇帝撥亂世反諸正，〔七〕昭至德，定海内，封建諸侯，爵位二等。〔八〕皇子或在繦緥而立爲諸侯王，奉承天子，爲萬世法則，不可易。陛下躬親仁義，體行聖德，表裏文武，顯慈孝之行，廣賢能之路，内褒有德，外討彊暴，極臨北海，〔九〕西湊月氏，〔一〇〕匈奴、西域，舉國奉師。輿械之費，不賦於民。虛御府之藏，以賞元戎，〔一一〕開禁倉以賑貧窮，減戍卒之半。百蠻之君，靡不鄉風承流稱意。遠方殊俗，重譯而朝，澤及方外。故珍獸至，嘉穀興，天應甚彰。今諸侯支子封至諸侯王，〔一二〕而家皇子爲列侯，〔一三〕臣青翟、臣湯等竊伏孰計之，皆以爲尊卑失序，使天下失望，不可。臣請立臣閎、臣旦、臣胥爲諸侯王。」〔一四〕四月癸未，奏未央宮，留中不下。

〔一〕【考證】據上文云「諫大夫博士臣安」，慶蓋代居其職。

〔二〕【考證】茅坤曰：復申建議與制所云，亦即今覆奏體。

〔三〕【考證】將行代博士安。

〔四〕【考證】八人名，見管叔世家。

〔五〕【考證】董份曰：言康叔、伯禽幼未成人，見三王當封。言康叔、伯禽後有勳伐，見封之得宜。

〔六〕【集解】鄭玄曰：「春秋變周之文，從殷之質，合伯、子、男以爲一，則殷爵三等者，公、侯、伯也。」【考證】中井積德曰：春秋三等，未詳所據。然以其説，宜公、侯爲一等，伯爲一等，子、男爲一等也。建國之差，周制本如斯，非春秋之時改之，亦非殷質之謂。春秋三等，蓋漢儒之妄也。春秋豈有變制之事哉！殷爵三等，亦無所考。而有箕子、微子，則子爵明有之。愚按：隱五年公羊傳云「諸侯者何？天子三公稱公，王者之後稱公，其餘大國稱侯，小國稱伯、子、男」。春秋三等，蓋用公羊説，中説未得。

〔七〕【索隱】春秋公羊傳文。【考證】哀十四年公羊傳。

〔八〕【索隱】謂王與列侯。

〔九〕【正義】匈奴傳云：霍去病伐匈奴，北臨翰海。【考證】王念孫曰：極，遠也。言遠臨北海也。

〔一〇〕【正義】湊，音臻。氏，音支。至月氏。月氏，西戎國名，在蔥嶺之西也。【考證】王念孫曰：湊，當作「溱」。故正義訓爲至。愚按：古鈔本、楓山本作「溱」。

〔一一〕【集解】詩云：「元戎十乘，以先啓行。」韓嬰章句曰：「元戎，大戎，謂兵車也。車有大戎十乘，謂車縵輪，馬被甲，衡扼之上盡有劍戟，名曰陷軍之車，所以冒突先啓敵家之行伍也。」毛傳曰：「夏后氏曰鉤車，先正也。殷曰寅車，先疾也。周曰元戎，先良也。」【正義】輿，車也。械，戈矛弓矢之屬。

〔一二〕【索隱】謂立膠東王子慶爲六安王，常山王子平爲真定王，子商爲泗水王，是也。【考證】洪亮吉曰：其定泗川之封在元鼎三年，上距去病等上表封三王時尚有四年，安得反引？索隱誤。中井積德曰：諸侯支子，指推恩之令也，非謂六安等。

〔一三〕【索隱】時諸王稱「國」，列侯稱「家」也，故云「家皇子」，爲尊卑失序。【考證】張文虎曰：王、柯、凌本脱正文七字及注二十字。

〔一四〕【考證】疏文止于此。

「丞相臣青翟、太僕臣賀行御史大夫事、〔一〕太常臣充、太子少傅臣安行宗正事，〔二〕昧死言：臣青翟等前奏大司馬臣去病上疏言，皇子未有號位，臣謹與御史大夫臣湯、中二千石、二千石、諫大夫博士臣慶等，昧死請立皇子臣閎等爲諸侯王。陛下讓文武，躬自切，及皇子未教。〔三〕羣臣之議，儒者稱其術，或誖其心。〔四〕陛下固辭弗許，家皇子爲列侯。臣青翟等竊與列侯臣壽成等二十七人議，〔五〕皆曰：以爲尊卑失序。高皇帝建天下，爲漢太祖，王子孫，廣支輔，先帝法則弗改，所以宣至尊也。臣請令史官擇吉日，具禮儀上，御史奏輿地圖，〔六〕他皆如前故事。」〔七〕制曰：「可。」

〔一〕【考證】洪亮吉曰：案此時張湯尚爲御史大夫，而云賀行其事。湯豈以病在告耶？

〔二〕【考證】張文虎曰：凌本「少」譌「太」。

〔三〕【考證】方苞曰：讓文武，以制詞「周封八百」及「康叔親屬有十」諸語而言也。躬自切，以制詞「朕之不德」而言也。及皇子未教，以制詞「以未教成者彊君連城」而言也。

〔四〕【考證】方苞曰：儒者稱其術，即李斯所謂「令下各以其學議之」也。或悖其心，即李斯所謂「入則心非」也。蓋帝恐群臣封諸子之議，儒者或稱其術以議之，或口不言而心非之。必當日口語及此，而未筆於制詞，故畧舉以覆也。

〔五〕【集解】徐廣曰：「蕭何之玄孫酇侯壽成，後爲太常也。」【考證】凌稚隆曰：此增臣壽成二十七人。

〔六〕【索隱】謂地爲「輿」者，天地有覆載之德，故謂天爲「蓋」，謂地爲「輿」，故地圖稱「輿地圖」。疑自古有此名，非始漢也。【考證】淮南子原道訓「以天爲蓋，以地爲輿，以地爲輿則無不載也」。

〔七〕【考證】疏文止于此。

四月丙申，奏未央宮。「太僕臣賀行御史大夫事，昧死言：太常臣充言，卜入四月二十

八日乙巳，可立諸侯王。臣昧死奏輿地圖，請所立國名。禮儀別奏。臣昧死請。」〔一〕

〔一〕【考證】疏文止于此。

制曰：「立皇子閎爲齊王，旦爲燕王，胥爲廣陵王。」

四月丁酉，奏未央宮。六年〔一〕四月戊寅朔，癸卯，御史大夫湯下丞相，丞相下中二千石，二千石下郡太守、諸侯相，丞書從事〔二〕下當用者，如律令。

〔一〕【集解】徐廣曰：「一云『元狩』。」

〔二〕【考證】古鈔本「丞」作「承」，屬下讀。

「維六年四月乙巳，皇帝使御史大夫湯廟立子閎爲齊王，〔一〕曰：於戲，小子閎，〔二〕受茲青社！〔三〕朕承祖考，〔四〕維稽古，〔五〕建爾國家，封于東土，世爲漢藩輔！於戲念哉！恭朕之詔，惟命不于常。〔六〕人之好德，克明顯光。〔七〕義之不圖，俾君子怠。〔八〕悉爾心，允執其中，天祿永終。〔九〕厥有愆不臧，乃凶于而國，害于爾躬。〔一〇〕於戲，保國艾民，可不敬與！王其戒之。」〔一一〕

〔一〕【考證】漢武五子傳「六年」上有「元狩」二字。顏師古曰：於廟授策也。

〔二〕【索隱】此封齊王策文也。又按武帝集，此三王策皆武帝手製。於戲，音嗚呼。戲，或音羲。

〔三〕【集解】張晏曰：「王者以五色土爲太社，封四方諸侯，各以其方色土與之，苴以白茅，歸以立社。」【索隱】蔡邕獨斷云「皇子封爲王，受天子太社之土，若封東方諸侯，則割青土，藉以白茅，授之以立社，謂之『茅土』」。齊在東方，故云青社。【考證】王觀國曰：詩大雅抑「於乎小子，未知臧否。於乎小子，告爾舊止」。冊文乃用詩辭也。乎、戲，通文。
〔四〕【考證】漢書「祖考」作「天序」。
〔五〕【考證】「維」作「惟」。稽，考也。
〔六〕【考證】周書康誥「惟命不于常」。顔師古曰：言皇天無親，惟德是輔，善則得之，惡則失之。
〔七〕【考證】顔師古曰：言人若好德，則能明顯有光輝。愚按：明，明之也。顯光，顯光之德。顔説恐非。
〔八〕【索隱】謂若不圖於義，則君子懈怠，無歸附心。【考證】言君子不圖義，則其心懈怠。
〔九〕【考證】論語堯曰篇「咨，爾舜，天之曆數，在爾躬。允執其中，四海困窮，天禄永終」。集解引包咸云「允，信也。永，長也。言爲政信執其中，則能窮極四海，天禄所以長終也」。集註云「四海之人困窮，則君禄亦永絶矣」。包以永終爲嘉語，朱以爲惡詞。安井衡曰：書召誥云「天既遐終大國殷之命」，遐終即永終，朱子訓永絶是也。愚按：此策采書語，則亦永絶之義。「天禄」上添「不然」二字看。承上文「惟命不于常」而言，古文簡勁。
〔一〇〕【考證】漢書「僁」作「愆」。臧，善也。而，汝也。漢書「國」下有「而」字。
〔一一〕【集解】徐廣曰：「立八年無後，絶。」【考證】漢書「艾」作「乂」。顔師古曰：乂，治也。與讀曰歟。

右齊王策。

「維六年四月乙巳，皇帝使御史大夫湯廟立子旦爲燕王。曰：於戲，小子旦，受茲玄社！朕承祖考，維稽古，〔一〕建爾國家，封于北土，世爲漢藩輔。於戲，葷粥氏，虐老獸心，〔二〕侵犯寇盜，加以姦巧邊萌。〔三〕於戲，朕命將率徂征厥罪，萬夫長，千夫長，三十有二君皆來，〔四〕降旗奔師。〔五〕葷粥徙域，〔六〕北州以綏。〔七〕悉爾心，毋作怨，毋俷德，〔八〕毋乃廢備。〔九〕

非教士不得從徵。〔一〇〕於戲，保國艾民，可不敬與？王其戒之。」〔一一〕

〔一〕【索隱】褚先生解云「維者，度也。稽者，當也。言當順古道也」。魏高貴鄉公云：「稽，同也。古天也。謂堯能同天。」【考證】維、惟同。稽，考也。凌稚隆曰：索隱須在上齊王策「稽古」下。

〔二〕【索隱】按：匈奴傳曰「其國貴壯賤老，壯者食肥美，老者食其餘」，是虐老也。【正義】葷粥氏，唐、虞匈奴號。

〔三〕【索隱】邊甿。韋昭云：「甿，民也。」三蒼云：「邊人云甿。」

〔四〕【集解】張晏曰：「時所獲三十二帥也。」【考證】楓、三本無「君皆來」三字。漢書「君」作「帥」，無「皆來」二字。齊召南曰：事見霍去病傳。上嘉去病之功曰，渾邪王及厥衆萌咸奔於率，降異國之王三十二。

〔五〕【集解】如淳曰：「偃其旗鼓而來降。」【索隱】漢書「君」作「帥」，「期」作「旗」。而服虔云，以三十二軍中之將下旗去之也。如淳云，即昆邪王偃旗鼓降時也。若如此意，則三十二君非軍將，蓋戎狄酋帥時有三十二君來降也。【考證】張文虎曰：降旗，索隱本作「降期」。注云「漢書作『旗』」，是古本史文作「期」也。今史本皆作「旗」。案：論語「巫馬期」，史記弟子傳作「旗」，蓋同聲通假。

〔六〕【集解】張晏曰：「匈奴從東也。」【考證】劉奉世曰：匈奴從漠北。

〔七〕【集解】臣瓚曰：「綏，安也。」

〔八〕【集解】徐廣曰：「俷，一作『菲』。」【索隱】無菲德。蘇林云：「菲，廢也。本亦作『俷』。俷，敗也。」孔文祥云：「菲，薄也。」漢書作「棐」。【正義】俷，音符味反。

〔九〕【索隱】褚先生解云「言無乏武備，常備匈奴也」。【考證】漢書「乃廢」作「廢乃」。乃，汝也。

〔一〇〕【集解】張晏曰：「士不素習，不應召。」【索隱】韋昭云：「士非素教習，不得從軍徵發。故孔子曰『不教人戰，是謂弃之』是也。」褚先生解云：「非習禮義，不得在其側也。」【考證】沈欽韓曰：管子小匡篇「君有此教士三萬人，以橫行于天下」。王先謙曰：承上「毋廢備」言。

〔一〕【集解】徐廣曰：「立三十年自殺，國除。」【考證】沈家本曰：漢書「立三十八年而誅，國除」。集解奪八字。

右燕王策。

「維六年四月乙巳，皇帝使御史大夫湯廟立子胥爲廣陵王。曰：於戲，小子胥，受茲赤社，朕承祖考，維稽古，建爾國家，封于南土，世爲漢藩輔。古人有言曰：『大江之南，〔一〕五湖之閒，〔二〕其人輕心，楊州保疆，〔三〕三代要服，不及以政。』〔四〕於戲，悉爾心，戰戰兢兢，〔五〕乃惠乃順，毋侗好軼，毋邇宵人，〔六〕維法維則。書云『臣不作威，不作福』，靡有後羞。〔七〕於戲，保國艾民，可不敬與！王其戒之。」〔八〕

〔一〕【正義】謂京口南至荆州以南也。

〔二〕【索隱】按：五湖者，具區、洮滆、彭蠡、青草、洞庭是也。或曰：太湖五百里，故曰五湖也。【正義】胥、游、莫、貢、蔆爲五湖，並太湖東岸。今連太湖，蓋後五湖當是。

〔三〕【集解】徐廣曰：「一作『壃』。」駰案：李奇曰：「保，恃也。」【考證】漢書「楊」作「揚」。中井積德曰：保疆，謂所保之封疆也。與下文意相屬。

〔四〕【考證】顏師古曰：要服，次荒服之内者也。愚按：書禹貢云「五百里甸服，五百里侯服，五百里綏服，五百里要服」。不及以政，言上古政教未及。漢書「政」作「正」。注云「正，政也」。

〔五〕【考證】漢書「戰戰」作「祗祗」。

〔六〕【集解】應劭曰：「無好逸游之事，邇近小人。」張晏曰：「侗，音同。」【索隱】侗，音同。褚先生解云「無好軼樂馳騁弋獵」。邇，近也。宵人，小人也。鄒氏「宵，音謏」。謏亦小人也。或作「佞人」。【考證】侗，無知識也。軼，各本作「佚」，漢書作「逸」。

〔七〕【考證】顔師古曰：周書洪範云「臣無有作威作福也」。

〔八〕【集解】徐廣曰：「立六十四年，自殺。」

右廣陵王策。

太史公曰：古人有言曰「愛之欲其富，親之欲其貴」。〔一〕故王者疆土建國，封立子弟，所以褒親親，序骨肉，尊先祖，貴支體，廣同姓於天下也。〔二〕是以形勢彊而王室安。自古至今，所由來久矣。非有異也，故弗論箸也。燕、齊之事，無足采者。〔三〕然封立三王，天子恭讓，羣臣守義，文辭爛然，甚可觀也，是以附之世家。〔四〕

〔一〕【考證】孟子萬章篇「親之，欲其貴也。愛之，欲其富也」。

〔二〕【考證】親親，親也。重言之者，非一人也。漢書五行志「逆親親，厥妖白黑烏鬬於國」。後漢書光武十王傳「不忍親親之恩」。中庸「尊其位，重其祿，同其好惡，所以勸親親也」。貴支體，不敢毀傷也。

〔三〕【考證】三王皆幼，無事可傳者。

〔四〕【考證】史公自序亦云：「三子之王，文辭可觀。」

褚先生曰：臣幸得以文學爲侍郎，好覽觀太史公之列傳。傳中稱三王世家文辭可觀，〔一〕求其世家，終不能得。竊從長老好故事者，取其封策書，編列其事而傳之，令後世得觀賢主之指意。

〔一〕【考證】列傳，蓋言史公自序。張文虎曰：各本「傳」上有「列」字，宋本、毛本無。

蓋聞孝武帝之時，同日而俱拜三子爲王，封一子於齊，一子於廣陵，一子於燕。〔二〕各因子才力智能，及土地之剛柔，人民之輕重，爲作策以申戒之，謂王：「世爲漢藩輔，保國治民，可不敬與，王其戒之。」夫賢主所作，固非淺聞者所能知，非博聞彊記君子者，所不能究竟其意。〔三〕至其次序分絶，文字之上下，簡之參差長短，皆有意，人莫之能知。謹論次其真草詔書，編于左方，〔三〕令覽者自通其意而解説之。

〔二〕【考證】楓、三本「一子」上並有「封」字。

〔三〕【考證】古鈔本、楓、三本「不」上無「所」字。

〔三〕【考證】顧炎武曰：褚先生親見簡策，而孝武時詔即已用草書也。愚按：草，草稿也。古鈔本、楓、三本無「草」字。

王夫人者，趙人也，與衛夫人並幸武帝，而生子閎。閎且立爲王，時其母病，〔一〕武帝自臨，問之曰：「子當爲王，欲安所置之？」王夫人曰：「陛下在，妾又何等可言者？」帝曰：「雖然，意所欲，欲於何所王之？」王夫人曰：「願置之雒陽。」武帝曰：「雒陽有武庫敖倉，天下衝阸，漢國之大都也。先帝以來，無子王於雒陽者。去雒陽，餘盡可。」王夫人不應。武帝曰：「關東之國，無大於齊者。齊東負海，而城郭大，古時獨臨菑中十萬户，天下膏腴地莫盛於齊者矣。」王夫人以手擊頭，謝曰：「幸甚。」王夫人死，而帝痛之，使使者拜之曰：「皇帝謹使使太中大夫明奉璧一，賜夫人爲齊王太后。」〔二〕子閎王齊，年少無有子，立，不幸早死，國絶，爲郡。天下稱齊不宜王云。

〔一〕【考證】張文虎曰：中統、游本「且」上無「閎」字。

〔二〕【考證】古鈔本、楓山本無二「使」字。

所謂「受此土」者，〔一〕諸侯王始封者必受土於天子之社，歸立之以爲國社，以歲時祠之。春秋大傳曰：「天子之國有泰社。東方青，南方赤，西方白，北方黑，上方黄。」故將封於東方者取青土，封於南方者取赤土，封於西方者取白土，封於北方者取黑土，封於上方者取黄土，各取其色物，裹以白茅，封以爲社。此始受封於天子者也。此之爲主土。主土者，立社而奉之也。〔二〕「朕承祖考」，〔三〕祖者先也。考者父也。「維稽古」，〔四〕維者，度也，念也；稽者，當也，當順古之道也。

〔一〕【考證】齊王策云「受茲青社」，此云「受此土」者，褚生以意改文。

〔二〕【考證】春秋大傳未詳。夏本紀「徐州貢維土五色」，集解鄭玄云「土五色者，所以爲太社之封」。正義、韓詩外傳云「天子社，廣五丈。東方青，南方赤，西方白，北方黑。上冒以黄土，將封諸侯，各取方土。苴以白茅，以爲社也」。皮錫瑞曰：釋名釋地云「徐州貢土五色，有青、黄、赤、白也」。郊祀志「元始五年，令徐州牧歲貢五色土各一斗」。

〔三〕【考證】亦策命文。

〔四〕【考證】亦策命文。

齊地多變詐，不習於禮義，故戒之曰：「恭朕之詔，唯命不可爲常。人之好德，能明顯光。不圖於義，使君子怠慢。悉若心，信執其中，天禄長終。有過不善，乃凶于而國，而害于若身。」〔一〕齊王之國，左右維持以禮義，不幸中年早夭。然全身無過，如其策意。

〔一〕【考證】以意微改策命文。

傳曰「青采出於藍，而質青於藍」者，教使然也。〔一〕遠哉賢主，昭然獨見：誡齊王以慎内；誡燕王以無作怨無俷德；〔二〕誡廣陵王以慎外，無作威與福。

〔一〕【考證】荀子勸學篇「青取之於藍，而青於藍」。

〔二〕【索隱】本亦作「肥」。案：上策云「作菲德」，下云「勿使王背德也」，則肥當音扶味反，亦音匪。

夫廣陵在吳、越之地，其民精而輕，故誡之曰：「江湖之閒，其人輕心。楊州葆疆，三代之時，迫要使從中國俗服，不大及以政教，以意御之而已。〔一〕無侗好佚，無邇宵人，維法是則，無長好佚樂馳騁弋獵淫康而近小人，常念法度，則無羞辱矣。」〔二〕三江、五湖有魚鹽之利，銅山之富，天下所仰。故誡之曰「臣不作福」者，勿使行財幣，厚賞賜，以立聲譽，爲四方所歸也。又曰「臣不作威」者，勿使因輕以倍義也。〔三〕

〔一〕【考證】古鈔本、楓、三本「意」作「德」。

〔二〕【考證】楓山本「無」下無「長」字，「羞」上有「復」字，以意敷演策命文。

〔三〕【考證】並舉策文釋其義。

會孝武帝崩，孝昭帝初立，先朝廣陵王胥，厚賞賜金錢財幣直三千餘萬，益地百里，邑萬户。〔一〕

〔一〕【考證】漢書武五子傳云「昭帝初立，益封胥萬三千户。元鳳中入朝，復益萬户，賜錢二千萬，黄金二千斤，安車駟馬寶劍」。

會昭帝崩，宣帝初立，緣恩行義，以本始元年中，裂漢地，盡以封廣陵王胥四子：一子爲朝陽侯；〔一〕一子爲平曲侯；〔二〕一子爲南利侯；〔三〕最愛少子弘，立以爲高密王。〔四〕

〔一〕【正義】括地志云：「朝陽故城，在鄧州穰縣南八十里。應劭云在朝水之陽也。」【考證】名聖。錢大昕曰：漢書王子侯表「朝陽荒侯聖」下注「濟南」字，而地理志濟南郡朝陽縣本是侯國。則此朝陽非南陽之朝陽也。

〔二〕【正義】地理志云平曲縣屬東海郡。又云在瀛州文安縣北七十里。【考證】名曾。

〔三〕【正義】括地志云：「南利故城，在豫州上蔡縣東八十五里。」【考證】名昌。

〔四〕【正義】括地志云：「高密故城，在密州高密縣西南四十里。」

其後胥果作威福，〔一〕通楚王使者。楚王宣言曰：「我先元王，高帝少弟也，封三十二城。今地邑益少，我欲與廣陵王共發兵，立廣陵王爲上，〔二〕我復王楚三十二城，如元王時。」事發覺，公卿有司請行罰誅。天子以骨肉之故，不忍致法於胥，下詔書無治廣陵王，獨誅首惡楚王。傳曰「蓬生麻中，不扶自直；〔三〕白沙在泥中，與之皆黑」者，土地教化使之然也。其後胥復祝詛謀反，自殺，國除。〔四〕

〔一〕【考證】威福，承册命文。

〔二〕【考證】立，各本作「云」。錢泰吉曰：云，「立」字之譌。與古鈔本、楓山本合，今從改。劉氏百衲宋本、毛本作「云云立」三字。

〔三〕【索隱】已下並見荀卿子。【考證】張照曰：「蓬生麻中」二語，見荀子勸學篇。下文今本荀子所無。愚按：尚書洪範孔疏引荀子有下二句。

荀子「自」作「而」。大戴禮曾子制言篇「蓬生麻中，不扶自直。白沙在泥，與之皆黑」。

〔四〕【考證】事在宣帝五鳳四年，詳于武五子傳。

燕土墝埆，北迫匈奴，其人民勇而少慮，故誡之曰：「葷粥氏無有孝行，而禽獸心，以竊盜侵犯邊民。朕詔將軍往征其罪，萬夫長，千夫長，三十有二君皆來，降旗奔師。葷粥徙域遠處，北州以安矣。」「悉若心，無作怨」者，勿使從俗以怨望也。「無俷德」者，勿使上背德也。〔一〕「無廢備」者，無乏武備，常備匈奴也。「非教士不得從徵」者，言非習禮義不得在於側也。〔二〕

〔一〕【考證】張文虎曰：「上」乃「王」字誤。前文「俷德」下索隱引此作「王背德」。宋本作「比」，蓋「北」字之譌，「北」即「背」字。愚按：凌本、毛本作「背」，古鈔本、楓山本作「比」。

〔二〕【考證】並舉策文釋之。

會武帝年老長，而太子不幸薨，而日使來上書，請身入宿衞於長安。孝武見其書，擊地，怒曰：「生子當置之齊、魯禮義之鄉，乃置之燕、趙，果有争心，不讓之端見矣。」於

是使使即斬其使者於闕下。〔一〕

〔一〕【考證】漢書武五子傳云「上怒下其使獄」。

會武帝崩，〔二〕昭帝初立，旦果作怨而望大臣。自以長子當立，與齊王子劉澤等謀爲叛逆，出言曰：「我安得弟在者！〔三〕今立者乃大將軍子也。」欲發兵，事發覺，當誅。昭帝緣恩寬忍，抑案不揚。公卿使大臣，〔三〕請遣宗正，與太中大夫公户滿意、御史二人，偕往使燕風喻之。〔四〕到燕各異日，更見責王。宗正者，主宗室諸劉屬籍，先見王，爲列陳道昭帝實武帝子狀。侍御史乃復見王，責之以正法，問：「王欲發兵，〔五〕罪名明白，當坐之。漢家有正法，王犯纖介小罪過，即行法直斷耳，安能寬王！」〔六〕驚動以文法。王意益下，心恐。公户滿意習於經術，最後見王，稱引古今通義，國家大禮，文章爾雅。〔七〕謂王曰：「古者天子必內有異姓大夫，所以正骨肉也；外有同姓大夫，所以正異族也。〔八〕周公輔成王，誅其兩弟，故治。〔九〕武帝在時，尚能寬王。今昭帝始立，〔一〇〕年幼富於春秋，未臨政，委任大臣。古者誅罰不阿親戚，故天下治。方今大臣輔政，奉法直行，無敢所阿，恐不能寬王。王可自謹，無自令身死國滅，爲天下笑。」於是燕王旦乃恐懼服罪，叩頭謝過。大臣欲和合骨肉，難傷之以法。

〔二〕【考證】劉氏百衲宋本「武帝」上有「孝」字。

〔三〕【索隱】案：昭帝鉤弋夫人所生，武帝崩時，年纔七八歲耳。胥、旦早封在外，實合有疑。然武帝春秋高，惑於內寵，誅太子而立童孺，能不使胥、旦疑怨。亦由權臣輔政，貪立幼主之利，遂得鉤弋子當陽。斯實父德不弘，遂令子道不順。然犬各吠非其主，大中、宗正人臣之職，又亦當如此。【正義】弟，謂昭帝，言非武帝子也。

〔三〕【考證】古鈔本、楓、三本無「使」字。中井積德曰：「使」字疑衍。

〔四〕【索隱】宗正，官名，必以宗室有德者爲之，不知時何人。公户姓，滿意名，爲太中大夫。是使二人，又有侍御史二人，皆往使治燕王也。【正義】公户姓，滿意名。【考證】董份曰：按宗正主屬籍，故辨正王以宗系之事。御史主執法，故案訊王發兵之罪。滿意通儒術，故曉發以理，使王自知其罪。

〔五〕【考證】古鈔本、楓、三本「問」作「聞」。

〔六〕【考證】古鈔本「介」下無「小」字。

〔七〕【索隱】爾，近也。雅，正也。其書於「正」字義訓爲近，故云爾雅。相承云周公作，以教成王。又云：子夏作之以解詩書也。【考證】中井積德曰：「禮」當作「體」。爾雅，猶言温藉閑正也。是套語，非稱書名。愚按：文章，猶言美而文也。

〔八〕【索隱】按：內云有異姓大夫以正骨肉，蓋錯也。「內」合言「同姓」，宗正是也。「外」合言「異姓」，太中大夫是也。

〔九〕【正義】管叔、蔡叔與武庚作亂，周公誅管叔，放蔡叔，天下太平。

〔一〇〕【考證】陳仁錫曰：「昭帝」當作「皇帝」。

其後旦復與左將軍上官桀等謀反，宣言曰「我次太子，太子不在，我當立，大臣共抑我」云云。大將軍光輔政，與公卿大臣議曰：「燕王旦不改過悔正，行惡不變。」〔一〕於是脩法直斷，行罰誅。旦自殺，國除，如其策指。有司請誅旦妻子。孝昭以骨肉之親，不

忍致法，寬赦旦妻子，免爲庶人。〔一〕傳曰「蘭根與白芷，漸之滫中，君子不近，庶人不服」者，所以漸然也。〔二〕

〔一〕【考證】楓山本「改」作「反」。

〔二〕【考證】凌稚隆曰：此與漢書大異。

〔三〕【集解】徐廣曰：「滫者，淅米汁也。音先糾反。」【索隱】白芷，香草也，音止，又音昌改反。漸，音子潛反。漸，漬也。滫，讀如禮「滫瀡」之「滫」，謂洗也，音思酒反。【正義】言雖香草，以米汁漬之，無復香氣。君子不欲附近，庶人不服者，爲漸漬然也。以旦謀叛，君子庶人皆不附近。【考證】荀子勸學篇云：「蘭槐之根，是爲芷。其漸之滫，君子不近，庶人不服。其質非不美也，所漸者然也。」楊倞注「滫，溺也」。朝川鼎曰：禮記內則篇「滫瀡」，鄭玄注云「秦人溲曰滫」。釋文云「滫，思酒反，溲也」。淮南子人間訓高誘注云「滫，臭汁也」。楊注蓋本于此。中井積德曰：以滫喻燕、趙惡俗也。

宣帝初立，推恩宣德，以本始元年中盡復封燕王旦兩子：一子安爲定侯；〔一〕立燕故太子建爲廣陽王，〔二〕以奉燕王祭祀。

〔一〕【正義】漢表在鉅鹿郡。

〔二〕【正義】括地志云：「廣陽故城，今在幽州良鄉縣東北三十七里。」【考證】陳仁錫曰：燕王兩子，今本缺「一子爲新昌侯」六字。張文虎曰：正義「廣陽」，各本誤「廣陵」，今從館本。

【索隱述贊】三王封系，舊史爛然。褚氏後補，册書存焉。去病建議，青翟上言。天子沖挹，志在急賢。太常具禮，請立齊燕。閎國負海，旦社惟玄。宵人不邇，菫粥遠邊。明哉監戒，式防厥諐。

史記會注考證卷六十一

伯夷列傳第一

史記六十一

【索隱】列傳者，謂敍列人臣事跡，令可傳於後世，故曰列傳。【正義】其人行跡可序列，故云列傳。老子、莊子，開元二十三年奉敕升爲列傳首，處夷、齊上。然漢武帝之時，佛教未興，道教已設。道則禁惡，咸致正理。制禦邪人，未有佛教可導。故列老、莊於申、韓之上。今既佛道齊妙，興法乖流，理當居列傳之首也。【考證】史公自序云：「末世争利，維彼奔義；讓國餓死，天下稱之。作伯夷列傳第一」。趙翼曰：史記列傳敍事，古人所無。古人著書，凡發明義理，記載故事，皆謂之傳。孟子曰「於傳有之」，謂古書也。左、公、穀作春秋傳，所以傳春秋之旨也。伏生弟子作尚書大傳，孔安國作尚書傳，所以傳尚書之義也。韓非子亦分經傳。故孔穎達云「大宰秦漢之際解書者，多分爲傳」。又漢世稱論語、孝經並謂之傳。漢武謂東方朔云「傳曰『時然後言，人不厭其言』」；東平王與其太師策書云「傳曰『陳力就列，不能者止』」；成帝賜翟方進書云「傳曰『高而不危，所以長守貴也』」：是漢時所謂傳，凡古書及説經皆名之，非專以敍一人之事也。其專以之敍事而人各一傳，則自史遷始。而班史以後皆因之。又曰：史遷於傳之中，分公卿將相爲列傳，其儒林、循吏、酷吏、刺客、游俠、佞幸、滑稽、日者、龜策、貨殖等，又別立名目，以類相從。俞樾曰：平原君傳，徐廣注引魏公子傳云「趙惠文王弟」，然則傳之名亦有所本矣。中井積德曰：傳不一而足，次第成列，故謂之列傳耳。

趙翼曰：史記列傳次序，蓋成一篇，即編入一篇，不待撰成全書重爲排比。故李廣傳後忽列匈奴傳，下又列衛青霍去病傳。朝臣與外夷相次，已屬不倫，然此猶曰諸臣事與匈奴相涉也。公孫弘傳後忽列南越、東越、朝鮮、西南夷等傳，下又列司馬相如傳，相如之下又列淮南衡山王傳。循吏後忽列汲黯鄭當時傳，儒林、酷吏後忽又入大宛傳，其次第皆無意義，可知其隨得隨編也。村尾元融曰：太史公欲求節義最高者爲列傳首，以激叔世澆漓之風，併明己述作之旨。而由、光之倫，已非經藝所説，則疑無其人，未如伯夷經聖人表章，事實確然。此傳之所以作也。自序云「末世争利，維彼奔義，讓國餓死，天下稱之。作伯夷列傳第一」，即其義也。愚按：本紀、世家各有次序，列傳亦豈隨得隨編者乎哉？必當有次序。李廣、衛青、霍去病皆事涉匈奴，趙氏既知之矣。西南夷傳前有公孫弘，後有司馬相如，一欲罷之，一欲開之，事亦相涉。循吏傳後敘汲黯、鄭當時者，以二人亦循吏也。趙説未得。至其以伯夷爲傳首，則村説悉之矣。張文虎曰：王、柯本題「老子伯夷列傳第一」，別行注云：「正義本老子、莊子、伯夷居列傳之首。正義曰：『老子、莊子開元二十三年奉敕升爲列傳首，處夷、齊上。然漢武帝之時佛教未興，道教已設。道則禁惡，咸致正理。制禦邪人，未有佛教可導。故列老、莊於申、韓之上。今既佛道齊妙，興法乖流，理居列傳之首也。』今依正義本。」凌本亦有此注，而無末五字，蓋正義止「老子」以下至「首也」七十九字，首尾皆合刻者語。王、柯本皆依正義次序，以老子居列傳首。凌本雖亦用宋人合刻本，而不依其次，故删去末五字。其餘各本無正義，悉依史公舊次。索隱本成書在正義前，未奉開元勅，改更無論矣。又曰：正義「乖流」二字，於文義不諧。「乖」疑「乘」字之譌。又曰：王、柯、凌本又一條云「監本老子與伯夷同傳，第一；莊子與韓非同傳，第三」，蓋亦合刻者所記。愚按：列傳次序，諸本不同。集解本、索隱本伯夷第一，管晏第二，老莊申韓第三，與史公自序合，是舊第也。至正義本，以老子置伯夷前，同爲一卷，第一；

管晏爲第二；申韓爲第三。監本又老子、伯夷同傳，第一；莊子、韓非同傳，第三。今從集解、索隱，以復史公舊第云。梁玉繩曰：伯夷傳所載俱非也。孟子謂夷、齊至周，在文王爲西伯之年，安得言歸于文王卒後？其不可信一已。書序謂武王伐紂，嗣位已十一年，即周紀亦有「九年祭畢」之語，畢乃文王墓地，安得言父死不葬？其不可信二已。禮大傳謂武王克商，然後追王三世，安得言徂征之始便號文王？其不可信三已。東伐之時，伯夷歸周已久，且與太公同處岐、豐，未有不知其事者，何以不沮於帷帳定計之初，而徒諫於干戈既出之日？其不可信四已。曰「左右欲兵之」，曰「太公扶去之」，武王之師，不應無紀律若是。萬或緩不及救，則彼殺比干，此殺夷、齊，不真若以暴易暴乎？其不可信五已。正義數首陽有五，前賢定夷、齊所隱爲蒲坂之首陽，空山無食，采薇其常爾。獨不思山亦周之山，薇亦周之薇，而但恥食周之粟，于義爲不全，其不可信六已。論語稱「餓于首陽之下」，未嘗稱餓死。孔子餓陳、蔡，靈輒餓翳桑，詎必皆至于死，且安知不于逃國之時，餓首陽耶？其不可信七已。即云恥食周粟，亦止于不食稍禄，非絶粒也。戰國燕策蘇秦曰：「伯夷不肯爲武王之臣，不受封侯。」漢書王貢兩龔鮑傳序曰「武王遷九鼎于洛邑，伯夷、叔齊薄之，不食其禄」，豈果不食而死歟？其不可信八已。即云不食餓死，而歌非二子作也。詩遭秦火，軼詩甚多。烏識采薇爲二子絶命之辭？況歌言西山，奈何以首陽當之。設唐風之采苓爲軼詩，則詩中明著首陽，將指爲夷、齊所作歟？夫同一燕燕詩，小序以爲莊姜送妾，列女傳以爲定姜送婦。同一黍離，韓詩以爲尹吉甫子伯奇弟伯封作，齊、魯詩以爲衛宣公子壽閔其兄伋而作。白虎通諫諍篇以相鼠爲妻諫夫之詩，列女傳以芣苢蔡女作，行露申女作，柏舟齊女作，大車息夫人作。趙岐孟子注以鴟鴞爲刺邠君，以小弁爲伯奇之詩。列子仲尼篇以「立我蒸民，莫匪爾極。不識不知，順帝之則」爲堯時童謡。呂氏春秋慎人篇以北山「普天之下」四語爲舜所作之詩，求人篇以鄭風「子惠思我」四語爲子産所作之詩。文選李少卿與蘇武詩注引琴操以鄒虞爲邵國之女所作。水經注五以新臺爲齊姜所賦。困學紀聞三謂「近世以關雎爲畢公作」，又引袁孝政釋劉子，以青蠅爲刺魏武公。宋張載正蒙樂器篇以唐棣爲文王之詩。岐頭別見，莫辨所由。則史公偶得一詩，而漫屬之夷、齊，毋乃類是，其不可信九已。孔子稱夷、齊無怨，而詩歎命衰，怨似不免。且其意雖不滿于殪殷，而易暴之言甚戇，必不以加武王，其不可信十已。先儒多有議及者，詞義繁蕪，不能盡録。余故總攬而爲此辨。愚按：疑伯夷傳者，蓋始於宋王安石、葉適。明王直有伯夷十辯，王褘有考定伯夷傳。梁氏綜攬而爲此辯，其説最備。我邦中井履軒亦有攷定伯夷傳。

夫學者載籍極博，猶考信於六蓺。詩、書雖缺，〔一〕然虞、夏之文可知也。〔二〕堯將遜位，讓於虞舜，〔三〕舜、禹之閒，岳牧咸薦，乃試之於位，典職數十年，功用既興，然後授政。〔四〕示天下重器，王者大統，傳天下若斯之難也。〔五〕而説者曰：堯讓天下於許由，許由不受，恥之逃隱。〔六〕及夏之時，有卞隨、務光者。此何以稱焉？〔七〕太史公曰：余登箕山，其上蓋有許由冢云。〔八〕孔子序列古之仁聖賢人，如吳太伯、伯夷之倫詳矣。〔九〕余以所聞由、光〔一〇〕義至高，〔一一〕其文辭不少概見，何哉？〔一二〕

〔一〕【索隱】按：孔子系家稱古詩三千餘篇，孔子刪三百五篇爲詩，今亡五篇。又書緯稱孔子求得黄帝玄孫帝魁之書，迄秦穆公，凡三千三百三十篇，乃刪以一百篇爲尚書，十八篇爲中候。今百篇之内，見亡四十二篇，是詩、書又有缺亡者也。【正義】六藝，書、筭、射、御、禮、樂。【考證】六藝謂六經，與周禮六藝自別。滑稽傳曰：孔子曰「六藝於治一也。禮以節人，樂以發和，書以道事，詩以達意，易以神化，春秋以道義」，此也。詩書，主書而言。書百篇，今止存今文二十八篇。方苞曰：許由、卞隨、務光雖見於諸子，而六經不載，孔子又無稱焉，是以不敢傳疑也。

〔二〕【索隱】按：尚書有堯典、舜典、大禹謨，備言虞、夏禪讓之事。故云「虞、夏之文可知也」。【正義】伯夷、叔齊讓位，大統重器，天下爲難。學者博見典籍，詩、書雖缺，尚書載堯禪舜。及諸子言堯讓許由，禹讓卞隨、務光。引此者，蓋美伯夷、叔齊之讓，唯學者能知。【考證】中井積德曰：太史公之時，舜典未判，而無今大禹謨。

〔三〕【考證】書堯典序云：「昔在帝堯，聰明文思，光宅天下。將遜于位，讓于虞舜。」

〔四〕【正義】舜、禹皆典職事二十餘年，然後踐帝位。

〔五〕【索隱】言天下者是王者之重器，故莊子云「天下大器」是也。則大器亦重器也。【考證】老子「天下神器」，莊子所本。中井積德曰：用、庸通。索隱「王者之」三字失當。

〔六〕【正義】皇甫謐高士傳云「許由字武仲。堯聞致天下而讓焉，乃退而遁於中嶽、潁水之陽箕山之下隱。堯又召爲九州長，由不欲聞之，洗耳於潁水濱。時有巢父，牽犢欲飲之，見由洗耳，問其故。對曰：『堯欲召我爲九州長，惡聞其聲，是故洗耳。』巢父曰：『子若處高岸深谷，人道不通，誰能見子？子故浮游，欲聞求其名譽。污吾犢口。』牽犢上流飲之。許由歿，葬此山，亦名許由山」。在洛州陽城縣南十三里。【考證】莊子讓王篇云：「堯以天下讓許由。許由不受。」又云：「許由娛於潁陽。」又見於逍遥游篇。陳霆曰：堯讓天下於許由，由非山林逸士也。左傳云「許，太岳之後」。太岳意由耳。古者申、吕、許、甫，皆四岳之後。堯典云：「咨四岳，朕在位七十載，汝能庸命，遜朕位？」許由之舉，或即此也。若飲牛棄瓢之説，或由不敢當其讓，遂逃避于野，如益避啓于箕山之類，後人不知，謂堯以天下讓一山野之人，甚可駭也。愚按：堯讓許由，莊周言之，而經無所見，其事有無未可知。史公既疑之，陳氏之説亦無確證。姑記資于博聞。

〔七〕【索隱】按：「説者」謂諸子雜記也。然堯讓於許由，及夏時有卞隨、務光等，殷湯讓之天下，並不受而逃，事具莊周讓王篇。【正義】經史唯稱伯夷、叔齊，不及許由、卞隨、務光者，不少概見，何以哉？故言「何以稱焉」，爲不稱説之也。莊子云「湯將伐桀，因卞隨而謀，卞隨曰『非吾事也』。湯又因務光而謀，務光曰『非吾事也』。湯遂與伊尹伐桀，克之。以讓卞隨，卞隨曰『君之伐桀也謀乎我，必以我爲賊，勝桀而讓我，必以我爲貪也。吾生乎亂世，無道之人，再來漫我，以其辱行。吾不忍數聞』。乃自投水而死。又讓務光，務光曰『廢上非義也，殺民非仁也，人犯其難，我享其利，非廉也。吾聞之曰：非其義者，不受其祿，無道之世，不踐其土。況尊我乎？吾不忍久見也』。乃負石自沈於廬水」。列仙傳云：「務光夏時人。長七尺，好琴，服蒲韭根。」【考證】中井積德曰：「何以稱」，言何故經所不載，而見稱於説者之口哉？

〔八〕【索隱】蓋楊惲、東方朔見其文稱「余」，而加「太史公曰」也。【考證】錢大昕曰：子長書每篇稱「太史公」，皆自稱其官，非他人所加，亦非尊其父也。賈生、馮唐傳文亦有稱「余」而不加「太史公」者。愚按：曰「蓋」，曰「云」，疑之也。箕山在今河南登封縣東南。張文虎曰：「太史公曰」，蔡本、中統、舊刻、游、王、柯本，並提行，謬。今依淩本、毛本。

〔九〕【考證】論語泰伯篇云：「子曰：『泰伯其可謂至德也已矣。三以天下讓，民無得而稱焉。』」

〔一〇〕【索隱】謂太史公聞莊周所説許由、務光等。【考證】上文言卞隨，故索隱加「等」字以該之。

〔一一〕【索隱】謂堯讓天下於許由，由遂逃箕山，洗耳於潁水，卞隨自投於桐水，務光負石自沈於廬水：是義至高。【考證】莊子「桐水」作「椆水」。音義云「一作『洞水』」。

〔一二〕【索隱】按：概是梗概，謂略也。蓋以由、光義至高，而詩、書之文辭遂不少梗概載見，何以如此哉？是太史公疑説者之言或非實也。【正義】概，古代反。

孔子曰：「伯夷、叔齊，不念舊惡，怨是用希。」〔一〕「求仁得仁，又何怨乎？」〔二〕余悲伯夷之意，睹軼詩可異焉。〔三〕其傳曰：

〔一〕【考證】論語公冶長篇。皇侃曰：「念，猶識録也。舊惡，故憾也。人若録於故憾，則怨恨更多。唯伯夷豁然。此忘懷，所以與人怨少也。」

〔二〕【考證】論語述而篇。孔安國曰：「以讓爲仁，豈有怨乎？」

〔三〕【索隱】謂悲其兄弟相讓，又義不食周粟而餓死。睹，音覩。軼，音逸。謂見逸詩之文。即下采薇之詩是也。不編入三百篇，故云逸詩也。可異焉者，按論語云「求仁得仁，又何怨乎」。今其詩云「我安適歸矣，于嗟徂兮，命之衰矣」。是怨詞也，故云可異焉。【考證】方苞曰：言孔子謂夷、齊無怨。覩逸詩之意，似亦不能無怨也。

伯夷、叔齊，孤竹君之二子也。〔一〕父欲立叔齊，及父卒，叔齊讓伯夷。伯夷曰：「父命也。」遂逃去。叔齊亦不肯立而逃之。國人立其中子。於是伯夷、叔齊聞西伯昌善養老，盍往歸焉。〔二〕及至，西伯卒，武王載木主，號爲文王，東伐紂。伯夷、叔齊叩馬而諫曰：「父死不葬，爰及干戈，可謂孝乎？以臣弒君，可謂仁乎？」左右欲兵之。太公曰：「此義人也。」扶而去之。武王已平殷亂，天下宗周，而伯夷、叔齊恥之，義不食周粟，隱於首陽山，〔三〕采薇而食之。〔四〕及餓且死，作歌。其辭曰：「登彼西山兮，〔五〕采其薇矣。以暴易暴兮，不知其非矣。〔六〕神農、虞、夏忽焉没兮，我安適歸矣？〔七〕于嗟徂兮，命之衰矣！」〔八〕遂餓死於首陽山。〔九〕

〔一〕【索隱】按：「其傳」，蓋韓詩外傳及吕氏春秋也。其傳云孤竹君是殷湯三月丙寅日所封，相傳至夷、齊之父，名初，字子朝。伯夷名允，字公信。叔齊名致，字公達。解者云，夷、齊，謚也；伯、仲又其長、少之字。按：

地理志孤竹城在遼西令支縣。應劭云伯夷之國也。其君姓墨胎氏。【正義】本前注「丙寅」作「殷湯正月三日丙寅」。括地志云：「孤竹古城，在盧龍縣南十二里，殷時諸侯孤竹國也。」【考證】莊子盜跖篇云：「伯夷、叔齊，辭孤竹之君，而餓死於首陽之上。」燕策蘇秦曰：「廉如伯夷，不取素餐，汙武王之義而不臣。辭孤竹之君，餓而死於首陽之山。」史公以夷、齊爲孤竹君二子，蓋本於此。中井積德曰：論語稱「逸民」，似非國君之子，孤竹尤可疑。及兄弟之讓，孔、孟所不稱焉。張文虎曰：正義「本前注」十四字，是合刻者之言。下當有脫文。

〔二〕【索隱】劉氏云：「盍者疑辭。蓋謂其年老歸就西伯也。」【考證】孟子離婁篇云：「伯夷辟紂居北海之濱。聞文王作興，曰『盍歸乎來，吾聞西伯善養老者』。」「盍」字在孟子，何不之義。史則宜讀爲「蓋」。楓山本、三條本、敦煌本皆作「蓋」，索隱亦讀爲「蓋」。

〔三〕【集解】馬融曰：「首陽山在河東蒲阪華山之北，河曲之中。」【正義】曹大家注幽通賦云：「夷、齊餓於首陽山，在隴西首。」又戴延之西征記云：「洛陽東北首陽山有夷齊祠。」今在偃師縣西北。又孟子云：「夷、齊避紂居北海之濱」。首陽山，説文云：「首陽山在遼西。」史傳及諸書，夷、齊餓於首陽，凡五所，各有案據，先後不詳。莊子云：「伯夷、叔齊，西至岐陽，見周武王伐殷曰：『吾聞古之士，遭治世不避其任，遇亂世不爲苟存。今天下闇，周德衰，其並乎周，以塗吾身也，不若避之以絜吾行。』二子北至于首陽之山，遂飢餓而死。」又下詩「登彼西山」，是今清源縣首陽山，在岐陽西北，明即夷、齊餓死處也。【考證】正義引莊子讓王篇。呂氏春秋誠廉篇所記更詳，云：「昔周之將興也，有士二人，處於孤竹，曰伯夷、叔齊。二人相謂曰：『吾聞西方有偏伯焉，似將有道者，今吾奚爲處乎此哉？』二子西行如周，至於岐陽，則文王已殁矣。武王即位，觀周德，則王使叔旦就膠鬲於次四內，而與之盟曰：『加富三等，就官一列。』爲三書同辭，血之以牲，埋一於四內，皆以一歸。又使保召公就微子於共頭之下，而與之盟曰：『世爲長侯，守殷常祀，相奉桑林，宜私孟諸。』

爲三書同辭，血之以牲，埋一於共頭之下，皆以一歸。伯夷、叔齊聞之，相視而笑曰：『譆，異乎哉！此非吾所謂道也。昔者神農氏之有天下也，時祀盡敬而不祈福也。其於人也，忠信盡治而無求焉。樂正與爲正，樂治與爲治。不以人之壞自成也，不以人之庳自高也。今周見殷之僻亂也，而遽爲之正與治。上謀而行貨，阻丘而保威也。割牲而盟，以爲信；因四内與共頭，以明行；揚夢以説衆，殺伐以要利。以此紹殷，是以亂易暴也。吾聞古之士，遭乎治世，不避其任；遭乎亂世，不爲苟在。今天下闇，周德衰矣。與其並乎周以漫吾身也，不若避之以潔吾行。』二子北行，至首陽之下而餓焉。」愚按：呂氏記夷、齊事頗詳，而不言「扣馬而諫」，不言「采薇而食」，但其曰「神農氏」，曰「以亂易暴」，曰「周德衰」者，與歌詞相出入。村尾元融曰：義不食周之粟，謂不仕周而食其禄也，非謂不食周地所生之粟也。方孝孺云「恥食其粟，獨食其薇也，庸非周土之毛乎」，謬甚。

〔四〕**【索隱】**薇，蕨也。爾雅云：「蕨，鼈也。」**【正義】**陸機毛詩草木疏云：「薇，山菜也，莖葉皆似小豆，蔓生，其味亦如小豆藿，可作羹，亦可生食也。」

〔五〕**【索隱】**按：西山即首陽山也。

〔六〕**【索隱】**謂以武王之暴臣易殷紂之暴主，而不自知其非矣。

〔七〕**【索隱】**言羲、農、虞、夏敦樸禪讓之道超忽久矣，終没矣。今逢此君臣争奪，故我安適歸矣。**【考證】**中井積德曰：忽焉，謂没之速也。愚按：忽，如「奄忽」之「忽」。

〔八〕**【索隱】**于嗟，嗟嘆之辭也。徂者往也，死也。言己今日餓死，亦是運命衰薄，不遇大道之時，至幽憂而餓死。**【考證】**薇、非、歸、衰，韻。中井積德曰：唐風「采苓采苓，首陽之巔」，唯此可據。蓋晉國有首山，而首山之南有小山，名首陽山也。采薇之詩，僞撰明矣，不足辨。

〔九〕**【考證】**中井積德曰：論語唯稱餓于首陽之下，而不言以死。「死」字肇于諸子。

由此觀之，怨邪非邪？〔一〕

〔一〕【索隱】太史公言己觀此詩之情，夷、齊之行似是有所怨邪？又疑其云非是怨邪？【正義】太史公視夷、齊作詩而餓死，是怨時邪？非怨時邪？怨則兄弟相讓，隱於深山，豈合於世務？非怨邪？乃干世主，作詩而餓死。疑之甚也。【考證】羅大經曰：夫子稱其不怨，而采薇之詩猶若未免怨，何也？

或曰：「天道無親，常與善人。」若伯夷、叔齊，可謂善人者？非邪？〔二〕積仁絜行如此而餓死！且七十子之徒，仲尼獨薦顏淵爲好學。〔三〕然回也屢空，〔三〕糟糠不厭，而卒蚤夭。〔四〕天之報施善人，其何如哉？〔五〕盜蹠日殺不辜，〔六〕肝人之肉，〔七〕暴戾恣睢，〔八〕聚黨數千人，横行天下，竟以壽終。〔九〕是遵何德哉？〔一〇〕此其尤大彰明較著者也。〔一一〕若至近世，操行不軌，專犯忌諱，而終身逸樂富厚，累世不絶。〔一二〕或擇地而蹈之，〔一三〕時然後出言，〔一四〕行不由徑，〔一五〕非公正不發憤，而遇禍災者，不可勝數也。〔一六〕余甚惑焉，儻所謂天道，是邪非邪？〔一七〕

〔二〕【索隱】又敘論云：若夷、齊之行如此，可謂善人者邪？又非善人者邪？亦疑也。【正義】太史公言伯夷之行，是善人邪？善人天道常與，豈有餓死之責？非善人，則有交讓廉潔之行，天下絶倫。惑之甚。【考證】「天道無親，常與善人」，老子七十九章。人、親，韻。索隱本作「可謂善人者邪抑非也」。王念孫曰：若伯夷、叔齊可謂善人者邪？抑非也？淮南王傳云「公以爲吴興兵，是邪？非也？」貨殖傳云「所謂素封者邪？非也？」老子云「侯王自謂孤寡不穀，此其以賤爲本邪？非乎？」語意並相似。

〔二〕【考證】論語雍也篇。

〔三〕【考證】論語先進篇。

〔四〕【索隱】厭者飫也。不厭，謂不飽也。糟糠，貧者之所餐也。故曰「糟糠之妻」是也。然顏子簞食瓢飲，亦未見糟糠之文也。【考證】中井積德曰：糟糠不厭，是形容貧乏之語。索隱泥甚。

〔五〕【正義】太史公歎天之報施顏回非也。

〔六〕【索隱】「蹠」及注作「跖」，並音之石反。按：盜蹠，柳下惠之弟，亦見莊子，爲篇名。【正義】按：蹠者黃帝時大盜之名。以柳下惠弟爲天下大盜，故世放古號之盜蹠。【考證】中井積德曰：以盜跖爲柳下惠之弟，莊子寓言不足據。

〔七〕【索隱】劉氏云「謂取人肉爲生肝」，非也。按：莊子云「跖方休卒太山之陽，膾人肝而餔之」。【考證】李笠曰：儀禮士昏禮「贊以肝从」。注「肝，肝炙也」。肝爲肴羞之常，故有生炙之殊。跖暴行野性，故劉氏知其取人肉爲生肝食，不作肝炙食也。中井積德曰：「肝人之肉」句不可曉，蓋字訛也。愚按：「肝」疑當作「膾」。李說鑿。

〔八〕【索隱】暴戾，謂兇暴而惡戾也。鄒誕生恣音資，睢音千餘反。劉氏恣音如字，睢音休季反。恣睢，謂恣行爲睢惡之貌也。【正義】睢，仰白目，怒貌也。言盜蹠兇暴惡戾，恣性，怒白目也。【考證】莊子大宗師篇「遥蕩恣睢」，釋文云「睢，郭、李云許維反。徐許鼻反。李、王皆云恣睢，自得貌」。荀子非十二子篇「縱情性，安恣睢」，楊倞注「睢，許季反」。錢大昕曰：睢、睢二字形聲皆别。從劉音，字當從目。從鄒音，字當從且。小司馬兼存二音，而不辯正，何也？李斯傳有「天下而不恣睢」，索隱止有呼季反一音。

〔九〕【集解】皇覽曰：「盜跖冢在河東大陽，臨河曲，直弘農華陰縣潼鄉」。按：盜跖即柳下惠弟也。【索隱】直音如字。直者，當也。或音值，非也。潼，音同。按：潼，水名，因爲鄉，今之潼津關，是亦爲縣也。【正義】太史公歎盜跖以壽終也。括地志云：「盜跖冢在陝州河北縣西二十里。河北縣，本漢大陽縣也。又今齊州平陵縣有盜跖冢，未詳也。」

〔一〇〕【索隱】言盜蹠無道，橫行天下，竟以壽終，是其人遵行何德而致此哉？【考證】中井積德曰：遵何德，言以何等之善受此福也，謂其無有也。

〔一一〕【索隱】按：較，明也。言伯夷有德而餓死，盜蹠暴戾而壽終，是賢不遇而惡道長，尤大著明之證也。【考證】中井積德曰：賢人不遇，而凶人多福，而夷、顔與盜跖其尤彰著者。

〔一二〕【索隱】謂若魯桓、楚靈、晉獻、齊襄之比皆是。【考證】漢書「臣誠愚觸忌諱，死罪」。忌諱，謂人所避忌者也。「操行」以下十九字，暗斥當時恃寵擅權者。其曰「近世」，不曰「今世」者，史公亦有所忌諱也。

〔一三〕【索隱】謂不仕暗君，不飲盜泉，褰足高山之頂，竄跡滄海之濱是也。【正義】謂北郭駱、鮑焦等是也。【考證】不妄動也。

〔一四〕【索隱】按論語「夫子時然後言」。

〔一五〕【索隱】按：論語澹臺滅明之行也。

〔一六〕【索隱】謂人臣之節，非公正之事，不感激發憤。或出忠言，或致身命，而卒遇禍災者，不可勝數。謂龍逢、比干、屈平、伍胥之屬是也。【考證】中井積德曰：公正云云，設稱賢士之行耳。注「人臣之節」失竅。愚按：數句史公暗自道也。「非公正不發憤」六字尤見精神。中說未得。董份曰：太史公寓言爲李陵遭刑之意。

〔一七〕【索隱】太史公惑於不軌而逸樂，公正而遇災害，爲天道之非？而又是邪？深惑之也。蓋天道玄遠，聰聽暫遺，或窮通數會，不由行事，所以行善未必福，行惡未必禍，故先達皆猶昧之也。【正義】儻，音他蕩反。儻，未定之詞也。爲天道不敢的言是非，故云「儻」也。【考證】「天道」二字正承上文。「是邪非邪」四字，史公述其惑也。言天道果是常與善人，若古語所稱邪？抑又不然邪？終未可知也。

子曰「道不同，不相爲謀」，〔一〕亦各從其志也。〔二〕故曰「富貴如可求，雖執鞭之士吾亦爲之。〔三〕如不可求，從吾所好」。〔四〕「歲寒，然後知松柏之後凋」。〔五〕舉世混濁，清士乃見。〔六〕豈以其重若彼，其輕若此哉？〔七〕

〔一〕【考證】論語衛靈公篇。

〔二〕【正義】太史公引孔子之言證前事也。言天道人道不同，一任其運遇，亦各從其志意也。【考證】中井積德曰：道不同，謂善者與不善者，暗承上文「操行不軌」與「擇地而蹈」。

〔三〕【集解】鄭玄曰：「富貴不可求而得之，當脩德以得之。若於道可求而得之者，雖執鞭賤職我亦爲之。」

〔四〕【集解】孔安國曰：「所好者，古人之道。」【考證】論語述而篇。中井積德曰：引孔子言，是別發端緒，而不拘於天道之是非也。凌稚隆曰：此正是各從其志。

〔五〕【集解】何晏曰：「大寒之歲，衆木皆死，然後松柏少凋傷；平歲衆木亦有不死者，故須歲寒然後別之。喻凡人處治世，亦能自脩整，與君子同；在濁世，然後知君子之正不苟容也。」【考證】論語子罕篇。

〔六〕【索隱】老子曰：「國家昏亂，始有忠臣。」是舉代混濁，則士之清絜者乃彰見，故上文「歲寒然後知松柏之後凋」，先爲此言張本也。【正義】言天下泯亂，清絜之士不撓，不苟合於盜跖也。【考證】索隱是。荀子大略篇云「歲不寒，無以知松柏；事不難，無以知君子」。

〔七〕【索隱】按：謂伯夷讓德之重若彼，而采薇餓死之輕若此。又一解云，操行不軌，富厚累代，是其重若彼；公正發憤而遇禍災，是其輕若此也。【正義】重，謂盜跖等也。輕，謂夷、齊、由、光等也。【考證】顧炎武曰：其重若彼，謂俗人之重富貴也。其輕若此，謂清士之輕富貴也。方苞曰：疊孔子、老子之言，而繼以此語，言自聖賢論之，豈以若彼之富貴逸樂爲重，若此之困窮禍災爲輕乎？蓋君子之所謂重輕與俗異。故曰「道不同，不相爲謀」。恩田仲任曰：重，謂令名。輕，謂富貴。愚按：諸說各異，而顧說爲長。此正承上文「道不同」句，而未説及「名」字。

「君子疾没世而名不稱焉。」〔一〕賈子曰：〔二〕「貪夫徇財，〔三〕烈士徇名，夸者死權，〔四〕衆庶馮生。」〔五〕「同明相照，〔六〕同類相求。」〔七〕「雲從龍，風從虎，〔八〕聖人作而萬物覩。」〔九〕伯夷、叔齊雖賢，得夫子而名益彰；〔一〇〕顔淵雖篤學，附驥尾而行益顯。〔一一〕巖穴之士，趣舍有時。若此類名堙滅而不稱，悲夫！〔一二〕閭巷之人，欲砥行立名者，非附青雲之士，惡能施于後世哉？〔一三〕

〔一〕【索隱】自此已下，雖論伯夷得夫子而名彰，顔回附驥尾而行著，蓋亦欲微見己之著撰不已，亦是疾没世而名不稱焉，故引賈子「貪夫徇財，烈士徇名」是也。又引「同明相照，同類相求」，「雲從龍，風從虎」者，言物各以類相求。故太史公言己亦是操行廉直而不用於代，卒陷非罪，與伯夷相類，故寄此而發論也。【正義】君子疾没世後懼名湮滅而不稱，若夷、齊、顔回，絜行立名，後代稱述，亦太史公欲漸見己立名著述之美也。【考證】論語衛靈公篇。史公報任安書云「僕雖怯耎欲苟活，亦頗識去就之分矣。所以隱忍苟活函糞土之中而不辭者，恨私心有所不盡，鄙没世而文采不表於後也」。史公之意可知。

〔二〕【索隱】賈子，賈誼也。誼作鵩鳥賦云然，故太史公引之而稱「賈子」也。

〔三〕【正義】徇，才迅反。徇，求也。瓚云：「以身從物曰徇。」

〔四〕【索隱】言貪權勢以矜夸者，至死不休，故云「死權」也。【考證】中井積德曰：死權，亦謂徇權也。言夸權勢以致死，而弗悔焉。

〔五〕【索隱】馮者恃也，音凭。言衆庶之情，蓋恃矜其生也。鄒誕本作「每生」。每者冒也，即貪冒之義。【正義】太史公引賈子譬作史記，若貪夫徇財，夸者死權，衆庶馮生，乃成其史記。【考證】錢大昕曰：每、冒聲相近。

貪生之義，較馮爲長。村尾元融曰：上文引孔子語，言君子所欲者不在報施。此引賈子語亦同其意。四句内主意在「烈士」一句。「名」字與「名不稱」之「名」，前後呼應。索隱、正義皆缺明。

〔六〕【索隱】已下並易繫辭文也。【考證】易傳作「同聲相應」。

〔七〕【正義】天欲雨而柱礎潤，謂同德者相應。【考證】易傳作「同氣相求」。愚按：二句言道同則相與謀也。

〔八〕【集解】王肅曰：「龍舉而景雲屬，虎嘯而谷風興。」張璠曰：「猶言龍從雲，虎從風也。」

〔九〕【集解】馬融曰：「作，起也。」【索隱】按：又引此句者，謂聖人起而居位，則萬物之情皆得覩見，故已今日又得著書，言世情之輕重也。【正義】此有識也。聖人有養生之德，萬物有長育之情，故相感應也。此以上至「同明相照」，是周易乾象辭也。太史公引此等相感者，欲見述作之意，令萬物有（賭）〔睹〕也。孔子歿後五百歲，而已當之，故作史記，使萬物見覩之也。太史公序傳云：「先人有言：『自周公卒五百歲而有孔子，孔子卒後至於今五百歲，有能紹明世，正易傳，繼春秋，本詩、書、禮、樂之際，意在斯乎！』小子何敢讓焉。」作述六經云：「易，著天地陰陽四時五行，故長於變。禮，經紀人倫，故長於行。書，記先王之事，故長於政。詩，記山川谿谷禽獸草木牝（牝）〔牡〕雌雄，故長於風。樂，樂所以立，故長於和。春秋，辨是非，故長於治人。是故禮以節人，樂以發和，書以道事，詩以達意，易以道化，春秋以道義。撥亂世反之正，莫近於春秋。」按：述作而萬物睹見。【考證】萬物覩，此取爲著顯之義，以起下文夷、顏得夫子而名行彰顯。中井積德曰：索隱、正義穢雜可厭，引序傳尤妄。齋藤謙曰：太史公每用古語，少改面目，以爲己語。如伯夷傳用文言「同聲相應」，改作「同明相照」；「同氣」作「同類」，下省「水流濕」、「火就燥」二句，直接「聖人作而萬物」句。陶鎔點化爲己語，與李、王生呑活剝不同。

〔一〇〕【正義】伯夷、叔齊雖有賢行，得夫子稱揚，而名益彰著。萬物雖有生養之性，得太史公作述，而世事益睹見。【考證】正義「萬物」以下二十字當删。

〔一一〕【索隱】按：蒼蠅附驥尾而致千里，以譬顏回因孔子而名彰也。【考證】顧炎武曰：本是附夫子耳。避上文雷同，改作「驥尾」。使後人爲之，豈不爲人譏笑。村尾元融曰：此言天道之報施，果不違錯，以結上文之意。伯夷、叔齊因聖人褒稱之言，而聲名顯乎千載之下，則與夫生前富厚逸樂，没後寥寥無聞者，不可同日而語。天道是非之惑，於是乎釋然矣。

〔一二〕【正義】趣，音趨。舍，音捨。趣，向也。捨，廢也。言隱處之士，時有附驥尾而名曉達。若堙滅不稱，數者亦可悲痛。【考證】趣舍有時，出處不同也。董份曰：太史公言伯夷、叔齊，不能無怨，惟得孔子言之，故益顯。若由、光義至高，而不少概見，故後世無聞焉。是以砥行立名者，必附青雲之士也。此一篇大意。若不如此，則首尾似不相貫，而引由、光事少味矣。

〔一三〕【正義】砥，音旨。礪行脩德，在鄉閭者，若不託貴大之士，何得封侯爵賞，而名留後代也？【考證】村尾元融曰：閭巷之人謂賢而在下位者，不必隱處之人，與巖穴之士較有差別。楊慎曰：青雲之士，謂聖賢立言傳世者，孔子是也。附青雲則伯夷、顏回是也。後世謂登仕路爲青雲，謬矣。村尾元融曰：「青雲」有三義。此云「青雲之士」，以德言。范雎傳「致於青雲之上」者，以位言。晉書阮咸傳「仲容青雲器」，以志言。皆取義高超絶遠耳，從文解之可也。張守節、楊用修就一偏而言，誤矣。

【索隱述贊】天道平分，與善徒云。賢而餓死，盗且聚羣。吉凶倚伏，報施糾紛。子罕言命，得自前聞。嗟彼素士，不附青雲。

史記會注考證卷六十二

管晏列傳第二

史記六十二

【考證】史公自序云：「晏子儉矣，夷吾則奢。齊桓以霸，景公以治。作管晏列傳第六十二。」陳仁錫曰：管仲、晏嬰皆齊名臣，故共傳。

管仲夷吾者，潁上人也。〔一〕少時常與鮑叔牙游，鮑叔知其賢。管仲貧困，常欺鮑叔，鮑叔終善遇之，不以爲言。〔二〕已而鮑叔事齊公子小白，管仲事公子糾。及小白立爲桓公，公子糾死，管仲囚焉。鮑叔遂進管仲。〔三〕管仲既用，任政於齊。〔四〕齊桓公以霸，九合諸侯，一匡天下，管仲之謀也。〔五〕

〔一〕【索隱】潁，水名。地理志潁水出陽城。漢有潁陽、臨潁二縣，今亦有潁上縣。【正義】韋昭云：夷吾，姬姓之後，管嚴之子敬仲也。【考證】沈濤曰：國語「昔管敬仲有言」，注云「敬仲，夷吾之字也」。又云「齊桓親舉管敬子」，注云「敬子，管子之謚」。二注不同。案：管夷吾字仲，故桓公稱爲仲父。後人因其謚敬，遂稱之爲管敬仲，非字敬仲，而謚敬子也。韋注「字」字恐是「謚」字之誤。又晏子春秋内篇作「管文仲」，亦當「敬仲」傳寫之誤。汪中遂以爲字敬而謚文，非也。愚按：不曰「管夷吾」，而曰「管仲夷吾」者，舉其通稱也。下「晏平仲嬰」與此同例。凡傳中或稱「某子」，或稱「某生」，或名，或字，皆從當時所呼而書之，不必一律。張文虎曰：今國語注無「管嚴之子」四字。

〔二〕【索隱】呂氏春秋：「管仲與鮑叔同賈南陽，及分財利，而管仲嘗欺鮑叔多自取。鮑叔知其有母而貧，不以爲貪也。」【考證】「常與」之「常」，楓山、三條本作「嘗」。

〔三〕【正義】齊世家云：「鮑叔牙曰：『君將治齊，則高傒與叔牙足矣。君且欲霸王，非管夷吾不可。夷吾所居國國重，不可失也。』於是桓公從之。」韋昭云：鮑叔，齊大夫，姒姓之後。鮑敬叔之子叔牙也。【考證】「鮑叔事齊公子小白」以下采莊八年九年左傳。左傳「事」作「奉」。中井積德曰：二人各事公子者，非常常委質爲臣之比，蓋有奇貨之意。左氏記述似得實。愚按：楓山本、三條本「桓」上有「齊」字。

〔四〕【正義】管子云：「相齊以九惠之教，一曰老，二曰慈，三曰孤，四曰疾，五曰獨，六曰病，七曰通，八曰賑，九曰絶也。」

〔五〕【考證】論語憲問篇：「桓公九合諸侯，不以兵車，管仲之力也。」又云：「管仲相桓公，霸諸侯，一匡天下。」

管仲曰：「吾始困時，嘗與鮑叔賈，〔一〕分財利，多自與，鮑叔不以我爲貪，知我貧也。吾嘗爲鮑叔謀事而更窮困，鮑叔不以我爲愚，知時有利不利也。吾嘗三仕三見逐於君，鮑叔不以我爲不肖，知我不遭時也。吾嘗三戰三走，鮑叔不以我爲怯，知我有老母也。公子糾敗，召忽死之，吾幽囚受辱，鮑叔不以我爲無恥，知我不羞小節，而恥功名不顯于天下也。〔二〕生我者父母，知我者鮑子也。」

〔一〕【正義】音古。【考證】楓山、三條本「賈」下有「南陽」二字。

〔三〕【考證】一句。史公自道。

鮑叔既進管仲，以身下之。〔一〕子孫世祿於齊，有封邑者十餘世，常爲名大夫。〔二〕天下不多管仲之賢，而多鮑叔能知人也。

〔一〕【考證】「管仲曰」以下采列子力命篇。楓山、三條本「以」作「已」。

〔二〕【索隱】按：系本云「莊仲山產敬仲夷吾，夷吾產武子鳴，鳴產桓子啓方，啓方產成子孺，孺產莊子盧，盧產悼子其夷，其夷產襄子武，武產景子耐涉，耐涉產微，凡十代」。系譜同。【考證】洪亮吉曰：叔牙曾孫牽國，國之孫牧，皆見左傳。叔牙之後，蓋不絕於牧，故曰「十餘世」也。索隱以管仲之後當之，恐誤。又曰：仲尼弟子列傳云「田常作亂於齊，憚高國、鮑晏」，則鮑牧後尚有人。

管仲既任政相齊，〔一〕以區區之齊在海濱，〔二〕通貨積財，富國彊兵，與俗同好惡。〔三〕故其稱曰：〔四〕「倉廩實而知禮節，衣食足而知榮辱，上服度則六親固。〔五〕四維不張，國乃滅亡。〔六〕下令如流水之原，令順民心。」〔七〕故論卑而易行。〔八〕俗之所欲，因而予之；俗之所否，因而去之。

〔一〕【正義】國語云：「齊桓公使鮑叔爲相，辭曰：『臣之不若夷吾者五：寬和惠民，不若也；治國家不失其柄，不若也；忠惠可結於百姓，不若也；制禮義可法於四方，不若也；執枹鼓立於軍門，使百姓皆加勇，不若也。』」

〔二〕【正義】齊國東濱海也。

〔三〕【考證】楓山、三條本無「積」字。

〔四〕【索隱】是夷吾著書所稱管子者，其書有此言，故略舉其要。

〔五〕【正義】上之服御，物有制度，則六親堅固也。六親謂外祖父母一，父母二，姊妹三，妻兄弟之子四，從母之子五，女之子六也。王弼云「父、母、兄、弟、妻、子也」。【考證】二「而」字，管子作「則」。注「服，行也。上行禮度，則六親各得其所」。愚按：實、節，足、辱，度、固，韻。六親，王說是。呂氏春秋「六戚，父、母、兄、弟、妻、子」。

〔六〕【集解】管子曰：「四維，一曰禮，二曰義，三曰廉，四曰恥。」【考證】張、亡，韻。

〔七〕【考證】以上管子牧民篇文。令，政令也。原，楓山、三條本作「源」。言行令如有源之水也。

〔八〕【正義】言爲政令卑下鮮少，而百姓易作行也。【考證】卑近平易，非高遠難行者。

其爲政也善因禍而爲福，轉敗而爲功。貴輕重，〔一〕慎權衡。〔二〕桓公實怒少姬，南襲蔡，〔三〕管仲因而伐楚，責包茅不入貢於周室。〔四〕桓公實北征山戎，而管仲因而令燕修召公之政。於柯之會，〔五〕桓公欲背曹沫之約，〔六〕管仲因而信之，〔七〕諸侯由是歸齊。故曰：「知與之爲取，政之寶也。」〔八〕

〔一〕【索隱】輕重，謂錢也。今管子有輕重篇。

〔二〕【正義】輕重，謂恥辱也。權衡，謂得失也。有恥辱甚貴重之，有得失甚戒慎之。【考證】中井積德曰：輕重，謂錢之貴賤。徐孚遠曰：權衡，鈞石之類，蓋與民取平之義。愚按：貴輕重，慎權衡，言斟酌商量得其道也，不獨錢穀。凌稚隆曰：下三事，即因禍爲福、轉敗爲功，所謂輕重權衡也。太史公連下「實」字、「因」字、

「而」字，而管仲相桓之霸業俱見矣。

〔三〕【索隱】按：謂怒蕩舟之姬，歸而未絶，蔡人嫁之。

〔四〕【考證】楓山、三條本「包」作「菁」。

〔五〕【正義】今齊州東阿也。

〔六〕【索隱】沬，音昧，亦音末。左傳作「曹劌」。【正義】沬，莫葛反。

〔七〕【正義】以劫許之，歸魯侵地。【考證】蘇轍曰：此三説皆非也。桓公二十九年會諸侯于陽穀，爲鄭謀楚，是歲有蕩舟之事，故明年伐楚，因侵蔡。蔡在楚北，故春秋先書侵蔡，其實本爲伐楚動也。山戎病燕，故桓公爲燕伐之，非不義也。亦何待令燕脩召公之政而後可哉？曹沬事出戰國雜説，公羊不推本末而信之，太史公又以爲然，皆不可信。

〔八〕【索隱】老子曰「將欲取之，必固與之」，是知此爲政之所寶也。【考證】「故曰」，管子牧民篇文。孟子所謂假仁者。老子蓋本於此，與孔、孟之道自有徑庭。此王霸之别。

管仲富擬於公室，有三歸、反坫，齊人不以爲侈。〔一〕管仲卒，〔二〕齊國遵其政，常彊於諸侯。後百餘年而有晏子焉。〔三〕

〔一〕【正義】三歸，三姓女也。婦人謂嫁曰歸。【考證】論語八佾篇云「管氏有三歸」。又云「邦君爲兩君之好有反坫」。管子亦有「反坫」。朱子集註云「三歸，臺名」，事見説苑。俞樾曰：韓非子外儲説云「管仲相齊，曰：『臣貴矣，然而臣貧。』桓公曰：『使子有三歸之家。』」三歸之家，管仲自朝而歸，其家有三處也。家有三處，則鐘鼓帷帳，不移而具，足見其奢。且美女之充下陳者，亦必三處如一。而娶三姓之説，或從此出也。愚按：三歸之家，必有樓臺池沼。此説苑「臺名」之説所以由起。玷，在兩楹之間。獻酬飲畢，則反爵於其上。

楓山、三條本無「反坫」二字。

〔二〕【正義】括地志云：「管仲冢，在青州臨淄縣南二十一里牛山之阿。說苑云『齊桓公使管仲治國，管仲對曰：「賤不能臨貴。」桓公以爲上卿，而國不治，曰：「何故？」管仲對曰：「貧不能使富。」桓公賜之齊市租，而國不治。桓公曰：「何故？」對曰：「疏不能制近。」桓公立以爲仲父。齊國大安，而遂霸天下』。孔子曰：『管仲之賢而不得此三權者，亦不能使其君南面而稱伯。』」

〔三〕【考證】孫效曾曰：齊世家管仲卒于齊桓公四十一年，爲魯僖公十五年。而晏子于魯襄十七年始嗣其父桓子爲大夫。見左傳，乃齊靈公二十六年也。則管、晏相去九十年。史公謂「後百餘年」者誤矣。

晏平仲嬰者，萊之夷維人也。〔一〕事齊靈公、莊公、景公，〔二〕以節儉力行重於齊。既相齊，食不重肉，妾不衣帛。〔三〕其在朝，君語及之，即危言；〔四〕語不及之，即危行。〔五〕國有道即順命，無道即衡命。〔六〕以此三世顯名於諸侯。

〔一〕【集解】劉向別録曰：「萊者今東萊地也。」【索隱】名嬰，平謚，仲字。父桓子，名弱也。【正義】晏氏齊記云齊城三百里有夷安，即晏平仲之邑。漢爲夷安縣，屬高密國。應劭云：故萊夷維邑。

〔二〕【索隱】按：世家及系本靈公名環，莊公名光，景公名杵臼也。

〔三〕【考證】禮記禮器云：「管仲鏤簋朱紘，山節藻棁，君子以爲濫矣。晏平仲祀其先人，豚肩不揜豆，澣衣濯冠以朝，君子以爲隘矣。」檀弓云「晏子一狐裘三十年」。晏子春秋「仲尼曰：『靈公汙，晏子事之以整齊。莊公莊，晏子事之以宣武。景公奢，晏子事之以恭儉。』」馮班曰：以一心事三君，晏子之節也。此一句大有關係。

〔四〕【正義】謂己謙讓，非云功能。

〔五〕【正義】行，下孟反。謂君不知己，增脩業行，畏責及也。

〔六〕【正義】衡，秤也。謂國無道，則制秤量之，可行即行。【考證】羣書治要引三「即」字作「則」，「不及」下無「之」字。論語憲問篇云「邦有道，危言危行；邦無道，危行言孫」。朱子集註云「危，高峻也」。洪慶善曰：危，非矯激也，直道而行。中井積德曰：曰危言，則危行在其中。曰危行，則言之不危可知。是自文法。李笠曰：衡，古通横。横訓逆，故衡命即逆命也，與順命對。愚按：衡命，正義是。岡白駒曰：權而不失其正，如不死莊公之難，亦不附崔慶是也。

越石父賢，在縲紲中。〔一〕晏子出，遭之塗，解左驂贖之，〔二〕載歸。弗謝，入閨。〔三〕久之，越石父請絶。晏子戄然，攝衣冠謝曰：「嬰雖不仁，免子於戹，何子求絶之速也？」〔四〕石父曰：「不然。吾聞君子詘於不知己，而信於知己者。〔五〕方吾在縲紲中，彼不知我也。夫子既已感寤而贖我，〔六〕是知己；知己而無禮，固不如在縲紲之中。」晏子於是延入爲上客。〔七〕

〔一〕【正義】縲，音力追反。縲，黑索也。紲，繫也。晏子春秋云：「晏子之晉至中牟，覩弊冠反裘，負薪息於途側。晏子問曰：『何者？』對曰：『我石父也。苟免飢凍，爲人臣僕。』晏子解左驂贖之，載與俱歸。」按：與此文小異也。【考證】梁玉繩曰：晏子春秋雜篇載此事。謂石父爲中牟之僕，不言在縲紲。故正義云「與此文小異」。愚按：呂氏春秋云「晏子之晉，見反裘負芻息於塗者，以爲君子也。使人問焉，曰：『曷爲而至此？』對曰：『齊人累之，名爲越石父。』」所謂累之者，言以負累作僕。義與晏子春秋同。史公解「累」爲「縲紲」，非也。

〔二〕【考證】僖三十三年左傳：「釋左驂以公命贈孟明。」左驂，駕車之馬在左旁者。

〔三〕【考證】呂氏春秋作「載而與歸，至舍，弗辭而入」。

〔四〕【正義】戄，牀縛反。【考證】張文虎曰：「戄」無此音。疑作「渠縛反」。

〔五〕【索隱】信讀曰申，古周禮皆然也。申於知己，謂以彼知我而我志獲申。

〔六〕【考證】三條本、百衲宋本、凌本「已」作「以」。

〔七〕【考證】「越石父」以下采呂氏春秋觀世篇。

晏子爲齊相，出，其御之妻從門閒而闚其夫。其夫爲相御，擁大蓋，策駟馬，意氣揚揚，甚自得也。〔一〕既而歸，其妻請去。夫問其故。妻曰：「晏子長不滿六尺，身相齊國，名顯諸侯。〔二〕今者妾觀其出，志念深矣，常有以自下者。今子長八尺，乃爲人僕御。然子之意自以爲足，妾是以求去也。」其後夫自抑損。晏子怪而問之，御以實對。晏子薦以爲大夫。〔三〕

〔一〕【考證】中井積德曰：大蓋，車蓋也。擁，居車蓋側也。

〔二〕【考證】列女傳「六尺」作「七尺」。

〔三〕【集解】皇覽曰：「晏子冢在臨菑城南菑水南，桓公冢西北。」【正義】注皇覽云：「晏子冢在臨淄城南菑水南桓公冢西北。」括地志云：「齊桓公墓在青州臨淄縣東南二十三里鼎足上」。又云：「齊晏嬰冢在齊子城北門外。晏子云『吾生近市，死豈易吾志』。乃葬故宅，後人名曰清節里。」按：恐皇覽誤，乃管仲冢也。【考證】中井積德曰：「薦爲大夫」一句，必不實說。愚按：集解、正義，諸本有錯誤。今依張氏札記移正。

太史公曰：吾讀管氏牧民、山高、乘馬、輕重、九府〔一〕及晏子春秋，〔二〕詳哉其言之也。〔三〕既見其著書，欲觀其行事，故次其傳。至其書世多有之，是以不論，論其軼事。〔四〕

〔一〕【集解】劉向别録曰：「九府書民閒無有。山高一名形勢。」【索隱】皆管氏所著書篇名也。按：九府，蓋錢之府藏，其書論鑄錢之輕重，故云輕重、九府。餘如别録之説。【正義】七略云：管子十八篇，在法家。【考證】管子八十六篇，今本亡其十篇。而其目猶存。

〔二〕【索隱】按嬰所著書名晏子春秋。今其書有七篇，故下云「其書世多有」也。【正義】七略云晏子春秋七篇，在儒家。

〔三〕【考證】陳仁錫曰：有此一句，方見傳内當略。

〔四〕【正義】軼，音逸。

管仲世所謂賢臣，然孔子小之。豈以爲周道衰微，桓公既賢，而不勉之至王，乃稱霸哉？〔一〕語曰「將順其美，匡救其惡。故上下能相親也」。豈管仲之謂乎？〔二〕

〔一〕【正義】言管仲世所謂賢臣，孔子所以小之者，蓋以爲周道衰，桓公賢主，管仲何不勸勉輔弼，至於帝王，乃自稱霸主哉？故「孔子小之」云。蓋爲前疑夫子小管仲爲此。【考證】論語八佾篇「子曰：『管仲之器小哉。』」中井積德曰：是論未得孔子之旨。孔子只以其易盈爲小器也。俞正燮曰：太史公謂管仲不能勉齊致王，蓋本孟子。按：周之僖、惠，未比殷紂。齊桓之德，不及文王。文王久始得之，奈何欲以齊桓奪周祚。管仲反坫、塞門、三歸，官事不攝，自謂功成，身泰意侈，即是器小。自古未聞以不能謀反叛逆詆訕人者。故知器小是侈泰也。

〔二〕【正義】言管仲相齊，順百姓之美，匡救國家之惡，令君臣百姓相親者，是管之能也。【考證】「語曰」，孝經文。將，讀爲獎。中井積德曰：其美、其惡，皆以君上而言。

方晏子伏莊公尸，哭之成禮，然後去，〔一〕豈所謂「見義不爲無勇」者邪？〔二〕至其諫説犯

君之顔，此所謂「進思盡忠，退思補過」者哉！〔三〕假令晏子而在，余雖爲之執鞭，所忻慕焉。〔四〕

〔二〕【索隱】按：左傳崔杼弑莊公，晏嬰入，枕莊公尸股而哭之，成禮而出，崔杼欲殺之，是也。【考證】左傳襄二十五年。

〔二〕【考證】論語爲政篇「見義不爲，無勇也」。中井積德曰：蓋以哭成禮爲勇也。

〔三〕【考證】「進思」二句，亦孝經文。「豈所謂見義不爲無勇者」「此所謂進思盡忠，退思補過者」，蓋史公自道也。參諸其答任安書，可以見焉。

〔四〕【索隱】太史公之美慕仰企平仲之行，假令晏生在世，己雖與之爲僕隸，爲之執鞭，亦所忻慕。其好賢樂善如此。賢哉良史，可以示人臣之炯戒也。【考證】岡白駒曰：執鞭，自本傳中「僕御」來。舒雅曰：執蓋之婦，羞其夫爲晏子御。太史公乃願爲執鞭，何哉？蓋太史以李陵故被刑。漢法腐刑許贖，而生平交游故舊無如能晏子解左驂贖石父者，自傷不遇斯人，而過激仰羨之詞耳。曾謂太史公不若彼婦哉！

【索隱述贊】夷吾成霸，平仲稱賢。粟乃實廩，豆不掩肩。轉禍爲福，危言獲全。孔賴左衽，史忻執鞭。成禮而去，人望存焉。

史記會注考證卷六十三

老子韓非列傳第三

史記六十三

【考證】史公自序云：「李耳無爲自化，清浄自正；韓非揣事情，循勢理。作老子韓非列傳第三。」張文虎曰：凌本題老莊申韓傳，非也。今依索隱、北宋、毛本，與史公自序合。王、柯本題申不害韓非列傳，別行注云「開元二十三年，勅昇老子、莊子爲列傳首，故申、韓爲此卷」。案：昇老子，已見正義。此亦合刻者所記。方苞曰：老子列傳，始詳其國邑、鄉里姓氏名字、謚爵、職守，及其子孫、雲仍、封爵、時代、居國。蓋以世傳老子爲神僊幻怪之流，故詳誌以見其不然也。愚按：莊子傳云「其要本歸于老子之言」。申子傳云「本於黄老而主刑名」。韓非傳云「喜刑名法術之學，而其歸本於黄老」。史公合傳之意可知。梁玉繩曰：昔人以老、韓同傳爲不倫，史通編次篇深訾之，小司馬補史亦云「不宜同傳。宜令韓非居商君傳末」。然申、韓本于黄老，史公之論自不可易，並非强合。況韓子有解老、喻老二篇。其解老篇創爲訓注體，實五千文釋詁之祖。安知史公之意不又在斯乎？前賢妄規之也。歸有光曰：太史公列傳，或數人合傳，皆聯書不斷。今合讀之，尤見其奇。近時刻本，每人界斷，必小司馬之陋也。愚按：合傳每人界斷，固非史公舊帙，但不知其出何人手。震川以咎小司馬，冤矣。

老子者，〔一〕楚苦縣厲鄉曲仁里人也，〔二〕名耳，字聃，〔三〕姓李氏。〔四〕周守藏室之史也。〔五〕

〔一〕【正義】朱韜玉札及神仙傳云：「老子，楚國苦縣瀨鄉曲仁里人。姓李，名耳，字伯陽，一名重耳，外字聃。身長八尺八寸，黄色美眉，長耳大目，廣額疏齒，方口厚脣，額有三五達理，日角月懸，鼻有雙柱，耳有三門，足蹈二五，手把十文。周時人，李母八十一年而生。」又玄妙内篇云：「李母懷胎八十一載，逍遥李樹下，迺割左腋而生。」又云：「玄妙玉女夢流星入口而有娠，七十二年而生老子。」又上元經云：「李母晝夜見五色珠，大如彈丸，自天下，因吞之，即有娠。」張君相云：「老子者是號，非名。老，考也。子，孳也。考教衆理，達成聖孳，乃孳生萬物，善化濟物無遺也。」【考證】正義荒唐不經，可削。

〔二〕【集解】地理志曰：苦縣屬陳國。【索隱】按：地理志苦縣屬陳國者誤也。苦縣本屬陳，春秋時楚滅陳，而苦又屬楚，故云楚苦縣。至高帝十一年，立淮陽國，陳縣、苦縣皆屬焉。裴氏所引不明，見苦縣在陳縣下，因云苦屬陳。今檢地理志，苦實屬淮陽郡。苦，音怙。【正義】按年表云：淮陽國，景帝三年廢。至天漢脩史之時，楚節王純都彭城，相近。疑苦此時屬楚國，故太史公書之。括地志云：「苦縣，在亳州谷陽縣界。有老子宅及廟，廟中有九井，尚存，在今亳州真源縣也。」厲，音賴。晉太康地記云：「苦縣城東有瀨鄉祠，老子所生地也。」【考證】淮南修務訓云「南榮疇南見老聃」。高誘注：「老聃，老子，字伯陽，楚苦縣賴鄉曲里人。今陳國東瀨鄉有祠存，據在魯南。故曰『南見老子』。榮疇蓋魯人。」愚按：厲、賴、瀨音通。

〔三〕【索隱】按：許慎云「聃，耳曼也」。故名耳字聃，有本字伯陽，非正也。然老子號伯陽父，此傳不稱也。【正義】聃，耳漫無輪也。神仙傳云：「外字曰聃。」按：字號也。疑老子耳漫無輪，故世號曰聃。【考證】呂氏春秋不二、重言兩篇「聃」作「耽」。

〔四〕【索隱】按：葛玄曰「李氏女所生，因母姓也」。又云「生而指李樹，因以爲姓」。【考證】索隱本、各本作「字伯陽謚曰耼姓李氏」，各本在「曲仁里人也」下。後漢書桓帝紀章懷注引史記曰：「老子者，楚苦縣厲鄉曲仁里人也，名耳，字耼，姓李氏。」史記原本蓋如此。陸德明音義註老子兩處亦引史記曰「字耼」，引河上公曰「字伯陽」，不謂史記之語。老子匹夫耳，固無謚也。「字伯陽謚曰耼」數字，蓋後人所增益，姚鼐老子章義序、王念孫讀書志辯之太詳，今依改。

〔五〕【索隱】按：藏室史，周藏書室之史也。又張蒼傳「老子爲柱下史」，蓋即藏室之柱下，因以爲官名。【正義】藏，在浪反。【考證】汪中曰：本傳云「老子楚苦縣曲仁里人也」，又云「周守藏之史也」。按：周室既東，辛有入晉，司馬適晉，史角在魯。王官之族，或流播于四方。列國之産，惟晉悼嘗仕于周，其他固無聞焉。況楚之于周，聲教中阻，又非魯、鄭之比。且古之典籍舊聞惟在瞽史，其人並世官宿業，羈旅無所置其身。本傳又云「老子隱君子也」。身爲王官，不可謂隱。莊子天道篇載孔子西藏書于周室，尤誤後人。「寓言十九」，周已自揭之矣。愚按：「隱君子」三字，就其遯世而言。汪説泥。錢大昕曰：張蒼傳但云「秦時爲御史，主柱下方書」，未嘗及老子。一本作「張湯傳」，尤誤。

孔子適周，將問禮於老子。〔一〕老子曰：「子所言者，其人與骨皆已朽矣，獨其言在耳。〔二〕且君子得其時則駕，不得其時，則蓬累而行。〔三〕吾聞之，良賈深藏若虛，君子盛德，容貌若愚。〔四〕去子之驕氣與多欲，態色與淫志，〔五〕是皆無益於子之身。吾所以告子，若是而已。」孔子去，謂弟子曰：「鳥，吾知其能飛；魚，吾知其能游；獸，吾知其能走。走者可以爲罔，游者可以爲綸，飛者可以爲矰。至於龍，吾不能知，其乘風雲而上天。吾今日見老子，其猶龍邪？」〔六〕

〔一〕【索隱】大載記亦云然。【考證】汪中曰：孔子世家云「南宮敬叔與孔子俱適周」，蓋見老子云。老子傳云「孔子適周，將問禮于老子」。按：老子言行，今見于曾子問者凡四，是孔子之所從學者可知也。夫助葬而遇日食，然且以見星爲嫌，止柩以聽變，其謹于禮也如是。至其書則曰「禮者忠信之薄，而亂之首也」。下殤之葬，稱引周、召、史佚，其尊信前哲也如是。而其書則曰「聖人不死，大盜不止」，彼此乖違甚矣。愚按：「聖人不死，大盜不止」，莊子胠篋篇語。汪氏誤引。老子則曰「絶聖棄智，民利百倍」。又按：孔子問禮於老子，其事有無未可知。說既具于孔子世家。

〔二〕【考證】與莊子天道篇「聖人已死矣，君之所讀者古人之糟魄已夫」，文異意同。

〔三〕【索隱】劉氏云：「蓬累，猶扶持也。累，音六水反。說者云，頭戴物，兩手扶之而行，謂之蓬累也。」按：蓬者蓋也，累者隨也。以言若得明君，則駕車服冕；不遭時，則自覆蓋相攜隨而去耳。【正義】蓬，沙磧上轉蓬也。累，轉行貌也。言君子得明主則駕車而事，不遭時則若蓬轉流移而行，可止則止也。蓬，其狀若皤蒿。細葉，蔓生於沙漠中，風吹則根斷，隨風轉移也。皤蒿，江東呼爲斜蒿云。【考證】余有丁曰：蓬累，謂積累蓬翦，若今之笠然。洪頤煊曰：蓬，蓬髮。累讀爲儽，垂貌。中井積德曰：「蓬」、「累」字義不可曉，諸說皆牽强，唯轉蓬爲近之。而「累」字艱難。愚按：二字他書未見，闕疑可也。

〔四〕【索隱】良賈，謂善貨賣之人。賈，音古。深藏，謂隱其寶貨，不令人見，故云「若虛」。而君子之人，身有盛德，其容貌謙退，有若愚魯之人然。嵇康高士傳亦載此語，文則小異，云「良賈深藏，外形若虛；君子盛德，容貌若不足」也。【考證】虛、愚，韻。大戴禮曾子制言上篇「良賈深藏如虛，君子有盛德，容貌如無」，蓋古有此語。

〔五〕【正義】姿態之容色與淫欲之志皆無益於夫子，須去除也。【考證】岡白駒曰：態色，威儀容色也。淫，過甚也。汪中曰：本傳老子語孔子「去子之驕氣與多欲，態色與淫志」，而莊子外物篇則曰「老萊子謂孔子『去汝躬矜與汝容知』」，孔叢子抗志篇以爲老萊子語子思。張文虎曰：正義「夫」字疑衍。

〔六〕【考證】莊子天運篇云：「孔子見老聃歸，三日不談。弟子問曰：『夫子見老聃，亦將何規哉？』孔子曰：『吾乃今於是乎見龍。龍合而成體，散而成章。乘乎雲氣，而養乎陰陽。予口張而不能嗋，予又何規老聃哉？』」太平御覽六百十七引莊子曰云云，孔子曰：「吾與汝處魯之時，人用意如飛鴻者，吾走狗逐之。用意如井魚者，吾爲鈎繳以投之。吾今見龍云云。余口張不能嗋，舌出不能縮，又何規哉。」史公蓋本於此。梁玉繩曰：老子之言，非至言也。安得遽歎其猶龍哉！此本莊子天運篇。然莊子多寓言，而據爲實録，可乎？

老子脩道德，其學以自隱無名爲務。居周久之，見周之衰，迺遂去。至關，〔一〕關令尹喜曰：「子將隱矣，彊爲我著書。」於是老子迺著書上下篇，言道德之意五千餘言而去，莫知其所終。〔二〕

〔一〕【索隱】李（允）〔尤〕函谷關銘云「尹喜要老子留作二篇」，而崔浩以尹喜又爲散關令，是也。【正義】抱朴子云：「老子西遊，遇關令尹喜於散關，爲喜著道德經一卷，謂之老子。」或以爲函谷關。括地志云：「散關，在岐州陳倉縣東南五十二里。函谷關，在陝州桃林縣西南十二里。」彊，其兩反。爲，于僞反。

〔二〕【集解】列仙傳曰：「關令尹喜者，周大夫也。善内學星宿，服精華，隱德行仁，時人莫知。老子西游，喜先見其氣，知真人當過，候物色而迹之，果得老子。老子亦知其奇，爲著書。與老子俱之流沙之西，服巨勝實，莫知其所終。亦著書九篇，名關尹子。」【索隱】列仙傳是劉向所記。物色而迹之，謂視其氣物有異色而尋迹之。又按：列仙傳「老子西遊，關令尹喜望見有紫氣浮關，而老子果乘青牛而過也」。【考證】方苞曰：老子本以周衰隱身遠去，莫知所終，故世人遂以爲神仙者流。柯維騏曰：按莊子、列子所載關尹子之論，其旨微妙，似道德篇。班固藝文志道家有關尹子九篇。說者曰，即關令尹喜也。梁玉繩曰：莊子養生主曰：「老聃死，秦失弔之」。則老子非長生神變。莫知其所終者，自有此言，而道家遂有化胡成佛之說。釋道宣廣弘明集辨惑篇序云：「李叟生于厲鄉，死于槐里。莊生可爲實録，秦失誠非妄論。」

或曰：老萊子亦楚人也，著書十五篇，言道家之用，與孔子同時云。〔一〕

〔一〕**【正義】**太史公疑老子或是老萊子，故書之。列仙傳云：「老萊子楚人。當時世亂，逃世耕於蒙山之陽，莞葭爲牆，蓬蒿爲室，杖木爲牀，蓍艾爲席，菹芰爲食，墾山播種五穀。楚王至門迎之，遂去，至於江南而止。曰：『鳥獸之解毛，可績而衣，其遺粒足食也。』」**【考證】**梁玉繩曰：老萊子與老聃判然二人，弟子傳序分別言之，而此忽疑爲一人。路史因附會其詞云「老子邑于苦之賴。賴乃萊也。故又曰老萊子」，何其誕哉！漢藝文志，老萊子十六篇。

蓋老子百有六十餘歲，或言二百餘歲，以其脩道而養壽也。〔一〕

〔一〕**【索隱】**此前古好事者，據外傳以老子生年至孔子時，故百六十歲，或言二百餘歲者，即以周太史儋爲老子，故二百餘歲也。**【正義】**蓋、或，皆疑辭也。世不的知，故言「蓋」及「或」也。玉清云老子以周平王時見衰，於是去。孔子世家云孔子問禮於老子，在周景王時，孔子蓋年三十也，去平王十二王。此傳云儋即老子也，秦獻公與烈王同時，去平王二十一王。說者不一，不可知也。故葛仙公序云「老子體于自然，生乎大始之先，起乎無因，經歷天地，終始不可稱載」。**【考證】**方苞曰：前言老萊子與孔子同時，後言太史儋後孔子百二十九年，而中間入老子年數。蓋謂老子隱去，其年壽所極，世人亦莫知其真，故與老萊子、太史儋相混也。

自孔子死之後百二十九年，〔一〕而史記周太史儋見秦獻公曰：「始秦與周合，合五百歲而離，離七十歲而霸王者出焉。」〔二〕或曰儋即老子，或曰非也，世莫知其然否。老子，隱君

子也。〔三〕

〔一〕【集解】徐廣曰：「實百一十九年。」【考證】梁玉繩曰：孔子卒于敬王四十一年。至烈王二年，乃百有六年。此誤。徐廣説有譌脱。

〔二〕【索隱】按：周、秦二本紀並云「始周與秦國合而别，别五百載又合，合七十歲而霸王者出」。然與此傳離合正反，尋其意義亦並不相違也。【考證】此語史記四見。張文虎曰：各本作「始秦與周合而離離五百歲而復合合七十歲而霸王者出焉」。毛本「七十」下有「餘」字。王氏雜志云「此後人依周、秦本紀改」。索隱云紀與此傳正反，若此則何反之有？今依雜志所引宋本改。索隱本出「始秦與周合五百歲而離」，則較宋本同少一「合」字。愚按：劉氏百衲宋本與各本同，與雜志所引宋本異。史記桃源抄云：博士家本作「合五百歲而離離十七歲而霸王者出焉」，亦與諸本異。

〔三〕【考證】方苞曰：老萊子與老子同時同國，而著書言道家之用。周太史儋與老子同官，同嫌名，而號前知，故其傳與老子相混。而太史公正言老子爲「隱君子」，所以破衆説之荒怪，且見儋與老萊子别爲二人也。

老子之子名宗，宗爲魏將，封於段干。〔一〕宗子注，〔二〕注子宮，宮玄孫假，〔三〕假仕於漢孝文帝。而假之子解爲膠西王卬太傅，因家于齊焉。

〔一〕【集解】此云封於段干，段干應是魏邑名也。而魏世家有段干木、段干子，田完世家有段干朋，疑此三人是姓段干也。本蓋因邑爲姓，左傳所謂「邑亦如之」是也。風俗通氏姓注云姓段，名干木，恐或失之矣。天下自别有段姓，何必段干木邪！【考證】魏列諸侯，在周威烈王二十三年，孔子没後七十六年。使老子與孔子同年，五十生宗，宗是時百歲左右矣。梁玉繩曰：唐表以宗爲聃之後，較史爲實。姚範曰：戰國策華下之戰「魏不勝秦，明年將使段干崇割地而講」，崇疑即宗也。計崇之年，似不爲老子之子。

〔二〕【索隱】音疇。【正義】之樹反。

〔三〕【索隱】音古雅反。【正義】作「瑕」，音霞。【考證】梁玉繩曰：神仙傳引史「宮」作「言」，「假」作「瑕」。

世之學老子者，則絀儒學，〔一〕儒學亦絀老子。「道不同不相爲謀」，豈謂是邪？〔二〕李耳無爲自化，清靜自正。〔三〕

〔一〕【索隱】按：絀音黜。黜退而後之也。【考證】中井積德曰：絀，詆斥之也。

〔二〕【考證】「道不同不相爲謀」，論語衛靈公篇。

〔三〕【索隱】此太史公因其行事，於當篇之末結以此言，亦是贊也。按：老子曰「我無爲而民自化，我好靜而民自正」，此是昔人所評老聃之德，故太史公於此引以記之。【正義】此都結老子之教也。言無所造爲而自化，清淨不撓，而民自歸正也。【考證】萬承蒼曰：此二句是敘傳中語，誤入于此。愚按：上文皆稱老子，而此獨言李耳，亦可以證其爲竄入。

莊子者，蒙人也，〔一〕名周。周嘗爲蒙漆園吏，〔二〕與梁惠王、齊宣王同時。〔三〕其學無所不闚，然其要本歸於老子之言。故其著書十餘萬言，大抵率寓言也。〔四〕作漁父、盜跖、胠篋，〔五〕以詆訿孔子之徒，〔六〕以明老子之術。畏累虛、亢桑子之屬，皆空語無事實。〔七〕然善屬書離辭，指事類情，〔八〕用剽剝儒、墨，〔九〕雖當世宿學不能自解免也。其言洸洋自恣以適己，〔一〇〕故自王公大人不能器之。

〔一〕【集解】地理志蒙縣屬梁國。【索隱】地理志蒙縣屬梁國。劉向別録云宋之蒙人也。【正義】郭緣生述征記云蒙縣，莊周之本邑也。

〔二〕【正義】括地志云：「漆園故城，在曹州冤句縣北十七里。」此云莊周爲漆園吏，即此。按其城古屬蒙縣。【考證】梁玉繩曰：釋文作「梁漆園吏」，蓋以蒙屬梁國，據後爲說也。而潛丘劄記與石企齋書曰「漆園有云在曹縣〔者〕，在曹州者，二曹皆春秋之曹國。宋景公滅曹于魯哀公八年，地故爲宋有。莊周亦宋之官，竊以史記『蒙漆園吏』，『蒙』當作『宋』。注以漆園本屬蒙邑，不知一在歸德，一在兗州，相距頗遠也」。中井積德曰：蒙有漆園，周爲之吏，督漆事也。愚按：漆園非地名，中說可從。蒙，今河南省歸德小蒙城。

〔三〕【考證】莊子與惠施交游，施爲梁惠王相。及于襄王世，與齊宣王同時。

〔四〕【索隱】大抵，猶言大略也。其書十餘萬言，率皆立主客，使之相對語，故云「偶言」，又音寓。寓，寄也。故別録云「作人姓名，使相與語，是寄辭於其人，故莊子有寓言篇」。【正義】率，音律。寓，音遇。率，猶類也。寓，寄也。【考證】三條本「寓」作「偶」。中井積德曰：寓言，空言無實，假人而述，如「寓人」之「寓」，無相與之義。張文虎曰：依索隱，則所據本史文「寓」作「偶」。今單本亦作「寓」，蓋後人改之。

〔五〕【索隱】胠篋，猶言開篋也。胠，音祛，亦音去。篋，音去劫反。【正義】胠，音丘魚反。篋，音苦頰反。胠，開也。篋，箱類也。此莊子三篇名，皆詆毀自古聖君賢臣、孔子之徒，營求名譽，咸以喪身，非抱素任真之道也。

〔六〕【索隱】詆，訐也。詆，音邸。訿，音紫。謂詆訐毀訾孔子也。

〔七〕【索隱】按：莊子「畏累虛」，篇名也，即老聃弟子畏累。鄒氏畏，音於鬼反；累，音壘。劉氏畏，音烏罪反；累，路罪反。郭象云「今東萊也」。亢，音庚。亢桑子，王劭本作「庚桑」。司馬彪云「庚桑，楚人姓名也」。【正義】莊子云：「庚桑楚者，老子弟子，北居畏累之山。」成瑛云「山在魯，亦云在深州」。此篇寄庚桑楚，以明至人之德，衛生之經，若槁木無情，死灰無心，禍福不至，惡有人災。言莊子雜篇庚桑楚已下，皆空設言語，無有實事也。【考證】莊子庚桑楚篇云「老聃之役有庚桑楚者，偏得老聃之道，以居畏壘之山」。錢大昕曰：亢桑即庚桑。亢，音剛，與庚聲相近。愚按：畏壘，山名。虚讀爲墟，索隱爲莊子篇名，誤。

〔八〕【正義】屬，音燭。離辭，猶分析其辭句也。【考證】離，「附離」之「離」。正義誤。村尾元融曰：「離」義與「屬」同，共謂連屬文辭。是一事，只以一字曰「書」，以一句曰「辭」耳。

〔九〕【正義】剽，疋妙反。剽，猶攻擊也。

〔一〇〕【索隱】洸洋，音汪羊二音，又音晃養。亦有本作「瀁」字。【正義】洋，音翔。己，音紀。

楚威王聞莊周賢，〔一〕使使厚幣迎之，許以爲相。莊周笑謂楚使者曰：「千金，重利；卿相，尊位也。子獨不見郊祭之犧牛乎？養食之數歲，衣以文繡，以入大廟。〔二〕當是之時，雖欲爲孤豚，豈可得乎？〔三〕子亟去，〔四〕無汚我。〔五〕我寧游戲汚瀆之中自快，〔六〕無爲有國者所羈，終身不仕，以快吾志焉。」〔七〕

〔一〕【正義】威王當周顯王三十年。

〔二〕【考證】中井積德曰：衣以文繡，是謂養食之時，非入廟之日也。故莊子云「衣以文繡，食以芻菽。及其牽入太廟」云云。

〔三〕【索隱】孤者小也，特也。願爲小豚，不可得也。【正義】不羣也。豚，小豬。臨宰時，願爲孤小豚，不可得也。【考證】中井積德曰：肥大之軀，豐供久矣。今乃欲變爲小豚，以免於宰割，不可得也。以喻尊官寵禄之人，欲下爲匹夫以免死，而不可得也。孤豚乃有小義，未可訓孤作小耳。愚按：莊子列禦寇篇「孤豚」作「孤犢」，義長。

〔四〕【索隱】音棘。亟，猶急也。

〔五〕【索隱】污，音烏故反。

〔六〕【索隱】污瀆，音烏讀二音。污瀆，潢污之小渠瀆也。

〔七〕【正義】莊子云：「莊子釣於濮水之上，楚王使大夫往，曰：『願以境內累。』莊子持竿不顧，曰：『吾聞楚有神龜，死二千歲矣，巾笥藏之廟堂之上。此龜，寧死爲留骨而貴乎？寧生曳尾泥中乎？』大夫曰：『寧曳尾塗中。』莊子曰：『往矣。吾將曳尾於塗中。』」與此傳不同也。【考證】正義所引莊子秋水篇文。列禦寇篇又云：「或聘於莊子，莊子應其使曰：『子見夫犧牛乎？衣以文繡，食以芻菽。及其牽而入於太廟，雖欲爲孤犢，其可得乎？』」史公蓋合二事爲一。又按：魯仲連傳云：「魯連逃隱於海上，曰：『吾與富貴而詘於人，寧貧賤而輕世肆志焉！』」仲連蓋學蒙叟詞氣。

申不害者，京人也，〔一〕故鄭之賤臣。學術以干韓昭侯，〔二〕昭侯用爲相。內脩政教，外應諸侯，十五年。終申子之身，國治兵彊，無侵韓者。〔三〕

〔一〕【索隱】申子名不害。按：別錄云「京，今河南京縣是也」。【正義】括地志云：「京縣故城，在鄭州滎陽縣東南二十里，鄭之京邑也。」【考證】京，今河南滎陽縣東南。

〔二〕【索隱】按：術，則刑名之法術也。【考證】戰國策韓策云「魏之圍邯鄲也，申不害始合於韓王」。依年表，周顯王元年，韓滅鄭。十六年，魏圍趙邯鄲。十八年，申不害相韓。三十二年，申不害卒。申子出處可概見也。

〔三〕【索隱】王劭按：紀年云「韓昭侯之世，兵寇屢交」，異乎此言矣。【考證】梁玉繩曰：申子相韓，起周顯王十八年，至三十二年。此十五年中，紀年書交兵者三：顯王廿四年，魏敗韓馬陵；廿六年，魏敗鄭梁赫；三十一年，秦伐鄭，敗秦酸水，鄭即韓也。然馬陵之役，當顯王即位前一年，在申子爲相前十八年。紀年誤書。則安知梁赫、酸水二役其年不誤？不得妄據以駁史公。

申子之學，本於黃老，而主刑名。著書二篇，號曰申子。〔一〕

〔一〕【集解】劉向別録曰：「今民閒所有上下二篇，中書六篇，皆合二篇，已備，過太史公所記。」【索隱】今人閒有上下二篇，又有中書六篇，其篇中之言皆合上下二篇，是書已備，過於太史公所記也。【正義】阮孝緒七略云申子三卷也。【考證】老子書中無黃帝文字。至列子、莊子好稱黃帝，於是遂有黃老之稱。王鳴盛曰：「刑」非「刑罰」之「刑」，與「形」同，古字通用。刑名，猶言名實。故其論云「申子卑卑，施之於名實」。商君列傳「少好刑名之學」，義同。陳氏瑚云：「申韓之學，其法在審合形名。故曰『不知其名，復修其形。形名參同，用其所生』。又曰『君操其名，臣效其形。形名參同，上下和調』。蓋循名責實之謂也。」愚按：申子三卷，今佚。羣書治要引申子大體篇云：「明君如身，臣如手。君若號，臣如響。君設其本，臣操其末。君治其要，臣行其詳。君操其柄，臣事其常。爲人臣者操契以責其名。名者天地之綱，聖人之符。張天地之綱，用聖人之符，則萬物之情無所逃之矣。故善爲主者，倚於愚，立於不盈，設於不敢，藏於無事。竄端匿疏，示天下無爲。是以近者親之，遠者懷之。示人有餘者人奪之，示人不足者人與之。剛者折，危者覆；動者搖，靜者安。名者自正也，事自定也。是以有道者自名而正之，隨事而定之也。」申子名實之學，本於老聃可知也。中井積德曰：黃老之無爲，與申韓之刑名，若相反者。然使黃老家爲政，則不能不出于刑名，其理自有在也。精于讀書者，必能知之。

韓非者，韓之諸公子也。〔一〕喜刑名法術之學，〔二〕而其歸本於黃老。〔三〕非爲人口吃不能

道說，而善著書。〔四〕與李斯俱事荀卿，斯自以爲不如非。〔五〕

〔一〕【正義】阮孝緒七略云：「韓子二十卷。」韓世家云：「王安五年，非使秦。九年虜王安，韓遂亡。」

〔二〕【集解】新序曰：「申子之書，言人主當執術無刑，因循以督責臣下，其責深刻，故號曰『術』。商鞅所爲書，號曰『法』。皆曰刑名，故號曰『刑名法術之書』。」【索隱】著書三十餘篇，號曰韓子。【考證】韓子主道篇云：「有言者自爲名，有事自爲形。形名參同，君乃無事焉。」又云：「羣臣陳其言，君以其言授其事。事以責其功。功當其事，事當其言則賞。功不當其事，事不當其言則誅。明君之道，臣不得陳言而不當。」此刑名說也。定法篇云：「申不害、公孫鞅，此二家之言，孰急於國？應之曰：是不可程也。申不害言術，而公孫鞅爲法。術者，因任而授官，循名而責實，操殺生之柄，課羣臣之能者也。法者，憲令著於官府，刑罰必於民心，賞存乎慎法，而罰加乎奸令者也。」此法術之辯也。漢書藝文志云「韓子五十五篇」，與今本合。

〔三〕【索隱】按：劉氏云「黃老之法，不尚繁華，清簡無爲，君臣自正。韓非之論，詆駁浮淫，法制無私，而名實相稱。故曰『歸於黃老』。」斯未爲得其本旨。今按：韓子書有解老、喻老二篇，是大抵亦崇黃老之學耳。【考證】韓子他篇亦屢引老子。

〔四〕【正義】吃，音訖。

〔五〕【正義】孫卿子二十二卷。名況，趙人，楚蘭陵令。避漢宣帝諱，改姓孫也。【考證】楓山、三條本「說」下無「而」字。謝墉曰：漢不避嫌名。時人荀淑、荀爽俱用本字，左傳荀息至荀瑶亦不改字。何獨于荀卿反改之邪？蓋「荀」、「孫」二字同音，語遂移易。如荊軻謂之荊卿，又謂之慶卿。又如張良爲韓信都。信都，司徒也。

非見韓之削弱，數以書諫韓王，韓王不能用。〔一〕於是韓非疾治國不務脩明其法制，執勢以御其臣下，富國彊兵，而以求人任賢，〔二〕反舉浮淫之蠹，而加之於功實之上，〔三〕以爲儒者用文亂法，而俠者以武犯禁。寬則寵名譽之人，急則用介胄之士。〔四〕今者所養非所用，〔五〕所用非所養。〔六〕悲廉直不容於邪枉之臣，〔七〕觀往者得失之變，〔八〕故作孤憤、五蠹、内外儲、説林、説難十餘萬言。〔九〕

〔一〕【索隱】韓王安也。

〔二〕【考證】楓山、三條本「制」作「術」，無「執勢」二字。北宋、舊刻本「勢」作「契」，誤。

〔三〕【考證】浮淫之徒，斥儒、俠。韓子有五蠹篇。岡白駒曰：蠹，木中蟲也。浮淫之敗國，譬之蠹之蝕木。

〔四〕【正義】介，甲也。胄，兜鍪也。【考證】楓山、三條本「寵」作「用」。名譽之人，斥儒俠。

〔五〕【索隱】言非疾時君以禄養其臣者，乃皆安禄養交之臣，非勇悍忠鯁及折衝禦侮之人也。

〔六〕【索隱】又言人主今臨事任用並非常所禄養之士，故難可盡其死力也。【考證】「儒者用文亂法」六句，五蠹篇文。又見顯學篇。

〔七〕【索隱】又悲姦邪諂諛之臣不容廉直之士。【考證】事見孤憤篇。

〔八〕【正義】韓非見王安不用忠良，今國削弱，故觀往古有國之君，則得失之變異，而作韓子二十卷。【考證】正義「則」字衍。

〔九〕【索隱】此皆非所著書篇名也。孤憤，憤孤直不容於時也。五蠹，蠹政之事有五也。内外儲，按韓子有内儲、外儲篇。内儲，言明君執術以制臣下，制之在己，故曰「内」也。外儲，言明君觀聽臣下之言行，以斷其賞罰，賞罰在彼，故曰「外」也。儲畜二事，所謂明君也。説林者，廣説諸事，其多若林，故曰「説林」也。今韓子有説林上下二篇。説難者，説前人行事與己不同而詰難之，故其書有説難篇。【正義】内外篇□□□□、孤憤，臣主暗昧，賢良好孤直，不得意，故曰孤憤。五蠹，韓子曰「商賈作苦窳惡濫器害五民」，故曰「五蠹」。説林，謂取衆妙之士諫争，其多若林，故云「說林」。說難，說難當人之心，故曰「說難」。已上皆韓子篇名也。【考證】五蠹，索隱是。論學者、言談者、帶劍者、近御者、商工之民爲邦之蠹，故以名篇。中井積德曰：說林，多聚說辭也。說難，言說之難爲也，下文可徵。焉得別解？愚按：韓子有難篇，難詰前人行。索隱與說難混同。

然韓非知說之難，爲說難書甚具，終死於秦，不能自脫。〔一〕

〔一〕【正義】凡說諫之道難，故作說難書甚具。詞理微妙，意旨極高。太史公所以盡書一篇，篇中與韓微異耳。【考證】楓山、三條本「書」上有「之」字，此史公自恨觸君怒也。

說難曰：〔一〕

〔一〕【索隱】說，音稅。難，音奴干反。言游說之道爲難，故曰說難。其書詞甚高，故特載之。然此篇亦與韓子微異，煩省小大不同。劉伯莊亦申其意，粗釋其微文幽旨，故有劉說也。【考證】荀子非相篇云「凡說之難，以至高遇至卑，以至治接至亂，未可直至也。遠舉則病繆，近世則病傭。善者於是間也，亦必遠舉而不繆，近世而不傭，與時遷徙，與世偃仰」云云，與韓子說難語氣甚似，而意則不同。蓋蘭陵門中夙有此題目，韓子亦討究多年，遂著此篇。

凡說之難，非吾知之有以說之難也，〔一〕又非吾辯之能明吾意之難也，〔二〕又非吾敢橫失能盡之難也。〔三〕凡說之難，在知所說之心，可以吾說當之。〔四〕

〔一〕【正義】凡說難識情理，不當人主之心，恐犯逆鱗。說之難知，故言非吾知之有以說之乃爲難。【考證】知，音智。下文云「申其辯知」，又云「非知之難也，處知則難矣」，「知」字義皆同。正義「識」上「難」字疑當作「雖」。

〔二〕【正義】能分明吾意以說之，亦又未爲難也，尚非甚難。【考證】辯，「口辯」之「辯」。「能」上各本有「難」字。楓山、三條本及韓子皆無，蓋衍字也。今刪。

〔三〕【索隱】按：韓子「橫失」作「橫佚」。劉氏云：「吾之所言無橫無失，陳辭發策，能盡說情，此雖是難，尚非難也。」【正義】橫，擴孟反。又非吾敢有橫失詞理，能盡說己之情，此雖是難，尚非極難。【考證】中井積德曰：橫失，猶縱橫也。言吾橫發縱逸其辭以自盡。非不難，而猶未爲難也。

〔四〕【索隱】劉氏云：「開說之難，正在於此也。」按：「所說之心」者，謂人君之心也。言以人臣疏末射尊重之意，貴賤隔絶，旨趣難知，自非高識，莫近幾會，故曰「說之難」也。乃須審明人主之意，必以我說合其情，故云「吾說當之」也。【正義】前者三說，並未爲難，凡說之難者，正在於此。言深辨知前人意，可以吾說當之，闇與前人心會，說則行，乃是難矣。【考證】中井積德曰：此無貴賤故難之意。

所說出於爲名高者也，〔一〕而說之以厚利，則見下節而遇卑賤，必弃遠矣。〔二〕所說出於厚利者也，而說之以名高，則見無心而遠事情，必不收矣。〔三〕所說實爲厚利，而顯爲名高者也，〔四〕而說之以名高，則陽收其身，而實疏之；若說之以厚利，則陰用其言，而顯弃其身。此之不可不知也。〔五〕

〔一〕【索隱】按：謂所說之主，中心本出欲立高名者也。故劉氏云「稽古羲黃，祖述堯舜」是也。【正義】前人好五帝、三皇名高之道，乃以厚利說之。則卑賤之，必見棄遠矣。【考證】中井積德曰：名高，仁義之類。

〔二〕【索隱】謂人主欲立高名，說臣乃陳厚利，是其見下節也。既不會高情，故遇卑賤，必被遠弃矣。【考證】厚利，富國彊兵之類。見，猶被也，管下六字。下文同。太田方曰：遇卑賤，與下文「遠事情」一例文，荀子「以至卑遇至高」同例字。「下節」應「名」字，「卑賤」應「高」字。

〔三〕【索隱】亦謂所說之君，出意本規厚利，而說臣乃陳名高之節，則是說者無心，遠於我之事情，必不見收用也。故劉氏云「若秦孝公志於彊國，而商鞅說以帝王，故怒而不用」。【正義】前人好崇利攻伐彊國，而陳三皇、五帝高遠事情，必不收用矣，若商鞅説秦孝公以帝道者，公欲彊國，不收其説也。【考證】孟荀列傳「迂遠而濶於事情」。收，收用其身也。

〔四〕【索隱】按：韓子「實」字作「隱」。按：顯者，陽也。謂其君實爲厚利，而詐作欲爲名高之節也。【正義】前人必欲厚利，詐慕名高，則陽收其説，實疏遠之。【考證】韓子「實」作「陰」。

〔五〕【索隱】謂若下文云鄭武公陰欲伐胡，而關其思極論深計，雖知説當，終遭顯戮，是也。【正義】前人好利厚，詐慕名高，説之以厚利，則陰用説者之言，而顯不收其身。説士不可不察。【考證】楓山、三條本「説」上無「若」字，「此之」作「此難」。韓子作「此説之難」。

夫事以密成，語以泄敗。〔一〕未必其身泄之也，而語及其所匿之事，如是者身危。〔二〕貴人有過端，而説者明言善議以推其惡者，則身危。〔三〕周澤未渥也而語極知，説行而有功則德亡，〔四〕説不行而有敗則見疑，如是者身危。〔五〕夫貴人得計，而欲自以爲功，説者與知焉，則身危。〔六〕彼顯有所出事，迺自以爲也故，説者與知焉，則身危。〔七〕彊之以其所必不爲，〔八〕止之以其所不能已者，身危。〔九〕故曰：與之論大人，則以爲閒己；〔一〇〕與之論細人，則以爲粥權。〔一一〕論其所愛，則以爲借資；〔一二〕論其所憎，則以爲嘗己。〔一三〕徑省其辭，則不知而屈之；〔一四〕汎濫博文，則多而久之。〔一五〕順事陳意，則曰怯懦而不盡；〔一六〕慮事廣肆，則曰草野而倨侮。〔一七〕此説之難，不可不知也。〔一八〕

〔一〕【考證】事、語，互文。荀子解蔽篇云「周而成，泄而敗，明君無之有也；宣而成，隱而敗，闇君無之有也」，與此相反。

〔二〕【正義】事多相類，語言或說其相類之事，前人覺悟，便成漏泄，故身危也。【考證】太田方曰：雖己愼言，而似若知陰事者，則人主疑是人儻泄陰事者矣。

〔三〕【正義】人主有過失之端緒，而引美善之議，以推人主之惡，則身危。【考證】韓子「善議」作「禮義」。「推」作「挑」，互通。「者則」作「如此者」。依上文，史文當作「如是者」。梁玉繩曰：此條當在後文「貴人得計」一條上，以類從也，傳寫錯耳。愚按：梁氏蓋依韓子訂正。

〔四〕【索隱】按：謂人臣事上，其道未合，至周之恩未霑渥於下，而輒吐誠極言，其說有功則其德亦亡。亡，無也。韓子作「則見忘」，然「見忘」勝於「德亡」也。【正義】渥，霑濡也。人臣事君，未滿周至之恩澤，而說事當理，事行有功，君不以爲恩德，故德亡。【考證】韓子「德亡」作「見忘」，義長。太田方曰：周，「周親」之「周」，密也。澤，恩澤也。

〔五〕【索隱】又若說不行而有敗則見疑，如是者身危。是恩意未深，輒評時政，不爲所信，更致嫌疑，若下文所云鄰父以牆壞有盜，卻爲見疑，即其類也。【正義】說事不行，或行有敗壞，則必致危殆，若此者身危也。【考證】此連上文。「行」、「不行」，對言。中井積德曰：有敗則疑，疑其忿說不行，而爲陰壞漏泄也。

〔六〕【正義】與，音預。人主先得其計己功。說者知前發其蹤跡，身必危亡。【考證】楓山、三條本無「夫」字，與韓子合。韓子「則」作「如此者」。中井積德曰：與知，猶參預也。貴人得良策，欲獨爲己功者，誇獨知之明也。然而說者謂己參預其策，是分其功也，故見憎。正義「己」上疑脫「爲」字。

〔七〕【索隱】謂人主明有所出事，乃自以爲功。而說者與知，是則以爲閒，故身危也。【正義】人主明所出事，乃以有所營爲。說者預知其計，而說者身亡危。【考證】楓山、三條本「爲」上有「有」字。「也故」當依韓子作「他故」。也，「它」壞字。言人君陽有所託說，而陰欲爲他事，恐人之知其謀。說者當若無所聞知也。方苞曰：如晉欲伐陸渾之戎，而假於祭雒也。梁玉繩曰：此條當在前文「語及其所匿之事」一條下。

〔八〕【索隱】劉氏云：「若項羽必欲衣錦東歸，而說者彊述關中，違旨忤情，自招誅滅也。」【正義】彊，其兩反。人主必不欲有爲，而說者彊合爲之。【考證】李笠曰：「不」下當據韓子補「能」字，與下句「不能已」相對。

〔九〕【索隱】劉氏云：「若漢景帝決廢栗太子，而周亞夫強欲止之，竟不從其言，後遂下獄，是也。」【正義】人主已營爲，而說者彊止之者，身危。【考證】楓山、三條本「者」下有「則」字。中井積德曰：強以必不爲，若勸秦皇、漢武以節儉休息，勸唐太宗以泰伯季札之讓，是也。止以不能已，若勸唐高宗勿立武后，勸玄宗勿近楊妃也。註援引失竅。

〔一〇〕【正義】閒，音紀莧反。說彼大人之短，以爲竊己之事情，乃爲刺譏閒也。【考證】大人言明君賢主，與細人相對。言與論明君賢主事，則以爲揚他美譏己短也。正義未得。

〔一一〕【索隱】按：韓非子「粥權」作「賣重」。謂薦彼細微之人，言堪大用，則疑其挾詐而賣我之權也。【正義】粥，音育。劉伯莊云：「論則疑其挾詐賣己之權。」【考證】中井積德曰：鬻權，謂使人持輕重之權也。愚按：細人，愚不肖之人。言與論愚不肖之人，則以爲毀人短賣己長也。鬻權，韓子作「賣重」，義長。諸說未得。

〔一二〕【正義】說人主愛行，人主以爲借己之資籍也。【考證】中井積德曰：借資，謂借之爲資，以自媚於主也。

〔一三〕【正義】論說人主所憎惡，人主則以爲嘗試於己也。

〔一四〕【索隱】按：謂人主意在文華，而說者但徑捷省略其辭，則以說者爲無知，而見屈辱也。【正義】省，山景反。【考證】屈，韓子作「拙」。

〔一五〕【索隱】按：謂人主志在簡要，而說者務於浮辭汎濫，博涉文華，則君上嫌其多迂誕，文而無當者也。【正義】汎濫，浮辭也。博文，廣言句也。言浮說廣陳必多詞理，時乃永久，人主疲倦。【考證】楓山、三條本「久」作「文」。韓子「汎濫博文」作「米鹽博辯」，「久」作「交」。太田方曰：史記天官書云「其占驗淩雜米鹽」，後漢書黃霸傳云「米鹽靡密，初若煩碎」，是當時有「米鹽」之語，而史、漢因之。後人讀韓子傳者，不知

「米鹽」何義也，而妄改作之。愚按：天官書正義云「米鹽，細碎也」。中井積德曰：省則屈之，博則以爲太久，皆所以説之難，下文可相證。愚按：久之，韓子作「交之」。交，雜也。索隱本、楓、三本作「文」。文，浮辭也。二者皆通。

〔一六〕【正義】懦，音乃亂反。説者陳言順人主之意，則或怯懦而不盡事情也。【考證】中井積德曰：不發大策卓論，大概因循其事，而粗陳意見，則謂爲怯懦也。愚按：韓子「順」作「略」，義長。注云：略言其事，粗言其意，則謂己怯懦而有所畏懼，不敢具言。

〔一七〕【正義】草野，猶鄙陋也。廣陳言詞多有鄙陋，乃成倨傲侮慢。【考證】中井積德曰：大策卓論，思慮廣大，無所顧忌。則謂爲草野倨侮也。

〔一八〕【正義】此前諸段咸是談説之難，不可不知。在知飾所説之所敬，而滅其所醜，所説之主也。言在談説之處，咸須知人主之所敬而文飾之，聞醜惡之事而滅絶之，然後乃當人主之心。【考證】楓山、三條本無「説之難」三字。愚按：以上論談説之難。

凡説之務，在知飾所説之所敬，〔一〕而滅其所醜。〔二〕彼自知其計，則毋以其失窮之；〔三〕自勇其斷，則毋以其敵怒之；〔四〕自多其力，則毋以其難概之。〔五〕規異事與同計，譽異人與同行者，則以飾之無傷也。〔六〕有與同失者，則明飾其無失也。〔七〕大忠無所拂悟，〔八〕辭言無所擊排，〔九〕迺後申其辯知焉。此所以親近不疑，〔一〇〕知盡之難也。〔一一〕得曠日彌久，〔一二〕而周澤既渥，〔一三〕深計而不疑，交争而不罪，迺明計利害以致其功，直指是非以飾其身，以此相持，此説之成也。〔一四〕

〔一〕【索隱】按：所説，謂所説之主也。飾其所敬者，説士當知人主之所敬，而時以言辭文飾之。【考證】韓子

「敬」作「矜」，義長。

〔二〕【索隱】醜，謂人主若有所避諱而醜之，遊說者當滅其事端而不言也。【考證】醜、愧通。韓子作「恥」。

〔三〕【正義】前人自知其失誤，說士無以失誤窮極之，乃爲訕上也。【考證】岡白駒曰：知，音智。朱錦綬曰：自知其計，與下文「自勇其斷」、「自多其力」句法一例。則「知」當「仁知」之「知」。彼，指君言。中井積德曰：豫推其計之有所失也，是在事前，不在事後。

〔四〕【索隱】按：謂人主自勇其斷，說士無以己意而攻閒之，是以卑下之謀自敵於上，以致譴怒也。【正義】斷，音端亂反。劉伯莊云：貴人斷甲爲是，說者以乙破之，乙之理難同，怒以下敵上也。【考證】韓子「敵」作「謫」。敵、謫通。太田方曰：謫，咎也，責也。

〔五〕【索隱】按：概，猶格也。劉氏云：秦昭王決欲攻趙，白起苦說其難，遂己之心，拒格君上，故致杜郵之僇也。【正義】概，古代反。【考證】太田方曰：呂氏春秋謹聽篇云「聽者自多不得」。注「自多，自賢也」。概，平斗斛木。管子樞言篇云「釜鼓滿，則人概之」。

〔六〕【正義】劉伯莊云：「貴人與甲同計，與乙同行者，說士陳言，無傷甲乙也。」【考證】韓子「計」下有「者」字，與下文「譽異人與同行者」句法一例。「則」上有「有與同污者」五字。「以」下有「大」字。「之」作「其」。與下文「有與同失者，則明飾其無失也」句法一例。史文有譌脫，當依正。規，「規畫」之「規」。古鈔本「之」作「其」，與韓子合。中井積德曰：規事譽人，屬說者。人雖異，與人主同其行者，隨而稱譽之。

〔七〕【索隱】按：上文言人主規事譽人，與某人同計同行，今說者之詞不得傷於同計同行之人，仍可文飾其類也。又若人主與同失者，而說者則可以明飾其無失也。【正義】人主與甲同失，說者文飾甲之無失。【考證】中井積德曰：與同失者，別是一項，不必同計同行者。

〔八〕【索隱】拂，音佛。言大忠之人，志在匡君於善，君初不從，則且退止，待君之說而又幾諫，即不拂悟於君也。

【正義】(佛)〔拂〕悟，當爲「咈忤」，古字假借耳。咈，違也。忤，逆也。【考證】忠，當依韓子作「意」。王念孫曰：「意」與「言」正相對。必二者皆當於君心，然後可以申其辯智也。愚按：拂悟，各本作「拂辭」，韓子作「拂忤」。今從楓山、三條本。張文虎曰：各本「悟」字與下句「辭」字互誤，索隱本亦然。而注意可尋，正義亦明白可證。今依盧氏札記及王氏雜志移正。愚按：悟、牾通。

〔九〕【索隱】謂大忠說諫之辭，本欲歸於安人興化，而無別有所擊射排擯。按：韓子作「擊摩」也。【考證】各本「辭」譌「悟」，今從三條本。說見上文。

〔一〇〕【正義】言大忠之事，擬安民興化，事在匡弼君。初亦不擊排，乃後周澤霑濡，君臣道合，乃敢辯智說焉。此所以親近而不見疑，是知盡之難。【考證】韓子「迺」作「然」，「申」作「騁」。

〔一一〕【集解】徐廣曰：「知，一作『得』。難，一作『辭』。」【索隱】謂人臣盡知事上之道難也。按：徐廣曰「知，一作『得』。難，一作『辭』」。今按：韓子作「得盡之辭」也。【正義】言說士知談說之難也，爲能盡此談說之道，得當人主之心，君臣相合，乃是知盡之難也。【考證】知盡之難也，當依韓子作「而得盡辭也」。索隱誤引。

〔一二〕【索隱】謂君臣道合，曠日已久，是誠著於君也。【考證】韓子「得」作「夫」，義長。

〔一三〕【索隱】謂君之渥澤周浹於臣，魚水相須，鹽梅相和也。【考證】「周澤」二字承上文。

〔一四〕【正義】夫知盡之難，則君臣道合，故得曠日彌久。而周澤既渥，深計而君不疑，與君交争而不罪，而得明計國之利害，以致其功，直指是非，任爵禄於身，以此君臣相執持，此說之成也。

伊尹爲庖，〔一〕百里奚爲虜，〔二〕皆所由干其上也。〔三〕故此二子者皆聖人也，〔四〕猶不能無役身而涉世如此其汙也，〔五〕則非能仕之所設也。〔六〕

〔一〕【正義】殷本紀云「乃爲有莘氏媵臣，負鼎俎，以滋味說湯致王道」是也。

〔二〕【正義】晉世家云襲滅虞公，及大夫百里以媵秦穆姬也。【考證】楓山、三條本正義「滅」下有「虜」字。虜，奴也。謂食牛以干穆公。

〔三〕【考證】定四年公羊傳「以干闔閭」，注「見不以禮曰干」。

〔四〕【考證】韓子無「故」字。

〔五〕【正義】汙，音烏故反。庖虜是汙。

〔六〕【索隱】按：韓子作「非能士之所恥也」。【考證】韓子「則」上有「今以吾言爲宰虜而可以聽用而振世」十五字，當依補。仕、士通。「設」當從韓子作「恥」。愚按：以上論辯談之法。又按：孟子萬章篇云「吾未聞枉己而正人者也，況辱己以正天下乎？聖人之行不同也。或遠或近，或去或不去，歸潔其身而已矣。吾聞伊尹以堯舜之道要湯，未聞以割烹也」。又云「百里奚相秦而顯其君於天下，可傳於後世。不賢而能之乎？自鬻以成其君，鄉黨自好者不爲，而謂賢者爲之乎？」孟子之言與韓子全相反。此孟、韓之異，義利之別。講書者，不可不察也。

宋有富人，天雨牆壞。其子曰：「不築且有盜。」其鄰人之父亦云，暮而果大亡其財，其家甚知其子，而疑鄰人之父。〔一〕昔者鄭武公欲伐胡，〔二〕迺以其子妻之。因問羣臣曰：「吾欲用兵，誰可伐者？」關其思曰：「胡可伐。」迺戮關其思，曰：「胡，兄弟之國也，子言伐之，何也？」〔三〕胡君聞之，以鄭爲親己，而不備鄭。鄭人襲胡，取之。此二說者，其知皆當矣，〔四〕然而甚者爲戮，薄者見疑。非知之難也，處知則難矣。〔五〕

〔一〕【正義】其子、鄰父說皆當矣，而切見疑，非處知則難乎！【考證】楓山、三條本「雨」下有「而」字，「財」下有「物」字，「家」下無「甚」字。愚按：孟、韓、莊、列諸書言愚妄事，多取例於宋人。宋多愚人也。閻百詩四書釋地論之詳矣。

〔三〕【正義】世本云：「胡，歸姓也。」括地志云：「胡城，在豫州郾城縣界。」【考證】太田方曰：鄭武公，周宣王之庶兄，桓公友之子。

〔三〕【考證】太田方曰：張儀傳云「秦楚娶婦嫁女，長爲兄弟之國」。是雖非同姓，娶嫁相謂曰兄弟之國也。竹書紀年「周平王八年，鄭殺其大夫關其思」。

〔四〕【正義】當，當浪反。

〔五〕【考證】廉頗藺相如傳贊云「知死必勇，處死者難」。蓋學此句法。史公受刑之後，特有感於「處知則難」四字。

昔者彌子瑕見愛於衛君。衛國之法，竊駕君車者罪至刖。〔一〕既而彌子之母病，人聞，往夜告之，彌子矯駕君車而出。〔二〕君聞之而賢之曰：「孝哉，爲母之故而犯刖罪！」〔三〕與君游果園，彌子食桃而甘，不盡而奉君。君曰：「愛我哉，忘其口而念我！」及彌子色衰而愛弛，得罪於君。君曰：「是嘗矯駕吾車，又嘗食我以其餘桃。」〔四〕故彌子之行未變於初也，前見賢而後獲罪者，愛憎之至變也。故有愛於主，則知當而加親；見憎於主，則罪當而加疏。故諫説之士，不可不察愛憎之主而後説之矣。

〔一〕【考證】韓子無「至」字。

〔二〕【考證】韓子「聞」作「閒」。叔孫通傳「閒往來」，索隱「閒往，謂非時也」。呂氏春秋注「擅稱君命曰矯」。

〔三〕【考證】韓子「聞」下無「之」字。

〔四〕【考證】楓山、三條本「是」下有「故」字。

夫龍之爲蟲也，可擾狎而騎也。〔一〕然其喉下有逆鱗徑尺，人有嬰之，則必殺人。人主亦有逆鱗，〔二〕説之者，能無嬰人主之逆鱗，則幾矣。〔三〕

〔一〕【正義】龍，蟲類也。故言龍之爲蟲。【考證】大戴禮易本命篇「有鱗之蟲三百六十，而蛟龍爲之長」。韓子「蟲」作「虫」，誤。太田方曰：喻人主之寬裕，若可狎近也。

〔二〕【考證】嬰，猶觸也。燕策「鞫武謂燕太子丹曰：『奈何以見陵之怨，欲批其逆鱗哉！』」逆鱗，當時常語，不始於韓子。

〔三〕【索隱】按：幾，庶也。謂庶幾於善諫説也。【正義】説者能不犯人主逆鱗則庶幾矣。【考證】楓山、三條本「説」下無「之」字，與韓子合。以上復申辯談之所以難結繳。

人或傳其書至秦。秦王見孤憤、五蠹之書，曰：「嗟乎，寡人得見此人與之游，死不恨矣！」〔一〕李斯曰：「此韓非之所著書也。」秦因急攻韓。〔二〕韓王始不用非，及急，迺遣非使秦。〔三〕秦王悦之，未信用。李斯、姚賈害之，毀之曰：「韓非，韓之諸公子也。今王欲并諸侯，非終爲韓，不爲秦，此人之情也。今王不用，久留而歸之，此自遺患也，不如以過法誅之。」秦王以爲然，下治吏非。李斯使人遺非藥，使自殺。韓非欲自陳，不得見。秦王後悔之，使人赦之，非已死矣。〔四〕

〔一〕【考證】楓山、三條本「見」下「孤」上有「其」字。司馬相如傳「上讀子虛賦而善之，曰：『朕獨不得與此人同時哉！』楊得意曰：『臣邑人司馬相如自言爲此賦。』」慕悦之情相似。

〔二〕【考證】韓世家云「韓王安五年，秦攻韓。韓急，使韓非使秦。秦留非，因殺之」。依表，秦始皇十三年。

〔三〕【考證】「急」字受上文「急則用介胄之士」。

〔四〕【集解】戰國策曰：「秦王封姚賈千户，以爲上卿，韓非短之曰：『賈，梁監門子，盜於梁，臣於趙而逐。取世監門子、梁大盜、趙逐臣，與同社稷之計，非所以勵羣臣也。』王召賈問之。賈答云云，迺誅韓非也。」【考證】楓山、三條本「悔」下無「之」字。索隱引秦策。愚按：韓子有存韓篇，言韓之未可舉。編者附記云「秦王以韓客所上書下李斯，李斯以爲不可，曰：『韓雖臣，未嘗不爲秦病。今若有卒報之事，韓不可信也。非之來也，未必以其能存韓也，爲重於韓也。辯説屬辭，飾非詐謀，以釣利於秦。』秦遂遣斯使韓也」云云，與秦策所記亦異。史公蓋別有所本。

申子、韓子皆著書傳於後世，學者多有。余獨悲韓子爲説難而不能自脱耳。〔一〕

〔一〕【考證】史公重言「不能自脱」，所以爲非悲者，則所以自悲也。言外無限痛恨。

太史公曰：老子所貴道，虛無因應，變化於無爲，故著書辭，稱微妙難識。〔一〕莊子散道德放論，要亦歸之自然。申子卑卑，施之於名實。〔二〕韓子引繩墨，切事情，明是非，其極慘礉少恩。皆原於道德之意，〔三〕而老子深遠矣。

〔一〕【考證】楓山、三條本「道」下有「德」字。史公自序引六家指要云「道家無爲」，又曰「其實易行，其辭難知。其術以虛無爲本，以因循爲用」，與此同旨。

〔二〕【集解】自勉勵之意也。【索隱】劉氏云：「卑卑，自勉勵之意也。」【考證】方苞曰：散，推衍也。推衍老子所論道德之意而放言也。中井積德曰：卑卑，卑近之意。愚按：六家指要又敍道家云「虛者道之常也，因者君之綱也。羣臣並至，使各自明也。其實中其聲者謂之端，實不中其聲者謂之窾」，其意全與申、韓合。亦可以觀形名之説，本於道家。

〔三〕【集解】礉，胡革反。用法慘急，而鞠礉深刻。【索隱】慘，七感反。礉，胡革反。按：謂用法慘急，而鞠礉深刻也。【考證】史公商鞅贊亦云「商君少恩」。

【索隱述贊】伯陽立教，清淨無爲。道尊東魯，迹竄西垂。莊蒙栩栩，申害卑卑。刑名有術，説難極知。悲彼周防，終亡李斯。

史記會注考證卷六十四

司馬穰苴列傳第四

史記六十四

【考證】史公自序云：「自古王者而有司馬法，穰苴能申明之，作司馬穰苴列傳第四。」愚按：戰國策齊策「齊負郭之民有狐咺者正議，閔王斮之檀衢，百姓不附。齊孫室子陳舉直言，殺之東閭，宗族離心。司馬穰苴爲政者也，殺之，大臣不親。故燕舉兵，使昌國君將而擊之」。與史所書異。梁玉繩曰：戰國策稱湣王殺穰苴，蘇軾志林據以爲信，大事記、古史、習學記言、齊策吳注並從之。蓋穰苴之事不見于春秋，況景公之時，心欲争晉霸而不能，力欲拒吳侮而不足，穰苴文武之略何在？且「晉（代）〔伐〕阿、甄，燕侵河上」，其地皆景公時所無，左傳亦不載，固可疑也。然吳起傳李克曰「起用兵司馬穰苴不能過」。晏子春秋雜上、説苑正諫云「景公飲酒，移于穰苴之家」，似又非湣王時人。疑以傳疑，未敢遽定。崔適曰：燕、晉伐齊事，不惟左氏無之，即年表、世家亦無之，誠爲可疑。且穰苴斬君之寵臣，與孫武殺王之愛姬，如此矯激之風，春秋時所未有。蓋亦寓言，非事實也。

司馬穰苴者，田完之苗裔也。〔一〕齊景公時，晉伐阿、甄，而燕侵河上，齊師敗績。〔二〕景公患之。晏嬰乃薦田穰苴曰：「穰苴雖田氏庶孽，然其人文能附衆，武能威敵，願君試之。」景公召穰苴與語兵事，大説之，以爲將軍，〔三〕將兵扞燕、晉之師。穰苴曰：「臣素卑賤，君擢之閭伍之中，加之大夫之上，士卒未附，百姓不信，人微權輕，願得君之寵臣，國之所尊，以監軍乃可。」〔四〕於是景公許之，使莊賈往。穰苴既辭，與莊賈約曰：「旦日日中會於軍門。」〔五〕穰苴先馳至軍，立表下漏待賈。〔六〕賈素驕貴，以爲將已之軍而已爲監，不甚急；〔七〕親戚左右送之，留飲。日中而賈不至。穰苴則仆表決漏，〔八〕入，行軍勒兵，申明約束。約束既定，夕時，莊賈乃至。穰苴曰：「何後期爲？」賈謝曰：「不佞，大夫親戚送之，故留。」〔九〕穰苴曰：「將受命之日則忘其家，臨軍約束則忘其親，援枹鼓之急則忘其身。〔一〇〕今敵國深侵，邦内騷動，〔一一〕士卒暴露於境，君寢不安席，食不甘味，百姓之命皆懸於君，何謂相送乎！」〔一二〕召軍正問曰：「軍法期而後至者云何？」〔一三〕對曰：「當斬。」莊賈懼，使人馳報景公請救。既往，未及反，於是遂斬莊賈以徇三軍。三軍之士皆振慄。久之，景公遣使者持節赦賈，馳入軍中。穰苴曰：「將在軍，君令有所不受。」〔一四〕問軍正曰：「軍中不馳，今使者馳，云何？」正曰：「當斬。」〔一五〕使者大懼。穰苴曰：「君之使，不可殺之。」乃斬其僕、車之左駙、馬之左驂，以徇三軍。〔一六〕遣使者還報，然後行。士卒次舍，井竈飲食，問疾醫藥，身自拊循之，悉取將軍之資糧享士卒，身與士卒平分糧食，最比其羸弱者，〔一七〕三日而後勒兵。病者皆求行，爭奮出爲之赴戰。〔一八〕晉師聞之，爲罷去，燕師聞之，度水而解。〔一九〕於是追擊之，遂取所亡封内故境，而引兵歸。未至國，釋兵旅，解約束，誓盟而後入邑。景公與諸大夫郊迎，勞師成禮，然後反歸寢。〔二〇〕既見穰苴，尊爲大司馬。〔二一〕田氏日以益尊於齊。

〔一〕【索隱】按：穰苴，名，田氏之族。爲大司馬，故曰司馬穰苴。【正義】穰，音若羊反。苴，音子徐反。田穰苴爲司馬官，主兵。

〔二〕【索隱】按：阿、甄皆齊邑。晉太康地記曰「阿即東阿也」。地理志云甄城縣屬濟陰也。【正義】河上，黃河南岸地，即滄、德二州北界。

〔三〕【索隱】謂命之爲將，以將軍也。將，音即匠反。遂以將軍爲官名。故尸子曰「十萬之師，無將軍則亂」。六國時有其官。【考證】顧炎武曰：春秋傳「公作二軍。公將上軍，太子申生將下軍」，是已有「將軍」之文，而未以爲名也。至昭公二十八年，閻没女寬對魏獻子曰：「豈將軍食之而有不足？」正義曰「此以魏子將中軍，故謂之將軍」。及六國以來，遂以「將軍」爲官名，蓋其元起於此。公羊傳「將軍子重諫曰」，穀梁傳「使狐夜姑爲將軍」，孟子「魯欲使慎子爲將軍」，墨子「晉有六將軍，而智伯莫爲強焉」，莊子盜跖篇「今將軍兼此二者」，國語「鄭人以詹伯爲將軍」，又曰「吴王夫差黃池之會，十行一嬖大夫，十旌一將軍」，禮記檀弓「衛將軍文子之喪」，史記司馬穰苴傳「景公以爲將軍」，封禪書「杜主者，周之右將軍」，越世家「范蠡稱上將軍」，魏世家「令太子申爲上將軍」，戰國策「梁王虛上位，以故相爲大將軍」，漢書百官表曰「前後左右將軍，皆周末官」，通典曰「自戰國置大將軍」，「楚懷王與秦戰，秦敗楚，虜其大將軍屈丐」，至漢定以爲官名。愚按：老子亦云「偏將軍處左，上將軍處右」，則「將軍」之稱所由來久矣。

〔四〕【考證】楓山、三條本「國」下有「中」字。藝文類聚「之」字作「中」。

〔五〕【索隱】按：旦日，謂明日，日中時期會於軍門也。

〔六〕【索隱】按：立表，謂立木爲表以視日景。下漏，謂下漏水以知刻數也。【考證】楓山、三條本「軍」下有「門」字。

〔七〕【正義】己，音紀。監，甲暫反。【考證】岡白駒曰：己，賈自謂也。

〔八〕【索隱】仆，音赴。按仆者臥其表也。決漏，謂決去壺中漏水，以賈失期過日中故也。

〔九〕【考證】中井積德曰：不佞，謝辭也，猶言不敏也，非自稱之辭。

〔一〇〕【索隱】援枹，上音袁，下音孚。【正義】「援」作「操」。枹音孚。謂鼓挺也。

〔一一〕【考證】群書治要無「國」字。古鈔本「邦」作「封」。「邦」字宜諱。

〔一二〕【考證】岡白駒曰：有何説而相送乎！

〔一三〕【考證】三條本無「至」字。

〔一四〕【集解】魏武帝曰：「苟便於事，不拘君命。」【考證】孫子九變篇云「凡用兵之法，將受命於君，君命有所不受」。史記孫武傳亦云「將在軍，君命有所不受」。絳侯世家云「周亞夫以將軍軍細柳。天子前驅至，不得入。軍門都尉曰：『軍中聞將軍令，不聞天子詔。』」其義皆本於穰苴。

〔一五〕【考證】楓山、三條本作「今使者馳三軍何正對曰當斬」。張文虎引北宋本云「馳三軍法何正曰當斬」。

〔一六〕【索隱】按：謂斬其使者之僕及車之左駙。駙，當作「軵」，並音附。謂車循外立木承重較之材。又斬其馬之左驂，以御者在左故也。【正義】駙，音附。劉伯莊云「駙者箱外之立木，承重校者」。徇，行示也。

〔一七〕【正義】比，音卑，必耳反。【考證】張文虎曰：正義「卑」、「必」二字當衍其一。

〔一八〕【考證】楓山、三條本「皆求」作「介待」，「爲」上有「皆」。

〔一九〕【正義】度黄河水，北去而解。【考證】羣書治要「度」下有「易」字。

〔二〇〕【考證】楓山、三條本無「歸」字。中井積德曰：此稱「歸寢」，以見先是憂於寇兵，夜不入寢也，亦所以禮於將卒暴露者。

〔二一〕【考證】梁玉繩曰：此語不可信，齊亦恐無大司馬之官。楓山、三條本「尊」下有「立」字。治要「尊」作「立」。愚按：「尊」字與下文複，治要爲是。

已而大夫鮑氏、高、國之屬害之，譖於景公。〔一〕景公退穰苴，苴發疾而死。〔二〕田乞、田豹之徒由此怨高、國等。〔三〕其後及田常殺簡公，盡滅高子、國子之族。至常曾孫和，因自立爲齊威王，〔四〕用兵行威，大放穰苴之法，〔五〕而諸侯朝齊。

〔一〕【考證】慶長本標注云「鮑氏名牧，高昭氏名張，國惠子名夏，爲齊相」。

〔二〕【考證】中井積德曰：兩「苴」字間疑脱「穰」字。

〔三〕【索隱】田乞，田僖子也。豹亦僖子之族。

〔四〕【索隱】按：此文誤也，當云田和自立；至其孫因齊號爲齊威王。故系家云「田和自立號太公。其孫因齊號爲威王」。

〔五〕【正義】放，方往反。

齊威王使大夫追論古者司馬兵法，而附穰苴於其中，因號曰司馬穰苴兵法。〔一〕

〔一〕【考證】漢書藝文志禮類「軍禮司馬法百五十五篇」，隋書經籍志子類「司馬兵法三卷」。王應麟曰：周官縣師「將有軍旅會同田役之戒，則受灋於司馬，以作其衆庶。小司馬掌事，如大司馬之灋。司兵授兵，從司馬之灋以頒之」，此古者司馬灋，即周之政典也。黄以周曰：今所行司馬法三卷，凡五篇，多言行兵之法，號曰司馬兵法，與古軍禮不無出入。然漢武帝報胡建，引「國容不入軍，軍容不入國」，劉向上疏引「軍賞不踰月」，何武上疏引「天下雖安，忘戰必危」，毛詩傳引「夏鉤車，先正；殷寅車，先疾；周元戎，先良」，左傳賈注引「逐奔不過百步，從遯不過三舍」，周官鄭注引「弓矢禦，殳矛守，戈戟助，凡五兵，長以衛短，短以救長」，其語皆見今五篇中。儒家不談古兵法則已，欲談古兵法，舍此何所從事？惜其文多脱佚，字多傳譌。沈欽韓曰：博物志云「司馬法周公所作」，是其始耳。史記齊威王使大夫追論古者司馬兵法，而附穰苴於其中，因號司馬兵法。隋志云亦河間獻王所上，今存五篇。前仁本、天子之義應爲古義，後三篇與孫吴之旨不殊矣。文選注引司馬兵法火攻有五。又云「善守者藏於九地之下；善攻者動於九天之上」，並孫子語，則其出於戰國可知也。今傳注所引者，中庸注「素讀如攻城攻其所傃」，正義云「司馬法文」；鄉師注「司馬法曰：『夏后氏謂輦曰余車，殷曰胡奴車，周曰輜輦。輦，一斧、一斤、一鑿、一梩、一鋤，周輦加二板二築』，又曰：『夏后氏二十人而輦，殷十八人而輦，周十五人而輦。』」鼓人注「司馬法曰：『昏鼓四通爲大鼜，夜半三通爲晨戒，旦明五通爲發昫。』」大司馬注「司馬法曰：『鼓聲不過閶，鼙聲不過闒，鐸聲不過琅。』又司馬法曰：『上下下謀，是謂參之。』」疏又云：「十人之長執鉦，百人之帥執鐸，千人之帥執鼙，萬人之主執大鼓。」司勳注：「司馬法曰：『上多下虜。』」左傳成七年注：「司馬法『百人爲卒，二十五人爲兩。車九乘爲小偏，十五乘爲大偏。』」襄二十三年疏，服虔引司馬法謀帥篇曰「大前驅啓乘車，大晨倅車屬焉」。昭元年疏，服虔引司馬法云「五十乘爲兩，百二十乘爲伍，八十一乘爲專，二十九乘爲參，二十五乘爲偏」。文選張孟陽魏都賦注：「司馬法曰『師多則〔人〕讀』，又云『明君不寶咫尺之玉，而愛寸陰之旬』。」説文耳部「司馬法曰：『小罪聅，中罪刖，大罪剄』」。又通典兵一：「司馬穰苴曰『五人爲伍，十伍爲隊，一軍凡二百五十隊，餘奇爲握奇。故一軍以三千七百五十人爲奇兵。隊七十有五，以爲中壘。守地六千尺，積尺得四里，以中壘四面乘之，一面得地三百步，壘内有地三頃餘百八十步。正門爲握奇，大將軍居之，六纛五麾金鼓府藏輜積皆中壘。外餘八千七百五十人，隊百七十五，分爲八陣。六陣各有千九十四人，六陳各減一人，以爲一陣之部署，舉一軍，則千軍可知。」愚按：今本司馬法五篇，仁本第一，天子之義第二，定爵第三，嚴位第四，用衆第五。而沈氏所引皆無其文。則不獨非先秦原本，又非隋唐舊帙也。姚姬傳云「世所有論兵書，誠爲周人作者，惟孫武子耳，不必武自著。若其餘，皆僞而已」，其説得之。

太史公曰：余讀司馬兵法，閎廓深遠，雖三代征伐，未能竟其義，如其文也亦少褒矣。〔一〕若夫穰苴，區區爲小國行師，何暇及司馬兵法之揖讓乎？〔二〕世既多司馬兵法，以故不論，著穰苴之列傳焉。〔三〕

〔一〕【索隱】按：謂司馬法説行兵，揖讓有三代之法。而齊區區小國，又當戰國之時，故云「亦少褒矣」。【考證】楓山、三條本「司馬」下有「穰苴」二字。楊慎曰：少褒矣，言溢美也。趙恒曰：言過其實也。

〔二〕【考證】楓山、三條本「讓」作「遜」。趙恒曰：三代且然，況穰苴爲區區小國行師，何暇及其揖讓乎？

〔三〕【考證】楓山、三條本無「兵」字。

【索隱述贊】燕侵河上，齊師敗績。嬰薦穰苴，武能威敵。斬賈以徇，三軍驚惕。我卒既彊，彼寇退壁。法行司馬，實賴宗戚。